VERLAG
FRITZ
MOLDEN

MOSHE DAYAN

Die Geschichte meines Lebens

VERLAG FRITZ MOLDEN · WIEN–MÜNCHEN–ZÜRICH

1. Auflage

Aus dem Englischen übertragen von
GEORGE T. CZUCZKA

Titel der englischen Originalausgabe
MOSHE DAYAN: STORY OF MY LIFE

Schutzumschlag: Hans Schaumberger, Wien
Lektor: Johannes Eidlitz
Technischer Betreuer: Wilfried Ertl
Schrift: Garmond Garamond – Antiqua
Satz: Typostudio, Wien
Druck und Bindearbeit: Wiener Verlag

ISBN 3-217-00655-0

Inhalt

Bildquellennachweis
Privatbesitz Dayan: 257, 261 (2), 278; I.P.P.A.: 258, 259, 260 (2), 262; Israel Government Press Office: 263, 276 (oben); UPI: 264, 267; Assaf Kutin: 265; Archiv Molden (Goes): 266; Votava, Wien: 268, 270, 271, 272 (2), 273 (2), 274 (2), 275, 280; News Phot: 269; David Rubinger: 276 (unten), 279; Bamananeh: 277 (unten).

Schutzumschlagbild: Photo EMKA, Ministery for Foreign Affairs, Israel.

Israel und die von ihm verwalteten Territorien

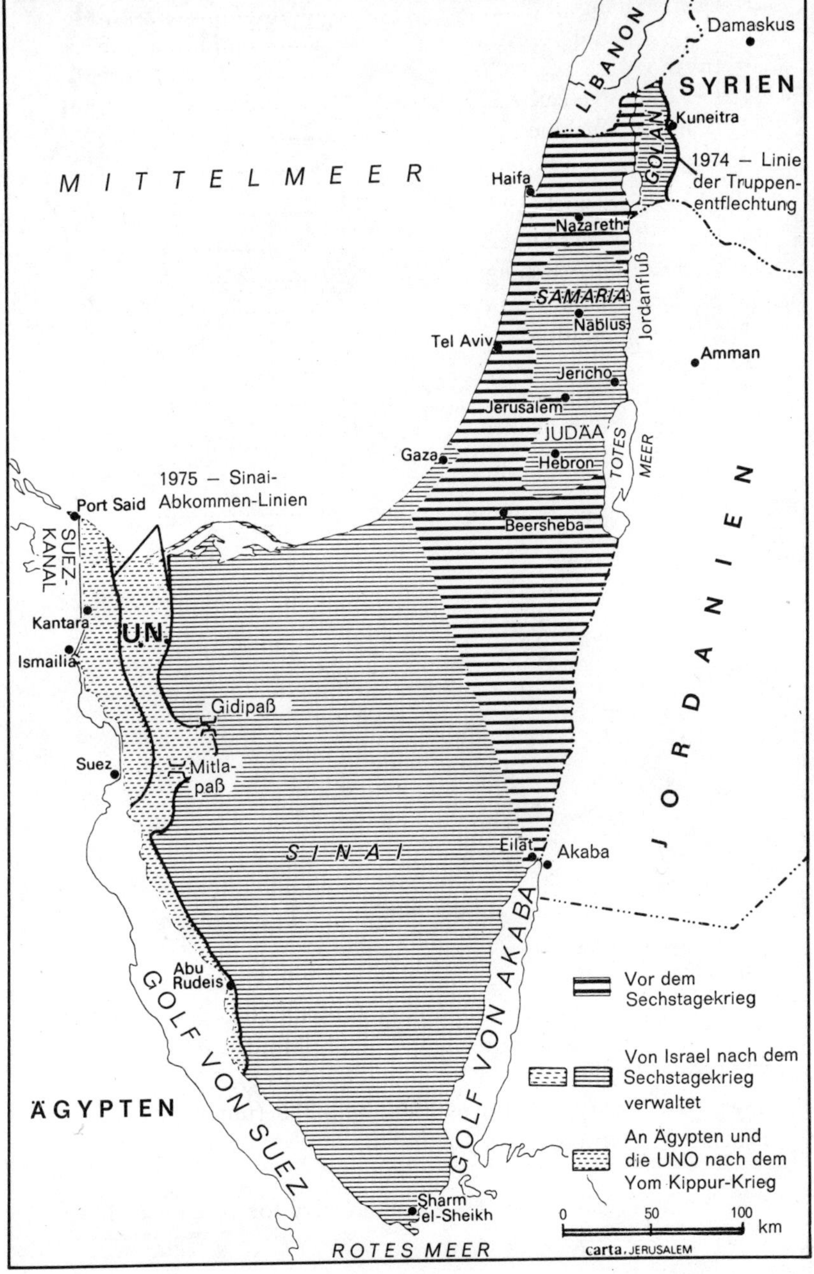

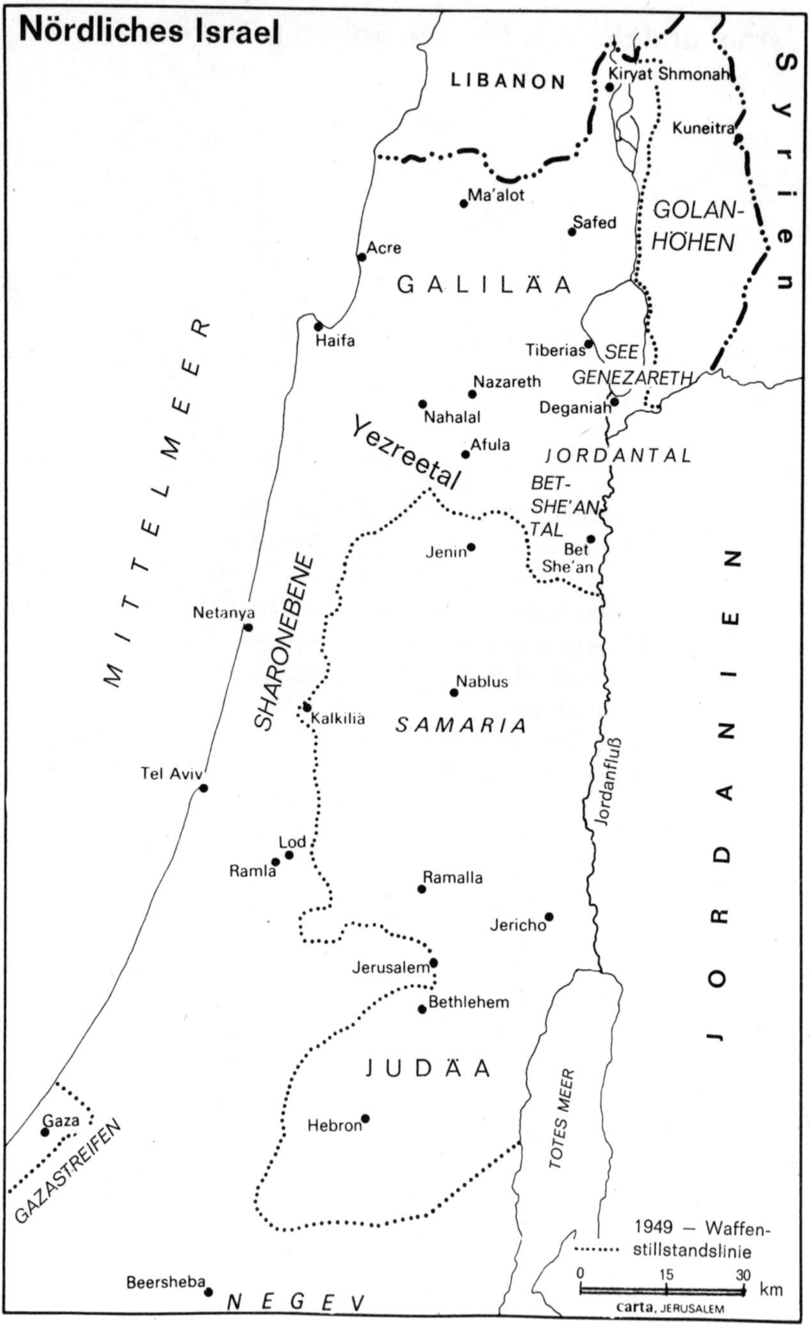
Nördliches Israel
LIBANON
Kiryat Shmonah
Kuneitra
Syrien
Ma'alot
Safed
GOLAN-
HÖHEN
Acre
GALILÄA
Haifa
MITTELMEER
Tiberias
SEE
GENEZARETH
Nazareth
Nahalal
Deganiah
Yezreetal
Afula
JORDANTAL
BET-
SHE'AN-
TAL
Jenin
Bet
She'an
Netanya
SHARONEBENE
Nablus
Kalkilia
SAMARIA
Jordanfluß
JORDANIEN
Tel Aviv
Lod
Ramla
Ramalla
Jericho
Jerusalem
Bethlehem
JUDÄA
TOTES MEER
Gaza
GAZASTREIFEN
Hebron
1949 – Waffen-
stillstandslinie
0
15
30
km
carta, JERUSALEM
Beersheba
NEGEV

Prolog

Dienstag mittag. Zweiter Tag des Sechstagekrieges. Vierundzwanzig Stunden zuvor hatten die Jordanier den jüdischen Teil Jerusalems unter schweren Beschuß genommen. Nach Mitternacht war Motta Gurs Fallschirmjägerbrigade eingesetzt worden und hatte in erbitterten Kämpfen die befestigten Stellungen der Arabischen Legion in den nördlichen Außenbezirken der Altstadt erobert. Uri Ben Ari hatte eben die Erstürmung des Franzosenhügels durch seine motorisierte Brigade gemeldet. Der Weg zum Berg Scopus stand so gut wie offen. Neunzehn Jahre lang war er eine israelische Enklave auf jordanischem Gebiet gewesen; jetzt sollte er Teil des jüdischen Jerusalem werden.

Mein Hubschrauber landete bei der Stadthalle von Jerusalem, wo Uzi Narkiss das vorgeschobene Hauptquartier des Oberkommandos Mitte eingerichtet hatte. Er sagte, die Kämpfe seien noch im Gange, die Straße zum Berg Scopus sei noch nicht völlig feindfrei. Ich wollte aber nicht länger warten und drängte Uzi, loszufahren. Wir nahmen ein offenes Befehlsfahrzeug und einen Jeep für unsere Begleitung. Uzi saß am Steuer und ich neben ihm. So waren wir auch vor zehn Jahren während des Sinaifeldzuges gefahren – von E-Tor am Golf von Suez bis nach Sharm el-Sheikh. Auch damals befand sich die Straße noch in Feindeshand.

Wir fuhren zum Pagi-Viertel. Von dort waren die Fallschirmjäger in der Nacht zum Angriff angetreten. Dann bogen wir in eine bereits von Minen gesäuberte Nebenstraße ein, die zur Polizeiakademie am Fuße des Munitionshügels führte. Die Gebäude lagen in Trümmern und rauchten noch; aber wir konnten durch. Das Hotel Ambassador war vorher erobert worden. Wir hielten ein paar Minuten an und sahen uns genau um. Ganz besonders interessierte uns das zwischen der Stadt und dem Berg Scopus liegende Wadi. Es waren weit und breit keine Araber zu sehen. Die Zivilbevölkerung hatte sich in den Häusern eingeschlossen. Man hatte offenbar die Lehre aus den Kämpfen im Jahre 1948 gezogen und nicht die Flucht ergriffen. Beim Weiterfahren bemerkten wir Soldaten der Arabischen Legion auf den benachbarten Hügeln. Es waren zweifellos Versprengte aus den schweren Kämpfen der vergangenen Nacht, die jetzt nicht recht wußten, was sie mit sich selbst oder auch – glücklicherweise – mit uns anfangen sollten.

Kurz vor dem Berg Scopus begegneten wir den ersten israelischen Soldaten, die über unser Kommen vielleicht noch erstaunter waren als die arabischen Legionäre. Der Kommandant des Postens, Menahem Sharfman, führte uns zu seinem Beobachtungsstand auf dem Dach der Nationalbibliothek, die ein Teil des ursprünglichen Gebäudekomplexes der Hebrew University war. Seit 1948 hatten uns die Jordanier den Zugang zur Universität und zum danebenliegenden Hadassah-Hospital verwehrt. Vom Dach der Bibliothek konnten wir die ganze Stadt überblicken. Von überallher kam Gefechtslärm. Im Norden schlug sich Uris 10. Brigade zu uns durch, und im Westen und Süden kämpften Motta Gurs Fallschirmjäger und die Jerusalemer Brigade Eliezer Amitais. In der Altstadt selbst schien völlige Ruhe zu herrschen. Die alten Mauern, der Tempelberg, die Moscheen, die Ölbäume, die Hügel ringsum schienen unberührt von Getöse und Kampf. Ich sah hinab auf die alte Stadt, die mächtig und stolz in sich ruhte.

Neunzehn Jahre hatte ich auf diesen Augenblick gewartet. Schon im Jahre 1948, als Stadtkommandant von Jerusalem, und auch danach, als Generalstabschef, hatte ich die Befreiung Jerusalems und des Berg Scopus erhofft. Durch zweitausend Jahre Exil hatte sich das jüdische Volk nach Jerusalem gesehnt. Nach Jerusalem waren die Juden gepilgert, von Jerusalem hatten sie geträumt.

In den letzten zwei Jahrzehnten war aus diesem jahrtausendealten Traum ein Operationsplan geworden: Wir hatten das Aktenmaterial und Luftaufnahmen in den Panzerschränken des Generalstabs. Die Befreiung Jerusalems und seiner Umgebung übten wir bei unseren Sandkastenspielen. Seinen wahren Platz nahm Jerusalem jedoch in unseren Herzen ein.

Es gibt Augenblicke des Trostes für die Leiden einer ganzen Nation. Einen solchen Augenblick erlebten wir jetzt. Aber ich mußte mich vom Anblick Jerusalems trennen und den Beobachtungsposten wieder verlassen.

Vierundzwanzig Stunden später war ich wieder im vorgeschobenen Hauptquartier des Oberkommandos Mitte – aber diesmal in der Altstadt, die eben erst von Gurs Fallschirmjägern erobert worden war. Sie waren durch das Löwentor durchgebrochen, und kurz darauf meldete Gur: „Der Tempelberg ist in unserer Hand. Wiederhole: Tempelberg in unserer Hand."

Zu Beginn des ersten Kampftages hatten die Fallschirmjäger außerordentlich schwere Verluste zu beklagen, aber an diesem Morgen, dem 7. Juni 1967, war beim Durchbruch in die Altstadt kein einziger verwundet worden. Die Kämpfe waren so ausgegangen, wie ich es erwartet hatte: Als sich der Ring um Jerusalem schloß und die Stadt von Jordanien abgeschnitten war, legten die eingeschlossenen feindlichen Truppen die Waffen nieder.

Wir kamen zum Löwentor, fuhren in die Altstadt ein, und zu Fuß gingen wir dann den Tempelberg entlang und durch das Mograbi-Tor hinunter zur Klagemauer. Der kleine Platz vor der Mauer war voll von Soldaten, die an den schweren Kämpfen zur Befreiung Jerusalems teilgenommen hatten. Sie alle waren zutiefst gerührt. Manche brachen in Tränen aus; viele beteten; jeder einzelne wollte die geheiligte Mauer mit den Händen berühren.

Ich selbst stand schweigend vor der Klagemauer. Dann schrieb ich ein paar Worte auf einen Zettel aus meinem Notizbuch und schob ihn nach dem jahrhundertealten Brauch der jüdischen Pilger in eine Spalte zwischen den Quadersteinen. Moshe Pearlman, mein Sonderreferent, war erstaunt. Er fragte mich, was ich geschrieben hatte. Ich sagte nichts, schrieb es noch einmal und gab es ihm zu lesen: „Möge der Friede dem ganzen Haus Israel zuteil werden."

Beim Verlassen des Tempelberges wurde ich gebeten, eine kurze Erklärung zu diesem historischen Ereignis abzugeben. Ich sagte: „Wir sind zu unserer heiligsten Stätte zurückgekehrt und werden uns nie wieder von ihr trennen. Unseren arabischen Nachbarn reicht Israel die Freundeshand, den Gläubigen aller Bekenntnisse sagen wir volle Religionsfreiheit zu. Wir sind nicht gekommen, um die heiligen Stätten anderer zu besetzen oder um ihre religiösen Rechte einzuschränken, sondern um die Einheit dieser Stadt sicherzustellen und einträchtig mit allen anderen in ihr zu leben."

Ich habe zwar einige Jahre in Jerusalem gelebt, darf mich aber nicht als echten Bürger der Stadt bezeichnen. Beim Betreten der Altstadt, vor 1948, hatte ich immer das Gefühl, es habe mich in eine andere Welt verschlagen. Es war eine Welt fester Mauern aus Stein, die die Bazars umgaben, wo es von Händlern und Käufern wimmelte, von Touristen und Pilgern aus Übersee, von Arabern in ihren Kefiehs, chassidischen Juden in ihren schwarzen Gewändern und von Mönchen und Nonnen in Ordenstracht. Winkelige Treppen führten vom Bazar nach oben und verloren sich in finsteren, geheimnisvollen Gäßchen. Es war alles ganz anders als das Israel, in dem ich geboren wurde und aufwuchs – mein ländliches, sonniges Israel. Aber heute, an diesem Tag der Befreiung, bot sich mir wieder ein ganz anderes Bild. Die Stadt war voll von Fallschirmjägern, Panzersoldaten und Infanteristen mit dem Gewehr auf der Schulter und einem Ausdruck des Triumphs in den Augen. Das war das Jerusalem, nach dem wir uns gesehnt und um das wir gekämpft hatten, unser Jerusalem, das jüdische Jerusalem, eine freie, frohe und feierliche Stadt. Aber in unseren Jubel mischte sich auch Trauer – um die Menschen, die ihr Leben lassen mußten, damit wir feiern konnten, und über den Anblick des jüdischen Viertels, das im Jahre 1948 zerstört worden war.

An diesem Tag gehörte Jerusalem noch ganz und gar den Soldaten, die es befreit hatten. In der Zukunft sollte es wieder das Jerusalem von einst werden – das Jerusalem, das ganz Israel gehörte.

Ich gab Uzi den Befehl, die Tore in den Mauern der Altstadt weit zu öffnen. Wir mußten Mittel und Wege suchen, um ein harmonisches Zusammenleben der jüdischen und arabischen Bevölkerung in der nunmehr wiedervereinigten Stadt zu ermöglichen. Das würde Zeit brauchen. Die alten Stadtmauern waren imposante Bauwerke, aber ich wollte nicht, daß sie die beiden Gemeinden voneinander trennten. Ich wollte, daß die Tore zwischen dem Alten und dem Neuen in jeder Hinsicht weit offen stehen sollten.

Ich flog zum Oberkommando zurück. Im Hubschrauber hüllte ich mich in meinen Mantel ein und zog mich in eine Ecke zurück. Ich wollte nicht schlafen, aber ich wollte auch mit niemandem reden. Ich wollte das Gefühl nicht so rasch verklingen lassen, das mich beim Anblick der befreiten Stadt ergriffen hatte. Jerusalem war mir näher denn je. Nie wieder sollten ich und die Stadt voneinander getrennt sein.

I. Teil

Vom Untergrund zur Freiheit
(1915–1948)

1. Kapitel

Wurzeln

Den Namen Moshe erhielt ich zum Andenken an einen Toten. Auf einem einsamen Grabstein, der ein Jahr vor meiner Geburt in einem Olivenhain in Deganiah aufgestellt wurde, dort, wo der Jordan den See Genezareth wieder verläßt, steht dieser Name eingemeißelt. Die junge Siedlung, die erste zionistische Kollektivfarm, hatte ihren ersten Toten zu Grabe getragen. Deganiah war die Wiege der Kibbuz-Bewegung, aber 1914, vier Jahre nach ihrer Gründung, wohnten dort kaum mehr als zwanzig junge Pioniere, Männer und Frauen. Einer von ihnen war der neunzehnjährige Moshe Barsky, der aus einem Dorf in Rußland stammte und gekommen war, das Land Israel wiederzubegründen. Im Gegensatz zu den anderen Siedlern verstand er etwas von Landwirtschaft und eignete sich auch bald die nötigen Kenntnisse an, um den sumpfigen Boden des Jordantals zu bebauen. Bei den übrigen Bewohnern von Deganiah war er wegen seiner Liebenswürdigkeit und Gutmütigkeit sehr beliebt.

An einem Sabbat fühlte sich mein Vater gegen Abend nicht wohl. Moshe machte sich erbötig, in ein Nachbardorf zu reiten und Medizin zu holen. Das war in der damaligen Zeit nicht einfach. Es waren fast immer arabische Banden unterwegs, und wer sich nach Einbruch der Dunkelheit allein aus einer einsamen, umzäunten jüdischen Siedlung herauswagte, setzte sich großen Gefahren aus. Barsky ritt trotzdem aus. Kurz nach Sonnenuntergang kehrte sein Maulesel ohne ihn zurück. Die Männer des Kibbuz bildeten Suchgruppen und machten sich – nachdem sie die Tore der Siedlung verriegelt hatten – auf die Suche nach ihrem Kameraden. Mit brennenden Fackeln ritten sie in der Dunkelheit durch die Felder. Ein starker Ostwind brauste über den See Genezareth und erschwerte die Verständigung zwischen den einzelnen Gruppen.

Endlich fanden sie Barsky. Er lag am Ufer des Jordan; neben ihm ein Schuh, ein Stock und eine zerfetzte Kefieh. Sechs Araber hatten ihn überfallen und seinen Maulesel stehlen wollen. Er hatte sich gewehrt, und sie hatten ihn von hinten erschossen. Das verschreckte Tier war ihnen während des Kampfes entlaufen.

Mein Vater schrieb einen schmerzerfüllten Brief an die Eltern Barskys in Rußland. Barskys Vater antwortete: „Wir klagen nicht und weinen nicht. Die teuren Söhne unseres Volkes müssen weiterkämpfen, um unsere Nation zu erneuern und zu stärken. Wir schicken unseren zweiten Sohn, Shalom. Er soll den Platz seines toten Bruders einnehmen. Moshes Tod verbindet uns alle mit dem Land Israel."

Ein Jahr darauf, am 4. Mai 1915, wurde ich in Deganiah geboren und bekam den Namen Moshe. Das Land Israel hieß damals Palästina und stand als Teil des Osmanischen Reiches unter türkischer Herrschaft. Zweieinhalb Jahre später brach das Osmanische Reich nach dem Sieg der Alliierten im Ersten Weltkrieg zusammen. Palästina kam unter britische Mandatsverwaltung. Ich aber wuchs in einer unabhängigen jüdischen Gemeinschaft auf, in der Hebräisch gesprochen wurde. Wir waren Juden, die Wurzeln geschlagen hatten und in ihrer angestammten Heimat lebten.

Mein Vater, der Sohn eines armen Hausierers, und meine Mutter, die Tochter eines wohlhabenden Holzhändlers, waren als junge Idealisten nach Israel gekommen. Sie waren in Rußland weder verfolgt worden noch wurden sie aus ihrer Heimat vertrieben. Ihre Eltern ließen sie nur ungern fort. Aber der unbändige Enthusiasmus meines Vaters und das tiefinnerliche Pflichtgefühl meiner Mutter hatten sie zu der Überzeugung gebracht, daß es für einen Juden keine andere Heimat gäbe als Israel. So verließen sie Rußland, und ich wurde als Jude in unserem eigenen Land geboren. Auch meine Kinder und meine Enkel sind in Israel zur Welt gekommen, doch sie brauchten keine Entscheidung mehr zu treffen. Meine Eltern aber mußten sich noch zur Auswanderung durchringen. Sie hatten die richtige Wahl getroffen.

Mein Vater Shmuel war ein eindrucksvoller Mann mit robusten Zügen und von kräftigem Körperbau. Er wuchs in der Ukraine auf, in Zaskow, einem Dorf im Bezirk Kiew. Die dortige jüdische Gemeinde bestand aus dreihundert Familien. Sie verdienten ihren dürftigen Lebensunterhalt als kleine Kaufleute, Handwerker, Hilfsarbeiter und Pferdehändler. Vater stammte aus einer Familie von Chassidim. Sein Großvater und sein Urgroßvater hatten rabbinisches Recht gesprochen – wie schon der Name Dayan sagt.

Um seine sieben Kinder zu ernähren, versuchte sich mein Großvater in verschiedenen Berufen und brachte sich am Ende doch nur als Hausierer durch, der mit einem Wagen von Ort zu Ort zog. Elyahu, der älteste Sohn, half ihm dabei, später dann mein Vater, der den Cheder, die jüdische Schule, im Alter von dreizehn Jahren verließ.

Mein Großvater führte ein orthodoxes Haus, aber in seinem Regal standen neben den Gebetbüchern auch zionistische Broschüren und Exemplare der neuhebräischen Zeitschrift *Hatzefirah*. Mein Vater hielt sich den *Jungen Arbeiter*, eine zionistische Publikation mit Beschreibungen des Landes Israel. Aber die armseligen Behausungen in den schmutzigen Gassen von Zaskow waren weit entfernt von den schimmernden Wassern des Jordan und den schneebedeckten Spitzen des Berges Hermon. Doch die Entfernungen schwanden dahin, wenn die zionistischen Redner in der Synagoge oder auch vor zionistischen Gruppen in Odessa sprachen, wohin mein Onkel Elyahu inzwischen übersiedelt war. Er war es auch, der seinen jüngeren Bruder Shmuel für Zion begeisterte. Elyahu träumte davon, sich den zionistischen Pionieren in Palästina anzuschließen. Es dauerte bis 1908, aber dann hatte er die erforderlichen 600 Rubel beisammen, um ins Heilige Land ziehen zu können. Er nahm seinen damals achtzehnjährigen Bruder Shmuel mit und auch Beilah, eine seiner Schwestern. Vier Jahre später besaß er bereits eine Farm bei Ein Ganim, etwa fünfzehn Kilometer nördlich von Tel Aviv. Dann fuhr er wieder nach Rußland, um Frau und Kinder abzuholen, die er dort zurückgelassen hatte.

Mein Vater stellte sich der Herausforderung, das Land zu bebauen, was zu jener Zeit angesichts der extremen Hitze, der Malaria, des Elends, der Armut und des allgemeinen Verfalls des Landes unter der türkischen Herrschaft schwerste körperliche und seelische Belastung bedeutete. Er aber ließ sich von seinem Vorhaben nicht abbringen. Er verdingte sich als Landarbeiter in einer ganzen Reihe von Orten entlang der Küste – in Petach Tikvah, Rehovoth, Ein Ganim und Hadera.

Die jungen Juden, die wie mein Vater nie zuvor schwere körperliche Arbeit verrichtet hatten, nun aber unbedingt mit den Händen arbeiten wollten, hatten es zu Anfang recht schwer. In Petach Tikvah mußte er Weizengarben binden und Bewässerungsgräben ausheben. Nach der Arbeit war er völlig erschöpft. Kopf und Rücken schmerzten; er hatte geschwollene Finger und Blasen auf den Händen. Zu Mittag aß er Brotfladen, Erbsenbrei und auch Tomaten, die er nicht leiden konnte, und legte sich dann auf seine Strohmatte. Wie die anderen bekam auch er bald Malaria. Man redete ihm ein, Malaria sei gar keine richtige Krankheit; so arbeitete er eben weiter auf dem Feld oder im Orangenhain, und wenn er nicht mehr konnte, streckte er sich auf dem Acker aus.

Mit der Zeit gewöhnte er sich an die schwere Arbeit und die harten Bedingungen, doch nach einem weiteren ernsten Malariaanfall begriff er die Gefahr und wurde Nachtwächter in den Weingärten von Rehovoth. Man gab ihm einen Stock und eine Trillerpfeife zum Schutz gegen plündernde Araber! Nach nicht allzu langer Zeit kehrte er jedoch auf die Felder von Ein Ganim und Hadera zurück. Je leichter ihm die körperliche Arbeit fiel, desto weniger Ruhe gönnte er sich in seiner Freizeit. Sein Zimmer in der Arbeiterbaracke wurde zu einer Art Klubraum, wo er zusammen mit seinen Freunden abends Hebräisch lernte, über die ideale Gesellschaftsordnung debattierte und die Ziele der im Entstehen begriffenen jüdischen Arbeiterbewegung besprach. Schon damals fand mein Vater Gefallen an organisatorischen Einzelheiten; später spielte er eine nicht unwesentliche Rolle beim Aufbau der Bewegung.

Zur damaligen Zeit war es nicht schwer, in Judäa und in der Küstenebene von Sharon Arbeit zu finden. Aber was ein echter Pionier war, den zog es nach Galiläa. Dort wurden jüdische Landarbeiter und Wächter dringend gebraucht. Mein Vater kaufte in Jaffa eine alte türkische Pistole und einen Patronengurt und ging nach dem Norden, wo er im Dorf Yavniel eine Stelle bei einem jüdischen Farmer fand. Hier war er in seinem Element. Er pflügte und säte, brachte die Getreideernte ein und ritt auf Pferden und Mauleseln. Bald durfte er, wie er beglückt nach Hause schrieb, im Stall schlafen und die Tiere füttern und bewachen. Die Arbeit, die er in Yavniel verrichtete, war die eines „echten Bauern", so wie die der Christen daheim in Zaskow. Er war stolz, „ein Landarbeiter in Galiläa zu sein, mit meiner Kefieh, meinen Reitstiefeln, der Pistole im Halfter und den Mauleselzügeln in der Hand . . ."

Er verbrachte sechs schöne Monate in Yavniel, dann erlitt er wieder einen Malariaanfall. Als er sich erholt hatte, ging er mit einigen anderen nach Kinnereth am See Genezareth, der auch Tiberiassee und Galiläisches Meer genannt wird.

Kinnereth war bereits vom Jewish National Fund erworben worden, der für den Landbesitz zuständigen zionistischen Organisation. Gegen Ende des Jahres 1909 machten sich sieben der Landarbeiter von Kinnereth selbständig und erklärten sich bereit, ein Jahr lang ein anderes Stück Land im nahe gelegenen Um Juni zu bebauen. Dies führte zur Gründung von Deganiah, dessen Name vom hebräischen Wort für Getreide abgeleitet ist. Nach Ablauf des Jahres zogen die Sieben weiter, und eine größere Gemeinde nahm ihren Platz ein. Im Jahre 1911 schloß sich mein Vater dieser Gemeinde an.

Bis dahin waren die Landarbeiter auch dieser Gruppe wandernde Pioniere gewesen, Wegbereiter für die späteren Siedler. Sie selbst waren immer weiter gezogen und hatten neue Landstriche erschlossen. Yosef Bussel, ihr Führer, meinte aber, sie sollten sich nun selbst in Deganiah niederlassen und in enger Zusammenarbeit eine eigene Gemeinschaft ohne Privateigentum gründen. Alle sollten arbeiten und ihren Bedürfnissen entsprechend entlohnt werden.

Die Kinder würden in einem Gemeinschaftskindergarten versorgt werden, die Frauen würden Berufe ergreifen können, die üblicherweise den Männern vorbehalten waren, und Deganiah würde vom Ertrag der Arbeit seiner Mitglieder leben können.

So sehr der Kibbuz-Gedanke sie auch beschäftigte – die Bewohner von Deganiah mußten sich dennoch mit den Problemen ihres Alltags auseinandersetzen: mit der kräfteraubenden Hitze während des langen Sommers in einem Gebiet, das zweihundert Meter unter dem Meeresspiegel liegt, mit dem schalen Wasser, das ihren immerwährenden Durst kaum löschte, mit der mangelhaften Ernährung, dem Staub, den Moskitos und Fliegen, mit dem Einholen der Ernte und dem Dreschen im sengenden Wind und mit all den übrigen, niemals endenden Arbeiten auf dem Land. Und doch hatten sie irgendwie immer noch die Kraft, zu singen und zu tanzen und abends zu lesen und zu debattieren.

In diese Welt kam nun im Frühjahr 1913 meine Mutter Dvorah. Sie war eine gutaussehende, nicht allzu große Frau mit tiefliegenden, braunen Augen und langem, dunklem Haar, das sie in Zöpfen um den Kopf gelegt trug. Sie war ebenso alt wie mein Vater und stammte wie er aus dem Bezirk Kiew. Aber was Familie, Erziehung und Temperament betrifft, waren sie grundverschieden. Ihr Vater war der einzige Jude des Dorfes Prochorowka am Dnjepr. Er besaß einen Holzhandel; die gefällten Bäume wurden nach der Eisschmelze stromabwärts geflößt. Er stammte aus einer Familie von Rabbinern und war selbst Schriftgelehrter. Den langen Winter über, wenn der Fluß zugefroren war, studierte und kommentierte er die Texte. Er hatte ein Buch über die Juden zur Zeit der Chmielnicki-Pogrome im 17. Jahrhundert geschrieben und verfaßte auch Artikel für Zeitschriften, die sich der hebräischen Erneuerung widmeten. Er fühlte sich von der Bewegung der Freunde Zions angezogen und verfolgte deren frühe Siedlungstätigkeit in Palästina mit großem Interesse.

Als junges Mädchen empfand meine Mutter nur wenig Interesse für die Studien ihres Vaters auf dem Gebiet der hebräischen Kultur und des Zionismus. Sie besuchte zuerst die russische Dorfschule, dann eine Oberschule in einer größeren Stadt und inskribierte schließlich am Pädagogischen Institut der Universität Kiew. Das Elend der arbeitenden Bevölkerung ging ihr zu Herzen, und sie war zutiefst empört über die Tyrannei des zaristischen Regimes. Sie sah es als ihre Aufgabe an, den Bedürftigen zu helfen und das Leid zu lindern. Die großen russischen Romane von damals beeindruckten sie sehr, besonders Tolstoi. Als Mitglied einer sozialdemokratischen Studentenvereinigung beteiligte sie sich an einer Studie über die Lebensbedingungen der Kinder im Elendsviertel von Kiew. Kurz, meine Mutter besaß dieselben geistigen

Interessen und sozialen Ideale wie die übrige junge russische Intelligenz der damaligen Zeit.

Aber gerade damals stellte sich ein Sinneswandel ein. In ihr erwachte der Wunsch, sich ihrer Identität als Jüdin zu vergewissern. Sie verließ die Universität, kehrte nach Hause zurück und führte lange Gespräche mit ihrem Vater. In seinem Studierzimmer las sie die Briefe, in denen Ze'ev Tiomkin das schwere, aber zugleich zutiefst befriedigende Leben, das die zionistischen Pioniere in Palästina führten, beschrieb. Das gab meiner Mutter den Ansporn, das Schicksal ihres Volkes zu teilen, und so ging sie im Jahre 1913, im Alter von dreiundzwanzig Jahren, nach Palästina.

Die Überfahrt auf einem Pilgerschiff von Odessa nach Haifa dauerte eine Woche. Sie hatte nur ein Empfehlungsschreiben an Yisrael Bloch bei sich, einen der ersten Siedler von Deganiah. Er befand sich damals in Damaskus beim Vieheinkauf und konnte sie nicht abholen. So fuhr sie mit dem Zug nach Zemach am See Genezareth und marschierte von dort zu Fuß nach Deganiah.

Ihre ersten Versuche, sich in das Leben der kleinen Gemeinschaft einzufügen, blieben ohne jeden Erfolg. Ihre romantischen Vorstellungen mußten an der harten Realität scheitern. Die schwere Arbeit in der Küche und auf dem Hof war besonders in der feuchten Sommerhitze äußerst ermüdend. Man wohnte auf engstem Raum, es gab derbe und keineswegs schmackhafte Kost; kurz, die gewohnten Annehmlichkeiten waren in keiner Weise vorhanden. Sie konnte weder Hebräisch noch Jiddisch. Die anderen, die kein Interesse für die von ihr so geliebte russische Kultur bekundeten, fanden sie zu bürgerlich in ihrer Kleidung und in ihren Anschauungen. Als sie sich um die Mitgliedschaft im Kibbuz bewarb, wurde ihr Antrag nach eingehender Diskussion abgelehnt, mit der Begründung, daß sie einfach nicht hineinpasse. Es gab eine Scherzgeschichte, wonach mein Vater zu denen gehört habe, die sich scharf gegen ihren Beitritt aussprachen – hauptsächlich deshalb, weil er fürchtete, er würde Nebenbuhler im Werben um ihre Gunst haben, falls sie in Deganiah bliebe.

Wie dem auch sei, meine Mutter verließ Deganiah und ging nach Sejera, in eine andere Siedlung, um dort zu arbeiten und Hebräisch zu lernen. Als mein Vater nicht lange danach nach Beirut zum Arzt mußte, gab meine Mutter ihr letztes Geld aus, um ihn dort zu besuchen. Als Verlobte kehrten sie gemeinsam nach Deganiah zurück, und diesmal stand Dvorahs Aufnahme in die Gemeinschaft nichts mehr im Wege.

Im Herbst 1914, kurz nach Kriegsausbruch, heirateten meine Eltern im Kibbuz am Ufer des Jordan. Die Trauung wurde von einem Schochet (Schächter) aus einer anderen Siedlung vorgenommen, und eine Decke, an

Stangen befestigt, die sonst zum Stützen der Orangenbäume benutzt wurden, diente als Hochzeitsbaldachin. Ihrer Herkunft entsprechend trug meine Mutter ein weißes Hochzeitskleid, das sie selbst genäht hatte.

Ich war das erste Kind, das in Deganiah geboren wurde, aber nicht der erstgeborene echte Kibbuznik. Gideon, der Sohn der Gründungsmitglieder Yosef und Miriam Baratz, kam zwei Jahre vor mir zur Welt, aber seine Mutter mußte wegen der damaligen mangelhaften Einrichtungen in Deganiah zur Entbindung nach Tiberias.

Man hatte Moshe Barsky nicht vergessen, und in der Zwischenzeit hatten sich auch weitere Morde ereignet. Trotzdem unterhielten Juden und Araber freundliche und nachbarliche Beziehungen. Sie bebauten gleichermaßen den Boden, lernten voneinander, besuchten einander und nahmen an beiderseitigen Festlichkeiten teil. Die Überfälle auf jüdische Arbeiter erfolgten nicht aus nationalistischen Motiven, denn auch die arabischen Bauern wurden gelegentlich von arabischen Banden überfallen. Da man sich auf den Schutz der türkischen Behörden nicht verlassen konnte, bildeten die jüdischen Siedlungen in Galiläa eine gemeinsame Schutztruppe, die die Straßen und Dörfer bewachte und die Schlupfwinkel der Banditen auskundschaftete.

Die ersten Jahre meines Lebens waren Kriegsjahre – schlimme Jahre für uns alle. Die Türkei war auf der Seite des Deutschen Reiches und Österreich-Ungarns in den Krieg eingetreten und hatte in Palästina die Generalmobilmachung angeordnet. Die Türken trauten der jüdischen Gemeinde nicht und wiesen daher eine Anzahl jüdischer Führer nach Ägypten aus. Die Siedler von Deganiah entschlossen sich, die türkische Staatsbürgerschaft anzunehmen. Die Folge war, daß einige der Männer von Deganiah in die türkische Armee eingezogen wurden. Der Kibbuz mußte hohe Steuern an den Staat entrichten, ein Teil seines Eigentums wurde auch beschlagnahmt.

Im ersten Kriegsjahr befiel den Kibbuz eine Heuschreckenplage. An einem heißen Tag kam plötzlich ein riesiger Schwarm aus dem Osten angeflogen und ließ sich auf den Feldern nieder. Die Siedler taten ihr möglichstes, um die Heuschrecken zu vernichten und die Bäume und das Getreide zu schützen. Man beschmierte die Stämme mit einer klebrigen Paste und hüllte die Äste in weißes Sackleinen ein. Man zog Gräben rund um den Dreschboden und füllte sie mit Wasser – aber alles ohne Erfolg. Als die Heuschrecken endlich weiterflogen, krochen die Jungen aus, und es wimmelte von Raupen. Fast alles fiel ihnen zum Opfer. Meine Geburt fiel in die ärgste Zeit der Heuschreckenplage.

Als ich ein Jahr alt war, erkrankte ich an einem Trachom, der für den Nahhen Osten endemischen Augenkrankheit. Meine Mutter steckte sich bei mir an. Zur Behandlung begaben wir uns auf einige Zeit zur Schwester meines Vaters nach Nachlat Yehuda, südlich von Tel Aviv. Unser Zustand besserte sich zwar, aber wir waren noch nicht auskuriert, als wir nach Deganiah zurückkehrten.

Je länger der Krieg andauerte, desto mehr verschlimmerte sich die Lage. Eine Gruppe deutscher Piloten kam eines Tages nach Deganiah und requirierte unsere Häuser. Die Mitglieder des Kibbuz mußten in die Kuhställe und ins Lagerhaus ziehen und dort den ganzen kalten und regnerischen Winter verbringen. Alle Kinder wurden krank; ich bekam Lungenentzündung, und der Zustand meiner Augen verschlechterte sich. Erst im Jahre 1919, nach dem britischen Sieg im Palästinafeldzug, konnten meine Mutter und ich zur Spitalsbehandlung nach Jerusalem: ich wegen meiner Augen, meine Mutter wegen eines Nierenleidens. Ich war damals gerade vier Jahre alt. Meine Mutter nutzte die Zeit, um mir Lesen und Schreiben beizubringen.

Nach der Ankunft weiterer Siedler aus Osteuropa wurde die Gründung eines zweiten Kibbuz, Deganiah B, beschlossen; mein Vater wurde mit den Vorbereitungen beauftragt. Der neue Kibbuz wurde jedoch von Beduinenbanden überfallen und mußte schleunigst evakuiert werden. Mein Vater und die anderen Männer kehrten zum Mutterkibbuz zurück und gingen von dort jeden Morgen zur Feldarbeit nach Deganiah B. Um diese Zeit war oft von einem anderen Siedlungstyp, dem Moshav, die Rede. Dort sollte zwar jede Familie ihr eigenes Häuschen und ihr eigenes Stück Land besitzen, die großflächige Bebauung und den Absatz aber dem Kollektiv überlassen. Dies im Gegensatz zum Kibbuz, wo das gesamte Land Eigentum des Kollektivs war und gemeinsam bebaut und genutzt wurde. Der erste Moshav wurde in Nahalal im Yezreeltal gegründet, wo man sich zu einem großangelegten Projekt entschlossen hatte. Mein Vater, dem das Leben im Kibbuz nicht mehr zusagte, schloß sich den Gründern von Nahalal an. Der Abschied vom Kibbuz fiel uns allerdings nicht leicht. Ich war damals sechs Jahre alt, und ich kann mich erinnern, daß ich weinte, als ich mich von den anderen Kindern verabschiedete.

Es verging einige Zeit, bevor der Zionistische Kongreß das Moshav-Modell guthieß, die nötigen Mittel bewilligte und das Land erworben werden konnte. Wir zogen mittlerweile nach Tel Aviv. Mein Vater erhielt eine Anstellung bei der Landwirtschaftsabteilung der Partei; meine Mutter arbeitete zeitweilig im Büro einer Organisation, die sich mit der Suche nach vermißten Familienangehörigen befaßte, und ich wurde in den Kindergarten geschickt.

Im September 1921 zogen wir nach Nahalal. Unsere neue Heimat war zunächst nicht mehr als ein Zeltlager in den Hügeln unweit von Nazareth. Weiter unten, so weit das Auge reichte, lag das Yezreeltal – hier und dort ein Sumpf, Bergkuppen, die die Überreste antiker Städte bedeckten, eine Gruppe von Beduinenzelten aus Ziegenfell, die armseligen Lehmhütten eines arabischen Dorfes. Wegen der harten Lebensbedingungen in Nahalal und auch aus Furcht vor Ausschreitungen der Araber verbrachten meine Mutter und ich, zusammen mit den anderen Frauen und Kindern, die ersten acht Monate in gemieteten Unterkünften, die sich eigentümlicherweise im Herzen des arabischen Nazareth befanden. Es ergaben sich aber keinerlei Schwierigkeiten. Durch die regelmäßige Behandlung an der dortigen Klinik wurden wir beide sogar vom Trachom geheilt, das uns Jahre hindurch gequält hatte.

Nahalal war von allem Anfang eine gründlich geplante Musterfarm. Richard Kauffmann, ein berühmter Architekt, hatte sie entworfen. Der Moshav war wie ein riesiges Wagenrad angelegt: innen an der Nabe standen die Gemeinschaftsgebäude, umgeben von einem Kreis der Wohnhäuser der Mitglieder. Dann kamen, strahlenförmig angeordnet wie Radspeichen, die einzelnen Parzellen. Wir waren eine der achtzig Familien von Nahalal, von denen jede über eine Anbaufläche von zwanzig Morgen verfügte. Ein Teil der Geräte war Gemeinschaftseigentum; Absatz der Produkte und Einkauf von Vorräten erfolgte durch die Genossenschaft. An einigen der Grundideen des Kibbuz wurde weiter festgehalten: an der ideellen Bedeutung des Ackerbaus, am Prinzip der körperlichen Arbeit und an der vollen Gleichberechtigung aller Mitglieder. Nahalal diente als Modell für Hunderte Moshavim, die heute noch in ganz Israel existieren, auch wenn sie nicht alle der ursprünglichen kreisförmigen Anlage Kauffmanns folgen.

Nach einiger Zeit zogen wir aus unserem Zelt in eine Hütte und schließlich in ein Häuschen mit einem Wohnzimmer, zwei Schlafzimmern, einer Küche und einer Veranda. Die Toilette war außerhalb, und gebadet wurde in einer Wanne in der Küche. Als ich acht war und eine kleine Schwester hatte, bat die Mutter meinen Vater, einen Holzverschlag an die Veranda anzubauen. Diesen Raum bewohnte ich bis zu meiner Heirat.

Nach der Schule half ich meinem Vater bei der Arbeit: beim Melken, Säen, Pflügen und bei der Ernte, oder ich fuhr das Getreide mit dem Wagen zur Mühle im nächsten Araberdorf. Und meiner Mutter half ich den Teig zu kneten, wenn Brot gebacken wurde, und beim Rühren, wenn sie Feigenmarmelade machte.

Mein Vater hatte stets den Wunsch gehabt, sich am öffentlichen Leben zu beteiligen. Er widmete sich der Partei- und Organisationsarbeit, mußte Aufträge im Ausland erledigen und war in solchen Angelegenheiten zweimal fast ein ganzes Jahr unterwegs. Während seiner Abwesenheit hatte meine Mutter, mit meiner nur geringen Hilfe, die ganze Arbeitslast zu tragen. Ich erkenne erst jetzt, was sie damals trotz ihrer angegriffenen Gesundheit und trotz der sich vergrößernden Familie alles leistete. Als ich sieben war, kam meine

Schwester Aviva in Haifa zur Welt, wo der Bruder meiner Mutter wohnte. Vier Jahre darauf wurde mein Bruder Zohar (Zorik), ebenfalls in Haifa, geboren. Mein Vater hielt sich zu dieser Zeit in den Vereinigten Staaten auf, und ich mußte als Elfjähriger die Leitung der Farm übernehmen. Aber auch die Jahre schwerer Arbeit und ihr leidender Zustand konnten die geistigen Interessen und literarischen Neigungen meiner Mutter nicht wirklich beeinträchtigen. Ihr habe ich mein Interesse an Büchern zu verdanken. An Winterabenden hörte ich ihr stundenlang zu, wenn sie russische Geschichten erzählte. Von ihr habe ich wohl auch meine Neigung zum Alleinsein und zur Nachdenklichkeit geerbt. Als ich vierzehn war, wurde meine Mutter Mitarbeiterin der Tageszeitung *Davar.* Sie trat der Redaktion bei und wurde Delegierte zum Frauenarbeiterrat. Es war ihr aber nur selten möglich, an den Sitzungen in Tel Aviv teilzunehmen, da sie jedesmal die beiden Jüngeren mitnehmen mußte und mich nur ungern auf der Farm allein ließ.

Etwa ein Jahr nach der Gründung von Nahalal erschien eines Tages ein hagerer, junger Mann mit blauen Augen namens Meshulam Halevy. Er war Lehrer, und man nahm ihn auf, um die fünfzehn Kinder des Moshav zu unterrichten. Er teilte uns in drei Altersstufen ein und hielt zunächst den Unterricht im Wohnzimmer seiner Hütte, bis schließlich ein regelrechtes, aus zwei Räumen bestehendes Schulhaus gebaut wurde. Meshulam war ein begabter, modern denkender Lehrer, der sich nicht zu sehr an einen festen Lehrplan klammerte. Durch ihn lernten wir sowohl unsere biblische Geschichte als auch unsere Heimat näher kennen. Er hielt viele Unterrichtsstunden im Freien ab, und auf langen Wanderungen erfuhren wir vieles über die Flora und Fauna unseres Landes. Ich konnte gut schreiben und zeichnen. Einige meiner Aufsätze, Gedichte und Skizzen fanden ihren Weg in die Kinderzeitung, die wir unter Meshulams Anleitung in einem einzigen Exemplar veröffentlichten.

Abgesehen von den Klassenausflügen ging ich gerne wandern und zelten, mit einem oder zwei Kameraden oder auch allein. Mit der Zeit schloß ich mich auch den Jungen in den Araberdörfern und Beduinenlagern an und lernte auch ihre Sprache, das Wahash. Zwischen einem gleichaltrigen Beduinenjungen, den ich draußen auf den Feldern von Nahalal kennengelernt hatte, und mir entwickelte sich eine enge Freundschaft. Obwohl unsere arabischen Nachbarn, verglichen mit uns, arm und rückständig waren, mochte ich sie gut leiden und respektierte sie wegen ihrer stoischen Ruhe und Geduld, ihrer angestammten Bräuche und der ihnen eigenen Würde, die selbst der ärmste Bauer und Stammesangehörige ausstrahlte. Seit meiner Kindheit bin ich immer gut mit den Arabern ausgekommen.

Im Jahre 1926 eröffnete der Internationale Zionistische Frauenbund (WIZO) eine landwirtschaftliche Schule für Mädchen in Nahalal, die erste ihrer Art im Nahen Osten. Die Schule wurde von der gestrengen Frau Hannah Meisel Schochat geleitet. Die Mädchen aus allen Landesteilen, die die Schule besuchten, erregten verständlicherweise außerordentliches Interesse bei uns Jungen. Als meine Altersgruppe die Grundschule bei Meshulam abschloß, wurde vereinbart, daß auch Knaben die WIZO-Schule besuchen könnten. Ich war einer der wenigen, die sich dazu entschlossen. Später wurde fälschlicherweise behauptet, ich sei der einzige Junge gewesen, der diese Mädchenschule besuchte!

2. *Kapitel*

Selbstschutz

Im Jahre 1929 wurde ich in Nahalal als jüngstes Mitglied in die Geheimorganisation Haganah aufgenommen, die Verteidigungstruppe der Juden Palästinas. Ich war damals erst vierzehn Jahre alt. Kurz vorher hatten die Araber in Hebron 67 Juden – Männer, Frauen und Kinder – niedergemetzelt. Weitere sechzig waren verwundet worden; Synagogen wurden zerstört und Thorarollen verbrannt. Die Haganah wollte unter allen Umständen verhindern, daß einsam gelegene jüdische Stadt- und Landgemeinden hilflos und ohne Waffen den arabischen Extremisten ausgeliefert sein sollten, deren Überfälle sich aber auch gegen Araber richteten, die in gutem Einvernehmen mit ihren jüdischen Nachbarn lebten. Jede Gemeinde sollte sich selbst verteidigen können. Jede einzelne sollte Waffen bekommen, und Männer und Frauen sollten im Waffengebrauch ausgebildet werden.

Die Briten aber erklärten Waffenbesitz ohne Waffenschein ebenso wie militärische Ausbildung zum Selbstschutz für illegal. Die Mandatsverwaltung hatte für Ruhe und Ordnung im Lande zu sorgen. Ihr oblag der Schutz der Bevölkerung, doch Polizei und Militär waren zu schwach, um jede einzelne gefährdete jüdische Gemeinde schützen zu können. Vielleicht mangelte es auch an gutem Willen, denn wenn sie gerufen wurden, kamen sie oft zu spät. Die Briten gaben bis zu einem gewissen Grad dem Drängen der jüdischen Vertreter nach und teilten den Kibbuzim und Moshavim schließlich einige Waffen zu – meist Schrotflinten, die uns nur wenig nützten. Die Haganah besorgte und verteilte also selbst Waffen; sie wurden in jeder Siedlung versteckt aufbewahrt. Dies und die Zugehörigkeit zur Haganah war natürlich illegal. Darum auch die Geheimbündelei.

Als wir der Haganah beitraten, wurden wir im Waffengebrauch unterwiesen, wobei ich persönlich aber nicht viel Neues lernte. Wir hatten nämlich schon immer eine Waffe im Haus gehabt: einen alten deutschen Karabiner, den mein Vater aus Deganiah mitgebracht hatte. Er versteckte ihn im Kuhstall, aber ich holte ihn häufig heraus, um ihn zu reinigen und zu ölen, und wußte schon seit langem mit ihm umzugehen. Aber erst jetzt, als stolzes Mitglied einer Geheimorganisation, meinte ich den Karabiner wirklich gebrauchen zu können. Unsere Aufgabe bestand darin, Nahalal nötigenfalls zu verteidigen und bei einem Überfall auch der Nachbarsiedlung Hilfe zu leisten.

Als ich etwas älter war, stellte Yehuda Mor, ein Mitglied von Nahalal, eine aus fünf jungen Männern bestehende Reitergruppe auf, die die Getreidefelder gegen arabische Plünderer schützen sollte. Zwei Mitglieder des Moshav, ehemalige Angehörige eines Kosakenregiments, erteilten uns Reitunterricht in der besten Tradition der russischen Kavallerie. Wir stürzten uns auf imaginäre Feinde, zückten Stöcke wie Säbel und stießen, wenn wir im Galopp Attacke ritten, blutrünstige Schreie aus. Die Ausbildung machte großen Spaß. Die el-Mazarib-Beduinen und andere Stämme ließen ihre Herden hin und wieder auf unseren Feldern weiden, und wir mußten sie vertreiben. Diebstahl und Ausnutzung der Felder anderer war bei ihnen gang und gäbe. Aber politische Konflikte hatten wir mit ihnen nicht.

Dagegen gab es unter den Juden selbst politischen Streit. Es existierten schon einige Kibbuzim und Moshavim, die sich mit einer der beiden Arbeiterbewegungen identifizierten. Im Jahre 1930 erfolgte dann der Zusammenschluß der beiden Flügel und die Bildung der Mapai, der Arbeiterpartei des Landes Israel. Die Partei hatte eine Jugendorganisation, die mich aber nicht sonderlich ansprach. Ich hielt mich lieber in der Jugendhütte von Nahalal auf, wo wir Debatten, Vorträge, Gemeinschaftssingen und Volkstanzabende veranstalteten.

Eines Nachts, im Dezember 1932, wurde in die Hütte Yosef Ya'akobis, eines unserer Nachbarn, eine Bombe geworfen. Sein achtjähriger Sohn wurde sofort getötet; Ya'akobi erlag seinen Verletzungen erst am nächsten Morgen. Mit diesem Überfall begann ein neuer Abschnitt in den Beziehungen zu unseren arabischen Nachbarn. Jetzt ging es nicht mehr um Grund und Boden oder um Weiderechte. Offensichtlich lagen diesem Anschlag, dem ein ähnlicher Überfall auf den Nachbarkibbuz Yagur vorangegangen war, politische und nationalistische Motive zugrunde. Die britischen Behörden nahmen zwar einige Verhaftungen vor, aber die Überfälle dauerten weiter an.

Verantwortlich dafür war eine Untergrundgruppe, die sich zunächst die „Bärtigen Scheiche" nannte und späterhin unter dem Namen ihres Führers und Begründers, Scheich As-el-Din al Kassam, als Kassamiya bekannt war. Das Dorf Zippori bei Nazareth diente der Gruppe als Hauptquartier. Mein

Vater war der festen Überzeugung, daß die Araber von Natur gewalttätige Plünderer und Störenfriede seien. Bei dieser Gelegenheit wurde mir zum erstenmal bewußt, daß die Dinge nicht ganz so einfach lagen. Ich ritt nach Zippori, um mich mit arabischen Bekannten und mit den Scheichs des el-Mazarib-Stammes auszusprechen. Sie alle brachten den Kassamiya große Achtung entgegen: Sie seien Idealisten, bescheiden in ihrer Art, verbrachten viel Zeit im Gebet und handelten aus tiefster religiöser und nationaler Überzeugung.

Ich selbst hatte stets eine positive und freundliche Einstellung unseren arabischen Nachbarn gegenüber. Ihr Lebensstil sagte mir zu; ich schätzte ihren Fleiß und ihre Liebe für das Land und unsere gemeinsame Umwelt. Ich zweifelte nicht im geringsten an der Möglichkeit eines friedlichen Zusammenlebens – sie in ihren Dörfern gemäß ihren überlieferten Traditionen, wir in den unseren. Aber das Ansehen, das die Kassamiya bei den arabischen Bauern und den Beduinen genossen, die schließlich unsere Nachbarn waren, zeigte einen unübersehbaren Aspekt der gegenseitigen Beziehungen deutlich auf: die tiefe Kluft in religiöser und nationaler Hinsicht, die die Araber von den Juden trennte.

Ich betätigte mich weiterhin im Jugendklub, dessen Mitglieder sich zu literarischen und gesellschaftlichen Abenden trafen; aber dann weitete ich den Rahmen etwas aus und gründete einen, wie wir es nannten „ideologischen Kreis". Wir lasen gemeinsam die Schriften der führenden jüdischen Politiker des Landes: Ben Gurion, der sich bereits damals als dynamische Persönlichkeit profiliert hatte; Berl Katznelson, der als Theoretiker der Arbeiterbewegung galt; Chaim Arlozoroff, der bis zu seinem gewaltsamen Tod die politische Abteilung der Jewish Agency leitete, und Moshe Sharett, der ihm auf diesem Posten folgte. Mit der Zeit interessierten wir uns mehr und mehr für die Tätigkeit der Arbeiterbewegung und schlossen uns ihr an. Ich wurde dadurch ganz natürlicherweise in unseren politischen und nationalen Kampf mit hineingezogen. Ich hätte ganz gerne studiert, konnte aber Nahalal nicht verlassen.

Im Jahre 1933, ich war damals achtzehn, ging man daran, die ersten festen Häuser in Nahalal zu bauen – das unsere als eines der letzten. Ich arbeitete bei einem Bautrupp. Wir gossen große, genormte Betonteile, die ein erfinderischer Ingenieur namens Papper entworfen hatte. Die Arbeit war schwer, langweilig und ermüdend. Die Bezahlung war schlecht, aber wir machten trotzdem weiter, obwohl uns der Ingenieur Arbeitsplätze in Tel Aviv bei besserem Lohn anbot.

Bis zum Herbst waren die vierzig Häuser fertig, deren Kosten im Etat des Moshav eingeplant waren. Der Bau der übrigen Einheiten mußte für zwei Jahre ausgesetzt werden. So nahmen acht von uns Pappers Angebot an und gingen nach Tel Aviv – nicht so sehr wegen des Geldes, sondern weil wir hofften, uns dort weiterbilden zu können. Bei Tag errichteten wir Gerüste auf der Baustelle, abends studierten wir Mathematik und besuchten Vorlesungen über Literatur und die hebräische Sprache an der Popular University, die von der Kulturabteilung des Gewerkschaftsbundes Histadruth geleitet wurde.

Im Sommer 1934 kehrten wir nach Nahalal zurück. Nach dem Pflügen und vor der Aussaat im Herbst nützten wir die Pause, und ich unternahm mit zwei Freunden eine größere Wanderung. Wir nahmen etwas Geld mit, Feldflaschen mit Wasser, ein paar Konserven und eine Landkarte und machten uns auf den Weg nach Bet She'an, dann den Jordan entlang bis Jericho und weiter nach Beersheba und Gaza. Der heiße Wüstenwind, der Chamsin, machte uns zu schaffen, auch die ungewohnt dichte Vegetation am Jordan. Wir hatten oft kein Trinkwasser, aber alles in allem empfanden wir es als ein schönes Erlebnis.

Eines Abends erreichten wir vollkommen erschöpft ein Wadi am Nordufer des Toten Meeres. Es war tagsüber sehr heiß gewesen, und auch am Abend wurde es nicht kühler. Wir fielen wie tot um und schliefen sofort ein. Bei Sonnenaufgang kam ein arabischer Schäfer mit seiner Herde vorbei. Wir fragten nach Wasser, und er führte uns zu einem Beduinenlager in der Nähe. Wir wurden zum Zelt des Stammeshäuptlings gebracht, der uns nicht nur zu trinken gab, sondern uns nach bestem Beduinenbrauch bewirtete. Nachdem wir gegessen hatten, sagte der Häuptling, einer seiner Leute müsse mit einem Esel nach Jericho; wir sollten uns ihm anschließen, er würde dafür sorgen, daß uns nichts passierte. In Jericho verabschiedeten wir uns von dem Beduinen und zogen weiter nach Sodom, am Südufer des Toten Meeres.

Ich war von der Gutherzigkeit der Beduinen angenehm überrascht, weil mir bis dahin Berichte ganz anderer Art über ihr Verhalten zugetragen worden waren. Sie hatten uns weder unsere Uhren, unsere Fotoapparate noch unser Geld gestohlen. Wir drei jungen Juden waren in ihr Lager gekommen, unsere Arabischkenntnisse waren dürftig, wir waren verschmutzt, unrasiert und durstig. Die Beduinen hatten uns nicht abgewiesen; sie hatten uns freundlich aufgenommen, bewirtet und dann sicher weitergeleitet. Ich will damit nicht der Wüstenromantik das Wort reden. Die einen Beduinen sind anständig, die anderen sind es nicht – so wie andere Menschen auch. Schon als Junge war mir klar, daß man nicht voreilig über sie urteilen sollte. Es war nicht das erste Mal, daß ich von Arabern gut behandelt wurde. Wir waren auch schon oft von arabischen Gassenjungen mit Steinen beworfen worden, aber bei solchen Gelegenheiten kamen uns immer wieder die älteren Araber zu Hilfe, nahmen uns mit nach Hause, boten uns Oliven und Pitta an und schickten uns dann unversehrt wieder zurück nach Nahalal.

Kurz nach unserer Rückkehr in den Moshav, gegen Ende 1934, ereignete sich allerdings ein Zwischenfall anderer Art. Einige Jahre zuvor hatte der Jewish National Fund einem Araber ein Stück Land in der Nähe von Nahalal abgekauft und unserem Dorf zuerkannt. Jetzt wurde beschlossen, das Land endlich zu bebauen. So ging eine Gruppe von Männern hinaus und fing mit der Arbeit bei einem breiten Wadi an.

Einer meiner Freunde ging hinter dem Pflug, ich hinterher mit einem Sack Samen. Bald erschienen einige Angehörige des Stammes el-Mazarib an den Hängen und sahen uns zu. Es kamen immer mehr hinzu, darunter auch mein Freund Wahash und andere junge Beduinen, die ich kannte. Sie alle trugen finstere Mienen zur Schau. Bislang hatten sie und die anderen Stämme ihre Herden auf diesem Stück Land weiden lassen, obwohl es uns gehörte. Jetzt sahen sie, daß wir es bebauten. Zunächst herrschte nur eine bedrohliche Stille. Dann aber begannen sie mit Steinen zu werfen und verletzten einen der Pflüger. Unsere Leute wehrten sich auf die gleiche Art, und die Gemüter erhitzten sich immer mehr. Die Beduinen holten Verstärkung aus dem nahen Dorf Mahlul, und wir riefen die Männer von Nahalal und der nahen Kibbuzim von Gvat und Ramat David zu Hilfe. Steine und Knüppel sausten durch die Luft, aber ich säte ruhig weiter. Als ich oben an einem Hang anlangte, traf mich ein Hieb auf den Kopf. Ich glaubte noch meinen Freund Wahash zu erkennen, dann verlor ich für einen Augenblick das Bewußtsein. Man setzte mich auf ein Pferd und brachte mich nach Nahalal zurück.

Die Wunde hinterließ eine Narbe, aber keine Feindseligkeit Wahash oder den el-Mazarib gegenüber. Ich konnte sie verstehen – auch wenn ich nichts tun konnte, um sie zu befrieden. Sie hatten ihre Herden viele, viele Jahre lang auf anderer Leute Land weiden lassen und aus anderer Leute Brunnen getränkt. Aber der Boden war nie gepflügt und nie bestellt worden; sie hatten ihn als Weideland genutzt, weil niemand sonst ihn nutzte. Jetzt gehörte dieser Boden uns, und wir bebauten ihn, nachdem er Hunderte Jahre lang vernachlässigt worden war. Ich wußte, daß die Beduinen das alles mit anderen Augen betrachteten, und war ihnen darum auch nicht wirklich böse. Im Gegenteil: Sechs Monate darauf lud ich Wahash und seine Stammesbrüder zu meiner Hochzeit ein. Sie kamen tatsächlich alle und führten dieselben Volkstänze auf wie bei ihren eigenen Hochzeitsfeiern. Ein junger Beduine namens Abed spielte dazu auf der Flöte.

Im Herbst 1934 war Ruth Schwartz in unserem Dorf eingetroffen. Sie kam aus Jerusalem und war zwei Jahre jünger als ich. Ihr Vater Zvi und ihre Mutter Rachel hatten beide die weithin bekannte Herzliya-Oberschule besucht, deren Absolventen fast alle später prominente Stellungen im öffentlichen Leben unseres Landes einnahmen. Ruths Eltern waren gut situiert und nahmen aktiven Anteil am sozialen und politischen Leben der Hauptstadt. Ruth aber besaß einen Hang zum Idealismus und zur Romantik; sie wurde Mitglied der Arbeiterjugend. Ihre Zukunft lag nicht in der Stadt, das wußte sie, sondern im Kibbuz. Und da sie sich dem Pionierleben auf dem Land verschrieben hatte, wollte sie an die Landwirtschaftsschule in Nahalal.

Je öfter wir zusammenkamen, desto mehr verbesserte ich mein Englisch. Ich lernte es von Ruth, die schon von Kind auf Englisch gesprochen hatte. Ruth und ich kamen einander ständig näher, und bald fühlte sie sich auch bei meinen Eltern ganz zu Hause. Sie half meiner Mutter und wurde gut Freund mit Zorik und Aviva.

Im Hof vor unserem Haus, unter einem hohen Nußbaum, feierten wir am 12. Juli 1935 Hochzeit. Ruths Mutter kam im Auto aus Jerusalem und brachte eine ganze Ladung von Getränken und Delikatessen mit. Unter den Hochzeitsgästen befanden sich Dr. Arthur Ruppin, einer der Gründer der jüdischen Siedlungsbewegung, Moshe und Zipporah Sharett und Dov Hos, ein leitender Funktionär der Jewish Agency. Unser Beitrag zum Hochzeitsmahl bestand aus Bergen von Trauben, die ich am selben Morgen gepflückt hatte, und Bottichen voll Maiskolben. Rabbi Zechariah von Nahalal, der aus dem Jemen stammte, nahm die Trauung vor. So trat ich also als erster meiner Altersgenossen in den Stand der Ehe. Nachher, während Abed auf der Flöte spielte und die Beduinen dazu eine Debka tanzten, ging Ruth in den Stall, um die Kühe zu melken.

Unsere Pläne für die unmittelbare Zukunft waren noch keineswegs ausgereift. Ich hatte aber kaum die Absicht, in Nahalal zu bleiben. Ich wollte irgend etwas Neues anfangen, so wie seinerzeit meine Eltern und deren Freunde – eine Pioniertat vollbringen, in einem ungastlichen Gebiet eine neue Siedlung gründen, zum Beispiel in den Huleh-Sümpfen nördlich des Sees Genezareth. Aber ebensosehr war ich daran interessiert, mich weiterzubilden. Da meine Aufgaben bei der Haganah mich nicht voll in Anspruch nahmen, verfügte ich über die nötige Freizeit. Man hatte uns eine Hochzeitsreise nach England geschenkt. Damit ergab sich die Möglichkeit, meine Sprachkenntnisse zu vervollkommnen und möglicherweise eine Universitätsprüfung abzulegen.

Mit viel Gepäck, ja sogar mit Daunendecken, machten wir uns zu Schiff auf die Reise nach Marseille und von dort mit der Bahn nach Paris und London. Ruth gefiel London wunderbar. Sie hatte bereits als Kind fünf Jahre dort gelebt und freute sich, die Stadt wiederzusehen. Sie sorgte für unseren Lebensunterhalt, indem sie Hebräischunterricht gab. Sie fühlte sich in London ganz zu Hause, aber ich hatte es nicht ganz so leicht. Ich hatte gehofft, studieren und halbtags arbeiten zu können. Bei meinen mangelhaften Englischkenntnissen fand ich aber keine Arbeit, und ohne Abitur ließ man mich nicht studieren. Der Londoner Nebel legte sich mir aufs Gemüt; das sonnige Palästina rückte in immer weitere Ferne. Dazu kamen noch die Briefe meines Vaters, in denen er mir vorhielt, was für ein feines Leben ich führte, während man mich auf der Farm so dringend brauchte.

Es schien sinnlos zu sein, dort zu bleiben. Ich hatte keine Arbeit und konnte nicht studieren. Ich wollte zurück. Ein paar Monate nach unserer Ankunft in London fanden dann zwei Ereignisse statt, die uns endlich zur Rückkehr veranlaßten. Zum einen war es im Mai 1936 wieder zu arabischen Ausschreitungen in Palästina gekommen. Die Lage war schon einige Zeit lang gespannt gewesen. In allen Landesteilen fielen jetzt jüdische Siedler den Überfällen der Araber zum Opfer. Ich mußte ganz einfach nach Hause.

Zum zweiten hatte sich eine Gruppe meiner Freunde in Nahalal entschlossen, in absehbarer Zeit eine eigene Siedlung an der Grenze zu gründen, einen Kibbuz, den sie bebauen und verteidigen wollten. Vorerst hatten sie, als ersten Schritt auf dem Weg zum Gemeinschaftsleben, vom Gemeinderat in Nahalal hundert Morgen Land auf dem sogenannten Hügel von Shimron erhalten. Ruth und ich schlossen uns ihnen an.

So einfach war das alles gar nicht – wenigstens nicht für mich. Ruth wurde zwar sofort Vollmitglied der Gruppe, ich aber wurde nur probeweise für sechs Monate aufgenommen. Man wollte feststellen, ob ich mich in diese Art der Gemeinschaft einfügen könne. Daß man offenbar daran zweifelte, empfand ich nicht zu Unrecht als Mißtrauensvotum: Meine Freunde, die mich kannten, glaubten nicht daran, daß ich mich mit Leib und Seele an ein Kollektiv binden könne! Gefühlsmäßige Partnerschaft, Geselligkeit und uneingeschränkte Gleichheit entsprechen, das muß ich zugeben, nicht meinem Naturell, und ich nahm auch nicht an, daß sich mein Charakter innerhalb von sechs Monaten ändern würde, aber ich akzeptierte ihre Entscheidung. Sechs Monate danach wurde auch ich Vollmitglied.

Wir fingen mit siebzehn Mitgliedern, allesamt aus Nahalal, an. Dann kamen etliche Mitglieder der Arbeiterjugend aus Polen und Rumänien hinzu und einige Absolventen der WIZO-Landwirtschaftsschule. Ruth und mir wurde ein kleines, unmöbliertes Zimmer zugewiesen; aus Eichenbrettern fertigte ich selbst die Möbel an. Ruth hatte die Schafe zu hüten, und ich wurde als Nachtwächter eingesetzt.

Der erhoffte Erfolg des Shimron-Experiments blieb aus. Vom Standpunkt der Wirtschaftlichkeit verlief es nicht einmal schlecht. Der Jewish National Fund stellte uns Hütten, Vieh und landwirtschaftliche Geräte zur Verfügung und gab uns auch den Auftrag, die nahe gelegenen Hügel von Nazareth aufzuforsten. Die Differenzen ergaben sich aus der Struktur der Gemeinschaft;

darüber wurde während der zwei Jahre, die wir dort verbrachten, fast pausenlos diskutiert. Als die Shimron-Gruppe im November 1938 ihre feste Siedlung in Hanita an der libanesischen Grenze zu beziehen begann, waren die meisten Nahalali längst abgewandert – vor allem in andere Kibbuzim. Neue Mitglieder nahmen ihren Platz ein. Auch Ruth und ich verließen die Shimron-Gruppe und gingen nach Nahalal zurück, wo uns eine eigene Hütte zugewiesen wurde.

Meine ersten echten militärischen Erfahrungen gewann ich bei der Shimron-Gruppe im Zusammenhang mit dem „Araberaufstand", wie die Briten die Ausschreitungen nannten, die im Mai 1936 begannen und das Land bis 1939 beunruhigten, als Großbritannien zu seiner neuen Palästinapolitik überging und die Einwanderung der Juden und die jüdischen Landkäufe einschränkte. Im Verlauf dieser drei Jahre unternahm die jüdische Gemeinde in Palästina große Anstrengungen, um den Selbstschutz aufzubauen, und rief die junge Generation zur aktiven Mithilfe auf.

Der Aufstand begann mit einem Generalstreik der Araber, mit dem sie das Wirtschaftsleben des Landes lahmzulegen hofften. Aber bald artete das Ganze in Terrorismus arabischer Extremisten aus, der sich gleichermaßen gegen die Juden, die britische Mandatsverwaltung und die gemäßigten Araber richtete. Erst gegen Ende des Jahres 1936 gelang es den Briten, die gefährlichsten Terroristengruppen auszuschalten; trotzdem ereigneten sich auch weiterhin immer wieder Überfälle. Ein britischer Untersuchungsausschuß unter dem Vorsitz von Lord Peel sollte Klarheit über die Ursachen des Konflikts schaffen und der Londoner Regierung Vorschläge für eine politische Lösung unterbreiten.

Da sowohl die Juden als auch die Briten Zielscheibe des arabischen Terrors waren, arbeiteten die Mandatsverwaltung und die jüdischen Behörden bis zu einem gewissen Grad zusammen. Vor allem bat uns die britische Armee um Aufklärer und Verbindungsleute, die das Land kannten und die arabische Sprache beherrschten. Daraus entwickelte sich mit der Zeit eine jüdische Siedlungs-Polizei als Hilfstruppe der Armee und der regulären Polizei. Ich wurde ein „Ghaffir", ein Angehöriger dieser Hilfspolizei.

Die erste militärische Ernennungsurkunde, die ich erhielt – sie wurde mir im März 1937 nach Shimron zugeschickt –, trug den Briefkopf der Palästina-Polizei. Mein Monatslohn betrug acht palästinensische Pfund. Ich war damals zweiundzwanzig und wurde als Aufklärer für die in Afula im Yezreeltal stationierten britischen Armeeeinheiten eingesetzt, die die Pipeline der Iraqu Petroleum Company zu bewachen hatten. Die Pipeline führte durch das Tal nach Haifa. Das uns zugeteilte Gebiet reichte von Tiberias am See Genezareth bis Ein Dor, südlich des Berges Tabor. (Das biblische Endor wird schon in der Geschichte von Saul und der Hexe erwähnt.) In diesem Abschnitt wurden des öfteren Sabotageakte verübt. Die Terroristen hatten leichtes Spiel, da das Gelände für Fahrzeuge nahezu unpassierbar war und die meisten Dörfer der Umgebung ausschließlich von Arabern bewohnt wurden.

Ich bekam eine Uniform, durfte Waffen tragen und hauste in einem Zelt eines britischen Armeelagers; einen Abend in der Woche bekam ich „Heimaturlaub“ und durfte nach Shimron. Meine Truppe war ein schottisches Regiment, die Yorkshire Fusiliers, die mit den Elementarbegriffen der Kundschaftertätigkeit nicht vertraut waren. Den Offizieren schien es zu genügen, wenn die Wachposten die Strecke regelmäßig abmarschierten. Es machte daher den Arabern wenig Mühe, die Pipeline vor oder nach dem jeweiligen Patrouillengang zu unterbrechen und in Brand zu stecken. In den acht Monaten lernte ich eines: Reguläre Truppen, die nach einem starren Zeitplan patrouillieren, können gegen Saboteure so gut wie nichts ausrichten. Saboteure sind mit dem Gelände vertraut, benützen Schleichwege, mischen sich unter die Ortsbevölkerung und können sich Zeit und Ort ihres Anschlags nach Belieben aussuchen. Es wurde mir schon damals klar, daß sie nur wirksam bekämpft werden können, wenn man die Initiative an sich reißt, ihre Ausgangsstellungen angreift oder ihnen einen Hinterhalt legt.

Die zahlenmäßige Stärke der jüdischen Hilfspolizei stieg an. Sie versah ihren Dienst in den Kibbuzim und anderen Bauerndörfern. Gegen Ende des Jahres 1936 waren etwa 1300 Angehörige der Haganah in sie eingeschleust. Von Afula kehrte ich als Ghaffir nach Shimron zurück, wurde zum Sergeanten befördert und zum Kommandanten einer motorisierten Einheit von sechs Mann ernannt. Bei Tag unternahmen wir mit unserem leichten Lkw Patrouillenfahrten auf den Feldwegen, nachts lauerten wir im Hinterhalt auf den Straßen, die von den arabischen Gebieten zu den jüdischen Siedlungen führten.

Im Dezember 1937 schickte mich die Haganah zu einem Ausbildungskurs für Zugführer. Dort lernte ich Yitzhak Sadeh kennen, einen Veteranen des Untergrundes. Er war unser Instrukteur und wesentlich älter als ich, aber wir verstanden uns bestens. Seine originellen Ideen und seine überaus scharfe Auffassungsgabe waren staunenswert. Er verlangte Mut von uns, in manchen Fällen sogar Tollkühnheit. Es war ein sehr aufschlußreicher Lehrgang, und die Kampfübungen verliefen äußerst realistisch. Diese Ausbildungszeit unter Sadeh bedeutete mir sehr viel. Das kann ich vom nächsten Lehrgang, zu dem ich abkommandiert wurde, nicht behaupten. Es war ein Ausbildungskurs für britische Sergeanten in einem britischen Militärlager. Die zackigen Paraden, die da abgehalten wurden – Stiefel auf Hochglanz, schmucke Uniform, all das sagte mir gar nicht zu. Und was da gelehrt wurde, war auf die Verhältnisse in Nahalal und im Yezreeltal so gut wie überhaupt nicht anwendbar. Es war trotzdem nicht uninteressant, und ich kam zu dem Schluß, daß die Briten vielleicht gerade diesen traditionsreichen Militärdrill brauchten, um das Empire zusammenzuhalten.

Das Zusammenwirken von Mandatsverwaltung und jüdischen Behörden eröffnete neue Möglichkeiten für die Verbesserung unserer militärischen Ausbildung. Mit der Ausgabe von Waffen an die Hilfspolizei ließ sich das Problem des „unerlaubten Waffenbesitzes" natürlich leicht umgehen. Dazu kam noch, daß ich in Uniform, als Kommandant einer motorisierten Einheit, meine Geheimaufträge für die Haganah leichter erfüllen konnte.

Der Araberaufstand brach im Herbst 1937 von neuem aus, als die Empfehlungen der Peel-Kommission veröffentlicht wurden. Das Kernstück des neuen Planes war die Teilung Palästinas in drei Zonen: In einen jüdischen und einen arabischen Staat und ein Restgebiet unter britischer Mandatsverwaltung. Die Araber lehnten den Plan ab und intensivierten den Kampf gegen die Juden und die britische Verwaltung.

Im Jahre 1938 war ich als Ausbilder der Haganah in Nahalal und Umgebung tätig und hielt gleichzeitig Lehrgänge für Gruppenführer auf einem anderen Haganah-Stützpunkt ab. Ich versuchte eine Methode zu entwickeln, die über Schulung an Waffen und reines Exerzieren hinausging. Ich verfaßte zu diesem Zweck ein Handbuch, das ich „Felddienst" nannte, in dem ich die Wichtigkeit der Geländekenntnis und der taktischen Nutzung des Terrains unterstrich. Ich behandelte darin auch die Aufgabe des Bewachens, die Taktik der Infiltration und des Hinterhalts sowie Themen wie etwa das Durchschneiden eines Drahtverhaus. Das Handbuch gelangte in die Hände Ya'akov Doris, des Kommandanten der Haganah für den Nordabschnitt. Er ließ mich ins Hauptquartier rufen und fand lobende Worte für meine Arbeit, was mich mit Freude und Stolz erfüllte.

In Nahalal legte ich die Betonung auf Angriffstaktik, auf das Anschleichen und die Überrumpelung eines feindlichen Stützpunktes. Um die mir anvertrauten Kursteilnehmer und auch unsere eigene Schutzmaßnahmen auf die Probe zu stellen, machte ich mich mit meinen Leuten an eingezäunte Kibbuzim und sonstige Siedlungen heran, und meist gelang es uns, unentdeckt bis zur Dorfmitte vorzudringen. Meine Vorgesetzten fanden keinen besonderen Gefallen an solchen Spielen. Ich wußte auch keine rechte Antwort auf ihre Frage, was geschehen wäre, wenn man uns entdeckt und auf uns geschossen hätte. Also gehorchte ich und führte keine weiteren „Invasionen" unserer eigenen Siedlungen durch.

Ruth war in Shimron geblieben. In unseren Gesprächen und Briefen beschäftigten wir uns jetzt immer mehr mit Plänen für die Zukunft. Wir wollten der Gruppe endgültig den Rücken kehren, eine eigene Farm mit einem eigenen Haus haben, das Land bebauen, lesen und studieren. Wir beschlossen auszutreten, bevor die Shimron-Gruppe nach Hanita übersiedelte, und fürs erste zu meinen Eltern nach Nahalal zu gehen.

Der Umzug der Gruppe verzögerte sich noch bis zum November 1939, obwohl die Haganah den Kibbuz Hanita bereits acht Monate früher offiziell in Betrieb genommen hatte. Anfang 1938 nämlich, als die arabischen Gewaltakte wieder überhand nahmen, beschlossen die nationalen jüdischen Verbände, das restliche Land im Gebiet von Hanita aufzukaufen und sofort zu besiedeln. Das war ein mutiger und zugleich kluger Entschluß. Mit der Übernahme von Hanita wurde die letzte Lücke an der libanesischen Grenze geschlossen, durch die arabische Banden nach Palästina eindringen konnten. Außerdem wurde damit das Siedlungsrecht der Juden unterstrichen, ebenso unsere Fähigkeit, Land zu verteidigen, das sich inmitten arabischen Gebiets und weitab von anderen jüdischen Siedlungen befand. Es wurde also beschlossen, daß sich eine Haganahtruppe in Hanita einquartieren sollte, da mit einem sofortigen arabischen Überfall zu rechnen war. Man würde Befestigungen und eine Zufahrtsstraße bauen, die Felder roden und Hanita dann der Shimron-Gruppe übergeben.

Als Datum für die „Operation Hanita" wurde der 21. März 1938 festgelegt. Die Haganah stellte eine Sondertruppe von 400 Mann aus den Siedlungen von Yezreel, Galiläa und anderen Landesteilen zusammen, 100 davon waren Ghaffirs. Aus Gründen der Geheimhaltung sowohl den Arabern als auch der britischen Verwaltung gegenüber sammelte sich die Truppe in einem Kibbuz in der Küstenebene. Yitzhak Sadeh war der Kommandant, Yigal Allon und ich seine beiden Stellvertreter. Ya'akov Dori hatte die Oberaufsicht über die geplante Besetzung von Hanita.

Am 21. März vor Sonnenaufgang verließen wir das Sammellager und machten uns auf den Weg nach Norden. Vor Hanita mußten wir die Fahrzeuge zurücklassen und den Rest des Weges zu Fuß über die steinigen Hänge zurücklegen. Während eine Gruppe einen Anfahrtsweg aus den Hängen heraushackte, schleppten wir übrigen schon Lasten von Ausrüstung zur Befestigung und Baumaterialien hinauf. Auf der Spitze des Hügels errichteten wir einen hölzernen Wachtturm und die übliche Brustwehr aus Holz, ausgefüllt mit Erdreich und Steinen. Wir wollten damit bis zum Einbruch der Dunkelheit fertig sein, um unser Zeltlager gegen den zu erwartenden nächtlichen Überfall verteidigen zu können. Aber es gelang uns nicht. Es war zuviel Arbeit gewesen, und obendrein hatte uns ein starker Wind arg zu schaffen gemacht. Wir hatten nicht einmal die Zelte aufstellen können.

Um Mitternacht wurden wir angegriffen. Die Araber eröffneten von zwei nahe gelegenen Hügeln das Feuer auf uns, wir konnten aber ihre Stellungen nicht genau ausmachen. Yitzhak Sadeh schlug deshalb Dori vor, seine Leute sollten gemeinsam mit Yigal Allons und meiner Einheit die Araber aufspüren und angreifen. Dori lehnte den Vorschlag ab; er hielt ihn für unverantwortlich. So begnügten wir uns damit, hinter dem Schutzwall Stellung zu beziehen und ungezielt drauflloszuschießen. Das Feuergefecht dauerte etwa achtzig Minuten; dann zogen sich die Angreifer über die libanesische Grenze zurück. Wir hatten zwei Tote und eine Reihe von Verwundeten zu beklagen.

Während der nächsten drei Tage wurde in Hanita weitergearbeitet. Obwohl die Situation gespannt blieb, kam es zu keinen Schießereien mehr. Aber am vierten Tag, während ein Bautrupp an der Zufahrtsstraße arbeitete, griffen die Araber wieder an. Diesmal schwärmten wir aus und stellten sie. Wir wollten ihnen den Rückzug abschneiden, aber sie ergriffen die Flucht und entkamen.

Um die Bauarbeiten zu beschleunigen, kamen auch Arbeitskräfte aus dem Küstenort Nahariah. Ich hatte diese Arbeiter in einem von uns selbst gebauten Panzerwagen – einem mit Stahlplatten versehenen Lkw – abzuholen und wieder nach Hause zu bringen. Den Rest der Zeit waren wir auf Patrouille oder hielten Wache. Ein paar Wochen später, als die Hütten und Befestigungen, so primitiv sie auch sein mochten, fertig waren, löste Sadeh die Truppe wieder auf, und ich kehrte ins Yezreeltal zu meiner Hilfspolizeieinheit zurück. Hanita aber wurde bis zur Übergabe an die Shimron-Gruppe als Ausbildungslager der Haganah benutzt..

Einige Wochen danach brachte ein Haganah-Mann aus Haifa einen seltsamen Besucher mit nach Shimron: Orde Wingate, einen Hauptmann der britischen Armee, der bei Ausbruch der Araberunruhen im Jahre 1936 nach Palästina gekommen war. Ich war ihm noch nicht begegnet, wußte aber, daß er recht unorthodoxe Ansichten über die Bekämpfung der arabischen Terror- und Sabotagetätigkeit hatte und den Juden wohlgesonnen war. Er war sogar zu einem glühenden Verfechter zionistischer Ideen geworden, trat für die Zusammenarbeit zwischen der britischen Verwaltung und der Haganah ein und genoß daher auch das Vertrauen der jüdischen Führer.

Wingate war schlank und mittelgroß, sein Gesicht war blaß, aber markant. Er trug einen Revolver an der Hüfte und eine Bibel in der Hand. Seine Wesensart war freundlich und aufrichtig, sein Blick scharf und durchdringend. Wenn er redete, blickte er direkt in die Augen des Gesprächspartners, wie jemand, der sein Gegenüber an der eigenen Kraft und Überzeugung teilhaben lassen will. Wenn ich mich recht erinnere, kam er kurz vor Sonnenuntergang bei uns an. Das schwindende Licht verlieh seinem Auftreten eine Aura des Geheimnisvollen und Dramatischen. Und das Drama steigerte sich bis zu einem sehr ungewöhnlichen Höhepunkt.

Er wollte, daß unsere Gruppe sich versammeln sollte; er würde uns zeigen, wie wir kämpfen müßten. Dann berichtete er über seine jahrelangen Erfahrungen im sudanesischen Guerillakrieg und beschrieb die Technik des nächtlichen Überfalls aus dem Hinterhalt. Er beendete seine Ausführungen mit dem überraschenden Vorschlag, wir sollten jetzt sogleich mit ihm einen solchen Überfall durchführen. Wo und wie, das würde er uns schon zeigen.

Er ließ sich eine Landkarte geben und wählte eine Straßenkreuzung in der Nähe des Araberdorfes Mahlul, ein paar Meilen von Shimron entfernt. Dieses Konzept war uns neu. Wir hatten unsere Hinterhalte stets in der Nähe der zu verteidigenden jüdischen Siedlung aufgebaut und nicht am Ausgang eines arabischen Dorfes, das den Terroristen als Stützpunkt diente. Wir nahmen also unsere Waffen und zogen los. Auf Anraten Wingates hielten wir uns an die Hügelkämme und nicht an ausgetretene Pfade. Er bestand darauf, allein vorauszugehen; wir hatten dagegen immer zwei Späher vorausgeschickt. Als wir unser Ziel erreichten, teilte er uns in zwei Gruppen und ließ uns in einem Abstand von hundert Metern Stellung beziehen. Er sagte, wir sollten die Terroristen zunächst unbehindert vorrücken lassen und sie dann von beiden Seiten gleichzeitig angreifen. In dieser Nacht ließen sich zwar keine Terroristen blicken, aber die Lektion, die er uns erteilt hatte, war trotzdem überzeugend.

Ich war von Wingate außerordentlich beeindruckt. Ich hatte ihn mir angesehen, diesen schmächtigen und, wie mir schien, unerfahrenen Fremden, und mich gefragt, ob er tatsächlich das Zeug dazu hatte, sich in der Dunkelheit in einem für ihn völlig unbekannten Terrain zurechtzufinden. Ich hielt es auch kaum für möglich, daß er die Anstrengungen durchhalten würde: Wir schlichen querfeldein und mußten durch Gestrüpp und über Felsen klettern. Er schien – wie soll ich sagen – fast zerbrechlich. Und was wußte er schon von den Arabern und von den Hängen und Wasserrinnen der Hügel von Nazareth, in deren nächster Umgebung wir alle aufgewachsen waren! Als die Nacht vorüber war, dachte ich anders über ihn. Dieser ganz und gar ungewöhnliche Mensch verstand sich außerordentlich gut anzupassen. Auch ihm fiel das alles nicht leicht; auch er wurde müde. Aber er war ungemein sicher auf den Beinen, glitt niemals aus und brauchte nicht für einen Augenblick Rast.

Die taktischen Anweisungen Yitzhak Sadehs, der gleichfalls der Meinung war, daß der Angriff die beste Abwehr sei, waren den Ideen Wingates sehr ähnlich. Aber bei Wingate kam eben noch hinzu, daß er durch und durch ein kompromißloser Professional war. Sein Fanatismus und seine unerschütterliche Zuversicht beflügelten uns.

Ich begegnete ihm auch später wieder. Wir unternahmen zum Beispiel gemeinsame Jagd auf Terroristenbanden von den Hügeln von Galiläa bis hin zur judäischen Wildnis bei Bethlehem. Manchmal stöberten wir den Feind auf und fügten ihm Verluste zu. Dann wieder gab es Nächte, in denen sich gar nichts ereignete. Trotzdem lernte man viel bei Wingate, selbst bei solchen Gelegenheiten. Die Araber mußten mit der Zeit erkennen, daß sie nirgends mehr vor uns sicher waren und uns jederzeit in die Falle gehen konnten.

Wenn wir im Morgengrauen nach Shimron zurückkehrten, bereiteten wir unser Frühstück. Zuerst mußten die vielen Schaben aus der Holzhütte, die als Gemeinschaftsküche diente, verjagt werden; dann brieten wir Omeletts und Kartoffel auf einem Spirituskocher und machten Tomatensalat dazu. Während dieser Vorbereitungen saß Wingate splitternackt in einer Ecke, las die Bibel und verspeiste rohe Zwiebel, als wären es die saftigsten Birnen. Nach den herkömmlichen Maßstäben gemessen, war er natürlich nicht normal. Aber bei ihm mußte man eben andere Maßstäbe anlegen. Er war ein militärisches Genie und zugleich ein ganz besonderer Mensch.

Seine Vorgesetzten wurden seiner unorthodoxen Methoden und seiner unverhohlenen Sympathie für die Zionisten schließlich überdrüssig und schickten ihn nach London zurück. Während des Zweiten Weltkriegs aber verwendete sich Winston Churchill persönlich für ihn, und so konnte Wingate die Richtigkeit seiner ungewöhnlichen Methoden in Äthiopien und Burma in weit größerem Umfang unter Beweis stellen. Als General und Kommandeur der berühmten Chindits fand er 1944 in den Dschungeln Burmas den Tod.

3. Kapitel

Im Gefängnis

Im November 1938 gründeten die Mitglieder der Shimron-Gemeinschaft den Kibbuz Hanita an der Grenze zum Libanon. Unsere Arbeit war getan, wir wünschten ihnen viel Glück, verabschiedeten uns und kehrten nach Nahalal zurück. Dort bewohnten wir mit unserer Boxerhündin eine von der Dorfverwaltung gemietete Hütte – zwei Zimmer und Küche, mit einem angrenzenden Gemüsegarten. Im darauffolgenden Februar wurde unsere Tochter Yael geboren.

Im Mai 1939 legte die britische Regierung in einem Weißbuch eine neue Politik für das Mandatsgebiet Palästina fest. Danach sollte die jüdische Einwanderung in den folgenden fünf Jahren eingeschränkt und danach praktisch eingestellt werden; außerdem sollte es den Juden in weiten Teilen des Landes erschwert werden, Land aufzukaufen. Das Weißbuch lief auf eine Umkehrung des Geistes der Balfour-Deklaration und der vom Völkerbund aufgestellten Mandatsbestimmungen hinaus. Wenn man wirklich nach dem Weißbuch verfahren würde, war die nationale Heimstätte der Juden verloren. Die jüdische Gemeinde geriet in Aufruhr, entschlossen, sich den Bestimmungen des Weißbuchs zu widersetzen. Das wiederum brachte unweigerlich das Ende der Zusammenarbeit zwischen der Haganah einerseits und der britischen Verwaltung und den Sicherheitsbehörden andererseits mit sich. Die Haganah ging wieder einmal in den Untergrund.

Mitte August 1939 richtete die Haganah einen Kursus für Zugführer ein, an dem ich als Ausbilder auf dem Gebiet der Taktik teilnahm. Weil wir eine verstärkte Überwachung durch die Briten erwarten mußten, hielten wir den Lehrgang nicht in einem der Ausbildungslager ab, sondern in der Nähe des Dorfes Yavniel in Untergaliläa, etwa vier Meilen westlich von Deganiah. Der

Lehrgang wurde als Sportschule getarnt, und während der ersten sieben Wochen ging alles glatt.

Am 3. Oktober aber flog das Ganze auf. Die Kursteilnehmer hatten sich eben in einem Vortragszelt versammelt, als zwei britische Sicherheitsoffiziere am Eingang erschienen. Der Vortragende wählte sofort ein harmloses Thema. Die beiden hörten eine Weile zu und machten sich dann an die Durchsuchung der Zelte und Hütten. Es dauerte nicht sehr lange, bis sie einige unter den Matratzen versteckte Gewehre entdeckten und sich über den wahren Zweck dieser „Sportschule" im klaren waren. Sie machten sich Notizen über die gefundenen Waffen und über unsere nichtssagenden Antworten auf ihre Fragen und verließen uns wieder. Der Ausbildungsleiter erstattete sofort Meldung an das Hauptquartier der Haganah und wurde angewiesen, das Lager zu räumen und den Kursbetrieb im Gebiet von Ein Hashofet, einem Kibbuz am Westrand des Yezreeltales, wiederaufzunehmen.

Wir teilten uns in zwei Gruppen auf. Yigal Allon, der auch Ausbilder war, übernahm die kleinere Gruppe, größtenteils Hilfspolizisten, die berechtigt waren, Waffen zu tragen. Sie marschierten am Fuß des Berges Tabor entlang und erreichten Ein Hashofet ohne Zwischenfall. Die größere Gruppe von 43 Mann wurde vom Ausbildungsleiter angeführt. Sie wollten die Hügel nach dem Südwesten überqueren, dann in der Dunkelheit das von Arabern besiedelte Gebiet von Wadi el-Bira und bei Tageslicht das von Juden besiedelte Gebiet von Yezreel durchqueren. Mordechai Sukenik und ich sollten als Spähtrupp vorausgehen.

Da wir annahmen, daß das Lager überwacht wurde, mußten wir beim Einsammeln der an verschiedenen Orten versteckten Waffen besonders vorsichtig sein, wodurch sich unser Abmarsch bis zwei Uhr morgens verzögerte. Bei Tagesanbruch, nachdem wir eine schwierige und steile Wegstrecke überwunden hatten, waren wir immer noch meilenweit von der nächsten jüdischen Genossenschaftssiedlung, Moledet, entfernt. Wir befanden uns am Eingang zum Wadi el-Bira, durch welches die Pipeline der Iraq Petroleum Company verläuft. Sukenik und ich setzten uns hin, um ein wenig auszuruhen.

Da erschien plötzlich eine Patrouille des Transjordanischen Grenzschutzes, einer britischen Sicherheitstruppe, die in beiden Mandatsgebieten – Palästina und Transjordanien – operierte. Wir sagten den Soldaten, wir seien auf einer Wanderung, und Sukenik wies seinen Waffenschein vor. Sie schienen sich damit zufriedenzugeben und zogen ab. Es dauerte nicht lange, da kamen sie wieder zurück und fuhren direkt zu unserer Hauptgruppe: Sie nahmen alle fest – schließlich auch Sukenik und mich. Die Grenzer hatten offenbar in der Zwischenzeit von einem arabischen Bauern erfahren, daß da außer uns noch eine Rotte bewaffneter Männer die Pipeline entlangmarschierte, und waren umgekehrt. Sie setzten sich per Funk mit ihrem Hauptquartier in Verbindung, und bald darauf erschien ein britischer Offizier sowie eine Abteilung Berittener. Unsere Waffen wurden uns abgenommen, und dann warteten wir ein paar Stunden lang, offenbar bis sich ihre Vorgesetzten darüber geeinigt hatten, was mit uns zu tun war. Schließlich wurden wir auf zwei Lastwagen verladen und zum Gefängnis von Acre gebracht. Unterwegs kritzelte ich die Worte „Verhaftet – macht Euch keine Sorgen" auf einen Zettel, schrieb die Adresse darauf und wickelte ihn um einen Stein. An einer Straßenkreuzung, an der der Lastwagen halten mußte, sah ich meinen Freund Kalman und warf ihm den Zettel zu. Während der Fahrt waren wir noch recht zuversichtlich, aber die Stimmung schlug jäh um, als die Eisentore hinter uns zufielen und wir uns im Inneren der riesigen Festung befanden, einer im 18. Jahrhundert auf den Grundmauern einer Kreuzritterburg aus dem 13. Jahrhundert erbauten türkischen Zitadelle. Die britische Mandatsverwaltung benutzte den aus der Zeit des Osmanischen Reichs stammenden Gebäudekomplex als zentrale Strafanstalt; in der Zeit des aktiven Widerstandes nach dem Zweiten Weltkrieg wurden dort viele jüdische Untergrundkämpfer gefangengehalten und einige von ihnen hingerichtet.

Zunächst brachte man uns in ein feuchtes Arrestlokal und nahm uns alle persönlichen Wertsachen ab. Dann führte man uns in ein schmales, dunkles Gewölbe, gab uns Wasser und wies uns unsere Schlafstätten zu – abgenutzte, zerfetzte Strohsäcke, die auf dem Boden herumlagen und wohl noch nie gelüftet worden waren. Wir waren viel zu müde, um nachzudenken, miteinander zu reden, geschweige denn irgendwelche Pläne auszuhecken. Wir einigten uns nur untereinander, wir würden beim Verhör lediglich unseren Namen und unser Alter angeben und einen Rechtsanwalt verlangen. Dann versuchten wir zu schlafen. Wir hatten die Augen kaum zugetan, da kamen mehrere Polizisten herein, drehten das Licht an und fragten, wer von uns Englisch spreche. Zvi Brenner und ich gehörten zu den wenigen, die Englisch verstanden. Zvi wurde als Erster verhört.

Die Verhöre fanden in einem nahe gelegenen Raum statt, offenbar damit wir einiges davon mithören konnten. Wir hörten Stimmen, wir hörten, wie jemand geschlagen wurde, wie er stöhnte. Dann nochmals Stimmen und nochmals Stöhnen. Etwas später ging die Tür auf, und Zvi wurde hereingestoßen. Er taumelte und fiel auf seine Matratze. Man sagte mir, jetzt sei ich an der Reihe. Erst nach meinem Verhör erfuhr ich von Zvi, daß sie ihn geschlagen und getreten hatten, weil er sich weigerte, ihre Fragen zu beantworten.

Meine Vernehmungsoffiziere versuchten meinen Widerstandswillen zu brechen, indem sie mir erklärten, in welch ernster Lage ich mich befände. Unerlaubter Waffenbesitz war nach den geltenden Notstandsverordnungen ein

Kapitalverbrechen. Wenn ich die Aussage verweigerte, würde das volle Strafmaß angewendet werden, man würde mich an Ort und Stelle hinrichten. Meine Tochter wäre dann verwaist und würde nie vergessen können, daß ihr Vater als gemeiner Verbrecher gehängt worden sei.

Keiner von uns war je verhört worden; aber trotz meines Mangels an Erfahrung sagte ich mir, es sei nichts damit gewonnen, zu schweigen und nur im Beisein eines Rechtsanwalts auszusagen. Hartnäckigkeit um ihrer selbst willen hatte ebensowenig Sinn, wie die Antwort auf harmlose Fragen zu verweigern und dafür Schläge einzustecken. Ich hatte mir überlegt, was gesagt werden konnte und was nicht. Ich gab also meinen Namen und mein Alter zu Protokoll; ich sprach über meine Familie und verschwieg auch nicht, daß wir alle der Haganah angehörten, obwohl ich wußte, daß sie unsere Organisation für illegal erklärt hatten. Es konnte ihnen natürlich nicht entgangen sein, daß wir einen militärischen Ausbildungskurs abgehalten hatten; sie wußten schließlich auch über den wahren Zweck der Haganah Bescheid – sie hatten ja bis vor kurzem noch mit uns zusammengearbeitet. Aber als sie nach Namen und Einzelheiten fragten und woher wir die Waffen hatten, und auch als sie mir drohten, ich würde nicht mehr lange zu leben haben, wenn ich weiterhin die Aussage verweigerte, sagte ich kein Wort. Da kamen zwei Gefängniswärter mit Gummiknüppeln auf mich zu. Ich ließ mich von ihnen nicht einschüchtern. Ich sagte, wenn sie gegen mich oder irgendeinen von uns die Hand erhöben, würden unsere Freunde draußen intervenieren und dafür sorgen, daß die Verantwortlichen bestraft würden. Ihr Vorgehen sei um so verwerflicher, sagte ich, als wir und die Briten doch gemeinsam im Kampf gegen Hitler stünden. Sie ließen von mir ab und brachten mich zu den anderen zurück. Ich glaube, ich habe damit denen, die nach mir verhört wurden, eine Menge Schmerzen erspart.

Am nächsten Morgen durften wir auf den Festungsturm, an die frische Luft. Von dort aus hatte man den Blick zum Meer und auf den großen Bogen der Bucht von Haifa. Aber unter uns lag der Gefängnishof – umgeben von dicken Mauern und dem von den Kreuzrittern angelegten Festungsgraben.

Zum Frühstück bekamen wir Oliven und Pitta, den arabischen Brotfladen. Man ließ uns dann auch mit einem Rechtsanwalt in Haifa Vrbindung aufnehmen. Am Ende des ersten Tages im Gefängnis erschien uns die Lage nicht mehr ganz so hoffnungslos; wir waren nicht wieder verhört worden, und man hatte uns aus Haifa Essen bringen dürfen. Wir nahmen an, die Affäre würde von den jüdischen Vertretern auf höchster Ebene ins reine gebracht werden. Wir waren schließlich keine Verbrecher. Die Briten wußten ja auch, daß die Waffen, die wir hatten, nur dazu bestimmt gewesen waren, unsere abgelegenen Siedlungen gegen arabische Überfälle zu schützen.

Bis zur Gerichtsverhandlung galten wir als Untersuchungshäftlinge. Wir mußten nicht arbeiten, durften unsere eigene Kleidung tragen, erhielten Lebensmittel von draußen, und unsere Familien durften uns am Sabbat besuchen. Wir machten Morgengymnastik, spielten Schach auf einem Brett aus Pappendeckel mit Figuren aus Brot, durften ab und zu duschen und Bücher aus der Gefängnisbibliothek entleihen.

Ein Rechtsanwalt besuchte uns im Gefängnis und ließ sich über die Vorgänge unterrichten, die zu unserer Verhaftung geführt hatten. Wir erteilten ihm die Vollmacht, uns vor Gericht zu vertreten.

Die weiteren Verhöre wurden völlig korrekt in den Büros des britischen Criminal Investigations Department, der Kriminalpolizei, abgehalten. Die Anklage lautete auf illegalen Waffenbesitz. Wir wurden erneut darauf hingewiesen, daß es sich hierbei um ein Kapitalverbrechen handle, für das wir uns vor einem Militärgericht zu verantworten hätten, dessen Urteil endgültig und unanfechtbar sei.

Aber wir ließen uns nicht entmutigen. Wir vertrauten auf die Bemühungen der Führer der jüdischen Gemeinde. Schlimmstenfalls würde man uns zu einer bedingten Gefängnisstrafe verurteilen.

Für den nächsten Sabbat war der erste Familienbesuch angesetzt – wie sich herausstellen sollte, eine große Enttäuschung. Man führte uns ins Freie. Dort mußten wir uns in einer Reihe an einem seichten Graben aufstellen. Auf der gegenüberliegenden Seite des Grabens, durch Stacheldraht von uns getrennt, standen die Besucher auf einer Plattform aus Beton. Private Gespräche konnten unter diesen Voraussetzungen natürlich nicht geführt werden. Es brach mir fast das Herz, als die neun Monate alte Yael aus den Armen ihrer Mutter schlüpfte und zum Stacheldraht krabbeln wollte.

Unser Prozeß begann am 25. Oktober in einem Armeelager in der Nähe von Acre. Wir, die Angeklagten, saßen auf Bänken, die fast die ganze Baracke ausfüllten; links und rechts von uns saßen Verteidiger und Ankläger. Auf einer Bank lag das „Beweismaterial“, die bei uns gefundenen Waffen.

Der Ankläger war ein britischer Major. Wir hatten drei Verteidiger; einer von ihnen war mein Schwiegervater, Zvi Schwartz. Die drei Richter waren britische Offiziere. Die Anklage lautete auf illegalen Waffenbesitz. Einer von uns, Avshalom Tau, stand unter der zusätzlichen Anklage, auf die Soldaten, die ihn festnahmen, angelegt zu haben.

Für die Anklage lagen die Dinge sehr einfach: illegaler Waffenbesitz war ein Verstoß gegen die Notstandsverordnungen. Das Plädoyer der Verteidigung war nicht minder unkompliziert: wir seien eine Gruppe junger Männer, die sich für den Kampf gegen Nazideutschland, den gemeinsamen Feind, ausgebildet hatten. Das Gericht sollte uns daher Milde entgegenbringen.

Die Verhandlung dauerte drei Tage; am 30. Oktober wurde das Urteil verkündet. Um zehn Uhr morgens betraten wir den Gerichtssaal als Untersuchungshäftlinge und verließen ihn bald darauf als Strafgefangene. Wir wurden für schuldig befunden und erhielten alle eine Gefängnisstrafe von zehn Jahren – mit einer Ausnahme: Avshalom Tau wurde zu lebenslangem Kerker verurteilt.

Wir wurden aneinandergekettet, aus dem Gerichtssaal getrieben und per Lastwagen zurück ins Gefängnis von Acre gebracht. Dort mußten wir unsere Kleidung und alle privaten Gegenstände abgeben und bekamen Häftlingskleidung: braune Sandalen, ausgebeulte Hosen ohne Gürtel und Knöpfe, ein braunes Hemd ohne Kragen und eine braune Stoffmütze für den kahlgeschorenen Kopf. In diesem Aufzug sahen wir reichlich komisch aus – zum ersten Mal seit unserer Verhaftung hatten wir Grund zum Lachen; als wir unsere Zellen sahen, verging es uns wieder. Die Decke war hoch und gewölbt, und die zwei vergitterten Fenster gingen auf den Gefängnishof. Die Schlafstelle bestand aus einer Matratze auf dem Betonboden und zwei dünnen Decken.

Die Tage im Gefängnis begannen vor Sonnenaufgang. Wir wurden von einer Glocke geweckt. Dann mußten Matratzen und Decken zusammengelegt werden; danach standen wir zum erstenmal beim Appell. Bei Sonnenaufgang machten wir einen Rundgang von zehn Minuten im Innenhof, natürlich unter Bewachung. Danach gründliche Leibesvisitation, Frühstück und an die Arbeit. Um elf Uhr gab man uns die erste der beiden Hauptmahlzeiten: Pitta, Oliven und ein arabisches Gericht, das aus Hackfleisch und Erbsen besteht. Es folgte ein weiterer Rundgang von zehn Minuten, danach kehrten wir an die Arbeit zurück. Um drei Uhr nachmittag war der zweite Appell, dann gab es die zweite Hauptmahlzeit. Die nächsten vierzehn Stunden verbrachten wir in der Zelle, bis auf eine kurze Störung am Abend. Es wurde noch einmal abgezählt, um sicher zu sein, daß keiner fehlte.

Wir mußten Mittel und Wege finden, unsere Freizeit nutzbringender zu gestalten, die Haftbedingungen zu erleichtern und den Kontakt mit den jüdischen Behörden aufrechtzuerhalten, die um unsere Freilassung bemüht waren. Wir 43 Häftlinge bildeten ein Dreierkomitee, dem auch ich angehörte. Die beiden anderen waren für den internen Bereich verantwortlich, und ich sollte als Sprecher unserer Gruppe gegenüber der Gefängnisverwaltung auftreten und Kontakt zu den jüdischen Behörden aufrechterhalten. Ich legte dem Gefängnisdirektor eine Liste von Forderungen vor, die er zum Teil erfüllte. Die wichtigste war, nur halbtags arbeiten zu müssen, um die übrige Zeit zum Studium verwenden zu können. Außerdem verlangten wir Schreibmaterial und Bücher sowie Licht in den Zellen bis 8 Uhr abends. Wir studierten nun Englisch, Arabisch, die Bibel, Chemie. Wir durften auch den theoretischen Teil des durch unsere Verhaftung unterbrochenen Haganah-Lehrgangs fortsetzen. Wenn das Licht abgeschaltet wurde, setzten wir uns im Kreis um eine Taschenlampe, die man uns gestattet hatte, und lasen und schrieben in ihrem trüben Schein bis zum Zapfenstreich. Wir bekamen auch warme Unterwäsche und eine dritte Decke. Mit der Zeit erwarben wir große Geschicklichkeit im Einschmuggeln von Lebensmitteln und Herausschmuggeln von Briefen. Wir durften jetzt nur einmal im Monat schreiben und alle zwei Monate Besuch erhalten.

Ende November wurde das Urteil bestätigt, die Kerkerstrafe aber auf fünf Jahre herabgesetzt. Wir protestierten mit einem eintägigen Hungerstreik dagegen, daß man uns nicht freiließ. Die Haganah unterstützte die Protestaktion, indem sie im ganzen Land Manifeste verteilte. Einen Monat darauf wurden wir in vier Gruppen aufgeteilt und in einem anderen Flügel des Gefängnisses untergebracht. Dort gab es im Korridor elektrisches Licht, so daß wir in der Zelle bis spät nachts lesen konnten. Die Fenster boten auch eine bessere Aussicht und einigen Kontakt mit der Außenwelt.

Bei ihrem ersten Besuch nach der Verhandlung bat Ruth den Stellvertreter des Gefängnisdirektors, einen Hauptmann namens Grant, etwas näher an den Stacheldraht zu dürfen, damit ich Yael, die eben ihren ersten Geburtstag gehabt hatte, besser sehen könnte. Grant wies das Ersuchen brüsk zurück, und Ruth brach in Tränen aus. Ich war ganz und gar gegen solche Bitten; der Bittsteller fühlte sich erniedrigt und hatte obendrein nichts erreicht. Ich schrieb Ruth in einem Brief: „Ich möchte Grant nicht die Genugtuung geben, uns verletzen zu können. Ich selbst verlange nichts von ihm. Er ist ein Flegel, der seine sadistische Freude daran hat, Bitten abzuschlagen. Es hat daher auch keinen Sinn, ihn um etwas zu bitten. Wir beugen vor solchen Leuten nicht das Knie; wir erwarten von ihnen kein Entgegenkommen . . . Es werden jeden Tag viele Juden verhaftet und hier in Acre eingeliefert: eine Anzahl von ihnen sind Revisionisten (Mitglieder der Irgun Zvai Le'ummi, der äußersten Rechten der Untergrundbewegung). Es sind aber auch viele Araber hier, und in den Todeszellen warten vier Gefangene auf ihre Hinrichtung . . . Und in Polen, in Deutschland, in Rußland! Es ist eine entsetzliche Welt, eine Welt voller Schrecken. Und Du? Gib' unserem Baby einen Kuß – möge sie einst in einer besseren Welt leben können."

Aber diese bessere Welt ließ auf sich warten. Die Tage im Gefängnis zogen sich monoton dahin. Ich arbeitete in einem Gemüsegarten, einem von einer Mauer umgebenen Fleckchen Erde. Dieser Garten diente auch als Versteck für die eingeschmuggelten Lebensmittelkonserven. Eines Tages stach ich unvorsichtigerweise mit meinem Spaten direkt auf den verborgenen Schatz: drei Dosen Corned beef. Man hatte mich beobachtet, ich wurde vor Grant zitiert, und er machte sich ein Vergnügen daraus, mich zu zwei Tagen Einzelhaft zu verdonnern. Meine Kameraden sorgten dafür, daß ich zusätzliches Essen bekam und die zwei Tage nicht bei Brotfladen und Wasser verbringen mußte.

Die Einzelzelle war klein, dunkel und kahl. Abends gaben sie mir eine Matratze und eine dünne Decke. Ich wickelte mich in die Decke und hoffte, bald einschlafen zu können. Da hörte ich jemanden in der Nebenzelle leise singen. Es war ein junger, orthodoxer Jude aus Safed in Galiläa. Ich hatte ganz vergessen: es war Freitag abend, und er sprach das Sabbatgebet und sang mit tiefem Gefühl das Hohelied Salomos . . .

Dov Hos, Haganah-Mitglied und zugleich einer der Chefs der Politischen Abteilung der Jewish Agency, teilte uns bei einem seiner Besuche mit, er hoffe, wir würden in das Internierungslager Mazra'a, ein paar Meilen nördlich von Acre, verlegt werden. Dort herrschten bessere Zustände, und man dürfte auch öfter Besuch empfangen. Wir waren natürlich vor allem daran interessiert, daß die jüdischen Organisationen sich weiterhin um unsere Freilassung bemühten – was sie auch taten –, aber bis dahin würde eine Übersiedlung nach Mazra'a jedenfalls zu begrüßen sein.

Der einzige echte Kontakt, den wir mit unseren Familien hatten, erfolgte durch die Post. Zorik und Aviva mußten die Hauptlast der Arbeit auf der Farm tragen, wenn Vater unterwegs war. Er begab sich des öfteren auf Reisen, um unsere Freilassung zu betreiben. Er schickte mir jede Woche eine Übersicht über die politischen Ereignisse, und durch ihn erfuhr ich, wie unmittelbar auch unser Land vom Krieg bedroht war. Die gleiche Nachricht brachten kürzlich eingelieferte Gefangene mit, die ebenfalls wegen illegalen Waffenbesitzes festgenommen worden waren. Die britischen Behörden waren offenbar fest entschlossen, die Haganah zu zerschlagen, obwohl sie wußten, daß die Haganah nichts weiter war als die Selbstschutztruppe der Juden. Unter den Neuankömmlingen befanden sich elf Angehörige des Kibbuz Ginossar am Nordufer des Sees Genezareth. Sie waren den anderen Kibbuzniks zu Hilfe gekommen, die bei der Feldarbeit von einer arabischen Bande überfallen worden waren, und hatten die Angreifer vertrieben. Kurz darauf kam eine britische Polizeistreife vorbei und traf die elf bewaffnet an. Erklärungen und Ausflüchte halfen nichts: illegaler Waffenbesitz war strafbar. Sie wurden nach Acre gebracht. Ebenfalls neu hinzugekommen waren 34 Mitglieder der Irgun Zvai Le'ummi, die wegen Waffen- und Sprengstoffbesitzes verurteilt worden waren. Wir gehörten verschiedenen Organisationen an und unterschieden uns auch in der Wahl unserer Methoden im Untergrundkampf; aber wir einigten uns darauf, der Gefängnisverwaltung geschlossen entgegenzutreten, und so erreichten wir für sie schließlich dieselben Begünstigungen, die wir uns verschafft hatten.

Die arabischen Gefangenen reichten von gemeinen Verbrechern bis zu überzeugten Nationalisten. Die Elite bildeten einige Hundert Nationalisten, die alle zu lebenslänglichem Kerker verurteilt worden waren. Darunter befanden sich Angehörige der Kassamiya, der Gruppe religiöser, arabischer Terroristen, die Gefolgsleute von As-e-Din el-Kassam gewesen waren. Unsere Beziehungen zueinander waren freundlich und von gegenseitigem Respekt gekennzeichnet. Schließlich waren wir aus ähnlichen Gründen festgenommen worden. Weder sie noch wir waren wegen gemeiner Verbrechen – wegen Mord oder Diebstahl – verurteilt worden. Sie waren genau wie wir von nationalen Idealen erfüllt und hatten ihre Freiheit und ihr Leben für ihr Volk aufs Spiel gesetzt. An mohammedanischen Feiertagen luden sie uns in ihre Zellen ein, und wir revanchierten uns an jüdischen Feiertagen.

Im Gefängnis begegnete ich auch Abd el-Salim wieder, einem Beduinenjungen vom Stamm el-Mazarib. Ein rührendes Erlebnis für mich: er war einer der Musikanten bei meiner Hochzeit gewesen.

Während ich in Acre war, wurden mehrere arabische Gefangene gehängt. Das Weinen und Klagen ihrer Angehörigen war herzzerbrechend. Jede Hinrichtung hatte eine spannungsgeladene Stimmung im ganzen Gefängnis zur Folge. Die Gefangenen gingen stumm ihrer Arbeit nach, und die Wärter vermieden es, den Häftlingen in die Augen zu sehen. Aber am nächsten Tag war wieder alles wie vorher.

Ende Februar 1940, fünf Monate nach unserer Einlieferung in Acre, wurden wir nach Mazra'a überstellt. Die Kibbuzniks aus Ginossar und die Irgun-Mitglieder kamen mit. Der Lagerkommandant war ein meist betrunkener britischer Armeeoffizier namens Pike. Die Unterkünfte waren im Vergleich zu Acre recht gut. Wir wohnten in Hütten, hatten ordentliche Matratzen zum Schlafen und Kochgeräte. Gearbeitet wurde in einer nahe gelegenen landwirtschaftlichen Versuchsstation. Die Behandlung war nicht ganz so strikt nach Vorschrift, und wir konnten öfter Besuch bekommen.

Trotzdem wurden wir immer ungeduldiger. Wir lasen und studierten, aber unser Leben hatte keinen Inhalt. Wir glaubten allmählich, daß die jüdischen Führer sich nicht intensiv genug um unsere Freilassung bemühten. Dabei ließen wir allerdings außer acht, daß sie von ihren Anstrengungen um den „Staat im Werden" voll und ganz in Anspruch genommen waren und mit größtem Einsatz für die Umwandlung der nationalen Heimstätte der Juden unter britischer Mandatsverwaltung in einen unabhängigen, jüdischen Staat arbeiteten. Ihnen oblag die schwerwiegende Entscheidung, ob man den im Weißbuch enthaltenen Verordnungen zur Einschränkung des Landkaufs und der Einwanderung mit friedlichen oder mit aggressiven Mitteln entgegentreten sollte.

Im Frühling, als wir Pessach, das Fest der Befreiung (von den Ägyptern) feierten, bekamen wir die zum Fest gebräuchlichen Lebensmittel, den Wein, Süßigkeiten und auch die Matzoth, das ungesäuerte Brot, per Lastwagen gebracht. Avraham Harzfeld, der „große, alte Mann" der jüdischen Pioniersiedlungen, hielt den Seder, die Feier am ersten Pessachabend. Er sang und tanzte mit uns – es war der fröhlichste Abend, den wir im Gefängnis verlebten.

Während der sieben Tage, die dieses Fest dauert, bekamen wir viel Besuch, darunter Eliyahu Golomb, der Oberkommandiernde der Haganah. Er berichtete uns von einem Plan zur Schaffung einer jüdischen Kampftruppe innerhalb der britischen Armee. Wir hofften, dadurch schneller freizukommen, da wir annehmen konnten, daß die Briten sich über jeden Freiwilligen freuen würden. Die Lage war kritisch genug. Die Alliierten erlitten in Europa schwere Niederlagen, ein Land nach dem anderen fiel den Nazis zum Opfer.

Wir setzten große Erwartungen in den 6. Juni, den Geburtstag des englischen Königs, an dem Strafgefangene, denen mildernde Umstände zu Gute kamen, herkömmlicherweise amnestiert wurden. Aber der 6. Juni ging vorüber, und wir waren immer noch im Gefängnis. Wir konnten es nicht verstehen. Frankreich war bereits geschlagen. Die britische Expeditionsarmee hatte sich nach dem Debakel von Dünkirchen nach England zurückziehen müssen, und in Palästina wurden Kriegs- und Luftschutzvorbereitungen rasch vorangetrieben. Wir aber saßen weiter im Gefängnis und wiesen in Denkschriften an unsere Leute draußen auf die paradoxe Situation hin: sie führten Verhandlungen über die Einstellung palästinensischer Juden in die britische Armee, und wir, die wir uns sofort freiwillig melden würden, saßen hinter Gittern.

Im Januar 1941 begannen Gerüchte über einen Wandel in der Einstellung der britischen Behörden zu den palästinensischen Juden zu kursieren. Wir erfuhren, daß die Jewish Agency und die Führer der zionistischen Organisationen die militärischen Stellen in London für die Aufstellung zusätzlicher jüdischer Freiwilligenformationen gewonnen hatten. Wir erfuhren ferner, daß das britische Militärkommando in Nahost für die Verwendung palästinensischer Juden in der Armee eintrat und bei dem für die Mandatsverwaltung verantwortlichen Kolonialministerium um unsere Freilassung angesucht hatte.

Um die Bemühungen unserer Freunde draußen zu unterstreichen, beschlossen wir, am 1. März in den Hungerstreik zu treten. Aber dazu kam es dann nicht mehr. Am 16. Februar 1941 wurde uns mitgeteilt, wir würden am nächsten Morgen entlassen werden. Zweifel und Hoffnung ließen uns in dieser Nacht kein Auge schließen. Aber dann, am Morgen, gab man uns unsere Zivilkleidung zurück und sagte uns, wir sollten unsere Sachen packen. Am Gefängnistor wurde uns ein Stempel auf die Hand gedrückt, zum Zeichen der Entlassung. Das Tor wurde geöffnet, und wir traten ins Freie.

4. *Kapitel*

Entlassung an die Front

Ich war frei und genoß die Freiheit, wie man sie nur nach einer langen Zeit hinter Gefängnismauern genießen kann. Nicht daß ein Gefängnisaufenthalt empfehlenswert wäre, aber die wiedergewonnene Freiheit verwandelt das Alltägliche, sonst Selbstverständliche in etwas Einmaliges und Wunderbares. Es ist wie der erste Atemzug nach dem Tauchen unter Wasser. Erst die Freiheit, könnte man sagen, läßt die Seele atmen.

Anderthalb Jahre lang, vom Oktober 1939 bis Februar 1941, hatte ich in Acre gesessen – nur zwanzig Meilen von zu Hause entfernt, von Nahalal. Bald war ich wieder an der gewohnten Arbeit auf der Farm meiner Eltern, im Stall, auf dem Hühnerhof, auf dem Feld hinter dem Pflug. Als es auf der Farm weniger zu tun gab, half ich im Dorf mit beim Betonmischen, Fliesenlegen und beim Kanalbau. Nachts verrichtete ich turnusmäßig meinen Wachdienst, und in der Freizeit spielte ich mit Yael, die wirklich ein besonders liebes Kind war.

Ich war glücklich über meine wiedergewonnene Freiheit, aber mein Aufenthalt in Nahalal konnte nicht von Dauer sein. Palästina war von allen Seiten bedroht. In der Wüste hatte Rommel seine zweite Offensive begonnen und setzte im Verlauf des März und April seinen Vormarsch auf Ägypten fort. Im Norden stand das französische Mandatsgebiet von Syrien einschließlich des Libanon unter der Kontrolle des mit den Nazis zusammenarbeitenden Vichyregimes. Es bestand daher die Gefahr einer koordinierten Angriffsaktion auf Palästina aus dem Südwesten und dem Norden zugleich. Angesichts der bedrohlichen Lage entschloß sich die britische Verwaltung in Palästina, die von der Jewish Agency angebotene Hilfe anzunehmen. Es wurden mehr jüdische Freiwillige in die britische Armee aufgenommen, und die britischen Behörden arbeiteten wieder mit der Haganah zusammen, die sie bislang unterdrückt hatten.

Die Haganah bildete daraufhin eine Truppe zum Schutz der jüdischen Gemeinden gegen arabische Überfälle und zur Unterstützung von Sonderaktionen der britischen Armee. Yitzhak Sadeh, einer der Chefs der Haganah, übernahm den Oberbefehl; Yigal Allon und ich wurden zu Kompaniekommandanten ernannt. Unsere erste Aufgabe war es, unter den Bewohnern des Yezreeltales und von Galiläa Freiwillige anzuwerben.

Im Mai besuchten mich Yitzhak Sadeh und Zvi Spector, ein junger „Veteran" der Haganah. Sadeh setzte mir zwar den Mobilisierungs- und Ausbildungsplan in großen Zügen auseinander, ließ aber nicht erkennen, bei welcher Art von Aktionen wir eingesetzt werden würden. Klar war nur eines: der Urlaub auf der Farm, bei meiner Familie, war zu Ende. Er hatte ganze drei Monate gedauert. Es war an der Zeit, meine militärischen Aufgaben bei der Haganah wiederaufzunehmen.

Wir erfuhren bald danach, daß unsere Sondereinheiten bei der alliierten Invasion von Syrien mitwirken würden, einer zur Neutralisierung der von Norden drohenden Gefahr bestimmten Operation. Unsere Soldaten, bei denen man Vertrautheit mit dem Terrain an der Nordgrenze voraussetzte, würden den vorrückenden alliierten Truppen als Spähtrupps nützlich sein.

Die erste Sonderaktion im Rahmen der Zusammenarbeit zwischen den Briten und der Jewish Agency war ein Angriff auf die Ölraffinerien im syrischen Hafen von Tripoli. Die Anlagen sollten in die Luft gesprengt werden, um die Treibstoffversorgung der neuerdings von syrischen Stützpunkten operierenden deutschen Kampfflugzeuge zu unterbinden. In der Nacht zum 18. Mai verließ eine Gruppe von 23 Haganah-Freiwilligen unter dem Befehl von Zvi Spector auf der *Sea Lion* den Hafen von Haifa. An Bord befanden sich drei leichte Landeboote. Die 23 Freiwilligen, von denen einige mit mir im Gefängnis von Acre waren, wurden von dem britischen Major Anthony Palmer als Beobachter begleitet. Sie erfüllten ihren Auftrag nicht. Sie kamen nie nach Tripoli und kehrten auch nie wieder zurück. Man weiß bis heute nicht genau, was passierte, obwohl diverse Untersuchungen in der Zwischenzeit zumindest etwas Klarheit geschaffen haben. Was die 23 Mann nicht wußten, war, daß britische Flugzeuge Tripoli bombardierten, kurz nachdem ihr Schiff von Haifa auslief. Allem Anschein nach wurden draufhin in Tripoli die Abwehrmaßnahmen verstärkt; einige Angehörige der Kommandoeinheit mögen gelandet sein, wurden aber sicherlich vom Feind überwältigt. Die *Sea Lion* dürfte von feindlichen Flugzeugen versenkt worden sein.

Zwei Tage nachdem sie ausgelaufen war und schon längst hätte zurück sein sollen, saß ich auf dem Dach des höchsten Gebäudes von Haifa, von dem aus man einen weiten Blick nach Norden hatte. Wir alle machten uns große Sorgen und suchten das Meer immer wieder mit dem Fernglas nach einem Lebenszeichen unserer Kameraden ab. Mich bedrückte die Situation ganz besonders, weil ich an eine Unterhaltung mit Zvi Spector wenige Stunden vor Beginn des Unternehmens zurückdenken mußte. Wir waren zwar nicht eng befreundet, kannten einander aber gut, und ich hatte ihn sehr gerne. Wir kamen natürlich auf die bevorstehende Operation zu sprechen. Er war keineswegs guter Laune. Von einem Motorradunfall her hatte er ein lahmes Bein und würde, wenn das Schiff etwa unterging, nicht schwimmen und sich retten können. Ich konnte seinen Äußerungen auch entnehmen, daß er nicht wirklich an den Erfolg der Mission glaubte. Ein anderer, dem das Kommando ursprünglich übertragen worden war, war ausgefallen, und Sadeh hatte Zvi gebeten, einzuspringen. Zvi sagte, er habe ihm diese Bitte nicht abschlagen können.

Einige Tage nach dem mißglückten Unternehmen rief mich Sadeh an und sagte mir, was von mir und meiner Truppe, die noch gar nicht existierte, erwartet wurde: wir sollten uns einer australischen Einheit anschließen, die den Stoßkeil der alliierten Invasion bilden würde. Wir würden die Stärke und Position der feindlichen Stellungen sowie passierbare Ausweichrouten für Motorfahrzeuge auskundschaften, da anzunehmen war, daß die Hauptstraßen unterbrochen sein würden. Am Vorabend der Invasion sollten wir etwa zehn Kilometer über die gegenwärtige israelisch-libanesische Grenze zum Dorf Iskenderun marschieren und in der dortigen Umgebung mehrere Brücken entlang der nach Beirut führenden Küstenstraße besetzen und bewachen. Die Australier fürchteten, die Vichy-Franzosen würden die Brücken sprengen, um den alliierten Vormarsch aufzuhalten. Sadeh sagte mir, die Invasion würde in zehn Tagen beginnen.

In dieser kurzen Zeit mußte ich meine Leute zusammensuchen, ihnen genaue Anweisungen geben, sie ausrüsten und ausbilden, mit ihnen auf Patrouille gehen und sie schließlich in den Kampf führen. Sadeh übergab mir eine Namensliste; die meisten kamen aus den Kibbuzim und Moshavim im Tal Yezreel. Den Kibbuz Hanita an der libanesischen Grenze wählte ich zum Ausgangslager; ich bat die dortige Verwaltung, sich auf die Ankunft von dreißig Mann vorzubereiten. Danach fuhr ich von einem Kibbuz zum anderen und sagte den Leuten auf Sadehs Namensliste, worum es ging und daß sie sich innerhalb von 24 Stunden in Hanita einzufinden hätten. Damit verbrachte ich die ganze Nacht; aber am nächsten Abend waren alle dreißig Mann an Ort und Stelle. Sie waren jung und kampfwillig, aber unerfahren und auch nicht genügend ausgebildet, und nur einer von ihnen konnte Arabisch. Dabei war es für unseren Aufklärungsauftrag auf syrischem Gebiet besonders wichtig, daß man die Sprache beherrschte und sich als Araber ausgeben konnte. Es konnte auch nur ein einziger Auto fahren, und dabei bestand unsere Aufgabe doch darin, passierbare Autostraßen zu erkunden. Nur wenige der Männer wußten ein Maschinengewehr zu bedienen, und nur ein paar hatten je mit scharfer Munition geschossen.

Es war wichtig, diese Probe erfolgreich zu bestehen, einerseits, weil wir damit einen kleinen Beitrag zum Erfolg des gesamten Unternehmens leisten würden, und andererseits, weil sich damit neue Möglichkeiten für die verstärkte Beteiligung jüdischer Verbände am Krieg gegen Hitler ergeben konnten. Die britische Verwaltung in Palästina hatte die jüdischen Freiwilligen, die bei Kriegsbeginn in die britische Armee eintreten wollten, zum großen Teil abgewiesen, und zwar aus Furcht, die Araber noch mehr in die Arme der Nazis zu treiben. Später erst ließen sie mit sich reden und nahmen eine begrenzte Anzahl von Juden in ihre Armee auf. (Aber erst im Jahre 1944 stimmten sie der Aufstellung einer jüdischen Kampftruppe, der „Jewish Brigade", zu.) Es waren in der Hauptsache die britischen Militärbehörden, die sich von unserer Mitwirkung bei der Invasion von Syrien etwas versprachen; aber selbst sie werden wohl kaum beabsichtigt haben, uns mehr als einmal einzusetzen. Wir hingegen hofften, auch weiterhin zum Einsatz zu kommen, allerdings unter der Voraussetzung, daß wir uns diesmal bewährten. Wir versuchten daher, unsere Gruppe zu verstärken. Meine Einheit beispielsweise sollte nur ein paar Kundschafter stellen. Wir hatten, wie gesagt, 30 Mann rekrutiert, aber von den Briten nur zehn Ausweise und ganze neun Revolver erhalten, noch dazu mit Munition von falschem Kaliber. Nach langem Hin und Her gaben sie uns vier weitere Revolver mit je fünfzehn Schuß Munition.

Das Problem der Bewaffnung lösten wir, indem wir uns des illegalen Arsenals der Haganah bedienten, und das Problem der Ausbildung, indem wir zwei erfahrene Haganah-Instrukteure holten, die den Soldaten in einem Blitzkursus das Notwendigste beibrachten. Aber das Hauptproblem konnten wir nicht so leicht lösen: Kein einziger von uns kannte sich in Syrien aus oder gar in dem Terrain, durch das wir die Angriffsspitze der Invasionsarmee geleiten sollten. Und bevor es soweit war, mußten wir das Terrain auch noch auskundschaften, und zwar ohne Landkarten!

Yosef Fein, der Vater des späteren Oberbefehlshabers der israelischen Luftwaffe, Mottie Hod, kam uns zu Hilfe. Er gehörte jetzt dem Kibbuz Deganiah an, hatte aber vorher einige Jahre in Metulla, einem Dorf an der Nordgrenze, gelebt und war dort mit vielen Arabern befreundet. Einige von ihnen, die jeden Pfad und jedes Wadi in unserem künftigen Operationsgebiet genau kannten, erklärten sich bereit, unsere Aufklärungstrupps gegen angemessene Bezahlung zu begleiten. Ich ließ unsere Leute kleinere Gruppen bilden und teilte jeder Gruppe einen Araber als „Pfadfinder" zu. Ich wies die Gruppen an, sich arabisch einzukleiden, nur nachts zu operieren und jede Berührung mit syrischen Posten zu vermeiden.

Ich selbst wollte allein hinaus. Der Mann, den Yosef als meinen Begleiter ausgewählt hatte, war ein Tscherkesse. Um sicherzugehen, daß der Mann mich nicht an die Syrer auslieferte, sobald wir über die Grenze waren, hatte Yosef Frau und Kinder des Tscherkessen in einem Hotel in Haifa untergebracht und ihm gedroht, es würde seinen Angehörigen schlecht ergehen, wenn mir etwas zustieße. Ich hielt diese Vorsichtsmaßnahme Yosefs für völlig absurd. Der Tscherkesse wußte so gut wie ich, daß seinen Angehörigen kein Haar gekrümmt werden würde, was auch immer mir passieren mochte.

Auf unseren Patrouillengängen bemühten wir uns, jeder Begegnung auszuweichen, aber gelegentlich liefen uns doch Schmuggler oder Wächter über den Weg. Man begrüßte sich im Vorübergehen auf arabisch und eilte weiter. Die Nächte waren kühl und das Wandern auf den Bergpfaden recht angenehm. Gewöhnlich fuhr ich mit dem Wagen bis knapp an die Grenze und versteckte ihn hinter einer Hecke. Morgens fuhren wir nach Hanita zurück, wo ich dann in Ruhe die für Fahrzeuge passierbaren Wege notierte oder auch die Hindernisse, die geräumt werden mußten.

Wir unternahmen eine Woche lang diese vorbereitenden Aufklärungspatrouillen. Ein paarmal kamen wir gerade noch mit heiler Haut davon, aber es ging dann doch alles gut, und es schien auch, daß die Syrer so gut wie nichts von unserer Tätigkeit gemerkt hatten. Unsere Leute gewöhnten sich mittlerweile an die langen, nächtlichen Fußmärsche über unebenes Terrain und kannten sich auf der syrischen Seite der Grenze bald recht gut aus.

Als Zeitpunkt für die Invasion wurde der 7. Juni bestimmt. Am Vortag mußte ich, um letzte Vorbereitungen zu treffen, zum Hauptquartier der Haganah nach Haifa. Ich fuhr erst nach Nahalal, um Ruth abzuholen, die meine Rückkehr aus Syrien in Hanita abwarten wollte. Ich nahm auch Zalman Mart mit, der sich gerade in Nahalal aufhielt. Mart war ein tüchtiger und erfahrener Haganah-Offizier, der – ohne daß die Briten von seiner Haganah-Mitgliedschaft wußten – auch in der von ihnen geleiteten Hilfspolizei als Sergeant diente. Ich fragte ihn, ob er bei der Syrien-Aktion mitmachen wolle, und er stimmte zu. Dann fuhren wir nach Haifa. Ich machte meinen Besuch beim Hauptquartier und kaufte danach Lebensmittel und Getränke für die Party ein, die wir mit unseren australischen Kameraden vor dem Abmarsch am nächsten Abend feiern wollten.

Wir machten uns rasch auf den Weg nach Hanita, wurden aber bei Nahariah von einem Verbindungsoffizier der Haganah beim britischen Hauptquartier angehalten. Er sagte, es sei eine andere, für Fahrzeuge leichter passierbare

Invasionsroute ausgekundschaftet worden, die der von uns vorgeschlagenen vorzuziehen sei. Sie müsse aber noch auf einer Nachtpatrouille überprüft und bestätigt werden. Ich ließ Ruth und den Proviant in Nahariah und fuhr mit Mart sofort nach Haifa zurück, wo wir uns auf die Suche nach dem Drusen Yitzhak machten, dem besten Kundschafter der Welt. Wir fanden ihn und fuhren zu dritt zur Grenze. Unterwegs trafen wir auf den Lieferwagen einer Bäckerei. Wir baten den Fahrer, uns zu folgen und unsere Rückkehr in der Nähe der Grenze abzuwarten. Falls wir bis zum Morgen nicht zurückkämen, sollte er nach Hanita fahren und bestellen, daß das Unternehmen ohne meine Beteiligung starten müsse.

Bei Einbruch der Dunkelheit krochen wir drei über die Grenze und unterzogen die neue Route einer sehr eingehenden Prüfung. Wir stellten fest, daß es relativ leicht sein würde, das Gelände für Fahrzeuge wegbar zu machen. Wir achteten genau auf die Stärke und Häufigkeit der syrischen Straßenpatrouillen und versuchten, den Grad der Alarmbereitschaft der Militärstützpunkte in der Umgebung einzuschätzen. Wir kamen noch vor Sonnenaufgang zurück – zur großen Enttäuschung des Lastwagenfahrers, der wohl die ganze Nacht darüber nachgedacht hatte, wie er die dramatische Meldung formulieren sollte, die er in Hanita überbringen würde.

Ich erstattete sofort Meldung an das Haganah-Hauptquartier in Haifa. Yitzhak Sadeh hörte mir geduldig zu und wies mich mit größter Ruhe darauf hin, daß die Stunde X für den heutigen Abend angesetzt und daß es einfach zu spät sei, die Invasionsroute zu ändern. Er meinte, es würde zu diesem Zeitpunkt kaum ein verantwortlicher Offizier beim Alliierten Hauptquartier zu finden sein, der diese Nachricht entgegennehmen oder gar an die diversen Einheiten weitergeben könnte, die sich bereits auf den Einsatz vorbereiteten. Er riet mir zu tun, was ich für richtig hielt, und alles Weitere mit dem australischen Kommandanten abzusprechen.

Die Australier – junge, enthusiastische, sympathische Burschen – trafen am Nachmittag in Hanita ein. Mit ihren Offizieren besprach ich die letzten Einzelheiten: den Anmarsch zu den Brücken von Iskenderun, die Überwältigung der Wachposten, die Suche nach Sprengladungen und deren eventuelle Entschärfung und die Verteidigung der Küstenstraße bis zum Eintreffen der Hauptmacht der Invasionsarmee.

An dem ganzen Unternehmen sollten nur fünf von uns, zehn Australier, drei davon Offiziere, und Rashid Taher, ein Araber, beteiligt sein. Wir waren ausreichend bewaffnet. Die Australier verfügten über ein Maschinengewehr, eine Maschinenpistole, einige Gewehre und Revolver, wir ebenfalls über eine Maschinenpistole, dazu einige Pistolen, ein paar Gewehre und ein paar Handgranaten.

Yaacov Dori, der spätere erste israelische Generalstabschef – er war schon jetzt praktisch Generalstabschef der Haganah – und Yitzhak Sadeh waren unsere Gäste beim Abendessen vor dem Abmarsch. Man erwähnte das Mißlingen des Unternehmens *Sea Lion* mit keinem Wort, aber es beschäftigte sie offensichtlich noch immer. Ihre Miene und ihr Verhalten ließen erkennen, daß sie sich Sorgen um uns machten und sich zugleich an die Hoffnung klammerten, daß wir Erfolg haben würden.

Wir waren gehobener Stimmung, als wir um halb zehn Uhr abends abrückten. Nun waren wir endlich wirklich im Einsatz. Es war Vollmond, die Sicht war gut, aber natürlich konnten auch wir leichter gesehen werden. Wir machten einen großen Bogen um die Berge, um uns dem Ziel aus einer unvermuteten Richtung zu nähern. Nach einem vierstündigen Marsch über steiles, unwegsames Terrain erreichten wir endlich einen Hügelkamm oberhalb der Brücken.

Wir machten uns in zwei Gruppen an sie heran. Meine Gruppe rückte auf die nördlichere der beiden Brücken vor und ging kurz davor in Wartestellung. Alles war still. Dann schlichen wir uns näher an, voran Rashid, dann ich und ein australischer Offizier namens Kyffin. Die Brücke war unbewacht und die zweite auch. An keiner der beiden waren Sprengsätze angebracht.

Das hatten wir keineswegs erwartet. Wir hatten eine Woche Patrouillentätigkeit hinter uns, hatten wenig geschlafen, waren die ganze Nacht marschiert und auf- und abgeklettert, alles unter größter nervlicher Anspannung – jetzt konnten wir aufatmen. Wir hatten unseren Auftrag erfüllt, ohne einen einzigen Schuß abzugeben. Die Brücken befanden sich in unserer Hand; wir mußten sie lediglich bis zum Eintreffen der Angriffsspitze der Invasionsarmee um vier Uhr morgens halten. Jetzt war es zwei. Ich streckte mich im Straßengraben aus und schlief ein.

Als ich aufwachte, stand die Sonne bereits am Himmel. Aus der Ferne drang Gefechtslärm zu uns. Ich sah mich um und wurde unruhig. Die Invasionstruppen, die bei Sonnenaufgang eintreffen sollten, waren nirgends zu sehen. Wir allerdings waren sehr deutlich zu sehen und konnten jeden Augenblick angegriffen werden. Unsere Stellung war unhaltbar: die Brücke lag in einer Talmulde, die von den umliegenden Hügeln leicht eingesehen werden konnte.

Rashid sagte mir, etwa zwei Kilometer entfernt läge eine nur schwach besetzte Polizeistation. Die Australier stimmten seinem Vorschlag zu, den Polizeiposten zu besetzen, bevor wir von dort aus angegriffen wurden. Wir hinterließen einen Wachposten an der Brücke und marschierten los in Richtung Polizeistation. Als wir uns dem Gebäude näherten, sahen wir keine Polizisten, sondern Soldaten in französischer Uniform. Wir nahmen in einem Orangenhain Deckung, aber die Franzosen hatten uns bereits gesehen und eröffneten das Feuer. Bald kamen noch andere Soldaten hinzu und beteiligten sich ebenfalls an dem nun folgenden heftigen Feuerwechsel. Rashid erwies sich als tapferer Soldat wie auch als erstklassiger Schütze. Er zielte genau und schoß die im Schutz der Bäume auf uns vorrückenden Franzosen einzeln ab. Eine niedrige Steinmauer am Rand des Hains bot uns zwar einige Deckung, aber ein vor der Polizeistation postiertes MG hielt uns in Schach. Unser Vorrat an Munition wurde immer kleiner und unsere Lage immer verzweifelter. Es war sinnlos, hier zu liegen und den Feuerwechsel mit den Franzosen Schuß für Schuß fortzusetzen. Auf diese Weise würden wir die Munition vollends aufbrauchen und am Ende wehrlos dastehen. Die einzige andere Möglichkeit war, das Gebäude zu stürmen.

Die anderen gaben Mart und mir Feuerschutz, und wir rannten durch den Hain und warfen uns in den Straßengraben. Von dort wollte ich eine Handgranate durch ein offenes Fenster werfen, aber sie explodierte außerhalb des Gebäudes. Der Krach mußte aber den MG-Schützen abgelenkt haben, denn er stellte für einige Augenblicke das Feuer ein. Während dieser kurzen Pause überquerten wir die Straße und erreichten die Polizeistation. Ich warf meine zweite und letzte Handgranate durch das Fenster. Als sie explodierte, hörte das Schießen auf. Jetzt kamen unsere Leute nach und stürmten das Gebäude. Die Franzosen ergaben sich und wurden in den Keller gesperrt. Das erbeutete Maschinengewehr brachten wir auf dem Dach in Stellung. Dort gab es zwar keinerlei Deckung, dafür aber ausgezeichnete Rundsicht.

Die Polizeistation hatte den Streitkräften der Vichy-Franzosen als Hauptquartier für dieses Gebiet gedient. Der Großteil der Truppen stand an der Grenze zu Palästina, um die Invasionsarmee aufzuhalten. Sie hatten überdies an der Hauptstraße Sperren errichtet und dort Stellungen bezogen.

Da wir mit Sicherheit einen Angriff anderer französischer Einheiten erwarten konnten, wollten wir mit der Invasionsarmee Kontakt aufnehmen, die offenbar die Grenze noch gar nicht überschritten hatte. Vor dem Haus stand ein Motorrad. Mart hoffte die Straßensperren irgendwie passieren zu können und machte sich auf den Weg zur Grenze, kehrte aber bald wieder zurück. Er konnte von Glück reden, mit dem Leben davongekommen zu sein. Man hatte ihn beschossen, aber nur das Rad getroffen. Es blieb also nichts übrig, als Abwehrstellung zu beziehen und das Eintreffen der Angriffsspitze abzuwarten. Ich setzte mich an das Maschinengewehr auf dem Dach.

Die französischen Verstärkungen kamen bald genug und begannen das Gebäude zu umzingeln. Ich eröffnete das Feuer und wurde umgehend selbst unter Beschuß genommen. Ich nahm mein Fernglas, um festzustellen, woher das Feuer kam. Noch hatte ich es nicht richtig eingestellt, als eine Gewehrkugel das Fernglas traf, das Okular zerschmetterte und mir dessen Metallgehäuse in die linke Augenhöhle trieb. Ich verlor sofort, wenn auch nur einen Augenblick lang, das Bewußtsein. Als ich zu mir kam, spürte ich, daß ich auch an der Hand verwundet war.

Mart kam aufs Dach herauf und machte mir einen Verband um das Auge und die verletzten Finger. Dann trugen sie mich auf einer aus Decken zusammengeknoteten behelfsmäßigen Tragbahre hinunter ins Erdgeschoß. Ich war die ganze Zeit bei vollem Bewußtsein. Mart nahm meinen Platz am Maschinengewehr ein, kam aber immer wieder, um nach mir zu sehen und zu berichten, was sich ereignete. Wir hatten keine schmerzstillenden Tabletten bei uns, und in meinem Kopf hämmerte es ohne Unterlaß. Einer der australischen Offiziere, der fürchtete, daß ich verbluten würde, schlug vor, man sollte mich den Franzosen übergeben, damit ich ärztliche Hilfe bekäme, bevor es zu spät war. Aber ich lehnte das ab.

Mittlerweile kämpften unsere Leute mit Erfolg weiter. Mit dem Maschinengewehr beherrschten wir den Orangenhain und mit einem ebenfalls erbeuteten Granatwerfer die Straßen. Wir ergatterten sogar einige Militärlastwagen, die zur Front unterwegs waren, und nahmen ihre Besatzung gefangen. Wir steckten fest, von feindlichen Truppen umringt, ohne Fluchtmöglichkeit – aber unsere Soldaten hatten Mut, die Mauern der Polizeistation waren äußerst solide, wir hatten Waffen und Munition, und so hielten wir den Feind in Schach und harrten aus.

Erst nach Stunden kam die Vorhut der Invasionsarmee, eine australische Einheit, zu uns durch. Sie waren durch verminte Straßen aufgehalten worden. Zwei verwundete australische Soldaten und ich wurden in einem der erbeuteten französischen Lastwagen nach Süden gebracht; Mart und Rashid fuhren mit. Die Fahrt über die schwerbeschädigten Straßen und holprigen Feldwege wurde noch zusätzlich durch die uns entgegenkommenden Kolonnen der Invasionsarmee verlangsamt. Endlich erreichten wir das Feldlazarett in Rosh Hanikra an der Grenze. Der britische Arzt, der mich untersuchte, nahm erst gar nicht den Verband ab, sondern ließ mich sofort in einem Krankenwagen weitertransportieren. Immer noch begleitet von Mart und Rashid, kam ich bei Sonnenuntergang – zwölf Stunden nach meiner Verwundung – im Spital in Haifa an.

Wir hatten unseren Auftrag erfüllt. Die Brücken waren intakt gewesen, als wir sie besetzten, und wir hatten dafür gesorgt, daß sie es auch blieben. Die Franzosen hatten einen anderen Abschnitt der Küstenstraße, der nicht zu unserem Operationsgebiet gehörte, in die Luft gesprengt, und wenn sie auch den Vormarsch der Invasionsarmee kurzfristig aufhalten konnten, so war doch bald genug ein anderer Weg gefunden worden.

Der Chirurg untersuchte meine Wunden und meinte, Mart habe gut daran getan, die Glas- und Metallsplitter nicht zu entfernen. Sie hätten gewissermaßen als Verschluß gedient und die Blutung gestillt. Ich wollte die Wahrheit über meinen Zustand wissen. „Zweierlei ist sicher", sagte der Arzt. „Sie haben ein Auge verloren, und Sie werden am Leben bleiben. Wie es mit all diesen Splittern in Ihrem Kopf aussieht, das kann ich beim besten Willen nicht sagen."

5. Kapitel

Genesung

Ich hatte geglaubt, bald wieder gesund genug zu sein, um aktiv am Krieg teilnehmen zu können. Aber die Wundbehandlung erwies sich als äußerst langwierig. Wir zogen nach Jerusalem und wohnten dort bei Ruths Eltern. So konnte ich auch jeden Tag zur ambulanten Behandlung gehen. Die eiternde Augenhöhle, die zahllosen Splitter in meinem Kopf und die gelähmten Finger meiner verwundeten Hand – all das war bestimmt nicht dazu angetan, mich fröhlich zu stimmen. Dazu kam noch, daß das mir verbliebene Auge noch keineswegs gewöhnt war, doppelte Arbeit zu leisten. Gedrucktes sah ich nur verschwommen. Wenn ich Wasser aus dem Krug goß, lief es nicht ins Glas, sondern unweigerlich auf die Tischdecke. Es fiel mir auch schwer, mich im Dunkeln zurechtzufinden. Fast gab ich die Hoffnung auf, jemals wieder fit genug zu sein, um kämpfen zu können. Ich machte mir ernste Gedanken über die Zukunft: ein Krüppel, ohne Erwerbsmöglichkeit – wie sollte ich für meine Familie sorgen? Und gerade das war besonders dringlich, denn zur Zeit meiner Verwundung erwartete Ruth unser zweites Kind, Ehud.

Im Erdgeschoß des Hauses der Schwartz wohnte Reuven Shiloah, der Leiter des Sonderdienstes der Politischen Abteilung der Jewish Agency. Er kam öfters den „verwundeten Krieger" besuchen. Bei einem dieser Besuche schlug er mir vor, in seine Abteilung einzutreten. Ich nahm das Angebot bereitwillig an. Das Problem des Lebensunterhaltes war damit gelöst. Psychisch bedeutete das eine große Erleichterung: Ich hatte einen Job und sogar die Aussicht auf eine mir ganz neue, politische Laufbahn. Mein Körper und mein Auge stellten sich allmählich auf die veränderten Gegebenheiten ein. Ich konnte bald wieder ohne Schwierigkeiten lesen und lernte, mit einem Auge Entfernungen zu schätzen. Es ging so gut, daß ich bald wieder chauffieren konnte. Um mich an den Gegensatz zwischen Licht und Dunkelheit zu gewöhnen, ging ich nachts spazieren.

Der Sonderdienst befaßte sich zu dieser Zeit mit der Frage, wie man im Falle einer deutschen Invasion Palästinas die Sache der Alliierten weiterhin unterstützen könnte. Angesichts der deutschen Erfolge an der Ostfront und der Siege Rommels in der westlichen Wüste war eine solche Möglichkeit durchaus ernst zu nehmen. So wurde beispielsweise erwogen, wie und ob Geheiminformationen aus einem von den Deutschen besetzten Palästina an die Alliierten weitergegeben werden könnten. Der britische Nachrichtendienst im Mittleren Osten, der nun mit den jüdischen Behörden und der Haganah zusammenarbeitete, trat an Shiloah mit dem Vorschlag heran, eine Untergrundorganisation aufzubauen, militärische Informationen über den Feind zu sammeln und diese dem britischen Hauptquartier durchzugeben. Sie versprachen uns die technische Ausrüstung sowie die Finanzierung des Unternehmens. Ich wurde mit der Organisation und Durchführung beauftragt und legte im August 1941 einen entsprechenden Plan vor.

In Jerusalem sollte eine Zentrale eingerichtet werden, mit Nebenstellen in Tel Aviv, Hadera, Haifa und im Kibbuz Maoz Chaim im Bet She'an-Tal. Jeder Außenstelle, Zelle genannt, sollten ein Kommandant, ein Funker und einige Agenten angehören. Die Briten nahmen den Plan an, und im September wurde der erste Spezialkurs abgehalten, an dem sich zwanzig Funker beteiligten.

Offiziell war das Nachrichtennetz unter der Bezeichnung P.S. bekannt, *Palestine Scheme*, inoffiziell hieß es einfach „Moshe Dayan Network“. Gleichzeitig arbeiteten Yitzhak Sadeh und Yohanan Ratner, Mitglieder des Oberkommandos der Haganah, an einem Einsatzplan für die Palmach, die aktive Kampftruppe der Haganah. Er sollte im Fall einer deutschen Besetzung Palästinas in Kraft treten. Obwohl ich stets in engem Kontakt mit der Haganah stand und alle Angehörigen meiner Nachrichtenorganisation Haganah-Mitglieder waren, war ich durch das *Palestine Scheme* direkt den Briten unterstellt. Der verantwortliche britische Offizier war Oberst Reid vom Nachrichtenstab des Oberkommandos für den Mittleren Osten, und sein Verbindungsmann zu mir war ein Offizier namens Hooper. Er erzählte mir, er sei in Ägypten geboren, wo sein Vater Polizeichef gewesen war. Er sprach fließend Arabisch und hatte hervorragende Ortskenntnisse.

Meine Wunden waren verheilt, die Splitter machten mir nicht mehr zu schaffen; ich stand wieder auf eigenen Füßen und hatte eine Aufgabe, die mein Interesse voll in Anspruch nahm. Während der Woche war ich von einem Ort zum anderen unterwegs; ich organisierte den Aufbau der Zellen und konferierte mit den Mitgliedern. Den Sabbat verbrachte ich zu Hause. Besonders gerne wanderte ich durch die Altstadt von Jerusalem, zumal auf dem engen Pfad, der oben an der Stadtmauer entlangführt. Das westliche Jerusalem mit seinen modernen Vororten Rehavia, Talbieh und Bet Hakerem gefiel mir nicht so gut, aber die Altstadt, die prächtigen Mauern, die geschäftigen Basare – das Heilige unmittelbar neben dem Profanen –, es war bezaubernd, und ich konnte mich nie daran sattsehen.

Im weiteren Verlauf meiner Arbeit schlug ich vor, für den Fall einer Invasion und Besetzung unsere Spionagetätigkeit auszuweiten und zusätzlich zu unserem Nachrichtennetz „arabisierte" und „germanisierte" Sondergruppen auszubilden. Wenn die Deutschen Palästina wirklich eroberten und wir unsere Arbeit fortsetzen wollten, dann wohl nur mit Hilfe von Juden, die sich als Araber oder Deutsche ausgeben konnten, sich auch dementsprechend benahmen und der fremden Sprache vollkommen mächtig waren. Ein Teil dieses Plans wurde tatsächlich ausgeführt, wenn auch in abgewandelter Form. Wir stellten geeignete Leute für Sondermissionen in den von den Nazis besetzten Gebieten Europas, besonders dem Balkan. Die Briten schickten einen Nachrichtenoffizier, der unter den Kandidaten eine Auswahl traf und sie instruierte. Die ersten, die sich auf den Weg machten, waren vier von unseren Funkern, darunter Rehoboam Amir. Ein weiterer war Peretz Rosenberg, der mit einem Mädchen aus meinem Heimatort verheiratet war und unsere Kurse geleitet hatte. (Rosenberg sprang im Mai 1943 über Jugoslawien ab und war dann Funker der britischen Verbindungsmission bei Tito.) Eine weitere Gruppe von Freiwilligen – die Hälfte davon Angehörige der Palmach, der aktivsten Kampftruppe der Haganah – wurde zur Ausbildung nach Kairo geschickt. Diese Freiwilligen sollten durch Fallschirmsprung zu den Partisanen gelangen und sowohl überlebende Juden als auch alliierte Piloten, die über feindlichem Gebiet abgesprungen waren, auf Fluchtwegen in Sicherheit bringen.

Viele konnten ihre Mission erfüllen und kehrten wohlbehalten zurück. Einige wurden entdeckt und getötet, darunter Hannah Szenes, eine junge Dichterin aus einem Kibbuz. Sie war über Jugoslawien abgesprungen, hatte an der Seite von Titos Partisanen gekämpft und war gefangengenommen worden, als sie versuchte, nach Ungarn zu gelangen, um den dortigen Juden zu helfen. Ein weiteres Opfer war Enzo Sereni, der idealistische und überaus gebildete Sohn einer angesehenen jüdischen Familie aus Rom, der nach Palästina ausgewandert war. Er wurde gefangengenommen, beim Rückzug der Deutschen von einem Lager ins andere mitgeschleppt und im November 1944 in Dachau erschossen. Ein tragisches Schicksal ereilte einige von denen, die den Krieg überlebt hatten. Sie starben im Jahre 1954, als sie im Kibbuz Ma'agan an einer Feier zu Ehren ihrer gefallenen Kameraden teilnahmen. Ein Sportflugzeug, das eine Botschaft des Präsidenten abwerfen sollte, stürzte in die wartende Menschenmenge – unter den Toten war auch eines von Serenis Kindern.

Im Sommer 1943 übernahm das Palmach-Kommando die Verantwortung für die Fallschirmoperationen in dem von den Nazis besetzten Europa wie auch für die Aufstellung der „arabisierten" und „germanisierten" Sondergruppen. Mit dem Debakel der Deutschen in der westlichen Wüste war die Gefahr einer deutschen Eroberung des Mittleren Ostens endlich gebannt. Das *Palestine Scheme* wurde aufgelöst, und ich entschloß mich, nach Nahalal zurückzukehren. Aber zunächst machte ich „per Anhalter" einen Abstecher nach Bagdad. Die britische Armee hatte von einer jüdischen Transportgenossenschaft Autobusse gemietet, um ein indisches Bataillon nach Irak zu verlegen und eine dort stationierte englische Einheit nach Palästina zurückzubringen. Ich konnte einen der Autobuslenker dazu bewegen, mich als „Beifahrer" mitzunehmen. Als meine Haganah-Vorgesetzten davon erfuhren, gaben sie mir den Auftrag, drei Koffer mit Handfeuerwaffen für die Haganah-Zelle in Bagdad mitzunehmen.

Nach einem Staatsstreich, der zum Sturz der pro-britischen Regierung und zur Einsetzung einer pro-deutschen Regierung unter Rashid Ali und im Mai 1941 sogar zur Kriegserklärung geführt hatte, griff Großbritannien im Irak ein. Truppen wurden aus Indien nach Basra verlegt, und eine britische Kolonne marschierte auf Bagdad. Es gelang, den Aufstand in wenigen Wochen zu unterdrücken. Vorher aber überfielen die Araber an zwei aufeinanderfolgenden Tagen das jüdische Viertel von Bagdad, töteten etwa vierhundert Juden, zerstörten deren Häuser und plünderten sie aus. Welche Partei auch die Regierungsgewalt im Irak ausüben würde, die Juden des Landes würden sich stets auf neue Übergriffe gewalttätiger Elemente unter der arabischen Bevölkering gefaßt machen müssen. Es wurden daher im Irak Haganah-Zellen errichtet – zum Selbstschutz gegen etwaige Ausschreitungen und zur Vorbereitung von geheimen Fluchtwegen, über die irakische Juden trotz Behinderung durch die Iraker und trotz des britischen Einreiseverbotes nach Palästina gelangen könnten.

Drei Tage lang fuhren wir durch die Wüste. Einige Busse kamen von der Kolonne ab und mußten sich allein durch die Wildnis schlagen. Wir schafften es zu guter Letzt und erreichten ein britisches Militärlager etwa zwanzig Meilen außerhalb von Bagdad. Da man antibritische Ausschreitungen seitens der Araber befürchtete, wenn die Anwesenheit von Juden aus Palästina bekannt würde, erhielten wir strikten Befehl, das Lager nicht zu verlassen. Wir sollten dort warten, bis der indisch-englische Truppenaustausch abgeschlossen war, und die englische Einheit dann auf dem kürzesten Weg nach Palästina zurückbringen. Es war uns strengstens untersagt, das Stadtgebiet von Bagdad zu betreten. Ich beschloß, das Lager heimlich zu verlassen und irgendwie in die irakische Hauptstadt zu gelangen.

Vor Sonnenaufgang machte ich mich auf den Weg. Die Schutzklappe für mein Auge hatte ich im Lager gelassen, meine Kleidungsstücke trug ich zusammengerollt unter dem Arm. Barfuß, in Unterhose und Unterhemd, kroch ich durch den Drahtverhau. Ich schlich weiter, bis ich außer Sicht war, watete durch Gräben voll Wasser und Schlamm und erreichte endlich eine Straße. Bald darauf kam eine Eselkarawane vorbei, die Gemüse und Obst nach Bagdad brachte. Ich brach einen Zweig von einem Busch, schloß mich dieser armseligen Kolonne an und half mit, die störrischen Tiere durch die Polizeisperre am Stadtrand von Bagdad zu treiben.

Sobald wir in der Stadt waren, verließ ich die Kolonne. Ich wollte zu Enzo Sereni, dem Haganah-Beauftragten. Er wohnte im Hotel Umayyad. Schmutzig und unordentlich, wie ich aussah, war es schwierig, in dieses Luxushotel hineinzukommen, aber ein angemessenes Trinkgeld bewog den Portier schließlich doch, bei Sereni anzurufen und ihn zu bitten, sich mit mir auf der Straße zu treffen. Sereni erschien daraufhin im Foyer, entrichtete ebenfalls sein Bakschisch und nahm mich mit auf sein Zimmer, wo ich mich duschte und umzog.

Am Abend gingen wir in das jüdische Viertel und trafen dort mit Leuten zusammen, die in der Gemeinde besonders aktiv waren und nach Palästina auswandern wollten. Sie baten mich, zwei junge Flüchtlinge aus Polen mitzunehmen. Sie waren den Nazis entkommen, hatten sich nach Iran durchgeschlagen und wollten nun weiter nach Palästina. Ich sagte zu, kehrte ins Lager zurück und schmuggelte in der folgenden Nacht die Koffer mit den Waffen hinaus, die ich der Haganah-Zelle übergab. Als Gegengabe nahm ich die beiden Flüchtlinge in Empfang, denen wir inzwischen britische Armeeuniformen besorgt hatten.

Die Rückfahrt nach Palästina unternahm ich auf einem anderen Autobus. Die Fahrer wollten nur ungern das Risiko auf sich nehmen, illegale Einwanderer zu befördern. Einer war dann schließlich doch einverstanden. Er gehörte der Transportgenossenschaft „Ihud-Regev" an, stammte aus Petach Tikva und war der Sohn von Avraham Shapiro, dem berühmten „Wächter" aus der Pionierzeit. Die Fahrt verlief ohne Zwischenfall. Die Flüchtlinge ließ ich im Kibbuz Maoz Chaim zurück, in der Obhut von Nessia, der Frau von Uri Brenner. Ich selbst kehrte nach Nahalal zurück.

Die folgenden zwei Jahre verbrachte ich bei meiner Familie. Wir wohnten in einer Fertigteil-Baracke auf der Farm meiner Eltern. Wir wollten aber unsere eigene Farm besitzen, und ich erblickte wieder einmal meine Zukunft darin, Mitglied der Genossenschaft von Nahalal zu sein und zu bleiben. Im Jahre 1944 wurde in Nahalal eine Farm frei. Wir verhandelten noch über den Ankauf, als der Chef der Haganah, Eliahu Golomb, mir voschlug, nach Tel Aviv zu kommen und als Offizier in die illegale Verteidigungsorganisation einzutreten. Ich willigte ein.

Wir blieben ein Jahr in Tel Aviv. Ich war auf Grund meiner Erfahrungen hauptsächlich im Nachrichtendienst tätig, wurde aber auch in die Geschehnisse verwickelt, die man „die unselige Zeit" nannte. Es handelte sich dabei um einen gewissen Zeitraum während des Zweiten Weltkrieges, in dem die Jewish Agency und die Haganah mit den Briten im Kampf gegen die Nazis zusammenarbeiteten. Sie waren daher bestrebt, eigenmächtige Aktionen der paramilitärischen Dissidentenverbände der Irgun Zvai Le'ummi und des Lehi (Gruppe Stern) zu unterbinden, die als Repressalie gegen antijüdische Maßnahmen der Araber oder Briten Terroranschläge durchführten und dem Aufruf der Haganah, sich zu mäßigen, kein Gehör schenkten. Die Haganah versuchte immer wieder, diese Gruppen zur Vernunft zu bringen, und ich führte eine Reihe äußerst interessanter Gespräche mit den Lehi-Führern und Mitgliedern des Oberkommandos der Irgun. Ich konnte ihre Beweggründe verstehen und respektierte die selbstlose Tapferkeit der illegalen Kämpfer. Ich sprach auch ausführlich mit Menahem Begin, dem Befehlshaber der Irgun. Obwohl ich in diesen Gesprächen mit den Dissidenten oft genug gemeinsame Ansatzpunkte fand, blieb ich doch ein Mann der Haganah und vertrat in Wort und Tat die Ansichten Ben Gurions, der mit den Dissidenten nichts zu tun haben und ihrer Terroristentätigkeit ein Ende setzen wollte. Ihm, wie auch der Haganah, war daran gelegen, die arabischen Terroristen aufzuspüren und zu stellen, aber nicht wahllose Vergeltungsmaßnahmen zu setzen, denen unschuldige Araber zum Opfer fallen konnten.

Im folgenden Jahr kehrten wir nach Nahalal zurück, aber nicht auf die Farm meiner Eltern, sondern auf unsere eigene. Bisher hatten wir nur Zitruspflanzungen auf dieser Farm; jetzt kaufte ich Kühe und baute ein Hühnerhaus. Die schwere Landarbeit von früh bis spät – das kannte und das liebte ich. Ich pflanzte Gemüse an: im Sommer Tomaten und im Herbst japanischen Blumenkohl. Zu den Hühnern, die wir der Eier wegen angeschafft hatten, kamen bald Truthühner dazu, damit wir auch Fleisch hatten. Ich war damals übrigens der einzige in der Familie, der Landarbeit verrichtete. Meine Schwester Aviva und mein jüngerer Bruder Zorik waren in die britische Armee gegangen. Zorik war bei der Jüdischen Brigade in Italien und dann in Belgien, Aviva arbeitete als Krankenschwester und später als ATS-Fahrerin in Ägypten.

Im Jahre 1945 kam Assaf (Assi), unser drittes Kind, in Nahalal zur Welt. Um diese Zeit verließ ich das Haus und die Farm nur selten. Erst gegen Ende 1946 begann ich mich parteipolitisch zu betätigen. Ich fuhr als Beobachter der Arbeiterpartei (Mapai) zum 22. Zionistischen Weltkongreß nach Basel. Ich war enttäuscht. Das einzig Bemerkenswerte schien mir die mehr oder weniger radikale Linie, die Ben Gurion dort vertrat – im Gegensatz zu Chaim Weizmann, der sich für eine Politik der Mäßigung gegenüber der britischen Verwaltung einsetzte. Der Krieg war zu Ende, Hitler war besiegt worden, und es hatte keinen rechten Sinn, mit den Briten zu kooperieren, die sowohl die jüdische Einwanderung nach Palästina als auch die Ansiedlung von Juden und die Entwicklung des Landes drastisch einschränkten.

Ben Gurion forderte eine aktive Auseinandersetzung mit den Briten, die die Tätigkeit der Zionisten unterbinden wollten. Ich war begeisterter „Ben Gurionist" und „Aktivist". Für mich ging es nicht nur um Fragen der Verteidigung, sondern um die gesamte zionistische Zielsetzung, insbesondere um die Einwanderung und Ansiedlung. Bei einer Klausurtagung unserer Parteidelegation trug ich meine Ansichten vor und war jung genug, mich sehr zu freuen, als Ben Gurion persönlich meine weitgefaßte Auslegung des Begriffs „Aktivismus" erwähnte und sich mit ihr identifizierte.

Auf dringenden Wunsch meiner Familie fuhr ich nach dem Kongreß von Basel nach Paris, um mich dort operieren zu lassen. Der Chirurg wollte ein Stück Knochen in die Augenhöhle verpflanzen, um dann ein Glasauge einsetzen zu können. Ich wollte meine schwarze Augenklappe lossein, koste es, was es wolle. Die Aufmerksamkeit, die sie auf mich lenkte, war mir unerträglich. Jemand, der zwei gesunde Augen hat, wird kaum verstehen, wie unangenehm es ist, dauernd angestarrt zu werden und die Leute tuscheln zu hören. Ich wollte auf der Straße gehen können, in einem Café sitzen, ins Kino gehen, ohne Aufsehen zu erregen.

Aber die Operation schlug fehl. Die Knochenverpflanzung löste eine Abwehrreaktion aus, und ich bekam hohes Fieber. Ich lag einen Monat in einem jämmerlichen Spitalzimmer und wurde von französisch sprechenden Nonnen gepflegt. Ruth und ihre Schwester Reuma saßen abwechselnd an meinem Bett. Als wir genug Geld für die Passage beisammen hatten, flogen wir nach Hause.

Das britische Mandat lief nun bald ab, und wir mußten intensive Abwehrmaßnahmen gegen eine allfällige Invasion der arabischen Nachbarstaaten vorbereiten. Ben Gurion hatte Ya'akov Dori zum Oberkommandierenden der Haganah bestellt. Dori ließ mich rufen. So war ich bald wieder aktiv im Dienst und beschäftigte mich mit der Spionagetätigkeit der Araber.

Am 29. November 1947 war ich in Nahalal, als wir von der UN-Resolution über die Teilung Palästinas erfuhren. Es war nachts. Ich weckte die Kinder, und wir gingen zusammen mit den anderen Dorfbewohnern in den Gemeinschaftssaal, um das Ereignis zu feiern.

Dieser UN-Beschluß, der Israel das Recht auf Eigenstaatlichkeit zuerkannte, war ein historisches Ereignis. Es herrschte große Freude. Die Verabschiedung der Resolution war ein großartiger politischer Erfolg, der vor allem Ben Gurion zuzuschreiben war. Aber es war nicht nur Freude; es war ein tieferes Gefühl, das ich als Jude empfand. Ich erlebte mich mehr als Jude denn je zuvor. Mit Leib und Seele genoß ich diesen Sieg des jüdischen Volkes, das seit der Vertreibung aus dem Lande Israel 2000 Jahre standgehalten hatte: den antijüdischen Gesetzen und Freiheitsbeschränkungen, der spanischen Inquisition, den Pogromen und in letzter Zeit den Massenmorden der Nazis. Eine uralte Hoffnung ging in Erfüllung: die Heimkehr in ein freies und unabhängiges Zion. In dieser Nacht waren wir glücklich. Wir tanzten und fühlten uns im Herzen jeder Nation verbunden, die in der Vollversammlung der Vereinten Nationen mit „Ja" gestimmt hatte. Am Radio hatten wir die einzelnen Delegierten über Tausende Meilen hinweg das für uns entscheidende Zauberwort aussprechen gehört. Wir tanzten – aber wir wußten, daß das Schlachtfeld auf uns wartete.

Die arabischen Staaten weigerten sich, den UN-Beschluß anzuerkennen. Sie gaben bekannt, daß sie gegen den jüdischen Staat Krieg führen würden. Viele Araber warteten die offizielle Staatsgründung gar nicht erst ab. Palästinensische Araber und Freischärler aus den Nachbarstaaten, die von ihren jeweiligen Regierungen unterstützt wurden, gingen sofort zum Angriff über – in der Hoffnung, die Durchführung der Resolution zu verhindern. In den nächsten fünfeinhalb Monaten wurde das ganze Land zum Schauplatz von Gewalttaten. Täglich mehrten sich arabische Überfälle auf jüdische Siedlungen auf dem Land, auf Städte und den Überlandverkehr. Die britische Regierung gab bekannt, daß sie das Mandat zum 15. Mai zurücklegen werde, tat aber unterdessen wenig, um diese Vorkommnisse zu unterbinden. Anarchie trat an die Stelle der gewohnten Ordnung. In der Folge schienen einige Länder, die für die Teilung gestimmt hatten, sich ihr Votum noch einmal überlegen zu wollen. Von allen Seiten wurde auf die jüdischen Führer Druck ausgeübt, auf die Unabhängigkeit zu verzichten. Man befürchtete, daß der jüdische Staat seine Geburtsstunde nicht überleben würde, da die Armeen der Nachbarstaaten und die Araber in Palästina bald gemeinsam gegen ihn vorgehen würden. Die jüdischen Führer widerstanden diesem Druck und schenkten dem Rat ihrer besorgten Freunde keine Beachtung. Sie ließen sich nicht von der Proklamation der Unabhängigkeit abbringen. Wir alle wußten: solange der Krieg dauerte, mußten wir kämpfen und nichts als kämpfen. Sollten wir nicht die Sieger sein, dann würde der Traum von Zion nicht in Erfüllung gehen, es gäbe keine Unabhängigkeit, keine Einwanderung, keine Siedler.

Als Verantwortlicher für arabische Angelegenheiten beim Generalstab der Haganah bestand meine Aufgabe darin, Agenten zu rekrutieren, die uns über die Aktivität der arabischen Freischärler in Palästina berichten sollten. Bei dieser Arbeit standen mir Giora Zeid und Oded Yanai zur Seite, die über ausgezeichnete Kontakte zu Arabern und Drusen in Haifa und im Norden des Landes verfügten.

Vor dem arabischen Generalangriff im Mai 1948 bekämpften uns verschiedene Gruppen, darunter ein Bataillon von drusischen Söldnern unter Shabib Wahab. Dieses Bataillon operierte im Gebiet von Haifa und hatte sein Hauptquartier in Shafram in Untergaliläa. Kaukji, der Anführer der sogenannten Arabischen Befreiungsarmee, die die syrischen Truppen unterstützte, hatte im März 1948 bei einem Angriff auf Mishmar Ha'emek, einen strategisch wichtigen Kibbuz südwestlich von Nahalal, eine schwere Niederlage erlitten. Um seinen Truppen eine Atempause zu verschaffen, gab er Wahab den Befehl, Kfar Atta und den Kibbuz Ramat Yohanan, östlich von Haifa, anzugreifen.

Einer der jungen Offiziere der Carmel-Brigade, die Ramat Yohanan gegen den Ansturm der Drusen verteidigten, war mein Bruder Zorik. Die Schlacht dauerte vier Tage. Unsere Truppen erlitten hohe Verluste, insbesonders unter den jungen Offizieren. Am zweiten Tag, dem 14. April, unternahmen wir einen Gegenangriff. Zorik war dabei. Er kam nicht zurück. Ich ging ihn suchen, aber es wurde noch überall gekämpft. Erst nach der Schlacht, nach unserem Sieg und dem Vormarsch der Carmel-Brigade fanden andere seinen Leichnam. Er hatte, allen voran, eine feindliche Stellung gestürmt. Eine Kugel traf ihn in die Stirn. Er war erst zweiundzwanzig Jahre alt gewesen und hinterließ seine Frau mit einem kleinen Kind.

In unserem Hause wurde getrauert. Zorik hatte meiner Mutter nähergestanden als ich oder Aviva. Vielleicht, weil er der Jüngste war, aber mehr noch wegen seiner Charaktereigenschaften. Er und ich hatten keine besonders nahe Beziehung zueinander gehabt, denn ich war oft von zu Hause fort, als er heranwuchs. Er war außergewöhnlich vital, immer guter Laune und bei all seiner Fröhlichkeit ein ernsthafter Mensch gewesen. Seit seiner Kindheit war er ins Leben gestürmt und ließ sich nicht zurückhalten. Als er sich freiwillig zur Jüdischen Brigade der britischen Armee meldete, war der Weltkrieg schon fast zu Ende. Die Arbeit auf der Farm war in Frage gestellt, und Vater versuchte ihn umzustimmen. Meine Mutter hielt ihn nicht zurück. „Aber er will sich doch melden“, sagte sie, und das war für sie ausschlaggebend. Jeder müsse sein eigenes Leben leben, sagte sie, daher habe auch niemand das Recht, von Zorik zu verlangen, seinen Wunsch aufzugeben.

Nach seinem Tod besuchte ich ab und zu meine Eltern und setzte mich auf eine Weile zu ihnen, vor allem zu meiner Mutter, und ich spürte, Zoriks Tod hinterließ eine Wunde, die niemals heilen würde. Meine Mutter wurde allgemein für eine überaus starke Frau gehalten. In Wirklichkeit war sie es nicht. Sie war eher zart und kränkelte ihr Leben lang. Sie hatte eine tiefe Empfindung für die Erfahrung, die das Leben mit sich bringt, war sensibel und nur selten imstande, ihre innersten Gedanken einem anderen Menschen anzuvertrauen. Sie war ein freier Geist, kompromißlos, aber nicht starrsinnig. Wer von anderen etwas forderte, das nur ihm allein von Nutzen war, wurde von ihr stets scharf verurteilt. Wenn sie mit mir über meine Kinder, meist über Yael, sprach oder über mich, dann fragte sie nicht, was wir taten, sondern ob wir mit ganzer Seele bei der Sache seien. Nach Zoriks Tod wurde meine Mutter, die ich so liebte, schweigsam. Sie war gebrochen. Das Licht war erloschen.

Ein paar Tage nach der Schlacht nahm Giora Zeid den Kontakt mit den Drusen wieder auf. Er glaubte, daß es jetzt möglich sei, sie zu neutralisieren. Wir trafen also mit einigen Offizieren des Drusenbataillons zusammen. Als man mich vorstellte und dabei erwähnte, daß mein Bruder bei Ramat Yohanan gefallen sei, erblaßten sie, weil sie dachten, sie seien in eine Falle geraten und die Zusammenkunft sei nur ein Vorwand, Zoriks Tod zu rächen. Da die Blutrache in der Vorstellungswelt der Araber eine recht bedeutende Rolle spielt, nahmen sie wohl an, es müßte bei uns Juden ebenso sein. Ich aber empfand Zoriks Tod ausschließlich als mein persönliches Leid, das mit der Mission, auf der ich mich befand, nichts zu tun hatte. Meine Aufgabe bestand lediglich darin, den Feind zum Freund zu gewinnen oder zumindest zu erreichen, daß er sich neutral verhielt. Wir konnten sie aber von unseren redlichen Absichten überzeugen, und am Ende gaben sie die Zusage, sich nicht mehr am Krieg zu beteiligen. Einige von ihnen liefen sogar über und kämpften später auf unserer Seite mit.

Mich drängte es jetzt, eine aktive Rolle zu übernehmen. Es machte mir nichts mehr aus, daß ich nur ein Auge hatte. Und ich machte mir auch keine Sorgen mehr darum, was geschehen würde, wenn ich auch das andere verlöre. Als Yitzhak Sadeh vom Haganah-Oberkommando mir sagte, ich solle ein Bataillon für besondere Einsätze aufstellen, nahm ich diesen Vorschlag ohne Zögern an und machte mich sofort an die Arbeit.

Kaum hatte ich damit begonnen, wurde der Staat Israel ins Leben gerufen – und unverzüglich erfolgte der Einmarsch der Armeen von sechs arabischen Staaten.

II. Teil

Unabhängigkeit (1948–1952)

6. *Kapitel*

Gefahr am Jordan

Der äußere Rahmen war denkbar schlicht, der Anlaß aber überaus bedeutungsvoll. Am Freitag, dem 14. Mai 1948, um 16 Uhr 30 eröffnete Ben Gurion eine Sondersitzung des Jüdischen Nationalrates von Palästina. Normalerweise hielt das jüdische Führungsgremium seine Versammlungen in Jerusalem ab. Doch Jerusalem war nun eine belagerte Satdt, und das Hauptquartier befand sich vorübergehend in Tel Aviv. Die Sitzung war in dem einzigen in der Stadt verfügbaren großen Saal anberaumt worden, nämlich in einer Ausstellungsgalerie des Museums.

Die Worte Ben Gurions machten Geschichte. Vor den zutiefst ergriffenen Abgeordneten verkündete er die Unabhängigkeit Israels. Neunzehnhundert Jahre nach der Zerstörung Jerusalems und des jüdischen Staates durch die Römer proklamierte er die Wiedergeburt der Freiheit des jüdischen Volkes in seiner angestammten Heimat – die Wiederherstellung des Staates Israel. Um Mitternacht, sobald das britische Mandat abgelaufen war, begann der neue Staat zu bestehen. Die historische Feier hatte jedoch vorverlegt werden müssen, um die Sabbatruhe nicht zu verletzen.

Schon wenige Stunden später wurde der neue Staat angegriffen. Vom Norden, Osten und Süden her fielen die regulären Streitkräfte des Libanon, Syriens, Transjordaniens und Ägyptens in Israel ein. Saudi-Arabien entsandte Truppen, die dem ägyptischen Kommando unterstellt waren.

Wir befanden uns in einer äußerst schwierigen Lage.Die feindlichen Armeen waren durchwegs mit schweren Waffen ausgerüstet, wie sie eben regulären Streitkräften souveräner Staaten zur Verfügung stehen. Sie hatten keinerlei Schwierigkeiten, ganz offiziell Rüstungsmaterial anzukaufen. Zu Beginn des Unabhängigkeitskrieges konnten wir diesem Arsenal nichts Gleichwertiges entgegenstellen. Denn während der Mandatszeit hatte die Untergrundarmee Haganah lediglich leichte Waffen importieren können (Gewehre, Maschinenpistolen, MGs und Granatwerfer) und verfügte nur über ein paar „hausgemachte“ Panzerautos sowie über einige leichte Schulflugzeuge.

Die syrischen Truppen drangen kurz nach Mitternacht in Israel ein. In den folgenden zwei Tagen beschossen und bombardierten die Syrer die Dörfer im Jordantal, um sie zu stürmen und zu überrennen. Am dritten Tag, dem 18. Mai, wurde ich in den Norden abkommandiert, um den Befehl über den Sektor Jordantal zu übernehmen. Das Hauptquartier befand sich in Kvutzat Kinnereth, dem Nachbarkibbuz von Deganiah, der unvergessenen Heimat meiner Kindheit, am Südwestufer des Sees Genezareth.

Die Streitkräfte, die wir zur Verteidigung des Jordantals aufbieten konnten, waren denkbar schwach. Ein Bataillon der Golan-Brigade hatte bis jetzt die Front mit nur zwei Kompanien gehalten – die eine im Abschnitt von Zemach-Tiberias, die andere an der Ashdotbrücke im Süden. Im Hauptquartier von Kinnereth berichtete man mir, die Syrer hätten in den frühen Morgenstunden die in Zemach liegende Kompanie angegriffen. Diese Truppe, aus einheimischen Rekruten bestehend, hatte sich unter Zurücklassung ihrer Toten nach rückwärts abgesetzt. Die Bewohner der nahe gelegenen Kibbuzim von Sha'ar Hagolan und Massada (nicht zu verwechseln mit Masada im Süden) hatten ihre Siedlungen verlassen. Der Angriff der Syrer auf Deganiah und den Nachbarkibbuz Deganiah B stand unmittelbar bevor. Die einzige Hoffnung war das Eintreffen von Verstärkungen. Bei der Fahrt zum Gefechtsabschnitt war ich glücklicherweise meinem Freund Uri Bar-On begegnet, der sich mit einer Freiwilligeneinheit ebenfalls auf dem Weg zum Jordantal befand. Aus Tiberias kam noch eine Kompanie junger Studenten, die an einem Unteroffizierslehrgang teilgenommen hatten. Und ich selbst hatte im Auto einen kostbaren Schatz mitgebracht – drei Panzerfäuste.

Moshe Montag, der Kommandant der Golan-Brigade, empfing mich höflich, aber nicht gerade enthusiastisch. Ich war zwar vom Generalstab hierher geschickt worden, aber es war nicht klar, zu welchem Zweck. Mein Auftrag war, hinter den feindlichen Linien Sonderoperationen auszuführen und die Verbände im Jordantal zu unterstützen, die dort liegenden Einheiten standen aber nicht unter meinem Befehl. Zunächst war ich verärgert. Aber nachdem ich unsere Stellungen an der Front, in den beiden Kibbuzim von Deganiah und im Niemandsland gesehen hatte, war es mir gleichgültig, wer wem unterstellt war. Unsere Lage schien dermaßen verzweifelt, daß es überhaupt nicht darauf ankam, wer hier Befehle erteilte; die Frage war vielmehr, was zu tun sei.

Die syrischen Streitkräfte, die nun in Zemach ihr Hauptquartier aufgeschlagen hatten, bestanden aus einer durch Panzer und Artillerie verstärkten Infanteriebrigade, die auch gelegentlich Luftunterstützung erhielt. Alles was wir – außer ein paar Molotow-Cocktails, Handfeuerwaffen und Panzerfäusten – besaßen, war Kampfgeist und Mut. Mittlerweile kamen weitere Freiwillige – einzeln und in kleinen Gruppen – aus dem Yezreeltal, aus Tiberias und Yavniel, um den Kibbuzim von Deganiah zu helfen. Montag, der Brigadekommandant, sagte mir auch, daß vier 65mm-Kanonen auf dem Weg zu uns seien.

An diesem dritten Kriegstag – Zemach war gefallen, zwei Dörfer waren aufgegeben worden – herrschte in der ganzen Gegend eine sehr gedrückte Stimmung. Die Kinder und jene Frauen, die nicht mitkämpften, wurden evakuiert. Am Abend hoffte die Palmach, die aktivste Kampftruppe der Haganah, die Lage noch zu unseren Gunsten wenden zu können. Eine Kompanie wurde ausgeschickt, den befestigten Polizeiposten von Zemach zurückzuerobern, kehrte aber nach Mitternacht erfolglos zurück. Es blieb uns also nichts übrig, als Vorbereitungen zur Verteidigung zu treffen. Den ganzen 19. Mai widmeten wir dieser Aufgabe.

Jene Siedlungen, die ihre Hoffnungen auf die Zemach-Verteidigungslinie gesetzt hatten, hatten keine Schützengräben ausgehoben. Das mußte jetzt schleunigst nachgeholt werden. Giora, aus dem nahe gelegenen Kibbuz Afikim, war für die Verteidigung von Deganiah A verantwortlich. Für Deganiah B mußte erst jemand gefunden werden. Ein Veteran der Haganah und zugleich einer meiner Nachbarn in Nahalal erklärte sich dazu bereit, was mir nur recht sein konnte. Im Nordabschnitt entdeckte ich eine Lücke in der Verteidigungslinie: Bet Yerach war unbesetzt. Es war zwar keine Siedlung, sondern eine Ausgrabungsstätte, aber man konnte von dort die Straße von Zemach nach Deganiah sowie die Brücke über den Jordan beherrschen. Ich ließ die Freiwilligen aus Yavniel in Bet Yerach Stellung beziehen und sich am Osthang verschanzen. Damit befanden sie sich an der Flanke einer möglichen Truppenbewegung von Zemach nach Deganiah. Mehr konnte ich an diesem einen Tag nicht tun. Ich ging von der Annahme aus, daß die Syrer ihren Angriff auf den nördlichen Teil des Jordantales konzentrieren und versuchen würden, die beiden Deganiah-Kibbuzim und den Korridor zwischen dem Jordan und dem See Genezareth zu erobern. Das war die Schlüsselstellung für einen Vorstoß nach Norden, in Richtung Tiberias, oder nach Westen, in Richtung Poriah auf den Höhen von Galiläa. Von den Angehörigen des Barak-Bataillons waren mir nur wenige bekannt, aber unter den Freiwilligen erkannte ich viele meiner Freunde aus Nahalal und Yavniel.

Am frühen Morgen des 20. Mai griffen die Syrer an. Die Kampfhandlungen begannen um 4 Uhr 15 mit Artillerie- und Granatwerferbeschuß. Eine

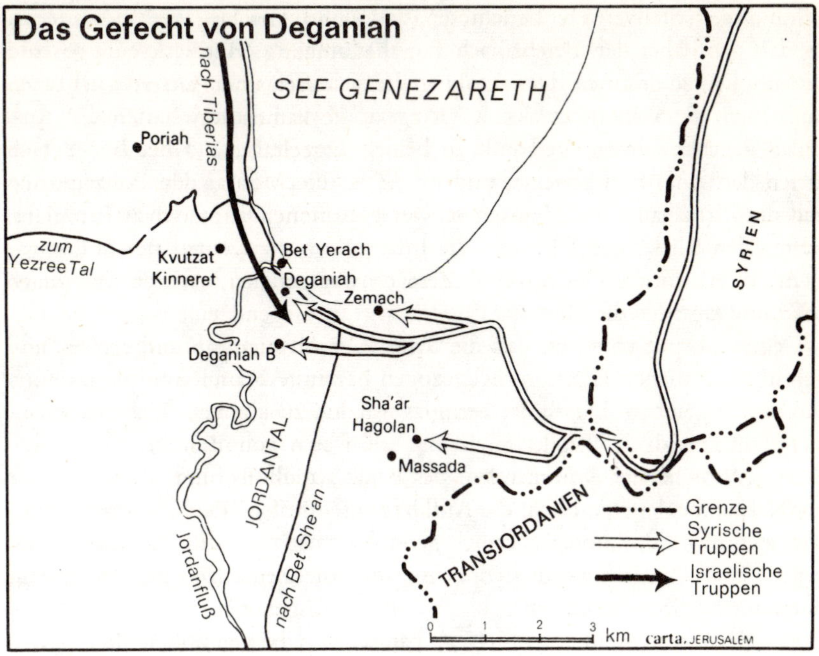

halbe Stunde später rückten die Syrer mit Panzern und Infanterie gegen Deganiah und Deganiah B vor. Der Angriff dauerte, bis auf einige kurze Unterbrechungen, neun Stunden. Sie setzten auch Flugzeuge ein, aber die meisten Bomben verfehlten ihr Ziel und richteten nur geringe Schäden an.

Die Syrer griffen mit der üblichen Taktik an: Panzer, flankiert von Infanterie. Als sie in Schußweite unserer Linien waren, machte die Infanterie halt und ging in den Getreidefeldern in Deckung; die Panzer rollten bis zur Einzäunung der Kibbuzim vor. Ein Panzer durchbrach sogar den Zaun von Deganiah und drang in den Vorhof ein. Dort wurde er mit Panzerfäusten und Molotow-Cocktails kampfunfähig gemacht. Auch bei Bet Yerach wurden mehrere Panzer von den Soldaten aus Yavniel zerstört, zum Teil aus wenigen Metern Entfernung. Aus Poriah kam die Nachricht, daß die 65 mm-Kanonen eingetroffen seien und zu Mittag einsatzbereit sein würden. Die Funkverbindung funktionierte nicht; so schickte ich meinen Stellvertreter nach Deganiah B, um zu erfahren, wie es dort aussah. Meinen Freund Uri ließ ich wissen, daß ich ihm nötigenfalls Artillerieunterstützung geben könne; wenn er sie nicht brauche, wollten wir aber die Geschütze heute noch nicht einsetzen. Doch

Uri und mein Stellvertreter berichteten, daß die Lage in Deganiah B sehr ernst sei. Ich gab daher den Befehl nach Poriah durch, das Artilleriefeuer so bald wie möglich zu eröffnen. Der Erfolg stellte sich sofort ein. Der Angriff brach zusammen, die Syrer traten den Rückzug an. Zwei Faktoren hatten den Ausschlag gegeben: unsere Verbände in beiden Deganiahs und bei Bet Yerach hatten den Angriff abgewehrt, und unsere Artillerie hatte den Polizeiposten und die Zitrushaine von Zemach schwer getroffen. Die syrischen Panzer erhielten den Rückzugsbefehl, und die Infanterie wartete einen Befehl erst gar nicht ab. Als unsere Geschosse über sie hinwegheulten, machten sie einfach kehrt und ergriffen die Flucht.

Gegen Abend schien es, daß die Syrer Zemach gänzlich aufgegeben und sich in die östlichen Hügel zurückgezogen hätten. Aber ich konnte das noch nicht recht glauben. Durch das Fernglas war in Zemach kein Licht zu sehen, nichts rührte sich. Ich wollte mich aber selbst an Ort und Stelle überzeugen. Yitzhak Broschi, der Kommandant des Barak-Bataillons, und einige Freunde aus Nahalal begleiteten mich, die Aufklärungseinheit gab uns Feuerschutz. Es war noch nicht Vollmond, aber hell genug. Zemach lag still, leer und verlassen vor uns. Die Leichen unserer Leute, die vor zwei Tagen gefallen waren, lagen in einem Straßengraben.

Die Syrer waren offensichtlich in panischer Angst geflohen und hatten Waffen und Fahrzeuge im Ort zurückgelassen. Wir setzten uns in einen syrischen Funkwagen und fuhren zu unserem Gefechtsstand in Kinnereth zurück. Die Schlacht war vorüber – eine harte, tragische und deprimierende Schlacht. Viel Blut war geflossen; nicht das von geschulten und erfahrenen Soldaten, sondern das Blut von ganz jungen Menschen, die dem Tod mit staunenden Augen begegnet waren.

Trotz vielerlei Mißgeschick, mangelnden Vorbereitungen und ungenügender Kriegserfahrung hatten wir die Gefahren in teilweise sehr schweren Kämpfen gemeistert. Diese erste Runde des Unabhängigkeitskrieges zeigte jedem von uns mit größter Deutlichkeit: es gab kein Zurück mehr und keine Kapitulation.

7. *Kapitel*

Das 89. Kommandobataillon

Nach meiner Rückkehr vom Jordan machte ich mich auf Wunsch Yitzhak Sadehs daran, das – wie es offiziell hieß – „motorisierte Sturmbataillon" aufzustellen. Es bekam die Nummer 89 und sollte Sadehs Panzerbrigade angegliedert werden. Soweit ich mich erinnere, wurde die Brigade nie als geschlossene Formation eingesetzt; das 89. Bataillon operierte zu meiner Zeit jedenfalls immer als selbständige Einheit.

Unser Standort war das frühere britische Militärlager Tel Litvinsky (heute: Tel Hashomer), auf halbem Weg zwischen Tel Aviv und den damals von jordanischen Truppen besetzten arabischen Dörfern Yehudia und Ono. Die uns zugewiesenen Zelte und Fertigteilbaracken dienten als Schreibstuben, Messe, vor allem als Lagerräume. Der Mangel an Fahrzeugen, Waffen und Soldaten wurde nur langsam behoben. Woran es aber gewiß nicht fehlte, waren Zuversicht und der Wille, gegen den Feind ins Gefecht zu ziehen. Darauf hatte ich gehofft und tat, was ich konnte, damit es dabei blieb.

Es war Sommer. Die Nächte waren warm, die Luft mild. Das Land lag vor uns ausgebreitet. Unsere Uniformen: Khakihosen und Khakihemden; keine Rangabzeichen. Unsere Ausrüstung: Jeeps mit Maschinengewehren. Unsere Soldaten: erstklassig.

Am 20. Juni 1948, noch bevor Organisation und Ausbildung des Bataillons abgeschlossen waren, wurde ich dringend ins Hauptquartier Yitzhak Sadehs gerufen. Ein Munitionsschiff, die *Altalena,* war von der Irgun Zvai Le'ummi aufgebracht worden.

In der Mandatszeit war die Jewish Agency mit der Wahrung der jüdischen Interessen in Palästina betraut. Die Irgun widersetzte sich jedoch ihrer Autorität. Die Widerstandsorganisation der Jewish Agency war die Haganah. Die

Irgun aber, wie auch die Lehi (Gruppe Stern), drängten nicht nur auf die Bekämpfung der arabischen Terroristen und der britischen Verwaltung mit äußersten Mitteln, sie unternehmen auch aus eigenem Ermessen die entsprechenden Aktionen. Nach Gründung des Staates Israel, so hoffte man, würde sich die Irgun der Regierungsgewalt unterordnen. Nach den Bestimmungen des ersten Waffenstillstandes, der von den Vereinten Nationen angeordnet wurde und am 11. Juni 1948 in Kraft trat, war es weder Israel noch den arabischen Staaten erlaubt, zusätzliches Kriegsmaterial in die von ihnen kontrollierten Gebiete zu bringen. Diese Bedingungen wurden natürlich von beiden Seiten, wenn auch heimlich, verletzt. Die Irgun aber wollte die Waffen in aller Öffentlichkeit hereinbringen – an Bord der *Altalena.* Die Regierung mußte dieses Vorhaben als unverantwortliche, mutwillige Herausforderung ihrer Autorität ansehen und rasch und energisch dagegen einschreiten.

Yitzhak Sadeh unterrichtete mich von dem Vorfall, als die *Altalena* bereits bei Kfar Vitkin, 23 Meilen nördlich von Tel Aviv, vor Anker lag und dabei war, ihre Ladung zu löschen. Die Waffen wurden von der Irgun übernommen. Die dem Oberkommando unterstellte Alexandroni-Brigade erhielt den Befehl, die Waffen zu beschlagnahmen, aber ein Teil der Soldaten war nicht bereit, gegen die Irgun zu kämpfen. Die Aufgabe fiel demzufolge meinem Bataillon zu. Ich war mir über die komplizierten, internen Beziehungen zwischen Irgun und Regierung nicht wirklich klar. Die Pflicht, den Befehl auszuführen, stand für mich außer Frage. Ich verzichtete auf die Teilnahme von ehemaligen Lehi-Mitgliedern an der Aktion, da diese gewiß nur ungern gegen ihre Kameraden eingesetzt werden wollten, und zog ausschließlich Soldaten aus den ländlichen Siedlungen heran.

Die Einheit, unter Uri Bar-Ons Kommando, setzte sich in Marsch. In der Abenddämmerung trafen wir bei Kfar Vitkin ein. Wir forderten die Irgun auf, sich zu ergeben. Als Antwort feuerten sie, und acht von unseren Leuten wurden getroffen, zwei davon tödlich. Wir brachten unsere Granatwerfer in Stellung und beschossen den Strand. Sofort stellte die Irgun das Feuer ein. Das Gefecht war zu Ende; Uri Bar-On und der Kommandant der Irgun begannen zu verhandeln. Das Schiff hatte inzwischen Anker gelichtet und war unterwegs nach Tel Aviv. Am Strand lagen noch die ausgeladenen Waffen.

Bei der Auseinandersetzung zwischen Regierung und Irgun ging es um rein politische Fragen; das wahre militärische Ziel, das wir vor Augen hatten, wurde von dem Zusammenstoß von Kfar Vitkin stark überschattet. Das war nicht der Krieg, den wir zu führen hatten, und das waren auch nicht unsere Feinde.

Bald darauf flog ich nach Amerika: Ich mußte den Sarg mit dem Leichnam eines hohen Offiziers, der Amerikaner und Frontoffizier im Zweiten Weltkrieg gewesen war, nach den USA, und zwar nach West Point, begleiten. Bei einer Zwischenlandung in Paris erhielt ich ein Telegramm des Ministerpräsidenten Ben Gurion. Ich sollte so schnell wie möglich aus den USA nach Israel zurückkehren, da er mich sehen wollte. Auf dem Rückflug hatten wir statt des Sarges Kisten mit den ersten israelischen Banknoten an Bord. Als wir zur Landung auf dem Flugfeld von Ein Shemer ansetzten, wurden wir von den Arabern beschossen – nichts Ernstes; es waren Amateure.

Ich fuhr vom Flugfeld direkt zum Bataillon, den Flugzeuglärm noch in den Ohren. Der Waffenstillstand war noch in Kraft, und ich wollte mich in Tel Hashomer einmal ausschlafen. Am nächsten Morgen wollte ich mich wieder dem Bataillon widmen. Aber es kam anders. Am Lagereingang traf ich das Bataillon beim Abmarsch nach Kfar Syrkin, etwa zehn Meilen nordöstlich von Tel Aviv.

Von dort sollte im Morgengrauen die „Operation Danny" ihren Ausgang nehmen, mit dem Ziel, die Araber aus ihren Stellungen nur wenige Meilen östlich von Tel Aviv zu verdrängen. Das Hauptziel des Bataillons war die Eroberung feindlicher Befestigungen im Umkreis der arabischen Dörfer Kula und Tira im Zentralabschnitt der Front. Tira, das südliche der beiden Dörfer, liegt weniger als drei Meilen nordöstlich vom internationalen Flughafen Lod, den wir noch hielten, der aber in Reichweite der feindlichen Batterien war. Der Operationsplan meines Adjutanten Peltz sah einen langanhaltenden Beschuß mit 81mm-Granatwerfern vor, um den Feind weich zu machen. Ich war mehr für einen überfallartigen Angriff.

Im Morgengrauen rückten wir in Richtung Kula ab. Zum ersten Mal ging das Bataillon als geschlossene Einheit in den Kampf. Als wir uns dem Ziel näherten, gerieten wir in schweres Feuer. Die Schützenpanzer, dazu bestimmt, in das Dorf einzudringen, hielten an. Die Granatwerfer wurden in Stellung gebracht und feuerten einige Salven. Anstatt also zu zeigen, was wir wirklich konnten, anstatt seine ganze Kraft auszuspielen und die feindlichen Stellungen zu stürmen, begnügte sich das Bataillon mit dem Feuer aus einem halben Dutzend Granatwerferrohren. So ging das nicht. Es mußte etwas geschehen. Anordnungen über Funk zu geben, hätte wenig genützt. So ging ich nach vorne und ordnete an, energisch vorzustoßen und Kula zu nehmen. Ich selbst wollte mit der zweiten Kompanie Tira stürmen. So geschah es, und wir eroberten beide Dörfer. An Verlusten hatten wir fünf Verwundete.

Der Angriff auf unser nächstes Ziel, Deir Tarif, sollte mit dem Brigadekommando koordiniert werden. Die Ausführung überließ ich Peltz und fuhr nach Tel Aviv, denn Ben Gurion hatte mich erneut dringend zu sich beordert, und ich hatte bisher seine Aufforderungen der Gefechte wegen ignoriert.

Ben Gurion war besorgt. Die Araber griffen uns an, und die Juden bereiteten uns Kummer. Die Irgun und die Gruppe Stern wollten die Autorität der Regierung nicht anerkennen; mit den israelischen Verteidigungskräften stand es nicht zum Besten. Er habe mich gerufen, sagte Ben Gurion, um mir an Stelle von Generalmajor David Shaltiel das Kommando in Jerusalem zu übertragen. Es werde dort eine stärkere und aggressivere Persönlichkeit gebraucht. Ohne Zweifel bedeutete Jerusalem für Ben Gurion eines der Kernprobleme des Krieges. Ich wußte zwar, wie wichtig diese Aufgabe war, lehnte aber die Berufung strikt ab. Ich machte ihn darauf aufmerksam, daß ich eben erst die Führung meines Bataillons übernommen hatte. Wir waren dem Feind am Morgen dieses Tages zum ersten Mal begegnet. Ich wollte um keinen Preis den Befehl über eine kämpfende Truppe, mit der ich selbst in die Schlacht ziehen konnte, mit einem höheren Stabskommando vertauschen.

Nachdem ich über den Kampfverlauf am Morgen Bericht erstattet hatte, erlaubte mir Ben Gurion, fürs erste zu meiner Einheit zurückzukehren. Die Entscheidung über meine Versetzung nach Jerusalem wurde bis zur Beendigung der „Operation Danny" aufgeschoben.

Während ich beim Ministerpräsidenten gewesen war, hatte sich mein Bataillon nach Deir Tarif in Marsch gesetzt. Auf der Fahrt dorthin fand ich mich bei Einbruch der Dunkelheit auf einem verlassenen Feldweg ein paar Meilen vor Deir Tarif. Da ich mit Sicherheit annahm, daß die Araber die Verbindungswege zwischen ihren Linien und den unseren vermint hatten, hielt ich es für klüger, mit der Weiterfahrt bis zum Morgen zu warten. In einem Hirsefeld streckte ich mich aus und schlief ein.

Am Morgen entdeckte ich Fahrzeugspuren auf dem Weg und folgte ihnen. Etwa eine Stunde später hatte ich eine unserer Abteilungen eingeholt. Ich fragte nach Peltz und fand ihn, in eine Decke gehüllt, in einem Olivenhain, wo er sich von den Strapazen der letzten vierundzwanzig Stunden erholte. Ich weckte ihn und fragte, was sich während meiner Abwesenheit zugetragen habe. Seinem Gebrumme konnte ich entnehmen, daß das Bataillon auseinandergezogen worden war und einen Ring von Tira bis Deir Tarif gebildet hatte. Peltz sagte weiter, daß unsere Truppen bei Deir Tarif in ein Gefecht mit der Arabischen Legion verwickelt gewesen seien. Uri Bar-On und Arik Nehemkin, die Kompaniekommandanten, seien verwundet und aus der Kampfzone weggebracht worden. Das 82. Panzerbataillon, das dort in Bereitschaft gestanden hatte, sei am Nachmittag abgezogen worden, und unsere Jeepkompanie habe seine Stelle eingenommen.

Ich kochte vor Zorn. Ich wünschte Peltz angenehme Ruhe und gab den verbliebenen Einheiten den Befehl, sofort auf Deir Tarif vorzurücken – und zwar augenblicklich! Ich konnte mir nicht erklären, warum das 82. Panzerbataillon zurückgezogen worden war oder wie sich eine Jeepeinheit ohne Panzerunterstützung gegen die feindlichen Tanks behaupten sollte. Solche Fragen spielten im Augenblick aber kaum eine Rolle. Weit mehr war ich darüber aufgebracht, daß man das Bataillon aufgeteilt, ja manche Einheiten zum Wachdienst in bereits eroberte arabische Dörfer abkommandiert hatte, anstatt mit der gesamten Einheit wie mit einer gepanzerten Faust loszuschlagen und „feuerspeiend" den Feind einfach zu überrennen.

Bei Deir Tarif stieß ich auf Akiva Sa'ar und seine Schützenpanzer. Die Kompanie war am Abend zuvor dorthin verlegt worden, um Uri zu unterstützen, und hatte inzwischen Unterstände am West- und Nordhang des Hügels bezogen. Die Arabische Legion hielt den Osthang besetzt. Ich wollte nach oben, um die Lage von dort zu überblicken. Akiva riet davon ab. Der Gipfel des Hügels lag unter ständigem Artilleriebeschuß, außerdem feuerten jordanische Heckenschützen auf alles, was sich bewegte. Ich sagte meinem Fahrer, er sollte mit Vollgas hinauffahren und oben den Jeep hinter einem Felsen, den ich von unten sehen konnte, anhalten. Wir fuhren in halsbrecherischem Tempo im Zickzack den Hügel hinauf. Bei jeder Biegung konnte ich sehen, daß Akiva direkt hinter uns war – wie erwartet.

Von oben sah ich einige unserer Fahrzeuge, die am Abhang steckengeblieben waren. Aber ich entdeckte auch einen umgekippten jordanischen Panzerwagen. Was für ein Anblick! Ein richtiger, schöner Panzerwagen, anscheinend fahrtüchtig, mit einer Kanone bestückt. Man mußte ihn nur hochhieven, auf unsere Seite schaffen, und schon war er einsatzbereit. Gewiß, die Jordanier nahmen jeden unter Beschuß, der sich dem Fahrzeug näherte, aber mit Geschicklichkeit, ein bißchen Glück und einem Schlepptau ließ sich das schon machen.

Inzwischen war der Rest des Bataillons eingetroffen, hatte aufgetankt und frische Munition gefaßt. Ich wurde ungeduldig. Worauf warteten wir eigentlich? Wann ging es endlich los? Und was war unser nächstes Ziel? Der Abschnitt Deir Tarif würde bald zur Gänze in unserer Hand sein. Und dann? Uns gegenüber, im nächsten Tal, lag Bet Naballa, auf dem Hügel dahinter gab es befestigte Stellungen der Araber. Um sie zu stürmen, müßte man ins Tal hinunter und zu ihren Stellungen hinauf. Das hatte wenig Aussicht auf Erfolg. Es war aber auch nicht möglich, wie bei der Eroberung von Tira und Kula in blitzschnellem Frontalangriff vorzugehen. Diese Methode ließ sich in diesem Fall nicht anwenden, weil das Überraschungsmoment gänzlich wegfiel. Unseren Schützenpanzern stand die Artillerie der Arabischen Legion gegenüber, gepanzerte Fahrzeuge, PAK's und möglicherweise auch Panzer.

Ich überlegte. Etwa dreieinhalb Meilen südwestlich lag das arabische Städtchen Lod. Das Gelände zwischen uns und Lod war flach. Ich wollte mit dem Hauptteil des Bataillons auf Lod vorrücken, aber eine kleine Kampfgruppe zurücklassen, die die Einheiten der Arabischen Legion festhalten und ablenken sollte. Unser Vorstoß auf Lod würde aus einer unvermuteten Richtung kommen – von Osten, von den arabischen Linien her, entlang des Verbindungskorridors mit den Hauptverbänden der Arabischen Legion. Dieser Abschnitt würde kaum befestigt sein oder regelrecht verteidigt werden. Der Durchbruch mußte genau an dieser Stelle erfolgen und zwar rasch, damit er Lod unvorbereitet traf.

War das Bataillon dazu in der Lage? Als wir vor zwei Tagen in Aktion traten, besaß keine der Einheiten volle Kampfstärke. Allen fehlte es an Mannschaft und Ausrüstung. Nach unseren Verlusten an Soldaten und Fahrzeugen waren wir eine sehr kleine Einheit geworden, aber die Soldaten glaubten an den Sieg. Allgemein herrschte das Gefühl, daß es gut um unsere Sache stand. Die Männer wußten, daß sie sich auf die Schützenpanzer und die MGs verlassen konnten. Zwei dieser MGs hatten den Panzerwagen der Arabischen Legion außer Gefecht gesetzt.

Ich rief die Kompaniekommandanten zusammen und sagte ihnen halb im Scherz und halb im Ernst, jedenfalls aber laut genug, daß auch einige der Soldaten es hören konnten: „Jetzt sind wir hier fast fertig. Also denn – auf nach Lod." Sie dachten offensichtlich, ich machte einen Witz. Lod war schließlich nicht irgendein kleines, abgelegenes Dorf mit einer Handvoll Einwohnern. Wie konnten wir mit ein paar Fahrzeugen eine Stadt erobern?

Zunächst aber mußten wir sicher sein, daß Deir Tarif fest in unserer Hand war. Um das zu erreichen, mußten einige Einheiten nach Osten vorstoßen und den Feind weiter zurückdrängen. Ich war unterwegs zum ersten Zug, um entsprechende Anweisungen zu geben, als mich ein Meldegänger zur Funkzentrale rief. Mulah Cohen, der Kommandant der Yiftach-Brigade, wolle den Bataillonskommandeur sprechen. Die Brigade stand uns gegenüber, ich wußte nur nicht genau, wo. Sie war der eine Greifer einer Zange, wir der andere. Mulah kam direkt zum Thema. Eine seiner Einheiten war beim Vorstoß auf Lod unter schweren Beschuß geraten und saß in den Orangenhainen südöstlich der Stadt fest. Könnten wir etwas unternehmen?

Ich sagte ihm, wir würden uns in Bewegung setzen, sobald wir um Mittag die Situation hier bereinigt hätten. Gegen zwei würde der Vormarsch auf Lod beginnen.

Unsere nächste Aktion stand damit fest. Wir eröffneten das Granatwerferfeuer von neuem, um die Legion zum Rückzug aus dem Abschnitt Bet Naballa zu zwingen. Die Lehi-Kompanie schickte zugleich Verstärkungen an die von Kula nach Lod führende Straße. Außerdem wollte ich unter allen Umständen den umgekippten Panzerwagen bergen. Mit ihm in unserem Besitz würden wir weit stärker sein.

Das Fahrzeug lag immer noch im Niemandsland. Ich fragte einen Mechaniker, ob er bereit sei, es zu riskieren und mitzukommen. „Natürlich", sagte er. „Wenn Sie dabei sind, kann doch gar nichts passieren." Der Junge war mir schon vorher aufgefallen. Einem tollkühneren Fahrer als ihm war ich noch nie begegnet. Im Nu waren wir bei dem Panzerwagen, und bald hatten wir ihn hochgekippt und zum Fuß des Hügels abgeschleppt.

Funkgerät, Motor und Kanone des Panzerwagens wurden wieder instandgesetzt. Von einer Artillerieeinheit in der Nähe ließen wir uns einen Instruktor kommen, der einigen von uns einen Blitzlehrgang in der Bedienung der Kanone erteilte. Eine Stunde später war der Panzerwagen klar zum Gefecht. Eine Besatzung wurde zusammengestellt, und ein galiläischer Farmer gab ihm den Namen: „The Terrible Tiger."

Um Deir Tarif wurde es stiller. Das feindliche Feuer ließ nach, und unsere Leute waren zuversichtlich. Alle Gedanken galten dem Unternehmen Lod.

Ich inspizierte den „Tiger". Dann ließ ich den neuen „Kanonier", einen Rekruten aus der Jeepkompanie, einen Baum in etwa 500 Meter Entfernung anvisieren und feuern. Es war ein Volltreffer.

Wir ließen Blond Dov Granek und seine Kompanie zurück, um die Stellung zu halten und den Feind abzulenken, während das restliche Bataillon sich auf das Unternehmen Lod vorbereitete. Nachmittags um 14 Uhr zogen wir ab. Die Fahrzeuge befanden sich nicht gerade in bester Verfassung, dafür aber die Mannschaft. An der Spitze fuhr der „Tiger", allein sein Anblick ließ alle Herzen höher schlagen. Es folgten eine Aufklärungseinheit mit Jeeps, die Schützenpanzer, und zum Schluß eine weitere Jeepabteilung.

Bei einer Straßengabelung einige hundert Meter vor Bet Naballa wurden wir aus einem Olivenhain mit Panzerabwehrkanonen beschossen. Es war sinnlos, sich hier dem Feuer auszusetzen. Wir änderten unseren Kurs, verließen die Straße und nahmen den Weg durch die Felder. Einmal wurden wir von Arabern beschossen, aber nach einigen MG-Feuerstößen zogen sie sich wieder in ihr Hirsefeld zurück.

Wir erreichten Ben Shemen in gutem Zustand. Wir hatten lediglich einen Jeep verloren: er war auf eine Mine gelaufen. Die jüdische Siedlung Ben Shemen, auf halbem Weg zwischen Bet Naballa und Lod, war monatelang von feindlichen Arabern umringt und somit von den Juden in der Umgebung abgeschnitten gewesen. Die Bewohner erwarteten uns an der Ortseinfahrt. Die aufgestaute Erregung war ihnen deutlich anzusehen. Plötzlich konnten sie sich nicht länger zurückhalten: sie stürzten sich auf uns, um uns zu begrüßen. Sie berührten uns und unsere Waffen und Fahrzeuge, als wollten sie sich vergewissern, daß wir auch leibhaftig da waren. Erst kurz zuvor waren sie aus ihrer gefährlichen Isolation von einer aus dem Süden vorrückenden Einheit der Yiftach-Brigade befreit worden. Und jetzt kam aus dem Norden diese „Panzerkolonne“ der israelischen Streitkräfte, die Männer in Stahlhelmen, staubbedeckt, Radioantennen auf den Fahrzeugen, und allen voraus der „Terrible Tiger“. Es bestand kein Zweifel: man war von uns sehr beeindruckt!

Über Stärke, Aufstellung oder Ausrüstung des Feindes hatten wir keinerlei Informationen. Wir konnten uns bestenfalls ein allgemeines Bild über die jeweilige Lage machen und daher lediglich entscheiden, ob wir angreifen sollten oder nicht. In diesem besonderen Fall gab es nur eine Möglichkeit: Der „Tiger“ sollte die Kolonne anführen, dann folgten die erste und zweite Schützenpanzerkompanie, am Ende die Jeeps. Ich selbst wollte mit den ersten Schützenpanzern vorrücken. Sobald wir die feindlichen Vorposten und das Stadtgebiet erreicht hatten, sollte das Bataillon zwei Gruppen bilden, weiterfeuern, um Panik zu verbreiten und den Feind womöglich zur Kapitulation zu zwingen. Auf der Hauptstraße von Lod sollte die erste Kompanie nach Norden schwenken, die zweite nach Süden. Die Jeeps sollten hinter Steinmauern und in den Höfen der Gebäude in Deckung gehen. Unter keinen Umständen sollten sie durch die Stadt fahren, wo sie unweigerlich unter Beschuß genommen werden würden. Zum Treffpunkt aller Einheiten nach Erfüllung ihres Auftrags wurde die Straßenkreuzung im Zentrum der Stadt bestimmt.

Ich gab den Kompaniekommandanten zu verstehen, daß dieser Angriffsplan peinlich genau zu befolgen sei. Je schneller wir waren, desto geringer die Gefahr und desto größer der Schock, den wir dem Feind versetzen konnten. Wir müßten es scharf angehen, den Feind überrennen und ihn physisch und psychisch vernichten. Es gab keine Fragen. Die Lagebesprechung hatte nur ein paar Minuten gedauert. Die Zeit drängte. Wir mußten weitermachen.

Die Pioniere räumten das Minenfeld und entfernten die Sperren, die an der Lod zugewandten Seite von Ben Shemen errichtet worden waren. Die Bewohner von Ben Shemen verrieten uns offenbar nur ungern, wo die Minen lagen: ohne diese Sperren waren sie exponiert und ohne Schutz, und wer konnte den Erfolg unseres Unternehmens garantieren?

Wir rückten ein kurzes Stück vor, wurden erkannt und unter Beschuß genommen, erwiderten das Feuer aber nicht. Einige Minuten später hielt der „Tiger“ an, feuerte und zerstörte zwei vorgeschobene feindliche Stellungen. Ein paar hundert Meter weiter, und schon waren wir in Schußweite der feindlichen Hauptkampflinie. Die Maschinengewehrgarben schlugen wie Hagel auf die Platten unserer Schützenpanzer. Nun eröffnete das gesamte Bataillon das Feuer. Die Jeeps schwärmten beiderseits der Straße aus und feuerten, was das Zeug hielt, die Schützenpanzer ebenso. Aber der Vormarsch war ins Stokken geraten, denn eine Panzerfalle lief quer über die Fahrbahn.

Der „Tiger“ hatte die Sandsäcke vor den feindlichen Stellungen zerschossen. Durch die Staub- und Sandwolken konnte man flüchtende arabische Soldaten sehen. Der Augenblick war gekommen – der richtige Augenblick, weiter vorzustoßen. Wir hatten einen Feldweg gefunden, der uns – mit etwas Glück – an der Panzerfalle vorbeiführen würde. Ich befahl dem Kommandanten des „Tiger“, das Feuer auf die Barrikaden einzustellen und den Feldweg zu benützen. Er mochte vermint sein, aber wir hatten keine Zeit, das zu prüfen.

Das Bataillon setzte sich wieder in Bewegung. Der Weg war nicht vermint, aber schmal und immer wieder von seichten Gräben unterbrochen. Da und dort standen Sperren. Die Jeeps feuerten Salve auf Salve aus ihren MGs und mähten die dichten Kaktushecken wie mit einer Sense nieder. Dann ging es schneller. Wir passierten die Hauptkampflinie der Araber und drangen in Lod unter heftigem arabischen Feuer ein, das der „Tiger“ in voller Fahrt erwiderte. Der Rest des Bataillons kam nach. Wir erreichten die Straßenkreuzung. Der „Tiger“ bog planmäßig rechts ab. Aber die erste Schützenpanzerkompanie, die ihm folgen sollte, fuhr in südlicher Richtung weiter; ihr nach die zweite Kompanie. Hier war etwas schiefgegangen. Jetzt waren alle wieder beisammen, nur der „Tiger“ fehlte.

In den Außenbezirken von Lod wimmelte es von arabischen Soldaten, die sich in Sicherheit bringen wollten. Unter großem Geschrei schossen sie auf uns und warfen Handgranaten. Wir stießen zur Stadtmitte vor, und dort ließ die Schießerei merklich nach. Auf den Straßen waren fast nur mehr Zivilisten zu sehen.

Der „Tiger“ war nach Norden gefahren und führte auf eigene Faust Krieg. Wir hatten ihn aus den Augen verloren. Bei der Durchquerung der Stadt stießen wir auf der Straße von Lod nach Ramla auf den festungsähnlichen Polizeiposten, den eine Kompanie der Arabischen Legion besetzt hielt. Die erste Schützenpanzerkompanie hatte den Posten fast unbehelligt passieren können und setzte ihren Vormarsch fort. Die zweite Kompanie und die Jeeps kamen jedoch unter starken Beschuß. Auf dem Dach waren MG-Nester eingerichtet. Bei der Explosion einer Handgranate wurden sämtliche Insassen eines der Schützenpanzer verwundet. Wir feuerten im Vorbeifahren, und so war es auch den restlichen Einheiten möglich, am Gebäude vorbeizukommen. Ich versuchte die vor uns fahrende erste Kompanie zum Stehen zu bringen. Aber da das Funkgerät ausgefallen war und sie mich weder winken sahen noch rufen hörten, gelang es mir nicht. Bei der Stadtausfahrt holten wir sie endlich ein und hielten alle an.

Die Jeeps bezogen Stellung bei der Kreuzung der Straßen nach Ramla, Lod und Latrun. Ich inspizierte die Einheiten: Vier Tote bei den Jeepabteilungen, einige Verwundete bei den Schützenpanzern. Eine Anzahl Soldaten wurde vermißt. Die meisten Fahrzeuge waren schwer angeschossen. Ein Jeep von der Erkundungseinheit war in Brand geraten und zurückgelassen worden. Wir verbanden unsere Verwundeten und flickten die Fahrzeuge zusammen, so gut es ging. Wir waren noch an der Arbeit, als ein Posten den Anmarsch feindlicher Panzerwagen meldete. Vom Polizeiposten aus eröffneten die Granatwerfer wieder das Feuer. Die Situation wurde ungemütlich. Wir machten uns zum Rückmarsch in die Stadt bereit. Aber auch hier waren wir nicht sicher. Die Posten meldeten, daß die Panzer immer näher kämen. Ich trieb die Männer an, richtete die Kolonne aus, bestimmte die Einheit, die Feuerschutz geben sollte. Wir legten die Verwundeten in einen Schützenpanzer und fuhren los.

Mein Schützenpanzer konnte sich nur noch mühsam fortbewegen: zwei Reifen hatten kaum noch Luft, der Motor hustete und spuckte, und im Kühler kochte das Wasser. Die anderen Fahrzeuge überholten uns, da wir nur im ersten Gang fahren konnten. So waren wir ganz allein, als ein arabischer Panzerwagen auftauchte und mit seiner Kanone auf uns losfeuerte. Ein Volltreffer, und wir wären erledigt gewesen, denn unsere Panzerplatten konnten nur Geschoßen kleineren Kalibers standhalten. Zum Glück traf er nicht. Zeit genug, meinen Funker anzuweisen, das Feuer zu erwidern, obwohl das MG Ladehemmung hatte und nur noch auf Einzelschuß zu gebrauchen war. Aber der Panzerwagen machte kehrt und verschwand.

Als der Funkverkehr wiederhergestellt war, meldete sich Dov Granek aus Deir Tarif. Er sagte, die Arabische Legion habe angegriffen und den Abschnitt wiedererobert; einige seiner Leute würden vermißt. Ich sagte, wir könnten im Augenblick keine Verstärkung schicken; er solle im Brigadehauptquartier anfragen. Da er aber keinen Kontakt mit der Brigade hatte, wußte er nicht, was er tun sollte.

Was sollte ich ihm raten? Wir waren eben erst dabei, uns in Lod freizukämpfen. So sagte ich, wenn er seine Position nicht halten könne, solle er auf Tira zurückgehen. Wir würden uns dann am nächsten Tag die Araber vornehmen und versuchen, den Abschnitt zurückzuerobern. Dov schien meine Antwort nicht zu befriedigen. Nach einigem Zögern sagte er: „Könnte ich nicht meine Einheit umgruppieren und selbst mein Glück versuchen?" Da ging es mir endlich auf, daß er von mir nicht Befehle, sondern Ermunterungen erwartete. Ich brüllte ins Mikrofon: „Sind wir eine Sondertruppe oder nicht?" Zuerst verstand er mich nicht recht; dann aber brüllte er zurück: „Natürlich – was denn sonst! Wir werden angreifen." Ich sagte: „Geh den Feind von Osten an", und er antwortete: „Verstanden."

Wir hatten den Polizeiposten auf der Straße von Ramla nach Lod wieder

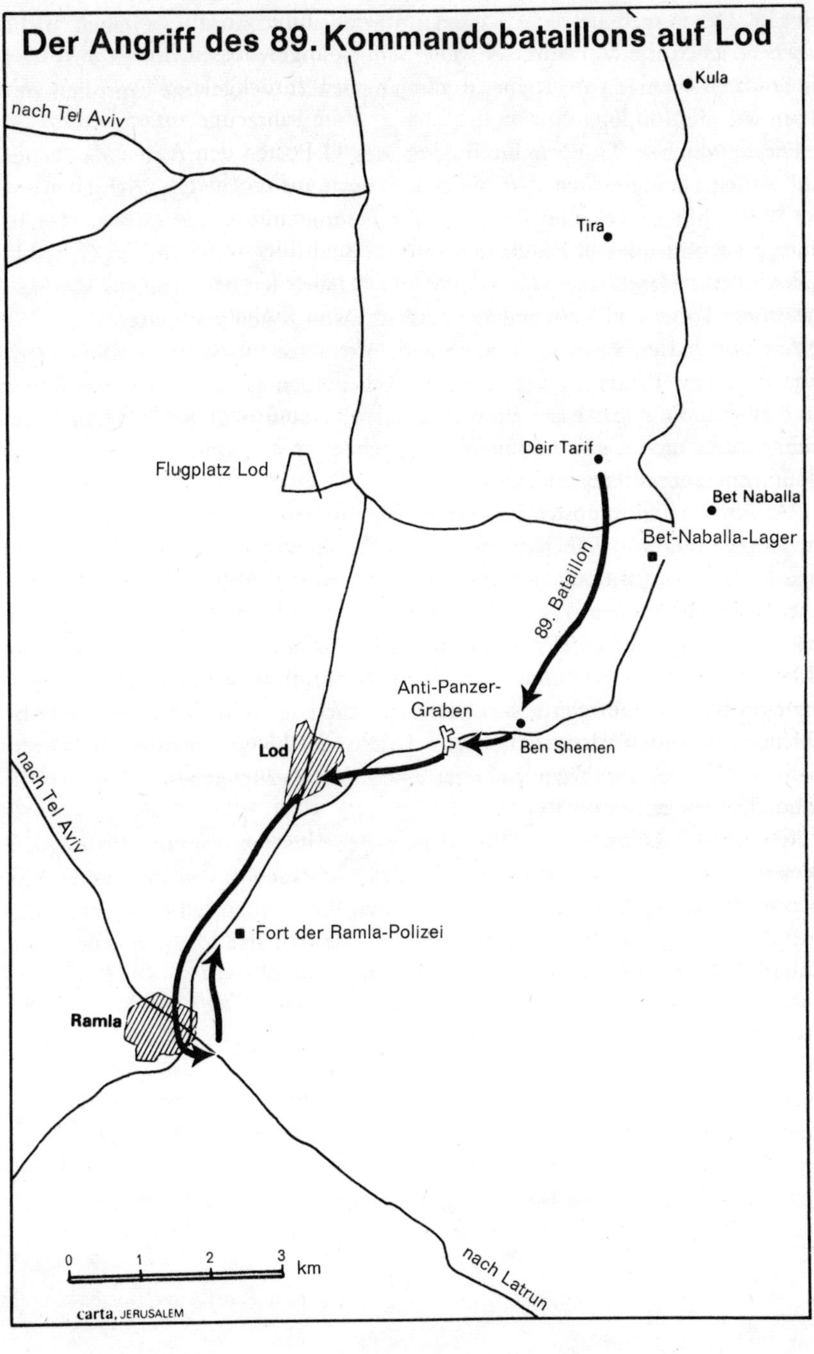

Der Angriff des 89. Kommandobataillons auf Lod
Kula
nach Tel Aviv
Tira
Deir Tarif
Flugplatz Lod
Bet Naballa
Bet-Naballa-Lager
89. Bataillon
Anti-Panzer-
Graben
Ben Shemen
Lod
nach Tel Aviv
Fort der Ramla-Polizei
Ramla
0
1
2
3
km
nach Latrun
carta, JERUSALEM

erreicht. Der ausgebrannte Jeep stand am Straßenrand, und im Graben, dicht daneben, lagen die Verwundeten. Die Schützenpanzer schwärmten aus, und die Soldaten sprangen ab. Keiner mußte angefeuert werden; sie kämpften verbissen wie die Bulldoggen.

Die feindlichen Truppen im Inneren des Gebäudes eröffneten das Feuer und warfen Handgranaten. Um sie zum Schweigen zu bringen, richteten unsere MG-Schützen gezieltes Feuer auf die Fenster, den Turm und das Dach. Einer der Kompaniekommandanten fuhr im Schützenpanzer vor das Gebäude und warf eine Handgranate über die Mauer. Während dieses Angriffs konnten wir unsere Toten und Verwundeten bergen. Dann zogen wir weiter.

Aber wir hatten einen schweren Stand. Akiva saß am Steuer des Schützenpanzers, dessen Besatzung von einer explodierenden Handgranate verwundet worden war. Er selbst hatte Verwundungen an beiden Händen. Mein Fahrzeug hatte seinen Geist praktisch aufgegeben und mußte sich von einem Schützenpanzer schleppen lassen.

Als wir den Polizeiposten passiert hatten, hielten wir an und nahmen eine Umgruppierung vor. Die Jeeps gingen an die Spitze und die Schützenpanzer nach hinten. Jetzt mußten wir noch an dem zweiten Polizeiposten im Stadtinneren vorbeikommen. Dabei wurden wir vom „Tiger" unterstützt, der sich die ganze Zeit allein durchgeschlagen hatte. Er ließ die Kolonne vorbei und schloß sich ihr an. Nur er und zwei andere Schützenpanzer konnten unbehindert operieren, die übrigen unbeschädigten Fahrzeuge brauchten wir zum Abschleppen. Unsere Verluste betrugen 9 Tote und 17 Verwundete. Wir hatten alle gefunden und führten sie jetzt mit uns. Zurückgelassen hatten wir lediglich einen zerstörten Jeep.

Es ging nur langsam vorwärts. Unsere Feuerkraft war nunmehr auf den Jeeps konzentriert, und wir machten vollen Gebrauch davon. So kamen wir an dem Polizeigebäude vorbei und erreichten die Stadtausfahrt an der Straße nach Ben Shemen. Dort stießen wir auf die Yiftach-Brigade, die nur noch die Säuberung und Besetzung der Stadt zu besorgen hatte.

8. *Kapitel*

Durchbruch in den Negev

Erst am nächsten Morgen, dem 12. Juli, kehrten wir in unser Ausgangslager in Tel Hashomer zurück, nachdem wir die ganze Nacht kreuz und quer durch die Felder gefahren waren, auf der Suche nach einem sicheren Weg.

Im Lager erzählte man sich eindrucksvolle Geschichten von unseren Aktionen: von der Einnahme von Kula, Tira und Deir Tarif und vom Durchbruch in Lod. Aber was von unserem Bataillon übriggeblieben war, sah traurig genug aus. Ich schlief ein paar Stunden. Als ich erwachte, erwartete mich eine Nachricht: ich sollte mich am nächsten Tag, dem 13. Juli, beim Chef des Operationsstabs im Oberkommando, Generalmajor Yigael Yadin, melden. Er gab mir Befehl, mein Bataillon nach Süden zu verlegen und mich beim Durchbruch in den Negev der Givat-Brigade anzuschließen. Zu diesem Zeitpunkt verliefen die ägyptischen Linien von der Küste nach Osten, entlang der Straße von Majdal nach Faluja, die den Negev von den Bevölkerungszentren im Norden Israels trennte. Es war geplant, diese Linie zu durchbrechen und im Zuge der Aktion drei ägyptische Stützpunkte einzunehmen.Hatta und Bet Affa waren das Angriffsziel der Infanterieeinheiten der Givat-Brigade. Unser Ziel war das etwas weiter entfernte Karatiya. Um dorthin zu gelangen, mußte man die ägyptischen Linien durchqueren. Nachdem wir Karatiya erobert hatten, sollten wir den Ort einer uns nachfolgenden Givat-Kompanie übergeben und in unser Ausgangslager zurückkehren. Der Erfolg der gesamten Durchbruchsoperation, die die Verbindung mit dem Negev wiederherstellen sollte, hing ganz offensichtlich von der Eroberung Karatiyas ab, dem schwierigsten der drei Ziele.

Yigael hatte natürlich von unserer Aktion in Lod erfahren und fand lobende Worte. Über den gegenwärtigen Zustand des Bataillons mußte ich ihn erst aufklären: die intakt gebliebenen Fahrzeuge mußten unbedingt überholt werden. Die Einheit hatte durch die Verluste, insbesondere an Offizieren, wesentlich an Kampfstärke verloren. Mein Adjutant, Peltz, und zwei der rangältesten Kompaniekommandanten, Akiva Sa'ar und Uri Bar-On, waren verwundet. Selbstverständlich sei das Bataillon bereit weiterzukämpfen, sagte ich. Aber wenn wir uns mit verminderter Kraft an einem so schwierigen Unternehmen beteiligen sollten, würden wir unweigerlich hohe Verluste an Menschen und Material erleiden, und das Bataillon würde nur noch als Schatten seiner selbst aus der Schlacht hervorgehen.

Yadin dachte eine Weile nach und meinte dann, er wolle die Angelegenheit mit Ben Gurion besprechen. Er ging hinüber in das Büro des Verteidigungsministers. Als er nach ein paar Minuten zurückkam, sagte er, es sei ihm nur eine einzige Frage gestellt worden, nämlich, ob das Bataillon in seinem gegenwärtigen Zustand in der Lage wäre, den Durchbruch in den Negev zu schaffen. Ich sagte: „Ja." – „Wenn dem so ist", erwiderte Yadin, „dann macht den Durchbruch, und danach stellen wir ein neues Bataillon auf."

Wir besprachen den Schlachtplan, und ich erkundigte mich, ob uns einige Ersatzfahrzeuge zur Verfügung gestellt werden könnten; es wurden mir sechs zusätzliche Schützenpanzer und vier Spähwagen zugesagt. Ich bekam den Einsatzbefehl für mein Bataillon. Er lautete auf unverzüglichen Abmarsch.

Ich suchte Ben Gurion auf. Er hatte gewünscht, mich zu sehen. Er brachte das Gespräch wieder auf meine Ernennung zum Kommandanten von Jerusalem, willigte aber nochmals ein, die endgültige Entscheidung zu verschieben. Er ließ sich über das Unternehmen Lod berichten. Ich mußte feststellen, daß er meine Begeisterung darüber nicht teilte. Er hielt das Ganze für einen Lausbubenstreich, nicht für eine gelungene militärische Aktion. Ich versuchte ihm zu erklären, daß die vordersten Linien des Feindes am besten durch blitzartige und tollkühne Vorstöße zu überwinden seien, aber ich konnte ihn nicht überzeugen. Er meinte, daß ein Angriffsplan sorgfältig ausgearbeitet und mit der Unbeirrbarkeit einer Dampfwalze durchgeführt werden müsse. Das Ergebnis unseres kurzen Gesprächs war, daß er mich zwar für einen tapferen Offizier, aber auch für einen unbedachten Draufgänger hielt. Ich schätzte ihn als eine starke und kluge politische Persönlichkeit. Er wußte gut Bescheid über die Araber und über den Krieg. Aber er kannte weder die Araber noch den Krieg aus eigener Erfahrung.

Ich kehrte zum Lager zurück. Wenn wir die versprochenen sechs Schützenpanzer tatsächlich bekämen, würde das Bataillon über zwölf Jeeps, acht Schützenpanzer, vier Spähwagen ohne Verdeck, den „Tiger" und zwei „Blechdosen" verfügen. (Letztere waren mit Blechplatten „gepanzerte" gewöhnliche Lastwagen.)

Das Bataillon bestand aus fünf Kompanien. Allerdings war die Bezeichnung „Kompanie" eine Übertreibung, da keine von ihnen Zugstärke überstieg. Wir hatten eine Jeepkompanie mit insgesamt 25 Mann in drei Abteilungen zu je drei Jeeps mit MG-Bestückung, zwei motorisierte Infanteriekompanien zu 35, bzw. 25 Mann, eine Hilfstruppe mit vier Spähwagen und schließlich die Stabskompanie mit dem Erkundungstrupp, dem Nachrichtentrupp, dem Meldetrupp und der Werkstätteneinheit. Die Kampftruppe selbst bestand aus 130 Mann. Der Stolz des Bataillons war nach wie vor der „Tiger" mit seiner Kanone, das einzige echte Panzerfahrzeug, das wir hatten.

Am 15. Juli verließen wir Tel Hashomer. In einem Orangenhain am Straßenkreuz Masmyia, auf halbem Weg zwischen Tel Aviv und dem Negev, richteten wir den Kommandostab ein. Ich kannte den Negev nicht gut. Er war mir fremd geblieben, obwohl ich ihn schon oft durchwandert hatte: ein kahler Landstrich, den Elementen preisgegeben; kein Feld, kein Garten, kein Wasser; nicht einmal weicher Wüstensand. Ein karges, flaches, staubiges Gelände; nur hie und da eine Gruppe von Lehmhütten, ein unansehnliches Dorf.

Am Abend erhielten wir von der Givat-Brigade, der wir unterstellt waren, den Einsatzbefehl. Der Kodename lautete „Tod den Invasoren", und die gesetzten Ziele waren, den Feind aus Bet Affa und Hatta zu verdrängen und durch die Eroberung von Karatiya einen Keil durch die gegnerischen Linien zu treiben.

Unser Bataillon sollte Karatiya in der Nacht vom 17. auf den 18. Juli erobern. Bei der Stabsbesprechung im Brigadehauptquartier machte ich geltend, daß ein Nachtangriff für unsere Schützenpanzer sehr schwierig sein würde, und schlug vor, bei Tageslicht anzugreifen. Mein Vorschlag wurde abgelehnt, da die anderen Einheiten es vorzogen, bei Nacht anzugreifen. Dadurch wurde unsere Aufgabe nur noch komplizierter.

In der Nacht zum 16. Juli schickten wir einen Spähtrupp aus, der einen Weg nach Karatiya ausforschen sollte. Der Trupp kam nur bis zum Rand des Flugfeldes von Faluja, wurde dort unter Beschuß genommen und mußte unverrichteter Dinge zurückkehren. Wir würden also erst im Laufe des Unternehmens selbst die günstigste Anmarschroute finden müssen. Unsere Erkundungen waren fehlgeschlagen, aber in einer anderen Angelegenheit hatten wir Glück. Am Ende des Gefechtes von Lod hatte der „Tiger" nur mehr sechs Schuß Munition. Nachschub gab es keinen, aber der Zufall wollte es, daß wir zwanzig Granaten des richtigen Kalibers in einem Hain fanden, wo sie zurückgelassen worden waren.

Um 22 Uhr sollte der Angriff beginnen. Am Nachmittag ließ ich das Bataillon antreten; die geplante Einsatzbesprechung entwickelte sich zu einer überaus lehrreichen Manöverkritik des Unternehmens Lod – wir hatten bisher dazu keine Zeit gehabt. Unser Einsatzplan sah vor: Wir sollten das von ägyptischen Truppen besetzte Flugfeld von Faluja überrollen, die Straße von Majdal nach Faluja überqueren und bis zu einem Wadi südlich des Karatiyahügels vordringen, das Wadi überqueren und den Hügel stürmen. Auf der Landkarte war der Weg zum Gipfel des Hügels als befahrbar eingezeichnet. Sollte er unpassierbar sein, mußten wir zu Fuß hinauf. Ich wies darauf hin, daß der gefährlichste Teil des Unternehmens darin bestehen würde, die ägyptischen Linien am Flugfeld und an der Straße zu passieren. Diese Strecke mußten wir unter Flankenfeuer mit höchstmöglicher Geschwindigkeit hinter uns bringen.

An der Ausgangsstellung, in einem verlassenen Dorf namens Juseir, trafen wir die letzten Absprachen mit den Einheiten der Givat-Brigade. Ich könnte nicht sagen, daß unsere Beziehungen zu diesen Einheiten sehr harmonisch waren. Sie schienen uns müde und nervös, wogegen wir einen fast übermütigen Eindruck auf sie gemacht haben müssen. Sie waren es gewesen, die dem Unternehmen den Namen „Tod den Invasoren" gegeben hatten. Mir war das zu bombastisch – der Titel eines ideologischen Traktats. So etwas brachte uns gewiß nicht schneller zum Negev. Der Begriff „Invasoren", auch wenn er zutraf, beschwor Erinnerungen an die Invasionen der Nazis in Europa herauf, und das schien mir aus der Perspektive unseres Krieges doch etwas übertrieben. Die Zustände bei diesen Einheiten, die in der kommenden Nacht an unserer Seite kämpfen sollten, kamen mir überhaupt etwas eigentümlich vor. Der Bataillonskommandeur blieb in der Etappe und „führte die Schlacht" von dort. Als die Givat-Offiziere hörten, daß ich an der Spitze meines Bataillons stehen würde, meinten sie, ich könne dort gewiß die Lage nicht überblikken. Ich ließ mich aber auf keine Debatten ein.

Am 17. Juli um 22 Uhr traten wir an. Einer unserer Schützenpanzer kam vom Weg ab und lief auf eine Mine. Das Fahrzeug wurde zurückgelassen, die Besatzung teilte sich auf die übrigen Schützenpanzer auf. Die Parole lautete: Unter keinen Umständen anhalten. Die Kolonne stieß weiter vor, in Richtung Flugfeld Faluja. Voran der Erkundungstrupp auf zwei Jeeps, gefolgt vom „Tiger", den zwei motorisierten Infanteriekompanien und der Jeepkompanie. Der Hilfstrupp bildete die Nachhut. Ich befand mich im zweiten Schützenpanzer der ersten motorisierten Kompanie; vor mir fuhren der erste Schützenpanzer, der „Tiger" und die zwei Jeeps der Vorausabteilung.

Es war Vollmond. Aber selbst bei völliger Dunkelheit hätte man uns sofort entdeckt – der Motorenlärm der Kolonne, vor allem der Schützenpanzer, war weit und breit zu hören, und so eröffneten feindliche Granatwerfer und MGs das Feuer, als die ersten Fahrzeuge, etwa um 22 Uhr 30, die Landepiste erreichten. Wir fuhren weiter, ohne das Feuer zu erwidern. Aber als wir bis auf

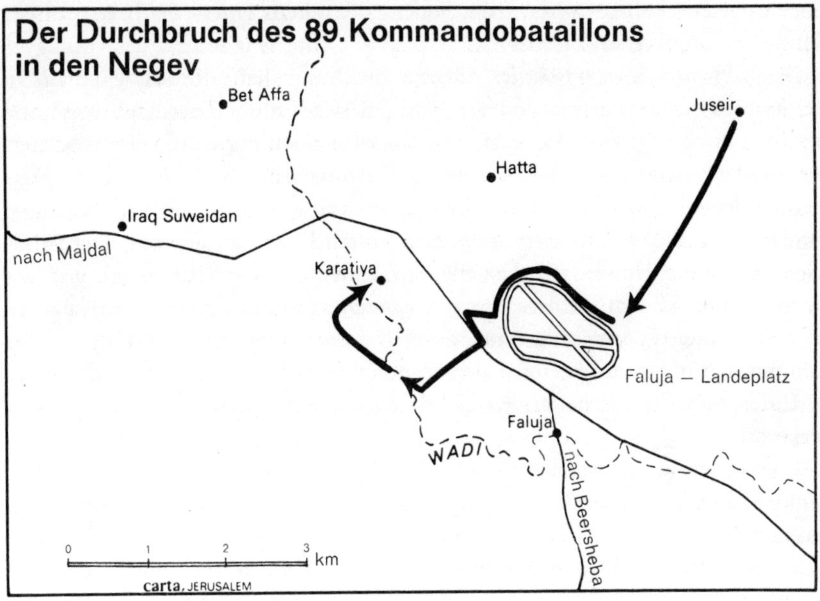

150 Meter an die feindlichen Stellungen herangekommen waren, ließ das Bataillon „alles los, was es hatte". Damit erkämpften wir uns zwar unseren Weg, gerieten aber gleichzeitig in das Schußfeld der in Faluja zusammengezogenen ägyptischen Batterien. Ihr Feuer war massiv, aber ungenau, und so kamen wir über die Landebahn hinüber.

Jetzt folgte der schwierigste Teil unseres Unternehmens: Wir mußten über das Flughafengelände zur Straße Faluja-Karatiya. Im Schein der feindlichen Leuchtraketen, von Staubwolken begleitet, gaben wir ein ideales Ziel für ägyptische Artillerie, Granatwerfer und Maschinengewehre ab. Yosef Bentowitz, ein Nachbar aus Nahalal, war der Kanonier des „Tiger". Er steckte den Kopf aus dem Geschützturm, um sich genauer zu orientieren, und wurde sofort getötet. Einige Soldaten in den Schützenpanzern wurden von Granatsplittern verletzt; sechs davon schwer. Die Jeeps manövrierten sich im Schutz der schweren Fahrzeuge am Rande des Flugfelds entlang und kamen ungeschoren davon.

Da das feindliche Feuer keineswegs nachließ, als wir die Landstraße erreicht hatten, bogen wir nach Süden, hinein in die Felder. Bei der Bewältigung eines steilen Hanges kippte einer der selbstgebauten Panzerwagen um. Wir ließen ihn liegen und fuhren weiter nach Süden, bis wir zu einem Feldweg kamen, der direkt nach Karatiya führte.

Noch immer lagen wir unter starkem Beschuß. Der Vollmond, die Blitze der krepierenden Granaten und die feurigen Bahnen der Leuchtspurgeschoße machten die Nacht zum Tage. Wir waren zwar noch in Schußweite, konnten aber jetzt wenigstens den Kopf heben und ein wenig frische Luft atmen. Wir folgten dem Feldweg zum Wadi. Laut Landkarte war das Wadi für Fahrzeuge passierbar, und laut Landkarte sollte es auch ein Pfad durchqueren. Die Landkarte stimmte nicht. Es gab keinen Pfad, und für unsere Fahrzeuge war das Wadi zu tief. Wir mußten es aber überqueren, wenn wir nach Karatiya wollten, und Karatiya lag schon zum Greifen nahe, oben auf dem Hügel. Wir konnten natürlich zu unserer Ausgangsposition zurückkehren, aber das hätte bedeutet, daß wir gescheitert waren. Wir steckten fest. Wie sollten wir weiterkommen?

Die Verwundeten wurden in einen Schützenpanzer gebracht und dort verbunden. Die Fahrer reparierten die beschädigten Fahrzeuge. Andere suchten das Gelände ab, um einen Ausweg zu finden. Die Ägypter konnten uns natürlich sehen und beschossen uns weiterhin mit Granatwerfern und MGs. Die Kompaniekommandanten fragten mich besorgt, was zu tun sei. Wenn wir den Rückzug antreten wollten, dann doch am besten sofort.

Wir saßen im Wadi fest. Unsere Lage war ernst, aber ich hatte das bestimmte Gefühl, daß wir hier doch wieder herauskommen würden. Ich sah mir das Ganze noch einmal genau an und entdeckte eine Möglichkeit, die einzige: Die Fahrzeuge brauchten einen ebenen Weg, um aus dem Wadi herauszukommen. Ich ließ die Männer am Hang eine Fahrspur graben – eine Herkulesarbeit, noch dazu unter Beschuß. Aber eine andere Rettung gab es nicht.

An der „Baustelle“ bemerkte ich einen unserer Zugführer, Amos Abramson aus Yavniel in Galiläa. Er kam direkt vom Offizierslehrgang. Er war noch wesentlich frischer als die anderen und zeigte keinerlei Zeichen von Angst oder Niedergeschlagenheit. Sein Schnurrbart war perfekt gezwirbelt. Das war genau der Richtige. Ich sagte ihm, er sollte die Sache in die Hand nehmen; zusehen, daß die Arbeiter weiterarbeiteten, die Wachen gut aufpaßten und der Rest der Mannschaft sich ruhig verhielt. Ich suchte mir auf der anderen Seite des Wadi ein ruhiges Plätzchen, wickelte eine Kefieh um meinen Kopf und war bald eingeschlafen.

Als ich eine Stunde später aufwachte, war nur noch vereinzelt feindliches Feuer zu hören. Ich war froh, daß ich mich etwas ausgeruht hatte, daß ich den richtigen Mann gefunden hatte, der die Arbeit an der Fahrspur überwachte, und vor allem, daß ich im Zustand völliger Erschöpfung keine überstürzten

Entscheidungen getroffen hatte. Jetzt konnte ich wieder klar denken und die Lage beurteilen. Ich beschloß, daß wir uns in einer halben Stunde in Marsch setzen würden. Fahrzeuge, die die Steigung schaffen konnten, sollten hinauffahren, die übrigen würden wir zurücklassen und die Besatzung auf die anderen Fahrzeuge aufteilen. Und dann – auf nach Karatiya! Und so geschah es auch.

Der Erkundungstrupp führte die Kolonne an; dahinter der „Tiger", die Jeeps und fünf Schützenpanzer, die neben der eigenen Besatzung die Besatzungen, die Waffen und die Munition der zurückgelassenen Fahrzeuge mitführen mußten. Die Infanteriekompanie, die, wie verabredet, im Wadi zu uns gestoßen war, folgte der Kolonne in einiger Entfernung. Sie sollte erst in Aktion treten, nachdem wir Karatiya erobert hatten.

Alles weitere war dann schnell geschehen. Etwa 200 Meter vor dem Dorf schwärmten die Schützenpanzer nach links und rechts aus und eröffneten das Feuer, welches vom Feind nur schwach erwidert wurde. Der „Tiger" rückte vor und nahm den Gipfel des Hügels unter Beschuß. Die Jeeps bezogen Flankenpositionen, und die Schützenpanzer nahmen das Dorf ein – ohne Verluste.

Die Givat-Infanterieeinheit war uns gefolgt. Ihr wurde aufgetragen, das Dorf und den darin befindlichen ägyptischen Stützpunkt zu besetzen. Sie machten sich an die Säuberung der ägyptischen Stellungen und an die Errichtung eigener Befestigungen. Während dieser Phase des Unternehmens stießen sie auf keinen Widerstand; im weiteren Verlauf erlitten sie aber Verluste durch schweren ägyptischen Artillerie- und Granatwerferbeschuß.

Unser Bataillon zog nun die Fahrzeuge am Fuß des Hügels zusammen. Spähtrupps wurden ausgeschickt, um die Ausfallstraße von Karatiya nach Hatta zu erkunden. Die Givat-Brigade war während der Nacht in Hatta, einem ihrer beiden Angriffsziele, einmarschiert. Beim Angriff auf das zweite Ziel, Bet Affa, hatte sie jedoch schwere Verluste erlitten. Der Ort blieb in der Hand der Ägypter. Aber Hatta und Karatiya waren jetzt in unserem Besitz. Wir hatten einen Keil in die ägyptische Hauptkampflinie getrieben. Der Negev war nun nicht mehr vom Norden des Landes abgeschnitten.

Ein paar Stunden später besuchte ich die Männer, die bei diesem Einsatz verwundet worden waren, im Krankenhaus. Arik Nehemkin und Micha Ben Barak hatten Augenverletzungen erlitten. Ich erinnerte mich nur allzu gut an meine eigene Verwundung und wollte ihnen Mut zusprechen. Ich sagte ihnen, ich hätte seither gemerkt, daß für das Wenige, das in dieser erbärmlichen Welt sehenswert ist, ein Auge vollkommen genügt.

9. *Kapitel*

Mein Freund, der Feind

Am 23. Juli 1948, fünf Tage nach dem Durchbruch in den Negev, wurde ich zum Stadtkommandanten von Jerusalem ernannt. Das 89. Bataillon war mit meiner Versetzung gar nicht einverstanden. Eine Abordnung mit Dov Granek von der Lehi an der Spitze meldete sich bei Ministerpräsident Ben Gurion und versuchte ihn davon zu überzeugen, daß ich beim Bataillon bleiben sollte. Falls Ben Gurion das ablehne, würde mir das gesamte Bataillon nach Jerusalem folgen. Ben Gurion hörte sie an und fragte, warum ausgerechnet die Dissidenten so großes Vertrauen zu mir hätten. Es läge daran, sagte Dov, daß ich das Bataillon persönlich in jede Schlacht geführt hätte und den Männern gegenüber offen und ehrlich sei. Aber Ben Gurion blieb bei seiner Entscheidung. Er sagte, Jerusalem brauche ganz einfach einen Kommandanten, der zu kämpfen bereit war, und Jerusalem habe nun einmal den Vorrang.

Als Ben Gurion das sagte, mag er gedacht haben, die Kämpfe in Jerusalem würden wieder aufflammen. Tatsache ist, die Entscheidung in der Schlacht um Jerusalem war bereits gefallen. Kurz bevor ich meinen neuen Posten antrat, hatte mein Vorgänger im Auftrag der israelischen Regierung zwei Abkommen unterzeichnet. Das sogenannte „Mount Scopus Agreement" vom 7. Juli sah die Entmilitarisierung des Berg Scopus und seine Übergabe an das UN-Kommando vor. Die zweite Vereinbarung trug die Unterschrift des jordanischen Kommandanten im arabischen Teil von Jerusalem und setzte den Waffenstillstand offiziell in Kraft. Die beiderseitigen Stellungen im Niemandsland blieben unverändert.

Während der nächsten fünf Monate bis zum Kriegsende am 7. Januar 1949 waren wir in nur zwei sehr begrenzte Kampfhandlungen verwikkelt, die beide fehlschlugen, da die militärischen Fähigkeiten der Etzion-Brigade nicht nur unter dem Niveau einer Spezialtruppe, wie es das 89. Bataillon war, sondern sogar unter dem Durchschnitt der übrigen Kämpfverbände lagen. Ein Teil der Brigade bestand aus Neueinwanderern mit ungenügender militärischer Ausbildung, für die auch die Sprache, die äußeren Gegebenheiten sowie das Klima und das Terrain ungewohnt waren. Dazu kam noch, daß die ganze Brigade viel durchgemacht hatte. Diese Soldaten hatten seit längerem die Linien im Stadtgebiet gehalten, in kleinen Trupps, die auf einsamen Posten unter andauerndem Feuer der Heckenschützen der Arabischen Legion ihren Dienst verrichten mußten. Eine Reihe von Umständen hatten sich auf Kampfkraft und Kampfgeist ungünstig ausgewirkt: der Verlust des Siedlungsblocks Etzion zwischen Jerusalem und Hebron, die Aufgabe des jüdischen Teils der Altstadt und die erfolglosen Versuche, dieselbe zurückzuerobern, sowie die Deprimiertheit der eigenen Offiziere. Als ich das Kommando in Jerusalem übernahm, inspizierte ich sämtliche Frontstellungen im Umkreis der Stadt.

Im Inneren der Stellungen war es dunkel, die Schießscharten waren mit Sackleinen verhängt. Es war bitter kalt, und es gab nicht genug zu essen. Die Männer waren in diesen Stellungen praktisch eingekerkert. Kein Wunder, daß es an Kampfgeist und Selbstvertrauen fehlte. Schlimmer noch, sie führten einen „Sitzkrieg" und hatten keinerlei Erfahrungen im Angriffskrieg.

Ich war bemüht, den Offizieren Mut zuzusprechen und bei Inspektionsgängen Selbstvertrauen an den Tag zu legen. Ich ordnete ein Ausbildungsprogramm an, beschaffte ihnen bessere Ausrüstung und ließ zusätzliche Offiziere kommen. Das Niveau der Brigade wurde dadurch angehoben, aber Kampfhandlungen fanden keine statt. Die Front verlief weiterhin wie bei Kriegsbeginn. Die Altstadt blieb in arabischem Besitz, der Berg Scopus, als vom jüdischen Teil abgeschnittene Exklave, in unserem. Die Straße nach Ramat Rachel lag immer noch in der Reichweite der arabischen Batterien in Zur Bahar, und das jüdische Jerusalem war nur durch einen schmalen Korridor mit der Küste verbunden. Jerusalem war der Brennpunkt aller ungelösten militärischen, politischen und jüdischen Probleme.

Der Posten in Jerusalem war mir auf Grund meiner Erfahrungen auf dem Schlachtfeld anvertraut worden, ich hatte jedoch vorwiegend politische Aufgaben zu lösen, örtliche Vereinbarungen mit den Kommandanten des arabischen Teils der Stadt zu treffen und zwischenstaatliche Vereinbarungen mit König Abdulla von Jordanien in die Wege zu leiten.

Anfangs hatte ich Verhandlungen mit den Arabern nur wenig Bedeutung zugemessen. Militärische Entscheidungen schienen mir wichtiger. Ich war gewohnt, in feindlichen Stellungen das Problem und im Angriff die Lösung zu sehen. Aber als der Waffenstillstand den Kämpfen ein Ende setzte, verlagerte sich die Auseinandersetzung vom Schlachtfeld an den grünen Tisch, und bald war ich mitten in der Politik. Ich hatte meine Familie nach Jerusalem mitgebracht. Es wurde uns eine Wohnung in einem schönen, solid gebauten Haus zugewiesen, dessen Rückseite aber direkt in der Schußlinie der jordanischen Stellungen an der alten Stadtmauer lag. Wenn die Araber von Zeit zu Zeit das Feuer eröffneten, hagelten die Kugeln und Granatsplitter an die Ostwand des Hauses. Unsere Wohnung lag an der weniger exponierten Westseite, und während stärkerer Beschießungen gingen wir in den Keller.

Mit der Zeit wurde es dann doch ruhiger in der Stadt, und weitere Mieter zogen in unser Haus. Finanzminister Eliezer Kaplan wohnte mit seiner Familie im oberen Stock. Die übrigen Räume waren mit Offizieren und Studenten belegt. Ihnen, wie auch den Pressekorrespondenten, den Beamten des Außenministeriums und unseren Freunden und Bekannten war es zu verdanken, daß bald eine nette und gesellige Stimmung im Hause herrschte. Sie alle kamen oft zum Tee und wollten Neuigkeiten erfahren, weil sie wußten, daß meine Arbeit mich mit interessanten Informationen in Berührung brachte.

Ruth arbeitete mittlerweile bei der Jewish Agency. Sie organisierte Heimarbeits- und Kunstgewerbeunternehmen in den Neueinwanderergebieten im Jerusalemer Korridor, besuchte die Leute, ermunterte sie bei der Arbeit, versorgte sie mit dem notwendigen Material und kümmerte sich um den Vertrieb der Erzeugnisse. Aus diesem bescheidenen Projekt entwickelte sich allmählich die „Maskit Home Crafts Stores", ein großes und für Israel sehr wichtiges Unternehmen. Da Ruth fast den ganzen Tag außer Haus war, besorgte Simcha den Haushalt und gehörte bald zur Familie. Sie war eine Witwe von etwa fünfzig Jahren und stammte aus der altehrwürdigen jüdischen Gemeinde von Kurdistan. Simcha war nie zur Schule gegangen, aber sie war gütig und klug und besaß einen gesunden Menschenverstand. Die Kinder hatten sie besonders gern, weil sie gut kochte und ihnen alte Volksmärchen erzählte, von siegreichen Helden und Bösewichtern, die ihrem gerechten Schicksal am Ende doch nicht entrinnen konnten.

Yael und Ehud gingen zur Oberschule nach Rehavia, Assaf in den Kindergarten. Ob an neuem Wissen etwas hinzukam, kann ich nicht sagen; was sie erlernt hatten, bevor wir nach Jerusalem zogen, hatten sie jedenfalls nicht vergessen. Einmal schrieb uns der Bruder Reuven Shiloahs, eines Beamten im Außenministerium, voll Kummer, Udi (Ehud) habe das Gitter seines Taubenkäfigs zu schließen vergessen, und die über alles geliebten Tauben seien weggeflogen. Ein andermal meldete Kaplans Frau der Polizei ganz aufgeregt, die „Dayankinder" seien gerade dabei, in ihrem Garten eine Leiche zu begraben. Offenbar hatten Udi und Assi im kleinen, von jordanischen Granaten aufgewühlten Friedhof an der Mamilla Road Teile eines Skeletts gefunden und wollten nun ihren wertvollen Fund in Frau Kaplans Blumenbeet begraben. An derartige Bubenstreiche waren wir gewöhnt. Als aber eines Tages ein UN-Beobachter den damals vierjährigen Assi nach Hause brachte, begannen wir die Dinge etwas ernster zu nehmen. Der Bub hatte sich im Niemandsland am Ende der Mamilla Road verlaufen. Die Kinder konnten sich anscheinend nicht an den Unterschied zwischen Nahalal und Jerusalem gewöhnen. Dort gab es Kühe, Vögel und offene Felder; hier lauernde Gefahren, Heckenschützen, Landminen und schießwütige arabische Legionäre auf den Stadtmauern.

Ehrlich gesagt, die Umstellung war nicht nur für die Kinder schwierig. Auch für mich war die Übersiedlung von Nahalal nach Jerusalem nicht nur eine Frage der Geographie: all diese Sitzungen, Diskussionen, Haarspaltereien über Detailfragen, Cocktailparties und kalorienreiche Diners! Es war ein ganz neuer Lebensstil.

Eines ließ ich mir allerdings nicht nehmen: Ich besuchte die Männer an der Front so oft und so gern wie bisher. Dazu veranlaßte mich gewiß auch mein dringender Wunsch, aus dem Büro heraus und an die frische Luft zu kommen. Hatte ich die Gelegenheit, das Büro gar auf ein paar Stunden zu verlassen, dann stieg ich zu dem strategisch wichtigen Gebiet „Miß Carey" hinauf (so genannt nach einer englischen Lady, die dort in der Mandatszeit einen Teesalon geführt hatte), fuhr zum Gipfel des Castel und inspizierte unsere Stellungen auf den Anhöhen, die die Straße nach Tel Aviv beherrschten. Selbst wenn mein Kalender voll von Terminen für Sitzungen und Beratungen war, verdrückte ich mich, wenn auch nur auf eine Stunde, und besuchte die Stellungen in der näheren Umgebung, nur ein paar Meter von den arabischen Linien entfernt. Vom Büro aus war ich in ein paar Minuten im Schützengraben, kletterte über die Leitern, sprach mit den Männern und beobachtete die arabischen Legionäre in ihren Stellungen direkt gegenüber. Wir hatten zwar Waffenstillstand, aber wenn ich mich selbst überzeugt hatte, daß die Front schwieg und alles in Ordnung war, erst dann war ich beruhigt.

Nach solchen Inspektionstouren mußte ich oft direkt zu offiziellen Sitzungen gehen und erschien in schmutzigen Stiefeln und verstaubter Uniform, aber niemand schien daran Anstoß zu nehmen. Mich störte es ebensowenig. Ich war schmutzig und staubig, weil ich von der Front kam, und das war etwas anderes.

Am 10. August, vierzehn Tage nachdem ich das Kommando in Jerusalem übernommen hatte, traf der UN-Vermittler, Graf Folke Bernadotte, zu seinem zweiten Besuch in Jerusalem ein. Er wollte „das Palästina-Problem" offenbar eigenhändig lösen. Sein Plan lief der UN-Resolution vom November des Vorjahres zuwider, hätte unter anderem auch Jerusalem den Arabern zugesprochen und den Krieg verlängert, anstatt Frieden zu stiften.

Bernadotte traf mit Dr. Dov Yosef zusammen, dem Organisator des Jerusalem Emergency Committee während der Belagerung von Jerusalem, der jetzt die Regierung in der Jerusalemer Stadtverwaltung vertrat. An diesem Gespräch im belgischen Konsulat nahmen außer Dov Yosef auch Yitzhak Ben Zvi und Daniel Auster, der erste Bürgermeister von Jerusalem, teil. Eine Gruppe junger Leute hatte sich in Jeeps vor dem Gebäude postiert. Als Bernadotte kam, hielten sie ihm Transparente entgegen mit der Aufschrift „Stockholm gehört Ihnen, Jerusalem gehört uns – Fighters for the Freedom of Israel".[1] Dov Yosef rief mich an und sagte, die Demonstration müsse sofort aufgelöst werden. Ich ging hin und schickte die Demonstranten nach Hause. Sie gingen ohne Widerrede.

Am 17. September kam Bernadotte wieder nach Jerusalem. Er begab sich in einem Konvoi von drei UN-Fahrzeugen zu Dov Yosefs Wohnung. Auf halber Strecke versperrte ihnen ein Jeep den Weg und hinderte sie an der Weiterfahrt. In dem Jeep saßen drei Männer und der Fahrer, alle in nicht näher definierbaren Armeeuniformen. Die drei sprangen aus dem Jeep, stürzten auf Bernadotte zu und erschossen ihn und seinen französischen Stabschef, Oberst André Pierre Serot. Sodann ergriffen sie die Flucht. Es stellte sich heraus, daß der Jeep ein UN-Fahrzeug war, das vor einiger Zeit gestohlen worden war.

Von den Attentätern fehlte jede Spur. Vor einigen Konsulatsgebäuden wurden noch Flugzettel gefunden mit der nichtssagenden Unterschrift „Homeland Front",[2] die die Verantwortung für den Anschlag übernahm. Der Verdacht richtete sich gegen die Lehi, die die Urheberschaft jedoch bestritt. Trotzdem schritt die Regierung sofort ein und ordnete die Auflösung der Dissidentenorganisation an. Am folgenden Nachmittag zogen Einheiten der israelischen Armee einen Kordon um das Lager der Lehi in Jerusalem. Die dort einquartierten vierzig jungen Männer ließen sich ohne Widerstand entwaffnen.

Bis dahin hatte die Lehi in Jerusalem völlig offen und selbständig agiert. Gelegentlich hatte sie sich sogar an Aktionen unserer Einheiten beteiligt, und die persönlichen Beziehungen zwischen uns und ihnen waren außerordentlich gut. Es ging selbstverständlich nicht an, daß eine paramilitärische Organisation weiterhin existierte, die (allerdings nur in Jerusalem) auf eigene Faust handelte und sich weigerte, den Anordnungen der Regierung zu folgen. Die zahlenmäßig stärkere Irgun war bereits auf eigenen Wunsch in die israelischen Streitkräfte eingegliedert worden, die Lehi in Jerusalem aber nicht. Man fragte

[1] „Kämpfer für die Freiheit Israels", englische Bezeichnung für die Dissidentengruppe Lehi (Gruppe Stern).

[2] etwa: „Heimattreue Front"

sich, wie sie auf die Auflösung ihrer Organisation antworten würde, doch es erfolgte keine Reaktion. Die Lehi, ein Überbleibsel aus den Jahren der Mandatszeit, hatte zu bestehen aufgehört, und für mich bedeutete es eine besondere Genugtuung, daß dies ohne Blutvergießen geschehen konnte.

Die politischen Hintergründe der Ermordung Bernadottes waren mir damals nicht bekannt. Ich war mit der großen Politik nicht besonders vertraut, da mein Tätigkeitsbereich ein anderer war. Das sollte sich allerdings schon einige Wochen später ändern.

Diese tragische Episode hatte allerdings auch unmittelbare Auswirkungen auf militärischem Gebiet. Die Befehlsgewalt in Jerusalem war nun nicht mehr zwischen Armee und Dissidenten geteilt. Ich war jetzt Befehlshaber sämtlicher jüdischer Truppen in diesem Sektor, und meine Aufgabe wurde dadurch wesentlich erleichtert.

Mein Sprung in die Politik begann mit israelisch-jordanischen Verhandlungen über Jerusalemer Lokalfragen. Darauf folgten Begegnungen zwischen König Abdulla und israelischen Unterhändlern, Waffenstillstandsgespräche auf Rhodos und schließlich der Auftrag, die Durchführung der dort mit den vier am Krieg beteiligten arabischen Parteien – Ägypten, Jordanien, Syrien und Libanon – getroffenen Vereinbarungen zu überwachen.

Bei Einstellung der Feindseligkeiten war die Stadt in zwei Hälften getrennt. Der Bereich westlich der Demarkationslinie war in israelischer Hand und schloß auch die Enklave Berg Scopus ein. Die Altstadt einschließlich der Klagemauer und des jüdischen Viertels befand sich in der Hand der Jordanier. Der Abschnitt Latrun, auf halbem Weg zwischen Jerusalem und Tel Aviv, war von Jordanien besetzt; wir mußten daher eine zehn Kilometer lange Umfahrungsstraße bauen. Israel wieder beherrschte ein Teilstück der Hauptstraße von Jerusalem nach Bethlehem; die Jordanier mußten daher auf eine nicht so direkte Nebenverbindung ausweichen.

An der jordanischen Grenze schwiegen die Waffen, aber an den anderen Fronten gingen die Kämpfe weiter. Mitte Oktober gelang es uns, die Ägypter aus Beersheba zu vertreiben, Ende des Monats die irregulären Truppen Kaukjis aus Galiläa. In der letzten Dezemberwoche des Jahres 1948 und der ersten Januarwoche des neuen Jahres fanden die letzten Gefechte des Unabhängigkeitskrieges statt: die ägyptische Expeditionsarmee wurde gänzlich von israelischem Gebiet verdrängt und von unseren Streitkräften bis auf die Halbinsel Sinai verfolgt.

Am 30. November 1949 unterzeichnete ich für Israel ein „uneingeschränktes und verbindliches“ Abkommen zur Einstellung der Feindseligkeiten im Gebiet von Jerusalem. Auf der Gegenseite wurde das Dokument von Abdulla el-Tel unterzeichnet, im Namen der jordanischen „sowie der anderen arabischen

Streitkräfte im Gebiet von Jerusalem". Auf einer dem Abkommen beigefügten Landkarte waren die vereinbarten Linien auf beiden Seiten und das dazwischenliegende Niemandsland eingezeichnet. Auf Grund des Abkommens durfte alle zwei Wochen ein Konvoi die arabischen Linien passieren, um die israelische Enklave am Berg Scopus mit Lebensmitteln zu versorgen und die dortige Besatzung abzulösen.

Während der Verhandlungen, die zu diesem Abkommen führten, lernte ich meinen arabischen Gesprächspartner recht gut kennen. Abdulla el-Tel war ein hochgewachsener junger Mann, gutaussehend, offen und ehrlich. Er stammte aus einer wohlhabenden Familie in Irbid und hatte in Ägypten eine Mittelschule besucht. Zu Beginn des Zweiten Weltkrieges trat er in die Arabische Legion ein und absolvierte im Jahr 1942 einen britischen Offizierslehrgang im Gebiet von Suez.

Bei der Invasion von Israel im Jahre 1948 war er Kompaniekommandant im Range eines Majors. Als König Abdulla während einer der ersten Schlachten des Krieges Jerusalem besuchte, lernte er el-Tel kennen und war so beeindruckt von ihm, daß er ihn auf der Stelle zum Oberstleutnant beförderte, obwohl er erst vor zwei Monaten Major geworden war. Schon einen Monat später wurde el-Tel zum Kommandanten des 6. Bataillons ernannt, später zum Kommandanten von Jerusalem.

Als ich ihn kennenlernte, machte er einen wesentlich besseren Eindruck auf mich als andere arabische Offiziere und Funktionäre, denen ich bis dahin begegnet war. Nebenbei bemerkt: Er haßte die britischen Beamten, die die wahren Herren von Jordanien waren, und verachtete diejenigen seiner Freunde, die sie hofierten.

Bei den Vorverhandlungen zu der „verbindlichen" Einstellung der Feindseligkeiten war mir die „Vermittlung" des UN-Vertreters, des amerikanischen Obersten Carlson, ein ständiges Ärgernis. Anstatt zu den Kernfragen durchzudringen, schuf er stur und pedantisch immer neue Komplikationen; anstatt den Weg zu einer Verständigung zu ebnen, warf er ständig neue Hindernisse auf. Eines Tages hatte ich es endgültig satt. Mitten in einer Sitzung schlug ich Abdulla el-Tel vor, wir sollten uns in ein anderes Zimmer zurückziehen. Er stimmte zu, und zur großen Überraschung der übrigen Delegationsmitglieder von beiden Seiten und der UN-Beobachter standen wir auf und verließen gemeinsam den Sitzungssaal. Unter vier Augen kamen wir rasch zu einem Einverständnis. Dann gingen wir zurück und ließen ins Protokoll aufnehmen, was wir gemeinsam beschlossen hatten. Carlsons Gesichtsausdruck sprach Bände, aber er sagte kein Wort. Er sollte bald noch einen weiteren Grund zum Staunen haben. Abdulla el-Tel und ich hatten uns geeinigt, unter Umgehung der UN-Zentrale eine direkte Telefonverbindung zwischen ihm und mir herzustellen. Selbst General Riley, der Stabschef der UN-Waffenstillstandsüberwachungskommission, war betreten, als er davon hörte. Riley verdiente sicherlich alle Achtung als General der amerikanischen Marineinfanterie, aber seine Kenntnisse der Lage im Nahen Osten waren begrenzt. Ich versuchte ihn zu besänftigen. Ich sagte ihm, daß angenehme Überraschungen nun einmal zu den Freuden des Lebens gehören und daß das auch auf den „Heißen Draht" Dayan – el-Tel zutraf.

Diese Verbindung per Feldtelefon von Haus zu Haus war der erste und bisher einzige „Heiße Draht" im Nahen Osten und erwies sich als äußerst nützlich. Wenn in einem der Frontabschnitte ein Feuerwechsel ausbrach, rief ich el-Tel einfach an, und der Zwischenfall wurde sofort beigelegt. Die Verbindung eignete sich besonders gut dazu, geheime Zusammenkünfte zu vereinbaren, zunächst zwischen uns beiden und später auch mit König Abdulla in dessen Winterpalast in Shuneh. Hätten wir den offiziellen Weg beschritten und die UN eingeschaltet, unsere Bemühungen wären umsonst gewesen.

Oberst el-Tel hatte zwei besonders schwierige Aufgaben zu lösen: Unsere Geheimgespräche mit König Abdulla in Shuneh, im Herzen von Jordanien, und die Verhandlungen über die Freigabe der Kriegsgefangenen. In beiden Fällen zeigte er sich von seiner besten Seite. Um uns zum König zu bringen, mußte er uns in seinem Wagen durch die arabischen Linien schleusen, ohne die Aufmerksamkeit der Wachposten der Arabischen Legion auf seine geschmuggelte „Ware" zu lenken. Wir trugen die rotkarierten Kefiehs der Legion um den Kopf und vermummten auch unsere Gesichter damit. Wenn wir untertags angehalten wurden, legten wir uns im Wagen auf den Boden. Trotz allem nahm el-Tel ein großes persönliches Risiko auf sich. Einmal, als er glaubte, ein jordanischer Soldat habe mich erkannt, wurde er kreidebleich. „Sie hätten uns beide zuerst erschossen und danach unsere Papiere verlangt", sagte er und gab Vollgas.

Als wir einander schon etwas besser kannten, brachte ich die Frage des Austausches der Kriegsgefangenen zur Sprache. Nach den bisherigen Kampfhandlungen hatte die Zahl der Kriegsgefangenen gewöhnlich im Verhältnis von 10:1 oder auch 100:1 zu unseren Gunsten gestanden. Diesmal verhielt es sich nicht so, wenigstens nicht Jordanien gegenüber. Wir hatten etwa ein Dutzend Legionäre gefangengenommen, aber im jordanischen Lager bei Mafrak saßen 670 Israelis. Fast die Hälfte von ihnen, 320, kamen aus dem Kibbuz Etzion, darunter 85 Frauen. Die anderen waren im jüdischen Teil der Altstadt von Jerusalem gefangengenommen worden, meist ältere Talmudgelehrte, deren Frauen und Kinder. Ich bat el-Tel um ihre Entlassung.

Es dauerte einige Tage, dann erhielt ich gute Nachricht. Er ließ sich von menschlichen Überlegungen leiten, obwohl er nur zu gut wußte, daß Jordanien damit auf eine Trumpfkarte bei den bevorstehenden Verhandlungen in Rhodos verzichtete. Die Gefangenen wurden einen Monat vor Beginn der Verhandlungen entlassen. Abdulla el-Tel hatte meine Bitte dem König selbst vorgetragen. Um ihn zu überzeugen, wies el-Tel auf die Gefahr hin, daß irgendein Ereignis die jordanischen Wachmannschaften aufbringen und zu Ausschreitungen gegen die jüdischen Gefangenen veranlassen könnte, was dem Ansehen des Königs im Ausland nur schaden würde.

Als wir die technischen Einzelheiten der Rückführung der Kriegsgefangenen besprachen, erklärte ich el-Tel, daß wir selbstverständlich bereit seien, für alle Ausgaben aufzukommen. Er runzelte die Stirn und sagte, er werde mir die Rechnung schicken. Als es vorbei war, übergab er mir einen Zettel, auf dem eine kaum nennenswerte Summe stand und dazu die von den Busfahrern unterschriebenen Belege für die Fahrt von Mafrak nach Jerusalem. Als ich ihm von Herzen dankte und mich von ihm verabschiedete, sagte er, auch ich könne ihm helfen, wenn es mir gelänge, den Chefredakteur der *Palestine Post* (später: *Jerusalem Post*) dazu zu überreden, ihn von Zeit zu Zeit wegen seiner unnachgiebigen Haltung gegenüber Israel anzugreifen. Er brauche das, um seinen guten Ruf in Jordanien zu wahren.

Ich verfolgte el-Tels Geschick noch lange, nachdem ich das Kommando von Jerusalem niedergelegt hatte. Seine politisch-militärische Karriere nahm ein jähes Ende, als er sich mit König Abdulla überwarf. Er wollte die Briten ganz einfach aus Jordanien hinauswerfen, doch der König wollte oder konnte nicht darauf eingehen. Im Juni 1948 reichte el-Tel seinen Abschied ein. Der König wollte ihn umstimmen und versprach ihm sogar neuerliche Beförderung, aber el-Tel lehnte ab, emigrierte nach Syrien und einige Zeit später nach Kairo.

Ich hörte noch zweimal von ihm. Im Jahre 1951, auf einer Party in London, überbrachte mir ein ägyptischer Luftwaffenoffizier Grüße und erzählte mir, daß el-Tel an der Spitze eines Guerillabataillons gegen die Briten im Gebiet von Suez kämpfe. Die zweite Nachricht überbrachte mir ein amerikanischer Geistlicher in Jerusalem. El-Tel hatte ihn gebeten, mir einen Vorschlag zu unterbreiten: er wolle „eine gewisse Angelegenheit" mit mir besprechen. Der Geistliche erklärte sich bereit, bei den Vorbereitungen zu dieser Begegnung behilflich zu sein. Aber das Treffen kam nicht zustande. Ich habe nie erfahren, worum es sich handelte.

Ich bin sicher, daß es keine politischen Fragen waren. Es waren Grüße von Mensch zu Mensch – das einzig Ungewöhnliche bestand darin, daß es Grüße von einem arabischen Offizier an einen Israeli waren.

10. Kapitel

Gespräche mit einem arabischen König

Unmittelbar nach Unterzeichnung des „verbindlichen Waffenstillstandes" mit Jordanien erklärte Abdulla el-Tel, er sei von König Abdulla bevollmächtigt worden, mit uns über sämtliche Jerusalem (einschließlich Bethlehem, Ramalla und Latrun) betreffende Fragen zu verhandeln. Die Vorschläge el-Tels, zweifellos eine getreue Wiedergabe der Ansichten des Königs, liefen auf Gebietsaustausch und gemeinsame Kontrolle hinaus.

Meine politischen Richtlinien kamen entweder vom Generalstab oder direkt von Ministerpräsident David Ben Gurion. Der Ministerpräsident war am Abschluß einer formellen und vollgültigen Friedensvereinbarung außerordentlich interessiert. Er war auch prinzipiell zum Austausch von Territorien bereit, hielt aber nichts von der gemeinsamen Kontrolle.

Am 29. November 1948 schlug el-Tel einen ersten Gebietsaustausch vor: Israel sollte den jüdischen Teil der Altstadt erhalten und dafür das arabische Stadtviertel Katamon in der Neuen Stadt an die Araber abtreten. Die Latrun-Straße (auf halbem Weg zwischen Jerusalem und Tel Aviv, die bislang im Niemandsland zwischen den israelisch-jordanischen Waffenstillstandslinien lag) sollte als Verkehrsverbindung für beide Seiten freigegeben werden. Ben Gurion lehnte das Angebot ab. Im Falle Latrun, sagte er, gehe es nicht um Verkehrsfragen, sondern um die Aufteilung des Gebietes. Nach unserem Vorschlag nämlich sollte das Niemandsland zu gleichen Teilen an Israel und Jordanien fallen. Ben Gurion war auch nicht bereit, die Vorstadt Katamon an die Araber abzutreten.

Am 5. Dezember unterbreitete el-Tel zusätzliche Verhandlungsangebote im Namen des Königs. Jordanien, hieß es jetzt, würde einen Teil von Latrun aufgeben, und das Gebiet um Latrun sollte von einer arabisch-jüdischen Polizeitruppe überwacht werden. Als Gegenleistung verlangte Abdulla, daß arabische Flüchtlinge nach Lod und Ramla zurückkehren konnten. Letzteres als Antwort auf meinen vorherigen Vorschlag, daß die Eisenbahnlinie von Jerusalem nach Tel Aviv wiedereröffnet werden sollte, die teilweise durch arabisches Gebiet führte. Jordanien stimmte diesem Vorschlag zu, wollte dafür aber die Straße von Bethlehem nach Jerusalem bis zum Jaffa Gate frei benutzen können. Ben Gurion war prinzipiell gegen Teilvereinbarungen und trug mir auf, dem König durch el-Tel die Nachricht überbringen zu lassen, daß unsere Seite kein Interesse daran habe, die Diskussion einzig und allein auf der Grundlage des Feuereinstellungsabkommens fortzusetzen. Wir seien aber sehr daran interessiert, mit einem politischen Abgesandten echte Friedensverhandlungen zu führen; in ebendiesem Rahmen würden auch alle anderen Probleme gelöst werden können: die Stromversorgung Jerusalems, die Freigabe des Schienenverkehrs, die Straßenverbindung nach Bethlehem und vieles mehr.

Bei einer Unterredung am 18. Dezember stellte der Ministerpräsident mit Nachdruck fest, daß „unser Hauptziel" jetzt der Frieden sei. Er warnte uns gleichzeitig davor, „uns am Sieg zu berauschen". Ferner erklärte er: „Die Einstellung der Feindseligkeiten ist die Voraussetzung für die Immigration. Wir müssen daher in Frieden und Eintracht mit den Arabern leben können. Aus diesem Grund bin ich auch für Gespräche mit König Abdulla, obwohl ich bezweifle, daß die Briten ihn mit uns Frieden schließen lassen werden."

Eine Woche nachdem ich die kategorische Erklärung Ben Gurions überreicht hatte, daß Israel nur an einer umfassenden Friedensvereinbarung interessiert sei, rief el-Tel mich an und sagte, er sei als offizieller Vertreter des Königs beauftragt, Gespräche dieser Art mit uns aufzunehmen, an denen auf jordanischer Seite auch der Leibarzt des Königs teilnehmen werde. Sobald ein entsprechender Entwurf vorlag, würde ihn der König seinem Kabinett unterbreiten. Sollten die Minister den Entwurf nicht billigen, würde der König das Kabinett umbesetzen, wozu er als absoluter Herrscher ja jederzeit in der Lage sei. Die Gespräche sollten abwechselnd in Israel und Jordanien abgehalten werden. Die erste Sitzung wurde bereits für den nächsten Abend auf jordanischer Seite vereinbart. El-Tel ersuchte uns, in Zivil zu erscheinen und Landkarten sowie die erforderlichen Dokumente mitzubringen.

Als Vertreter Israels bei diesen „Friedensverhandlungen" bestimmte der Ministerpräsident Reuven Shiloah, einen Beamten des Außenministeriums, und mich. Er gab uns folgende Instruktionen: 1.) Zur Verhandlungstaktik: Die Gespräche seien selbst bei mangelnder Aussicht auf Erfolg fortzuführen, da die dringende Notwendigkeit bestehe, den Friedenszustand im jordanischen Abschnitt zu erhalten, solange die Kämpfe im Negev andauerten, die nach dem Scheitern des Waffenstillstands mit Ägypten wieder ausgebrochen waren. 2.) Zur Annektierung des Westufers durch Jordanien: Israel habe zwar volles Verständnis für die Lage, könne sich aber zu diesem Zeitpunkt in keiner Weise verpflichten, schon deshalb nicht, weil seine Regierung darüber noch nicht endgültig befunden habe. Die mit einer Annektierung verbundenen Schwierigkeiten könnten aufgezeigt werden, so etwa der Widerstand seitens der anderen arabischen Staaten, Großbritanniens und der Sowjetunion. 3.) Zu Grenzfragen: Israel bestehe darauf, daß die Grenze entlang des Arava-Tals (die Ostgrenze des Negev) weiterhin so zu verlaufen habe wie zur Mandatszeit, also bis Eilat im Süden. 4.) Zu Angeboten unsererseits: Israel sei unter Umständen bereit, Jordanien gewisse Rechte in Gaza einzuräumen, etwa einen durch israelisches Gebiet führenden Korridor nach Ägypten. 5.) Zu Gebietsansprüchen: Das Ansinnen Jordaniens im Falle Ramla und Jaffa sei zurückzuweisen, die Frage der Rückgabe von Lod an die Araber offenzuhalten. Diskussionen über den Negev seien unter allen Umständen zu vermeiden.

Das erste Gespräch verlief sehr allgemein. Erst im zweiten Gespräch, am 5. Januar 1949, gingen wir zu konkreten Fragen über. Wir trafen um 7 Uhr abends in einem Gebäude beim Mandelbaumtor zusammen. Unsere Delegation bestand aus drei Mitgliedern: Shiloah, meinem Adjutanten und mir. Auf jordanischer Seite war nur Abdulla el-Tel erschienen; der Leibarzt des Königs war der Sitzung aus irgendeinem Grund ferngeblieben.

Wir überreichten einander die Beglaubigungsschreiben. Das unsere, in hebräischer, arabischer und englischer Sprache, trug die Unterschrift des Ministerpräsidenten David Ben Gurion und des Außenministers Moshe Sharett, das der Jordanier hatte König Abdulla eigenhändig geschrieben. Sicherlich waren beide Schriftstücke keineswegs so abgefaßt, daß sie internationalen Gepflogenheiten standgehalten hätten; aber uns, die wir am Rande des Niemandslandes beisammensaßen, schienen sie gültig genug.

Als el-Tel uns die jordanischen Vorschläge erläuterte, zeigte sich, daß die beiderseitigen Vorstellungen himmelweit voneinander entfernt waren. So bestand der König auf einem Korridor nach Ägypten durch den Negev. Ferner beanspruchte er mit Ausnahme des jüdischen Viertels die gesamte Altstadt von Jerusalem und dazu die Vororte Katamon, German Colony und Talpioth sowie den Kibbuz Ramat Rachel am südlichen Stadtrand. Als Entschädigung bot er uns Lifta und Romena an, beides Vororte von Jerusalem, die bereits in unserem Besitz waren.

Wir erstatteten Ben Gurion Bericht und stellten fest, daß es unserer Ansicht nach zwecklos sei, die Verhandlungen fortzuführen. Er aber war anderer Meinung. „Wir dürfen nichts unversucht lassen“, sagte er.

Ich befolgte Ben Gurions Anordnungen, wenn auch nicht gerade enthusiastisch, rief el-Tel an und vereinbarte eine weitere Sitzung mit ihm. Sie fand planmäßig statt, jedoch hatten wir beide offenbar bereits erkannt, daß die Fortsetzung der Gespräche am Mandelbaumtor kein Ergebnis bringen würde. Wenig später teilte er uns mit, der König persönlich lade uns zu Gesprächen im Palast von Shuneh ein, um uns von seiner ehrlichen Friedensabsicht zu überzeugen. Ben Gurion erteilte uns die Erlaubnis, zum König zu fahren.

Es fanden zwei Gespräche mit König Abdulla statt, das erste am 16., das zweite vierzehn Tage später. Teilnehmer auf israelischer Seite waren Elias Sasson vom Außenministerium und ich. Der König wurde beim ersten Treffen von el-Tel und seinem Leibarzt begleitet; beim zweiten wurde Jordaniens Ministerpräsident, Taufiq Abu al-Huda, hinzugezogen.

Unter dem Vorsitz des UN-Vermittlers, Dr. Ralph Bunche, verhandelten wir mittlerweile auf Rhodos über einen Waffenstillstand mit den Ägyptern. Die Verhandlungen begannen am 13. Januar, sechs Tage nachdem wir die Ägypter in der letzten Schlacht des Unabhängigkeitskrieges entscheidend geschlagen hatten und acht Monate nachdem die arabischen Staaten in Israel einmarschiert waren. Das Abkommen mit Ägypten wurde am 24. Februar unterzeichnet. Darauf folgte das mit dem Libanon am 23. März, mit Jordanien am 3. April und schließlich mit Syrien am 20. Juli.

Die beiden Gespräche mit dem König führten zu keinem greifbaren Ergebnis und veränderten die Situation auch in keiner Weise. Nach wie vor bestanden grundlegende Meinungsverschiedenheiten. Der König sagte, daß Jordanien, wie die anderen kriegführenden arabischen Parteien, bereit sei, unter der Patronanz der UN in Rhodos ein Waffenstillstandsabkommen abzuschließen. Unmittelbar nach Abschluß der Formalitäten in Rhodos würde er in Verhandlungen über einen Friedensvertrag eintreten, und zwar in aller Öffentlichkeit, in Jerusalem, unter Ausschluß der Vereinten Nationen. Er würde alle Teilnehmer zu einer Eröffnungszeremonie im Palast von Shuneh einladen.

Er hatte sogar einen Vorschlag für die Zusammensetzung unserer eigenen Delegation: Sharett, Sasson und ich sollten ihr angehören.

Die Briten seien über seine Absichten im Bilde und hätten keine Einwände erhoben. Natürlich müsse er sich mit ihnen beraten. Uns „könne er ja die Wahrheit" sagen, da wir „fast zur Familie gehörten". Die Wahrheit war, daß er in den Augen seines Volkes König war, daß die Briten sich aber so benahmen, als seien sie die Herren im Land.

Als das Gespräch einmal beiläufig auf die Verhandlungen auf Rhodos kam, wurde der König plötzlich sehr erregt und ersuchte uns dringend, Gaza unter keinen Umständen an die Ägypter abzutreten. Er brauche diesen Zugang zum Mittelmeer, mit uns würde er sich schon einigen, am wichtigsten sei, daß die Ägypter es nicht bekämen. „Nehmt es euch selbst", sagte er, „gebt es meinetwegen dem Teufel, aber überlaßt es nicht den Ägyptern!"

Seinen Ministern gegenüber machte der König aus unseren Beziehungen kein Geheimnis. Der Ministerpräsident, Kabinettsmitglieder und jordanische Würdenträger nahmen gelegentlich am Diner oder an Festlichkeiten teil, die den Sitzungen vorangingen. In die Gespräche selbst wurden sie jedoch nicht einbezogen. Obwohl Abdulla ein „Sohn der Wüste" war, hatte der königliche Hof in Shuneh doch sein eigenes Zeremoniell, und Dr. Shaukat Sati führte mich mit sicherer Hand durch die Fährnisse des Protokolls. Unsere Zusammenkünfte begannen gewöhnlich mit Begrüßungsansprachen und Beteuerungen gegenseitigen Wohlwollens. Der König bat, seine Grüße an unsere Führer zu übermitteln: an unseren Präsidenten Chaim Weizmann, unseren Ministerpräsidenten Ben Gurion, den Außenminister Sharett und andere. Auf Golda Meir war er allerdings nicht gut zu sprechen. Er war kurz vor Kriegsausbruch mit ihr zusammengetroffen, und sie hatte versucht, ihn zu überreden, sich nicht an diesem Krieg zu beteiligen. Das konnte er ihr nicht verzeihen. Sie habe ihn, so sagte er, in eine unmögliche Situation gebracht: entweder sich einem von einer Frau gestellten Ultimatum zu beugen oder in den Krieg einzutreten. Er hatte daher „selbstverständlich" keine andere Wahl, als an der Seite der anderen arabischen Staaten in Israel einzumarschieren. Als er erfuhr, daß Golda jetzt Gesandte in Moskau sei, sagte er impulsiv: „Laßt sie dort, laßt sie dort!"

Vor den Sitzungen gab der König meist ein Abendessen. Wir saßen beisammen und unterhielten uns über politische Ereignisse in aller Welt; manchmal spielten wir Schach, oder der König trug Gedichte vor. Beim Schach war es nicht nur selbstverständlich, den König gewinnen zu lassen, man mußte sich auch von seinen unerwarteten Zügen überrascht zeigen. Wenn er seine Gedichte vortrug, war es angezeigt, aus tiefster Seele staunend zu seufzen.

Wie dem auch sei: Ich habe Abdulla nie unterschätzt. Er war ein kluger Mann, ein Herrscher, der zu kritischen Entscheidungen fähig war. Wenn sich Schwierigkeiten ergaben, verwies er uns nie an seine Minister. Er befaßte sich selbst mit dem Problem und übernahm die volle Verantwortung für seine Beschlüsse. Er war auch Zeit seines Lebens Beduine geblieben. Er ließ sich immer noch zu jeder Mahlzeit Joghurt servieren, den er mit exotischen Kräutern mischte, ebenso wie er die Konversation stets mit Metaphern und Sprichwörtern würzte. Er erreichte nicht immer, was er sich vorgenommen hatte, aber er wußte immer genau, was er wollte – was sich bei den Verhandlungen auf Rhodos bald wieder zeigen sollte.

Jordanien erklärte sich – auch namens des Irak – zu diesen Verhandlungen bereit. Reuven Shiloah wurde zum Leiter der israelischen Delegation ernannt und ich zu seinem Stellvertreter. Die jordanische Delegation wurde von Oberst Ahmed Sudki el-Jundi angeführt. Die Verhandlungen fanden auf der

Insel Rhodos statt. Wir tagten im Gelben Zimmer des „Hotel des Roses“, als Vermittler diente weiterhin Dr. Ralph Bunche von den Vereinten Nationen. Als wir in Rhodos ankamen, lag ein verwendbarer Vertragstext bereits vor. „Ägypten“ mußte nur durch „Jordanien“ ersetzt werden.

Die Verhandlungen dauerten vom 1. März bis 3. April 1949. Gleich die erste Sitzung stand im Zeichen eines belanglosen, wenn auch ebenso charakteristischen wie bedauerlichen Zwischenfalls. Es war mit Bunche im voraus vereinbart worden, daß die Delegierten einander nach Betreten des Raumes formell vorgestellt würden. Als wir hereinkamen, saß die jordanische Delegation bereits an ihren Plätzen. Bunche bat el-Jundi aufzustehen, um ihn Shiloah vorstellen zu können, doch el-Jundi weigerte sich. Shiloah wurde blaß und wußte nicht recht, was tun. Nach der Sitzung sagte er zu Bunche, daß er gezwungen wäre, den Verhandlungen fernzubleiben, wenn die Jordanier sich so gebärdeten. Bunche telefonierte mit Amman und New York. Shiloah unterrichtete Sharett in Jerusalem über den Vorfall. Sharett schickte ein arrogantes, fast hysterisches Telegramm: „Sagen Sie Bunche“, stand darin, „daß wir die Verhandlungen abbrechen werden, wenn die Jordanier sich weiterhin so flegelhaft benehmen, und sie erst dann wiederaufnehmen, wenn die Herren unseren Vorstellungen von den elementaren Begriffen zivilisierten Benehmens entsprochen haben.“

Es stellte sich heraus, daß die Jordanier in gutem Glauben gehandelt hatten. Sie meinten nämlich, die Begrüßungszeremonie werde nicht zu Beginn, sondern am Ende der Sitzung stattfinden. El-Jundi entschuldigte sich, und ich glaubte ihm aufs Wort. Er war ein altgedienter Armeeoffizier, in tadelloser Adjustierung, sehr korrekt – und stur. Er und die anderen Mitglieder der Delegation hatten den Auftrag, die Anweisungen aus Amman zu befolgen und nicht einen Fingerbreit von ihnen abzuweichen. Wenn eine Depesche auch nur ein verstümmeltes Wort enthielt, ersuchten sie sofort um Vertagung, um rückfragen zu können. Zur Aufrechterhaltung der öffentlichen Ordnung in Jordanien und zur Verfolgung von Räuberbanden mochten diese Offiziere durchaus geeignet sein; sie aber mit einem scharfsinnigen und cleveren Mann wie Dr. Bunche über juridische und politische Feinheiten verhandeln zu lassen, war eine Tragikomödie. Sie waren bereit, alles zu tun, was von ihnen verlangt wurde, sie wußten nur nicht, worum es ging. Zu Unterhändlern bei diesen Waffenstillstandsverhandlungen waren sie denkbar ungeeignet. Es stellte sich dann auch heraus, daß ihre Anwesenheit als äußere Staffage gedacht war. Die grundlegenden Verhandlungen führte – inoffiziell und geheim – König Abdulla persönlich.

Nach den ersten Sitzungen verbesserten sich unsere Beziehungen zu der jordanischen Delegation zusehends. Sie reichten uns jetzt zur Begrüßung die

Hand und zeigten auch Interesse an inoffiziellen Zusammenkünften unter Ausschluß der UN-Vertreter. Bei solchen Gelegenheiten mußten wir ihnen auf arabisch wiederholen, was wir während der Sitzungen gesagt hatten, und ihnen die komplizierten Themen in einfachen Worten erklären.

Die ersten zehn Verhandlungstage verliefen ergebnislos. Der äußere Rahmen war allerdings mehr als angenehm: gutes Essen, Frühlingswetter, die wunderschöne Landschaft, interessante Gespräche. In meiner Freizeit besuchte ich die alte türkische Festung und wanderte oft am Strand und in den Wäldern. Hunderte von großen und kleinen Schmetterlingen, in allen Farben schillernd, schwebten über den Büschen. Es war wie im Märchen.

Dr. Bunche war ein bewundernswerter Verhandlungsleiter. Er selbst sagte wenig, hörte anderen aber sehr aufmerksam zu. Dabei schien es, daß ihn die Gedanken, die sich hinter den Worten verbargen, mehr interessierten als die Worte selbst. Mit seinem großen Charm konnte er schon bei der ersten Begegnung guten Kontakt zu einem Gesprächspartner finden und eine liebenswürdige und vertrauensvolle Atmosphäre schaffen.

Als die israelischen Streitkräfte Um Rash Rash (Eilat) eroberten, befürchtete König Abdulla eine Fortsetzung unserer militärischen Operationen, da der Kriegszustand ja noch nicht endgültig aufgehoben war. Am 14. März 1949, während in Rhodos noch verhandelt wurde, richtete er ein dringendes Schreiben an Außenminister Sharett: „...Nach mir vorliegenden Meldungen, von deren Richtigkeit ich mich selbst überzeugen konnte, ist von Ihrer Seite erklärt worden, daß eine israelische Armeeeinheit das Ufer des Golfs von Akaba erreicht hat, der als Teil des Territoriums von Palästina gilt. Nach diesen Meldungen sollen Sie ferner die Absicht geäußert haben, sämtliche von der irakischen Armee evakuierten Gebiete Palästinas zu besetzen, um Ihre Verteidigungspositionen zu stärken. Ist das wahr?"

W. Eytan, Generaldirektor des Außenministeriums und Stellvertreter Sharetts in dessen Abwesenheit, schickte am folgenden Tag, dem 15. März, im Namen der israelischen Regierung folgende Antwort an König Abdulla: „Den Abzug irakischer Streitkräfte aus den von ihnen besetzten Gebieten (und eine Übernahme dieser Gebiete Ihrerseits) betrachten wir, wie wir bereits dem Stellvertretenden UN-Vermittler (Bunche) bekanntgegeben haben, als grobe Verletzung bereits bestehender Vereinbarungen. Wir sind nicht bereit, einen solchen Tatbestand zu akzeptieren, solange das beiderseits angestrebte Waffenstillstandsabkommen nicht vorliegt. Wir haben jedoch nicht die Absicht, dieses Gebiet zu besetzen oder die dort ansässige arabische Bevölkerung zu bedrohen, da wir nach wie vor bestrebt sind, auch für dieses Gebiet eine friedliche Regelung zu erzielen. Wir sind der Ansicht, daß dieses Thema außerhalb der Kompetenzen der Unterhändler von Rhodos liegt, wären aber bereit, Oberst Moshe Dayan abzuberufen und für Gespräche mit dem Vertreter des Königs in Jerusalem zur Verfügung zu stellen . . . Wir sind überzeugt, daß Sie diesem Vorschlag zustimmen werden, da Sie, nicht weniger als wir, einer friedlichen Lösung des Problems den Vorzug geben."

Kurz darauf erreichte mich der Befehl, sofort nach Jerusalem zu kommen. Ich sagte dem „Hotel des Roses" und den Schmetterlingen im Wald Lebewohl und kehrte zurück zu den nächtlichen Gesprächen in Mandelbaums Haus – in das Haus eines Mannes, dessen Name in die Geschichte eingegangen ist, weil sein vom Krieg verwüstetes Obdach, zwischen den israelischen und jordanischen Linien gelegen, zum „Stadttor" von Jerusalem deklariert worden war.

Am 18. März traf ich mit Abdulla el-Tel zusammen. Ich hielt es nicht für nötig, uns mit langwierigen Präliminarien aufzuhalten oder wie die Katze um den heißen Brei zu gehen, sondern kam direkt zum Thema. Wir wollten das Wadi Arava, südlich von Haifa, die Hügel östlich davon, die das Wadi beherrschten, und den schmalen Küstenstreifen, den uns die Iraker streitig machten. Das sei unmöglich, sagte el-Tel, da Jordanien sowohl auf die öffentliche Meinung im eigenen Land als auch auf die Haltung der Iraker Rücksicht nehmen müsse. Sie könnten sich daher von den derzeitigen Linien der irakischen Expeditionstruppe nicht zurückziehen. In diesem Fall, sagte ich, täte Jordanien gut daran, den irakischen Frontabschnitt nicht zu übernehmen, da sonst die Kämpfe in diesem Gebiet wieder aufflammen würden. Er sagte, daß er nach Shuneh fahren und sich mit dem König beraten werde. Wir vereinbarten für den nächsten Abend ein Treffen, bei dem er des Königs Antwort und ich eine Landkarte des von uns beanspruchten Gebiets vorlegen sollte.

Am nächsten Tag erhielten wir eine Depesche des Königs: „Sie werden meine Ansichten bezüglich der Übernahme des irakischen Frontabschnitts sicherlich teilen, da diese auf meinen Gesprächen mit Mr. Sasson und Oberst Dayan beruhen. Ich selbst habe mich mit den Irakern an der Grenze getroffen und sie davon überzeugen können, daß ich den gesamten Abschnitt übernehmen sollte. Ich hoffe, daß Sie und Dayan zu einer Aussprache zu mir kommen können, die zu dem von uns allen erwünschten Ergebnis führt."

Mein Vorschlag war, vom König nichts Unmögliches zu verlangen, jedoch klipp und klar unsere Ansprüche zu stellen, nicht nachzugeben und uns nicht auf ein orientalisches Palaver einzulassen. Wir nahmen die Einladung des Königs an und machten uns auf den Weg. Die Besprechung dauerte nicht lange. Wir begrüßten einander, dinierten, gaben Erklärungen ab und verließen bereits um zehn Uhr abends den Palast, um dem König Gelegenheit zu geben, unsere wenn auch gerechtfertigten, so doch keineswegs bescheidenen Vorschläge zu verdauen und mit seinen Ministern zu beraten.

Daraufhin herrschte in Jordanien große Geschäftigkeit. Minister und hohe Beamte eilten von Sitzung zu Sitzung. Der König schickte el-Tel sogar nach Beirut, um mit dem dort weilenden Ministerpräsidenten zu konferieren. Schließlich wurde ein Ministerialkomitee gebildet, das die Verhandlungen mit uns führen sollte. Ein erstes Treffen wurde für die Nacht vom 22. auf den 23. März am Mandelbaumtor vereinbart.

Die jordanische Seite war durch Justizminister Felah Pascha Medadha und den Generaldirektor des Außenministeriums, Hussein Seraj vertreten; auch el-Tel war gekommen. Unsere Abordnung setzte sich aus Eytan, Yigael Yadin, dem Chef des Operationsstabs, Hauptmann Harkavi und mir zusammen. Yadin eröffnete die Sitzung, indem er die Landkarte auf dem Tisch ausbreitete. Die Jordanier waren sprachlos. Yadin erklärte unseren Standpunkt. Sie brachten Entgegnungen und Änderungsvorschläge vor, argumentierten, debattierten und disputierten – zu guter Letzt waren sie erschöpft. In Abwesenheit des Königs war niemand bereit, die Verantwortung für eine Entscheidung auf sich zu nehmen. Halb im Scherz schlug ich el-Tel vor, diesen „schwachen Augenblick“ zu nützen und als offizieller Vertreter Jordaniens seinen Namen unter die Landkarte zu setzen. Aber el-Tel war nicht zum Scherzen aufgelegt. Er deutete auf den Justizminister, Felah Pascha, der inzwischen eingeschlafen war und den Kopf auf den Tisch gelegt hatte, und sagte voll Verachtung: „Wecken Sie ihn auf. Er unterschreibt alles, solange es ihn nicht seinen Posten kostet.“ Wir rollten unsere Landkarten zusammen und gingen nach Hause, um zu schlafen.

Am nächsten Tag, dem 24. März, trafen wir wieder mit dem König zusammen. Unsere Delegation war unverändert: Eytan, Yadin, Harkavi und ich. Abdulla hatte eine größere, sehr distinguierte Mannschaft um sich versammelt, in der Militärs und Zivilisten von hohem Rang gleichermaßen vertreten waren. Nach einem opulenten Diner mit fünf Gängen, das den besonderen Anlaß unterstrich, begaben wir uns in den Sitzungssaal.

Um drei Uhr früh wurden die Gespräche beendet und die Landkarten signiert. Der König selbst hatte die Sitzung um elf verlassen, war aber nach einer Stunde wieder erschienen, um uns über den toten Punkt hinwegzuhelfen. Die Jordanier stellten verschiedene Forderungen als Entschädigung für ihre Konzessionen. Als der König von den schweren Opfern sprach, die er bringe, konnte ich nicht länger an mich halten und sagte, daß man über Konzessionen und Kompromisse vor dem Krieg hätte sprechen müssen, um ihn zu verhindern. Jetzt habe man die Konsequenzen zu tragen und einen Schlußstrich zu ziehen.

Beim Abschied überreichte Eytan dem König ein Geschenk Ben Gurions, eine in Silber gebundene Bibel. Danach überreichte auch der König jedem ein

Geschenk. Ich bekam einen Revolver – ohne Patronen und ohne Inschrift. Wir waren alle übermüdet und sahen nicht sehr glücklich aus. Dem König war das anscheinend nicht entgangen. Er bat uns, einen Augenblick zu warten. Ein Diener brachte einen Strauß Rosen. Der König lächelte, überreichte jedem eine Rose und befahl uns Gott. „Heute nacht", sagte er, „haben wir den Krieg beendet und Frieden geschlossen."

Einige Stunden später war ich bereits wieder nach Rhodos unterwegs, und am 3. April konnte Shiloah an Sharett kabeln: „Unterzeichnet." Wir flogen nach Jerusalem zurück und brachten das israelisch-jordanische Waffenstillstandsabkommen nach Hause.

Auch nach Abschluß des Abkommens traten noch einige Schwierigkeiten auf. Wenn wir zu einem Engpaß kamen, war es immer der König, der einen Ausweg wußte. Wir versuchten gemeinsam, mehr als nur einen Waffenstillstand zu erreichen. Abdulla hatte im Beisein von Samir Rifai (dem späteren jordanischen Ministerpräsidenten) in London einem Pressekorrespondenten gegenüber erklärt, er wolle Frieden, und Ben Gurion hatte von dieser Bemerkung des Königs erfahren. Der König hatte während des Interviews hinzugefügt, er halte Sharett für einen gemäßigten Politiker, Ben Gurion aber für einen Extremisten. In einem anschließenden Privatgespräch erklärte Samir dem Korrespondenten, daß der König seinen Anspruch auf Lod und Ramla aufgeben würde, wenn er dafür, als Teil einer endgültigen Friedensregelung, Gaza und einen dazugehörigen Zugangskorridor bekäme. Falls Israel dazu bereit wäre, würde er die Zustimmung Ägyptens einholen.

Wir gingen dieser Spur nach, und bei einer der letzten Zusammenkünfte, die ich mit dem König hatte, am 13. Dezember 1949 in Shuneh, an der auch Reuven Shiloah teilnahm, machten wir uns an die Ausarbeitung eines Friedensvertrages. Dem König ging die Bezeichnung „Friedensvertrag" etwas zu weit. Er war bereit, von einem „Arbeitspapier" zu sprechen, das den Titel trug: „(Endgültige) Vereinbarung zur Regelung territorialer Fragen." Das „Arbeitspapier" wurde vom König und von Reuven Shiloah paraphiert. Es ist fraglich, ob die israelische Regierung diese Vereinbarung tatsächlich ratifiziert hätte. Ben Gurion wies sie nicht zurück, aber man kann auch nicht behaupten, daß er begeistert war. Wie dem auch sei – als wir beim nächsten Treffen die Verhandlungen fortsetzen wollten, sagte der König, sein Freund, Sir Alec Kirkbride, der britische Botschafter in Amman, habe ihm davon abgeraten, vor den anderen arabischen Staaten, insbesondere vor Ägypten, einen Friedensvertrag mit Israel zu schließen. Der König ersuchte uns daher, das „Arbeitspapier" als null und nichtig zu betrachten.

In Übereinstimmung mit den Vereinbarungen von Shuneh und dem in Rhodos unterzeichneten Abkommen wurden Israel die von den irakischen

Expeditionstruppen besetzten Gebiete zugesprochen. Wir waren aber auch bestrebt, das zwischen uns und Jordanien liegende Niemandsland aufzuteilen, besonders den südlichen Teil von Jerusalem, durch den die Eisenbahnlinie Tel Aviv – Jerusalem führte. Diese Fragen waren Gegenstand von Gesprächen, die im April 1949 stattfanden. Jordanien war durch Oberst Ahmed Sudki el-Jundi und Major Ali Abu Nawar vertreten. Beide waren in Rhodos dabei gewesen und daher mit den dort getroffenen Beschlüssen und den Landkarten vertraut. Drei Punkte standen zur Diskussion: Die Räumung des Gebietes außerhalb der jordanischen Linien, in dem sich, entgegen den Vereinbarungen, militärische Einheiten und Zivilisten aufhielten; die Aufteilung des Niemandslandes zwischen Israel und Jordanien und schließlich die Festlegung der neuen Demarkationslinien, die durch Stacheldraht gekennzeichnet werden sollten. Zwei arabische Dörfer lagen im Niemandsland, ein drittes in Israel.

Die Aufteilung des Niemandslandes war eine heikle Aufgabe, ebenso die Regelung für das Areal des Government House und die Führung der Eisenbahnlinie. Der Bahnkörper und ein 200 Meter breiter Streifen südlich davon wurde schließlich an Israel abgetreten; zum Ausgleich erhielt Jordanien mehrere arabische Dörfer im nördlichen Stadtgebiet bei Ben Iksa zugesprochen. Es wurde auch eine Einigung über das Niemandsland um Government House erzielt. Es sollte zu gleichen Teilen an Israel und Jordanien fallen. Diese Vereinbarung wurde jedoch rückgängig gemacht, nachdem die Großmächte schärfsten Einspruch dagegen erhoben und starken Druck auf Jordanien ausgeübt hatten. Der Government House-Komplex blieb demnach weiterhin im Besitz der Vereinten Nationen.

Als die Vereinbarung am 1. Mai 1949 mit der Markierung und Einzäunung der Grenze in Kraft treten sollte, ergaben sich erneut Schwierigkeiten, diesmal allerdings mit den betroffenen Einwohnern. Der Vorort Bet Safafa im Süden Jerusalems sollte geteilt werden: die Häuser an der Nordseite, an der Eisenbahn, sollten zu Israel gehören, die an der Südseite bei Jordanien bleiben. Dasselbe galt für eine Reihe von Häusern im Dorf Betar. Eine aus israelischen und jordanischen Soldaten zusammengesetzte Einheit stieß bei der Aufstellung von Stacheldrahtzäunen auf den Widerstand der bedauernswerten Dorfbewohner. Es begann mit einer lautstarken Demonstration, aber bald mischte sich die Besatzung eines jordanischen Militärpostens ein und eröffnete das Feuer. Die Arbeiten wurden eingestellt. Bei der Schießerei wurde einer unserer Soldaten getötet und ein zweiter verwundet.

Es mußte rasch und entschlossen gehandelt werden. Wir gaben den Jordaniern zu verstehen, daß wir das Projekt allein, wenn nötig unter Anwendung von Gewalt, durchführen würden, wenn sie die Mithilfe verweigerten. König Abdulla war weiterhin gewillt, die Verantwortung für eine gemeinsame Ausführung der Vereinbarung zu übernehmen. Am nächsten Morgen gingen die Arbeiten ohne Schwierigkeit vonstatten. Das Gebiet wurde vermessen und geteilt. Die Grenze wurde festgelegt und der Zaun errichtet. Die militärischen Stellungen von Zur Bahar, südlich von Jerusalem, gingen in unseren Besitz über. Im Kriegsfall konnten sie von großer Bedeutung sein, und nun lag auch die gesamte Bahnstrecke nach Tel Aviv auf israelischem Gebiet.

Ben Gurion war äußerst zufrieden und betrachtete die Eisenbahnlinie und mich als etwas Unzertrennliches – als ob ich die Bahn erfunden hätte. Die jordanische Bevölkerung aber sah das Abkommen von Rhodos und die Vereinbarungen über die Eisenbahnlinie völlig anders. Die Regierung trat zurück, und der König setzte ein neues Kabinett ein. Um die Palästinenser zu besänftigen und sie, wenn möglich, in die Verantwortung für seine Politik mit einzubeziehen, ernannte Abdulla drei Palästinenser zu Ministern: Ruhi Abd el-Hadi, Halutzi el-Hiri und Mussa Nasser. Mit dieser Entscheidung wurde eine neue Phase in der Geschichte Jordaniens eingeleitet. Sie wäre sowohl für Jordanien als auch für den gesamten Nahen Osten glücklicher verlaufen, wenn der König nicht am 20. Juli 1951 auf den Stufen der El Aksa-Moschee in Jerusalem von einem Palästinenser erschossen worden wäre.

In den folgenden Monaten, bis zu meiner Ernennung zum Kommandierenden General des Südabschnitts am 25. Oktober 1949, warteten andere Aufgaben auf mich, die vor allem mit dem Waffenstillstand an den Grenzen zu den arabischen Nachbarstaaten zusammenhingen. Die Abkommen mit Ägypten, Jordanien, dem Libanon und Syrien sahen jeweils die Schaffung einer Gemischten Waffenstillstandskommission vor, deren Auftrag es war, den Waffenstillstand und die ordnungsgemäße Einhaltung der Vereinbarungen zu überwachen und allfällige Streitfragen zu schlichten. Die Kommissionen waren aus Vertretern Israels und des jeweiligen arabischen Landes zusammengesetzt und tagten unter dem Vorsitz eines UN-Beobachters. Am 9. Juni 1949 wurde ich zum Chef der israelischen Delegation bei allen vier Kommissionen ernannt.

Man kann sagen, daß der Buchstabe der Vereinbarung eingehalten wurde, wenn auch nicht immer ihr Sinn. Die Waffenstillstandsabkommen waren als ein Schritt auf dem Weg zu einem dauerhaften Frieden gedacht gewesen. Die Araber hielten sich – mit zwei Ausnahmen – an die Bestimmungen der bereits unterzeichneten Abkommen, den Weg zum Frieden wollten sie jedoch nicht beschreiten. Die im Einklang mit den Bestimmungen von Rhodos gezogenen Demarkationslinien wurden als rechtmäßige Grenze des Staates Israel anerkannt, die Streitkräfte verdünnt und aus den Grenzgebieten abgezogen, die Kampfhandlungen wurden eingestellt. Das – und nur das allein – war die damalige Realität.

Die erwähnten beiden Ausnahmen betrafen jenen Teil des Abkommens mit Jordanien, der Israel den freien Zugang zu den heiligen Stätten der Juden und zum Berg Scopus zugestanden hatte, sowie den im israelisch-syrischen Abkommen festgelegten Status der entmilitarisierten Zonen an der syrischen Grenze.

Über das Versagen der Entmilitarisierungsvereinbarungen war ich nicht untröstlich. Ich hielt diese Übereinkommen von Anfang an für undurchführbar und daher für falsch. Die militärische Präsenz im Grenzgebiet wäre damit eingeschränkt worden – an sich eine gute Überlegung. Zugleich hätten sich aber Beschränkungen im zivilen Sektor ergeben, und das war unrealistisch. Zur entmilitarisierten Zone gehörten der Kibbuz Ein Gev am Ostufer des Sees von Genezareth und der etwas nördlich des Sees gelegene Kibbuz Dardara, beide unabdingbar Teil von Israel. Es war sinnlos, der Besiedlung und Bevölkerungsanzahl dieser Orte Grenzen zu setzen oder sie gar der Autorität eines von den Vereinten Nationen eingesetzten „Gouverneurs" zu unterstellen. Früher oder später mußten diese Gebiete ohnedies zu Israel gehören – je früher, desto besser.

Im Fall Jerusalem verhielt es sich anders. Im Abkommen war ausdrücklich festgelegt worden, daß Israel freien Zugang zu den heiligen Stätten der Altstadt, insbesondere der Klagemauer, sowie zur Hebräischen Universität und zum Hadassahspital auf dem Berg Scopus haben sollte. Israel sollte auch die Straße durch Latrun und die Straße Jerusalem-Bethlehem ungehindert benützen dürfen.

Diese Zusagen wurden jedoch nicht erfüllt. Obwohl im Abkommen ein Sonderausschuß zur Festlegung von Durchführungsbestimmungen vorgesehen war, ließen die Jordanier darüber nicht mit sich reden. So änderte sich nichts an der Situtation, und die Tore der Altstadt blieben den Juden verschlossen – wie während des Krieges.

Ich hatte recht genaue Vorstellungen von den Möglichkeiten, die uns offenstanden, unterbreitete sie Ben Gurion bei jeder Gelegenheit und schickte ihm diesbezüglich Memoranden. Er ging kaum darauf ein, was charakteristisch für ihn war. Andere mochten ein Problem für noch so ernst halten, Ben Gurion wollte darüber erst diskutieren, wenn er selbst die Zeit dafür gekommen hielt. Und so betrachtete Ben Gurion auch diese Frage erst Ende September 1949 als vordringlich. Er hatte ein Ausbildungslager im Norden des Landes besucht und nahm mich auf der Rückfahrt nach Tel Aviv mit, damit wir ungestört miteinander sprechen konnten.

Ben Gurion hatte sich entschlossen, die entmilitarisierten Zonen nicht zu befestigen, sondern die Besiedlung dieser Gebiete voranzutreiben, wie ich es angeregt hatte. Über Jerusalem waren wir jedoch weiterhin verschiedener Meinung. Ich war dafür, alles zu unternehmen, um die Bestimmungen des Abkommens durchzusetzen, also die Straßen zum Berg Scopus, zur Klagemauer und durch Latrun notfalls mit Hilfe der Armee freizukämpfen. Taten wir das nicht, dann waren die Vereinbarungen von Rhodos wertlos, nichts als leere Versprechungen. Es lag schließlich nicht an den Arabern, sondern an uns, unseren Ansprüchen klaren Ausdruck zu verleihen. Wenn wir nicht auf unserem Recht bestanden, sah es so aus, als läge uns nicht viel daran.

Ben Gurion fragte mich, ob derartige militärische Maßnahmen nicht zu einem Wiederaufflammen des Krieges führen würden, was ich verneinte. Ich hielt es durchaus für möglich, daß die Jordanier, gerade wenn wir entschlossen durchgriffen, ihrerseits die Bestimmungen des Abkommens honorieren würden, wie es schon im Fall der Aufteilung des Niemandslandes im südlichen Jerusalem geschehen war.

Ben Gurion ließ sich nicht überzeugen. Er meinte, wir müßten uns jetzt auf friedliche Ziele konzentrieren: die Einwanderer rehabilitieren und ansiedeln, das Land bebauen, die Wüste fruchtbar machen – kurz, die gesamte Entwicklung unseres Landes. Zur Zeit unseres Gesprächs waren Bemühungen im Gange, unter vielen anderen auch die jemenitische jüdische Gemeinde in Sicherheit zu bringen. Bei Aden war für sie ein Lager errichtet worden, das sie nach langen, mühsamen Fußmärschen erreichten, und jeden Tag wurden an die tausend Flüchtlinge mit Chartermaschinen von Aden nach Israel gebracht. Viele von ihnen waren geschwächt und unterernährt, und sie litten an Tropenkrankheiten. Die Zahl der jemenitischen Juden, die in Aden warteten, und jener, die durch Jemen wanderten, ging in die Zehntausende, und doch waren sie nur ein Teil des Einwandererstromes aus vielen anderen Ländern, zu dem auch noch die Überlebenden aus den Nazi-Todeslagern kamen. Sie alle zu ernähren und unterzubringen, sie seßhaft zu machen, war, wie Ben Gurion richtig sagte, mit ungeheuren Schwierigkeiten verbunden und erforderte größte Anstrengungen auf nationaler Ebene. Dasselbe galt für die Schaffung neuer Kibbuzim und neuer Städte in den unbesiedelten Landesteilen und für den Ausbau der bereits bestehenden Siedlungszentren. Alle diese Vorhaben waren von größter Dringlichkeit. Das Land Israel, sagte Ben Gurion, „wird uns nicht gehören durch Krieg und militärische Stärke allein".

In seinen Augen war der Krieg – fürs erste – vorbei, und sein Blick war auf die Erfüllung des zionistischen Traums und dessen Grundgedanken gerichtet: auf die Einwanderung – die Heimkehr aus dem Exil – und die Besiedlung des Landes.

11. *Kapitel*

Eine neue Welt

Einen Monat darauf, im Oktober 1949, wurde ich zum Generalmajor befördert und zum Oberkommandierenden des Südabschnitts ernannt. Dieses Kommando schloß die gesamte Negevwüste ein, ein trockenes, dünn besiedeltes Gebiet in Gestalt eines Dreiecks im Süden Israels. Der Scheitelpunkt liegt bei Eilat am Golf von Akaba; der rechte Schenkel des Dreiecks bildet die Grenze mit Jordanien am Arava-Tal entlang bis hinunter zum Golf. Der linke Schenkel grenzt an den ägyptischen Teil der Halbinsel Sinai und verläuft nordwestlich vom Golf zum Mittelmeer und dann weiter in nördlicher Richtung am Gazastreifen vorbei – wie ein Finger, der vom nördlichen Negev zur Küstenebene weist.

Mein Vorgänger auf diesem Posten war Yigal Allon, ehemaliger Kommandant der Palmach, der aktivsten Kampftruppe der Haganah in den Jahren unmittelbar vor der Staatsgründung. Sein Stab setzte sich ausschließlich aus Palmach-Offizieren zusammen, die ihm recht nahestanden. Bei der Staatsgründung im Mai 1948 waren die Palmach-Verbände in die israelischen Streitkräfte eingegliedert worden. Zunächst beließ man ihnen ihren eigenen Führungsstab, doch schon im November 1948 löste Ben Gurion diesen auf, was großen Unwillen unter den Palmach-Leuten hervorrief.

Ich brachte keinen neuen Stab mit, als ich den Posten übernahm, und verlangte auch von keinem der bisherigen Offiziere, daß er sich versetzen ließe. Aber die meisten gingen freiwillig: Sie waren verstimmt, weil Ben Gurion meine Ernennung während einer Auslandsreise Allons bekanntgegeben hatte.

Sowohl meine Funktion als Frontbefehlshaber als auch der Abschnitt, in dem ich befehligte, waren mir neu. Um mich einzugewöhnen, unternahm ich zunächst eine Fahrt durch den Negev bis nach Eilat. Ich war zwar schon mit dem Flugzeug dort gewesen, aber diesmal benutzte ich einen Jeep. Gemeinsam mit meinem Generalstabsoffizier Amos Horev verließ ich das Hauptquartier im Morgengrauen und langte kurz vor Mitternacht in Eilat ein. Unsere Hauptverteidigungsstellung lag bei Nakeb, in einem Vorgebirge an der Sinaigrenze einige Kilometer nordwestlich von Eilat. Der Abschnitt war nicht stark besetzt.

Statt eine Besprechung mit dem Ortskommandanten abzuhalten, fuhr ich zum Strand, sprang ins Wasser, schwamm ein wenig und legte mich dann in den Sand. Die Wellen rauschten leise, und bevor ich einschlief, dachte ich über die sonderbare Welt nach, durch die ich tagsüber gefahren war – meine neue Welt. Es war ein weiter, freier Raum – kahl und ausgedörrt, zerklüftet, fast urzeitlich in seiner Art. Der Pflanzenwuchs bestand nur aus tropischen Akazien, Tamarisken und Büschen, deren Dornen scharf wie Nadeln waren: eine Welt der Hitze und der Wildheit; eine Welt ohne Regen, ja selbst, wie es schien, ohne Tau.

Bei Tagesanbruch fuhren wir in Serpentinen durch eine Schlucht hinauf nach Nakeb. Von dort war ein weiter Rundblick über die Halbinsel Sinai möglich. Die Stellung war vor Überraschungsangriffen sicher, feindliche Truppenbewegungen waren leicht erkennbar; aber der Abschnitt war ohnehin recht still. Lärm genug gab es auf einem anderen Stützpunkt, den wir besuchten. Hier waren unsere Pioniere dabei, eine Straße durch das Ödland zwischen Eilat und Beersheba zu bauen. Sie sollte mehr als 200 Kilometer lang werden. Ganze Berge mußten gesprengt und Trassen an den schroffen Abhängen entlang geführt werden. Die Hauptschwierigkeit bestand darin, einen festen Untergrund zu schaffen, der die Straße auch tragen konnte. Um das Problem zu lösen, wurde dem Erdreich Salz beigemischt, das aus Sodom am Rande des Toten Meeres angeliefert wurde.

Im Negev wurden schon damals auf einigen Kibbuzim erste Schritte unternommen, die Wüste fruchtbar zu machen. Es blieb aber noch viel zu tun, und ich war der Meinung, die Armee könnte dabei helfen. Es gab zwar eine Entwicklungsbehörde, die aber nicht besonders aktiv war, soweit ich das aus eigener Anschauung beurteilen konnte. Zwei Wochen nach der Rückkehr von dieser Inspektion nahm ich an Besprechungen im Oberkommando in Tel Aviv teil. Ich nahm die Gelegenheit wahr und meldete mich bei Ben Gurion, um ihm meine Ansichten zu diesem Thema vorzutragen. Als ich spätabends sein Haus erreichte, brannte kein Licht mehr. Die Wache sagte mir, Ben Gurions Frau sei bereits zu Bett gegangen; er selbst könne vielleicht noch wach sein. Der Haupteingang war verschlossen, aber die Küchentür an der Rückseite des Hauses stand offen. Ich stieg im Dunkeln die Treppe hoch und gelangte zu Ben Gurions Arbeitszimmer. Er saß an seinem Schreibtisch und arbeitete an der Rede, die er am darauffolgenden Tag bei der Einweihung des Weizmann-Instituts zu halten hatte.

Er blickte auf und schien erfreut, mich zu sehen. Er war auch nicht ungehalten wegen der Störung. Ich kam also rasch zur Sache und fragte Ben Gurion, ob er damit einverstanden sei, daß ich mich auch mit der wirtschaftlichen Entwicklung des Negev befaßte.

Er stimmte zu, ohne zu zögern. Er habe dem Chef der Entwicklungsbehörde bereits Anweisungen gegeben, sich mir zu unterstellen. Ferner seien eine Reihe von Projekten sofort in Angriff zu nehmen: Die Errichtung eines großen Truppenausbildungslagers im Negev; der Bau einer Straßenverbindung vom Toten Meer nach Beersheba und zum Mittelmeer unmittelbar nördlich von Ashkelon, möglicherweise auch einer Eisenbahnlinie, und schließlich der Ausbau der Fischereien in Eilat. Ben Gurion ließ dieses Thema fallen und sagte plötzlich: „Bevin (der damalige britische Außenminister) will uns den Negev wieder wegnehmen. Seine freundlichen Worte bedeuten gar nichts. Die Briten wollen den Negev den Ägyptern oder den Jordaniern übergeben und damit eine Landverbindung zwischen den beiden schaffen. Wir müssen uns auf Schritte in dieser Richtung gefaßt machen." Ich berichtete ihm von den militärischen Sicherungsmaßnahmen, die ich im Süden eingeleitet hatte, aber er unterbrach mich. „Militärische Stützpunkte allein garantieren die Sicherheit nicht", sagte er. „Für mich besteht die Sicherheit darin, daß jüdische Städte und landwirtschaftliche Siedlungen im Negev gegründet werden und daß die Wüste blüht."

Das war das erste Gespräch, das ich mit Ben Gurion über Maßnahmen auf dem Zivilsektor führte. Oft waren die Ministerien und natürlich auch der Generalstab über diese Gespräche zwischen Ben Gurion und mir gar nicht erfreut; aber uns lag wenig an der Einhaltung des Protokolls. Uns ging es um die zügigste und zweckmäßigste Erledigung der jeweiligen Projekte.

Das arabische Städtchen Majdal an der Küste bei Ashkelon, direkt am Gazastreifen gelegen, geriet als Folge des Unabhängigkeitskrieges unter israelische Herrschaft und war seither von seinem Hinterland abgeschnitten. Die 2700 arabischen Einwohner von Majdal waren völlig isoliert und wurden mutlos. Die meisten von ihnen waren in Gaza und seiner Umgebung als Land- und Textilarbeiter tätig gewesen und hatten jetzt keine Verdienstmöglichkeit. Die Stadt stand unter Militärverwaltung. Bei einem Besuch in Majdal stellte ich fest, daß die Mehrheit der Bewohner in den Gazastreifen übersiedeln und die übrigen in arabische Städte auf israelischem Gebiet ziehen wollten. Da ich das für sinnvoll hielt und die Angelegenheit vorantreiben wollte, sprach ich mit Oberst Mahmud Riad, dem ägyptischen Delegierten bei der Gemischten Waffenstillstandskommission, den ich bereits kannte.

Riad stimmte zu, und ich unterbreitete den Vorschlag dem Generalstab. Dort wurde die Sache aber verschleppt; also sprach ich bei Ben Gurion vor, und er erteilte seine Zustimmung – allerdings unter der Bedingung, die auch ich hatte stellen wollen: die Umsiedlung der Bewohner von Majdal dürfe nur auf der Basis vollkommener Freiwilligkeit stattfinden. Ich setzte den Stellvertretenden Generalstabschef von Ben Gurions Entscheidung in Kenntnis und erhielt kurz darauf die Bestätigung des Oberkommandos.

Ich war gerade dabei, gemeinsam mit dem Mukhtar von Majdal letzte Hand an die Einzelheiten der Vereinbarung zu legen, da erreichte mich ein dringender Anruf des Stellvertretenden Generalstabschefs: Ich sollte keine weiteren Schritte unternehmen und neue Instruktionen abwarten. Es stellte sich heraus, daß Pinhas Lavon, der Generalsekretär der jüdischen Gewerkschaft Histadrut, dahinter steckte. Er hatte den Verteidigungsminister unter Druck gesetzt und verlangt, der Plan solle über Bord geworfen werden. Die Histadrut hatte nämlich einen eigenen Plan entworfen, nach welchem nur die Textilarbeiter von Majdal Arbeit bekommen sollten. Mein Plan bot allen Arbeitern eine sofortige Verdienstmöglichkeit und kam auch den sozialen und kulturellen Bedürfnissen der gesamten Bevölkerung weitgehend entgegen. Ben Gurion rief Lavon und mich zu sich, ließ uns die beiden Pläne erläutern und entschied sich für meinen. Mahmud Riad hielt sein Wort. Er schickte Lastwagen zur Straßensperre an der Grenze und ließ die Einwohner, die es wünschten, von Majdal nach Gaza bringen.

Dazu gab es ein pikantes Nachspiel. Nach Abschluß der Aktion erklärte ich den höheren Offizieren meines Stabes, daß die Militärverwaltung in Majdal damit beendet sei. Sofort darauf langte ein Funkspruch vom Generalstab ein, der mir bedeutete, ich sei nicht befugt, Maßnahmen aufzuheben, die vom Generalstabschef im Einvernehmen mit dem Verteidigungsminister getroffen worden seien. Ich hätte allenfalls eine Anregung vorlegen und deren Genehmigung abwarten dürfen. Der Generalstab hatte recht. Wie immer. Ich ließ die Leiche also exhumieren, rief die Militärverwaltung in dem inzwischen leerstehenden Städtchen wieder ins Leben und trug sie anderntags mit der Genehmigung des Generalstabs wieder zu Grabe – nur um den strengen Gesetzen der Dienstvorschrift zu genügen.

Mit Unterstützung Ben Gurions konnte ich auch den Mitgliedern der Kibbuzim und Moshavim im Negev Fahrzeuge und Geräte zur Verfügung stellen und sie ermutigen, staatseigenen Boden bis zur Grenze zu bebauen. Das war sowohl für die Farmer von Nutzen als auch für die Sicherheit des gesamten Gebiets, da unbesiedelte Landstriche die Araber geradezu zur Infiltration einluden. Grenzübertritte und Viehdiebstähle kamen oft genug vor. Während des an sich ruhigen Jahres 1950 bestand die Hauptaufgabe des Oberkommandos Süd darin, Patrouillen auszuschicken, die illegale Grenzübertritte verhindern sollten.

Mit einigen Beduinenstämmen hatten wir unsere liebe Mühe, vor allem mit dem feindseligen Stamm der Azazme, die als Nomaden das Recht für sich in Anspruch nahmen, unsere Grenzen je nach Belieben zu überschreiten und sich zwischen Ägypten und Jordanien frei zu bewegen. Für uns stellten sie allerdings ein Sicherheitsrisiko dar, und so mußten wir sie immer wieder verjagen. Die israelischen Beduinen hingegen machten uns keine Schwierigkeiten; sie waren dankbar für die Hilfe, die sie von uns bekamen. Sie sagten, sie seien noch nie von irgendeiner Regierung unterstützt worden. Von uns empfingen sie Sozialleistungen und ärztliche Betreuung, Siedlungsland, auf dem sie neben ihren schwarzen Zelten auch richtige Häuser bauen konnten, und regelrechte Schulen für ihre Kinder. An diese Beduinen teilten wir sogar Waffen aus, damit sie sich gegen plündernde Stämme verteidigen konnten.

Unsere Aufklärungspatrouillen stießen manchmal auch über die Grenze vor, meist auf die Halbinsel Sinai. Ich ging so oft wie möglich mit, um mich mit dem Gebiet vertrauter zu machen und – das gebe ich offen zu – der Schreibtischarbeit zu entrinnen. Ich hatte meine Freude daran, unwegsames Gelände zu durchstreifen oder mich in einem ausgetrockneten Flußbett auszustrecken und eine Weile zu schlafen. Hin und wieder wurden wir von Schmugglern beschossen, die schlecht zielten und eigentlich nur feuerten, um uns lange genug aufzuhalten, bis sie mit ihrer Konterbande über alle Berge waren. Manchmal war es aber auch einer der Azazme, der mit uns abrechnen wollte. An der Grenze mußten wir auch sonst vorsichtig sein: Es gab immer noch feindliche Minenfelder aus dem vergangenen Krieg.

Ich fing an, die Wüste liebzugewinnen – die Farben, die Luft, die Verlassenheit, die für mich ungewohnte Vegetation, die Weite und die Freiheit. Ab und zu nahm ich meine Tochter Yael mit. Sie war damals elf – ein schmächtiges Mädchen mit dunklen Haaren. In eine Windjacke und eine Kefieh gehüllt, saß sie zwischen den Soldaten und Benzinkanistern im Befehlsfahrzeug und staunte über die Schönheit der Wüste, die ihr so neu war wie mir, und über die Abenteuergeschichten, die ihr die Männer erzählten. Am nächsten Tag gab ich ihr ein Entschuldigungsschreiben an die Lehrerin mit, in dem ich – eigentlich wahrheitsgetreu – erklärte, Yael sei der Schule „aus besonderen Gründen“ ferngeblieben.

Bei einer Patrouille im Ostteil der Halbinsel Sinai kamen wir dicht an den ägyptischen Außenposten Kusseima heran und wurden von der Besatzung entdeckt. Wir zogen uns zwar ohne Zwischenfall zurück, aber die Angelegenheit kam dem Generalstabschef zu Ohren. Das ging ihm nun offensichtlich zu weit, denn schließlich hätte es nicht gut ausgesehen, wenn der Oberkommandierende des Südabschnitts gefangengenommen worden wäre. Seine unmißverständliche Anweisung lag auf meinem Schreibtisch, als ich ins Hauptquartier zurückkehrte: „Ungeachtet der Operationsbefehle über Grenzpatrouillen- und Grenzsicherungstätigkeit, verbiete ich Ihnen persönlich, die Waffenstillstandslinien ohne meine ausdrückliche Erlaubnis oder die meines Stellvertreters zu überschreiten. Yigael Yadin."

An einem Sabbat im Winter ging ich mit meinem neunjährigen Sohn Udi wilde Tauben jagen. Er wußte schon mit einem Gewehr vom Kaliber .22 umzugehen; ein regelrechter Scharfschütze war er natürlich noch nicht. Es war ein sonniger Tag nach einer Woche wolkenbruchartiger Regenfälle, und die Luft war ungemein klar. Wir fuhren von Tel Aviv nach Süden und dann ostwärts auf einer alten Straße bis zum Südende der Küstenebene. Schließlich erreichten wir Tell es-Safi, eine Stätte des Altertums, zwischen dem biblischen Gezer und Lachish. Wir verließen unseren Jeep und begannen die Vögel zu jagen, die sich in den Ruinen eingenistet hatten. Da entdeckte ich plötzlich eine Reihe von Krügen, die in einem nahegelegenen Wadi aus einem Erdwall herausragten. Ich sah sie mir näher an und stellte fest, daß sie so unversehrt waren, als ob ein Töpfer sie eben erst gefertigt hätte. Offenbar hatten die schweren Regenfälle das Wadi überflutet und die Krüge freigelegt.

Ich dachte zunächst, es handle sich um die mir bekannten arabischen Krüge, aber dann merkte ich, daß sie nicht schwarz waren, sondern rot glänzten. Ich nahm einen mit und zeigte ihn am Abend einem Freund, der recht genaue archäologische Kenntnisse besaß. Der Krug stammte, wie er sagte, aus der Zeit der hebräischen Könige im neunten vorchristlichen Jahrhundert.

Am nächsten Sabbat fuhr ich nach Tell es-Safi zurück und untersuchte die Fundstelle genauer. Die Krüge staken in einer dunklen, mit Asche vermischten Erdschicht, was auf eine Siedlung schließen ließ, die im Altertum einem Feuer zum Opfer gefallen war. Bei den Krügen fanden sich auch rötliche und graue Topfscherben, zerbrochene Lehmziegel, die Schnäbel alter, rußbedeckter Öllampen sowie Griffe größerer Krüge zur Aufbewahrung von Getreide und Überreste fein gearbeiteter, kleiner Fläschchen. Es war das meine erste unmittelbare Begegnung mit dem Israel des Altertums, mit einer Welt vor dreitausend Jahren. Versteckt und vergraben unter den Straßen, Häusern, Feldern und Bäumen des zwanzigsten Jahrhunderts lagen die Überreste von Städten und Dörfern und von Geräten der Menschen, die dieses alte Land Israel einst bewohnten. Seit diesem Tag bin ich ein passionierter Archäologe.

In den dazwischenliegenden Jahren habe ich eine Sammlung zusammengetragen, die jedoch nicht das Wesentliche an meiner Beziehung zur Archäologie darstellt. Was mich mit der Archäologie wirklich verbindet, das sind die Funde, die ich bei meinen Ausgrabungen gemacht habe. Es mag Hausrat sein aus einer vom Krieg zerstörten Stadt oder einem Dorf, ein irdener Opferkrug oder ein Lämpchen, das den Toten auf seinem Weg in die Gruft begleitete. Einfache Gegenstände wie diese stellen eine wirklich enge und persönliche Verbindung her zu der wundersamen Welt des Altertums, einer schweigenden und doch stets gegenwärtigen Welt.

Die Glasgefäße mit ihren außergewöhnlichen Farben gehören zu den schönsten Stücken meiner Sammlung, und doch lassen sie eines vermissen, das auch die einfachste Topfscherbe aufweist – den Stempel des Einmaligen, Schöpferischen. Oft kann man an der Stelle, wo der Griff an den Krug angepaßt wurde, den Daumenabdruck des Töpfers erkennen oder sogar die Einkerbung, die er mit dem Fingernagel gemacht hat.

Die am besten gearbeiteten Krüge sind fast viertausend Jahre alt und stammen aus dem Zeitalter der Patriarchen. Die späteren Töpfer verstanden es nicht so gut, mit dem Material umzugehen und Krüge, Lampen und Schalen, dünn wie Glas und zugleich hart und robust, herzustellen. Die damaligen Töpfer waren letzlich auch Künstler, was man an den Verzierungen und Reliefs am Hals der Krüge erkennen kann. Diese Ornamente erfüllten keinen praktischen Zweck; sie mögen als Fruchtbarkeitssymbol gegolten haben oder als Mittel, den bösen Blick abzuwenden.

Die Topfscherben, die ich finde, bringe ich in die Werkstatt, die ich mir im Garten meines Hauses in Zahala gebaut habe. Dort bewahre ich auch das nötige Material auf, um sie zu reinigen und zu kleben. Am Wochenende oder auch sonst spätabends versuche ich die Scherben kunstgerecht zusammenzufügen. Ich habe kein Hobby außer diesem und betreibe auch keine Sport. Meine Freizeit widme ich fast ausschließlich diesen antiken Gegenständen. Ich arbeite sehr gerne mit den Händen – und ich brauche viel Zeit zum Alleinsein.

Die zerbrochenen Geräte zusammenzusetzen, ihnen die Form wiederzugeben, die sie vor Tausenden von Jahren besaßen, ist für mich so etwas wie ein schöpferischer Akt. In meiner Erinnerung erscheint dann meine Jugend in Nahalal, wo ich säte und anpflanzte und bei den Kühen war, wenn sie kalbten.

Mit den Aufgaben eines Abschnittskommandanten wurde ich mit der Zeit immer vertrauter. Sie waren umfangreicher und schwieriger als bisher; aber ich genoß zugleich ein gewohntes Maß an Unabhängigkeit. Der ganze Negev war Entwicklungsgebiet und machte fast die Hälfte der Gesamtfläche Israels aus. Vom Standpunkt der Verteidigung war dieser Südabschnitt außerordentlich wichtig. Im Westen grenzte er an Ägypten, unseren ernstesten Gegner unter den arabischen Staaten, und außerdem gab es dort zwei weitere Fronten, die jordanische Grenze und die Waffenstillstandslinie rund um den Gazastreifen.

Im Gazastreifen hielten sich zusätzlich zu den ständigen Bewohnern etwa 100.000 palästinensische Flüchtlinge auf, und das Gebiet war im Lauf der Zeit zu einem Stützpunkt der Fedayin geworden, der palästinensischen Sabotageeinheiten, die Überfälle auf Israel ausführten.

Die israelische Armee konzentrierte den Großteil ihrer Panzereinheiten im Südabschnitt und unterhielt dort auch zwei Luftstützpunkte. Diese und andere reguläre Militäreinheiten standen unter meinem Kommando; außerdem war ich auch für die Mobilmachung und Ausbildung der Reserveeinheiten verantwortlich.

Auf dem Zivilsektor hatte ich mich nicht nur um die Beduinen, die Kibbuzim an der Grenze und andere landwirtschaftliche Siedlungen zu kümmern; ich mußte auch für die Bodenbeschaffung und Gründung von Städten und Dörfern für die Neueinwanderer sorgen. Überhaupt sollte dieses Gebiet als Modell für das ganze Land gelten: Der Boden sollte fruchtbar gemacht und die Neueinwanderer sollten angesiedelt werden. Zu dieser Zeit kamen monatlich Tausende, meist arabische, Juden nach Israel, denen das Leben in ihrer früheren Heimat zu beschwerlich und gefahrvoll geworden war. Viele von ihnen siedelten sich im Süden an und gründeten neue Dörfer. Andere zogen nach Beersheba, Ashkelon und Eilat und halfen beim Aufbau dieser Städte mit.

Eine bunte Palette: Ich besichtigte Panzermanöver, besuchte Neueinwanderer aus dem Jemen oder auch einen Kibbuz, den Grenzgänger überfallen hatten, inspizierte den Bau der Straße durch das Arava-Tal, überprüfte die Ausbildung der Reservisten, vergewisserte mich, daß der Aufbau von Eilat Fortschritte machte, und behielt dabei stets meine beiden Hauptaufgaben im Auge: Die möglichst rasche Entwicklung des Landes und die Verstärkung unseres Verteidigungspotentials durch wirksameren Einsatz der uns zur Verfügung stehenden Truppenteile.

In meiner Zeit als Befehlshaber des Oberkommandos Süd ereignete sich nur ein Zwischenfall, der ernstere Folgen hätte haben können. Es war im Jahre 1950, und der Schauplatz war der Kilometerstein 78 auf der Straße nach Eilat. Die Jordanier behaupteten, die von uns gebaute Straße verletze an dieser Stelle ihr Hoheitsgebiet. Sie wandten sich mit dieser Klage an die Gemischte Waffenstillstandskommission. Ohne aber eine Entscheidung abzuwarten, blockierten sie die Straße. An der Sperre, die sie errichtet hatten, brachten die Jordanier ein Warnschild in arabischer und hebräischer Sprache an: „Haschemitisches Königreich Jordanien. Straße gesperrt." Auf den gegenüberliegenden Hügeln zogen sie Soldaten und Panzerwagen auf.

Es war nicht leicht, den exakten Verlauf der israelisch-jordanischen Grenze in dieser Gegend zu bestimmen. Laut Waffenstillstandskarte sollte sie „an der tiefsten Stelle der Arava-Schlucht entlanglaufen", ein reichlich dehnbarer Begriff, wenn man bedenkt, wieviel sich auf Grund von Erosion und Sturzfluten an einer solchen Grenze ändern kann; eine Schlucht kann sich schlagartig in eine breite Sandbank verwandeln. Es blieb uns nichts anderes übrig, als die Sperre zu durchbrechen. Das Oberkommando Süd erhielt den Befehl, den Feind zu vertreiben und die Straße nach Arava wieder freizumachen.

Ich war zu diesem Zeitpunkt mit meiner Familie auf Urlaub in der Türkei. Es war in Israel ruhig gewesen, und ich hatte mir schon seit langem vorgenommen, das Innere der Türkei, insbesondere die karge Hochlandschaft zwischen Ankara und Konya, zu durchstreifen. Ob nun mein Kommando die Sache etwas zu langsam anging oder ob der Generalstabschef ernstere Komplikationen befürchtete – ich wurde jedenfalls zurückbeordert. Ich kam abends an, begab mich sofort zum Hauptquartier und war am nächsten Morgen am Kilometerstein 78. Auf den Hügeln oberhalb der blockierten Straße saßen die Jordanier. Unsere Soldaten, Angehörige eines motorisierten Bataillons einer Panzerbrigade, machten einen überaus eifrigen Eindruck. Man plante, kundschaftete aus, studierte die Landkarten – kurz, man tat theoretisch alles; nur an das Durchbrechen der Sperre hatte keiner gedacht.

Wir hatten ein kleines Aufklärungsflugzeug zur Verfügung. Ich gab dem Piloten den Auftrag, die jordanischen Linien zu überfliegen. Wir flogen so tief wie möglich zwischen den Hügeln hindurch, um nicht sofort entdeckt zu werden. Aus der Luft konnte ich feststellen, daß die Arabische Legion nur wenige Panzerspähwagen, jedoch keine Panzer und keine Artillerie hatte. Es war ein nützlicher und im allgemeinen sogar recht angenehmer Erkundungsflug bis zu dem Augenblick, als der Pilot den Höhenmesser aus den Augen ließ, um sich die Legionäre näher anzusehen. Wir prallten hart mit den Rädern auf, schnellten aber gleich wieder hoch und landeten schließlich sicher mit allen erforderlichen Informationen.

Das Ganze erinnerte mich an eine *opera buffa.* Ich schickte einen Offizier hinüber mit einem Schreiben, das ich als „Kommandeur der israelischen Panzerkolonne" unterzeichnete und an den britischen Offizier adressierte, der die jordanische Einheit befehligte. Ich ersuchte ihn, die Sperre entfernen zu lassen, da wir die Straße zu benutzen gedächten, und stellte ferner fest, daß wir, falls selbst angegriffen, das Feuer erwidern würden. Ich fügte hinzu, daß sich die Gemischte Waffenstillstandskommission mit der jordanischen Beschwerde noch befasse und wir bis zu ihrem Urteilsspruch das Recht hatten, die Straße zu befahren.

Unser Offizier kehrte kurz darauf mit wehender weißer Fahne zurück. Die Jordanier lehnten ab. Ich gab also unserer Einheit den Befehl, die Sperre zu entfernen und ihren Weg fortzusetzen, jedoch nicht von sich aus das Feuer zu eröffnen. Die Schützenpanzer fuhren los, räumten das Hindernis aus dem Weg und fuhren weiter. Die arabischen Legionäre gaben keinen einzigen Schuß ab.

Ich dachte, damit sei die Sache zufriedenstellend erledigt. Aber am darauffolgenden Morgen stand die Sperre wieder. Wir entfernten sie neuerlich und fuhren auf dem umstrittenen Straßenabschnitt auf und ab. Diesmal aber eröffneten die Jordanier das Feuer und trafen die Ketten eines unserer Schützenpanzer. Wir brachten Granatwerfer in Stellung und trafen zwei jordanische Panzerspähwagen. Die Arabische Legion trat den Rückzug an. Die Kämpfe waren zu Ende.

Die Waffenstillstandskommission stellte später fest, daß sich ein vier Kilometer langer Abschnitt der von uns gebauten Straße tatsächlich auf jordanischem Gebiet befand. Der Generalstab gab Anweisung, den Abschnitt an Jordanien abzutreten und ein neues Straßenstück parallel dazu, auf unserer Seite der Grenze, zu bauen.

Der Vorfall war, von welcher Seite man ihn auch betrachtete, unerfreulich. Die Jordanier hatten sich dumm benommen; wir waren im Unrecht gewesen, und der Kommandeur der Panzerbrigade hatte gezögert und sich nicht entscheiden können. Ich erwähnte das alles in meinem Bericht an den Stellvertretenden Generalstabschef. Wollten wir wirklich kampfbereit sein, dann mußte sich einiges radikal ändern.

Ich nahm regelmäßig an den Sitzungen der Negev-Verwaltung teil, um die Entwicklungsprojekte voranzutreiben, und gab auch meinen Stabsoffizieren Anweisung, die Behörde nach Kräften zu unterstützen. Mein Hauptaugenmerk lenkte ich allerdings auf die Kibbuzim an der Grenze und die Notunterkünfte für Neueinwanderer. Die dicht am Gazastreifen liegenden Kibbuzim waren isoliert, das Leben war einsam und die sozialen und wirtschaftlichen Bedingungen nicht gerade gut. Junge Leute aus den Städten, die sich dort angesiedelt hatten, waren wieder abgewandert. Um die Kibbuzim an der Grenze zu erreichen, mußte man oft stundenlang über sandige oder schlammige Wege fahren. Hin und wieder liefen Fahrzeuge und Traktoren auch auf Minen, die arabische Saboteure aus dem Gazastreifen gelegt hatten. Wir wollten, daß diese Siedlungen ihr Land bis zur Grenze bebauen sollten; es sollte kein Niemandsland zwischen uns und den Arabern geben. Aber die Kibbuzim waren zu schwach bevölkert und hatten auch nicht die erforderliche Ausrüstung. Wenn sie erreichen sollten, was von ihnen erwartet wurde, mußten wir sie unterstützen. Wir stellten ihnen also Armeefahrzeuge und Soldaten zur Verfügung, ja sogar die erforderlichen finanziellen Mittel.

Das führte zu heftigen Protesten einiger meiner Stabsoffiziere. Schließlich mangelte es, wie sie sagten, auch unseren eigenen Einheiten an Ausrüstung, vor allem an Transportmitteln. Die Geldzuweisungen an die Siedler seien schon gar nicht zu verantworten. Nur weil die Armee selbst zuwenig Geld hatte, seien wir nicht in der Lage, ordentliche Baracken, Duschräume und Schränke für die eigenen Soldaten anzuschaffen. Und aus Geldmangel könnten wir auch strategisch wichtige Straßen nicht bauen. Ich blieb trotzdem bei meinem Entschluß, den Bedürftigen zu helfen. Tatsache ist: die Armee trug wesentlich dazu bei, daß die Felder im Südabschnitt, so vor allem am Gazastreifen, aber auch beim Berg Hebron, ordnungsgemäß bestellt wurden.

Da der Winter des Jahres 1950 sehr streng war, mußte unbedingt etwas unternommen werden, um die Lebensbedingungen der Neueinwanderer zu verbessern. Weder die Regierung noch die Neuankömmlinge selbst verfügten über die nötigen organisatorischen Mittel und Arbeitskräfte. In den fünfzehn über den Südabschnitt verstreuten Lagern befanden sich etwa sechstausend meist kinderreiche Familien mit ihren betagten Verwandten. Die Armee nahm sich ihrer an und sorgte für bessere Unterkünfte, ärztliche Hilfe, für die Anlieferung und Verteilung von Lebensmitteln, den Bau von Zufahrtsstraßen und die Herstellung von Telefon- und Funkverbindungen zu den nächstgelegenen Städten.

So schwierig es war, dieses Hilfsprogramm zu organisieren und durchzuführen, so wichtig war es auch, und es wirkte sich stark auf den Gemeinschaftssinn der Soldaten aus. Das war echter Zionismus, echte Brüderlichkeit. Sogar die hartgesottensten der Soldaten waren gerührt, als sie sahen, wie die weiblichen Armeeangehörigen sich als Kinder- und Krankenschwestern oder auch als Lehrerinnen betätigten. Das Pionierkorps baute die Straßen; die Verpflegungsdepots lieferten Brot und Reis, und die Sanitäter errichteten Krankenstuben in den Lagern.

Allerdings mußte ich bald schmunzelnd feststellen, daß die Neueinwanderer diese Betreuung als Selbstverständlichkeit anzusehen begannen. Aber hatten sie nicht recht? War die israelische Armee denn nicht dazu da, sich um sie zu kümmern und sie zu versorgen?

Eines Tages war ich im Auto unterwegs und sah eine Neueinwandererfamilie aus dem Jemen am Straßenrand sitzen. Ich hielt an und nahm sie mit. Das Familienoberhaupt setzte sich vorne zu mir; die Frau, die Kinder und die Habseligkeiten wurden auf dem Rücksitz verstaut. Der Mann hatte einen strähnigen, weißen Bart und sah fast aus wie ein Greis; aber er hatte die Augen eines Jünglings und ein recht sicheres Auftreten. Ich sah ihn mir an und dachte, daß ihn der Sprung von einer Welt in eine gänzlich andere völlig verwirrt haben mußte. Bisher hatten sich seine Erfahrungen mit der Technik bestenfalls auf einen Spirituskocher beschränkt, und das modernste Transportmittel, das er kannte, war wohl ein Esel gewesen. Und jetzt saß der Mann in einem Auto, mit einem General am Steuer, und die Standarte flatterte im Wind. Ich war darauf gefaßt, daß er mich ansprechen und diese Gedankengänge zum Ausdruck bringen würde. Und wirklich geschah es, aber sein Hebräisch war mir zunächst unverständlich. Aber mit einem Mal wurde mir klar, was er wollte. Er fragte mich nämlich: „Haben Sie denn kein Radio im Wagen?" Da bat ich ihm in Gedanken vieles ab und schaltete es sofort ein.

Der langsame Fortschritt bei den Entwicklungsprojekten im Negev und die Verzögerung beim Bau neuer Siedlungen machten mir Ärger. Ungeachtet der Initiativen, die mein Kommando ergriffen hatte, und der finanziellen Mittel, die flüssig gemacht wurden, waren nicht alle Grenzgebiete gleichermaßen bebaut worden. Ich erklärte daher dem Generalstabschef im Herbst 1950, daß die Felder noch vor der Regenzeit gepflügt werden müßten, weil man andernfalls in diesem Jahr nicht mehr anpflanzen könne. Ich sagte ihm auch, daß mit der Fertigstellung der westlichen Straßenverbindung durch den Negev erst im Frühjahr gerechnet werden könne. Das bedeutete, daß die Kibbuzim an der Westgrenze den Winter hindurch so gut wie isoliert sein würden.

Deshalb empfahl ich, wir sollten in diesen Gebieten die Neueinwanderer in Moshavim (landwirtschaftliche Genossenschaften) ansiedeln. Diese sollten so nahe wie möglich bei bereits bestehenden Kibbuzim liegen, so daß die erfahrenen Kibbuzniks ihre neuen Nachbarn beim Aufbau unterstützen und beraten könnten. Jede der Siedlungen müsse mit Blick auf ihre besonderen Sicherheitsbedürfnisse geplant werden, und die Siedler sollten vor ihrem Umzug eine mindestens einmonatige Militärausbildung erhalten. Der Generalstabschef stimmte zu, und damit stand der Weg für eine neuerliche Siedlungswelle im Negev offen.

Die Wirren der vorangegangenen Jahre waren vorbei. Das Jahr 1950 war wesentlich ruhiger. Die Armee konnte sich daher einem umfangreichen und intensiven Ausbildungsprogramm für Offiziere aller Rangstufen vom Major bis zum Generalmajor zuwenden. Die meisten verfügten über Kampferfahrung, aber nicht über die nötigen Kenntnisse, um einen Kommandoposten zu übernehmen. Viele waren bei der Haganah gewesen, die als Untergrundorganisation natürlich nur in kleinen Verbänden operierte. Erst im Unabhängigkeitskrieg wurden dann plötzlich Zugführer zu Kompaniekommandanten und Kompaniekommandanten zu Bataillons- oder Brigadekommandeuren. In Zukunft würden alle diese Offiziere größere Einheiten zu befehligen haben, und das erforderte umfassende taktische Kenntnisse. Im Jahr 1949 hatte bereits ein Lehrgang für Bataillonskommandeure stattgefunden. Derselbe Kurs wurde nun auf Wunsch des Generalstabs für alle höheren Offiziere abgehalten und für die Rangältesten um einen zusätzlichen Lehrgang erweitert. Ich nahm an beiden Kursen teil, die insgesamt sechs Monate dauerten, und besuchte dann später, im Jahre 1952, einen dreimonatigen Offizierslehrgang in Devizes in England.

Die meisten Instrukteure beim Kurs für Bataillonskommandeure hatten größere Kampferfahrung als wir Generäle. Wir standen im Rang höher als sie, aber sie beherrschten den Stoff in- und auswendig. Wir konnten viel von ihnen lernen.

Ich zog natürlich praktischen Nutzen aus dem Kurs; aber zugleich fühlte ich mich wie im Urlaub, vom Arbeitsdruck befreit, fast ausgeruht, weil sich ja auch die äußerlichen Spannungen gelegt hatten. Wir hielten eine ganze Reihe von taktischen Übungen ab – vom äußersten Norden an der syrischen und libanesischen Grenze bis zum Negev im äußersten Süden –, und überall war es landschaftlich schön. Natürlich war es bei einer solchen Übung wichtig, die gestellten Probleme zu lösen oder sich zum Beispiel mit den besonderen Fahreigenschaften eines Befehlsfahrzeuges vertraut zu machen – aber die meiste Freude hatte ich daran, meinen Feldstecher auf irgendeinen Hügel zu richten, der das Zielgebiet darstellte, und durch das scharfe Glas etwa ein Chamäleon zu betrachten, das seinen Kopf aus einer Felsenritze reckte.

An dem Kurs in Devizes im Jahre 1952 nahmen neben Angehörigen der britischen Armee auch einige Ausländer teil. Wir arbeiteten in Teams, wobei wir Ausländer den britischen Teilnehmern die Initiative überließen. Ich drängte mich nicht vor; ich war schließlich nicht dazu da, den Engländern das Kriegshandwerk beizubringen.

Man behandelte mich korrekt, aber kühl. Die Mehrzahl der Kursteilnehmer und Instrukteure hatte im Nahen Osten gedient und war weder Israel noch den Juden gegenüber freundlich eingestellt. Eines Tages standen ausführliche Berichte in den Zeitungen über einen Prozeß gegen einen britischen Offizier, der beschuldigt wurde, während des Unabhängigkeitskrieges Bestechungsgelder von Israel genommen zu haben. Während der Mittagspause nahmen mich meine britischen Kollegen regelrecht ins Gebet und fragten, ob ich mich nicht für Israel schäme. Meinen Einwand, daß derjenige sich zu schämen habe, der Waffen aus britischen Armeebeständen verkaufte, und nicht wir, die sie zur Landesverteidigung benötigten, ließen sie nicht gelten.

Der Lehrgang war nicht gerade anstrengend. Jeden Donnerstag machten wir schon Wochenende. Die meisten fuhren mit dem Auto nach Hause; ich fuhr mit der Bahn zu Ruth nach London. Dieser etwas eigentümliche Stundenplan brachte mich einmal in Verlegenheit. Als König Georg VI. im Februar 1952 an einem Mittwoch, wenn ich mich recht erinnere, starb, erschien ein Anschlag auf dem schwarzen Brett im Speisesaal, daß eine schwarze Trauerschleife am Arm zu tragen sei und abends eine schwarze Krawatte. Ich machte mich schleunigst auf den Weg ins nächste Dorf, um beides zu kaufen, und erschien passend ausgestattet zum Abendessen. Zu meiner Überraschung stellte ich fest, daß ich der einzige war, der vorschriftsmäßig um den Monarchen trauerte. Man sagte mir, den Kursteilnehmern sei fürs erste eine Ausnahme gestattet worden, denn keiner hatte das Nötige mit; jeder hatte Trauerflor und Krawatte zu Hause. Nach dem Wochende würden sie beides mitbringen und dann die ganze folgende Woche Trauer tragen.

Gegen Ende des Kurses verstanden wir uns schon um einiges besser. Die britischen Mitglieder meines Teams hatten ihren Kollegen offenbar gesagt, daß ich mich nicht ganz so dumm anstellte, wie es von einem Ausländer zu erwarten war, und daß ich auch Humor hatte, was schon gar nicht zu erwarten war. Wir tauschten die Adressen aus, und einige von ihnen schrieben später Karten nach Israel. Die drei Monate in Devizes haben wohl kaum einen Engländer aus mir gemacht; aber ich hatte wenigstens Gelegenheit, England, die Engländer und ihre militärischen Auffassungen näher zu betrachten.

Als ich nach Hause zurückkehrte, bot mir der Generalstabschef, Yigael Yadin, an, sein Stellvertreter zu werden und zugleich den Posten des Chefs der Operationsabteilung zu übernehmen, um damit Generalmajor Mordechai Makleff einen Studienurlaub zu ermöglichen. Ich sagte zu Yadin, mir liege der Posten eines Stellvertreters nicht, der zu allen Äußerungen seines Vorgesetzten ja und amen sagen muß. Ich würde seine Befehle zwar ausführen, auch wenn ich anderer Meinung wäre, zugleich aber aus meinen eigenen Ansichten kein Hehl machen und mich daher nicht hinter ihn stellen können, wenn ich seine Auffassungen für unrichtig erachtete.

Yadin bedauerte meine Ablehnung, versuchte aber nicht, mich umzustimmen. Er gab mir statt dessen das Kommando über den Nordabschnitt. Diese Stellung hatte ich sechs Monate lang inne, bis ich im Dezember 1952 zum Chef der Operationsabteilung im Generalstab ernannt wurde.

Ich zog mit meiner Familie nach dem Norden und mietete ein kleines Haus in Tivon, auf halbem Weg zwischen Haifa und Nahalal, nicht allzu weit vom Hauptquartier meines neuen Kommandos. Yael besuchte eine Oberschule in Haifa; Udi und Assi gingen in Nahalal zur Schule. Eine Anlaufzeit brauchte ich diesmal nicht; ich kannte ja den Norden des Landes von frühester Jugend. Die Lage an der syrischen Grenze gab mir keine Rätsel auf, denn ich hatte bei der Gemischten Waffenstillstandskommission reichliche Erfahrung in dieser Hinsicht gesammelt. Wie bei der Übernahme des Kommandos im Süden stellte ich es den höheren Offizieren auch diesmal frei, sich versetzen zu lassen. Soweit ich mich erinnere, machte keiner von diesem Angebot Gebrauch. Die Stabsoffiziere unter meinem Kommando waren erstklassig – allen voran mein Stabschef, Oberst Chaim Bar-Lev, und mein Nachrichtenoffizier, Major Ariel (Arik) Sharon.

Im Norden lagen die Probleme anders. Wir hatten nicht wie im Süden mit arabischen Grenzgängern zu plänkeln oder neue Siedlungen zu gründen. Trotzdem – die Militärverwaltung spielte eine äußerst wichtige Rolle, weil ja die meisten arabischen Bewohner Israels im Norden konzentriert sind. Die arabische Bevölkerung teilt sich auf etwa hundert Dörfer auf, vor allem in Galiläa. Auch in Nazareth gibt es Araber und in einer Reihe von Dörfern am Wadi Ara, das von der Küste fast bis zum Yezreeltal verläuft. Die arabische Gemeinde ist, wenn auch nicht aus eigenem Antrieb, ein integrierter Bestandteil Israels. Nach der Unterzeichnung der Waffenstillstandsvereinbarungen standen die Araber vor der Wahl, die israelische Staatsbürgerschaft anzunehmen oder ihre Heimat zu verlassen und in ein arabisches Land zu ziehen. Mit wenigen Ausnahmen entschieden sie sich, zu bleiben und israelische Bürger zu werden.

Es ist kein Wunder, daß die israelischen Araber und die israelischen Juden einander nicht trauten. Die Juden hatten die arabischen Armeen bezwingen können – aber nicht den Haß. Die Militärverwaltung stand vor der heiklen Aufgabe, den goldenen Mittelweg zu finden: die Araber als israelische Staatsbürger korrekt zu behandeln, sie aber zugleich als potentielle Fünfte Kolonne zu betrachten und ihre Dörfer als mögliche Stützpunkte für staatsfeindliche Aktivitäten.

Der Nordabschnitt grenzte an drei arabische Staaten: An den Libanon, an Syrien und an Jordanien. An den Grenzen hatte seit Inkrafttreten der Waffenstillstandsabkommen Ruhe geherrscht, aber eine Reihe von Fragen, die Syrien betrafen, standen noch offen – die endgültige Bestimmung der entmilitarisierten Zonen, die syrischen Fischereirechte im See Genezareth und der Status des Gebiets von Huleh, das wir zum Teil in ein Vogelschutzgebiet umgewandelt und nach Trockenlegung der Sümpfe auch bebaut hatten. Um eine Lösung dieser Probleme herbeizuführen, nahm ich den Kontakt mit der israelisch-syrischen Waffenstillstandskommission auf.

Der UN-Vertreter bei der Kommission war ein amerikanischer Offizier mit Namen Texas, ein netter, wenn auch nicht gerade gut informierter Mann. Weil er glaubte, eine gewisse Kompromißbereitschaft auf Seiten der Syrer entdeckt zu haben, arrangierte er am 9. Oktober 1952 eine Sondersitzung der Kommission im Hotel Shulamit in Rosh Pinah, nördlich des Sees Genezareth, wo wir schon mehrfach mit den Syrern zusammengetroffen waren. Das syrische Verhandlungsteam stand unter der Leitung von Oberst Jadid, ich leitete die israelische Delegation.

Es zeigte sich bald, daß der Amerikaner im Irrtum gewesen war. Jadid erklärte kategorisch, er sei weder bereit noch befugt, über irgendwelche Zusatzvereinbarungen zu diskutieren. Ich schlug daher vor, wir sollten die Sitzung beenden und uns statt dessen zum Mittagessen zusammensetzen. Jadid, der die Kochkünste der Hotelbesitzerin und ihrer Tochter nicht vergessen hatte, ließ sich das nicht zweimal sagen. Allerdings war das der einzige israelische Vorschlag, dem er zustimmte.

Nach dem Essen zog ich mich zu einem Gespräch unter vier Augen mit Jadid zurück. Er sagte, wenn die entmilitarisierte Zone geteilt werden sollte, würde Syrien sämtliche Gebiete östlich von Huleh und des Sees Genezareth, einschließlich der jüdischen Siedlungen von Dardara, Susita und Tel Katzir für sich in Anspruch nehmen. Man könne allenfalls darüber reden, ob der Kibbuz Ein Gev, der erste am Ostufer des Sees Genezareth, weiterhin israelisches Gebiet bleiben solle. Das sei zwar kein wirklich sinnvoller Vorschlag, sagte er, aber Damaskus ziehe nun einmal die gegenwärtige Situation mit all ihren ungelösten Problemen dem Abschluß eines Zusatzabkommens mit Israel vor. Und an dieser Einstellung hielt Syrien auch weiterhin fest. Man kann sogar ohne Übertreibung sagen, sie wurde im Laufe der Jahre nur noch härter und extremer.

III. Teil

Generalstabschef
(1953–1957)

12. Kapitel

Eine Armee wird geschmiedet

Von Dezember 1952 bis Dezember 1953 war ich Chef der Operationsabteilung im Generalstab. Mein Vorgänger, Generalleutnant Mordechai Makleff, avancierte zum Generalstabschef, als Generalleutnant Yigael Yadin diesen Posten zurücklegte. Das Budget des Verteidigungsministeriums war zu dieser Zeit alles andere als ausreichend. Der Staatshaushalt bedachte vor allem die unmittelbaren Bedürfnisse der mehreren hunderttausend Neueinwanderer der letzten Jahre, und die meisten Ministerien – so auch das Verteidigungsministerium – wurden demzufolge drastisch kurzgehalten.

Makleff und ich waren uns im Prinzip einig, daß die Kampftruppe auf Kosten der Nachschubeinheiten verstärkt werden mußte, und dementsprechend sah der vom Generalstab genehmigte Dreijahresplan zur Reorganisation der Armee auch aus. Die Kampftruppe hatte sich seit dem Unabhängigkeitskrieg wesentlich verändert. Viele Offiziere hatten den Dienst quittiert; die besten der damaligen Wehrpflichtigen wollten zur Luftwaffe oder Marine, und die Neueinwanderer brauchten eine längere Ausbildung. Mit einem Wort, die Armee hatte weder ihre echte Sollstärke, noch war sie wirklich gut ausgerüstet.

Die verminderte Kampfkraft unserer Infanterieeinheiten war bei kleineren Grenzgefechten klar zutagegetreten. Zu Beginn des Jahres 1953 hatten sich die Sabotageüberfälle und Mordanschläge gehäuft; wir unternahmen Vergeltungsangriffe auf Stützpunkte der Terroristen in den arabischen Grenzdörfern, aber nicht mit dem erwünschten Erfolg. Manche Einheiten konnten ihre Aufträge nicht erfüllen und erlitten außerdem noch Verluste.

Ich sah es als meine Aufgabe an, Kampftruppen aufzustellen, auf die man sich hundertprozentig verlassen konnte. Wenn wir uns bei geringfügigen

Grenzscharmützeln nicht bewähren konnten, wie sollten wir jemals erfolgreiche Schlachten liefern? Man konnte die israelischen Streitkräfte reorganisieren, so viel man wollte, eines blieb ja doch die oberste Forderung: sie mußten zu jeder Zeit kampfbereit sein.

Seit dem Krieg hatte sich vieles geändert und zu diesen Fehlschlägen geführt: die Soldaten setzten ihr Leben nicht mehr so bedingungslos ein wie bisher; die Offiziere hatten jetzt andere Auffassungen von ihren Pflichten, und der Generalstab war zuallererst daran interessiert, die Verlustziffern so niedrig wie möglich zu halten.

Es gelang mir, die Einstellung des Generalstabs zu ändern. Ich erteilte folgende neue Richtlinien: Kehrte eine Einheit zurück, ohne ihren Auftrag erfüllt zu haben, und begründete der Kommandant dies nur damit, daß es nicht gelungen sei, den Feind zu bezwingen, dann würde eine solche Erklärung in Zukunft nur gelten, wenn die Einheit tatsächlich die Hälfte ihrer Kampfstärke eingebüßt hatte. Man würde sich in erster Linie danach richten, welche Anstrengungen gemacht wurden, um den feindlichen Widerstand zu brechen und den Auftrag erfolgreich abzuschließen. Die Einheit hatte anzugreifen, solange die Kräfte reichten. Wenn die Kommandanten ihren Auftrag nicht erfüllten, würden sie sich verantworten müssen, und wenn ihre Erklärungen mich nicht überzeugten, dann mußte es disziplinäre Maßnahmen geben.

In dem Jahr, während Makleff Generalstabschef und ich Chef der Operationsabteilung war, gelang es, die Kampfkraft zu erhöhen, indem wir der Armee Wehrpflichtige mit besserer Vorbildung zuführten. Vor allem die Aufstellung der aus Freiwilligen gebildeten „Kampftruppe 101", die mit Sonderaufgaben auf feindlichem Gebiet betraut wurde, war ein besonderer Erfolg. Ihr Kommandant war der mutige und kampferfahrene Major Ariel Sharon, den ich vom Nordabschnitt her kannte, wo er als mein Nachrichtenoffizier gedient hatte. Arik suchte sich seine Leute selbst aus, vor allem unter den Reservisten. Als die Aufstellung der Einheit im Mai 1953 erstmals im Generalstab zur Sprache kam, war ich, ehrlich gesagt, nicht dafür. Mir schien es damals wichtiger, die Kampfkraft unserer Armee an sich zu stärken, als die arabischen Terroristen zu bekämpfen.

Schließlich war es aber gerade diese Einheit, der wir die Stärkung der Armee zu verdanken hatten. Sie ging mit leuchtendem Beispiel voran und bewältigte – im Gegensatz zu den bisherigen mißlichen Erfahrungen – ihre Aufgabe äußerst erfolgreich.

Im Januar 1954 wurde die Kampftruppe 101 organisatorisch mit den Fallschirmjägern vereinigt, und Arik wurde somit Kommandeur eines Fallschirmjägerbataillons. Eine Zeitlang wurde die Einheit ausschließlich für Vergeltungsaktionen gegen die arabischen Terroristen und für Operationen auf feindlichem Gebiet verwendet. Später kamen wir zu der Überzeugung, daß auch andere Einheiten in solcher Weise eingesetzt werden sollten. Die Fallschirmjäger wurden mit der Zeit zu einer Art Elitetruppe, zu einem Symbol für Mut und Kampfgeist, dem die übrigen Truppenteile nachzueifern versuchten. So halfen sie der ganzen Armee bei der Wiedererlangung ihres Selbstvertrauens. Jetzt kam es nur noch selten vor, daß ein Kommandant vom Einsatz zurückkehrte und zugeben mußte, er habe seinen Auftrag nicht erfüllen können.

Mit meiner Ernennung zum Generalstabschef im Dezember 1953 stand ich an der Spitze der Armee und war mir bewußt, daß ich den Ruf der israelischen Streitkräfte zu wahren hatte. Zugleich mußte ich aber die Armee meinen Vorstellungen gemäß neu organisieren. Ich erkannte bald, daß ich mich in meiner hohen Stellung mit einer ganzen Reihe von administrativen und technischen Problemen befassen mußte und den unmittelbaren Kontakt zur kämpfenden Truppe weitgehend verlieren würde. Es war schwer, vom Schreibtisch aus die Ereignisse im Negev oder an der jordanischen Grenze zu überblicken. Bei meiner Einschätzung der jeweiligen Lage war ich auf die Berichte und Empfehlungen der Abschnittskommandanten angewiesen.

Ich war stolz darauf, diesen Posten erhalten zu haben, aber selbst als Ben Gurion mir die Rangabzeichen ansteckte und die Standarte des Generalstabschefs überreichte, war es nicht so sehr Freude, die ich empfand, als das Gefühl der ungeheuren Verantwortung, die nunmehr auf mir lastete.

Bei dieser Gelegenheit sagte der Kabinettssekretär zu mir, es sei jetzt wohl an der Zeit, meine Partisanennatur abzulegen, etwas gesetzter zu werden und mich solider zu geben – kurz, „einen neuen Moshe Dayan“ herauszukehren. Ich verneinte. Nicht ich würde mich ändern, sondern das Bild, das man sich vom israelischen Generalstabschef mache. Die Armee würde ein neues Gesicht bekommen, nicht ich. Der Stil, der in der Armee herrschte, würde sich ändern: Ich würde die Kluft zwischen Generalstabschef und einfachem Soldat zu überbrücken versuchen, das Zeremoniell drastisch einschränken, die Arbeitsbereiche der höheren Offiziere überschaubar machen und die höheren Kommandoposten mit jungen und begabten Offizieren besetzen, die aktiv am Unabhängigkeitskrieg teilgenommen hatten.

In meiner eigenen Dienststelle machte ich den Anfang. Ich schaffte die Stelle des Adjutanten ab, ließ mir sein bisheriges Büro geben und stellte dort den Klapptisch mit Armeedecke und Glasplatte auf, den ich schon als Chef der Operationsabteilung benutzt hatte. Das Chefbüro, in dem ein massiver Tisch und Polsterstühle standen, benutzte ich als Konferenzzimmer. Die Truppenkommandanten sollten fühlen, daß es hier nicht feiner zuging als bei irgendeinem anderen übergeordneten Kommando. Und wenn ich auf Inspektion ging, trug ich einen Kampfanzug und scheute mich nicht, wie die einfachen Soldaten auf dem Erdboden zu sitzen.

Ich fuhr oft nachts zur Truppe, meist ohne Begleitung. Ich wollte mich vergewissern, ob die Einheiten stets einsatzbereit waren und ob ich auch immer einen verantwortlichen höheren Offizier antraf. Ich wollte mich auch mit den Soldaten unterhalten, die auf Nachtübung gewesen waren oder irgendwo weit draußen auf einem Wachposten. Wenn es um die Durchführung einer Aktion ging, setzte ich mich mit dem Kommandanten der Einheit und den Zugführern zusammen. Ich wollte selbst dabei sein, und ich wollte, daß die jungen Offiziere unmittelbar meine eigene Meinung hörten.

Meine Sekretärin und mein Bürovorsteher meinten, ich kümmere mich zuwenig um den Dienstweg. Sie hatten wahrscheinlich recht; aber ich fand es besser so. Ich verlangte und schätzte saubere, systematische Stabsarbeit; aber sie durfte mich unter keinen Umständen daran hindern, den Kontakt mit der Armee auf allen Ebenen aufrechtzuerhalten. Wenn mich etwas interessierte, wollte ich auch in der Lage sein, mit dem unmittelbaren Verantwortlichen sachkundig darüber zu sprechen.

Meine Ernennung zum Generalstabschef war Ben Gurions letzte Amtshandlung, bevor er seine Geschäfte als Ministerpräsident und Verteidigungsminister niederlegte und sich in den Kibbuz Sde Boker im Negev zurückzog. (Dort blieb er, bis er im Februar 1955 wieder in die Regierung berufen wurde.) Der bisherige Außenminister, Moshe Sharett, wurde Ministerpräsident, und Pinhas Lavon wurde mit dem Verteidigungsministerium betraut. Zum ersten Mal in der Geschichte Israels waren die beiden Posten nicht von ein und demselben Mann besetzt. Sharett und Lavon hätten engstens zusammenarbeiten sollen. Statt dessen herrschte auf Grund politischer und persönlicher Differenzen von Anfang an ein gespanntes Verhältnis zwischen den beiden. Ihre Ansichten zu den politischen und militärischen Tagesfragen gingen völlig auseinander. Nun war 1954 tatsächlich ein äußerst schwieriges Jahr für uns. Großbritannien hatte seine Streitkräfte vom Suezkanal abgezogen, und die Vereinigten Staaten versuchten ihren Einfluß im Nahen Osten geltend zu machen, indem sie die arabischen Staaten umwarben und dadurch das militärische Gleichgewicht zu Ungunsten Israels zu verschieben drohten. Ägypten hatte seine Blockade gegen israelische Schiffe und ausländische Frachter mit israelischen Bestimmungshäfen sowohl im Suezkanal als auch im Golf von Akaba verschärft. Der Sicherheitsrat hatte Ägypten schon im November 1951 ohne Erfolg dazu aufgerufen, israelische Schiffe den Kanal passieren zu lassen, doch nur Schiffen anderer Nationen wurde die Durchfahrt fallweise gestattet, und auch das nur, wenn sie keine Waffen für Israel an Bord hatten. Ende 1953 verhängte Ägypten dann die totale Blockade, und in Israel stieg die Zahl der Terrorüberfälle immer weiter an. Israel fühlte sich verlassen und von der übrigen Welt abgeschnitten. Sharett suchte sein Heil in der Diplomatie. Er bemühte sich um eine Änderung der amerikanischen Nahostpolitik, um amerikanische Militärhilfe und Sicherheitsgarantien. Er versuchte den Sicherheitsrat einzuschalten und Ägypten zu einer Aufhebung der Blockade zu bewegen. Aber sogar unsere besten Freunde wollten sich nur ungern engagieren, und als schließlich im März 1954 eine entsprechende Resolution eingebracht wurde, scheiterte sie an einem sowjetischen Veto. Diese diplomatische Pflichtübung, die Israels Rechte vor aller Welt unter Beweis stellen sollte, endete mit der Schaustellung israelischer Ohnmacht. Lavon erhoffte sich eine Lösung unserer Probleme von der Einleitung militärischer Aktionen, die die arabischen Staaten von einem Angriff auf Israel abschrecken sollten.

Das Verhältnis zwischen Ben Gurion und Sharett war korrekt gewesen, obwohl Ben Gurion Sharetts Ansichten keineswegs immer teilte. Lavon dagegen sah in Sharett nicht den Ministerpräsidenten, sondern weiterhin nur den Außenminister, und versuchte ihn daher weitgehend aus der Verteidigungspolitik auszuschalten. Er ließ ihn über militärische Aktionen an den Grenzen im unklaren und lieferte ihm auch sonst nur lückenhafte und teils falsche Informationen. Von manchen Aktionen erfuhr Sharett sogar erst durch die Presse.

Meine Beziehungen zu Lavon kühlten sich innerhalb weniger Monate merklich ab. Ende Juni 1954 reichte ich deshalb meine Demission ein. Er wollte nicht nur die alleinige Autorität über die Armee ausüben, sondern auch über den Generalstab. In seinen Entscheidungen befolgte er den Rat von Außenstehenden und verwarf dabei meine Empfehlungen und die meiner Kollegen. Zur Erhöhung der Schlagkraft unserer Armee hatten wir beispielsweise den Ankauf eines bestimmten Panzertyps angeregt. Ohne mir ein Wort zu sagen, wollte Lavon statt dessen schwere Granatwerfer – also reine Defensivwaffen – anschaffen. In dieser Angelegenheit ließ er nicht mit sich reden: Er war der Minister und ich, der Generalstabschef, sein Untergebener. Dieser Zustand war untragbar. Mit meinem Rücktrittsgesuch wollte ich eine Entscheidung erzwingen.

Lavons Reaktion darauf war für ihn typisch: er lud mich zum Mittagessen ein, schob die Schuld für die zwischen uns aufgetretenen „Mißverständnisse" auf einen Beamten seines Ministeriums, gab zu erkennen, daß er die Angelegenheit nicht auf die Spitze treiben wolle und mein Gesuch ad acta gelegt habe. Nach dem Essen reichten wir einander die Hand. Die Krise wurde zwar damit beigelegt, die tieferliegenden Differenzen blieben aber bestehen.

Lavon war vom Wert der politischen Manöver Sharetts nicht überzeugt; ich im Grunde auch nicht, aber ebensowenig konnte ich mich für Lavons Draufgängertum begeistern. Mehr als einmal konnte ich ihn gerade noch bremsen. Es gab da eine während des Unabhängigkeitskrieges dem Außenministerium unterstellte Sondereinheit für Operationen auf feindlichem Gebiet. Späterhin wurde sie der Armee zugeteilt, und Lavon wollte sie unter allen Umständen zum Einsatz bringen, was meiner Meinung nach nur im Kriegsfall erfolgen sollte. Da er als verantwortlicher Minister das Recht für sich in Anspruch nahm, höhere Offiziere ohne mein Beisein, manchmal ohne mein Wissen, zu sich zu bitten, setzte ich einen der Kommandanten der Einheit von Lavons Absicht in Kenntnis, die Truppe zu aktivieren.

In der zweiten Julihälfte des Jahres 1954, als ich mich gerade mehrere Wochen zu einem offiziellen Besuch in den Vereinigten Staaten aufhielt, führte die Sondereinheit einige begrenzte Sabotageakte in Kairo und Alexandrien durch, die später als „das Sicherheitsfiasko" bezeichnet wurden. Elf Angehörige der Einheit wurden von den Ägyptern gefangengenommen und vor Gericht gestellt. Einige von ihnen erhielten hohe Gefängnisstrafen. Einer verübte Selbstmord; zwei andere wurden am 1. Januar 1955 hingerichtet.

In der israelischen Öffentlichkeit wurde die Frage nach der Verantwortung für das Unternehmen laut. Der Kommandant der Sondereinheit erklärte, der Verteidigungsminister persönlich habe ihm den Befehl unter vier Augen erteilt. Lavon seinerseits behauptete, der Kommandant habe auf eigene Faust gehandelt. Auch ein vom Ministerpräsidenten eingesetzter Untersuchungsausschuß konnte keine Klarheit schaffen. Das Ergebnis war, daß sowohl Lavon als auch der Kommandant der Einheit in Verruf kamen. Für die Mapai-Führung und Lavons Ministerkollegen gab es nur einen Ausweg: Er mußte gehen. Am 2. Februar reichte er seine Demission ein; am 20. Februar wurde sie angenommen, und gleichzeitig übernahm Ben Gurion wieder das Verteidigungsressort. Man hatte ihn dazu überredet, in die Regierung zurückzukehren und den Ministerposten bis zu den Parlamentswahlen zu bekleiden. Nach den Wahlen im November wurde er wieder zum Ministerpräsidenten und zugleich zum Verteidigungsminister bestellt.

Der Aufbau einer Armee braucht mehr als bloß schöne Reden, und von einem Offizier wird mehr verlangt als Mut und Führungsqualitäten. Er soll auch eine umfassende Allgemeinbildung besitzen. Viele unserer damaligen Offiziere hatten im Unabhängigkeitskrieg mitgekämpft, waren bei der Armee geblieben und hatten weder vorher noch nachher Zeit gehabt zu studieren. Wir schufen daher ein von der Armee finanziertes Universitätsprogramm für Offiziere, wobei ihnen auch die Wahl des Hauptfaches freigestellt wurde. Der spätere Oberbefehlshaber unserer Panzerwaffe beispielsweise entschloß sich zur Philosophie. Den Offizieren der technischen Truppen und der Pioniere war es möglich, Fachkurse am Technion in Haifa zu belegen.

Mitte 1955 unternahm eine Freiwilligeneinheit den Versuch, eine Landverbindung nach Sharm el-Sheikh, an der Südspitze der Halbinsel Sinai, ausfindig zu machen. Diese Schlüsselposition beherrscht bekanntlich die Zufahrt zur Straße von Tiran am Eingang des Golfs von Akaba. Die ägyptische Blokkade hatte unsere Seeverbindung nach Ostafrika und dem Fernen Osten abgeschnitten, den Hafen von Eilat lahmgelegt und die weitere Entwicklung des Negev schwerwiegend beeinträchtigt. Der Vorstoß der Freiwilligeneinheit war Teil unserer Vorbereitungen für die Besetzung von Sharm el-Sheikh für den Fall, daß Ägypten sich weiterhin weigerte, die Blockade aufzuheben. Die Überlandroute wurde gefunden und anderthalb Jahre später von einer unserer Brigaden während des Sinaifeldzuges auch benutzt.

Bei der Eröffnung einer Ausstellung in Kairo am 27. September 1955 erklärte Gamal Abdel Nasser, die Tschechoslowakei habe sich eine Woche zuvor bereit erklärt, Ägypten im Austausch gegen Baumwolle und Reis Waffen zu liefern. Diese von Nasser als harmloses Handelsabkommen bezeichnete Vereinbarung stellte einen bedeutsamen Wendepunkt dar. Damit begann die Belieferung Ägyptens mit neuen Waffen in größeren Mengen als je zuvor. Die Sowjetunion konnte sich zum ersten Mal wirklich im Nahen Osten festsetzen und auf diese Weise eine zweite Front im Kalten Krieg gegen die Vereinigten Staaten eröffnen. Die Existenz Israels wurde ernstlich in Frage gestellt.

Heutzutage würde man diese vereinbarten Waffenlieferungen als militärische Routine ansehen; damals waren sie für uns eine Ungeheuerlichkeit. Sie verschoben das Gleichgewicht nicht nur mengenmäßig zu Ungunsten Israels, sondern vor allem qualitativ. Wir hatten niemals zu hoffen gewagt, mit den Arsenalen der arabischen Staaten gleichzuziehen. Wir meinten aber stets, diesen Nachteil durch die höheren kämpferischen Fähigkeiten unserer Soldaten ausgleichen zu können. Aber in der modernen Kriegführung kommt es eben darauf allein nicht an. Der Einsatzwille, so groß er auch sein mag, kann technische Überlegenheit nicht wettmachen. Der beste Pilot eines Propellerflugzeuges kann sich gegen einen mittelmäßigen Düsenpiloten nicht behaupten. Und die Geschoße, die ein veralteter Sherman-Panzer, so wie wir ihn hatten, abfeuert, prallen von einem Stalin 3-Panzer, wie die Ägypter ihn bekommen sollten, einfach ab.

Die Blockade der Straße von Tiran, die wachsende, von Ägypten geplante und gesteuerte Guerillatätigkeit der Palästinenser, Nassers Tiraden und letztlich auch die mit dem Ostblock vereinbarten Waffenlieferungen machten allesamt deutlich, daß die Ägypter es darauf abgesehen hatten, uns zu vernichten.

Als die Waffenlieferungen im November 1955 einsetzten, rechneten wir, daß die ägyptische Armee sechs bis acht Monate brauchen würde, um das neue Material zu absorbieren. Ein ägyptischer Angriff konnte daher erst gegen Ende des kommenden Frühjahrs oder bis zum Spätsommer erfolgen. Wir mußten diese Frist zur Beschaffung von Flugzeugen und Panzern nutzen, wußten aber gleichzeitig, wie schwer das sein würde. Die Vereinigten Staaten und Großbritannien wollten uns keine verkaufen. Es war lediglich davon die Rede, daß die Amerikaner uns – vielleicht – Defensivwaffen zur Verfügung stellen würden. Aus Frankreich waren leichte AMX-Panzer zu haben. Damit würden wir uns begnügen müssen. Zugleich mußten wir versuchen, veraltete amerikanische Panzer aus dem Zweiten Weltkrieg wieder instandzusetzen. Wir mußten uns auch bemühen, Flugzeuge in Frankreich einzukaufen.

Am 10. November legte ich Ben Gurion ein Memorandum über zusätzliche Maßnahmen vor. Ich empfahl, auf feindliche Akte der Ägypter oder ihrer Helfershelfer mit schärfsten Repressalien zu reagieren. Ferner regte ich die Besetzung des Gazastreifens an, der den Terroristen als Stützpunkt diente und von den Ägyptern als Sprungbrett für eine Invasion benutzt werden konnte, sowie die Besetzung von Sharm el-Sheikh, um die Blockade zu brechen.

Drei Tage darauf trat ich in einem Gespräch mit Ben Gurion angesichts des unmittelbar bevorstehenden Krieges für die Einleitung militärischer und organisatorischer Sofortmaßnahmen ein. Yigael Yadin solle wieder zum Generalstabschef ernannt werden; Mordechai Makleff zum Chef der Operationsabteilung und Yigal Allon zum Befehlshaber des Nordabschnittes. Ich selbst wollte meinen Posten zur Verfügung stellen, das Kommando im Südabschnitt übernehmen und die Operation auf der Halbinsel Sinai leiten.

Ben Gurion nahm zu einer meiner Empfehlungen sofort Stellung. Er sagte, ich solle auch im Kriegsfall auf dem Posten des Generalstabschefs verbleiben. Mit der Aktion gegen Sharm el-Sheikh wollte er bis Ende Januar 1956 warten. Er schien zu dieser Zeit noch auf eine politische Lösung dieser Frage zu hoffen. Die Militäraktion fand schließlich im Oktober 1956 statt.

In den darauffolgenden Monaten mußten wir sowohl die Armee als auch die Zivilbevölkerung auf den drohenden Kriegsausbruch vorbereiten. Gleichzeitig ergriffen wir eine Reihe von Maßnahmen, um der ägyptischen Herausforderung zu begegnen. Ich gab dabei folgenden Gebieten den Vorrang: der Waffenbeschaffung, der regionalen Verteidigung, der Befestigung der Grenzsiedlungen, dem Zivilschutz und schließlich dem Aufbau eines Versorgungs- und Bevorratungsnetzes für die Zivilbevölkerung. An den Grenzen hatten wir weiterhin die Infiltration zu bekämpfen, wurden aber auch in ernstere Gefechte verwickelt – mit den Syrern, die unsere Fischer am See Genezareth unter Beschuß nahmen, und mit den Ägyptern, die die entmilitarisierte Zone verletzten und einen unserer Vorposten im Negev besetzten. In beiden Fällen behielten wir schließlich die Oberhand.

Im April 1956 erhielten wir endlich die ersten Mystères aus Frankreich, die den MIGs aus dem Ostblock möglicherweise sogar überlegen waren. Frankreich versprach, auch AMX- und Sherman-Panzer zu liefern, und Großbritannien sagte uns sechs Nachtjäger vom Typ Meteor zu. Nur die Vereinigten Staaten weigerten sich, das Embargo zu lockern, obwohl sie wußten, daß wir nur einen Bruchteil der Mengen kaufen konnten, die den Ägyptern aus dem Ostblock geliefert wurden.

Kurz nachdem die Mystères eingelangt waren, ergaben sich Differenzen innerhalb der französischen Regierung. Das Außenministerium wollte dem Verteidigungsministerium weitere Waffenlieferungen an Israel verbieten. Aber Ministerpräsident Guy Mollet stützte seinen Verteidigungsminister Bourges-Maunoury, und wir konnten wieder hoffen. Um die Lieferungen sicherzustellen, unternahmen Shimon Peres, der Generaldirektor des Verteidigungsministeriums, und ich gegen Ende Juni 1956 eine geheime Mission nach Paris und arbeiteten innerhalb von drei Tagen ein entsprechendes Abkommen mit den Franzosen aus.

Die sowjetischen Waffen und die damit verbundene Rückendeckung statteten Präsident Nasser mit beachtlicher militärischer Macht aus, ebenso mit grenzenlosem Selbstvertrauen. Am 26. Juli 1956 verkündete er einer verblüfften Welt, er habe den Suezkanal verstaatlicht. Unmittelbar darauf nahmen Großbritannien und Frankreich Besprechungen auf. Der französische Außenminister Pineau wurde schon am darauffolgenden Tag zu Gesprächen mit Premierminister Eden in London erwartet. Die Tatsache, daß Pineau von Militärsachverständigen begleitet wurde, ließ den Schluß zu, daß die beiden Länder unter Umständen militärisch einschreiten würden. Unsere Botschaft in Paris übermittelte uns ein Ersuchen der französischen Regierung um aktuelle Information über Stärke und Aufstellung der ägyptischen Streitkräfte.

Der nächste Tag war ein trauriger Tag für mich. Meine Mutter starb nach schwerer Krankheit und wurde in Nahalal begraben. Nach dem Begräbnis kam ich mit Ben Gurion zusammen und sagte zu ihm, um einem ägyptischen Angriff zuvorzukommen, sollten wir entweder die Halbinsel Sinai bis zum Kanal besetzen und den Kanal unter internationale Verwaltung stellen oder Sharm el-Sheikh besetzen und die Blockade brechen. Auch ein Einmarsch im Gazastreifen könne zum Ziel führen.

Ben Gurion hielt mir entgegen, daß wir noch nicht über die für derartige militärische Operationen erforderlichen schweren Waffen verfügten. Ich erwiderte, ich sei sicher, wir könnten unsere Ziele auch ohne solche Waffen erreichen. Ben Gurion befürchtete allzu hohe Verluste und meinte, wir würden mit Hilfe der uns versprochenen französischen Waffen Nasser in einem nur kurz dauernden Krieg entscheidend besiegen können und dabei wesentlich niedrigere Verluste hinnehmen müssen. Die internationale Lager sei zwar augenblicklich günstig, wir sollten aber doch besser geduldig abwarten, unsere Kampfkraft ausbauen und bei der nächsten sich bietenden Gelegenheit den ägyptischen Gegner ausschalten.

An der Schaffung einer ebensolchen Gelegenheit wurde in den folgenden Wochen sowohl in London als auch in Paris eifrig gearbeitet. Schon bei den ersten Gesprächen in London einigten sich die beiden Regierungen auf eine großangelegte gemeinsame Militäraktion zur Besetzung der Kanalzone, zur Wiederherstellung ihrer Rechte in der Kanalverwaltung und zum Sturz Nassers. Die Generalstäbe der beiden Länder arbeiteten Pläne zur Mobilisierung von Reservisten aus, zur Zusammenziehung der Streitkräfte auf Malta und Zypern und zur Aufstellung einer Invasionsflotte – fast so groß wie im Zweiten Weltkrieg –, die nach einer einleitenden Fallschirmjägeraktion im Kanalgebiet landen sollte. Die Operation lief unter dem Kodenamen „Musketeer". Den Oberbefehl hatte der britische General Sir Charles Keightley, dem die britischen Bodenstreitkräfte im Nahen Osten unterstanden. Sein Stellvertreter war der französische Admiral Pierre Barjot.

Frankreich war die treibende Kraft. Der britische Premierminister war ebenfalls dafür, militärisch einzugreifen, stieß aber mit seiner Haltung auf Schwierigkeiten im eigenen Land. Und die Vereinigten Staaten, gegen die sich die Polemik Nassers ganz besonders gerichtet hatte, wollten von einer Strafexpedition ihrer europäischen Verbündeten gegen Nasser schon gar nichts hören. Es wurde demnach bis zum letzten Augenblick gezweifelt und gezaudert, und Spuren dieser Unentschlossenheit waren noch erkennbar, als die Aktion längst im Gange war.

13. Kapitel

Die französische Liaison I

Der erste Hinweis auf ein Interesse Frankreichs an einer mit Israel koordinierten Aktion gegen Ägypten erreichte mich während einer Generalstabsbesprechung am 1. September 1956 in Form eines Blitztelegrammes unseres Militärattachés in Paris. Darin war von entsprechenden englisch-französischen Plänen die Rede, wie auch von der Ansicht Admiral Barjots, daß Israel an dem Unternehmen teilnehmen sollte. Ben Gurion wies mich an, zurückzukabeln, daß wir zu einer Zusammenarbeit prinzipiell bereit seien. Wolle man lediglich Geheimberichte über die ägyptischen Streitkräfte, würde unser Militärattaché diese zur Verfügung stellen. Werde jedoch eine Teilnahme der israelischen Armee an militärischen Aktionen in Betracht gezogen, dann würde der Verteidigungsminister mich zu Besprechungen nach Paris entsenden.

Nach weiteren Sondierungen des französischen Generalstabs beschlossen wir, die Führung der Gespräche mit den französischen Militärs in Paris dem Chef unseres Operationsstabes zu übertragen, der sich damals ohnehin in Europa aufhielt. Ich übermittelte ihm den Inhalt einer schriftlichen Anweisung Ben Gurions an mich, die unsere Bereitschaft bekundete, die Franzosen voll und ganz zu unterstützen. Unsere Regierung werde über ein Ansuchen der Franzosen, unsere Luft- und Flottenstützpunkte benutzen zu können, oder auch über eine Teilnahme unserer Streitkräfte, noch entscheiden. Er solle mit den Franzosen über unsere Möglichkeiten – und deren Grenzen – offen sprechen. Falls die Franzosen verbindliche Zusagen verlangten, die er von sich aus nicht geben könne, sei ich bereit, selbst nach Paris zu kommen.

Admiral Barjot, der die französische Delegation bei der Besprechung in einem Pariser Privathaus leitete, war vor allem an Informationen über Ägypten interessiert; an Landemöglichkeiten für französische Flugzeuge in Israel und an unserer Fähigkeit, die ägyptischen Streitkräfte in militärische Aktionen in Grenznähe auf der Halbinsel Sinai zu verwickeln und festzuhalten. Seiner Meinung nach war es möglich, daß sich schon in allernächster Zeit die politischen Voraussetzungen für eine Teilnahme Israels an den Operationen ergeben könnten.

Zu jener Zeit machten uns die Überfälle der von Jordanien aus operierenden Terroristen ständig zu schaffen. Obwohl wir wußten, daß die Initiative vom ägyptischen Oberkommando ausging und auch die Aktionen der Terroristen von dort gesteuert wurden, hatten wir keine andere Wahl, als ihre Stützpunkte in Jordanien anzugreifen. Während nun diese ersten Gespräche mit den Franzosen im Gange waren, zerstörten unsere Sondertrupps zwei schwerbefestigte jordanische Grenzposten als Vergeltung für die Ermordung israelischer Zivilisten durch Terroristen. Derartige Aktionen – die Erwiderung des Terrors durch Gegenterror – wirkten sich späterhin auf die Suezverhandlungen aus.

Die internationale politische Lage verschlimmerte sich täglich. Amerika und Europa konnten sich über die Suezkrise nicht einigen. Viele Anzeichen deuteten auf den unmittelbaren Ausbruch eines Krieges in unserer Region. Bei meinen Inspektionsreisen als Generalstabschef hatte ich im Laufe des September unsere Befehlshaber auf diese Gefahren hingewiesen und die Intensivierung der Ausbildung der Mannschaften und Besatzungen unserer neuen Panzer und Flugzeuge angeordnet. Vor allem mußte unsere Luftwaffe, alte wie neue Kampfflugzeuge, zum Einsatz kommen, wenn wir, wie anzunehmen war, bald in Aktion treten sollten.

Bei einer Lagebesprechung Mitte des Monats klärte ich die Mitglieder des Planungstabes über die politischen und strategischen Überlegungen auf, die Ben Gurions Weisungen zugrundelagen. Es gab internationale Probleme und unsere eigenen besonderen Probleme, sagte ich. Zwischen diesen beiden galt es zu unterscheiden. Die Verstaatlichung des Suezkanals war ein internationales, kein israelisches Problem, und dennoch für uns besorgniserregend. Mit der Straße von Tiran und dem Gazastreifen verhielt es sich allerdings anders. Hier handelte es sich tatsächlich um Probleme, die Israel angingen. Im einen Fall blockierten die Ägypter den Schiffahrtsverkehr nach Eilat, und im anderen diente das Gebiet als Ausgangsbasis von Terroristenüberfällen auf Israel. Zu den Israel direkt betreffenden Problemen seien auch die ägyptischen Luftstützpunkte zu zählen sowie die Truppen, die auf der Halbinsel Sinai zum Angriff auf Israel bereitstünden. Ich wies darauf hin, daß wir militärische Gegenmaßnahmen höchstwahrscheinlich auf eigene Initiative ergreifen würden – mit oder ohne Zustimmung der anderen beteiligten Mächte –, falls die israelische Regierung dies für angezeigt halte.

Der Generaldirektor des Verteidigungsministeriums, Shimon Peres, war mit dem französischen Verteidigungsminister Maurice Bourges-Maunoury persönlich befreundet und kannte auch den französischen Ministerpräsidenten Guy Mollet und den Außenminister Christian Pineau. Er führte mit ihnen freimütige und zwanglose Gespräche über alle Aspekte der französisch-israelischen politischen Zusammenarbeit im Nahen Osten.

Ich legte Peres nahe, auf drei Bedingungen als Voraussetzung einer solchen Zusammenarbeit zu bestehen. Erstens: Die bisherigen Beziehungen der beiden Länder zueinander ließen es ratsam erscheinen, daß Frankreich den Anstoß geben und Israel offiziell zu Gesprächen über das Thema Zusammenarbeit einladen sollte. So hatten wir unsere Waffenkäufe in Frankreich mehr oder minder heimlich zu tätigen, da zwischen den Vereinigten Staaten, Frankreich und Großbritannien eine vertragliche Absprache bestand, Waffenlieferungen an Israel zu koordinieren. Wenn Frankreich unsere Unterstützung in der Suezkrise suchte, sollten wir eine neue Rolle für uns beanspruchen und nicht länger den bevormundeten Minderjährigen spielen, sondern den gleichberechtigten Verbündeten, und zwar gerade jetzt, da wichtige gemeinsame Entscheidungen praktisch vor der Tür standen.

Zweitens: Israel müsse jeder Konfliktsituation ausweichen, die angesichts der Vielschichtigkeit der britisch-israelischen Beziehungen zu einer militärischen Auseinandersetzung mit Großbritannien führen konnte. Großbritannien war durch vertragliche Verpflichtungen an mehrere arabische Staaten gebunden, die Ägypten im Kriegsfall zu Hilfe kommen mochten. Ergäbe sich eine solche Situation, dann würden wir an der einen Front auf Seiten der Briten kämpfen, ihnen aber auf einer anderen Front gegenüberstehen. Das traf beispielsweise bei einer Auseinandersetzung mit Jordanien zu, denn Großbritannien hatte mit Jordanien einen Beistandspakt abgeschlossen.

Drittens: Wenn es zum Krieg kam, sollte Israel seine Sinaigrenze bereinigen, das heißt Sharm el-Sheikh, Nakhl, Abu Ageila und Rafah – alles Wüstenlandstriche ohne Wasser und ohne Bewohner – besetzen können. Bei Sharm el-Sheikh standen damals ägyptische Küstenbatterien, die jedes Eilat anlaufende Schiff unter Beschuß nehmen konnten. Wenn Israel diese Position besetzte, würde das Westufer des Golfs von Akaba als Stützpunkt dienen können und die freie Zufahrt nach Eilat sicherstellen. Andernfalls würden die Ägypter ihre Blockade aufrechterhalten.

Ich gab Peres diese Instruktionen, glaubte aber nicht wirklich daran, daß er sich durchsetzen würde; aber es lohnte sich schließlich der Versuch. Immerhin war Peres der richtige Mann: er hatte schon mehrmals eine überraschend glückliche Hand bei Verhandlungen mit den Franzosen bewiesen.

Drei Tage darauf berichtete er aus Paris, Verteidigungsminister Bourges-

Maunoury habe die Möglichkeit einer rein israelisch-französischen Aktion gegen Ägypten – ohne Teilnahme der Briten – zur Diskussion gestellt. Am 12. September hatten Guy Mollet und Pineau mit Premierminister Anthony Eden und Außenminister Lloyd in London konferiert. Bei dieser Gelegenheit informierten die Briten die Franzosen, daß das Unternehmen „Musketeer" aufgeschoben werden müsse. Sie sahen sich gezwungen, den Antrag des amerikanischen Außenministers Forster Dulles zur Schaffung einer Vereinigung der Suezkanalbenutzer (SCUA) anzunehmen. Frankreich sah darin eine Abkehr Großbritanniens von der geplanten gemeinsamen militärischen Aktion gegen Ägypten und wendete sich daher an uns.

Bourges-Maunoury schickte auch einen handgeschriebenen Gruß an Ben Gurion zu dessen 70. Geburtstag und drückte gleichzeitig den Wunsch Frankreichs aus, gemeinsam mit Israel „etwas zu unternehmen", um die Interessen beider Länder gegen die ägyptischen Aggressionen zu schützen.

Ben Gurion richtete ein persönliches Antwortschreiben an Bourges-Maunoury, in dem er Israels Bereitschaft zu einer gemeinsamen Politik im Nahen Osten unterstrich. Es war wichtig, den richtigen Zeitpunkt zu wählen, und gerade darin waren die Briten und Franzosen sich nicht einig. Die Briten wollten eine günstigere politische Lage abwarten, die sich einige Monate später (wenn überhaupt) ergeben konnte. Die Franzosen wollten mit dem Unternehmen sofort beginnen. In seinem Brief an Bourges-Maunoury unterstützte Ben Gurion den französischen Standpunkt und erklärte sich zu einer gemeinsamen Aktion mit Frankreich, auch ohne Großbritannien, bereit.

Wieder waren es die Terrorakte, die unsere Aufmerksamkeit in Anspruch nahmen. Obwohl es zu einer Zeit schwerwiegender Differenzen zwischen dem Westen und der arabischen Welt über Suez gewiß nicht in unserem Interesse lag, die arabisch-israelischen Beziehungen zu belasten, waren wir dennoch gezwungen, schärfstens gegen Jordanien einzuschreiten. Wir mußten Jordanien davon überzeugen, daß Überfälle auf die israelische Zivilbevölkerung, von Jordanien aus vorgetragen, sich auf das Prestige seiner Regierung nur nachteilig auswirken konnten. Die arabische Öffentlichkeit mochte den gegen Israel gerichteten Terror als Teil eines erhabenen und nationalen Krieges betrachten, der der Vergeltung diente und die im Unabhängigkeitskrieg verlorene Ehre wiederherstellte. Auf Kritik aus dem Ausland erwiderten die arabischen Regierungen – so auch der jordanische König Hussein –, daß es nicht in ihrer Macht stünde, die ausschließlich von palästinensischen Flüchtlingen ausgeübten Terrorakte zu verhindern. Der eigenen Bevölkerung verschwiegen sie jedoch nie, daß sie den Terrorismus unterstützten. Für mich gab es nur ein Mittel gegen die Überfälle auf die israelische Zivilbevölkerung: schärfste Maßnahmen gegen ausschließlich militärische Ziele in den Ländern, von deren Territorium die Überfälle ausgingen. Nur das würde Eindruck machen. Die betreffenden Regierungen würden dann klar erkennen, daß sie in ihrem eigenen Interesse die Tätigkeit der Fedayin unterbinden mußten, sonst würde die israelische Armee zurückschlagen, und das wiederum würde die Schwäche der arabischen Armeen unter Beweis stellen.

Gerade in dieser Woche, Mitte September, hatten die von Jordanien ausgehenden Terrorakte an Umfang und Grausamkeit dermaßen zugenommen, daß wir außerstande waren, wie bisher Zurückhaltung zu üben. Etwas nördlich von Bethlehem, in Grenznähe, wurde eine Gruppe israelischer Archäologen an einem Ausgrabungsort niedergemacht. Nicht weit von Jerusalem wurde ein Mädchen beim Holzsammeln zuerst von arabischen Legionären durch Schüsse verwundet. Dann überschritten die Legionäre die israelische Grenze, erstachen das Mädchen, schnitten ihr eine Hand ab und nahmen sie als Trophäe mit. Im Tal Bet She'an überquerten arabische Soldaten den Jordan, der dort die Grenze zwischen Israel und Jordanien bildet, erschossen einen jungen Traktorführer beim Pflügen und schleppten seine Leiche anschließend auf jordanisches Gebiet.

Ben Gurion berief eine Sondersitzung des Kabinetts für den 25. September ein, um über geeignete militärische Maßnahmen gegen die Arabische Legion zu beraten. Als mögliche Angriffsziele schlug ich ausschließlich militärische Ziele vor. Um den unmittelbaren Zusammenhang mit den jordanischen Provokationen zu verdeutlichen, erklärte sich Ben Gurion zu begrenzten Vergeltungsmaßnahmen in der Umgebung von Jerusalem bereit, aber nicht zu regelrechten Kampfhandlungen mit den Jordaniern, weil er die Chancen des französisch-israelischen Unternehmens gegen Ägypten nicht beeinträchtigen wollte.

Nun erstattete Peres über seine Gespräche in Paris Bericht. Er hatte erfahren, daß Pineau vom Ergebnis der zweiten Londoner Konferenz am 21. September außerordentlich enttäuscht war. Diese Konferenz war als Gründungsversammlung der von Dulles angeregten SCUA gedacht gewesen. Aber Pineau mußte feststellen, daß die Amerikaner eigentlich andere Absichten verfolgten: sie wollten jegliche Opposition gegen die Verstaatlichung des Kanals durch Ägypten im Keim ersticken und die Briten daran hindern, militärische Maßnahmen gegen Nasser zu ergreifen. Premierminister Eden vertrat zwar die harte Linie, konnte sich aber nicht einmal in den eigenen Reihen damit durchsetzen. Pineau gab dem britischen Premierminister zu verstehen, daß Frankreich unter diesen Umständen auch allein handeln würde, beziehungsweise mit Unterstützung Israels. Eden sagte, er habe nichts dagegen einzuwenden, vorausgesetzt, daß Israel keinen Angriff auf Jordanien unternehme.

Auf Peres' Frage, wie sich die anderen Mächte in einem solchen Fall verhalten würden, meinte Bourges-Maunoury, Großbritannien würde am Ende doch an der Aktion gegen Ägypten teilnehmen; eine Einmischung der Vereinigten Staaten sei nicht zu befürchten; wie aber die Sowjetunion reagieren würde, das könne er beim besten Willen nicht sagen.

Ben Gurion sagte, er würde versuchen, die Angelegenheit auf politischer Ebene zu klären. Er versprach sich zwar nicht viel davon, war aber durchaus bereit, mit den Franzosen gemeinsame Sache gegen Nasser zu machen. Die Haltung Israels werde allerdings von der Form der geplanten Zusammenarbeit abhängen. Sie müsse auf einer ehrlichen und ehrenvollen Partnerschaft beruhen. Er sei durchaus nicht darauf versessen, sagte Ben Gurion, zur Wahrung israelischer Interessen den Gazastreifen oder gar die Halbinsel Sinai zu annektieren. Wichtig sei es, das Westufer des Golfs von Akaba und Sharm el-Sheikh am Ausgang der Straße von Tiran in unseren Besitz zu bringen. Wenn die Straße von Tiran israelischen Schiffen offenstehe, werde Eilat sich zu einem wichtigen Hafen entwickeln, und dies wiederum mußte eine Belebung des gesamten Negevgebietes mit sich bringen.

Zu den israelisch-jordanischen Beziehungen sagte Ben Gurion: Wenn Jordanien Ägypten nicht unterstütze und die irakische Armee von jordanischem Territorium fernhielte, werde Israel Jordanien nicht angreifen. Im Gegensatz zu Ägypten, dem Libanon, Jordanien und Syrien hatte der Irak nach dem Unabhängigkeitskrieg keinen Waffenstillstand mit Israel geschlossen. Formell bestand also der Kriegszustand weiter. Verlegte der Irak seine Armee in das an Israel angrenzende Jordanien, dann mußten wir die nötigen Gegenmaßnahmen ergreifen, das Westufer des Jordan besetzen und damit eine sichere Grenze schaffen. Ben Gurion meinte aber, der Einfluß Großbritanniens würde genügen, um die Neutralität Jordaniens zu garantieren. Daher würde es gar nicht erst zu Komplikationen kommen, die sich aus einem Einmarsch irakischer Truppen in Jordanien ergeben könnten.

Noch am selben Abend setzte mich Ben Gurion von dem Beschluß in Kenntnis, eine israelische Abordnung, bestehend aus Außenminister Golda Meir, Transportminister Moshe Carmel, dem Generaldirektor des Verteidigungsministeriums Shimon Peres und mir, nach Paris zu entsenden.

Kurz vor meiner Abreise schickten wir eine unserer Kommandoeinheiten aus, um einen Gegenschlag auf einen schwerbefestigten Polizeiposten der Arabischen Legion auszuführen. Ich verbrachte die Nacht im Gefechtsstand der Einheit, weil ich die Aktionen aus unmittelbarer Nähe verfolgen wollte. Meinen Wagen und den Fahrer ließ ich im Hauptquartier, einem Kibbuz an der Grenze, und ging zu Fuß zu einem Beobachtungspunkt auf einem Hügel einige hundert Meter von der feindlichen Stellung entfernt. Als ich kurz vor Sonnenaufgang zum Hauptquartier zurückkam, erfuhr ich, daß die Arabische

Legion den Kibbuz mit Granatwerfern beschossen hatte und daß mehrere unserer Soldaten verwundet worden waren, darunter auch mein Fahrer.

Aber das Unternehmen war erfolgreich. Die Stellungen der Legion wurden überrannt und zerstört. Der Preis, den wir zu zahlen hatten, waren zehn Tote und sechzehn Verwundete.

Für die Pariser Gespräche gab Ben Gurion den Delegationsmitgliedern folgende Instruktionen:

1. Israel wird den Krieg nicht selbst beginnen. Wenn unsere Freunde den Anfang machen, werden wir uns ihnen anschließen. Sollte man uns auffordern, gleichzeitig mit ihnen die Kampfhandlungen zu eröffnen, werden wir zustimmen.

2. Die Vereinigten Staaten sollen davon in Kenntnis gesetzt werden, daß der Krieg unmittelbar bevorsteht. Sie sollen gegen die geplante Aktion keinen Einspruch erheben. Wir müssen sicher sein können, daß die Vereinigten Staaten keinerlei Sanktionen oder Embargos verhängen werden.

3. Großbritannien soll gleichermaßen informiert und um sein Einverständnis ersucht werden, wie auch um die Zusage, die arabischen Staaten nicht zu unterstützen, falls diese sich den Ägyptern anschließen.

4. Unser Ziel ist die Besetzung des Westufers des Golfs von Akaba, um die Öffnung der Straße von Tiran für israelische Schiffe zu erzwingen. Man könnte eine Entmilitarisierung der Halbinsel Sinai erwägen, eventuell sogar unter internationaler Überwachung.

Ich selbst fügte drei militärische Klauseln für den Ernstfall hinzu:

1. Selbst wenn ein gemeinsames Oberkommando gebildet wird, sollen den jeweiligen Streitkräften der Beteiligten getrennte Frontabschnitte zugewiesen werden. Dies sollte vor allem für die Bodentruppen Geltung haben.

2. Israel kann nur dann eine Eroberung des Ostabschnitts des Suezkanals (der Halbinsel Sinai) ins Auge fassen, wenn es zusätzliche Waffen erhält und die französischen Streitkräfte ihrerseits in Ägypten einmarschieren.

3. Wir ersuchen die Franzosen um Waffen, stellen dies aber nicht als Bedingung für unsere Teilnahme an dem Unternehmen.

Mit Frankreich standen wir direkt in Verbindung. Seine Einstellung kannten wir, machten uns aber ernste Gedanken über die der Vereinigten Staaten und Großbritanniens. Ben Gurion war über die Haltung der Vereinigten Staaten besorgt, Großbritannien aber erregte sein Mißtrauen. Meine persönliche Ansicht war, Großbritannien würde Jordanien zu Hilfe eilen und seine Streitkräfte gegen uns einsetzen, um damit seine proarabische Haltung zu unterstreichen.

Hinzu kam noch, daß die Beziehungen zwischen Jordanien und dem Irak zu diesem Zeitpunkt undurchsichtig waren. Jordanien schwankte zwischen einer proägyptischen und einer proirakischen Einstellung, wenn auch im Augenblick alle Anzeichen auf engere Beziehungen zum Irak zu deuten schienen, wo ebenfalls ein haschemitischer Herrscher auf dem Thron saß. Im Juni 1956 bildeten die beiden Länder einen gemeinsamen Verteidigungsausschuß, dessen Aufgabe es war, Pläne für die irakische Militärhilfe an Jordanien auzuarbeiten. Der Ausschuß beschloß die Stationierung einer verstärkten irakischen Division an der irakisch-jordanischen Grenze. Diese Einheit sollte im Kriegsfall zur Unterstützung Jordaniens eingesetzt werden. Kurz darauf trafen die beiden miteinander verwandten Könige, Hussein von Jordanien und Feisal von Irak, zusammen und berieten über die Stationierung der irakischen Division auf jordanischem Gebiet. Ben Gurion machte kein Hehl daraus, daß diese Vorbereitungen ihn beunruhigten und daß er entschlossen war, militärisch einzugreifen, falls sie in die Tat umgesetzt würden. Die Frage war allerdings, wie Großbritannien auf den Ausbruch eines Krieges zwischen Israel und Jordanien reagieren würde.

Wir flogen am 28. September ab, übernachteten in Biserta an der tunesischen Küste und kamen am nächsten Tag auf einem Militärflughafen in der Nähe von Paris an. Es war ein sonniger Abend im Herbst; in den Gärten entlang der Seine saßen die Familien friedlich nach der Arbeit beisammen, und am Flußufer standen regungslos die Angler und versuchten ihr Glück – eine Stimmung, die mit den uns bevorstehenden dramatischen Gesprächen kaum zu vereinbaren war.

Am nächsten Morgen trafen wir im Haus von Louis Mangin am Montparnasse zusammen. Mangin war politischer Berater und enger Vertrauter des Verteidigungsministers Bourges-Maunoury. Es herrschte eine Art „Vorabend des Krieges"– Stimmung. Der französischen Delegation gehörten neben Außenminister Christian Pineau und Bourges-Maunoury auch ein leitender Beamter des Verteidigungsministeriums, Abel Thomas, und der Stellvertretende Generalstabschef der Luftwaffe, General Challe, an.

Pineau eröffnete die Sitzung mit einem klaren und anschaulichen Situationsbericht. Nassers Verstaatlichung des Suezkanals stelle Frankreich vor die Notwendigkeit, gegen Ägypten militärisch vorzugehen, sagte er. Die Vereinigten Staaten seien dagegen, weil sie jeden störenden Einfluß auf ihre gemeinsam mit der Sowjetunion unternommenen Friedensbemühungen vermeiden wollten. Dulles habe aber nicht erkannt, daß die Russen diese amerikanische Haltung rücksichtslos ausnutzten und ihre eigene Position in Ägypten mittlerweile immer weiter ausbauten. Es sei bereits so weit, daß die sowjetische Marine die Lotsen für den Suezkanal stelle.

Die Franzosen, sagte er, sahen Mitte Oktober als günstigsten Zeitpunkt für den Beginn militärischer Operationen an. Bis dahin würde das Mittelmeer relativ ruhig sein, später sei mit stürmischer See zu rechnen. Außerdem hielt er es für ratsam, die Aktion vor den amerikanischen Präsidentschaftswahlen anlaufen zu lassen. Pineau war der Ansicht, daß Präsident Eisenhower dem amerikanischen Wähler gegenüber nicht als ein Mann auftreten wolle, der an einem Übereinkommen mit den Russen so interessiert sei, daß er bereit wäre, dafür seine Alliierten, Großbritannien und Frankreich, im Stich zu lassen.

Der französische Außenminister mußte am selben Tag noch nach New York fliegen, um dort an den Sitzungen des UN-Sicherheitsrates teilzunehmen, von denen er erwartete, daß sie langwierig und kompliziert sein würden. Dag Hammarskjöld, der Generalsekretär der Vereinten Nationen, trug sich mit dem Plan, einen Ausschuß ins Leben zu rufen, der zwischen Ägypten und den Westmächten vermitteln und aus Vertretern Großbritanniens, Frankreichs, der Sowjetunion und eines asiatischen Staates bestehen sollte. Pineau sah darin einen Kunstgriff, der auf die Kapitulation des Westens abzielte, und war auch bereit, sein Veto gegen diesen Antrag einzulegen.

Obschon Pineau sich nicht allzuviel davon versprach, wollte Frankreich versuchen, Großbritannien davon zu überzeugen, daß nur gemeinsame militärische Maßnahmen Aussicht auf Erfolg hätten. Anthony Eden mochte zwar bereit sein, aktiv einzuschreiten, aber die Beamten des Foreign Office zogen es vor, sich passiv zu verhalten und auf ein Wunder zu hoffen. Pineau schlug deshalb den Anwesenden vor, die Möglichkeiten einer französisch-israelischen Aktion zu untersuchen. Er wolle aber, so sagte er, unter keinen Umständen den Eindruck erwecken, als verlange er von Israel, bei der Lösung rein französischer Probleme mitzuhelfen. Israel würde Maßnahmen gegen Ägypten ergreifen, um seine eigenen lebenswichtigen Interessen zu wahren. Frankreichs und Großbritanniens militärisches Eingreifen hingegen sei als Erwiderung auf die Verstaatlichung des Kanals anzusehen. Pineau erinnerte in diesem Zusammenhang an den anglo-ägyptischen Vertrag vom Vorjahr, der Großbritannien das Recht zusprach, den Kanal im Kriegsfall militärisch zu besetzen. Ein Krieg zwischen Israel und Ägypten konnte demnach Großbritannien als legitimer Vorwand dienen, die Kanalzone wieder unter seine Kontrolle zu bringen.

Dessenungeachtet wollte Pineau von uns wissen, ob wir uns gemeinsam mit Frankreich an einer Militäraktion gegen Ägypten beteiligen würden, falls Großbritannien ein britisch-französisches Unternehmen ablehnen sollte. Wenn ja, dann würde Frankreich uns militärisch und politisch in vollem Ausmaß unterstützen und auch im Sicherheitsrat vorbehaltlos sein Veto zu Gunsten Israels einlegen. Für den Fall, daß Großbritannien sich tatsächlich zurückzöge, standen, laut Pineau, zwei Möglichkeiten für eine französisch-israelische Zusammenarbeit offen. Entweder konnte Israel, allerdings mit französischer Waffenhilfe, das Unternehmen einleiten, wobei Frankreich im späteren Verlauf der Kampfhandlungen eigene Truppen entsenden würde, oder die Aktion konnte von israelischen und französischen Streitkräften gemeinsam eröffnet werden.

Pineau beendete seine Ausführungen nach etwa 45 Minuten. Dann legte unsere Delegation die israelische Stellungnahme vor. Die wichtigsten Punkte waren:

1. Wir schlossen uns der französischen Auffassung an, daß es nunmehr unmöglich sei, normale Beziehungen mit Nasser auf diplomatischem Wege wiederherzustellen. Wir hatten daher keine andere Wahl, als militärisch gegen ihn vorzugehen.

2. Wir sahen Frankreich als befreundete und mit uns verbündete Nation an und waren rückhaltlos bereit, an gemeinsamen Unternehmungen teilzunehmen.

3. Falls Großbritannien sich an der Aktion nicht beteiligte, wollten wir uns seiner Haltung uns gegenüber vergewissern: Im Falle eines jordanischen Angriffs auf Israel oder einer israelischen Besetzung des Westufers des Jordan als Antwort auf den Einmarsch irakischer Truppen in Jordanien, würde Großbritannien vertragsmäßig Jordanien Hilfe leisten? In einer solchen Situation würden wir mit den Franzosen gegen Ägypten kämpfen und die Briten gleichzeitig auf der Seite Jordaniens und des Irak gegen uns.

4. Selbstverständlich war auch die Haltung der Vereinigten Staaten von Interesse. Während unseres Unabhängigkeitskrieges hatten die Vereinigten Staaten ein Waffenembargo gegen den Nahen Osten ausgesprochen. Sie mochten jetzt ein Wirtschaftsembargo verhängen, was uns in ernste Bedrängnis bringen würde.

5. Und die Sowjetunion: Würden sowjetische Truppen nach Ägypten entsendet werden, um Nasser zu unterstützen?

Die Franzosen wollten sich mit ihren Antworten nicht festlegen. Über derartige Fragen ließen sich bestenfalls Mutmaßungen anstellen; genaue Informationen lägen in keinem Fall vor. Je kürzer der Krieg, desto geringer die Möglichkeit einer direkten sowjetischen Intervention. Wir sollten jedoch nicht außer acht lassen, daß die in Ägypten stationierten polnischen und tschechischen Luftwaffeninstrukteure im Krieg gewiß als Piloten eingesetzt werden würden. Was die Vereinigten Staaten betraf, so waren die Franzosen der Ansicht, daß Dulles an seiner Politik der „no action“ festhalten werde. Es wäre daher klüger, wenn weder Frankreich noch Israel ihn daraufhin ansprächen. Auf Andeutungen, daß Israel in der Suezaffäre möglicherweise intervenieren würde, habe Dulles gesagt: „Schon gut; aber dann nicht vor Jahresende“, das bedeutete: nicht vor den amerikanischen Präsidentschaftswahlen.

Die Franzosen meinten, daß britische Militärmaßnahmen gegen Israel nicht zu erwarten seien; es sei denn, Israel griffe Jordanien an. Während der jüngsten Zwischenfälle an der israelisch-jordanischen Grenze habe Eden angeblich gesagt: „Schade, daß es nicht die Grenze mit Ägypten war."

Im Verlauf des Gesprächs zeigte sich, daß Frankreich nicht über die nötigen Bombenflugzeuge verfügte. Wenn Großbritannien sich also nicht beteiligte, mochte der Feldzug selbst dann mißlingen, wenn die ägyptischen Flugzeuge zerstört waren. Die Luftwaffenstützpunkte bei Kairo und weiter westlich würden unter diesen Umständen intakt bleiben, und die Ägypter könnten die Kämpfe mit Ersatzmaschinen fortsetzen. Aus diesem und anderen Gründen empfahlen Pineau und General Challe neuerlich, daß Israel die Aktion einleiten solle, um damit Großbritannien, wenn auch zu einem späteren Zeitpunkt, zur Teilnahme zu bewegen. Aber auch wenn eine gemeinsame britisch-französische Aktion zustandekäme, solle Israel sich im weiteren Verlauf beteiligen und die Halbinsel Sinai östlich von Suez besetzen. Dadurch würde ein Großteil der ägyptischen Armee gebunden werden, und die Gebietsgewinne würden Israel bei der Grenzziehung nach Kriegsende zugutekommen. Wenn darüber hinaus die Straße von Tiran in israelischen Besitz überginge, könnte Israel eine Pipeline von Eilat zum Mittelmeer legen und den Suezkanal als Ölroute umgehen.

Der französische Außenminister erwartete die endgültige Antwort Großbritanniens für Mitte Oktober zum Abschluß der Sitzungen des Sicherheitsrates. Solange die britische Entscheidung nicht vorlag, konnte Frankreich seine Pläne für das Suez-Unternehmen selbstverständlich nicht fertigstellen.

Über den politischen Teil dieses Sondierungsgesprächs war ich nicht allzu glücklich. Es herrschte einzig und allein Klarheit darüber, daß die Lage unklar war und bis zum Ende der Sicherheitsratsdebatte unklar bleiben würde. Diese Ungewißheit trug nicht nur zu unseren politischen Sorgen bei, sie setzte uns auch unter psychischen Druck und schuf auf militärischem Gebiet zusätzliche Probleme. Je länger eine definitive politische Entscheidung auf sich warten ließ, desto schwerer war es, sinnvolle militärische Vorbereitungen zu treffen. Und wenn dann das Startsignal endlich erfolgte, würde die Zeit reichlich knapp sein. War es uns unter solchen Umständen überhaupt möglich, das von uns Verlangte auch wirklich zu erfüllen?

Wir mußten zugeben, daß die britische Teilnahme für das Gelingen des Unternehmens von entscheidender Bedeutung war. Politisch gesehen, würde es Frankreich in der Tat schwerfallen, nur auf sich gestellt dem Druck der Vereinigten Staaten und der Sowjetunion standzuhalten. Militärisch gesehen, müßte Frankreich im Falle eines Alleingangs auf einen wichtigen Vorteil – nämlich die britischen Bombenflugzeuge – verzichten.

Die Franzosen hatten unter der britischen Verzögerungstaktik zu leiden; wir aber, darüber hinaus, unter der britischen Heuchelei. Einerseits wollte Großbritannien seinen guten Ruf in der arabischen Welt durch eine militärische Partnerschaft mit Israel auf keinen Fall aufs Spiel setzen; andererseits bot der israelisch-arabische Konflikt die willkommene Gelegenheit, britische Aktionen gegen Ägypten zu rechtfertigen. Vom britischen Standpunkt war ein israelischer Angriff auf Ägypten am wünschenswertesten. Großbritannien würde Ägypten zu Hilfe kommen und die israelischen Streitkräfte vertreiben, und wenn sich die britischen Truppen im Gebiet von Suez einmal festsetzten, würden sie einfach bleiben und die Kontrolle über den Kanal wieder ausüben. In einem solchen Fall, davon war das Foreign Office überzeugt, konnte Großbritannien weder als antiarabisch noch als Aggressor betrachtet werden. Die Briten brauchten und benutzten daher Frankreich nur als eine Art isolierter Verlängerungsschnur zu uns; so konnten sie von uns verlangen, was sie wollten, und waren gleichzeitig selbst zu keinerlei Kontakten mit uns verpflichtet.

Das Mittagessen nahmen wir im Hause Mangins ein. Es herrschte eine lebhafte, beinahe fröhliche Atmosphäre, ganz im Gegensatz zu dem Ernst der stattgefundenen Gespräche. In Frankreich macht eben selbst die hohe Politik vor gutem Essen und gutem Rotwein halt.

Am Nachmittag nahmen wir die Gespräche wieder auf und wandten uns den militärischen Aspekten zu. Die Franzosen ließen durchblicken, daß sie immer noch auf eine Teilnahme Großbritanniens hofften. Es schien jedoch ratsam, Pläne für ein französisch-israelisches Unternehmen auszuarbeiten, also davon auszugehen, daß Großbritannien entweder überhaupt nicht oder bestenfalls zu einem späteren Zeitpunkt mitmachen würde. Der vorliegende Plan „Musketeer", eine britisch-französische Operation, müßte geändert oder überarbeitet werden, um der Teilnahme Israels anstelle Großbritanniens Rechnung zu tragen. Den Möglichkeiten der französischen Streitkräfte waren in verschiedener Hinsicht Grenzen gesetzt; insbesondere mangelte es ihnen an Stützpunkten, von denen Luftangriffe auf feindliche Nahziele ausgehen müßten.

An unseren Plänen zeigten die Franzosen recht großes Interesse; über ihre eigenen schienen sie nicht so gerne sprechen zu wollen. Vielleicht fühlten sie sich weiterhin an die Briten gebunden, oder sie hatten die Pläne noch nicht im Detail ausgearbeitet.

Für den darauffolgenden Tag wurde eine Besprechung mit dem französischen Generalstabschef angesetzt. Ferner wurde beschlossen, daß eine französische Abordnung uns nach Israel zurückbegleiten würde, um die Verwendbarkeit unserer Luftwaffenstützpunkte für die Flugzeuge der Franzosen zu überprüfen.

Am Morgen des 1. Oktober trafen wir im Hause Mangins mit dem französischen Generalstabschef, General Paul Ely, zusammen. Da nur militärische Fragen zur Debatte standen, vertrat ich Israel als einziges Delegationsmitglied bei diesem Gespräch; in meiner Begleitung befanden sich einige Offiziere, die unserem Militärattaché in Paris unterstellt waren. Auf französischer Seite wohnten der Sitzung General Ely, General Challe und dessen Stellvertreter, General Martin, bei, sowie Oberst Simon, der Chef der Planungsabteilung, ein Marineoffizier und Mangin.

Die Besprechung sollte zwar in erster Linie dem Informationsaustausch und der Klärung technischer Einzelheiten dienen, aber mir lag mehr daran, den französischen Generalstabschef in seiner Überzeugung zu bestärken, daß das Unternehmen auch ohne britische Beteiligung zu einem militärischen Erfolg führen konnte. Zu Beginn ersuchten die Franzosen uns um Auskunft über die ägyptische Truppenstärke. Wir nannten die uns bekannten Ziffern. Sie schienen mit ihren geheimdienstlichen Informationen übereinzustimmen. Dann kamen sie auf den gemeinsamen Einsatzplan zu sprechen und fragten, was, meiner Ansicht nach, von der israelischen Armee erwartet werden könne und welchen Beitrag die Franzosen ihrerseits leisten sollten.

Ich sagte, daß wir für die Aktion an der ägyptischen Front sechs bis acht Infanterie- und Panzerbrigaden einsetzen konnten; dazu etwa siebzig Kampfflugzeuge vom Typ Mystère, Ouragan und Meteor. Das sei zwar keine große Armee, sagte ich, aber ich sei davon überzeugt, sie könne einen Land- und Luftkrieg gegen Ägypten gewinnen – ohne britische Hilfe, ja selbst ohne Hilfe der Franzosen. Zum Kapitel Waffenlieferungen sagte ich, es mangle uns gewiß an Ausrüstung, und wir hätten auch eine entsprechende Liste mitgebracht. Frankreich könne uns aber noch viel mehr helfen, wenn es gleichzeitig und gemeinsam mit uns die Operation durchführte. Die Franzosen wollten wissen, ob wir uns über die Aufteilung der Frontabschnitte Gedanken gemacht hätten. Ich sagte, unsere Landstreitkräfte würden östlich des Suezkanals operieren; ebenso unsere Luftwaffe, der allerdings zusätzliche Ziele zugedacht seien. Die französischen Streitkräfte sollten die Kanalzone besetzen und die ägyptischen Flughäfen westlich des Kanals außer Gefecht setzen. Die ägyptischen Luftstützpunkte stellten wegen der dort stationierten ausländischen Piloten und Techniker ein Problem besonderer Art dar. Blieben die Flugzeuge und Flugfelder intakt, dann konnten zusätzliche Piloten aus der Tschechoslowakei und aus Polen eingeflogen werden. Soweit uns bekannt, verfüge die ägyptische Luftwaffe derzeit über 150 MIG-Jäger und etwa 40 Bombenflugzeuge vom Typ Iljuschin.

Die Flottenoperationen sollten – so mein Vorschlag – in zwei Aufgabengebiete aufgeteilt werden: Wir würden die Verantwortung für den Schutz der israelischen Küste übernehmen, und die Franzosen sollten sich der ägyptischen Flotte annehmen. (Wir selbst besaßen damals noch keine U-Boote.) Wir betrachteten die Aktion gegen Ägypten in erster Linie als einen Landkrieg. Unsere Flotte hatte lediglich die Aufgabe, unsere Kampftruppen über das Rote Meer zu transportieren und unsere Mittelmeerküste zu schützen.

Als ich sagte, daß wir unsere Operationen auf das Gebiet östlich von Suez beschränken würden, fragten die Franzosen, ob ich nicht die Absicht hätte, einen Brückenkopf auf dem Westufer des Kanals einzurichten. Ich verneinte. Ich wurde zunächst aus dieser Frage nicht klug; aber der Zusammenhang wurde mir schnell klar: Es ging um Kairo. Ely hatte schon vorher nach meinen Vorstellungen von der Schlußphase der Operation gefragt und zugleich, ob man Kairo nicht etwa doch besetzen solle. Ich sagte, das sei eine brisante politische Frage. Ich sei persönlich der Meinung, eine Besetzung würde zu schweren politischen Komplikationen führen, die man möglichst vermeiden solle.

Zu einer detaillierten Darstellung ihrer Pläne schienen die Franzosen nicht bereit. Sie sagen lediglich, daß man für das britisch-französische Unternehmen vier Infanteriedivisionen und schwere Luftangriffe auf die ägyptischen Flughäfen vorgesehen hatte. Das Ziel der Operation sei die Besetzung der Kanalzone.

Zusammenfassend stellten sie fest, daß sie den israelischen Plan für durchführbar hielten und daß er es Frankreich ermöglichen werde, seine Ziele auch ohne britische Beteiligung zu erreichen. Sie versicherten mir, daß auch der französische Plan unsere Zustimmung finden werde.

Ich übergab den Franzosen eine Liste; sie beinhaltete Panzer, Schützenpanzer, Laster mit Vierradantrieb, Panzerabwehrkanonen und Transportflugzeuge. Sie schienen davon überrascht, wie klein und veraltet unser Arsenal war, und vor allem davon, daß die sogenannten „Sollstärken" der vergleichbaren französischen Truppeneinheiten etwa viermal höher waren als die unseren. Ich sagte, wir würden die Halbinsel Sinai trotzdem erobern können. Das Vorhandene würde ausreichen; das Fehlende würden wir nicht missen. Gäbe es keine zusätzlichen Panzer, dann würden wir auf Jeeps und Spähwagen mit Raketenbestückung zurückgreifen. Mehr als alles andere brauchten wir für den Betrieb in der Wüste geeignete Fahrzeuge. Ob wir viel Mühe mit den ägyptischen Panzern haben würden, konnte ich nicht sagen; mit der Wüste auf jeden Fall. Wenn wir Truppen, Munition und andere Versorgungsgüter nach Sharm el-Sheikh bringen wollten – ohne geeignete Transportmittel war das nicht möglich.

Bei der Festlegung des genauen Zeitpunktes sei es wichtig, zu bedenken, daß die israelische Armee zum Großteil auf Reservisten angewiesen sei, die sehr schnell mobilisiert werden können, aber für eine allgemeine Mobilmachung benötigten wir dennoch fünf bis sieben Tage. Wenn man den französischen Zeitplan unseren Berechnungen zugrundelegte – Ende der Sicherheitsdebatte am 12. Oktober, endgültige politische Entscheidung am 15. –, dann könne die israelische Armee am 20. Oktober einsatzbereit sein.

Die Sitzung ging mit gegenseitigen Freundschaftsbeteuerungen zu Ende, und ich kehrte in mein Hotel zurück, um nachzudenken.

Über einen wichtigen Faktor war man sich im französischen Lager noch nicht im klaren: über den Beginn der Operation. Die Franzosen waren der Ansicht, daß sie in den Augen der übrigen Welt ein militärisches Unternehmen nur wegen der Verstaatlichung des Kanals durch Ägypten nicht rechtfertigen könnten. Die Briten und Franzosen mochten einen Vorwand benötigen – wir nicht. Es gab Gründe genug, berechtigte Gründe, gegen Ägypten einzuschreiten: die ägyptische Blockade der Straße von Tiran; die Truppenkonzentrationen auf der Halbinsel Sinai, die Vorbereitungen auf eine Invasion Israels und schließlich die wiederholte Erklärung, daß der Kriegszustand zwischen Ägypten und Israel weiterbestehe. Auch über die Endziele und über den strategischen Sinn der Operation waren wir uns im klaren. Wir hatten die Absicht, die Halbinsel Sinai zu besetzen und die Ägypter zu vertreiben. Damit wäre der freie Schiffsverkehr nach Eilat sichergestellt, die unmittelbare Bedrohung Israels durch die ägyptische Armee beseitigt und den vom Gazastreifen ausgehenden Terrorüberfällen ein Ende gesetzt.

Auch uns wäre ein neues ägyptisches Regime, mit dem wir nach der Aktion in Frieden zusammenleben könnten, wünschenswert, aber wir betrachteten einen solchen Machtwechsel nicht wie Großbritannien und Frankreich als wesentliches Ziel der militärischen Aktionen. Mit der Besetzung der Halbinsel Sinai würden wir unser Ziel erreichen, auch wenn Nasser an der Macht blieb.

Ich konnte verstehen, daß Ben Gurion zögerte, als er von dem britisch-französischen Ansinnen erfuhr, wir sollten die Kampfhandlungen einleiten und die beiden Mächte damit von ihren Sorgen über den „Stapellauf" befreien. Es sprach schließlich eine Reihe politischer und militärischer Überlegungen dagegen. Andererseits bot sich hier die kaum wiederkehrende Gelegenheit, gemeinsam mit Frankreich – möglicherweise auch mit Großbritannien – einen Schlag gegen Ägypten zu führen. Es war, meiner Meinung nach, an uns, außerordentliche Anstrengungen zu machen, um diese einmalige Chance nicht zu verspielen.

Zusammen mit den Vertretern Frankreichs flogen wir am 1. Oktober vom Militärflughafen Villacoublay ab und kamen am folgenden Tag in Israel an.

Neben der Inspektion der Flughäfen hatten die Franzosen eine Reihe weiterer Fragen zu klären: Dringlichkeit unseres Bedarfs an Ausrüstungsgegenständen, Zulieferungsmöglichkeiten und Fähigkeit unserer Armee, das Material zeitgerecht zum Einsatz zu bringen. Ferner sollte die Delegation unsere Einsatzpläne auf ihre Durchführbarkeit hin prüfen.

Nach unserer Rückkehr erstatteten meine Kollegen und ich dem Ministerpräsidenten sofort Bericht. Die französischen Delegierten trafen mittlerweile mit einem von uns eigens für diesen Zweck gebildeten Ausschuß zusammen, dem je ein Generalstabsoffizier der drei Waffengattungen angehörte. Abends, im Hauptquartier, erfuhr ich, daß in der Materialfrage praktische Fortschritte erzielt worden waren. Die Franzosen waren nach eingehenden Besprechungen zu der Überzeugung gelangt, daß die Lieferungen rasch erfolgen sollten. Am späteren Abend zeigten sie uns ein an den französischen Verteidigungsminister und den Generalstabschef gerichtetes Kabel mit der dringenden Empfehlung, uns eine Anzahl von Bren-Schützenpanzern, Panzern, Lastern mit Allradantrieb, Panzerbegleitfahrzeugen und Tankwagen zum Transport von Flugzeugtreibstoff zur Verfügung zu stellen. Sie hatten sich offenbar zu unserer Ansicht bekehren lassen, daß Mobilität in der Wüste unser Hauptproblem war. Daß wir die ägyptische Armee besiegen konnten, bezweifelten sie anscheinend ohnehin nicht.

Noch am selben Abend rief ich den Generalstab zusammen. Ich informierte die Anwesenden, daß ein gemeinsames Unternehmen mit Frankreich, möglicherweise auch mit Großbritannien, gegen Ägypten bevorstand, daß aber die Regierungen der betroffenen Länder noch keine endgültige Entscheidung getroffen hatten. Aller Voraussicht nach würden die Feindseligkeiten in 18 Tagen, am 20. Oktober, beginnen und das gesamte Unternehmen in etwa drei Wochen abgeschlossen sein. Es sei zu erwarten, daß unsere Verbündeten die ägyptischen Flughäfen bombardieren und die Kanalzone besetzen würden. Unsere Aufgabe sei es, die Halbinsel Sinai zu erobern. Wir müßten uns darauf gefaßt machen, daß sich andere arabische Staaten an den Kampfhandlungen beteiligen würden; die Grenzen mit Syrien und Jordanien seien daher abzusichern. Wir würden die Mobilmachung unserer Reservisten zu diesem Zeitpunkt allerdings noch nicht anordnen, diese Maßnahme jedoch inzwischen vorbereiten. Ich ordnete an, sämtliche Offiziere, die sich auf Ausbildungskursen im Ausland befanden, zurückzubeordern, damit sie am Krieg teilnehmen konnten. Sie würden hier mehr lernen als auf irgendeiner Militärakademie, und außerdem wollten sie sicher gerne mit dabei sein. Um den wahren Zweck dieser Vorbereitungen zu verschleiern, sollte von einer Gegenmaßnahme in Zusammenhang mit dem möglichen Einmarsch irakischer Truppen in Jordanien gesprochen werden.

Am nächsten Morgen, dem 3. Oktober, erhielt ich eine Denkschrift des

Ministerpräsidenten. Diese Zusammenfassung seiner Überlegungen zu dem „Plan" unterschied sich durch ihre zurückhaltende und vorsichtige Sprache von seiner anfänglichen Beurteilung der Pariser Gespräche. Es war mir bekannt, daß Ben Gurion sich inzwischen mit einigen Regierungsmitgliedern beraten hatte, die ihrerseits Bedenken äußerten. Wenn man von der Voraussetzung ausging, daß Großbritannien sich an dem Unternehmen nicht beteiligte, so hieß es in Ben Gurions Memorandum, dann befand sich Israel in ernster Gefahr: Unsere Städte konnten bombardiert werden. Wenn nämlich die ohnedies schwächere französische Bomberflotte nicht von Zypern, sondern von Israel aus operierte, würde Israel unweigerlich zum Hauptziel der ägyptischen Luftangriffe werden.

Ben Gurion nahm den Plan weder ausdrücklich an, noch wies er ihn zurück. Er meinte lediglich, man müsse den Franzosen klar und deutlich sagen, welche ernsten Folgen sich für Israel ergeben könnten.

Mir war nicht ganz klar, was er damit bezweckte. Schließlich gaben ja auch die Franzosen einer gemeinsamen Aktion mit Großbritannien den Vorzug. Der Plan für das französisch-israelische Unternehmen war ja nur deshalb aufgekommen, weil es keine andere Möglichkeit gab. Wenn Ben Gurion sich so verhielt, dann standen die Chancen für eine Militäraktion denkbar schlecht.

Für den Vormittag war die französische Delegation beim Ministerpräsidenten angemeldet. Vor dieser Sitzung führten Shimon Peres und ich ein Gespräch mit Ben Gurion. Er machte einen besorgten, keineswegs enthusiastischen Eindruck auf uns und trug sich sogar mit dem Gedanken, sofort an Guy Mollet, den französischen Ministerpräsidenten, zu schreiben und seine Zweifel über das gesamte Unternehmen anzumelden. Ich bat ihn, es nicht zu tun und abzuwarten, bis die französische Delegation ihren Besuch beendet und ihre Empfehlungen bekanntgegeben hatte. Es wäre zu diesem Zeitpunkt sicherlich leicht gewesen, den Kampfgeist der französischen Regierung zu dämpfen; aber wieviel schwerer würde es sein, ihn später wiederzubeleben!

Ich sagte zu Ben Gurion, ich hielte seine Besorgnis für unangebracht und seine Einschätzung der Fähigkeiten der ägyptischen Luftwaffe für übertrieben. Ich neigte zu der Ansicht, daß die französische Luftwaffe, auch ohne britische Unterstützung, durchaus in der Lage war, der ägyptischen Luftwaffe entscheidende Verluste zuzufügen. Etwaigen ägyptischen Luftangriffen auf Israel, die danach noch erfolgten, würde unsere Luftwaffe bestimmt entgegentreten, auch wenn sie inzwischen an Stärke verloren hätte. Wenn Frankreich schon bereit sei, gemeinsam mit uns in den Krieg zu ziehen, dann wäre es höchst unklug, sein Angebot auszuschlagen und sich damit zu begnügen, auf einsamem Posten allein weiterzukämpfen.

Im Gespräch mit Ben Gurion erklärten die Franzosen, daß Frankreich immer noch auf Benutzung der britischen Luftstützpunkte auf Zypern hoffe, auch dann, wenn Großbritannien sich an dem Unternehmen nicht beteilige. Erst wenn Zypern nicht in Frage komme, würden sie israelische Flughäfen benutzen wollen.

Im ganzen Verlauf der Unterredung traten die Differenzen zwischen Ben Gurion und den Franzosen klar zu Tage. Ben Gurion war dagegen, die Operation in Gang zu setzen, bevor klar vorauszusehen war, wie die Dinge sich weiterentwickeln würden. Die Franzosen sprachen sich für eine Sofortaktion aus, obschon sich nicht überblicken ließ, welche Probleme sich daraus ergeben könnten. Sie fanden, es wäre am schlimmsten, überhaupt nichts zu tun. Außerdem zeigten sie sich, im Gegensatz zu Ben Gurion, weiterhin optimistisch, was die Teilnahme Großbritanniens betraf. Am Nachmittag kehrten wir nach Tel Aviv zurück und hielten abschließende Besprechungen mit der französischen Delegation. Der Vertreter der französischen Luftwaffe hatte unsere Flughäfen inspiziert. Er fand lobende Worte über den Stand unserer Luftwaffe und war auch überzeugt, daß der gewünschte Grad an Zusammenarbeit erzielt werden könne. Wir stellten dann eine Liste des zusätzlichen Materials zusammen, das unsere Luftwaffe zur Versorgung der französischen Flugzeuge benötigte, und erzielten anschließend einen Kompromiß über den Umfang der französischen Militärhilfe für unsere Infanterie- und Panzereinheiten.

Die französischen Besucher waren, nach eigener Aussage, von der Organisation und Routine unserer Streitkräfte beeindruckt. Sie waren daher auch zuversichtlich und meinten, daß Israel sicherlich die Rolle Zyperns einnehmen könne, ohne daß die Wirksamkeit des Einsatzes französischer Streitkräfte dabei beeinträchtigt werden würde.

Wir gingen dann zu einer Grundsatzbesprechung über. Die Franzosen fanden unseren Plan gut, aber etwas zu ehrgeizig. Vor allem unsere Luftwaffe, aber auch unsere Infanterie, die Panzer und die erste Angriffswelle der Fallschirmjäger würden schweren Belastungen ausgesetzt sein.

Ich bat sie, die Dinge aus unserer Sicht zu betrachten. Das mußte ihnen als Ausländern zwar schwerfallen, aber sie sollten es zumindest versuchen. Für uns stand jedenfalls fest, daß die Schnelligkeit über Erfolg oder Mißerfolg entscheiden würde, und zwar nicht nur vom politischen, sondern auch vom rein militärischen Standpunkt aus. Denn nur so wäre es uns möglich, unsere Vorteile gegenüber den Ägyptern auch wirklich zu nutzen. Die Ägypter, sagte ich, halten sich immer genau ans Reglement. Sie legen ihre Kommandostäbe weit nach hinten in die Etappe. Angenommen, sie müssen eine neue Verteidigungslinie aufziehen, eine Änderung des Angriffsziels vornehmen oder Truppenbewegungen einleiten, die im Originalplan nicht vorgesehen sind – für derartige Umdispositionen brauchen sie gewöhnlich viel Zeit.

Wir hingegen sind gewöhnt, schneller zu handeln, anpassungsfähiger zu sein und nicht am Buchstaben festzuhalten. Unsere Kommandanten befinden sich an Ort und Stelle, bei der kämpfenden Truppe. Sie können ihre Befehle augenblicklich erteilen und sich auf plötzliche Veränderungen an der Front sofort einstellen. Diesen ganz besonderen Vorteil müssen wir ausnützen. Jeder Stoßkeil wird auf ein bestimmtes Ziel gerichtet sein, und die Truppen werden die Kampfhandlungen erst einstellen, wenn sie ihr Ziel erobert haben. Diese Taktik mag zwar nicht auf jede Operation anzuwenden sein. Für diese aber halte ich sie für richtig und durchführbar, und außerdem kommt sie dem besonderen Charakter der israelischen Armee und ihrer Kommandanten entgegen. Die erste Stufe unseres Planes sieht den Absprung von Fallschirmjägern in der Nähe der endgültigen Angriffsziele vor. Ihr Auftrag wird es sein, sagte ich, die Zufahrtswege zu blockieren, auf denen ägyptische Verstärkungen herangeschafft werden könnten, und taktisch wichtige, das Terrain beherrschende Stellungen zu besetzen. Sie werden dort etwa 48 Stunden aushalten müssen, bis die Hauptmacht sich zu ihnen durchgekämpft hat.

Die Franzosen hörten sich unsere Erklärungen an und gaben ihrer Hoffnung Ausdruck, wir würden diesen ehrgeizigen Plan auch wirklich ausführen können. Sie hätten aber einen so günstigen Eindruck von unserer Armee gewonnen, daß sie fast geneigt seien, daran zu glauben.

Obwohl wir uns auf dieser Sitzung mit militärischen Fragen zu beschäftigen hatten, kamen unweigerlich auch die politischen Aspekte zur Sprache. Wie in Paris und bei der Unterredung mit Ben Gurion ging es auch jetzt wieder um die Frage, wie das Unternehmen beginnen und wie es enden sollte. Ich sagte hiezu, wir gingen von der Annahme aus, daß die französischen Bodentruppen die Aktion gleichzeitig mit uns in Gang setzen würden. Die Franzosen wollten wissen, ob ich einen Simultanangriff dieser Art vom militärischen Standpunkt aus für unbedingt erforderlich halte. Ich sagte darauf, daß Nasser gezwungen wäre, einer französischen Landung an der ägyptischen Küste einen beträchtlichen Teil seiner Streitkräfte entgegenzuwerfen. Damit würden seine Truppen auf der Halbinsel Sinai geschwächt. Das sei nicht nur aus militärischer, sondern auch aus politischer Sicht außerordentlich wichtig. Es sei nämlich anzunehmen, daß die arabischen Staaten, beispielsweise Syrien und der Libanon, und ebenso die Großmächte – die Vereinigten Staaten, die Sowjetunion und Großbritannien – auf einen israelischen Alleinangriff ganz anders reagieren würden als auf ein gemeinsames französisch-israelisches Unternehmen.

Die Franzosen stimmten mit dieser Beurteilung der Lage überein, gaben aber gleichzeitig zu bedenken, daß die Streitkräfte Frankreichs möglicherweise nicht am selben Tag wie die unseren zum Einsatz kommen würden. Sie stellten dann die gleiche Frage an mich, die Ben Gurion vorher an sie gestellt hatte und auf die auch seine Regierung eine Antwort verlangen würde: Was war zu tun, wenn ein erfolgreicher Abschluß des Unternehmens dennoch nicht zum Sturz Nassers und zur Einsetzung einer neuen Regierung in Kairo führte? Was, wenn Nasser einen Guerillakrieg anfinge? Bestand nicht die Gefahr, daß wir die Kampagne keineswegs leicht und rasch zu Ende führen, sondern in einen langanhaltenden Kleinkrieg hineingeraten würden?

Auf diese sehr ernsten Fragen gab es gewiß keine einfachen und klaren Antworten. Aber es waren letztlich Fragen, die uns mehr betrafen als die Franzosen. Ben Gurion hatte sie aufgeworfen, weil schließlich er es war, der die schicksalsschwere Entscheidung zu treffen hatte, und weil er so gut wie ich wußte, daß eine politisch-militärische Niederlage das kleine, den Kinderschuhen eben erst entwachsene Israel bis zu den Grundfesten erschüttern konnte. Frankreich ging kein so großes Risiko ein. Gelang es den Franzosen nicht, ihre Ziele zu erreichen, mußten sie ihre Truppen irgendwann einmal abziehen – ihre Existenzgrundlage wäre damit nicht untergraben.

Ich konnte mich des Eindrucks nicht erwehren, daß die Franzosen die Frage nach dem Beginn und dem Ende der Operationen vorsätzlich miteinander verknüpften. Sie beharrten darauf, daß wir den Anfang machen sollten. Sie waren mit unserer Lage durchaus vertraut und wußten auch, daß ich entschieden für ein gemeinsames Unternehmen eintrat. Gerade darum mögen sie uns so eindringlich darauf hingewiesen haben, welche Zweifel im französischen Ministerrat über Sinn und Ziel des gesamten Unternehmens aufkommen konnten. Sie wollten uns offensichtlich dazu ermuntern, dem französischen Wunsch zu entsprechen und tatsächlich den Anfang zu machen.

Am 4. Oktober um zehn Uhr morgens traf ich mit Ben Gurion zusammen, berichtete über die abschließenden Gespräche mit der französischen Delegation und ersuchte um Genehmigung für die Fortsetzung unserer Vorbereitungen. Er schien entspannt und stimmte auch rasch meinem Vorschlag zu, die Plangespräche mit den Franzosen fortzusetzen, ohne einen Regierungsbeschluß abzuwarten, und das von uns erbetene französische Kriegsmaterial zunächst auf Leihbasis anzunehmen. Würde das Unternehmen abgeblasen, dann würden wir das Material entweder zurückgeben oder dafür bezahlen.

Kurz danach fand ein Gespräch zwischen Ben Gurion und einem Mitglied der französischen Delegation statt. Ben Gurion sagte, daß er im Falle einer auch nur geringfügigen französischen Präsenz westlich des Kanals einer längerdauernden Stationierung israelischer Truppen auf der Ostseite zustimmen würde. Beide waren sich einig, daß das Unternehmen keinesfalls ohne Wissen und stillschweigende Zustimmung Großbritanniens beginnen sollte.

Nach Beendigung der Gespräche kehrte die französische Delegation nach

Paris zurück. Ihr Besuch hatte zur Klärung einer Reihe von Einzelfragen wie auch zu einer Absprache über Maßnahmen für den Eventualfall geführt. Es konnte allerdings keine Einigung erzielt werden, wie und ob das Unternehmen in Gang gesetzt werden würde. Andererseits aber wurde beschlossen, daß die französische Militärhilfe sofort anlaufen sollte und daß die Generalstäbe der beiden Länder ihre Planung koordinieren würden, ohne die endgültige Entscheidung über das Unternehmen seitens ihrer Regierung abzuwarten. Nach Abschluß der Gespräche hatte Ben Gurion den Eindruck, daß das Unternehmen nicht stattfinden würde. Er schätzte die Chancen einer französischen Ratifizierung des Planes auf etwa 20:100. Ich war etwas zuversichtlicher.

Was auch immer sich anbahnte – oder auch nicht anbahnte –, wir mußten alle unsere Vorbereitungen so rasch und so dringlich wie nur möglich vorantreiben. Ich setzte unverzüglich Besprechungen mit den höchsten militärischen Befehlshabern an. Ich rief auch den Planungsstab zusammen, um Einzelheiten des Unternehmens noch einmal durchzusprechen. Mir schien, daß sich der Plan zu sehr auf Frontalangriffe und langsamen Vormarsch stützte. Ich wollte auch, daß die Fallschirmjägeraktion nicht, wie geplant, im Gebiet von El Arish, sondern an einem Punkt unweit des Kanals und zwar zur Stunde Null erfolgen sollte.

Am 8. Oktober hielt ich eine Generalstabsbesprechung ab und gab die nötigen Instruktionen aus. Unser Unternehmen auf der Halbinsel Sinai bekam den Codenamen „Kadesh"; denn bei Kadesh in der Wüste Sinai hatten die Kinder Israel ein letztes Mal gerastet, bevor sie ins Gelobte Land aufbrachen. Ich betonte den Generalstäblern gegenüber, daß es nicht unser Hauptziel war, die größtmögliche Anzahl feindlicher Soldaten zu töten, sondern einen Zusammenbruch der ägyptischen Streitkräfte herbeizuführen und ein Maximum an Waffen und Ausrüstung zu erbeuten. Die tief im Inneren des Feindgebietes liegenden Hauptangriffsziele müßten gleich zu Beginn von Marinelandungstruppen und Fallschirmjägereinheiten besetzt werden. Mittlerweile würden die Infanterie- und Panzerverbände rasch vorstoßen, die feindlichen Stellungen in den meisten Fällen umgehen und Frontalangriffe nur unternehmen, wenn es sich nicht vermeiden ließ. Ich verlangte unbedingte Geheimhaltung, da das Überraschungsmoment unser bester Verbündeter sein mußte.

Inmitten der fieberhaften Vorbereitungen für den Sinaifeldzug machten wir in der Nacht vom 10. auf den 11. Oktober einen dramatischen Angriff auf einen befestigten Polizeiposten der Arabischen Legion außerhalb von Kalkilia an der jordanischen Grenze. Es handelte sich um eine großangelegte Aktion, die eilig geplant, organisiert und durchgeführt werden mußte. Das Operationsziel wurde erreicht, aber wir erlitten schwere Verluste. Unter den

18 Toten und mehr als 50 Verwundeten befanden sich 22 Offiziere. Das Unternehmen wirkte sich allerdings ungünstig auf unsere Beziehungen zu Großbritannien aus.

Der unmittelbare Anlaß dieser Aktion war die Ermordung zweier israelischer Landarbeiter in einem Orangenhain an der Grenze bei Kalkilia am 9. Oktober durch ein jordanisches Terrorkommando. Einige Tage zuvor, am 4. Oktober, hatten arabische Terroristen fünf Arbeitern auf ihrem Wege zu einem Kaliwerk in Sodom aufgelauert und sie getötet. Da Ben Gurion zu diesem Zeitpunkt für wichtig hielt, daß Israel als Ankläger und nicht als Rächer vor der Welt dastehen solle, lehnte er eine Vergeltungsaktion ab. Die Jordanier aber legten unsere Zurückhaltung falsch aus; sie sahen darin ein Zeichen der Schwäche.

Die Terroristen von Sodom waren dieselben, die drei Wochen zuvor im Norden drei israelische Drusen ermordet hatten. Ihre Identität war uns bekannt. Wir fanden einen Weg, diese Information an König Hussein weiterzuleiten, damit sie vor ein jordanisches Gericht gestellt werden konnten. Die Attentäter saßen ohnehin bereits in einem jordanischen Gefängnis, wegen Schmuggels, und rühmten sich ganz offen ihrer Taten im Norden und bei Sodom. Als Antwort gab Hussein den Befehl zur sofortigen Freilassung der Terroristen.

Nach allem Vorangegangenen war es unmöglich, nun auch noch die Ermordung der Landarbeiter am 9. Oktober hinzunehmen. Ministerpräsident und Kabinett stimmten einer sofortigen Vergeltungsaktion zu. Wenige Stunden später überschritt eine eilig zusammengestellte Fallschirmjägereinheit die jordanische Grenze in Richtung Kalkilia.

Kurz vor Mitternacht, nach zweieinhalbstündigem Kampf gegen den erbitterten Widerstand der Arabischen Legion, wurde die Aktion erfolgreich beendet. Der Polizeiposten und die umliegenden Befestigungen wurden gestürmt und in die Luft gesprengt.

Eine zweite Einheit, die tief in jordanisches Gebiet eindrang und feindliche Versuche vereitelte, Verstärkung nach Kalkilia zu bringen, kam auf dem Rückweg nach Israel in schwere Bedrängnis. Sie wurde eingekesselt, hielt aber der feindlichen Überzahl stand, bis sie im Morgengrauen durch eine waghalsige Rettungsaktion befreit werden konnte.

Noch während diese Aktion im Gang war, traten politische Komplikationen auf. Der britische Konsul in Jerusalem informierte unser Außenministerium von einem Ersuchen König Husseins an den Oberbefehlshaber der britischen Streitkräfte im Nahen Osten, nach den Bestimmungen des britisch-jordanischen Beistandpaktes Einheiten der Royal Air Force zur Unterstützung der Arabischen Legion einzusetzen. Am nächsten Tag informierte der britische Geschäftsträger in Tel Aviv den Ministerpräsidenten, daß eine irakische Division im Begriff sei, in Jordanien einzumarschieren; falls Israel militärische Gegenmaßnahmen ergreife, würde Großbritannien Jordanien Hilfe leisten. Ben Gurions Antwort lautete, daß Israel gegen diesen irakischen Schritt protestiere und völlige Aktionsfreiheit für sich in Anspruch nehme.

Diese politischen Entwicklungen waren selbstverständlich in keiner Weise dazu angetan, die britisch-israelischen Beziehungen zu verbessern – und das zu einer Zeit, da von der Möglichkeit eines gemeinsamen Unternehmens gegen Ägypten die Rede war.

Das Unternehmen Kalkilia brachte mich zu der Überzeugung, daß wir diese Art von Vergeltungsschlägen in Hinkunft am Tag ausführen sollten, und zwar mit Panzern und Flugzeugen. Dann stünden unsere arabischen Nachbarn endgültig vor der Wahl, die Terrorakte entweder von sich aus zu unterbinden oder sich in offene Kampfhandlungen mit uns einzulassen. Bei schlagkräftigen Aktionen am Tage würden unsere Verluste an Soldaten nicht so hoch sein, und der betroffene arabische Staat wäre kaum in der Lage, sich über seinen Verlust an Prestige hinwegzutäuschen. Eine andere Möglichkeit sah ich darin, die jeweilige Grenze zu überschreiten, strategisch wichtige Positionen zu besetzen und ihre Freigabe von einer Unterbindung des Terrors abhängig zu machen.

14. Kapitel

Die französische Liaison II

Am Abend des 18. Oktober traf ein Kabel von Guy Mollet ein, in dem er Ben Gurion nach Paris einlud. Auch Ben Gurion hatte diesen Vorschlag nach Paris gekabelt. Die beiden Telegramme hatten einander gekreuzt. Offenbar fanden auch die Franzosen, daß die bestehenden Differenzen am ehesten durch ein Treffen auf höchster Ebene beigelegt werden konnten.

In einer vorangegangenen Aussprache mit unserem Militärattaché in Paris hatten die Franzosen angedeutet, sie zögen es vor, die Verhandlungen ohne britische Beteiligung aufzunehmen. Die Briten sollten dann zu einem entsprechenden Zeitpunkt hinzugezogen werden. Wir wollten am 21. Oktober abends nach Paris abfliegen.

Jetzt erfuhren wir auch Einzelheiten über die britisch-französischen Gespräche in Paris vom Vortag. Die Briten hatten den Franzosen eine kurze schriftliche Erklärung übergeben, die die Unterschrift Premierminister Edens trug, mit der Bitte, sie an uns weiterzuleiten. Sie meinten, daß sie mit dieser Erklärung unsere Bedenken zerstreuen und uns dazu bewegen könnten, das Unternehmen allein zu beginnen und den Kanal zu erreichen. Großbritannien und Frankreich (so hieß es in dem Schriftstück) stellen an Ägypten und Israel die Forderung, sich aus dem Gebiet des Suezkanals zurückzuziehen. Wenn eines der beiden Länder dieser Forderung nicht entspricht, werden britisch-französische Streitkräfte intervenieren, um den ungehinderten Schiffsverkehr durch den Kanal sicherzustellen. Dieser Absatz sollte Großbritannien und Frankreich die rechtliche, politische und moralische Grundlage für eine Invasion liefern.

Im zweiten Absatz hieß es, daß Großbritannien Ägypten in einem Krieg gegen Israel keinen Beistand leisten werde. Dies galt aber nicht für Jordanien, das mit Großbritannien durch einen Verteidigungspakt verbunden war. Dieser zweite Absatz war offenbar als Zusicherung Großbritanniens zu werten, seine Kanonen nicht auf uns zu richten, selbst wenn die Ägypter das verlangten.

Ben Gurion sah diese Deklaration selbstverständlich nicht als Grundlage für eine gemeinsame Aktion an. Er bestand darauf, daß wir nicht als Aggressor dastehen durften, während die Briten und Franzosen als die Friedensengel auftraten, die im Nahen Osten Ruhe und Ordnung wiederherstellten. Er war nicht bereit, eine Rollenverteilung zu akzeptieren, bei der Israel sich freiwillig an den Pranger stellen ließ, damit Großbritannien und Frankreich ihre Hände in Unschuld waschen konnten.

Ich sagte Ben Gurion, daß man die ganze Angelegenheit vielleicht aus ganz anderer Sicht betrachten müsse: Es sei evident, daß Großbritannien und Frankreich das Unternehmen ebensogut ohne uns durchführen konnten. Die 500 Kampfflugzeuge, die ihnen zur Verfügung standen, reichten völlig aus, um die ägyptische Luftwaffe auszuschalten. Dasselbe galt auch für ihre Land- und Seestreitkräfte. Was ihnen fehlte, war der Vorwand, und den konnten einzig und allein wir liefern. Damit allein konnten wir uns Zutritt zu dem „Suez-Klub" verschaffen.

Darüber hinaus sei unser Verhältnis zu Ägypten ein ganz anderes als das Großbritanniens oder Frankreichs. Nasser erklärte immer wieder, daß der Kriegszustand zwischen Israel und Ägypten weiterbestehe, und ließ auf diese Erklärungen auch immer wieder Taten folgen – die Blockade der Straße von Tiran und die Aktionen seiner Terroristen. Britische oder französische Interessen waren dabei zwar nicht im Spiel, aber wir waren gezwungen, unserer Armee von Fall zu Fall den Befehl zu geben, die Grenze zu überschreiten, wobei es natürlich des öfteren zu Zusammenstößen mit der ägyptischen Armee kam. Daher stimmte die britische Rechnung durchaus: Wir hatten es in der Hand, den Vorwand zu liefern. Wir hatten auch sorgfältig zu erwägen, welche Folgen eine Ablehnung des britischen Vorschlags haben würde. Wir liefen Gefahr, eine historische, sich niemals wieder bietende Gelegenheit zu versäumen. Dann würden wir den Konflikt mit Nasser weiterhin allein austragen müssen – ohne die Hilfe Großbritanniens und Frankreichs und auch ohne das Kriegsmaterial, das Frankreich uns im Rahmen des gemeinsamen Unternehmens zur Verfügung stellen würde. Militärisch und politisch gesehen, sei es daher mehr als fraglich, ob wir, auf uns selbst gestellt, etwa Sharm el-Sheikh erobern und den ungehinderten Schiffsverkehr nach Eilat sichern könnten. Und würden wir nicht gerade in einem solchen Fall als Aggressor gebrandmarkt werden und dem verstärkten Druck der Vereinigten Staaten und der Sowjetunion ausgesetzt sein? Ich war darum auch geneigt, den Rat Bourges-Maunourys zu befolgen und unsererseits Bedingungen nicht an die Eröffnung des Feldzugs zu knüpfen, sondern an seine Ergebnisse.

Ich war überzeugt, daß die Franzosen imstande sein würden, mit ihrer Flotte die Lage im Mittelmeer zu beherrschen und daß ihre Luftwaffe bei der Verteidigung von Haifa und Tel Aviv helfen werde. Unter diesen Voraussetzungen konnten wir dem vorgeschlagenen Plan gemäß vorgehen und den Feldzug eröffnen. Großbritannien und Frankreich mußten sich allerdings wenige Tage nach Kriegsbeginn anschließen und mit ihren Streitkräften die Kanalzone besetzen.

Am Morgen des 21. Oktober traf ein französisches Flugzeug ein, das uns noch am selben Abend nach Paris und zugleich zu einer Entscheidung bringen sollte. Sowohl die Zeit als auch die Gesprächsthemen waren erschöpft worden. Jetzt mußte man im Rahmen der gegebenen Möglichkeiten verhandeln und einen endgültigen Beschluß fassen.

Mit dem Flugzeug waren auch zwei Mitglieder jener Delegation, die schon früher in Israel gewesen war, eingetroffen. Ihre Ankunft war gänzlich unerwartet. Um 11 Uhr vormittag betraten sie mein Büro. Offensichtlich wollten sie mit den Verhandlungen schon jetzt beginnen. Hauptthema war der „Vorwand" oder, wie die Franzosen es nannten, „das Szenario". Großbritannien hielt an seiner Position fest. Die französischen Besucher waren nur gekommen, um uns zu einem Entgegenkommen zu bewegen. Sie hielten den britischen Vorschlag keineswegs für gut, dafür aber für den einzig realistischen, da die Briten keinem anderen zustimmen würden. Großbritannien würde an der Aktion auf jeden Fall nur in der Rolle des Vermittlers und Friedensstifters teilnehmen.

Es war ein schwieriges Gespräch. Ich fragte, ob wir mit der Unterstützung der französischen Luftwaffe rechnen konnten, wenn unsere Städte während der ersten 24 Stunden – also während unsere eigenen Kampfflugzeuge andernorts im Einsatz standen – angegriffen würden. Die Franzosen verneinten und fügten hinzu, die Briten seien dagegen, weil ein solches Eingreifen das „Szenario" verderben würde. Das brachte mich nun wirklich in Wut, weil ich den Ausdruck „Szenario" wie auch die Überlegungen der Briten unerträglich fand. Wenn das eine Partnerschaft sein sollte: der eine leistet die Arbeit, und dann kommen zwei andere und jagen ihn fort – damit wollte ich nichts zu tun haben. Wenn wir es allein mit den Ägyptern aufnehmen mußten, dann sollten wir auch selbst entscheiden, wann und wie. Aber wenn wir nun Partner sein sollten und die Ägypter Tel Aviv bombardierten, während unsere Luftwaffe den britisch-französischen Streitkräften den Weg zum Suezkanal ebnete, dann war es einfach unvorstellbar, daß diese Partner uns im Stich ließen, nur um das „Szenario" nicht zu verderben.

Die Frage der Luftverteidigung, sagten sie, könne möglicherweise durch die Stationierung französischer Kampfstaffeln in Israel gelöst werden, die nur bei feindlichen Luftangriffen auf israelische Bevölkerungszentren zum Einsatz kommen würden. Ich sagte, das sei eine neue Idee, die man erst überdenken müsse. Aber ich hätte selbst eine noch einfachere Lösung anzubieten: Unsere Bodenstreitkräfte würden relativ klein angelegte Aktionen in der Nähe des Kanals durchführen, die zwar die Ägypter nicht notwendigerweise zu Vergeltungsangriffen auf israelische Städte veranlassen würden, dafür aber Großbritannien und Frankreich den gewünschten Vorwand liefern könnten. Dennoch sei das Angebot auf eine eventuelle französische Luftunterstützung nicht von der Hand zu weisen.

Abends begaben wir uns zum Flughafen: Ben Gurion, dessen Sekretär Shimon Peres, mein Adjutant Mordechai Bar-On und ich. Erst auf dem Weg dahin berichtete ich Ben Gurion über den wahren Grund des Besuchs der beiden Franzosen. Als ich ihm sagte, sie hätten wiederum versucht, uns zur Annahme des britischen Planes zu überreden, wollte Ben Gurion den Flug absagen. Beim Flugzeug trafen wir die beiden. Ben Gurion konnte sich kaum beherrschen. Er sagte: „Wenn Sie denken, uns den britischen Plan aufdrängen zu können, dann wird die Gelegenheit, Ihren Premierminister zu sprechen, das einzig Nützliche an dieser Reise gewesen sein."

Wegen widriger Wolkenfelder über Mittelfrankreich mußten wir nach Marseille zurück, um aufzutanken, und erreichten Paris erst nach einem siebzehnstündigem Flug am 22. Oktober.

Die erste Sitzung begann um 16 Uhr. Auf französischer Seite nahmen Premierminister Guy Mollet, Außenminister Pineau und Verteidigungsminister Bourges-Maunoury teil. Israel war durch Ben Gurion, Shimon Peres und mich vertreten. Ein anfangs recht allgemein gehaltenes Gespräch dauerte drei Stunden. Guy Mollet und Ben Gurion hatten eine Reihe von Ideen und Theorien zu den wichtigen weltpolitischen Ereignissen bei der Hand und fanden gar nichts dabei, eine Diskussion über die jordanischen Parlamentswahlen kurzerhand abzubrechen und sich statt dessen einer Analyse der inneren Schwierigkeiten des kommunistischen Polen zuzuwenden.

Die Aussprache über unser Hauptthema wurde von Ben Gurion mit einem Vorschlag für eine umfassende Lösung des Nahostproblems eröffnet, von dem er selbst sagte, er möge phantastisch oder auf den ersten Blick zumindest naiv klingen. Jordanien, sagte er, sei als unabhängiger Staat nicht lebensfähig und sollte daher aufgeteilt werden. Das Gebiet östlich des Jordans sollte an den Irak fallen und als Auffang- und Siedlungsgebiet für arabische Flüchtlinge dienen; das Westufer sollte als autonomes Gebiet an Israel angeschlossen werden. Der Libanon sollte auf einige von Moslems bewohnte Gebiete verzichten und so mit Hilfe des christlichen Bevölkerungsteils zu innerer Stabilität gelangen. Das würde dazu führen, daß der britische Einflußbereich den Irak, Ostjordanien und die südliche Hälfte der Arabischen Halbinsel einschließen würde, der französische den Libanon, möglicherweise Syrien, die allesamt enge Beziehungen zu Israel haben könnten. Ferner sollte die internationale Kontrolle des Suezkanals garantiert werden und die Straße von Tiran in israelischen Besitz übergehen.

All das sei gewiß nicht rasch zu erreichen; aber man sollte versuchen, die Vereinigten Staaten und insbesondere Großbritannien für diese Ziele zu gewinnen. In der gegenwärtigen Lage – und in den Verhandlungen selbst – sah Ben Gurion eine günstige Gelegenheit, umfassende Überlegungen über die Zukunft des Nahen Ostens anzustellen und sich auf eine gemeinsame Politik der Vereinigten Staaten, Großbritanniens, Frankreichs und Israels zu einigen. Er meinte, wir sollten den Feldzug Feldzug sein lassen und uns vorher die Zeit nehmen, die politischen Möglichkeiten abzuklären. Der Augenblick sei genau richtig: Großbritannien stand vor den Trümmern seiner Politik. In Ägypten hatte Nasser den Kanal verstaatlicht, und in Jordanien hatten antibritische Elemente eben die Wahlen gewonnen.

Die Franzosen hörten Ben Gurion interessiert zu, ließen sich aber keineswegs von den grundsätzlichen militärischen Fragen ablenken. Guy Mollet war nicht der Ansicht, daß die Amerikaner für den Sturz Nassers zu haben sein würden. Es sei ohnehin bekannt, sagte er, daß immer erst zwei Jahre vergingen, bis die Amerikaner ein europäisches Problem wirklich begriffen. Im Ersten Weltkrieg brauchten sie bis 1917 und im Zweiten Weltkrieg bis 1941, bevor sie sich zur Teilnahme entschlossen. Wie schwerwiegend dieser Schritt Nassers tatsächlich sei, würden sie auch diesmal erst zwei Jahre später erkennen. Außerdem konzentriere sich das Interesse der Amerikaner ausschließlich auf ihre Beziehungen zur Sowjetunion.

Außenminister Pineau drückte sich noch deutlicher aus als Guy Mollet. Bei einem Versuch, alle Probleme auf einmal zu lösen, sagte er zu Ben Gurion, würde am Ende gar keines gelöst werden. Weder die Vereinigten Staaten noch Großbritannien wären im Augenblick bereit, Grundsatzentscheidungen zu treffen. Eden sei zwar sehr deutlich für eine Aktion gegen Ägypten eingetreten, aber er fand es gar nicht leicht, sich durchzusetzen. Er stieß auf Widerstand im Parlament seitens der Labour Party, aber auch auf Widerstand in den eigenen Reihen und im Kabinett. Je länger gezögert wurde, desto schwächer würde seine Position sein. Nasser hingegen würde mit jedem Tag stärker und seine Bindung an die Sowjetunion immer enger. Wenn man jetzt nicht handelte, würde man die günstigste Gelegenheit versäumen.

Pineau führte dann Gründe an, um zu beweisen, wie unklug es wäre, zu warten. Ab Ende Oktober, sagte er, seien die geplanten Landeoperationen wegen der stürmischen See im Mittelmeer praktisch undurchführbar. Der Zeitpunkt sei auch deshalb so günstig, weil weder die Vereinigten Staaten noch die Sowjetunion sich gegenwärtig mit nahöstlichen Angelegenheiten abgeben wollten oder konnten. Amerika stehe vor der Präsidentenwahl, und die Sowjetunion sei mit den internen Problemen Polens und anderer Volksrepubliken vollauf beschäftigt.

Ben Gurion versuchte nochmals, die Franzosen zu einer *tour d'horizon* zu bewegen. Er stimme ihnen zu, die Probleme sollten nicht alle auf einmal, sondern nacheinander gelöst werden. Am Beginn der Bemühungen sollte eine freimütige Aussprache mit Großbritannien stehen, um die beiderseitigen Differenzen auszuräumen. Als zweiten Schritt stelle er sich die Schaffung einer einsichtigeren Regierung in Ägypten vor, was wiederum den Weg zur Lösung anderer Nahostprobleme ebnen könnte. Das endgültige Ziel wäre dann eine Neuordnung der Verhältnisse im Nahen Osten. Wir sollten uns jetzt mit den beiden ersten Stufen dieses Planes befassen, dabei aber die politischen Fernziele nicht aus den Augen lassen.

Wenn die Meinungen hier auseinandergingen, dann lag das gewiß zum Teil an den charakterlichen Eigenschaften der Beteiligten. Ben Gurion, beispielsweise, ging ein Problem immer als Ganzes an, was bei der Behandlung eines konkreten Gegenstandes eher unangebracht war. Der Hauptgrund für die Divergenz aber lag an der verschiedenartigen Beurteilung sowohl der allgemeinen Lage als auch des Zwecks dieser Verhandlungen. Die Franzosen wollten eine Abmachung erzielen, die es ihnen und den Briten ermöglichte, die Kanalzone zu okkupieren. Ben Gurion gab sich damit jedoch nicht zufrieden. Er wollte diese seltene Gelegenheit zu einer gemeinsamen Aussprache mit den führenden Politikern Frankreichs unbedingt nutzen und zu einem Einvernehmen über sämtliche Nahostprobleme gelangen.

Der Außenminister führte das Gespräch nun wieder zu den mit der Suezkampagne verbundenen praktischen Fragen zurück. Im Anschluß erklärte Verteidigungsminister Bourges-Maunoury, daß Frankreich gezwungen wäre, das Unternehmen gänzlich fallenzulassen, wenn es nicht binnen kurzem begänne. Um die Befürchtungen Israels zu zerstreuen, sei er, als französischer Verteidigungsminister, bereit, die Garantie abzugeben, daß französische Kriegsschiffe die israelische Küste schützen und sich an den Luftabwehrmaßnahmen beteiligen würden. Er würde auch der Stationierung französischer Luftwaffenverbände in Israel zustimmen, die, wenn nötig, ebenfalls zur Luftabwehr beitragen könnten.

Um sieben Uhr abends trafen der britische Außenminister Selwyn Lloyd und ein hoher Beamter des Foreign Office ein. Sie schlossen sich uns aber nicht an, sondern wurden zunächst von den Franzosen über den bisherigen Verlauf der Verhandlungen und den israelischen Standpunkt unterrichtet. Danach kehrten die Franzosen allein zurück und setzten die Gespräche mit uns fort. Wir hatten jedoch einen toten Punkt erreicht. Ben Gurion war nicht bereit, die britischen Vorschläge anzunehmen. Er wollte am nächsten Morgen nach Israel zurückfliegen. Bourges-Maunoury seinerseits erklärte, er werde die in Bereitschaft stehende Sueztruppe gegen Ende der Woche auflösen, wenn eine positive Entscheidung über das Unternehmen noch länger auf sich warten ließe. Nun verlas Pineau nochmals den britischen 5-Punkte-Plan.

Es wurde eine Unterredung mit der britischen Delegation angesetzt, an der auch Ben Gurion und ich teilnahmen. Dieses erste Gespräch, mit kurzer Pause zum Abendessen, dauerte anderthalb Stunden. Der zweite Teil des Gesprächs, dem auch Shimon Peres beiwohnte, endete kurz vor Mitternacht. Selwyn Lloyd flog anschließend nach London, um unsere Anregungen an Eden zu übermitteln.

Es war eine eigentümliche Sitzung. Die Eröffnungsreden Selwyn Lloyds und Ben Gurions waren in einem recht scharfen Ton gehalten. Im späteren Verlauf trat dann beiderseits ein erstaunliches Maß an Kompromißbereitschaft zutage, das möglicherweise auf der Einsicht beruhte, daß sie sich nicht wirklich aufeinander einstellen konnten und daß daher jeder weitere Versuch, die Dinge zu klären oder den anderen zu überreden, zum Scheitern verurteilt war. So kam es dann auch unmittelbar zu einer Aussprache über mögliche Konzessionen.

Der britische Außenminister mag sehr wohl ein freundlicher, sympathischer, ja charmanter Mensch gewesen sein, verstand dies aber auf äußerst geschickte Weise zu verbergen. Tatsache ist, er hätte sich gar nicht feindseliger geben können. Sein gesamtes Verhalten drückte Mißachtung aus: Der Ort, die Gesellschaft und das Thema waren ihm zuwider.

Gleich seine ersten Worte hörten sich an wie die eines Käufers, der sich mit erpresserischen Händlern eingelassen hat. Er sagte, es sei durchaus möglich, sich innerhalb einer Woche mit den Ägyptern über den Suezkanal zu einigen. Das hätten seine sehr ergiebigen Gespräche mit dem ägyptischen Außenminister Fawzi deutlich gemacht. Die Ägypter hätten zu der „Benützervereinigung" ja gesagt, ebenso zur Festsetzung der Tarife und der internationalen Kontrolle über den Kanalbetrieb. Bei Nichterfüllung dieser Bedingungen würden sie sich, gemäß der UN-Charta, Sanktionen beugen.

Angesichts dieser vielversprechenden Entwicklung könne man fragen, warum er überhaupt gekommen sei. Auf diese rhetorische Frage gab Lloyd folgende Antwort: Ein solches Übereinkommen mit Ägypten würde die Position Nassers nicht schwächen, sondern stärken. Da aber die Regierung Ihrer

Majestät die Absetzung Nassers für unbedingt erforderlich hielt, sei sie auch bereit, die notwendigen militärischen Maßnahmen zu ergreifen, und zwar im Rahmen der vorliegenden jüngsten Fassung des britisch-französischen Planes. Nach diesem Plan sollte die israelische Armee in der Halbinsel Sinai einmarschieren und innerhalb von 48 Stunden Suez erreicht haben. Im Verlauf der 48 Stunden würden die beiden Seiten von Großbritannien und Frankreich ultimativ aufgefordert werden, sich vom Kanal zurückzuziehen. Auf eine Zurückweisung des Ultimatums würde eine britisch-französische Intervention folgen, mit dem Ziel, die Kanalzone zu besetzen und Nasser zu stürzen. Nach dem israelischen Einmarsch, erklärte Lloyd ferner, würde Großbritannien keine Militärhilfe an Ägypten leisten. Es würde auch Jordanien, ungeachtet des britisch-jordanischen Verteidigungspaktes, nicht unterstützen, falls Jordanien Israel angriffe. Läge der Fall umgekehrt, dann würde Großbritannien allerdings zu seinen Verpflichtungen Jordanien gegenüber stehen.

Ben Gurion gab eine ebenso kurze, wie entschiedene Antwort. Er sagte, er habe den von Lloyd skizzierten Plan schon einmal zurückgewiesen. Israel empfinde nicht das geringste Bedürfnis, als Aggressor gebrandmarkt und vor ein Ultimatum gestellt zu werden. Würde Israel diesem Plan folgen und Ägypten angreifen, dann konnte Ägypten im Gegenzug israelische Städte bombardieren. Im Falle eines israelischen Alleingangs wäre außerdem die Möglichkeit nicht auszuschließen, daß die ägyptische Luftwaffe russische und tschechoslowakische „Freiwillige" heranziehen würde. Daher, sagte Ben Gurion, würde Israel weder jetzt noch zu irgendeinem anderen Zeitpunkt als erstes und einziges Land Ägypten angreifen. Sollte Israel jedoch selbst angegriffen werden, dann würde es sich verteidigen und Ägypten besiegen.

Ben Gurion hatte klargestellt, was wir *nicht* bereit waren zu tun. Mit seiner Erlaubnis erläuterte ich nun, was wir zu tun bereit waren, und legte einen entsprechenden Plan vor. Das Unternehmen könnte beispielsweise damit beginnen, sagte ich, daß eine israelische Fallschirmjägereinheit am Tage X um fünf Uhr nachmittag hinter den ägyptischen Linien in der Nähe des Kanals abspringen würde, um eine begrenzte Vergeltungsaktion durchzuführen. Die Regierungen Frankreichs und Großbritanniens könnten am selben Abend zusammentreten und an die Ägypter die Forderung stellen, ihre Streitkräfte aus der Kanalzone abzuziehen, um den reibungslosen Betrieb des Wasserweges nicht zu gefährden. Gleichzeitig könnte von Israel gefordert werden, nicht über den Kanal hinaus vorzurücken. Wir würden in diese praktisch bedeutungslose Forderung einwilligen, da wir ja von vornherein die Absicht hatten, unseren Aktionsradius in Grenzen zu halten. Wenn Ägypten den Räumungsbefehl nicht beachtete, würden die britisch-französischen Luftangriffe auf die ägyptischen Flughäfen am nächsten Morgen beginnen.

Mein Plan hatte Selwyn Lloyd nicht schockiert; er hatte ihn nicht einmal überrascht. Er sagte nur, er zöge es vor, wir setzten einen „echten kriegerischen Akt“ anstelle einer in kleinem Maßstab angelegten Operation. Andernfalls würde nämlich dem britischen Ultimatum die Rechtsgrundlage fehlen, und Großbritannien würde vor der Welt als Aggressor dastehen. Das sei völlig unannehmbar. „Wir müssen schließlich an unsere Freunde denken“, sagte Lloyd, „zum Beispiel an die skandinavischen Länder. Sie würden es gar nicht gerne sehen, daß Großbritannien einen Krieg vom Zaun bricht.“ Ich wagte kaum, Ben Gurion anzublicken, als Selwyn Lloyd diese überaus originelle Erklärung abgab. Ich hatte tatsächlich das Gefühl, er würde aus der Haut fahren. Seinen Zorn konnte er gerade noch unterdrücken; seine Nervosität aber nicht. Der Lärm, den sein Stuhl beim Hin- und Herrücken machte, war nicht zu überhören.

Bourges-Maunoury war als nächster an der Reihe. Er versprach französische Luftunterstützung für Israel, ja sogar, im Notfall, den Einsatz der auf Zypern stationierten französischen Kampfflugzeuge – wofür Lloyd allerdings sofort die Zustimmung verweigerte.

Jetzt hatte Ben Gurion aber endgültig genug. Er stellte die direkte Frage an Lloyd, ob die Regierung Ihrer Majestät bedacht habe, wie hoch die Verluste unter der israelischen Zivilbevölkerung während der ersten Tage des israelischen Alleineinsatzes anzusetzen seien. Die undelikate Frage Ben Gurions schien Lloyd zu verärgern. Er sagte, er sei nach Paris gekommen, weil er dachte, man würde über den von Großbritannien und Frankreich aufgestellten Plan beraten. Nun werde er mit neuen Überlegungen konfrontiert.

Bei all seinen Vorbehalten wollte er sich jedoch unseren Anregungen offensichtlich nicht ganz verschließen. Er fragte nochmals nach der Art des von uns geplanten Unternehmens. Ohne genaue Zahlen zu nennen, versicherte ich ihm, es würde einem „echten, kriegerischen Akt“ gleichkommen. Im weiteren Verlauf erklärte Lloyd, er hielte es für denkbar, die Zeitdifferenz zwischen dem Beginn unserer Aktion und der Aktivierung ihrer Streitkräfte zu verringern. So mochte das Ultimatum bereits am Morgen nach dem von uns festgelegten Tag X gestellt werden, und die Streitkräfte könnten schon am selben Abend, also 36 Stunden nach unserer Stunde Null, zum Einsatz kommen.

Als Lloyd uns kurz vor Mitternacht verließ, hatte ich das Gefühl, es würde bei einigem guten Willen möglich sein, die Gegensätze zu überbrücken. Um zu verhindern, daß Lloyds Bericht an Eden ein ungünstiges Bild der Verhandlungen geben könnte, wollte Pineau am nächsten Abend selbst mit dem britischen Premier in London zusammentreffen. Am folgenden Tag, dem 24. Oktober, wollte er dann nach Paris zurückkehren und an der Abschlußsitzung teilnehmen.

Ben Gurion hatte mir wohl gestattet, der Konferenz meinen Plan vorzulegen; ich wußte aber nicht, daß er sich davon distanzierte und ständig vom „Dayan-Plan“ sprach. Ich hatte auch Grund zu befürchten, daß es sich dabei nicht um einen taktischen Schachzug den Briten und Franzosen gegenüber handelte, sondern daß er den Plan ehrlich anzweifelte.

Die Militärbeauftragten der beiden Delegationen hielten am Morgen des 23. Oktober eine Sitzung im Hause Mangins ab. Die französischen Delegationsmitglieder, die an dem Dreiergespräch vom Vorabend teilgenommen hatten, waren nicht der Ansicht, daß die Differenzen überbrückt werden könnten. Sie meinten im Gegenteil, daß wir einer Einigung mit den Briten nicht näher gekommen seien, und hielten die Verhandlungen daher für festgefahren.

Grenzzwischenfälle als „Szenario“ gäbe es genug, sagte ich darauf, und nichts stünde einer Einigung mit den Briten im Wege, wenn diese nur bereit wären, uns als gleichgestellte Partner zu akzeptieren. Mit dieser Rollenverteilung aber könnten wir uns nicht abfinden: Wir als Räuber, Großbritannien und Frankreich als Gendarmen, wir als Sünder, sie als Heilige.

Die Franzosen waren von meiner ablehnenden Antwort enttäuscht und wollten beim Mittagessen ihr Glück bei Ben Gurion versuchen. Zu Mittag versammelten sich die beiden Delegationen vollzählig in der Villa Bonnier de la Chapelles. Das Schönste an der Villa war der wunderbare Garten mit seinen Blumenbeeten und Obstbäumen. Wenn die Verhandlungen zu keinem Ergebnis führten, an einem Mangel an Gastlichkeit würde es bestimmt nicht liegen.

In diesen Tagen überstürzten sich die Ereignisse im Nahen Osten. Zunächst war Großbritannien der Leidtragende gewesen. In Jordanien war der antibritische Ministerpräsident in seinem Amt bestätigt und die Armee dem gemeinsamen, von Ägypten geführten Oberkommando unterstellt worden. Danach war Frankreich an der Reihe: Ein ägyptischer Frachter hatte versucht, von der ägyptischen Abwehr gelieferte Waffen zu den Aufständischen in Algerien zu schmuggeln, und war aufgebracht worden. Im französischen Parlament herrschte große Entrüstung über diese Einmischung Ägyptens in die inneren Angelegenheiten Frankreichs, und der französische Botschafter in Kairo wurde abberufen. Zur gleichen Zeit ereignete sich ein dramatischer Zwischenfall: Ein französisches Jagdflugzeug hatte eine marokkanische Zivilmaschine, in der sich Ben Bella und vier weitere algerische Rebellenführer befanden, zur Landung gezwungen. Diese Ereignisse in Jordanien und Nordafrika trugen zur Erhöhung der internationalen Spannungen bei und machten Nassers Rolle als Urheber antiwestlicher Aktivität nur noch deutlicher.

Das war dann auch selbstverständlich Gesprächsthema beim Mittagessen.

Zwischen Nachtisch und Kaffee brachten Bourges-Maunoury und Pineau das Gespräch wieder auf unsere Differenzen mit den Briten. Selwyn Lloyd hatte sie im Anschluß an das Dreiergespräch am Vorabend informiert, daß Großbritannien unsere im „Dayan-Plan" enthaltenen Vorschläge nicht annehmen könne. Einerseits stand der Umfang unserer militärischen Operationen zur Debatte, wobei die Briten eine „regelrechte kriegerische Handlung" unsererseits verlangten, und andererseits der Zeitabstand zwischen unserem ersten Angriff und dem britisch-französischen Bombardement der ägyptischen Flughäfen. Die Briten bestanden auf einem Intervall von 48 Stunden, mochten aber letztlich auch einem von 36 Stunden zustimmen. Eine noch kürzere Zeitspanne würden sie nicht in Betracht ziehen, denn dann würde das Ultimatum zu einer bloßen Fiktion werden. Pineau sollte am Abend nach London fliegen und „unser letztes Wort" überbringen. Wir sagten ihm, er würde unsere Antwort vor seinem Abflug nach London in Händen haben, und zogen uns zu internen Beratungen zurück. Wir zweifelten nicht daran, daß sie von weittragender Bedeutung sein würden. Wir mußten Pineau einen Plan mit auf die Reise nach London geben, und dieser Plan würde darüber entscheiden, ob das Suezunternehmen stattfand oder nicht.

Zu Beginn unserer Beratungen warf Ben Gurion die Frage auf, welche weiteren Vorschläge wir Pineau zur Übermittlung an Eden mitgeben könnten. Peres erläuterte eine Möglichkeit: Man könne ein israelisches Schiff von Haifa nach Port Said schicken. Die Ägypter würden es stoppen und ihm die Durchfahrt durch den Kanal verweigern. Eine solche Aktion würde den Vorwand für die Eröffnung der Feindseligkeiten und für eine britisch-französische Intervention liefern. Ben Gurion gab keinen Kommentar ab.

Wir kamen nun nochmals auf unsere Differenzen mit Großbritannien zu sprechen. Ich dachte, die 36 Stunden, die wir allein zu kämpfen hatten, schienen mir kein unüberwindliches Hindernis. Daher sei es vom militärischen Standpunkt durchaus möglich, den britischen Vorschlag zu akzeptieren.

Ich legte dann meinen Operationsplan vor, den ich für sachlich und gleichzeitig für die Briten annehmbar hielt. Ich schlug vor, wir würden bei Einbruch der Dunkelheit am Tage X ein Fallschirmjägerbataillon in der Nähe des Kanals bei Mitla abspringen lassen, und in derselben Nacht würde eine motorisierte Brigade die ägyptischen Stellungen von Nakeb und Kusseima besetzen. Diese Kolonne würde ihren Vormarsch am darauffolgenden Tag fortsetzen, Thamad und Nakhl besetzen und dann zu der Fallschirmjägereinheit beim Mitlapaß vorstoßen.

Nach diesem Plan würden wir unsere Luftwaffe am ersten Tag, außer im Rahmen der Fallschirmjägeraktion, nicht einsetzen, wobei der Absprung wenn möglich unbemerkt erfolgen sollte. Wir würden die ägyptischen Flughäfen nicht bombardieren, Luftkämpfe weitgehend vermeiden und uns selbst im Falle eines Luftangriffes auf unsere Bodentruppen nur auf Luftsicherung beschränken. Auf diese Weise hoffte ich die Kampfhandlungen des ersten Tages lokalisieren zu können und die Ägypter in ihrem Glauben zu bestärken, daß es sich um eine großangelegte Vergeltungsaktion handele, die sich aber nicht in einen regelrechten Krieg ausweiten würde. Es war im Grunde kaum anzunehmen, daß sie die Grenze überschreiten oder gar israelische Städte oder Luftstützpunkte bombardieren würden.

Mit diesem Plan müßten die Briten eigentlich zufriedengestellt sein. Er enthielt alles, was sie verlangten. Unsere Streitkräfte würden in der Nähe des Kanals operieren – Mitla ist nur 50 Kilometer von Suez entfernt; sie würden das Fallschirmjägerbataillon, die motorisierte Brigade und einige Jagdstaffeln umfassen, zahlenmäßig also so stark sein, daß man durchaus von einem „regelrechten kriegerischen Akt" sprechen konnte. Wir sollten die Briten über die Stärke der zum Einsatz kommenden Truppen informieren, nicht aber über das Zielgebiet der Fallschirmjägeraktion oder die Stoßrichtung der motorisierten Brigade. Das wäre nicht ihre Angelegenheit. Sie würden zweifellos annehmen, daß wir eine Operation entlang der El Arish-Kantara-Achse planten und nicht im Süden, in der Wüste Sinai.

Die Eroberung der Angriffsziele der ersten Nacht würde unserer Armee den Weg nach Süden öffnen, nach Sharm el-Sheikh an der Südspitze der Sinaihalbinsel, unserem politisch bedeutungsvollsten Ziel. Das Fallschirmjägerbataillon würde nicht lange abgeschnitten sein und in spätestens 48 Stunden verstärkt werden können. Ich glaubte nicht, daß es in der ersten Nacht angegriffen werden würde; so müßte es äußerstenfalls einen Tag lang durchhalten.

Ben Gurion hörte genau zu, gab aber wiederum keinen Kommentar. Ich konnte sehen, daß er meinen Plan nicht in allen Einzelheiten in sich aufgenommen hatte und auch nicht die Kernfrage beantworten konnte, ob das gesamte Unternehmen unter den gegenwärtigen Umständen vom israelischen Standpunkt aus vertretbar sei. Ich fragte Ben Gurion, ob ich meinen Plan Pineau vorlegen sollte. Er gab seine Zustimmung unter der Bedingung, daß ich ihn als meinen eigenen Plan deklarierte, ohne Ben Gurion selbst darauf festzulegen. Er äußerte sich in gleicher Weise zu Peres' Vorschlag, ein israelisches Schiff nach Suez zu entsenden. Darauf zog Ben Gurion sich in sein Zimmer zurück. Peres und ich setzten die Besprechungen mit Pineau und Bourges-Maunoury allein fort. Ben Gurions Abwesenheit sollte deutlich machen, daß es sich um offiziell nicht sanktionierte Vorschläge handelte.

Peres trug seinen Plan vor und wies auf die Konsequenzen des Versuches hin, einem israelischen Schiff die Passage durch den Suezkanal zu ermöglichen. Pineau riet davon ab, zu diesem Zeitpunkt neue Pläne – so gut dieser auch sei – zur Sprache zu bringen, da die Briten das zum Vorwand für Verzögerungen oder gar zur Verwerfung des gesamten Unternehmens nehmen konnten.

Ich präsentierte daraufhin meinen Plan und zugleich die sich daraus ergebenden Forderungen Israels an seine Verbündeten. Ich ging nicht auf die den Einsatz betreffenden Einzelheiten ein, sondern beschränkte mich auf eine allgemeine Darlegung des Plans. Als ich fertig war, bat mich Pineau, meine Vorschläge zu wiederholen, um sie niederschreiben zu können. Er las mir dann seine Notizen vor und sagte, sie würden ihm als Gesprächsunterlage für sein Treffen mit Eden dienen. Ich wies ihn darauf hin, daß dies lediglich meine Vorschläge seien und daß Ben Gurion sie noch nicht gebilligt habe. Er sagte mit einigem Nachdruck: „Machen Sie mir nichts vor. Ich weiß genau, wie Sie operieren." Ich muß sagen, ich beneidete ihn um seinen festen Glauben! Bald darauf verließ er uns und flog nach London. Nach seiner Rückkehr am darauffolgenden Tag sollte die nächste Sitzung stattfinden.

Die Franzosen würden unsere Luftwaffe unterstützen, so gut sie konnten, also zwei oder drei Jagdstaffeln zur Verfügung stellen. Dieser Beitrag würde auch gewiß genügen. Die Differenzen zwischen unserem Standpunkt und dem der Briten hatten sich inzwischen um einiges verringert. Wenn sie von dem Unternehmen wirklich zurücktreten wollten, dann nicht wegen der Meinungsverschiedenheiten über den Zeitplan.

Von Ben Gurions Einstellung hing alles ab. Ich war sicher, daß er nicht aus taktischen Gründen so kühl auf meinen Plan reagiert hatte, sondern nur deshalb, weil er seine Zweifel und Befürchtungen nicht überwinden konnte. Für ihn gab es weiterhin nur die eine Frage: Sollten wir uns an dem Unternehmen beteiligen oder nicht? Er hatte seine Vorbehalte sowohl in unseren Gesprächen mit den Franzosen als auch bei unseren internen Beratungen deutlich ausgesprochen. Zum einen teilte er die Zuversicht der Franzosen nicht, was die Haltung der Vereinigten Staaten betraf. Er versuchte sogar wiederholt, die Franzosen dazu zu überreden, das Unternehmen bis nach den amerikanischen Wahlen zu verschieben und die Zustimmung des amerikanischen Präsidenten einzuholen. Zum andern war er enttäuscht darüber, daß die Franzosen nicht zu umfassenden Gesprächen über die Nahostpolitik bereit waren. Er empfand diese Ablehnung nicht als gegen ihn persönlich gerichtet, war aber davon überzeugt, daß das militärische Unternehmen, wenn es nicht von wohlbegründeten politischen Überlegungen getragen war, sein Ziel verfehlen würde. Ben Gurion war auch keineswegs davon überzeugt, daß die Briten uns nicht im Eventualfall abschütteln und Jordanien und dem Irak zu Hilfe kommen würden.

Dennoch war er sich, gleich mir, darüber im klaren, daß das Unternehmen eine ganz besondere Gelegenheit für eine mit Frankreich und Großbritannien konzertierte Kampagne gegen Nasser bot. Er wußte auch, daß wir mit Hilfe des Unternehmens eine Reihe von Problemen aus der Welt schaffen konnten, die auf andere Art nur schwer zu lösen waren.

Der militärische Plan machte Ben Gurion offensichtlich deshalb Sorgen, weil er fürchtete, wir würden in den ersten Tagen schwere Verluste erleiden. Er schien von der Annahme auszugehen, daß die Ägypter sofort nach Beginn unserer Offensive ihre russischen Iljuschinbomber gegen Tel Aviv und Haifa einsetzen und daß ihre Angriffe schwere Verluste unter der Zivilbevölkerung fordern und großen Sachschaden anrichten würden. Ich teilte diese Befürchtungen nicht. Natürlich konnten wir nicht erwarten, daß kein einziger Regentropfen auf uns fallen würde; aber andererseits war zu hoffen, daß wir nicht bis auf die Haut naß werden würden. Die Anfangsphase der Operation, dessen war ich sicher, würde den Eindruck erwecken, es handle sich um nichts weiter als eine Vergeltungsaktion, und zugleich würden wir mit dem Vorstoß zum Kanal den Erwartungen der Briten und Franzosen entsprechen. Die Ägypter jedenfalls würden darin nicht den Beginn eines großangelegten Feldzugs erkennen.

Aus diesen Erwägungen hatte ich den ursprünglichen Operationsplan in zweifacher Hinsicht abgeändert. Einmal würde die erste Aktion unserer Bodenstreitkräfte die Landung der Fallschirmjäger bei Mitla und nicht die Besetzung von El Arish sein. Der bisherige Plan sah für den Anfang der Operation die Besetzung der nördlichen Hälfte der Halbinsel Sinai vor und sollte daher mit einem Angriff auf El Arish beginnen, die Hauptstadt des Sinai, die auch an der Hauptverbindungsstraße zwischen Israel und Ägypten liegt. Diese Route verläuft entlang des Mittelmeers am Nordrand der Wüste. Das umliegende Gebiet ist durch eine Eisenbahnlinie, eine asphaltierte Überlandstraße, einen Flughafen und durch Süßwasserleitungen an das Versorgungsnetz angeschlossen. Selbstverständlich konzentrierten die Ägypter dort auch einen Großteil ihrer für die israelische Front bestimmten Streitkräfte.

Der Mitlapaß hingegen liegt in der Nähe des südlichen Kanalendes und ist mit Israel durch eine Wüstenpiste verbunden, die die Halbinsel durchschneidet. Zum Schutz dieser Straße hatten die Ägypter nur wenige Truppen abkommandiert, und die Paßhöhe selbst war unbesiedelt. Einen Absprung von Fallschirmjägern in diesem Gebiet würde der ägyptische Generalstab, meiner Meinung nach, für einen Kommandoüberfall halten. Eine Eroberung der Halbinsel Sinai, die nicht mit der Besetzung der beiden an der Nordachse gelegenen Stützpunkte von El Arish und Bir Gafgafa begann, paßte ganz einfach nicht in das Konzept der ägyptischen Generalstäbler. Und wenn dann, so dachte ich, am nächsten Tag die Besetzung der Verteidigungsstellungen von

Thamad und Nakhl an der Mitla-Achse erfolgte, würden die Ägypter meinen, diese Aktion bilde nur einen Teil unserer Bemühungen, die Fallschirmjäger auf sicherem Wege zurück nach Israel zu geleiten.

Die zweite Änderung, die ich an dem Plan vornahm, betraf den Einsatz unserer Luftstreitkräfte. An den zwei ersten Kriegstagen würden wir die ägyptischen Flughäfen nicht bombardieren, sondern uns darauf beschränken, unseren Bodentruppen Luftsicherung zu geben und den israelischen Luftraum zu verteidigen. Auch das sollte die Ägypter in ihrem Glauben bestärken, daß sie es mit einer Aktion von begrenztem Umfang und nicht mit einem offenen Krieg zu tun hatten.

Diese Annahmen bargen natürlich ein gewisses Risiko in sich. Die Ägypter konnten nämlich trotz allem die israelischen Städte bombardieren. Dann würden wir teuer dafür zu bezahlen haben, daß wir versäumt hatten, die ägyptische Luftwaffe in einem Überraschungsangriff am Boden zu zerstören.

Zu solchen Entwicklungen konnte es allerdings nur kommen, wenn es den Ägyptern gelang, sich Nachrichtenmaterial über unsere Pläne zu beschaffen. Andernfalls würde sich der ägyptische Generalstab kaum ein klares Bild der Lage am Beginn der Operationen machen können. Die ägyptischen Fronteinheiten würden den Angriff selbstverständlich melden; aber das taten sie ja auch, wenn es sich nur um eine israelische Aktion in Zugstärke handelte. Ein blinder Alarm war also für das ägyptische Hauptquartier nichts Ungewöhnliches. Die wahren Umstände und Zusammenhänge würden erst am nächsten Morgen zutage treten, und erst dann würde der ägyptische Generalstabschef Überlegungen anstellen. Er würde gewiß nicht zögern, alle verfügbaren Kräfte den auf ägyptisches Gebiet eingedrungenen israelischen Einheiten entgegenzuwerfen; aber ich konnte mir nicht vorstellen, daß er einen sofortigen Luftangriff auf Tel Aviv anordnen würde.

Es war mit einiger Sicherheit vorauszusagen, daß die Kämpfe am ersten Kriegstag auf die Achse Nakhl-Mitla beschränkt sein würden. Wenn dann am frühen Morgen des nächsten Tages der Einsatz der britischen und französischen Streitkräfte tatsächlich erfolgte, würden sich unsere Operationen in zwei Richtungen weiterentwickeln können. Im Süden würden wir unseren Vormarsch auf Sharm el-Sheikh fortsetzen und im Norden Rafah und El Arish angreifen. Falls der Plan aus irgendwelchen Gründen aus den Fugen geriet und wir das Unternehmen abbrechen mußten, würde es möglich sein, die bei Mitla eingesetzten Verbände über den inzwischen besetzten Korridor Nakhl-Thamad abzuziehen. Und immer noch würde der Eindruck bestehen, unsere Truppen hätten sich nach Vollendung einer reinen Vergeltungsaktion wieder nach Israel zurückgezogen. Noch beim Einschlafen gingen mir diese Gedanken durch den Kopf.

Um 11 Uhr 30 am darauffolgenden Tag, dem 24. Oktober, bat Ben Gurion Shimon Peres und mich zu einer letzten Besprechung. Wir fuhren hinaus zur Villa und trafen ihn im Garten. Als erstes bat er mich, die wesentlichen Einzelheiten meines Operationsplans noch einmal zu erläutern. Dazu brauchte ich eine Kartenskizze, hatte aber kein Papier bei mir. Shimon Peres gab mir eine Zigarettenschachtel; auf dem Deckel zeichnete ich die bekannten dreiekkigen Konturen der Halbinsel Sinai ein. Dann markierte ich drei Pfeile, um die Stoßrichtung der Angriffe und die Angriffsziele selbst darzustellen. Es kam mir nicht ungelegen, daß ich keine echte Landkarte zur Hand hatte. Auf dem weißen, glatten Deckel der Zigarettenschachtel sah alles viel, viel einfacher aus: Kein Berg, keine Dünen, nicht einmal ein Wadi.

Anhand dieser Skizze erklärte ich Ben Gurion, was nach meinem Plan militärisch unternommen werden mußte. Ich konnte immer noch nicht sagen, ob er sich endgültig für oder gegen den Plan entschieden hatte; aber die Tatsache, daß er mich um eine abermalige Erläuterung des Planes gebeten hatte, stimmte mich etwas zuversichtlicher.

Um 14 Uhr waren unsere Beratungen zu Ende. Ben Gurion hatte eine Frage nach der anderen gestellt. Als wir uns erhoben, sagte er wie beiläufig: „Moshes Plan sagt mir zu. So können Menschenleben gerettet werden."

Um 16 Uhr, sofort nach der Rückkehr Pineaus aus London, traten wir zu einer Sitzung zusammen. Pineau gab bekannt, daß die Briten innerhalb einer Stunde eintreffen würden und daß es, seiner Ansicht nach, möglich sein werde, zu einer endgültigen Einigung zu kommen. Er habe mit Eden gesprochen und bei ihm, wie erwartet, eine weit freundlichere Aufnahme gefunden als bei Selwyn Lloyd.

Die Briten bestanden weiterhin darauf, daß sie einzig und allein einen „regelrechten kriegerischen Akt" als Vorwand gelten lassen konnten. Sie erklärten sich bereit, den Zeitplan vorzuverlegen und in der Nacht vom 30. auf den 31. Oktober in Aktion zu treten. Man einigte sich auch darüber, daß dem Text des Ultimatums ein Passus über die Einstellung der Feindseligkeiten hinzugefügt werden würde. Jeder ägyptische Luftangriff auf israelische Ziele nach Eintreten der Waffenruhe könnte daher als Verletzung des Ultimatums angesehen werden.

Nicht nur würde in dem Ultimatum gefordert werden, daß Israel und Ägypten ihre Streitkräfte aus der Kanalzone abziehen; es würde darin auch die Besetzung dieses Gebiets durch britische und französische Truppen ausdrücklich festgelegt werden. Da die Ägypter ihr Einverständnis dazu kaum geben konnten, würden sie das Ultimatum zurückweisen.

In dem Aufruf an Israel und Ägypten würde das Wort Ultimatum nicht aufscheinen. Es würde von einem „Ersuchen" die Rede sein. Israel würde ersucht werden, das Feuer einzustellen und seine Truppen vom Kanal zurückzuziehen.

Um 16 Uhr 30 trafen die britischen Unterhändler ein. Einer von ihnen, Mr. Logan, war uns bereits als Selwyn Lloyds Sekretär bekannt. Leiter der Delegation war diesmal nicht der Außenminister selbst, sondern Patrick Dean, aber vom praktischen Standpunkt stellte die Abwesenheit Selwyn Lloyds überhaupt keinen Verlust dar.

Die Sitzung wurde von Pineau mit einer Aufzählung der Punkte eröffnet, auf die sich die Beteiligten geeinigt hatten. Ben Gurion warf nochmals die Frage auf, ob Großbritannien Jordanien bei einem Angriff auf Israel unterstützen würde, und gab dann unsere Absicht bekannt, die Straße von Tiran zu besetzen, die er als „Israels Suezkanal" bezeichnete. Die Briten erkundigten sich nach unserem Operationsplan, aber ich lehnte es ab, ihn im einzelnen zu erläutern. Ich sagte lediglich, wir würden sämtliche Zusagen hinsichtlich Zeitpunkt, Ort und Truppenstärke erfüllen. Selbst den Franzosen gegenüber machte ich keine genaueren Angaben. Ich sagte nur, das Ziel unserer Fallschirmjägeraktion sei von Port Said weiter entfernt als von Suez.

Um 17 Uhr begaben sich einige von uns in einen Nebenraum und setzten die Besprechungen in kleinerem Kreis fort. Ein Offizier vom Büro unseres Militärattachés und ich vertraten Israel in diesem schwierigen, zweistündigen Gespräch. Der Plan, den wir ausarbeiteten, enthielt die folgenden Punkte:

1. Am Nachmittag des 29. Oktober 1956 beginnt ein israelischer Angriff auf Ägypten mit dem Ziel, am darauffolgenden Tag die Kanalzone zu erreichen.

2. Nach Bekanntwerden dieser Ereignisse richten Großbritannien und Frankreich getrennte Aufrufe etwa folgenden Inhalts an Ägypten und Israel:

An Ägypten:

a) Sofortige Einstellung der Feindseligkeiten.

b) Abzug aller Streitkräfte auf eine Entfernung von zehn Meilen westlich des Kanals.

c) Zustimmung zu einer vorübergehenden Besetzung der Schlüsselpositionen am Kanal durch britisch-französische Streitkräfte, um bis zum Abschluß eines endgültigen Übereinkommens die freie Durchfahrt für die internationale Schiffahrt sicherzustellen.

An Israel:

a) Sofortige Einstellung der Feindseligkeiten.

b) Abzug aller Streitkräfte auf eine Entfernung von zehn Meilen östlich des Kanals.

Die israelische Regierung wird von der britisch-französischen Forderung an Ägypten (Besetzung der Schlüsselpositionen am Kanal durch britisch-französische Streitkräfte) in Kenntnis gesetzt. Falls einer der beiden Staaten den Aufruf zurückweist oder seine Zustimmung innerhalb von zwölf Stunden verweigert, werden Großbritannien und Frankreich die nötigen Maßnahmen ergreifen, um ihre Forderungen durchzusetzen.

Die israelische Regierung ist nicht dazu angehalten, die Bedingungen des an sie gerichteten Aufrufs zu erfüllen, wenn die ägyptische Regierung ihrerseits den ihr gestellten Bedingungen nicht entspricht.

Falls Ägypten die Bedingungen innerhalb der festgelegten Frist nicht erfüllt, setzt am frühen Morgen des 31. Oktober 1956 ein britisch-französischer Angriff auf Ägypten ein.

Israel besetzt das Westufer des Golfs von Akaba sowie die Inseln Tiran und Sanapir, um die freie Schiffahrt im Golf sicherzustellen.

Israel verpflichtet sich, im Verlauf der Operationen gegen Ägypten Jordanien nicht anzugreifen. Falls Jordanien in diesem Zeitraum jedoch Israel angreift, wird Großbritannien ihm keine Unterstützung gewähren.

Ben Gurion war nervös und versuchte es auch gar nicht zu verbergen. Er las das Dokument mehrmals Absatz für Absatz durch, runzelte dabei angespannt die Stirn und murmelte den Text vor sich hin. Dann faltete er das Blatt zusammen und steckte es in die Jackentasche.

Das Wichtigste an dem Plan war, daß er existierte und daß damit die Aufgaben und Ziele der Beteiligten endgültig festgelegt waren. Hinsichtlich der Ziele ergaben sich deutliche Parallelen zwischen dem britisch-französischen Suezplan und unseren Plänen, den Golf von Akaba betreffend. Beide Unternehmungen hatten die Sicherstellung der freien Schiffahrt zum Zweck. Der einzige wesentliche Unterschied war, daß Großbritannien und Frankreich von einer *vorübergehenden* Regelung am Suezkanal sprachen und wir von einer *permanenten* Besetzung des Westufers des Golfs von Akaba.

Eine zweite Parallele ergab sich daraus, daß Israel die britisch-französische Aktion am Kanal ebensowenig unterstützen würde wie Großbritannien und Frankreich das israelische Akabaunternehmen. Die beiden Seiten würden sich jedoch gegenseitig auf dem laufenden halten.

Mit Fertigstellung des Plans wurden auch die israelischen Bedenken zum Wortlaut des Ultimatums zerstreut. Der Aufruf konnte nun nicht mehr als Drohung oder Warnung an Israel aufgefaßt werden und war demnach integraler Bestandteil des gesamten Operationsschemas. Der an Ägypten gerichtete Aufruf hingegen hatte weiterhin ultimativen Charakter.

Jetzt, da der Beschluß gefaßt war, drängte die Zeit um so mehr. Ich verließ den Konferenzraum, um folgendes Blitztelegramm an den Chef der Operationsabteilung abzuschicken: Erwarte baldigsten Beginn Unternehmen Kadesh. Truppen per sofort zu mobilisieren. Mobilisierung absolut geheimzuhalten. Mobilisierung als Maßnahme gegen irakischen Einmarsch in Jordanien zu tarnen. Abreise Mitternacht, Ankunft morgen früh.

Als ich den Konferenzraum wieder betrat, hatte sich die Spannung keineswegs gelegt. Man stand umher und wußte nicht recht, was tun. Nun ist die gelungene Planung einer Militärkampagne gewiß kein Ereignis, bei dem man sich zuprostet und sich gegenseitig beglückwünscht. Und doch war eine gewisse Befriedigung über den erfolgreichen Abschluß der Gespräche festzustellen.

Am 25. Oktober kehrten wir um die Mittagszeit nach Israel zurück und fuhren vom Flughafen direkt zum Oberkommando. Während des Flugs verfaßte ich eine Reihe von Befehlen und Richtlinien an den Generalstab und die Truppenkommandeure. Ich war jetzt endlich in der Lage, der Planungsabteilung klare Anweisungen zur Ausarbeitung des Einsatzplanes zu geben.

In der neuen Ordre wurden der genaue Zeitplan festgelegt und drei der im ursprünglichen Einsatzplan enthaltenen Instruktionen abgeändert. Die erste Änderung betraf die Ziele des gesamten Unternehmens. Laut Plan waren wir nämlich nunmehr verpflichtet, unsere Operationen bis ins Gebiet des Kanals vorzutragen. Ferner nannte ich die zwei Hauptangriffsziele der Kampagne aus unserer Sicht: die Straße von Tiran zu erobern und die ägyptischen Streitkräfte zu besiegen.

Über gerade diese Frage führte ich in Paris mehrere Gespräche mit Ben Gurion. Wir waren uns darin einig, daß es nicht in unserem Interesse lag, das sonst übliche Kriegsziel zu verfolgen, nämlich „die feindlichen Streitkräfte restlos zu vernichten“. Bei dem Stand der Beziehungen mit unseren Nachbarn war es weitaus angebrachter, unnützes Blutvergießen zu vermeiden. Ich legte daher fest, daß es unser Ziel sein werde, „die Kampfkraft der ägyptischen Armee zu zerstören und damit ihren Zusammenbruch herbeizuführen“.

Die zweite Abänderung betraf den Ablauf der Aktion. Sie würde nicht mit der Besetzung des nördlichen Sinai beginnen, sondern im Mittelabschnitt, mit dem Absprung des Fallschirmjägerbataillons bei Mitla.

Die dritte Abänderung schließlich betraf die Luftwaffe. Der Feldzug würde nun nicht, wie bisher geplant, mit einem Luftangriff unsererseits beginnen. Die Luftwaffe würde die Fallschirmjäger ins Zielgebiet bringen und dann nur in Alarmstartbereitschaft stehen. Wenn die ägyptische Luftwaffe in den ersten beiden Kriegstagen zum Einsatz käme, würden wir danach trachten, den Luftkrieg auf die Abschnitte zu beschränken, in denen der Feind tatsächlich operierte.

Ich hoffte, diese Abänderungen würden die letzten sein. Nur noch vier Tage trennten uns vom Beginn des Feldzuges.

15. Kapitel

Der Sinaifeldzug

Die folgende Beschreibung des Kriegsgeschehens stützt sich auf mein Kriegstagebuch:

Der Feldzug begann am 29. Oktober spätnachmittags mit dem Absprung eines etwa vierhundert Mann starken Bataillons der 202. Fallschirmjägerbrigade am Osteingang des Mitlapasses, etwa fünfzig Kilometer vom Suezkanal entfernt. Sechzehn Dakota-Transportflugzeuge waren um 17 Uhr 20 gestartet, hatten die Sinaiwüste im Tiefflug überquert, um dem ägyptischen Radarnetz auszuweichen, und waren erst kurz vor dem Zielgebiet – nur zwei Flugminuten von den ägyptischen Luftstützpunkten entfernt – zur Absprunghöhe aufgestiegen. Zwei Stunden zuvor hatten vier unserer Kolbenmotorflugzeuge vom Typ Mustang die Halbinsel Sinai in einer Höhe von wenigen Metern überflogen und mit ihren Propellern und Tragflächen die Oberleitungen des ägyptischen Telefonnetzes durchschnitten und damit die Nachrichtenverbindungen des Feindes unterbrochen.

Die übrigen Bataillone der Fallschirmjägerbrigade waren zunächst an der jordanischen Grenze aufmarschiert, wo sie einen Angriff vortäuschen sollten. Um die ihnen zugedachte Rolle beim Sinaifeldzug zu erfüllen, mußten sie dann hundert Kilometer der Negevwüste, von der Ostgrenze Israels bis zur Westgrenze, überqueren. Sie schafften es zwar in neun Stunden, aber viele Fahrzeuge brachen auf dem Weg zusammen oder blieben einfach im Sand stecken. Doch ungeachtet all dieser Schwierigkeiten setzte die Brigade unter ihrem Kommandeur Arik Sharon ihren Vormarsch fort, erreichte Kuntilla, die erste ägyptische Stellung im mittleren Sinaiabschnitt, und schlug die Ägypter in die Flucht. Etwa vierzig Kilometer weiter westlich stieß sie auf den befestigten Stützpunkt Thamad und wurde dort in ein erstes schweres

Gefecht verwickelt. Die Brigade verfügte nur noch über zwei der ursprünglich dreizehn Panzer. Mit ihnen und den verbliebenen leichten Schützenpanzerwagen durchbrach sie den Befestigungsgürtel und nahm die Stellung innerhalb von vierzig Minuten ein. Die Sonne im Rücken unserer Fallschirmjäger leistete dabei gute Dienste, denn sie blendete die ägyptischen Soldaten.

Zur gleichen Zeit rückten andere Einheiten der Sharon-Brigade auf den Stützpunkt Nakhl vor und besetzten ihn innerhalb von zwanzig Minuten. Kurz danach schloß das 1. Bataillon nach einem Vormarsch von fast dreihundert Kilometern zu der Einheit auf, die am Mitlapaß abgesprungen war. Die südliche Achse war damit hergestellt; sämtliche ägyptische Stellungen im Nordosten der Halbinsel waren überflügelt worden, und es bestand auch keine Gefahr mehr, daß das Bataillon am Mitlapaß abgeschnitten werden konnte.

In der ersten Nacht wurde auch Nakeb, im Süden an der Grenze zwischen Negev und Sinai, erobert. Am nächsten Morgen besetzte die 4. Brigade das strategisch wichtige Straßenkreuz Kusseima, ebenfalls im Grenzgebiet nördlich von Kuntilla. Damit war ein weiterer Zugang zur Halbinsel Sinai geschaffen und die ägyptische Südflanke gefährlich bedroht. Mit der Besetzung von Kusseima ging die erste Phase unserer Operationen zu Ende. Die von mir für die erste Nacht gesteckten vier Angriffsziele waren allesamt erreicht worden.

Die Reaktion der Ägypter entsprach vollkommen meinen Erwartungen: Sie versäumten es, ihre Übermacht an sowjetischen Waffen und Flugzeugen auszunutzen. Ihre Soldaten setzten sich zwar anfänglich zur Wehr, ergriffen aber meist die Flucht, sobald sie direkt angegriffen oder überflügelt wurden. Bevor sie sich auf einen Nahkampf einließen, ergaben sie sich und wurden gefangengenommen.

Auch der Luftkrieg verlief erwartungsgemäß: Wir hatten davon abgesehen, ihre Flugfelder anzugreifen; gewissermaßen als Gegenleistung weiteten sie ihre Luftoperationen nicht über die Grenzen des Sinai aus. Es gelang ihnen wohl, den Vormarsch unserer Bodentruppen zu stören, aber bei Luftkämpfen, denen sie auswichen, wo es nur ging, zogen sie stets den kürzeren. In den frühen Morgenstunden konnte die ägyptische Luftwaffe allerdings ein wahres Schützenfest veranstalten und sich auf die völlig ungeschützt aus Mitla vorrückende 202. Brigade stürzen. Als wir jedoch etwas später unsere Luftwaffe zum Schutz der Einheit einsetzen konnten, drehten die ägyptischen Flugzeuge ab und hielten vorsichtig Distanz.

Ich befand mich gerade im Süden, als die Aufklärungseinheit der 7. Brigade meldete, sie habe soeben den Deikapaß, etwa fünfundzwanzig Kilometer westlich von Kusseima an der Grenze zwischen Negev und Sinai, besetzt. Das bedeutete, daß diese Brigade, die stärkste Panzereinheit der im Mittelabschnitt operierenden Einsatzgruppe, eine Ausgangsposition geschaffen hatte, die einen Umfassungsangriff auf die schwerbefestigte Schlüsselstellung Abu Ageila ermöglichte. Die beiden nächsten Tage würden entscheidend sein – das wußten wir. Wir würden dem Gros der im Nordabschnitt der Halbinsel konzentrierten ägyptischen Streitkräfte begegnen.

Bei meiner Rückkehr ins Oberkommando erfuhr ich, daß die für den Morgen des 21. Oktober vereinbarten britisch-französischen Bombardements der ägyptischen Luftstützpunkte zunächst nicht stattfinden würden. Ben Gurion bereitete dieser Aufschub große Sorgen. Er fürchtete, unsere Truppen am Mitlapaß würden abgeschnitten werden wie seinerzeit die Einheit in Kalkilia, und schlug daher vor, sie noch im Lauf der Nacht abzuziehen. Ich sagte, wir sollten Mitla keineswegs räumen, sondern im Gegenteil unsere dort liegenden Verbände verstärken. Ben Gurion stimmte nur widerstrebend zu.

Am Abend forderten Großbritannien und Frankreich Israel und Ägypten in ihrem Ultimatum auf, die Kampfhandlungen einzustellen und ihre Truppen auf eine Distanz von zehn Meilen vom Suezkanal zurückzuziehen. Ferner müsse Ägypten zur Gewährleistung der freien Schiffahrt im Kanal einer zeitweiligen britisch-französischen Besetzung von Port Said, Ismailia und Suez zustimmen. Die Nichterfüllung des Ultimatums innerhalb von zwölf Stunden würde eine bewaffnete Intervention auslösen.

Auch die amerikanische Regierung ließ von sich hören, wenn auch in einer ganz anderen Tonart. Sie richtete ein von Präsident Eisenhower inspiriertes Telegramm an Ben Gurion, in dem wir aufgefordert wurden, die Halbinsel Sinai zu räumen. Als keine zustimmende Antwort Israels eintraf, stellte der amerikanische UN-Delegierte Henry Cabot Lodge den Antrag auf Einberufung des Sicherheitsrates, wo er eine Resolution vorlegte, in der Israel unter Androhung von Sanktionen zum sofortigen Abzug seiner Truppen und alle übrigen beteiligten Staaten zur Nichtanwendung von Gewalt oder Gewaltdrohungen aufgerufen wurden. Die Sitzung wurde auf Wunsch Frankreichs, Großbritanniens und Israels für fünf Stunden vertagt, und als die Delegierten wieder zusammentraten, lag das britisch-französische Ultimatum bereits vor. Präsident Eisenhower fühlte sich von seinen Verbündeten verraten. Er gab seiner Delegation Anweisung, alles zu unternehmen, um den britisch-französischen Plan zu vereiteln. Die entsprechende Resolution scheiterte jedoch an dem Veto Großbritanniens und Frankreichs.

Israel hatte sich mittlerweile zur Erfüllung des Ultimatums bereit erklärt – allerdings unter der Voraussetzung, daß Ägypten ebenfalls zustimme. Ägypten lehnte das Ultimatum erwartungsgemäß ab, und damit stand der Weg für die britisch-französische Intervention offen.

Der Sinaifeldzug

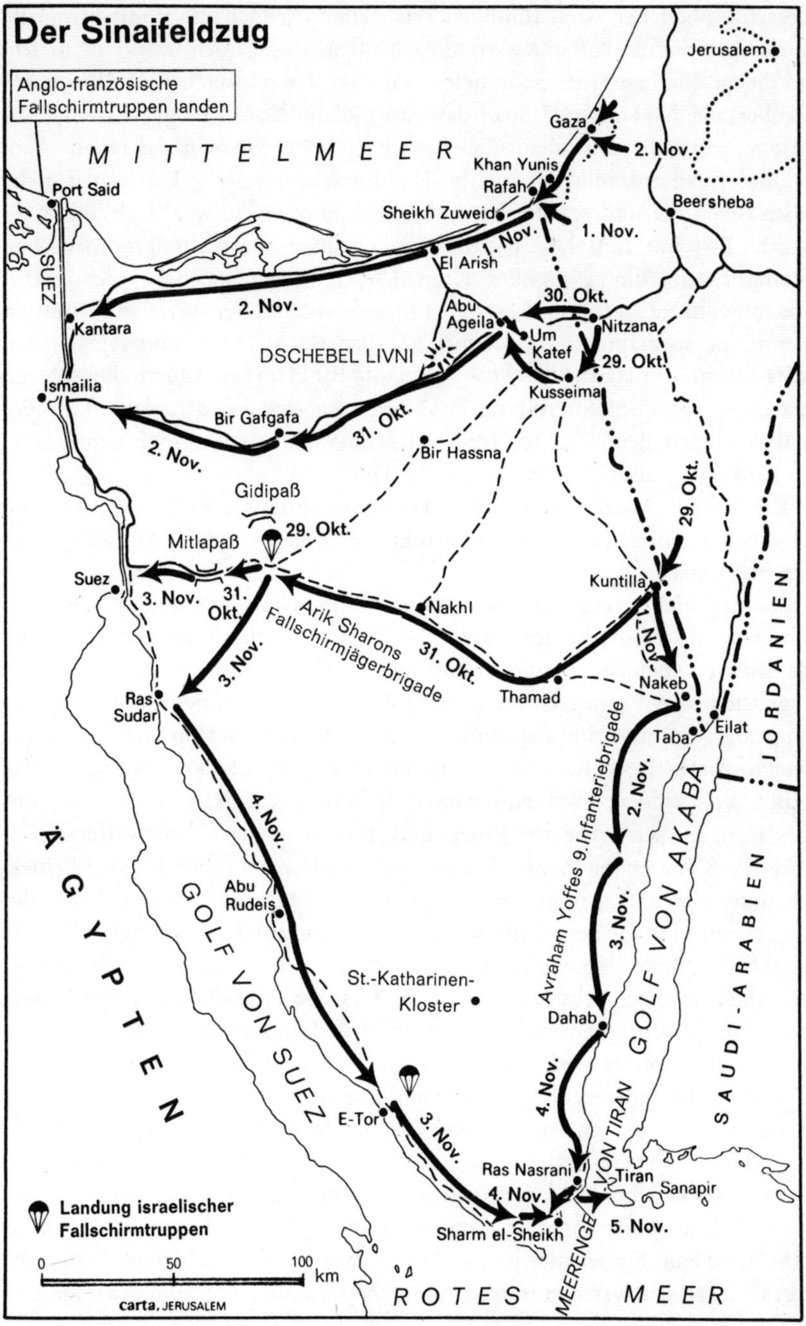

Nach Ablauf der zwölfstündigen Frist setzten jedoch die Bombenangriffe auf die ägyptischen Luftstützpunkte in der Kanalzone noch immer nicht ein, und die israelischen Streitkräfte liefen während der schweren Kämpfe am 31. Oktober auf der Halbinsel Sinai dauernd Gefahr, von der ägyptischen Luftwaffe angegriffen zu werden. Gleichzeitig verlegte Ägypten zusätzliche Panzer- und Infanterieeinheiten auf die Halbinsel, setzte seine Flotte gegen die Küste Israels ein und brachte Verstärkungen auf dem Seeweg nach Sharm el-Sheikh. Erst um fünf Uhr nachmittag begannen die britisch-französischen Luftangriffe auf die ägyptischen Flughäfen. Trotzdem gelang es der 7. Brigade, obwohl sie zwei Tage lang ohne Luftunterstützung operieren mußte, in einer Reihe spektakulärer und erbitterter Panzerschlachten Abu Ageila, den Ruafa-Damm, Bir Hassna, Dschebel Livni und Bir Hama zu erobern. Diese Siege über die ägyptischen Streitkräfte im Nordosten und im Mittelabschnitt des Sinai bereiteten den Weg für weitere rasche Vorstöße und eine ganze Serie von Umfassungsangriffen im Westen der Halbinsel.

Wir kontrollierten nun die drei Hauptverbindungswege im Süden: die Achse Nakhl-Mitla, die Route über den Dschebel Livni und den Südweststrang über Bir Hama.

Eine der wichtigsten Schlachten dieses Tages wurde von der Fallschirmjägerbrigade am Mitlapaß geschlagen. Sie begann nachmittags um halb eins und dauerte sieben lange Stunden. Der Brigadekommandeur hatte um Erlaubnis gebeten, den Vormarsch fortzusetzen und den Paß zu besetzen. Es wurde ihm gesagt, er dürfe eine Patrouille ausschicken, sich aber unter keinen Umständen in ernsthafte Kämpfe verwickeln lassen. Er schickte aber keine Patrouille aus, sondern zwei Kompanien Infanterie auf Schützenpanzern, die Aufklärungseinheit sowie drei Panzer und einen schweren Granatwerferzug.

Als die Kolonne die Paßstraße erreichte, wurde sie von den Hügeln beiderseits unter Beschuß genommen. Sie rollte weiter, in der Annahme, daß die Ägypter nur eine kleinere Einheit zur Verteidigung des Passes abgestellt hätten. Aber je weiter sie vordrang, desto heftiger wurde das feindliche Feuer. Die Schützenpanzer bekamen Treffer, und es gab Ausfälle unter der Mannschaft. Der Kommandeur wollte ihnen zu Hilfe kommen, geriet aber selbst in die Falle und konnte weder vor noch zurück. Die Spitze der Kolonne aber brach trotz des mörderischen Sperrfeuers fast in Kompaniestärke durch und erreichte den westlichen Ausgang des Passes. Der Rest der Einheit saß weiter fest und erlitt schwere Verluste.

Erst um acht Uhr abend gelang es den Fallschirmjägern, den letzten, erbitterten Widerstand der Ägypter zu brechen und den Paß zu erobern. Kaum je zuvor hatte eine Einheit der israelischen Armee einen so schweren Stand gehabt. Die Verluste waren entsprechend hoch: 38 Tote und 120 Verwundete.

Die Ägypter hatten sich in natürlichen Höhlen und ausgebauten Kasematten auf beiden Seiten des Passes verschanzt und beherrschten die Durchfahrt mit ihren automatischen Waffen und Panzerabwehrkanonen. Tags zuvor hatten dort fünf mit schweren Waffen ausgerüstete Infanteriekompanien Stellung bezogen. Vier Meteorjäger und sechs MIGs gaben Luftunterstützung; unsere Truppen hingegen konnten wegen einer Funkstörung keinen Kontakt mit der israelischen Luftwaffe aufnehmen.

Gleich zu Beginn des Gefechts flog der Benzintankwagen in die Luft, dann der Munitionswagen. Eine Reihe anderer Fahrzeuge wurde zerstört oder schwer beschädigt; die schweren Granatwerfer fielen aus, und einer der Kompaniekommandanten wurde getötet. Die Soldaten mußten die Hänge hochklettern, die Ägypter im Nahkampf stellen und jede der Höhlen oder Stellungen einzeln erobern. Die Ägypter ließen 150 Tote auf dem Schlachtfeld zurück. Der Rest ergriff im Schutz der Dunkelheit die Flucht über den Suezkanal.

Die blutige Schlacht um den Mitlapaß wäre zu rechtfertigen gewesen, wenn die Brigade den Auftrag gehabt hätte, auf Suez zu marschieren. Ihr Ziel hieß jedoch Sharm el-Sheikh; es bestand daher kein Anlaß, ägyptische Verbände anzugreifen, die zum Schutz der Zufahrtswege zum Kanal bestimmt waren. Der Opfermut und die Verluste waren umsonst gewesen, denn der Platz wurde später wieder geräumt.

Einige Generalstabsoffiziere warfen mir zu große Nachsicht mit den Fallschirmjägern vor. Ich wisse doch, daß sie den folgenschweren Angriff entgegen meinem Befehl unternommen hatten. Das war richtig. Doch den Angriff selbst nahm ich ihnen weniger übel, weit mehr die bedauerliche Disziplinlosigkeit, die nicht vorkommen hätte können, wenn der Kommandeur der Brigade Vertrauen in den Generalstab besessen und offen und ehrlich seine Gründe dargelegt hätte, anstatt mein Vertrauen zu mißbrauchen und gegen meine Befehle zu handeln.

Und trotzdem konnte ich ihn und die Fallschirmjäger verstehen. Acht Jahre zuvor, im Unabhängigkeitskrieg, hatte ich selbst ein Kommandobataillon befehligt, und auch damals gab es Situationen, in denen ich aus taktischen Überlegungen den Befehlen des Oberkommandos zuwiderhandelte. Ich konnte mich daher in die Lage eines Truppenführers versetzen, der meinte, daß nur er auf Grund seiner eigenen Beobachtungen an vorderster Front die richtigen Entscheidungen treffen könne.

Aber die Fallschirmjäger schätzten die Lage leider falsch ein. Sie glaubten, der Mitlapaß sei nicht stark befestigt, und ließen die Kolonne dazu noch den leichtesten Weg nehmen: direkt durch das Wadi. Diese Fehleinschätzung der Lage und die Anwendung einer falschen Taktik hatte die Einheit mit viel

Blut bezahlen müssen. Für mich wiegt es allerdings schwerer, wenn eine gestellte Aufgabe nicht erfüllt wird, als wenn man Befehle mißachtet, um mehr zu erreichen, als ursprünglich verlangt wurde.

Die heftige Kritik aus dem Ausland richtete sich zuerst gegen unsere Operationen im Sinai und dann gegen das Eingreifen Großbritanniens und Frankreichs. Im Westen waren es die Vereinigten Staaten, die den lautesten Protest erhoben, und im Osten die Sowjetunion, die uns wegen des Angriffs auf das mit ihr befreundete Ägypten anprangerte. Den beiden Supermächten schloß sich ein gemischter Chor von „Frieden-um-jeden-Preis-Enthusiasten" an. Am lautesten schrien diejenigen, die sich weder in Gefahr befanden noch irgendwelche Folgen zu befürchten hatten.

Premierminister Eden hatte einen schweren Stand, denn die Öffentlichkeit und die Mehrheit seiner Minister waren gegen die Suezaktion. Die Militärs legten Eden zusätzliche Hindernisse in den Weg. Sie waren von der militärischen Stärke Ägyptens überzeugt, entwickelten ungemein komplizierte Pläne und mußten deswegen sogar die Truppenlandungen verschieben.

Auf Grund der britisch-französischen Luftangriffe auf Ägypten und des britisch-französischen Vetos im Sicherheitsrat wurde eine außerordentliche Sitzung der UN-Vollversammlung für den Abend des 1. November einberufen.

Mir war bereits klar geworden, daß die Zeit keineswegs für uns arbeitete und daß mit ständig wachsenden internationalen Bemühungen zur Einstellung der Feindseligkeiten zu rechnen war. Wir hatten innerhalb von zwei Tagen große Erfolge errungen. Ein paar Tage noch, und wir würden alle gesteckten Ziele erreichen. Es fragte sich nur, ob man uns die Zeit dazu ließ. Wir mußten uns also beeilen. Aus diesem Grund suchte ich am 31. Oktober die 10. Brigade im Süden auf und gab ihr Befehl, Um Katef unverzüglich anzugreifen und zu erobern. Um Katef und Um Shihan waren die zwei einzigen Stellungen im Verteidigungsgürtel von Abu Ageila, die sich noch in ägyptischer Hand befanden und uns den Weg in den Mittelabschnitt der Halbinsel Sinai versperrten. Um Katef beherrschte die asphaltierte Straße, die unsere Versorgungskolonnen benutzen mußten, um einen zügigen und reibungslosen Nachschub nach Westen zu gewährleisten.

Das Gespräch mit den Offizieren zählte nicht gerade zu den erfreulichsten meiner Laufbahn. Gewiß handelte es sich bei der 10. Brigade um keine Eliteformation, denn sie bestand aus nicht besonders gut ausgebildeten Reservisten reiferen Alters. Noch dazu zweifelten die Offiziere an den Fähigkeiten der eigenen Soldaten. Mir war das alles klar, und doch wurde ich ärgerlich. Die Soldaten waren übermüdet; der Nachschub funktionierte nicht recht; nachts war es zu kalt; tagsüber war es zu heiß; die Waffen hatten Ladehemmung wegen des Sandes, und die Lkws blieben stecken. Ich konnte den Negev aber auch nicht in eine anmutige Parklandschaft verwandeln. Es gab nur eines: Sie mußten durchhalten und zusehen, daß sie die neue Straßenverbindung freikämpften.

Sie griffen Um Katef noch in derselben Nacht an, aber ohne Erfolg. Bald danach versuchte eine wesentlich kampffreudigere Einheit der 37. Panzerbrigade ihr Glück, aber auch ihr Angriff schlug fehl. Hier aber waren wahrscheinlich die Kommandeure der Einheit für den Mißerfolg verantwortlich. Sie ließen die Truppe mit Schützenpanzern angreifen, ohne das Eintreffen schwerer Panzer abzuwarten. Die Aktion mißlang auf Grund mangelhafter Feindaufklärung und eines unzureichenden Einsatzplanes. Und ich selbst war wohl auch bis zu einem gewissen Grad daran schuld. Ich hatte zu sehr auf die Öffnung der neuen Verbindung gedrängt. Der Befehlshaber im Südabschnitt erklärte den Brigadekommandeuren, er habe mir zugesagt, die Aktion würde bei Tagesanbruch erfolgreich abgeschlossen sein. Kann sein, daß das ein Mißverständnis war, denn ich hatte ihnen bis Mittag Zeit gegeben, wenn auch betont, sie sollten Um Katef nötigenfalls ohne Rücksicht auf Verluste stürmen.

Nach diesem Fehlschlag erfolgte bei der 10. Brigade ein Kommandowechsel, dem ich zustimmte. Als Begründung gab ich damals an, daß ein Kommandant die ihm anvertraute Truppe verantwortungsbewußt zu führen habe. War er dazu nicht imstande, sollte er zwar nicht bestraft werden, aber einem anderen Platz machen, der die entsprechenden Fähigkeiten besaß. Rückblikkend kann ich heute sagen: Das Mißlingen des Angriffs lag nicht an unzulänglicher militärischer Führung, mangelnder Übersicht oder taktischen Fehlentscheidungen, sondern vor allem daran, daß die Einheit nicht den für diese Situation erforderlichen Kampfgeist aufbrachte.

Vom Kampfgeist der ägyptischen Soldaten hingegen und vom taktischen und strategischen Konzept ihrer Befehlshaber konnten wir uns bereits ein recht genaues Bild machen. Im Stellungskrieg hatten sich die Ägypter bewährt. Sobald wir sie aber aus ihren Schützengräben heraus oder sonstwie zu einer Änderung ihrer Pläne zwangen, wurden sie hilflos. Sie unternahmen nur wenige Gegenangriffe, und auch diese fielen meist bescheiden aus. Bei Abu Ageila beispielsweise zeigte sich deutlich, wie unverhältnismäßig hoch sie den Wert einer schwerbefestigten Stellung einschätzten. Sie meinten, unseren Vormarsch allein mit Befestigungslinien aufhalten zu können, ohne sich mobiler Einheiten mit Luftunterstützung zu bedienen oder sich uns im offenen Gelände zu stellen.

Am 31. Oktober und 1. November verlagerte sich das Kampfgeschehen in den Nordabschnitt. Es erfolgte ein Angriff auf die starke Abwehrstellung Rafah im Süden des Gazastreifens und der Durchbruch der 27. Brigade bis knapp vor El Arish an der Mittelmeerküste. Der Einmarsch in die Stadt selbst wurde bis zum Morgen des 2. November aufgeschoben. Gleichzeitig gab ich der 9. Infanteriebrigade Befehl, sich ebenfalls am nächsten Morgen in Richtung Sharm el-Sheikh in Marsch zu setzen. Die 11. Infanteriebrigade sollte ihren Vormarsch im Gazastreifen einleiten. Damit eröffneten wir die Schlußphase des Feldzugs.

Ohne auf Widerstand zu stoßen, marschierten wir um sechs Uhr morgens in El Arish ein. Die letzten ägyptischen Truppen hatten sich schon während der Nacht zurückgezogen. Zuvor hatten sie einen kleinen Teil der Vorratslager in Brand gesteckt; wir erbeuteten den Rest. Das Hospital von El Arish bot einen grauenvollen Anblick. Auf dem Operationstisch lag ein toter ägyptischer Soldat. Die Ärzte hatten ihm ein Bein amputiert, waren dann aber inmitten der Operation geflohen, ohne ihn auch nur zu verbinden. Die verletzten Soldaten bestätigten, daß das Personal alles stehen und liegen ließ, um so schnell wie möglich zu entkommen. Nicht ein einziger Pfleger war geblieben, um die Verwundeten zu betreuen oder Erste Hilfe zu leisten.

Die Brigade hielt sich nicht lange in der Stadt auf. Kampfgruppen wurden ausgeschickt, um den Flughafen von El Arish zu besetzen und die Straße nach Abu Ageila zu sichern; andere Einheiten nahmen die Verfolgung des Feindes in Richtung Kantara auf.

Nach den Kämpfen am 1. und 2. November befand sich die Achse Kusseima-Dschebel Livni-Ismailia zur Gänze in unserer Hand. Am 2. November besetzten unsere Streitkräfte den Gazastreifen. Mit dem Verlust von Rafah und El Arish geriet der Feind in eine hoffnungslose Lage. Der nur noch schwache Widerstand, den er uns jetzt noch entgegensetzte, zeigte, wie sehr seine Kampfmoral unter diesen schweren Schlägen gelitten hatte.

Unsere Gesamtverluste bis zu diesem Zeitpunkt betrugen etwa 100 Tote und 750 Verwundete. Obwohl uns keineswegs daran gelegen gewesen war, viele Kriegsgefangene zu machen, denn das bedeutete, sie bewachen und versorgen zu müssen, waren uns dennoch mehrere Tausend in die Hände gefallen. Sie wurden gut von uns behandelt. Rache übten wir nur insofern an ihnen, daß wir ihnen israelische Armeerationen zu essen gaben.

Unsere letzte große Aufgabe war die Eroberung von Sharm el-Sheikh. Die Marschroute der 9. Brigade, die um fünf Uhr morgens zum Angriff angetreten war, verlief entlang des Westufers des Golfs von Akaba. Zur Verstärkung dieser Formation sprangen zwei Fallschirmjägerkompanien gegen Abend bei E-Tor am Golf von Suez ab und besetzten den dortigen Flughafen, worauf wir eine Luftbrücke einrichteten und ein weiteres Infanteriebataillon einflogen. Um Mitternacht setzte sich ein Bataillon der 202. Fallschirmjägerbrigade über schwieriges Gelände auf das südwestlich gelegene Ras Sudar in Marsch. Dort schwenkte es nach Westen in Richtung auf das etwa 170 Kilometer entfernte E-Tor. Der Plan sah vor, daß die 9. Brigade Sharm el-Sheikh vom Norden her angreifen sollte und die Fallschirmjäger, von E-Tor kommend, aus dem Süden.

Während die Kämpfe auf der Halbinsel Sinai tobten, war auch die große Politik in Bewegung. Auf der Sondersitzung der UN-Vollversammlung am 1. November war eine von Außenminister Dulles eingebrachte amerikanische Resolution angenommen worden, die auf eine Einstellung der Feindseligkeiten abzielte und damit an die Adresse Großbritanniens, Frankreichs und Israels gerichtet war, gleichzeitig aber den Rückzug zu den Waffenstillstandslinien forderte, was natürlich nur Israel allein betraf. Am nächsten Tag versenkten die Ägypter zwei Schiffe im Suezkanal und blockierten damit die Durchfahrt. Dieser Vorfall war besonders für Großbritannien ein schwerer Schlag, da ja nach Darstellung der Regierung die britisch-französischen Luftangriffe nur zur Aufrechterhaltung der freien Schiffahrt im Kanal dienen hätten sollen. Die Briten hatten sogar von den Absichten der Ägypter erfahren und wollten die beiden Schiffe, bevor sie ausliefen, noch im Hafen von Port Said versenken. Schließlich aber geschah nichts, um die Aktion zu vereiteln.

Die Franzosen wollten die britisch-französische Landungsoperation in der Kanalzone zwei Tage vorverlegen, um der zu erwartenden ungünstigen UN-Resolution zuvorzukommen. Die Briten aber wollten oder konnten ihren großangelegten Plan nicht mehr ändern und hielten am 6. November fest. Vom militärischen Standpunkt war es uns einerlei, wann die Landung stattfand. Aus politischer Sicht allerdings war es bedauerlich, daß die Invasion nicht vorverlegt wurde

In der UN wuchs der Druck gegen Großbritannien, Frankreich und Israel ständig an. Bei der Sitzung der Vollversammlung am 3. November ereignete sich dann ein für uns äußerst peinlicher Zwischenfall. Gegen Ende der Sitzung, die bis in die frühen Morgenstunden des 4. November andauerte, wurden Großbritannien, Frankreich und Israel erneut aufgefordert, sich zur Einstellung der Kampfhandlungen bereit zu erklären. Der israelische Vertreter sagte, Israel werde der Aufforderung nachkommen, jedoch nur, wenn Ägypten das gleiche täte. Er muß wohl angenommen haben, daß die Antwort der Ägypter erst nach der Besetzung von Sharm el-Sheikh durch unsere Truppen eintreffen würde. In dieser Phase war es besonders wichtig, nicht den Anschein zu erwecken, als widersetzten wir uns den UN-Beschlüssen.

Die Briten und Franzosen waren entsetzt. Wenn nämlich die beiden kriegführenden Parteien – Israel und Ägypten – das Feuer einstellten, würde der britisch-französischen Intervention jede rechtmäßige Basis entzogen werden;

Großbritannien wäre der „Vorwand" genommen, und Premierminister Eden geriete in eine noch schwierigere Lage. Die Franzosen sollten Großbritannien helfen, uns umzustimmen. Ben Gurion kam nach gründlicher Überlegung zu dem Schluß, wir könnten vor allem die Franzosen nicht vor den Kopf stoßen. Er wies daher unseren Vertreter an, Generalsekretär Hammarskjöld zu bedeuten, daß unsere Erklärung falsch interpretiert worden sei. Wenn wir die Kampfhandlungen einstellten, würden wir nicht nur erwarten, daß die Ägypter unserem Beispiel folgten, sie mußten auch den Kriegszustand gegen uns endgültig widerrufen, bereit sein, in Friedensverhandlungen einzutreten, den Wirtschaftsboykott sowie die Blockade gegen israelische Schiffe aufheben und die von ihnen gesteuerten Terrororganisationen in anderen arabischen Staaten nach Ägypten zurückbeordern.

Dieser Vorfall trug wenig zu unserem internationalen Ansehen bei. Ben Gurion war dem Ansuchen der Franzosen mit äußerstem Widerwillen entgegengekommen. Der Krieg zwischen Israel und Ägypten war schon seit dem 29. Oktober im Gange. Diesen Umstand hätten Großbritannien und Frankreich inzwischen jederzeit ausnutzen können, um zu intervenieren. Aber die britische Armee hatte während dieser sechs Tage nichts Besseres zu tun gehabt, als sich eingehend und umständlich auf die „Operation Musketeer" vorzubereiten. Und jetzt wurde Israel dazu angehalten, sich den Anordnungen der Vollversammlung zu widersetzen, nur um das politische Konzept der Briten nicht zu stören! Um derartigen Konfliktsituationen in der UN vorzubeugen, hatte Israel seine ganze Kraft aufgewendet, den Feldzug so rasch wie möglich erfolgreich zu beenden.

Die hektische Aktivität der UN überzeugte Großbritannien dann offenbar doch davon, daß es nötig war, die militärischen Operationen etwas früher als ursprünglich geplant in die Wege zu leiten. Am Zeitpunkt der amphibischen Landung, dem 6. November, wurde zwar nichts geändert, die Fallschirmjäger traten aber bereits am Morgen des 5. in Aktion. Ein britisches Bataillon besetzte den Flughafen Gameel bei Port Said und ein französisches die Brücken von Port Said zum Festland.

Ebenfalls am 5. November richtete der sowjetische Ministerpräsident, Nikolai Bulganin, Botschaften an die Regierungschefs Großbritanniens, Frankreichs und Israels, in denen er unüberhörbar mit dem Säbel rasselte. In dem Brief an Ben Gurion hieß es, daß die Sowjetunion „die verbrecherischen Akte der Aggressoren" ohne Einschränkung verdamme und Israel dazu aufrufe, seine militärischen Handlungen unverzüglich einzustellen und das ägyptische Territorium zu räumen. „Die israelische Regierung setzte den Frieden und das Schicksal seiner Bevölkerung auf kriminelle und unverantwortliche Weise aufs Spiel", was, wie Bulganin weiter ausführte, „die Frage nach der Zukunft

Israels und seiner Existenz als selbständiger Staat aufwirft. Angesichts ihres außerordentlichen Interesses an der Aufrechterhaltung des Friedens und der Stabilität im Nahen Osten ist die sowjetische Regierung im Begriff, Schritte zur Beendigung des Krieges und zur Verurteilung der Aggressoren zu unternehmen." Abschließend kündigte Bulganin die Abberufung des sowjetischen Botschafters in Israel an und warnte Israel davor, Sinn und Ziel seines Schreibens falsch auszulegen.

Ben Gurion versuchte zwar keineswegs, seine tiefe Besorgnis über diese Drohung aus Moskau zu verbergen oder sie gar zu bagatellisieren; aber sie versetzte ihn auch nicht in panische Angst, sondern brachte ihn im Gegenteil gegen die Sowjets auf. Was ihn ganz besonders verärgerte, war der unterschiedliche Ton der drei Briefe. Das Schreiben an uns war höhnisch und voll Verachtung; es stellte den Fortbestand Israels in Frage. Bulganin drohte auch Großbritannien und Frankreich mit dem Einsatz von Raketen, aber im Gegensatz zu dem an uns gerichteten Ultimatum enthielten diese Schreiben weder ein Wort des Spotts noch grobe Verunglimpfungen.

Ben Gurions kühle und nüchterne Reaktion auf den sowjetischen Einschüchterungsversuch machte großen Eindruck auf mich. Es gab schließlich mehr als einen israelischen Politiker, der kopfscheu geworden wäre, hätte er an Ben Gurions Stelle das Amt des Ministerpräsidenten ausgeübt.

Für uns war es ein Glück, daß der Brief Bulganins durch die Niederschlagung des Ungarnaufstands bis zum Abend des 5. November verzögert wurde. Zwölf Stunden zuvor war der letzte Schuß im Sinaifeldzug gefallen: Wir hatten am selben Morgen Sharm el-Sheikh erobert. Die 9. Infanteriebrigade, die 202. Fallschirmjägerbrigade und die israelische Marine hatten einen Wettlauf veranstaltet – jeder wollte als erster unsere Fahne auf den Türmen der Stadt aufpflanzen.

Am Vortag hatte ich mich nach E-Tor am Golf von Suez begeben. Von dort wollte ich per Flugzeug weiter zur 9. Brigade. Da keine geeignete Maschine verfügbar war, machte ich mich in Begleitung einiger der in E-Tor stationierten Reservisten in einem Befehlsfahrzeug und zwei nicht gerade vertrauenerweckenden Privatautos auf den Weg. Anfangs begegneten wir keinem einzigen Menschen. Wir hatten nur die asphaltierte Straße vor uns, rechts den Blick auf den Golf von Suez und links, über die Wüste hinweg, auf die ansteigenden Hügelketten. Auf halbem Weg, nach etwa fünfzig Kilometern, stießen wir auf ägyptische Soldaten – einzeln und in Gruppen –, die nachts zuvor aus Sharm el-Sheikh geflohen waren und uns nun entgegenkamen.

Es war mitten am Tag; aber das Ganze kam uns vor wie ein böser Traum. Die sengende Wüstensonne brannte erbarmungslos auf uns herab; vom schmelzenden Straßenbelag stieg heißer Dunst auf. Die ägyptischen Soldaten in ihren khakifarbenen Kampfanzügen hoben sich von dem sie umgebenden Gelände kaum ab und wurden erst in allernächster Nähe sichtbar. Sie müssen erkannt haben, daß wir Israelis waren, aber sie schossen weder auf uns, noch versuchten sie in Deckung zu gehen. Sie ließen uns einfach vorbeifahren. Man konnte ihnen ansehen, wie erschöpft sie waren.

Trotzdem waren solche Situationen nicht ungefährlich, denn die Reaktion der Ägypter war nicht mit Sicherheit vorauszusagen. Wir waren daher ganz zufrieden, als wir schließlich den Anschluß an unser Fallschirmjägerbataillon gefunden hatten.

Das Bataillon stand um 5 Uhr früh südlich von Sharm el-Sheik. Anderthalb Stunden später sollte es auf Ersuchen der 9. Brigade in die Außenbezirke der Stadt vorrücken. Der Bataillonskommandeur entschied sich statt dessen für einen Durchbruchsversuch. Die Schützenpanzer, gefolgt von der motorisierten Infanterie, setzten sich in Bewegung. Sie stießen auf kaum nennenswerten Widerstand, denn unsere Luftwaffe hatte die feindlichen Stellungen schwer angegriffen. Um 9 Uhr 30 erreichte der Bataillonskommandeur an der Spitze seiner Schützenpanzer den Stadtkern. Die feindlichen Stellungen am Nordrand der Stadt befanden sich bereits in Händen der 9. Brigade.

Der Hafen von Sharm el-Sheikh an der Südspitze der Halbinsel Sinai – dort, wo der Golf von Suez und der Golf von Akaba ins Rote Meer übergehen – bietet einen der schönsten Anblicke, die ich kenne. Das tiefblaue Wasser ist von karmesinroten Felsen umgeben. Die weiße Moschee mit ihrem hohen Minarett ergänzt das Bild einer Märchenstadt mitten in den Bergen.

Aber die Kämpfe hatten ihre Spuren hinterlassen. Die erst wenige Stunden zuvor bombardierten Verteidigungsstellungen und Vorratslager der Ägypter rauchten noch, und am Hafen stand eine große Anzahl von teils beschädigten, teils noch kampftüchtigen ägyptischen Schützenpanzern. Die Soldaten der 9. Brigade durchkämmten mittlerweile die Höhen oberhalb der Stadt und sammelten die Kriegsgefangenen ein.

Die 9. Brigade, eine Reservistenformation unter dem Kommando von Avraham Yoffe, hatte eine der schwierigsten Aufgaben des Feldzugs hinter sich. Ihr Weg führte sie mehr als dreihundert Kilometer weit am Westufer des Golfs von Akaba entlang durch unwegsames Feindgebiet. Ihr Ziel war die Eroberung von Sharm el-Sheikh, dessen aus zwei verstärkten Bataillonen bestehende Garnison sich auf eine längere Belagerung eingerichtet hatte. Schon der Anmarsch war voller Gefahren, und der Erfolg des Angriffs war keineswegs gesichert.

Die Brigade verfügte über annähernd 1800 Mann und zweihundert Fahrzeuge. Da sie nicht mit Nachschub rechnen konnte, führte sie Lebensmittel für fünf Tage und Treibstoff für fast sechshundert Kilometer mit, sowie fünf Liter Wasser pro Mann und Tag und vier Liter pro Fahrzeug und Tag. Die Zeit drängte. Es war kaum denkbar, daß Israel etwaigen UN-Resolutionen zuwiderhandeln und weiterkämpfen konnte, wenn Großbritannien und Frankreich sich solchen Beschlüssen beugten. Hätten die Ägypter die Kolonne unterwegs zum Stehen gebracht oder dem Angriff der Brigade einige Tage lang standgehalten, dann hätte Israel die Kampfhandlungen einstellen müssen, ohne Sharm el-Sheikh erobert zu haben.

Das erste Stück des Wegs von Nakeb zur Oase Ain Furtaga war leicht. Bei einem Tempo von zwölf Kilometern pro Stunde legte die Kolonne bis ein Uhr nachmittags insgesamt hundert Kilometer zurück. Das nächste Stück war jedoch das schwerste: es ging fünfzehn Kilometer bergauf durch tiefen Sand. Nur die Schützenpanzer konnten diese Strecke mit eigener Kraft bewältigen. Die Stundengeschwindigkeit der Kolonne verringerte sich auf etwa vier Kilometer, und auch dieses Tempo konnte nur gehalten werden, wenn die Fahrzeuge immer wieder von Soldaten geschoben oder von Schützenpanzern geschleppt wurden. Um zwei Uhr morgens erreichte die Brigade den höchsten Punkt ihrer Wegstrecke; von hier ging es bergab weiter. Acht steckengebliebene Fahrzeuge wurden zurückgelassen, und die Mannschaften waren total erschöpft.

Die nächsten fünfzig Kilometer bis Dahab, der größten Oase am Golf von Akaba, wurden in fünf Stunden zurückgelegt. Die ägyptischen Wachen in Dahab – eine Kamelreitertruppe von zehn Mann – waren die ersten feindlichen Soldaten, denen die Brigade am 3. November kurz vor Mittag begegnete. Sie setzten sich zur Wehr, wurden aber rasch überwältigt.

In Dahab konnten die Soldaten eine erste Rast einlegen. Gegen Abend brachten zwei Landungsboote der Marine Treibstoff. Sie kamen wie gerufen. Auf Grund der schwierigen Bodenverhältnisse hatte die Brigade weit mehr Treibstoff verbraucht, als ursprünglich berechnet worden war.

Abends um sechs setzte sich die Brigade neuerlich in Marsch und erreichte um zwei Uhr morgens Wadi Kid, ihr nächstes Ziel. Der Weg führte an einem Hang entlang, war mit Felsblöcken übersät und stellenweise nicht einmal zwei Meter breit. An besonders engen Stellen sprengten die Pioniere die Hindernisse; die übrigen Soldaten räumten die Steine aus dem Weg und planierten die Strecke, so gut es eben ging.

Der Aufklärungstrupp, der der Kolonne vorausging, wurde gegen sechs Uhr abend etwa zwei Kilometer vor dem Ausgang des engen Wadi Kid aus dem Hinterhalt angegriffen. Unsere Soldaten erwiderten das Feuer. Einer ihrer Jeeps wurde beschädigt. Sie ließen ihn liegen und zogen sich zurück.

Am Morgen des 4. November wurde festgestellt, daß der Feind den Hinterhalt aufgegeben, aber vorher noch eine größere Anzahl von Minen im Wadi verlegt hatte. Sie wurden geräumt, und um neun Uhr machte sich die Brigade auf die letzten vierzig Kilometer. Kurz vor Mittag, nachdem sie drei Tage und zwei Nächte unterwegs gewesen war, kam ihr Ziel in Sicht – der ägyptische Verteidigungsring von Ras Nasrani und Sharm el-Sheikh.

Die Ägypter hatten wohl die Möglichkeit eines Fallschirmjägerangriffs einkalkuliert, aber nicht mit einer größeren israelischen Infanterieeinheit gerechnet. Die Nordflanke der Ägypter war daher weder exponiert noch unvorbereitet. Aber im Gegensatz zu den erwarteten Fallschirmjägereinheiten verfügte die 9. Brigade über genügend schwere Waffen, um die ägyptischen Befestigungen im Sturm einnehmen zu können.

Als die Kolonne Ras Nasrani, etwa fünf Kilometer nördlich von Sharm el-Sheikh, erreichte, hatte der ägyptische Kommandant den Ort bereits aufgegeben und sämtliche verfügbaren Truppen in Sharm el-Sheikh zusammengezogen. In Ras Nasrani, das auf einem Vorgebirge am Rande des Golfs liegt, direkt gegenüber der Insel Tiran, hatten die Ägypter sechs Küstengeschütze aufgestellt, die die Wasserstraße beherrschten und zur Blockade gegen Israel dienten. Die Ägypter hatten diese Geschütze vor der Flucht gesprengt.

Auf dem Weg nach Sharm el-Sheikh geriet unser Aufklärungstrupp unter schweres Feuer von den zu beiden Seiten des Weges liegenden Hügeln. Es war kurz vor Einbruch der Dunkelheit, und mit der Unterstützung unserer Luftwaffe war erst am nächsten Morgen zu rechnen. Trotzdem entschloß sich der Brigadekommandeur, ohne Rücksicht auf das schwierige Terrain und das feindliche Feuer, die schwerbefestigten ägyptischen Stellungen bald anzugreifen. Gegen halb fünf Uhr früh kam ein erster Angriff der Brigade kurz zum Stillstand, um dann bei Sonnenaufgang erneut loszubrechen, diesmal mit Unterstützung schwerer Granatwerfer und der Luftwaffe. An der Spitze der Angriffsformation standen die Schützenpanzerkompanie und der Aufklärungstrupp, gefolgt von den Infanterieeinheiten. Das erbitterte Gefecht dauerte nur fünfzig Minuten. Dann gelang es den Aufklärungsjeeps, unter dem Feuerschutz der Schützenpanzer die ägyptischen Stellungen zu stürmen und den Feind in die Flucht zu jagen.

Wie eine Dampfwalze rollten nun die Luftangriffe über Sharm el-Sheikh dahin, und dann griffen die Bodentruppen an. Am 5. November um halb zehn Uhr morgens ergab sich Sharm el-Sheikh, der letzte ägyptische Stützpunkt auf der Halbinsel Sinai.

Israel hatte seine drei wichtigsten Kriegsziele erreicht: Die freie Schiffahrt im Golf von Akaba, die Beendigung der Terrortätigkeit und die Beseitigung der Gefahr eines Angriffs auf Israel durch die unter gemeinsamem Kommando stehenden Streitkräfte Ägyptens, Syriens und Jordaniens.

Dies alles konnte aber nicht in direkten Verhandlungen mit dem besiegten Ägypten, sondern erst durch die Vermittlung des Generalsekretärs der Vereinten Nationen sichergestellt werden.

Am 16. März 1957, viereinhalb Monate nach seinem Beginn, ging der Sinaifeldzug mit dem Rückzug der israelischen Truppen hinter die eigenen Grenzen offiziell zu Ende. Die britischen und französischen Streitkräfte hatten das Gebiet von Suez schon zweieinhalb Monate vorher geräumt. Sharm el-Sheikh und der Gazastreifen wurden nicht an Ägypten zurückgegeben, sondern unter die Aufsicht der UN-Friedenstruppe gestellt. Für uns war nur von Bedeutung, daß Nasser der freien Schiffahrt sowie der Beendigung der Terroristentätigkeit – zumindest für den Augenblick – zugestimmt hatte.

IV. Teil

Vom Minister zum Privatmann (1958–1967)

16. Kapitel

Freiheit und Politik

Nach Ablauf meiner Amtszeit als Generalstabschef begann ich, damals 41 Jahre alt, an der Hebrew University von Jerusalem Politische Wissenschaft, Spezialgebiet Nahostfragen, zu studieren. Die zwei Studentenjahre erschienen mir fast wie ein Urlaub.

Danach ging ich in die Politik. Ich wurde als Kandidat der von Ben Gurion geführten israelischen Arbeiterpartei (Mapai) bei den für den 3. November 1959 angesetzten Parlamentswahlen aufgestellt. Die israelische Verfassung sieht ein aus 120 Mitgliedern bestehendes Einkammerparlament vor, die „Knesset". Das bedeutet auf hebräisch soviel wie „Versammlung". Gewählt wird nach dem Proporzsystem. Jede Partei setzt die Namen von 120 Kandidaten auf ihre für das ganze Land geltende Wahlliste. Die Mandate werden je nach Stimmenanteil auf die Parteien und innerhalb dieser nach der Reihung auf den Listen vergeben. Die vordersten Ränge auf jeder Liste fallen den Parteiführern zu, die natürlich auch die Anwärter auf Kabinettsposten sind.

Bei dieser Wahl am 3. November 1959 gewann die Mapai die bis dahin noch nie erreichte Anzahl von 52 Sitzen, was allerdings nur eine relative Mehrheit bedeutete. Wieder einmal mußte eine Koalitionsregierung gebildet werden, die Ben Gurion am 16. Dezember der Knesset vorstellte. Mir wurde der Posten des Landwirtschaftsministers übertragen.

Politik und Regierungsgeschäfte waren mir zwar nicht fremd, aber bis dahin war es mir möglich gewesen, mich von innerparteilichen Auseinandersetzungen fernzuhalten. Als Generalstabschef hatte ich nie im Kreuzfeuer der Kritik gestanden; es war ja der Verteidigungsminister, der die militärischen Entscheidungen dem Parlament gegenüber zu verantworten hatte.

Nun trug ich selbst die Verantwortung eines Ministers, und trotz meiner vielen parlamentarischen Verpflichtungen nahm ich mein Amt in meinem Ministerium sehr ernst. Das fiel mir auch nicht weiter schwer. Ich war ja auf dem Land aufgewachsen und hatte selbst in den Jahren bei der Armee den Kontakt zu den Problemen der Landwirtschaft niemals abreißen lassen. Ich betrachtete Nahalal nicht nur als meinen eigentlichen Wohnort, sondern als meine wahre Heimat. Für ein Land, das wie Israel vom Pioniergeist geprägt ist, sind Besiedlung und Selbstschutz praktisch gleichbedeutend. Diese Einstellung läßt sich weit zurückverfolgen, bis zu den ersten Einwanderungswellen Anfang des Jahrhunderts. Nach der Staatsgründung konzentrierte sich die Regierung dann auf die Errichtung von Grenzsiedlungen im nördlichen und mittleren Bergland, aber auch in der Negevwüste im Süden. Im Negev sowie im nördlichen Galiläa hatte ich schon als Generalstabschef versucht, die eingesessenen Siedler zur Unterstützung der Neueinwanderer anzuhalten.

Als ich nun die Leitung des Landwirtschaftsministeriums übernahm, mußte ich feststellen, daß sich sämtliche Siedlungen in einer schweren Krise befanden. So niedrig das Durchschnittseinkommen des Staatsbürgers bei uns ohnehin schon war – ein Farmer verdiente noch um zwanzig bis dreißig Prozent weniger. Am schlimmsten waren die neueren Kibbuzim und Moshavim betroffen, die sich bei sinkenden Preisen und gleichzeitig steigenden Produktionskosten nur schwer über Wasser halten konnten und nicht in der Lage waren, neues Gerät und neue Maschinen anzuschaffen. Zu allem Überdruß hatte der Negev auch noch drei Jahre hintereinander unter außergewöhnlicher Trockenheit zu leiden gehabt.

Die Situation verlangte nach zentraler Planung, nach Einschränkung der Produktion, um Überangebot und Preisstürze zu verhindern, nach besonderer Betreuung der Neueinwanderersiedlungen, die mehr Boden, mehr Wasser und fachkundige Unterstützung brauchten. Ich rief eine Planungsbehörde ins Leben, Produktions- und Vertriebsorganisationen für jeden Zweig der Landwirtschaft und landwirtschaftliche Beratungsstellen in allen Landesteilen.

Bei der ersten Produktionsschlacht, in die ich verwickelt wurde, ging es um Milchkühe. Das Einkommen der Farmer war allgemein niedrig, aber die finanzielle Lage der älteren Siedlungen war doch noch relativ günstig. Die neueren Siedlungen hatten sich auf die Milchproduktion konzentriert, benötigten jedoch zusätzlich zehntausend Kühe, um rentabel wirtschaften zu können. Aber bei einem sich nicht vergrößernden Absatzmarkt mußte eine Produktionssteigerung zu Preisstürzen führen. Ich entschloß mich daher, statt dessen die Produktionsquoten der älteren Siedlungen zu kürzen, die städtischen Molkereien – die Rinderherden in der Nähe der Städte hielten – zu schließen und ihren Produktionsanteil wie auch die Milchkühe auf die neuen Siedlungen zu übertragen. Eine Stadt war nicht der ideale Platz für eine

Milchfarm. Arbeiter aus der Umgebung einer Stadt hatten auch andere Möglichkeiten, ihren Lebensunterhalt zu verdienen, nicht so die Bewohner der Grenzsiedlungen. Die städtischen Molkereien setzten sich vehement zur Wehr und hielten lautstarke Demonstrationen vor meinem Büro ab. Manchmal war der Lärm so groß, daß ich nicht mehr arbeiten konnte. Ich ließ mich aber davon nicht beeindrucken, sondern hielt an meinen Anordnungen fest. Die städtischen Molkereien wurden geschlossen, und die neuen Siedlungen erhielten die ihnen versprochenen Kühe.

Der Grund und Boden Israels gehört zu etwa neunzig Prozent dem Staat. Der Großteil des jüdischen Grundbesitzes war ursprünglich von dem im Jahre 1901 gegründeten Jewish National Fund angekauft worden. Dieser Boden ist jüdisches Nationaleigentum und darf an keine Einzelperson veräußert werden. Bei der Staatsgründung übernahm der israelische Staat den öffentlichen Grundbesitz der britischen Mandatsverwaltung sowie den der im Unabhängigkeitskrieg geflüchteten Araber.

Die Regierung billigte meine Empfehlungen zum Bau von Wohnsiedlungen auf staatlichem Boden in fast allen Landesteilen mit Ausnahme des ohnehin schon dicht besiedelten Küstenstreifens. Eine weitere Empfehlung zugunsten des Umweltschutzes betraf den Mittelmeerstrand von der libanesischen Grenze bis zum Gazastreifen. Dort hatte jedermann die Möglichkeit, Erholung zu suchen. Ich fürchtete aber, daß die Strände in Privathand übergehen würden, und wies daher die staatliche Grundstücksverwaltung an, dies zu verhindern. Drei große Strandgebiete sollten überhaupt für die Allgemeinheit reserviert bleiben.

Während wir uns noch um die Lösung unserer eigenen Probleme bemühten, wurden wir in zunehmendem Maße gebeten, landwirtschaftliche Experten in die Entwicklungsländer Afrikas und Südamerikas zu entsenden. Als unser Hilfsprogramm dann später auf Hochtouren lief, waren unsere Experten sowohl in nächster Nähe tätig, so etwa auf Zypern, Kreta und in der Türkei, aber auch in weit entfernten Ländern wie etwa Nepal und Thailand, auf den Philippinen, auf Ceylon und in Kambodscha.

Afrikanische Politiker, die uns besuchten, besichtigten die Kibbuzim und Moshavim; sie wurden auch in den Negev geführt, und man zeigte ihnen, wie man die Wüste fruchtbar gemacht hatte und wie aus Neueinwanderern ohne landwirtschaftliche Erfahrung erfolgreiche Bauern geworden waren.

Natürlich war es uns möglich, den Völkern Afrikas bei der Entwicklung und Modernisierung ihrer Landwirtschaft zu helfen, aber unsere Erfahrungen konnten nicht buchstabengetreu auf ihre Verhältnisse übertragen werden, sondern waren jeweils den örtlichen Gegebenheiten anzupassen. Um das zu erreichen, trafen wir eine überaus strenge Auswahl unter unseren Entwicklungshelfern. Wir schickten nur solche Männer und Frauen aus, die bereit waren, die Menschen in anderen Ländern genauso bereitwillig zu beraten und zu unterstützen wie die Neueinwanderer im eigenen Land. Wir nahmen die Probleme der afrikanischen Landwirtschaft so ernst wie die unseren im Negev oder im Yezreeltal.

Im Herbst 1963 unternahm ich eine Inspektionsreise nach Westafrika – Togo, Kamerun, Elfenbeinküste, die Zentralafrikanische Republik und Ghana –, um mich über die Arbeit unserer Entwicklungshelfer zu unterrichten. Im Juli des folgenden Jahres besuchte ich Ostafrika, im besonderen Malawi, Kenia, Tansanien (damals noch Tanganjika und Sansibar). In allen Ländern traf ich mit den Regierungschefs und den zuständigen Ministern und Beamten zusammen, maß aber letztlich den Besichtigungen an Ort und Stelle die größte Bedeutung zu. Überall hörte ich lobende Worte, und in mehreren Ländern wurde ich um eine Ausweitung unserer Hilfsmaßnahmen gebeten.

Wir waren natürlich nicht die einzigen, die in Afrika Entwicklungshilfe leisteten. Die Franzosen, die Engländer und die Sowjets errichteten Versuchsstationen und verteilten Saatgut und Baumschößlinge. Das amerikanische Friedenscorps, wirkliche Idealisten und echte Pioniere, beschränkte sich allerdings nur auf den Englischunterricht, den Aufbau von Versuchsstationen und hielt Ausbildungskurse auf hohem Niveau auf dem Gebiet der Landwirtschaftsplanung ab. Sie alle gingen nicht direkt zum afrikanischen Bauern.

Die israelischen Helfer, zumeist selbst auf Kibbuzim oder Moshavim aufgewachsen, kamen ins Dorf, zu den Bauern. Wir und die Chinesen waren die einzigen, die mit aufs Feld gingen und gemeinsam mit den Afrikanern auf den Baumwollfeldern oder im Hühnerstall arbeiteten.

Trotz aller staatlichen Bemühungen und trotz der Hingabe, mit der unsere Entwicklungshelfer ihren Auftrag erfüllten, war unserem Auslandshilfsprogramm kein dauernder Erfolg beschieden. Am Ende wurden unsere Hoffnungen fast überall enttäuscht. Unsere Helfer wurden ausgewiesen, und die meisten Projekte, die wir geplant und begonnen hatten, wurden wieder aufgegeben. Ein Grund dafür war die wachsende Annäherung der afrikanischen Entwicklungsländer an die israelfeindliche arabische Welt. Aber es gab noch andere, wesentlich tieferliegende Gründe.

Es ist nun einmal nicht möglich, Generationen einfach zu überspringen und einer im Werden begriffenen Dritten Welt in einigen wenigen Jahren zu sprungartigem Fortschritt zu verhelfen. Wir konnten ihnen die technischen Hilfsmittel erklären und die Technik ein wenig näherbringen, aber ihren Lebensstil, ihre Stammesbräuche, ihre Grundhaltung ändern, das konnten wir nicht.

Für manche Schwierigkeiten waren auch die dortigen Regierungen verantwortlich. Nicht wenige führende Politiker Afrikas nützten unsere Hilfsprojekte für ihre eigenen Zwecke aus. Wenn ausländische Besucher kamen, zeigten sie voll Stolz die Musterdörfer oder Musterfarmen, die wir geholfen hatten aufzubauen. Aber wenn unsere Helfer sie um Geld für den Straßenbau oder die Errichtung einer neuen Siedlung ersuchten, wurden sie oft genug abgewiesen oder erhielten zuwenig, um die Projekte plangemäß durchführen zu können.

Ich bin davon überzeugt, daß sich das Leben der Bauern in den Entwicklungsländern und die Methoden, die sie anwenden, allmählich ändern lassen werden, aber nur im Zusammenhang mit der gesamten Entwicklung des jeweiligen Landes und natürlich nur unter der Voraussetzung, daß das Volk und seine Führung die Verhältnisse auch wirklich ändern wollen. Auf dem beschwerlichen Weg dorthin dürfen sie keine Anstrengung und kein Opfer scheuen.

Trotz allem fand niemand, daß wir uns die Mühe um die Entwicklungsländer umsonst gemacht hätten. Auch Ben Gurion verfolgte während der Jahre seiner Amtstätigkeit unser technisches Hilfsprogramm mit großem Interesse. Am 16. Juni 1963 legte er die Ministerpräsidentschaft und das Amt des Verteidigungsministers nieder. Acht Tage darauf trat Levi Eshkol an seine Stelle.

Der Regierungswechsel hatte eine lange Vorgeschichte, die bis zur sogenannten Lavon-Affäre im Jahre 1954 zurückreicht. Wie bereits erwähnt, hatte der damalige Verteidigungsminister Pinhas Lavon jegliche Verantwortung für das Mißlingen einer israelischen Kommandoaktion in Ägypten bestritten und behauptet, ein höherer Offizier habe auf eigene Faust gehandelt. Der Offizier beteuerte demgegenüber, Lavon habe den Befehl zur besagten Aktion gegeben. Eine vom damaligen Ministerpräsidenten Moshe Sharett angeordnete geheime Untersuchung führte zu keinem klaren Ergebnis. Daraus entwickelte sich eine politische Krise, und Lavon demissionierte.

Im September 1960 gelang es Lavon, der auf seine Rehabilitierung drängte, die Überprüfung der Angelegenheit durch einen Parlamentsausschuß zu erreichen. Der Untersuchungsbericht wurde vorzeitig der Presse zugänglich gemacht.

Der besagte Offizier ersuchte daraufhin den Generalstabschef, eine gerichtliche Untersuchung zur Aufklärung der wahren Zusammenhänge zu veranlassen. Das Ansuchen wurde an Ben Gurion weitergeleitet, der nun seinerseits dem Kabinett die Frage vorlegte, ob eine Justizkommission eingesetzt werden solle oder nicht. Das Kabinett beschloß jedoch, einen siebenköpfigen Ministerausschuß mit der Untersuchung zu betrauen. Im Dezember 1960 lag der Bericht des Ausschusses vor: Er sprach Lavon von jeglicher Verantwortung frei und gab dem Offizier die alleinige Schuld für das Mißlingen des Unternehmens. Das Kabinett nahm den Bericht an. Vier Mitglieder enthielten sich der Stimme, darunter auch ich.

Ben Gurion selbst nahm an der Abstimmung nicht teil. Seiner Ansicht nach hätte das Kabinett nur über eine Verfahrensfrage zu entscheiden gehabt, nämlich über die Bildung einer Justizkommission. Statt dessen war der Ministerausschuß ins Leben gerufen worden, der dann eine Untersuchung in der Sache selbst anstellte. Der Ministerausschuß sei nicht befugt gewesen, als Gericht zu tagen, er habe die Untersuchung auch nicht nach rechtlichen Grundsätzen geführt und sei aus diesen Gründen nicht berufen, einen Urteilsspruch in einem Rechtsstreit zu fällen.

Ben Gurion erklärte dem Kabinett, er distanziere sich von dem Ministerausschuß, von dessen Untersuchungsbericht und schließlich auch von der Annahme des Berichts durch die Regierung. Er verließ noch am selben Tag sein Büro und betrat es erst einige Wochen später wieder, aber nur, um seine Demission einzureichen.

Dreizehn Jahre danach, am Sterbetag Ben Gurions, erinnerte sich Chaim Yisraeli, mein Kabinettschef, der auch unter Ben Gurion diesen Posten innegehabt hatte, an eine Begebenheit aus dieser stürmischen Zeit.

Im Dezember 1960 wurde das Zentralkomitee der Mapai zu einer dringenden Sitzung einberufen. Bei dieser Gelegenheit wurde ein Brief verlesen, in dem Ben Gurion seinen Entschluß bekanngab, aufgrund des Berichts des „Komitees der Sieben“ über die Lavon-Affäre zurückzutreten. Die Anwesenden waren entsetzt. In der anschließenden Debatte wurde ein Antrag eingebracht, nach dem die Mapai keine neue Regierung bilden würde, falls Ben Gurion seinen Entschluß wahrmachte. Ich sprach mich gegen den Antrag aus. „Mein Eintreten für den Ben Gurionismus gilt zu 99 Prozent der Identifizierung Ben Gurions mit dem Staat“, sagte ich. „Der Staat hat in jeder Hinsicht den Vorrang, auch vor Ben Gurion. Wenn Ben Gurion tatsächlich zurücktritt und ich der Meinung bin, die Staatsraison verlange, daß die Mapai eine Regierung auch ohne Ben Gurion bilde, dann werde ich ihr beitreten, sofern man mich dazu auffordert.“

Chaim Yisraeli erzählte mir, Ben Gurion habe vier Jahre danach an einer Darstellung dieser Ereignisse gearbeitet und ihn gebeten, das seinerzeitige Sitzungsprotokoll zu beschaffen. Der damalige Generalsekretär der Mapai, Yosef Almogi, überbrachte es dann einem der Sekretäre Ben Gurions. Ein paar Stunden darauf rief Almogi ganz aufgeregt an und bat Yisraeli, das Protokoll wegen meiner damaligen Äußerung nicht an Ben Gurion weiterzugeben. Aber es war schon zu spät.

Kurz darauf betrat Ben Gurion Yisraelis Zimmer. Er hatte das Protokoll in der Hand und lachte. „Nur eines hat mir daran gefallen“, sagte er, „die

Äußerung von Moshe. Er hatte recht. Ein vernünftiger Mensch, ein kluger Junge. Wie konnten die anderen nur sagen: Ohne Ben Gurion gehen wir nicht in die Regierung. Ben Gurion ist auch nur aus Fleisch und Blut. Der Mann ist nicht wichtig. Über kurz oder lang muß jeder von der Bildfläche verschwinden. Was dahintersteckt, der Weg, der weitergeht – das ist das Wichtigste."

Ich war gerührt. Ein lobendes Wort von Ben Gurion hatte mir immer sehr viel bedeutet.

Nach den nächsten allgemeinen Wahlen im August 1961 kehrte Ben Gurion auf seinen Posten als Ministerpräsident zurück. Aber seine Beziehungen zu seinen Kollegen in der Mapai, die für den Ausschußbericht gestimmt hatten, wurden zusehends gespannter; er versuchte mit allen Mitteln, das in seinen Augen falsche Urteil rückgängig zu machen. Nach weiteren zwei Jahren legte er sein Amt endgültig nieder und zog sich aus dem öffentlichen Leben zurück.

Ich blieb noch sechzehn Monate in der Regierung, aber am 3. November 1964 reichte auch ich mein Rücktrittsgesuch ein. Es war nicht so sehr das Fehlen Ben Gurions, das bei mir den Ausschlag gab; mir widerstand vielmehr die lähmende Atmosphäre, die im Kabinett Eshkol herrschte. Ich wußte, daß die übrigen Mapai-Mitglieder der Regierung mir einen Stein um den anderen in den Weg legen würden und daß ich am Ende straucheln mußte. Ich hielt es für klüger, meinen Sturz nicht erst abzuwarten, sondern aus eigenem Entschluß zu gehen.

Ben Gurion saß nun in Sdeh Boker, vertiefte sich immer mehr in die moralischen Aspekte der Lavon-Affäre und wurde nicht müde, die Regierung Eshkol zu attackieren. Im Juni 1965 kam es schließlich zum großen Krach: Ben Gurion gab seinen Bruch mit der Mapai bekannt und gründete seine eigene Partei, die Rafi. Sieben bisherige Mapai-Abgeordnete schlossen sich sofort der Rafi an und bildeten im Juli eine neue Fraktion in der Knesset. Einige Monate darauf trat auch ich der Rafi bei.

Als ich mein Büro im Landwirtschaftsministerium räumte, nahm ich die Bücher und Bilder mit, die ich gerne in meiner Umgebung bei der Arbeit habe. Auf meinem Bücherregal standen neben einer hebräischen Bibel und den gesammelten Werken des jüdischen Nationaldichters Bialik auch die Schriften Natan Altermans, eines Dichters meiner Generation. Auf meinem Regal stehen auch heute noch die Bilder von Ben Gurion, Chaim Sheba und Natan Alterman, der drei bedeutendsten Männer, mit denen ich persönlich bekannt war. Ich neige keineswegs zur Heldenverehrung; aber für diese drei empfand ich Achtung, Respekt und Liebe.

Ich lernte Natan Alterman erst kennen, nachdem ich im Jahre 1953 Generalstabschef wurde und mit Ben Gurion zusammenzuarbeiten begonnen hatte. Ben Gurion, der mit ihm sehr gut befreundet war, brachte uns zusammen. Ich war Alterman zwar schon vorher begegnet, kannte ihn aber hauptsächlich von seinen hebräischen Übersetzungen der Klassiker und von seinen Gedichten her. Ich konnte die meisten seiner Gedichte auswendig und betrachtete sie in gewisser Weise als Privatgeheimnisse, die ich mit Alterman teilte.

Je näher ich ihn kennenlernte, desto klarer trat hervor, daß er einen absolut makellosen Charakter besaß. Er hatte Fehler, er hatte Schwächen; dennoch war er makellos. Sein Reichtum an Geist, Witz, Aufrichtigkeit und Integrität erfüllte mich mit immer größerer Begeisterung. In der gewaltigen Kraft seiner Poesie offenbarte er sich selbst.

Altermans Vater war Lehrer gewesen, und auch Alterman war unser Lehrer, der beste meiner Generation. Er verkündete, daß wir dazu bestimmt seien, uns der Erneuerung der jüdischen Unabhängigkeit zu widmen. Er sprach ganz besonders die Jugend an und ließ in ihr den Wunsch aufleben, den Forderungen der Nation gerecht zu werden und die Erfüllung dieser Forderungen als ihr persönlichstes Ziel zu betrachten.

Wir sollten Idealisten sein! Wir sollten am Wunder des Lebens teilhaben, an der grünenden Natur, am Flug des Adlers, am salzigen Geschmack des Meerwassers, am herben Aroma des Weins, an der Schönheit des Sternenhimmels. Nicht nur der Inhalt, sondern auch sein Stil und der feinfühlige Umgang mit der hebräischen Sprache zeugten von einer vornehmen, unverfälschten und ästhetischen Einfachheit.

Ich war nicht mehr Mitglied der Regierung meines Heimatlandes, nicht mehr in der Armee und auch nicht mehr auf meiner Farm in Yezreel. Geblieben war mir mein Sitz in der Knesset, wo ich als Abgeordneter einer kleinen Oppositionspartei untätige Stunden verbrachte; mit etwas mehr Elan widmete ich mich einem kleinen Fischfangunternehmen, zu dessen Direktor ich ernannt worden war. Aber ich war weiterhin um mein Land besorgt wegen der ernsten Gefahren, die ihm drohten, und zutiefst interessiert an Verteidigungs- und Sicherheitsfragen, die mich ja mein Leben lang beschäftigt hatten. Was die Zukunft auch bringen würde – ob ich dem Kabinett nun angehörte oder nicht –, ich hoffte, meinen Beitrag zur Formulierung der Verteidigungspolitik der Regierung leisten zu können.

Ich hatte mich über Neuerungen auf militärischem Gebiet auf dem laufenden gehalten, allgemein zugängliche und vertrauliche Berichte studiert und mich an Hand verschiedener Quellen über Fortschritte in Waffentechnik und militärischer Taktik unterrichtet. Aber im Grunde hatte ich stets die eigene Erfahrung der Darstellung aus zweiter Hand vorgezogen. Zehn Jahre waren jetzt, 1966, vergangen, seit ich selbst im Feld gestanden hatte, zehn Jahre, seit ich feindlichen Panzern, Kanonen und Kampfflugzeugen gegenübergestanden hatte. Nun wollte ich an Ort und Stelle lernen, was das bedeutete: ein moderner Krieg, wie moderne Waffen gehandhabt und im Kampfgeschehen eingesetzt wurden und ob sie unseren Anforderungen entsprachen.

Die beste und einzige militärische „Versuchsstation" war damals Vietnam. So nahm ich das Angebot an, einige Artikel zu schreiben, und wurde als Kriegsberichterstatter akkreditiert. Erst viel später erfuhr ich, daß der damalige amerikanische Verteidigungsminister, Robert McNamara, dem amerikanischen Oberbefehlshaber in Vietnam, General Westmoreland, fürsorglicherweise die Anweisung gegeben hatte, mir alle Türen zu öffnen, mich aber keinen zu großen Gefahren auszusetzen. Draußen in der Kampfzone war es mir aber dank des Entgegenkommens der einzelnen Kommandanten möglich, so viel vom Kampfgeschehen zu sehen, wie ich wollte.

Anfang August 1966 befand ich mich daher in einem amerikanischen Hubschrauber, auf dem Weg von Danang zum rückwärtigen Hauptquartier der First Air Cavalry Division. Von dort aus sollte ich an die Front gebracht werden, um mich einer Dschungelpatrouille anzuschließen.

Vor der Landung zogen wir eine Schleife über dem Lager. Die kostbaren Hubschrauber standen in der Mitte, rundherum befanden sich die Zelte und die Stellungen der 10,5-cm- und 15,5-cm-Geschütze. Einen äußeren Ring bildeten dann die Drahtverhaue, Wachttürme, Scheinwerfer, Verbindungsgänge und Bunker. Außerhalb des Drahtverhaus lag eine bis zum letzten Baumstumpf gerodete Fläche. Und noch weiter draußen der Dschungel, der das Lager umgab – dichter, dunkelgrüner Wuchs, mit keinem Terrain zu vergleichen, um das ich jemals zu kämpfen gehabt hatte.

Den ganzen Vormittag regnete es, und die Sicht war gleich Null. Am späten Nachmittag, als sich der Himmel etwas aufklarte, wurde ich zum vorgeschobenen Hauptquartier nach Pleiku gebracht. Wir überflogen die Nationalstraße 19, die in der Schlacht zwischen den Franzosen und den Vietminh zwölf Jahre zuvor eine traurige Berühmtheit erlangt hatte. Dort, wo diese Straße in die Berge führt, waren mehr als tausend französische Soldaten in einen Hinterhalt geraten und getötet worden. Auch jetzt war es riskant, die Straße zu benützen: der Vietkong legte Minen, sprengte Brücken und beschoß Fahrzeuge vom Dschungel aus. Zivilfahrzeuge sah man dort schon lange nicht mehr, und selbst Militärkolonnen hatten Schwierigkeiten. Panzer mußten vorausgeschickt werden, um die Minen zur Explosion zu bringen, und zerstörte Brücken mußten umfahren werden.

Im vorgeschobenen Hauptquartier wurde ich von Generalmajor John Norton, dem Kommandeur der First Cavalry (Airmobile) Division – so lautete offiziell ihr Name – herzlich empfangen. „General Westmoreland wünscht, daß Ihnen alle Türen offenstehen sollen", sagte er. „Aber passen Sie bitte gut auf sich auf, und sehen Sie um Himmels willen dazu, daß Sie nicht getötet werden, während Sie bei einer meiner Einheiten sind."

Norton lud mich zum Abendessen ein. Bei dieser Gelegenheit lernte ich Oberst Brendswieg kennen, den Kommandeur der 2. Brigade, die wenig später in Aktion treten und der ich mich anschließen sollte.

Die amerikanische Kriegführung in Vietnam stützte sich in der Hauptsache auf den Hubschrauber. Während meiner Anwesenheit standen 1700 Hubschrauber zur Verfügung – mehr als die Gesamtzahl der Hubschrauber in Europa. In der First Air Cavalry Division war die „Kavallerie ohne Pferde" wiederzuerkennen, von der in General Gavins brilliantem Artikel die Rede gewesen war, einem organisatorischen und taktischen Leitfaden zur wirksamsten Anwendung des Hubschraubers in kriegerischen Auseinandersetzungen. Mobilität, unabhängig von Straßen, Bodenfahrzeugen und Flugfeldern – diese amerikanische Lösung der Probleme des Dschungelkrieges konnte durchaus auch in einem Terrain gültig sein, das mir wesentlich vertrauter war.

Vier Stunden nach dem ersten Alarm konnte ein ganzes Bataillon mit voller Ausrüstung eingeflogen und im Kampfgebiet abgesetzt werden, ob im Herzen des Dschungels oder auf dem Gipfel eines Berges.

Am nächsten Morgen konnten wir nicht starten. Der dichte Regen ließ nicht nach, und die Wolken schienen zwischen den Bäumen zu hängen. Aber kurz vor Mittag hellte es sich ein wenig auf, und die Stunde X wurde auf 13 Uhr festgesetzt.

Laut Nortons Informationen hielt sich eine Vietkongdivision in diesem Abschnitt des Hochlands auf. Sie war nicht geschlossen eingesetzt, sondern in mehrere Bataillone von je etwa 350 Mann aufgeteilt worden. Nortons Plan sah die Landung eines Bataillons der Brendswieg-Brigade im Gebiet der Vietkongdivision vor. Später sollten, je nach Verlauf der Kampfhandlungen, weitere „reaction troops" zur Verstärkung eingesetzt werden, um den Abschnitt abzuriegeln und an den Flanken anzugreifen.

Das war natürlich ein sehr guter Plan, seine Ausführung konnte aber an einer Kleinigkeit scheitern: Niemand kannte die genaue Position der Vietkongbataillone. Weder auf Luftaufnahmen noch bei Erkundungsflügen waren die gut getarnten Stellungen auszumachen.

Die Nachrichtentätigkeit der Amerikaner war in erster Linie auf technische Mittel angewiesen: Luftaufklärung, abgehörte und dechiffrierte Funksprüche – Vietkongeinheiten vom Bataillon aufwärts verfügten über Funkgeräte. Die Befragung von Kriegsgefangenen zeitigte nur dürftige Resultate.

Um 13 Uhr 05 erhielt die Kompanie D, der ich mich angeschlossen hatte, den Befehl zum Abflug in das Gebiet der feindlichen Division. Die Türen der

Hubschrauber wurden abmontiert, und die MG-Schützen nahmen ihre Plätze ein. Die Hubschrauber stiegen auf wie ein Schwarm Hornissen und glitten über die Wipfel der Bäume hinweg. Jede Kompanie flog in einer geschlossenen Formation von 16 „Schiffen" und hatte jeweils ein bestimmtes Landegebiet zum Ziel. Als wir höher stiegen, hörten wir Artilleriesalven – zur „Säuberung" der Landezonen. Vor nicht langer Zeit war eine amerikanische Kompanie restlos aufgerieben worden, weil sie in einem scheinbar menschenleeren Gebiet landete, das sich aber tatsächlich in Händen eines dort versteckten Vietkongbataillons befand.

Die Aktionen der First Cavalry liefen ab wie auf einem Fließband. Es fing an mit dem Artilleriebeschuß der Landezone, darauf folgte das Luftbombardement. Die Landung selbst ging unter dem Schutz der „gun-ships" vor sich, die ihr Raketen- und MG-Feuer praktisch auf den Boden unter unseren Füßen richteten.

Die Landezone unserer Kompanie war ein langer, dünner Landstreifen, ein Feld im Dschungel, das irgendwann einmal gerodet worden war. Nun stand dort hohes Elefantengras, aber die Hubschrauber konnten trotzdem landen.

Als wir uns der Landefläche näherten, stieg noch Rauch von dem Bombardement auf. Der Boden war vernarbt: große schwarze Flecken von verkohltem Gras. Brandgeruch drang durch die offenen Luken unseres Hubschraubers.

Wir hatten uns schon während des Fluges losgeschnallt, und noch bevor der Hubschrauber den Boden berührte, sprangen wir heraus und gingen sofort im hohen Gras in Deckung. Das ganze Landungsmanöver dauerte kaum zwei Minuten, und die Hubschrauber schwirrten wieder fort. Ich hörte explodierende Granaten und MG-Feuer und hob den Kopf, um festzustellen, woher das Feuer kam; aber das hohe Gras versperrte mir die Sicht. Ich stieg auf eine kleine Anhöhe, von wo ich das Terrain überblicken konnte. Das Feuer und der Lärm kamen von den anderen Landezonen, die noch „gesäubert" wurden. Unser Kompaniekommandant gab seinen Zugführern das Signal, in Stellung zu gehen.

Das Fließband der First Cavalry, die Kampfmaschine, lief auf Hochtouren: Truppen, Ausrüstungsgegenstände, Waffen und Munition wurden herbeigeschafft und ausgeladen. Schwere Hubschrauber vom Typ Chinook setzten 10,5-cm-Haubitzen ab. Die Haubitzen samt Munition hingen in Netzen unter den Hubschraubern, die tief herunterkamen, ihre Ladung ausklinkten und, fast ohne anzuhalten, wieder weiterflogen.

Riesenhelikopter vom Typ Crane schafften 15,5-cm-Haubitzen, Planierraupen und die Funkgeräte für den Kommandostab heran. Ich sah ihnen zu und konnte nicht umhin, mich an meine Debatten mit dem Finanzminister zu erinnern, als ich noch Chef des Generalstabs war. Jeder dieser riesigen Hubschrauber kostete drei Millionen Dollar, und mir war es nicht möglich gewesen, einer Gruppe unserer Offiziere eine Studienreise nach Übersee zu genehmigen, weil 70.000 Dollar eingespart werden mußten, um dringend benötigte Ersatzteile zu kaufen. O Amerika! O Israel!

Aber – wo war denn der Krieg?

Ich kam mir vor wie ein Beobachter bei einem Manöver ohne Gegner. Könnten die Amerikaner so operieren, wenn die Vietkong ebenfalls Kampfflugzeuge, Artillerie und Panzer besäßen? Die Waffen der Vietkong waren nicht schwerer als die Last, die ein einzelner Soldat auf seinem Rücken tragen kann: ein Granatwerfer mittleren Kalibers. Aber wo waren die Vietkong überhaupt, und wo die Schlacht?

Die Vietkong waren da – ein paar Hundert Meter entfernt. Und die Schlacht ließ nur eine halbe Stunde auf sich warten. Die Kompanie, die 300 Meter südlich von uns gelandet war, geriet in einen Hinterhalt, nachdem sie sich in Bewegung gesetzt hatte. Ich wechselte von der Kompanie D zum Bataillonsstab über; dort waren General Norton, Oberst Brendswieg und General Walker, der Befehlshaber der 25. Division, die zum Teil an die First Cavalry angegliedert worden war. Sie waren in das Studium von Landkarten vertieft, die sie ins Gras gelegt hatten.

Die südliche Kompanie war, wie wir, ohne Zwischenfall gelandet. Der Kompaniekommandant hatte sich daher entschlossen, zu einem Hügel am gegenüberliegenden Ufer eines Flusses vorzurücken. Die Einheit war, ein Zug nach dem andern, im Gänsemarsch auf dem engen Pfad abmarschiert, der zum Fluß führte. Spähtrupps waren vorausgegangen und immer wieder stehengeblieben, um zu horchen; aber auch sie entdeckten die Vietkong erst, als diese das Feuer eröffneten. Das Vietkongbataillon hatte sich etwas abseits des Pfades verschanzt und seine Stellungen hervorragend getarnt. Der Vietkongkommandant ließ die erste amerikanische Abteilung passieren und eröffnete dann das Feuer auf die nachfolgenden Trupps. In wenigen Minuten war die Kompanie außer Gefecht gesetzt; die Verluste beliefen sich auf 25 Tote und 50 Verwundete. Einer der Verwundeten war der Kompaniekommandant; sein Adjutant war gefallen. Eine Handgranate, die an seinem Patronengurt hing, war von einer Kugel zur Explosion gebracht worden.

Zur Zeit meines Besuches in Vietnam begannen die meisten Gefechte auf diese Art, und das war sowohl auf die Taktik des Vietkong wie auch auf die Verhaltensweise der Amerikaner zurückzuführen.

Das taktische Ziel des Vietkong war es, amerikanische Einheiten dann anzugreifen, wenn auch die Möglichkeit bestand, sie zu vernichten. An jenem Nachmittag hätte sich die Vietkongeinheit unbemerkt zurückziehen können, um einer direkten Konfrontation zu entgehen. Als das amerikanische Bataillon in ihrer unmittelbaren Nähe landete, verharrten die Vietkongtruppen jedoch in ihren Stellungen, weil sie offenbar auf eine günstige taktische Situation hofften, die es ihnen ermöglichen würde, die Amerikaner anzugreifen. Genau das geschah dann auch. Die amerikanischen Trupps zogen im Gänsemarsch direkt an den Vietkongstellungen vorbei und gerieten geradewegs in die Schußlinie. Neunzig Prozent der Kampfhandlungen im Vietnamkrieg fingen so an wie diese: auf Initiative des Vietkong, wenn die äußeren Umstände erfolgversprechend schienen.

Auch die Amerikaner hatten die Vernichtung des Feindes zum Ziel, aber sie warteten taktisch günstige Situationen gar nicht erst ab. Im Gegenteil, die Kommandeure setzten alles daran, den Vietkong zur Konfrontation zu zwingen – wann immer, wo immer und um jeden Preis, selbst wenn zu Beginn eines Gefechts der Vietkong die Oberhand behielt. Sie waren überzeugt, daß sie ihn im Verlauf der Kampfhandlungen bezwingen würden. Hauptsache war, den Vietkong aus seinen Schlupflöchern herauszulocken, und wenn dabei amerikanische Patrouillen als Köder herhalten mußten, dann war das nicht zu ändern: Das war der Preis, den man zu zahlen hatte. Der Höhepunkt eines Gefechts war noch nicht erreicht, wenn eine amerikanische Einheit unter Beschuß geriet, das war erst der Anfang. Dann erst setzten die Amerikaner die geballte Kraft ihrer Artillerie und Bomber ein und machten damit die anfänglichen Vorteile der Vietkongtruppen zunichte, die ja nur mit leichten Waffen ausgerüstet waren.

Die Aggressivität der Amerikaner in Vietnam entsprach nicht allein dem besonderen Charakter der US-Armee, sondern ließ sich auf politische und strategische Überlegungen zurückführen, sowie auf die Methoden, mit denen die amerikanischen Militärs den Sieg zu erringen hofften.

Da ich mich über die Strategie in Vietnam orientieren wollte, hatte ich auf meinem Flug nach Saigon in Washington Station gemacht. Auf meine Fragen an General Maxwell Taylor und Robert McNamara erhielt ich einfache und unverblümte Antworten: Washington erblicke den Schlüssel zum Sieg in der Zerstörung der Kampfmoral Hanois. Um dies zu erreichen, müßten die Bombardierungen Nordvietnams fortgesetzt und die Vietkongeinheiten im Süden vernichtet werden. Wenn amerikanische Militärunternehmungen dieser Art weitergeführt und verstärkt würden, meinten McNamara und Taylor, dann könne Ho Tschi Minh sich diesem Druck nicht allzu lange widersetzen. Er würde gezwungen sein, die Feindseligkeiten einzustellen und der amerikanischen Forderung nach Verhandlungen zu entsprechen. Search and destroy – aufstöbern und vernichten –, das war die Parole, und sie würde zum Sieg führen.

Die Kriegführung Washingtons entsprach auch voll und ganz der Aggressivität der amerikanischen Befehlshaber in Vietnam. Wer General Norton gesehen hatte, wie er seine Untergebenen anfeuerte, „den Finger locker am Abzug zu halten“, wie er in seinen Hubschrauber sprang, selbst das Steuer ergriff und beim Abflug fast die Baumspitzen streifte, der sah unweigerlich in ihm den Sheriff aus dem Wilden Westen, der bereit war, bis zum bitteren Ende zu kämpfen. Die 15,5-cm-Haubitzen waren seine Revolver und der Helikopter UH-ID sein Schlachtroß.

Um 17 Uhr 30 verließen wir das Bataillonshauptquartier. Monsunwolken bedeckten wieder den Himmel. Norton lud mich ein, mit ihm zu General Walkers Hauptquartier zu fliegen und beim Abendessen an einer weiteren Lagebesprechung teilzunehmen.

Vom Flugzeug aus sah ich große Lichtungen im Dschungel. Es stellte sich heraus, daß es sich um ausgedehnte Teeplantagen handelte. Die sorgfältige Bebauung stand in scharfem Gegensatz zu der wilden, primitiven Vegetation ringsum. An den Spitzen der Teesträucher glänzte das frische Grün der zarten Blätter, die den besten Tee ergeben, wenn sie früh geerntet werden.

Die Besitzer, Franzosen und Chinesen, bewirtschafteten die Plantagen, in deren nächster Umgebung seit zwanzig Jahren gekämpft wurde, und belieferten nach wie vor den Weltmarkt. Koexistenz war also offenbar auch im Krieg möglich. Sowohl die Regierungstruppen als auch der Vietkong ließen die Arbeiter, die Plantagen und ihre Einrichtungen völlig ungeschoren. Der Dschungel war von Bombenkratern aufgewühlt, die Brücken entlang der nahe gelegenen Nationalstraße 19 waren vom Vietkong in die Luft gesprengt worden. Aber die Plantagen waren unberührt geblieben. Kein einziges Gebäude wurde zerstört, kein Arbeiter je verwundet, kein Zweiglein beschädigt. Der Teepreis war hoch, die Löhne niedrig, und die Profite reichten aus, um Steuern und Bestechungsgelder an die Regierung zu zahlen und sich vom Vietkong loszukaufen.

Das vorgeschobene Divisionshauptquartier von General Walker glich einer Feldeinheit. Zwei Zelte dienten als Offiziersmesse; das Geschirr und das Essen war das gleiche wie in den Mannschaftskantinen.

Bei der Lagebesprechung stellte sich die Frage, ob der Vietkong die Dunkelheit oder den Monsunregen am frühen Morgen dazu benutzen würde, sich aus der Kampfzone zurückzuziehen, und wie man das verhindern könne. Die Vietkongeinheiten bewegten sich mit großer Geschicklichkeit auf Dschungelpfaden, und wenn sie einer direkten Begegnung aus dem Wege gehen wollten, teilten sie sich in Gruppen von nicht mehr als 15 Mann, die dann auf verschiedenen Pfaden zu einem neuen Treffpunkt gelangten.

Walker meinte, sie würden versuchen, sich während der Nacht nach Kambodscha abzusetzen. Die Grenze war nicht ganz zehn Meilen entfernt. General Norton war anderer Meinung. Er vermutete, daß sie Munitions- und Reisvorräte in der näheren Umgebung hätten, eventuell auch ein unterirdisches Feldlazarett, und daß sie für den Abtransport zu viel Zeit brauchen würden. Außerdem hätten sie ungeheuere Anstrengungen gemacht, ihre Streitkräfte gerade in diesem Gebiet zu konzentrieren; ihre Soldaten waren, aus Nordvietnam kommend, drei Monate unterwegs gewesen; aus diesen Gründen wäre ein hastiger Rückzug wohl nicht anzunehmen. Sie waren schließlich gekommen, um die amerikanische Armee anzugreifen, und das würden sie auch tun.

Nach allem, was ich gehört und gesehen hatte, war ich nicht sicher, ob die amerikanische Operation, die unter dem Decknamen „Paul Revere" lief, ihren Zweck erfüllen würde. Das gesamte Konzept der Amerikaner war auf die Vernichtung des Vietkong ausgerichtet. Das Arsenal der Amerikaner war der Traum eines jeden Truppenführers: Hubschrauber als Transportflotte, eine gut ausgebildete, aggressive und einsatzfreudige Truppe; Unterstützung durch Luftwaffe und Artillerie; Ausrüstung, Munition und Treibstoff in unbegrenzten Mengen. Und doch, bei all dem Überfluß war es ihnen nicht gelungen, den Vietkong in die Knie zu zwingen oder ihn auch nur zu einer entscheidenden Schlacht zu stellen. Die Amerikaner wußten nicht immer genau, wo die Vietkongeinheiten steckten. Wenn sie ihnen gewissermaßen über den Weg liefen – und das geschah gewöhnlich nur dann, wenn es in das Konzept des Vietkong paßte –, entzogen sie sich ihnen nach einer ersten Begegnung und vereitelten damit jeden Versuch, sie einzukesseln.

Ich sagte zu Norton, daß die Air Cavalry die perfekte, wenn auch kostspielige Lösung für das Problem der Beweglichkeit im Dschungel sei. Es gab kein Fleckchen Erde, das sie nicht erreichen konnte. Aber eines konnte sie nicht: Die Truppen lautlos und unbemerkt einfliegen. Jeder Propeller war weithin hörbar und kündigte eine Landung im Dschungel an. Die Vietkong ihrerseits mochten zwar für ihren Fußmarsch aus dem Norden drei Monate gebraucht haben, waren aber erst dann zu sehen und zu hören, wenn sie bereit waren, sich zu stellen.

Norton hörte mir aufmerksam zu, blickte mich scharf an und sagte scherzhaft – aber er meinte es ernst: „Keine Sorge, mon général. Die kriegen wir schon!"

Nach dem Abendessen flog ich nach Plei Me, drei Meilen von der kambodschanischen Grenze. Dort schloß ich mich den „Grünen Teufeln" an und wollte sie am nächsten Tag auf einem zweitägigen Erkundungsunternehmen begleiten. Aber am frühen Morgen erhielten wir vom Hauptquartier der First Cavalry die Nachricht, daß der Vietkong einen schweren Angriff auf eine Verteidigungsstellung der Koreaner in unserer Nähe ausgeführt habe. General

Norton schlug mir vor, dieses Schlachtfeld zu besichtigen, um die Auswirkungen der Kampfhandlungen zu untersuchen, anstatt mich der Patrouille anzuschließen.

Die koreanische Stellung, besetzt von einer Kompanie mit etwa 130 Mann, war im Laufe der Nacht von einem Vietkongregiment angegriffen worden, das aus drei Bataillonen bestand – insgesamt mehr als tausend Mann. Die Koreaner wehrten den Angriff ab, und der Vietkong ließ 237 Tote auf dem Vorfeld zurück.

Als ich ankam, standen die Koreaner immer noch wie angewurzelt an den Schießscharten ihrer Befestigungen, den Stahlhelm auf dem Kopf, angespannt und wachsam, als ob sie noch nicht recht glauben könnten, daß die Gefahr gebannt sei. Amerikanische Panzer, die bei Beginn des Angriffs herbeigeeilt waren, standen immer noch am Rand des Lagers, bereit zu neuerlichem Eingreifen.

Die koreanische Kompanie war sechs Tage zuvor eingetroffen und hatte genügend Zeit gehabt, perfekte Schützengräben auszuheben. Die Stellungen waren untereinander durch tiefe, schmale Gräben verbunden, und um das ganze Lager war verminter Stacheldraht gezogen.

Der Hauptangriff richtete sich gegen die Westseite des Stützpunkts. Vom Stacheldraht bis zum Rand des Dschungels waren es etwa 200 Meter, durchwegs von dichtem Gras bewachsen. Der Kommandant der Vietkongeinheit hatte offenbar angenommen, daß er in diesem Sektor unentdeckt an das Verhau herankommen würde. Später stellte sich heraus, daß Vietkongpatrouillen die koreanische Stellung ausgekundschaftet hatten.

Der Vietkongkommandant beging jedoch einen schwerwiegenden Fehler. Er konzentrierte sich völlig auf die koreanische Kompanie und zog dabei weder die amerikanische Artillerie noch Flugzeuge und Panzer in Erwägung, die zu Hilfe gerufen werden konnten. Die Kriegführung wird von primitiver und unumstößlicher Logik beherrscht: Im offenen Kampf zwischen zwei ungleich starken Truppenverbänden wird der Stärkere stets der Sieger sein . . . Selbst in biblischen Zeiten, in meiner Heimat, gelang es den Davids selten genug, die Goliaths zu besiegen. Im Zeitalter der Panzer und der Artillerie ist das erst recht nicht zu erwarten.

Kurz nach Beginn des Angriffs hatte die amerikanische Artillerie den 200 Meter breiten Streifen zwischen Dschungel und Drahtverhau mit nicht weniger als 21.000 Granaten regelrecht eingedeckt. (Das übersteigt die Gesamtzahl der Geschosse, die von der israelischen Armee in zwei Feldzügen, der Sinaikampagne und dem Unabhängigkeitskrieg, abgefeuert wurden.) Aus allen in Reichweite befindlichen Rohren wurde losgelegt – aus 10,5- und 15,5-cm-Haubitzen, aus PAKs und schweren Granatwerfern.

Es war also kein Wunder, daß der Vietkong die Stellung nicht einnehmen konnte; es war aber gewiß ein Wunder, daß einige von ihnen bis ans Verhau vordringen konnten und auch noch Handgranaten warfen.

Ich ging über das völlig verwüstete Schlachtfeld und war erstaunt, wie außerordentlich jung die toten Vietkong waren. Vietnamesen haben zwar im allgemeinen junge Gesichter, aber diese toten Soldaten erschienen mir noch jugendlicher. Die meisten lagen, wie sie gefallen waren, ohne Helm. An den Füßen trugen sie Sandalen. Manche waren auch barfuß. Ungeachtet der dürftigen Kleidung und der trüben Pfützen, in denen sie lagen – es regnete ununterbrochen –, sahen sie sauber und ordentlich aus. Ich hatte den Eindruck, daß sie sich vor dem Angriff die Haare geschnitten, rasiert und eine frische Uniform angezogen hatten.

Ihre Waffen waren verschiedenster Art: Mausergewehre aus dem Zweiten Weltkrieg, in China hergestellte halbautomatische Gewehre sowjetischer Bauart, leichte MGs mit Trommelmagazinen zu je 30 Schuß und sogar einige schwerere Maschinengewehre. Tiefer im Dschungel fand man ihre Granatwerfer und die Tornister, die sie vor dem Angriff abgelegt hatten.

Ich sah mir einen dieser Tornister näher an. Er enthielt eine zweite Uniform und einen Nylonsack mit 750 Gramm Reis, etwas Salz, einen Kochtopf, einen Löffel, ein Feuerzeug, oder besser gesagt, Feuerstein und Docht, und ein wenig Tintenpulver . . .

Ich sah und hörte noch vieles in Vietnam. Ich hatte viel gelernt. Ich hatte mit eigenen Augen gesehen, wie Mitte der sechziger Jahre Krieg geführt wurde. Als ich meine Heimreise antrat, konnte ich allerdings nicht ahnen, daß ich schon zehn Monate später aktiv an der Führung eines der dramatischesten Feldzüge Israels beteiligt sein würde.

V. Teil

Der Sechstagekrieg (1967)

17. Kapitel

Das lange Warten I

Es war Sonntag, der 14. Mai 1967. Während abends im Stadion von Jerusalem die Feierlichkeiten zum 19. Jahrestag der israelischen Unabhängigkeit mit einem Großen Zapfenstreich bei Fackellicht eröffnet wurden, erreichten uns Geheimberichte, nach denen zahlreiche Einheiten der ägyptischen Armee den Suezkanal überquert hätten und im Begriff seien, durch die Halbinsel Sinai vorzumarschieren. Am 17. Mai forderte Nasser den Abzug der seit dem Krieg von 1956 entlang der Sinaiwaffenstillstandslinie und des Gazastreifens stationierten UN-Friedenstruppe. Der Generalsekretär der Vereinten Nationen stimmte zu. Wenige Tage später befanden sich bereits 80.000 ägyptische Soldaten und 800 Panzer auf der Halbinsel. Ihre Spitzenformationen hatten schon beinahe den Anschluß an die an der israelischen Grenze stehenden ägyptischen Verbände erreicht.

Am 22. Mai verhängte Nasser die Blockade über die Straße von Tiran für alle Schiffe, die von oder nach Israel unterwegs waren. Als nach dem Sinaifeldzug unsere Streitkräfte aus Sharm el-Sheikh abzogen, hatten wir ausdrücklich erklärt – und diese Erklärung wurde auch von den Vereinigten Staaten, den übrigen Seemächten und Ägypten zur Kenntnis genommen –, daß wir eine neuerliche Blockade als kriegerischen Akt betrachten würden. Am 26. Mai erklärte Nasser, es sei die Absicht Ägyptens, Israel zu vernichten. Am 30. Mai wurden die jordanischen und irakischen Streitkräfte dem ägyptischen Oberkommando unterstellt. Expeditionskorps aus Kuwait und Algerien trafen zur Verstärkung der ägyptischen Armee auf Sinai ein. In den ersten Junitagen hatte sich der Ring um Israel geschlossen. Es sah aus, als sei Israel diesmal endgültig verloren.

Wir ordneten zunächst eine teilweise, später aber eine Generalmobilmachung der Reservisten an und ließen unsere Truppen im Frontgebiet aufmarschieren. Dort standen sie nun, ohne zu wissen, ob sie selbst den ersten Schlag führen oder erst bei einem feindlichen Angriff zum Einsatz kommen würden. In unserem Oberkommando wurden die Pläne für den Kriegsfall überprüft und den neuen Umständen angepaßt. Die israelische Regierung unter Ministerpräsident Levi Eshkol stand vor der Alternative, eine militärische Sofortaktion anzuordnen oder sich diplomatischer Mittel zu bedienen, um Nasser zur Vernunft zu bringen. Obwohl man damit rechnen mußte, daß Nasser noch während der Verhandlungen angreifen würde, entschloß sich die Regierung dennoch, es zunächst mit der Diplomatie zu versuchen. Zweiundzwanzig Tage warteten die Truppen im Einsatz voller Unruhe, mit ihnen die besorgte Bevölkerung unseres Landes. So warteten sie bis zum Morgen des 5. Juni, als das Geheul der Sirenen ankündigte, daß wieder Krieg war.

Der Sechstagekrieg ist einzig und allein auf die Fehlschlüsse des ägyptischen Präsidenten Gamal Abdel Nasser zurückzuführen. Unmittelbare Ursache des Krieges waren die Vorfälle, in die Israel, Syrien und Jordanien verwickelt waren und die damit zusammenhängenden Reaktionen Ägyptens oder, besser gesagt, seines Führers. Nasser wußte nur zu gut, daß seine Aggressionen gegen Israel, insbesondere die Blockade der Straße von Tiran, militärische Gegenmaßnahmen auslösen würden. Aber er nahm an, die Großmächte würden Israel zügeln, oder es würde der israelischen Armee nicht gelingen, die ägyptischen Linien auf der Halbinsel Sinai zu durchbrechen. In jedem Fall würde der Sicherheitsrat bald genug einen Waffenstillstand anordnen, und Nasser würde am Ende einen Erfolg erzielt haben: weder die Ausweisung der UNEF noch die Blockade von Tiran würden wieder rückgängig gemacht werden. Ihm war noch gegenwärtig, welches Ende der Sinaifeldzug im Jahre 1956 genommen hatte: die Vereinigten Staaten und die Sowjetunion zwangen Großbritannien, Frankreich und Israel, ihre Streitkräfte zurückzuziehen und obendrein die Verstaatlichung des Suezkanals zu akzeptieren. Diesmal waren nicht nur Amerika und Rußland, sondern auch Großbritannien und Frankreich gegen den Krieg: Nasser brauchte nur Israel zu überwältigen.

Die erste Herausforderung Ägyptens erfolgte durch Jordanien. Am 12. November 1966 geriet eine israelische Patrouille in ein Minenfeld an der israelisch-jordanischen Grenze südlich von Hebron; drei Soldaten wurden getötet und sechs verwundet. Am nächsten Tag überschritt eine israelische Einheit die Grenze, wurde in ein Gefecht mit jordanischen Truppen verwickelt, drang in das Dorf Samua am Berg Hebron ein, das die Saboteure als Operationsbasis benutzt hatten, und sprengte zehn Häuser. Im Verlauf der Kampfhandlungen wurde ein jordanischer Jäger von einer israelischen Mirage abgeschossen. Die jordanischen Verluste beliefen sich insgesamt auf 20 Tote (14 Armeeangehörige und 6 Zivilisten) und 35 Verwundete. Presse und Rundfunk Jordaniens überboten einander in sarkastischen Anspielungen auf Nasser, auf sein Versprechen, einem jedem arabischen Land im Falle eines israelischen Angriffs zu Hilfe zu eilen, das sich nun als inhaltslos erwies. Die ägyptische Armee, hieß es, verstecke sich hinter den UN-Truppen, die die ägyptisch-israelische Grenze bewachten und außerdem dafür sorgen, daß die israelischen Schiffe ungehindert anlaufen konnten.

Die nächste Herausforderung Ägyptens kam von Syrien. Die Hochspannung zwischen Syrien und Israel in den Wochen vor dem Sechstagekrieg hatte ihren Ursprung in der extremistischen Politik des syrischen Regimes, in seinem fanatischen Haß gegen Israel, in dem Versuch, die Wasser des Jordan abzuleiten und in der Förderung von Terrorakten durch die syrische Armee. Syriens Politik gegenüber Israel war feindseliger als die der übrigen arabischen Staaten. Es versuchte, Israel an der Benutzung der Wasser des Jordans zu hindern sowie an der Bebauung des Landes in den entmilitarisierten Zonen auf der israelischen Seite der internationalen Grenze. Um dieser Politik Nachdruck zu verleihen, wurde die Armee eingesetzt, und israelische Grenzsiedlungen wurden unter Artilleriebeschuß genommen. Den Syrern kamen topographische Vorteile zugute: von den Golanhöhen konnten sie die Täler des Jordan und des Huleh beherrschen. Außerdem bekamen die syrischen Machthaber, die Führer der linksextremen Ba'ath-Partei, unbegrenzte Unterstützung von der Sowjetunion. Sie waren „Moskaus Lieblinge“, wurden verhätschelt und verwöhnt, da Syrien ja einen Teil der Landverbindung zwischen der Sowjetunion und dem Persischen Golf darstellt.

Israel hatte unter den syrischen Militäraktionen viel zu leiden, war aber nicht in der Lage, Vergeltung zu üben. Die syrischen Stellungen auf den Anhöhen lagen außer Schußweite unserer Artillerie, und Bauerndörfer wollten wir nicht beschießen, selbst wenn die Syrer nicht davor zurückschreckten. Grenzzwischenfälle zwischen Israel und Syrien wurden immer häufiger und schwerwiegender. Am 5. März 1967 wurde ein israelischer Farmer auf seinem Traktor von einer explodierenden Mine im Grenzkibbuz von Shamir schwer verwundet. Einen Monat danach gab es einen scharfen Feuerwechsel in der entmilitarisierten Zone am See Genezareth. Der ernsteste Zwischenfall aber ereignete sich am 7. April, als die Syrer die Kibbuzim am Fuß der Golanhöhen unter Artilleriebeschuß nahmen. Auf beiden Seiten kam daraufhin die Luftwaffe zum Einsatz. Sechs syrische MIGs wurden abgeschossen, zwei davon über Damaskus vor den Augen Tausender Araber. Die israelischen Luftstreitkräfte erlitten keine Verluste.

Israel litt auch sehr unter der Tätigkeit arabischer Terroristen. Ich glaube, die arabischen Machthaber haben das niemals richtig verstanden. Sie können sich offenbar auch nicht erklären, warum wir zutiefst entrüstet sind und überaus scharf reagieren, wenn unsere Landsleute ermordet, unsere Häuser zerstört und unsere Straßen vermint werden. Vor elf Jahren, am Vorabend des Sinaifeldzuges, brachten die Ermordung jüdischer Arbeiter beim Kaliwerk am Toten Meer und der Überfall auf jüdische Dörfer in der Nähe von Kalkilia Israel und Jordanien fast an den Rand des Krieges.

Die israelischen Vergeltungsschläge auf Samua in Jordanien am 13. November 1966 und auf syrische Ziele am 7. März 1967 fielen besonders hart aus. In der Folge überlegte man in Jordanien ernsthaft, ob der Tätigkeit der Terroristen Beschränkungen auferlegt werden sollten; die Syrer wurden im Gegensatz dazu nur noch aggressiver. Sie baten die Sowjetunion um zusätzliche Militärhilfe, vor allem um Boden-Luft-Raketen, und stellten die kategorische Forderung an Ägypten, sich an der Verteidigung Syriens aktiv zu beteiligen, entweder durch permanente Stationierung ägyptischer Kampfflugzeuge in Syrien oder militärische Aktionen gegen Israel. Israel selbst konnte all das nicht überraschen: der Abschuß ihrer Flugzeuge über Damaskus mußte die Syrer schwer getroffen haben. Damit wurde schließlich bewiesen, daß sie ihre Hauptstadt vor der israelischen Luftwaffe nicht schützen konnten, was der Selbstachtung Syriens schweren Schaden zufügte.

Auf die bewaffneten Auseinandersetzungen folgte dann der Propagandakrieg. Die Syrer verglichen sich mit dem Vietkong und sagten, sie würden nicht rasten, bis sie Israel erobert hätten. Sie griffen auch begierig jede an sie gerichtete Warnung des Ministerpräsidenten oder des Generalstabschefs auf und stellten sie als Drohung hin.

Und dann beschwerten sie sich wegen der israelischen Truppenkonzentrationen an ihrer Grenze. Es war das eine unwahre Behauptung. Israel hatte nicht die geringste Absicht, Syrien anzugreifen. Möglicherweise glaubten die Syrer anfangs wirklich daran und nahmen dann, unter dem Eindruck ihrer katastrophalen Niederlage bei den Luftgefechten über Damaskus, den Teil fürs Ganze. Israel erkannte die Gefährlichkeit dieser falschen Anschuldigungen und versuchte sie zu entkräften, die Sowjetunion jedoch wollte an diesem willkommenen und provozierenden Thema wenn möglich festhalten. Eshkol lud den sowjetischen Botschafter in Israel zu einer Besichtigungsreise an die israelisch-syrische Grenze ein, damit er sich selbst überzeugen könne, aber der Botschafter lehnte ab.

Der Zwischenfall stellte Nasser vor eine schwierige Situation, denn schließlich bestand zwischen Ägypten und Syrien seit November des Vorjahres ein formelles Verteidigungsbündnis. Nach dem Vorfall erreichten Ägypten laufend „Informationen“ aus syrischen und sowjetischen Quellen, denen zufolge

Israel seine Truppen an der syrischen Grenze konzentriere und eine Invasion Syriens, die Besetzung von Damaskus und den Sturz des linksgerichteten Regimes vorbereite.

Nasser stand vor einer schweren Entscheidung: er konnte Syrien und dessen Problemen den Rücken kehren und damit sein Ansehen als Führer aller Araber aufs Spiel setzen, oder er mußte zu seinen Verpflichtungen stehen und mit allen Mitteln eingreifen. Er entschloß sich zu handeln. In seiner Rede zum 1. Mai 1967 kündigte er an, er werde Syrien sämtliche Flugzeuge und Piloten zur Verfügung stellen, die es zu seiner Verteidigung benötige.

Die Russen gossen Öl ins Feuer. Am 12. Mai 1967 „bestätigte" ein Geheimagent der Kairoer Sowjetbotschaft dem ägyptischen Nachrichtendienst „die Richtigkeit" des syrischen Berichts über die israelischen Truppenkonzentrationen an der syrisch-israelischen Grenze. Dieselbe Bestätigung empfing Sadat, der enge Vertraute Nassers, aus dem Munde des sowjetischen Präsidenten Podgorny am darauffolgenden Tag bei einem Besuch in Moskau. Podgorny erwähnte die Invasionspläne Israels und sagte, die Sowjetunion würde Syrien und Ägypten in ihrem Krieg gegen Israel unterstützen. Ägypten solle sich darauf vorbereiten, fügte er hinzu. „Sie dürfen sich nicht überraschen lassen. Die nächsten Tage sind von entscheidender Bedeutung." Der sowjetische Außenminister machte dem ägyptischen Besucher ähnliche Äußerungen und konnte bereits den Zeitpunkt des israelischen Angriffs auf die Woche vom 16. zum 22. Mai „festlegen". Und als Israel bekanntgab, es würde die Parade zum Unabhängigkeitstag am 15. Mai aus Sparsamkeitsrücksichten einschränken, legten die Syrer und Russen dies als weiteren „Beweis" dafür aus, daß das Gros der israelischen Streitkräfte „anderwärts beschäftigt" sei, nämlich mit den Vorbereitungen zur Invasion von Syrien.

Sadat beeilte sich, Nasser zu berichten, was er in Moskau erfahren hatte, und so beschloß Nasser schon am 14. Mai, einen Beweis der Stärke zu liefern, indem er die bereits auf der Halbinsel Sinai befindliche Division um zwei weitere Divisionen verstärkte. Es war der erste Schritt Ägyptens auf militärischem Gebiet, das Startsignal für den Aufmarsch der Armeen zum Sechstagekrieg. Muhammed Hassanein Heikal, ein bekannter ägyptischer Journalist und enger Vertrauter Nassers, behauptete, der ägyptische Präsident habe aus zwei Gründen gehandelt: er wollte Syrien beweisen, daß Ägypten bereit war, an seiner Seite zu kämpfen, und er wollte Israel zwingen, Truppen von der syrischen an die ägyptische Grenze zu verlegen, um der Bedrohung durch Ägypten begegnen zu können.

Sodann forderte Nasser den Abzug der UNEF-Einheiten entlang der gesamten ägyptisch-israelischen Grenze von Gaza bis Eilat. Der ägyptische General Sharkawi erklärte dem Kommandanten der UNEF, dem indischen General Rikhye, daß Ägypten diese Forderung nur darum stelle, weil es den Ausbruch von Feindseligkeiten mit Israel für möglich hielte und seine Grenze daher für militärische Operationen freihalten wolle. Ägypten verlange aber nicht den Abzug der UNEF aus Sharm el-Sheikh oder dem Gazastreifen.

Auf Anraten von Dr. Ralph Bunche ließ sich der UN-Generalsekretär U Thant auf letzteren Vorschlag der Ägypter nicht ein. Der Auftrag der UNEF sei nicht teilbar; sie könne nicht die eine Position beibehalten und die andere verlassen. Nassers Antwort ließ nur ein paar Tage auf sich warten. Am 17. Mai erteilte er allen UNEF-Einheiten, einschließlich der in Sharm el-Sheikh, den Räumungsbefehl. U Thant beugte sich der Forderung Nassers; am 19. Mai wurde die gesamte UN-Friedenstruppe abgezogen, und Einheiten der Palästinensischen Befreiungsarmee übernahmen ihre Stellungen im Gazastreifen.

Darauf erfolgte der wirklich entscheidende Schritt Nassers. Am 21. Mai trat das Zentralkomitee der Arabischen Sozialistischen Union – der einzigen politischen Partei Ägyptens – in der Villa Nassers zusammen und beschloß, eine Blockade über den israelischen Hafen von Eilat zu verhängen und allen israelischen Schiffen sowie jenen ausländischen Schiffen, die „strategisch wichtige Güter" geladen hatten, die Durchfahrt zu verweigern. Am nächsten Tag, bei einem Besuch des Luftstützpunktes Abu Suweir, gab Nasser öffentlich bekannt, daß „der Golf von Akaba für Israel gesperrt sei". Am selben Tag, dem 22. Mai, trat die Blockade in Kraft. Zwei deutsche Schiffe wurden in der Straße von Tiran angehalten und durchsucht. Da ihr Bestimmungsort aber Akaba und nicht Eilat war, wurde ihnen die Weiterfahrt gestattet.

Ebenfalls am 22. Mai traf Nasser mit dem sowjetischen Botschafter in Kairo zusammen, der ihn fragte, ob die Sowjetunion Israel erneut vor einem Angriff auf irgendein arabisches Land warnen solle, andernfalls die Sowjetunion den betreffenden arabischen Staat unterstützen würde. Nasser meinte, die Warnung solle besser an die Adresse der USA gerichtet werden.

Nassers aggressive Maßnahmen trafen Israel wie ein Blitz aus heiterem Himmel. Der unmittelbare Anlaß mag der syrische Hilferuf an Ägypten gewesen sein, aber nach dem 15. Mai war die Situation genau umgekehrt. Ägypten veranstaltete den Truppenaufmarsch, Ägypten stieß Kriegsdrohungen aus – nicht Israel. Ägypten verlegte die Hälfte seiner Panzer auf die Halbinsel Sinai, ordnete den Abzug der UNEF an und verhängte die Blockade über die Straße von Tiran. In Israel herrschte Verblüffung und Unruhe. Weder die Regierung noch die Bevölkerung hatten das erwartet. Israel wollte zwar keinen Krieg, konnte aber weder die Blockade von Eilat noch die fühlbare Bedrohung durch den Aufmarsch der ägyptischen Armee an seiner Grenze einfach hinnehmen.

Nun setzten im eigenen Land die Beratungen und in den Hauptstädten der Welt die diplomatischen Bemühungen ein, alle mit dem Ziel, die Aufhebung der Blockade und der ägyptischen Bedrohung zu erreichen. Die Botschafter Israels im Ausland riefen alle freiheitsliebenden Staaten zur Mithilfe auf. Aber mit jedem Tag wurde klarer, daß vom Ausland nichts zu erwarten war.

Wenn auch Nassers militärische und politische Rechnung nicht aufging, die Einstellung der Großmächte hatte er recht klar vorausgesehen. Die Sowjetunion unterstützte ihn, machte sich zu seinem Fürsprecher und stachelte ihn auch noch auf. Ferner belieferte sie Ägypten mit falschen Informationen über israelische Truppenkonzentrationen an der syrischen Grenze und versprach sogar, die Araber im Kriegsfall mit einem Expeditionskorps zu unterstützen.

Frankreich wollte keinen Krieg; aber Präsident de Gaulle half Nasser auch ohne Krieg. Die Waffen, die Israel in Frankreich bestellt und auch bereits bezahlt hatte, wurden von de Gaulle mit der Begründung zurückgehalten, „sie sollten Israel nicht dazu dienen, einen Krieg zu beginnen", und das, obwohl Ägypten fast unbegrenzte Waffenlieferungen von der Sowjetunion erhielt! de Gaulle vertrat den Standpunkt, daß Israel sich mit der Blockade abfinden müsse. Er meinte auch, daß die übrigen arabischen Forderungen – Rückkehr der Flüchtlinge und „Rechte der Palästinenser" – erneut zu überprüfen seien, und zwar von den vier Großmächten. de Gaulle gab Israel den Rat, sein Schicksal in die Hände der vier Großmächte – von denen Frankreich ja eine war – zu legen, und machte gleichzeitig kein Hehl daraus, daß er die französisch-israelische Zusammenarbeit der fünfziger Jahre als beendet betrachtete und statt dessen an einer Verbesserung der Beziehungen zu den arabischen Staaten interessiert sei.

Großbritanniens Absichten mochten die besten sein, sie führten allerdings zu nichts. Der britische Premierminister Harold Wilson, der sich soeben in Washington aufhielt, gab dem Plan Präsident Johnsons zur Bildung eines Flottenverbandes seine energische Unterstützung, aber der Plan wurde nie verwirklicht. Der britische Außenminister George Brown tat ebenfalls sein Bestes, handelte auch des öfteren auf eigene Faust, wenn seine Kollegen im Kabinett nicht mit ihm übereinstimmten, aber auch ihm blieb der Erfolg versagt. Italien und Spanien verweigerten ihre Teilnahme, weil sie Ägypten nicht verärgern wollten. Frankreich weigerte sich, die Deklaration über die freie Schiffahrt zu unterzeichnen. Schließlich flog Brown am 24. Mai nach Moskau und legte den Sowjetführern seine Vorschläge vor. Kossygin erinnerte ihn brüsk an das britisch-französische Fiasko im Jahre 1956. „Müssen Sie absolut ein zweites Suez haben?" fragte er Brown. Die Sowjets lehnten zwei weitere britische Vorschläge ab: daß die Sowjetunion sich gemeinsam mit den drei

Westmächten für eine Rückkehr der UNEF sowie für den Abzug der ägyptischen Truppen aus Sharm el-Sheikh einsetzen solle. Der britische Außenminister kehrte nach zweitägigen erfolglosen Verhandlungen enttäuscht nach London zurück.

Die Vereinigten Staaten sagten gewiß nicht ja und amen zu den aggressiven Aktionen Nassers. Und wenn sie auch keineswegs die Hände in den Schoß legten, so war doch keine der Maßnahmen, die sie vorschlugen, wirklich praktikabel und kam daher auch nie zur Durchführung. Am 23. Mai traf der amerikanische Botschafter in Kairo mit dem ägyptischen Außenminister Mahmud Riad zusammen und setzte ihm die amerikanische Politik auseinander: die Vereinigten Staaten stünden dem UNEF-Räumungsbefehl ablehnend gegenüber; ägyptische Truppen sollten sich in Sharm el-Sheikh nur aufhalten, wenn die Ägypter sich gleichzeitig bereit erklärten, das Prinzip der freien Schiffahrt in der Straße von Tiran zu respektieren; die ägyptische Armee solle nicht in den Gazastreifen eindringen; die UN solle weiterhin für die Verwaltung des Gazastreifens verantwortlich sein.

Etwa eine Woche später, am 1. Juni, traf ein Sonderbotschafter Präsident Johnsons in Kairo ein. Es war Robert Anderson, der Nasser gut kannte und ihm eine persönliche Botschaft des Präsidenten überbrachte, in der es, laut Hassanein Heikal, hieß, daß die Vereinigten Staaten sich dem Flottenverband nicht anschließen würden, andererseits aber für die Sicherheit und weitere Entwicklung Israëls eintraten, was letztlich auch die Zusicherung freier Schiffahrtswege mit einschließe. Der Präsident hoffe daher, daß eine Kompromißlösung gefunden und der Ausbruch eines Krieges verhindert werden könne.

In seiner offiziellen Antwort erklärte sich Nasser mit dem Vorschlag U Thants einverstanden, die Blockade zwei Wochen lang auszusetzen, wenn Israel seinerseits sich verpflichte, in diesem Zeitraum die Straße von Tiran nicht zu benutzen. Inzwischen würde eine beiderseits annehmbare Lösung auf dem Verhandlungsweg gesucht werden. Mit einem Wort: Nasser würde israelische Schiffe nicht stoppen – vorausgesetzt, daß keine fuhren.

Der Anderson-Besuch bestärkte Nasser in seiner Überzeugung, daß die Großmächte keinen Krieg wollten und daß die Vereinigten Staaten und die Sowjetunion – falls es doch zum Krieg käme – so rasch wie möglich für einen Waffenstillstand sorgen würden.

Unterdessen verlegten die Ägypter weitere Streitkräfte auf die Halbinsel Sinai und gaben ihren Kriegsplänen den letzten Schliff. Im Süden sollten die ägyptischen Einheiten Eilat abschneiden, indem sie eine Verbindung zu den jordanischen Streitkräften herstellten. Und im Norden sollte die syrische Armee, unterstützt von irakischen Einheiten, die nördliche Hälfte von Obergaliläa besetzen.

Auf einer öffentlichen Versammlung arabischer Gewerkschaftler am 26. Mai fand Nasser Worte der Anerkennung für die Sowjetunion und drohende Worte für Israel. Er sagte, Ägypten habe der UNEF gestattet, sich auf ägyptischem Boden solange aufzuhalten, bis der Aufbau der ägyptischen Streitkräfte abgeschlossen sei. Sobald das erreicht war, „besetzten wir Sharm el-Sheikh, in voller Kenntnis der Tatsache, daß dies zum Krieg führen würde. Wir wählten den passenden Augenblick für dieses Unternehmen – nämlich, als Israel Syrien bedrohte". Der ägyptische Präsident erklärte, daß die Armeen Ägyptens und Syriens vereinigt worden seien und daß er hoffe, die übrigen arabischen Staaten würden eine gemeinsame militärische Front gegen Israel bilden.

Jordanien beantwortete den Appell, indem es sich den Streitkräften Ägyptens und Syriens anschloß. Die Gefahr eines konzentrischen arabischen Angriffs auf Israel war damit neuerlich erhöht. König Husseins Verhältnis zu Nasser war nicht das beste gewesen; schließlich hatte Nasser jahrelang offen versucht, ihn zu stürzen. Und als Hussein nach Kairo flog, ohne sich vorher zu vergewissern, ob Nasser ihn tatsächlich empfangen würde, ging er ein großes Risiko ein: er konnte nämlich bei der Ankunft verhaftet werden. Er wurde nicht verhaftet, sondern unterzeichnete nur wenige Stunden später den Verteidigungspakt, der ihn eng mit Ägypten und Syrien verband. Sein Beitritt zu diesem Dreierbund konnte nur eines bedeuten: den Krieg. Hätte Hussein nicht befürchtet, die anderen arabischen Staaten würden Israel angreifen und besiegen und ihn damit in die Position eines Außenseiters drängen, er hätte keinesfalls gemeinsame Sache mit ihnen gemacht. Nach seiner Rückkehr aus Kairo gab er dem Korrespondenten der Beiruter Zeitung *Al-Hayatt* in Amman ein Interview, in dem er die Unterzeichnung des Verteidigungspaktes ein historisches Ereignis nannte.

Mit Husseins Besuch und der Unterzeichnung des Vertrags waren auch die letzten Wolken verflogen, die den arabischen Himmel getrübt hatten. Der König sagte, er hoffe auf weitere Zusammenarbeit mit Ägypten und den übrigen arabischen Staaten im Osten und Westen, „auf daß wir gemeinsam die verlorene Ehre wiederherstellen und Palästina befreien". Der ägyptische General Abdul Munim Riad wurde zum Befehlshaber des östlichen Frontabschnitts und der jordanischen Truppen ernannt.

Am 4. Juni schloß sich der Ring um Israel mit der Unterzeichnung eines ägyptisch-irakischen Beistandpaktes. Damit war der Grundstein zu einem Dreierbund zwischen Ägypten, dem Irak und Jordanien gelegt. Am 5. Juni wurden ägyptische Kampfflugzeuge sowie zwei Kommandobataillone nach Jordanien verlegt, und eine irakische Expeditionstruppe marschierte in Jordanien ein.

Der Kairobesuch, der Verteidigungspakt, die Unterstellung der jordanischen Einheiten unter ägyptisches Kommando – Israel konnte nicht länger untätig zusehen, während der Ring im Norden, Osten und Süden sich immer enger zusammenzog. Selbst wenn man die blumenreichen Phrasen der arabischen Führer gewöhnlich nicht allzu ernst nahm, die jetzigen Reden Nassers, die Äußerungen Husseins, der Tagesbefehl des ägyptischen Oberbefehlshabers General Murtagi sprachen eine deutliche und unmißverständliche Sprache. Und auf diese Sprache gab es für Israel nur eine einzige Antwort.

Die unmittelbare Folge des ägyptischen Aufmarsches auf der Halbinsel Sinai Mitte Mai und der Einberufung der israelischen Reservisten wenige Tage später bedeutete die teilweise Lahmlegung der israelischen Wirtschaft und die Entstehung einer Krisenstimmung in der Bevölkerung. Als Nasser dann am 22. Mai die Blockade über die Straße von Tiran verhängte, war wohl jedem Israeli klar, daß diese aggressiven Akte nicht stillschweigend hingenommen werden konnten. Die Öffentlichkeit erwartete daher auch, daß die politischen Führer hart blieben und eine klare Sprache sprachen. Aber es geschah weder das eine noch das andere. Es entstand allgemein der Eindruck eines ratlosen unentschlossenen Eshkol. Hegte die Öffentlichkeit zunächst Zweifel an der Regierungsspitze, so schlug das allmählich in Verachtung um, und im Volk machte sich ein gewisser Galgenhumor breit. Es ging um den Weiterbestand unseres Staates, aber die Fähigkeit der Regierung, in einer solchen Situation die Staatsgeschäfte zu lenken, wurde allgemein angezweifelt. Als die Rafi im Jahre 1965 der Mapai den Rücken kehrte, verlor die Partei ihre führenden Wehrexperten: Ya'akov Dori, Shimon Peres und mich. Wir alle hatten unter Ben Gurion höhere Ämter bekleidet. Dori war Israels erster Generalstabschef; Peres war zuerst Generaldirektor des Verteidigungsministeriums und danach Stellvertretender Verteidigungsminister; ich selbst hatte den Posten des Generalstabschefs fünf Jahre lang inngehabt. Auch Zvi Zur, ebenfalls ehemaliger Generalstabschef, schloß sich der neuen Partei an.

Man nennt mich einen Einzelgänger. Wenn diese Beschreibung überhaupt zutrifft, dann für die vierzehn Tage vor Ausbruch des Sechstagekrieges. Weder im privaten Kreis noch mit meinen politischen Freunden besprach ich mich über die Lage. Und doch fühlte ich mich zu keiner Zeit einsam oder von meiner Umgebung abgeschnitten. Denn noch nie zuvor hatte ich mich dem Volk und der israelischen Gemeinschaft so verbunden gefühlt: den Truppen an der Front, den Bauern in den Siedlungen an der Grenze, der lebhaften Menge in den Straßen von Beersheba, der dem Sinai nächstgelegenen Stadt. Mit Leib und Seele spürte ich die Spannung, die das Land ergriffen hatte, und war von den Problemen, denen wir so plötzlich gegenüberstanden, ganz und gar in Anspruch genommen. Rein äußerlich schienen es politisch-militärische Probleme zu sein; aber innerlich erkannte ich genau: es waren die alten, in unserer Geschichte verwurzelten jüdischen Probleme. Unsere Zukunft hing davon ab, wie wir mit diesen Problemen fertig wurden.

Ich erkannte auch, daß der Krieg unvermeidlich war, denn die diplomatischen Bemühungen würden erfolglos sein. Wenn er dann ausbrach, wollte ich dabei sein.

Mir standen zwei Möglichkeiten offen. Ich konnte mich einfach darauf beschränken, meine Pflichten als Abgeordneter zu erfüllen, ohne damit nur den geringsten Einfluß auf das Tagesgeschehen ausgeübt zu haben. Gewiß konnte ich mich auch an den internen Beratungen der Rafi-Partei beteiligen, zusammen mit Ben Gurion, Shimon Peres und den anderen, aber ich fand solche Diskussionen nun einmal fruchtlos. Letzten Endes waren wir von Regierungspolitik und Regierungstätigkeit völlig abgeschnitten. Die einzig echte Alternative war, meine Zeit bei der Armee und in den Grenzsiedlungen im Süden zu verbringen. Das mochte für die Öffentlichkeit von keinerlei Wert sein, aber das traf auf meine parlamentarische Tätigkeit in gleichem Maße zu. Vom persönlichen Standpunkt gab es allerdings äußerst zwingende Gründe, mich für diese zweite Möglichkeit zu entscheiden. Ob ich nun eine offizielle Stelle innehatte oder nicht, militärische Angelegenheiten erweckten stets mein stärkstes Interesse. Wenige Monate vorher war ich deshalb nach Vietnam gefahren, um den Krieg aus nächster Nähe zu betrachten. Wie konnte ich jetzt einem Konflikt fernbleiben, in den meine eigene Heimat verwickelt sein würde? Ich wollte nicht in den Cafés von Jerusalem herumsitzen. Ich wollte vielmehr, solange ich körperlich mithalten konnte, am Kampfgeschehen teilnehmen, und sei es auch als einfacher Soldat.

Am 20. Mai 1967 bat ich Ministerpräsident Eshkol um die Erlaubnis zu einer Inspektionsreise an die Südfront. Die Reise wurde genehmigt; aber wenige Stunden später rief mich der Chef des Nachrichtendienstes der Armee, Generalmajor Aharon Yariv, an und meinte, ich sollte ein paar Wochen warten, bis sich die Lage beruhigt habe und man auch nicht mehr so viel zu tun hätte. Genau darum wollte ich ja fahren, sagte ich, um zu sehen, ob und wie die Lage sich beruhigte und was man tatsächlich zu tun hatte. Es ginge mir ja nicht um eine Vergnügungsreise, sondern um eine Frontbesichtigung. Wir einigten uns schließlich auf den 23. Mai. Man stellte mir einen Wagen mit Fahrer zur Verfügung und beschloß, ich solle Uniform tragen. Mein Begleitoffizier war ein Oberstleutnant vom Stab des Generaladjutanten.

Zwei Tage später, am Vorabend meiner Abreise, besuchte mich der Chef des Generalstabes, Generalleutnant Yitzhak Rabin, der spätere Ministerpräsident, und wollte mein Urteil über die Lage hören. Ich sagte, Nasser würde die Straße von Tiran sperren (was er zwei Tage darauf auch tat). Als Antwort auf diesen Schritt Nassers sollten wir aber nicht die Straße selbst besetzen, also

Sharm el-Sheikh erobern, sondern den Feind an einem von uns gewählten Ort zum Kampf stellen und ihm eine vernichtende Niederlage zufügen. Erst danach sollten wir den Feldzug nach Süden, zur Straße von Tiran, ausweiten.

Yitzhak stimmte mit mir überein und meinte, daß man Gaza als Schauplatz der ersten Schlacht auswählen sollte, weil die Ägypter ihre Truppen dort zusammenziehen würden. Mir schien das keine so gute Wahl, und zwar wegen des fast ausschließlich zivilen Charakters des Gazastreifens und der dort befindlichen palästinensischen Flüchtlingslager. Meiner Ansicht nach sollte ein militärisches Unternehmen auch gegen ein rein militärisches Ziel gerichtet werden. Yitzhak sagte dann, er sähe einen Präventivangriff unserer Luftwaffe als unbedingte Voraussetzung für den Erfolg an. Ich wiederum bezweifelte, daß die gegenwärtige Führung die Genehmigung dafür erteilen würde.

Yitzhak schien nicht nur müde, was ja ganz natürlich gewesen wäre, sondern auch unsicher und verwirrt. Er rauchte eine Zigarette nach der anderen und machte auf mich kaum den Eindruck eines Mannes, der es gar nicht erwarten kann, in die Schlacht zu ziehen. Er beklagte sich bei mir, daß man ihn nicht wirklich arbeiten lasse, daß er statt dessen jeden Tag nach Jerusalem zum Ministerrat müsse, von Eshkol aber weder klare Direktiven noch die erforderlichen politisch-militärischen Richtlinien bekomme. Ich bat ihn, mir von dem Gespräch zu erzählen, das er am Vorabend mit Ben Gurion gehabt hatte. Er sagte, Ben Gurions politische und strategische Überlegungen deckten sich völlig mit den meinen. Und wenn Ben Gurion auch kein echtes Verständnis für die rein militärischen und technischen Zusammenhänge gezeigt habe, so sei es doch ein ungewöhnliches Vergnügen gewesen, mit einem Mann zu reden, der ja oder nein sagen konnte und klar aussprach, was man tun und was man lassen sollte. Ich hatte den bestimmten Eindruck, daß Yitzhak sehr niedergeschlagen war, und konnte nur hoffen, daß es den ihm unterstellten Offizieren und Soldaten nicht so stark auffiel wie mir.

Am Morgen des 23. Mai wurden wir auf dem Weg in den Süden beim Straßenkreuz Masmiya von einem Militärpolizisten angehalten. Es war die Nachricht eingetroffen, daß ich nach Tel Aviv zurückkehren sollte, um an einer dringenden Sitzung im Büro des Ministerpräsidenten teilzunehmen.

Es handelte sich um eine gemeinsame Sitzung des Ministerausschusses für Verteidigungsfragen und der Oppositionsführer im Parlament. Die Regierung war vertreten durch Ministerpräsident Eshkol, Außenminister Eban, den Minister ohne Portefeuille Galili, Unterrichtsminister Aranne und Innenminister Shapiro. Die Vertreter der Opposition waren unter anderen Menahem Begin, Shimon Peres und ich. Ebenfalls anwesend waren der Generalstabschef der Armee, Rabin, der Chef des Operationsstabes, Ezer Weizmann und, als besonderer Gast, Golda Meir, die damalige Generalsekretärin der Mapai-Partei.

Zunächst wurden wir über die allgemeine Lage informiert, und dann wandte sich der Ministerpräsident der Frage zu, derentwegen er uns zu sich gebeten hatte und die unverzüglich entschieden werden mußte: Die Vereinigten Staaten ersuchten uns, nach der von Nasser am Vorabend verhängten Sperre der Straße von Tiran 48 Stunden zu warten, bevor wir ein israelisches Schiff als Blockadebrecher in den Golf von Akaba ausschickten.

Abba Eban schlug vor, daß wir, um Klarheit über die amerikanische Einstellung zu gewinnen, die Vereinigten Staaten um einen Zerstörer als Geleitschutz für das israelische Schiff ersuchen sollten. Sie hatten uns auch wissen lassen, daß sie die Mitverantwortung nur dann übernehmen würden, wenn sie von etwaigen Maßnahmen Israels im voraus in Kenntnis gesetzt würden.

Meine Meinung war, wir sollten den Amerikanern die 48 Stunden geben, die sie verlangten. Wenn die Vereinigten Staaten wirklich bereit waren, von ihrer Macht Gebrauch zu machen, um die ungehinderte Schiffahrt wiederherzustellen, dann sollte mir das nur recht sein. Ich glaubte aber nicht daran. Deshalb sollten wir nach Ablauf der 48 Stunden einen Großangriff auf Ägypten einleiten, mit dem Ziel, seinen Streitkräften schwere Verluste zuzufügen und Hunderte von Panzern und Flugzeugen zu zerstören. Der Kriegsschauplatz sollte, wenn möglich, nahe der Grenze liegen. Wir sollten uns darauf gefaßt machen, daß alle übrigen arabischen Staaten sehr bald danach in den Krieg eintreten würden. Wir sollten daher auch Maßnahmen zur Abwehr eines jordanischen Angriffs auf unsere Enklave auf dem Berg Scopus in Jerusalem ergreifen. Man müßte unter Umständen auch mit Überfällen von in Israel ansässigen Arabern rechnen, vor allem in Gebieten, in denen sie sich als die Stärkeren fühlten.

Bis jetzt, sagte ich, hätte ich nicht feststellen können, ob ein politisch-militärisches Konzept für den Feldzug überhaupt existiere. Es sei auch nichts über einen direkten Zusammenhang zwischen Militärunternehmen und Aufhebung der Blockade gesagt worden. Wie konnte ein solcher Zusammenhang deutlich gemacht werden? Ich fügte hinzu, daß wir ganz besonders darauf achten müßten, am Beginn der Kampfhandlungen keine Rückschläge zu erleiden, da dies äußerst ernste Folgen nach sich ziehen würde. Es war daher unbedingt erforderlich, in einer zwei- oder dreitägigen Schlacht mehrere Hundert Panzer zu vernichten.

Eban schien mir nervöser als die anderen; offenbar hatte er als einziger den vollen Ernst der Lage erkannt. Eshkol versuchte, durch taktische Manöver eine Einigung zu erzielen, die es ihm erlauben würde, einer militärischen Lösung der Tiranfrage aus dem Weg zu gehen. Seine Lösung war: Bewaffneter amerikanischer Geleitschutz für das israelische Schiff. Gewiß würde Nasser nicht auf einen amerikanischen Zerstörer schießen lassen. Damit war aber unser Problem nicht gelöst, denn es ging ja hier nicht um freie Schiffahrt für die Vereinigten Staaten, sondern für Israel.

Dann kam Eshkol auf meine Frage nach dem politisch-militärischen Konzept zurück. „Die israelische Armee verfügt über Einsatzpläne für alle Fronten", sagte er. Ich fand diese Antwort recht merkwürdig. Entweder hatte er die Frage nicht richtig verstanden, oder er meinte wirklich, die allgemeinen Einsatzpläne, die jede Armee für Eventualfälle erstellt, würden genügen, und es sei daher nicht nötig, einen detaillierten Operationsplan für einen bestimmten Feldzug auszuarbeiten.

Am Ende der Sitzung beschloß die Mehrheit der Anwesenden, den Vorschlag der Amerikaner, 48 Stunden zu warten, anzunehmen, den Geleitschutz aber nicht anzufordern. Man einigte sich ferner, die Generalmobilmachung der Reservisten anzuordnen.

Beim Verlassen der Sitzung schlug mein Parteifreund Shimon Peres vor, wir sollten den Parteivorsitzenden Ben Gurion aufsuchen. Ich lehnte ab. Ich konnte mir nur zu gut vorstellen, daß Ben Gurion sagen würde, wir sollten Eshkol zum Rücktritt auffordern. Er konnte sogar darauf bestehen, daß wir uns weigern sollten, mit dem Ministerpräsidenten zusammenzuarbeiten, und so weit wollte ich gewiß nicht gehen. Ich sei der Meinung, sagte ich zu Shimon, wir sollten an Sitzungen dieser Art unbedingt weiterhin teilnehmen – aber eben nur als Vertreter der Opposition. Auch sollten wir dem Kabinett Eshkol nicht beitreten, selbst wenn wir dazu aufgefordert würden. Die Frage nach einer Ablösung Eshkols, sagte ich, sei Sache seiner Partei, der Mapai. In den Ausschußsitzungen sollten wir lediglich feststellen, daß wir dieser Regierung kein Vertrauen entgegenbringen könnten und sie nicht für fähig hielten, die Staatsgeschäfte – sei es in Kriegs- oder Friedenszeiten – zu lenken.

18. Kapitel

Das lange Warten II

Erst am Nachmittag des 23. Mai, neun Tage nach Bekanntwerden des ägyptischen Aufmarsches auf der Halbinsel Sinai, konnte ich mich zum Oberkommando Süd begeben. In Abwesenheit des Kommandierenden Generals Shayke (Yishayahu) Gavish informierte mich dessen Stabschef über die Aufmarschpläne der feindlichen und unserer eigenen Armeen. In diesem Abschnitt standen drei Panzerdivisionen unter dem Kommando der Generalmajore Yisrael Tal (Talik), Avraham Yoffe und Arik Sharon. Unser Einsatzplan war nicht endgültig und enthielt noch verschiedene Optionen, die von der Besetzung des Gazastreifens bis zu großräumigen Umfassungsangriffen im Süden reichten. Mir schienen die Pläne auf den ersten Blick zu kompliziert. Sie ließen auch ein ganz wesentliches Element vermissen: nirgends war davon die Rede, daß wir den Ägyptern unser eigenes Konzept aufzwingen mußten. Vor allem in einer Hinsicht waren wir dem Feind hoch überlegen. Wir verstanden es, zu improvisieren und unsere Pläne, auch inmitten des Kampfgeschehens, rasch umzugestalten. Die Ägypter mußten daher vor die Notwendigkeit gestellt werden, ihre eigenen Einsatzpläne abzuändern. Dafür brauchten sie viel Zeit und brachten es am Ende doch nicht zustande. Das war für uns von Vorteil, aber die Pläne berücksichtigten diesen Umstand nicht. Ich behielt diese Gedanken für mich. Schließlich hatte ich zehn Jahre lang nichts mehr mit der Armee zu tun gehabt und mußte mich erst sehr gründlich informieren, um die nötigen Schlüsse ziehen zu können.

Ich fuhr dann weiter zu Taliks Panzerdivision. Vom Divisionshauptquartier ging es per Hubschrauber zur 7. Brigade. Ihr Kommandeur, Oberst Shmuel Gorodish (Gonen), setzte großes Vertrauen in seine Truppen und in seine Planung. Die Inspektion zeigte mir, daß er alles Recht dazu hatte. Er war zum sofortigen Einsatz bereit – was immer das Ziel auch sein möge. Die Treffsicherheit seiner Panzerkanoniere, besonders auf Fernziele, sei so außerordentlich, daß sie über die Panzerwaffe der Ägypter bestimmt die Oberhand gewinnen würden. Er sagte, er könne auch ohne Artillerieunterstützung und Luftsicherung auskommen.

Ich fuhr zum Desert Inn in Beersheba zurück, um dort die Nacht zu verbringen. Dieser Tag hatte bei mir den Eindruck hinterlassen, daß es sehr gut um unsere kämpfende Truppe stand. Mochte es auch nur auf den Enthusiasmus eines einzigen Offiziers, nämlich Oberst Gorodish, zurückzuführen sein, so glaubte ich doch, daß er die Stimmung der ganzen Brigade wiedergab.

Um 22 Uhr 30 gab mir Shayke Gavish im Hauptquartier seines südlichen Befehlsbereichs einen Bericht über die Sitzung des Generalstabs in Tel Aviv. Die Generalmobilmachung war beschlossen worden, und der Beginn der Kampfhandlungen wurde vorläufig auf 72 Stunden nach Nassers Sperre der Straße von Tiran angesetzt. Ferner waren Luftangriffe auf ägyptische Flughäfen und die Besetzung des Gazastreifens genehmigt worden.

Ich machte aus meiner Enttäuschung kein Hehl, obwohl ich zögerte, zu diesem frühen Zeitpunkt und in diesem Kreis meine Ansichten auszusprechen. Shayke schlug vor, wir sollten die verschiedenen Einsatzmöglichkeiten durchsprechen. Aber ich sagte, ich sei gekommen, um zuzusehen und zuzuhören, nicht um meine eigenen Ansichten vorzutragen. Shayke ließ es dabei nicht bewenden, und als er mir sagte, er habe vom Generalstabschef die Erlaubnis zu einer Besprechung mit mir erhalten, willigte ich ein.

Shayke sagte, es werde schwierig sein, die schwerbefestigten Stützpunkte der Ägypter zu durchbrechen, daß wir aber mit der Besetzung des Gazastreifens eine Trumpfkarte in der Hand haben würden, die wir zu einem späteren Zeitpunkt gegen die freie Schiffahrt in der Straße von Tiran austauschen konnten. Nassers Ansehen würde darunter leiden, und die bestimmt im Eilmarsch nach Gaza herangebrachten ägyptischen Verstärkungen wären unseren Angriffen ungeschützt ausgesetzt.

Dieser Plan schien mir aus politischen und militärischen Erwägungen nicht durchführbar. Im Gazastreifen gab es zu viele Probleme: wir halsten uns eine Viertelmillion palästinensischer Flüchtlinge auf, und die Ägypter würden den Gazastreifen als Tauschobjekt gar nicht so hoch einschätzen. Ausschlaggebend waren allerdings die militärischen Überlegungen. Wir hatten uns schließlich zum Ziel gesetzt, eine militärische Auseinandersetzung mit Nasser herbeizuführen. Die Bedeutung der Sperre lag nicht in der Blockade selbst, sondern in Nassers Absicht zu zeigen, daß Israel nicht fähig sei, sich gegen die Araber zur Wehr zu setzen. Gelang es uns nicht, das Gegenteil zu beweisen, dann würde sich unsere Lage immer weiter verschlimmern. Wir mußten es auf eine Kraftprobe ankommen lassen. Wir konnten Sharm el-Sheikh besetzen; sollte sich das als zu schwierig erweisen, dann könnten wir den ägyptischen Streitkräften an einer für uns günstigeren Stelle entgegentreten. Auf jeden Fall mußte es eine Konfrontation größeren Ausmaßes sein, in deren Verlauf das ägyptische Kriegspotential vernichtet oder zumindest schwer angeschlagen würde.

Die Einnahme von Gaza würde aber keine derartigen Konsequenzen nach sich ziehen. Nasser würde keineswegs Verstärkungen dorthin entsenden, wenn er sah, daß die Situation hoffnungslos war. Wir hatten daher keine andere Wahl, als Nasser dort anzugreifen, wo seine Hauptmacht stand.

In den frühen Morgenstunden verließ ich das Hauptquartier. Ich war besorgt. Einige der Offiziere hatten durchblicken lassen, daß sie uns nicht für stark genug hielten, die ägyptische Armee zu besiegen. Einer von ihnen hatte gefragt, ob die zu erwartenden hohen Verluste zu verantworten seien, und gemeint, wir sollten sie vermeiden – selbst auf die Gefahr hin, unser Ziel nicht in vollem Umfang zu erreichen.

Offenbar hatte die Armeeführung Gaza zum Angriffsziel bestimmt. Die Regierung – besser gesagt, Eshkol – hatte diese im Grunde politische Entscheidung nicht angefochten und auch nicht auf ihrem Recht bestanden, sie erst nach eingehender Begutachtung zu genehmigen. Vom gegenwärtigen Kabinett war nichts anderes zu erwarten. Der Generalstabschef gab seine Absichten bekannt, und kein Regierungsmitglied hatte den Mut, von den Militärs weitere Vorschläge zu verlangen. Ich hörte, daß der Generalstabschef auf Inspektionsreise in den Süden unterwegs war, und beschloß daher, Einheiten zu besuchen, die nicht auf seiner Reiseroute lagen – ich wollte ihm nicht im Wege sein. Das erwies sich allerdings als eine überflüssige Vorsichtsmaßnahme, denn ich erfuhr noch in derselben Nacht von meinem Begleitoffizier, daß Rabin seine Reise verschoben hatte. Generalmajor Avraham Yoffe sagte mir am nächsten Tag, daß Yitzhak an einer Nikotinvergiftung erkrankt sei. Mein nächster Besuch galt Generalmajor Arik Sharon, Kommandeur einer Panzerdivision. Seine Augen leuchteten, als er seinen Plan für einen Vorstoß gegen den feindlichen Befestigungsgürtel im Raum Kusseima - Um Shihan - Um Katef erläuterte. Bis jetzt waren allerdings weder eine solche Aktion noch die angeforderten Verstärkungen genehmigt worden; das Oberkommando hatte nur den Plan zur Besetzung des Gazastreifens bestätigt.

Ich fuhr weiter und inspizierte einige von Ariks Einheiten. Dabei traf ich in Nitzana auf Kuti (Oberst Yekutiel Adam), der in bester Stimmung war, obwohl die Zusammensetzung seiner Infanteriebrigade als recht spärlich bezeichnet werden konnte. Trotzdem war er bereit und wahrscheinlich auch in der Lage, die vorgeschobenen Befestigungen der Ägypter in seinem Sektor zu stürmen.

Als ich mittags ins Hauptquartier zurückkam, traten die Stabsoffiziere soeben zu einer Lagebesprechung zusammen. Es herrschte eine gespannte Stimmung. Die lange, deprimierende, nervenzerrüttende Wartezeit war vorüber: der Krieg würde am nächsten Morgen mit einem Luftangriff beginnen. Zehn Tage waren vergangen, seit wir die ersten Informationen über die massiven ägyptischen Truppenbewegungen im Sinai erhalten hatten.

Ich schloß mich der 7. Brigade von Taliks Panzerdivision an. Ihr Kommandeur war Shmuel Gorodish, dessen Zuversicht mich vor ein paar Tagen so beeindruckt hatte. Seine Einheit sollte die Angriffsspitze bilden, und mit ihr würde ich dieselbe Marschroute nehmen wie vor elf Jahren im Suezfeldzug. Am nächsten Morgen würde also wieder Krieg sein.

Allerdings war das militärische Unternehmen von der Regierung noch immer nicht offiziell bestätigt worden. Rabin, der Generalstabschef, war immer noch krank; Ezer Weizman, der Chef der Operationsabteilung, hatte die Leitung der Geschäfte übernommen. Der Einsatzbefehl vom Vorabend war inzwischen abgeändert und wesentlich verbessert worden. Der Gazastreifen war zwar weiterhin als Kampfziel vorgesehen, aber zumindest sollte die 7. Brigade jetzt tief in den Sinai eindringen, El Arish besetzen und sich dann nach Westen in Richtung Kanal bewegen. Ich hätte zwar zwei weitere Stoßkeile zur gleichen Zeit in der gleichen Richtung vorgezogen, aber meine Anregungen hatten ihre Wirkung anscheinend nicht ganz verfehlt. Nach dem Mittagessen holte ich mir einen Kampfanzug ohne Rangabzeichen, Stiefel und einen Revolver. Wenn ich mich dann der 7. Brigade anschloß, würde ich den Wagen und den Begleitoffizier fortschicken und nichts weiter sein als ein einfacher Frontsoldat. Um 17 Uhr erfuhr ich, daß die Aktion um 24 Stunden verschoben worden war, und so fuhr ich nach Beersheba zurück. Die Stadt war voll von Soldaten. Endlose Fahrzeugkolonnen fuhren vorbei, und die Bevölkerung säumte die Straßen. Es gab nur eine Frage: Wann wird der Krieg beginnen?

Eine angesehene Zeitung forderte in einem Leitartikel am 25. Mai, „Männer in die Regierung zu berufen, deren Fähigkeiten, Erfahrung und Ansehen einen starken Widerhall in der israelischen Bevölkerung finden und zugleich das größtmögliche Verständnis für unsere Lage im Ausland erwecken". In einem anderen Leitartikel, drei Tage danach, war die Rede von „einem weitverbreiteten Mangel an Vertrauen in die Regierung in ihrer gegenwärtigen Zusammensetzung. Es ist Ben Gurion, der allen als das Symbol der Entschlossenheit Israels erscheint, den größten Schwierigkeiten erfolgreich entgegenzutreten". Aber Eshkol weigerte sich weiterhin zurückzutreten, und ich setzte mittlerweile meine Inspektionsreise im Südabschnitt fort.

Am nächsten Morgen begleitete ich eine Patrouille auf ihrem Gang an der Grenze des Gazastreifens. Es war mir natürlich bekannt, daß die Ägypter den

Abzug der UN-Friedenstruppe gefordert hatten und daß arabische Einheiten inzwischen an ihre Stelle getreten waren; aber ich wollte es mit eigenen Augen sehen. Die Beobachtungsposten der UNEF direkt an der Grenze lagen verlassen da, die Lagerbaracken waren geplündert: Dächer, Türen, Fensterstöcke, bis auf die letzte Schraube war alles abmontiert, in altbekannter arabischer Manier. Die ägyptischen Truppen hatten wieder ihre alten Schützengräben an der ersten Hügelkette gleich hinter der Grenze bezogen. Während der ganzen Fahrt war kein einziger Schuß zu hören. Auf den Feldern im Gazastreifen wurde gearbeitet wie immer zur Erntezeit. Gerste und Weizen wurden gemäht und mühsam in Garben gebunden. Auch auf der israelischen Seite ging die Arbeit weiter wie an jedem anderen Tag, nur setzte man bei uns Mähdrescher ein, und während die Bauern arbeiteten, standen unsere Soldaten Wache. Jedermann auf israelischer Seite – ob Bauer oder Soldat – wußte, daß sich die Lage mit dem Abzug der UNEF wesentlich verschärft hatte.

Ich fuhr zurück nach Tel Aviv. Ezer Weizman sagte mir, daß das Unternehmen pünktlich am nächsten Morgen, dem 26. Mai, beginnen würde. Ich bat ihn anschließend nochmals, mich wieder in den aktiven Dienst aufzunehmen. Dann ging ich zu Meir Amit, dem Leiter der „Special Services", der mir einen Bericht über die Lage gab und mich über den Schriftwechsel mit Washington und die politische Situation im Inland informierte. Er sagte, alle arabischen Nachbarstaaten seien für einen baldigen Generalangriff auf Israel gerüstet. Ägypten habe bereits 800 Panzer auf dem Sinai stehen und bringe ständig weitere Verstärkungen heran. Diese Information sei unter Betonung des Ernstes der Lage an Washington übermittelt worden, und man habe angefragt, ob die Vereinigten Staaten jetzt endlich bereit wären, „zur Verteidigung Israels die gleichen Mittel aufzubieten wie für die Vereinigten Staaten selbst".

Bevor er mich danach fragte, erklärte ich Meir die Gründe für meinen Aufenthalt im Süden. Er war ganz meiner Meinung, was mich freute, aber nicht wirklich wunderte. Er stellte jedoch eine Frage: Wenn man mir einen verantwortlichen Posten anböte, würde ich ihn annehmen? Ich sagte ja und überreichte ihm einen kurzen, vorher abgefaßten Brief an den Ministerpräsidenten mit der Bitte, ihn am Morgen zu übergeben. „Lieber Eshkol", hieß es in dem Brief, „ich habe Ezer Weizman formell um Wiederaufnahme in den aktiven Dienst ersucht, um mich ordnungsgemäß bei der Armee melden zu können. Sollten Sie oder der Generalstabschef mir eine bestimmte Aufgabe zuteilen wollen, so würde ich diese selbstverständlich annehmen. Andernfalls werde ich mich weiterhin verschiedenen Kampfeinheiten anschließen und das Kriegsgeschehen mit eigenen Augen beobachten, um mir ein Urteil über Einsatz und Führung unserer Armee zu bilden. Moshe Dayan. 25. Mai 1967."

Meine Tochter Yael befand sich zu dieser Zeit in Griechenland. Ich hatte sie in einem Telegramm aufgefordert, nach Hause zu kommen, genau wie am Vorabend des Sinaifeldzugs im Jahre 1956. Ich bin der Meinung, daß es für einen Israeli nichts Schlimmers gibt, als im Ausland zu sein, wenn daheim Krieg ausbricht. Yael steht mir sehr nahe; ich achte und schätze sie, und ich versuche ihre Wünsche zu erraten. Ich wußte auch genau, daß sie heimkommen wollte, um am Krieg teilnehmen zu können. Sofort nach ihrer Ankunft verschaffte sie sich ihren Stellungsbefehl und sollte schon am nächsten Tag ihren Posten antreten.

Als ich am 26. Mai um ein Uhr morgens in Taliks Hauptquartier ankam, nahm ich an, man würde mich nun zur 7. Brigade bringen, die ja wenige Stunden später angreifen sollte. Aber der Offizier vom Dienst sagte, die Stunde X sei auf neun Uhr verschoben worden. Für mich hieß das, daß es an diesem Tag nicht zum Einsatz kommen würde. Bodenoperationen konnten erst nach dem Angriff der Luftwaffe beginnen, der wohl kaum vor dem Treffen zwischen Präsident Johnson und Abba Eban unternommen werden würde. Wir konnten eben nicht beides haben: Entweder wir ließen den Appell an Johnson fallen oder die Aktion – zumindest bis wir Johnsons Antwort in Händen hatten.

Ich war mehr denn je davon überzeugt, daß wir jetzt der ägyptischen Macht entgegentreten und sie besiegen mußten. Es wäre katastrophal für Israel, jetzt in hysterischer Angst die Türen der Großmächte einzurennen und sie zu bitten, uns zu Hilfe zu kommen. An Hilfeleistung jeder Art würden seitens der Großmächte unweigerlich Bedingungen geknüpft werden, die wir, meiner Meinung nach, nicht eingehen mußten, da wir durchaus in der Lage waren, die Ägypter aus eigener Kraft zu schlagen. Keine Frage: Der einzige Weg, der uns offenstand, war, Ägypten anzugreifen. Andere Länder oder die UN anzurufen, ihnen die Fakten auseinanderzusetzen, sie auf die Bedenklichkeit der ägyptischen Blockade hinzuweisen und von der Rechtmäßigkeit unseres Standpunktes zu überzeugen, sie zu guter Letzt zu ersuchen, den Streit zu schlichten – das wäre nicht nur naiv, sondern ganz einfach dumm. Wir sollten sie vielmehr davon überzeugen, daß es angesichts der gefährlichen Politik Nassers nicht möglich war, anders vorzugehen.

Am Morgen des 26. Mai besuchte ich zwei der Brigaden Yoffes, besprach mit Yoffe selbst die Einsatzpläne und mußte feststellen, daß unter den Kommandanten eine recht kritische Einstellung zu den Operationsplänen des Oberkommandos herrschte. Im Laufe des Vormittags bekam ich die Nachricht, daß Eshkol mich sehen wolle. Auf dem Rückflug nach Beersheba dachte ich ohne besondere Vorfreude an die Gespräche, die ich an diesem Tag noch führen mußte.

Um 19 Uhr 30 traf ich den Ministerpräsidenten im Dan-Hotel in Tel Aviv. Er sagte, er habe die Absicht, einen Ministerausschuß für Verteidigung und außenpolitische Angelegenheiten zu bilden. Er sollte aus sieben Mitgliedern bestehen: Dem Ministerpräsidenten Eshkol, dem Außenminister Eban, dem Arbeitsminister Allon, dem Innenminister Shapiro und dem Gesundheitsminister Barzilai. Zusätzlich zu diesen fünf Vertretern der Koalitionsparteien seiner Regierung dachte er an zwei Vertreter der Opposition, nämlich an Menahem Begin, den Führer der Gahal, und an mich als Mitglied der Rafi. Ich sagte ihm, ich würde nicht beitreten. Wenn jedoch er selbst, der Generalstabschef oder ein anderer verantwortlicher Regierungsbeamter an meinen Ansichten Interesse habe, so wäre ich natürlich bereit, sie zu äußern, sobald ich wieder im aktiven Dienst sei.

Wir sprachen noch über die Eindrücke, die ich bei meinen Besichtigungen im Süden gewonnen hatte, und am Ende des Gesprächs versprach Eshkol, mir innerhalb von 24 Stunden über meinen Antrag auf Aufnahme in den aktiven Dienst Bescheid zu geben.

Danach traf ich mit Meir Amit zusammen und zählte meine Einwände gegen den bestehenden Einsatzplan sowie meine Abänderungsvorschläge auf.

Der *casus belli* sei die ägyptische Blockade der Straße von Tiran, ein kriegerischer Akt gegen Israel. Daher müsse unser Feldzug darauf ausgerichtet sein, den ungehinderten Schiffsverkehr wiederherzustellen. Der Feldzug sollte gegen sämtliche ägyptische Streitkräfte und alle ihre Einrichtungen auf der Halbinsel Sinai gerichtet sein.

Es sollte das Ziel des Feldzugs sein, den ägyptischen Streitkräften entgegenzutreten und sie zu vernichten. Dabei sollten wir uns auf die östliche Hälfte von Sinai konzentrieren. Man überlege falsch, wenn man hoffe, besetztes Territorium als Tauschobjekt für freie Schiffahrt verwenden zu können. Es sei daher die Besetzung des Gazastreifens ausdrücklich abzulehnen und auch von einem Vormarsch bis zum Suezkanal abzuraten, da dies eine internationale Krise heraufbeschwören würde.

Der Gazastreifen sei ein Wespennest, der Kanal eine Brutstätte von Hornissen. An beide sollte man daher besser nicht rühren. Ebenso falsch wäre es, eine Blockade über den Kanal zu verhängen und deren Aufhebung von der Wiedereröffnung der Straße von Tiran abhängig zu machen. Alle Benützer des Kanals würden sich gegen uns stellen. Sie würden sich auf die Seite Ägyptens schlagen und helfen, uns zu vernichten. Wenn wir einmal die ägyptischen Luftstreitkräfte und Panzerdivisionen besiegt hatten und die politische Lage es erlaubte, könnte die zweite Phase, nämlich die Besetzung der Straße von Tiran, eingeleitet werden.

Meir war zwar nicht mit allen meinen Vorschlägen einverstanden – er fand zum Beispiel, wir sollten bis zum Kanal vorrücken –, aber er wollte dem Ministerpräsidenten von unserem Gespräch berichten und ihn ersuchen, sich meine Vorschläge persönlich anzuhören.

Ezer Weizman kam mich am frühen Morgen des nächsten Tages besuchen und fand meinen Plan aus der Sicht der Luftwaffe durchführbar. Er machte sich allerdings in anderer Hinsicht Sorgen, vor allem wegen des Generalstabschefs. Er sagte, Yitzhak habe ihm gegenüber einige Tage zuvor Rücktrittsgedanken geäußert; er habe ihn jedoch davon abbringen können. Ezers zweite Sorge galt der zeitlichen Abstimmung unseres Angriffs. Er sagte, wir müßten sofort handeln. Sonst sei es zu spät, und Ägypten werde statt dessen den ersten Schlag führen. Ich sagte, ich wüßte zuwenig über die ägyptischen Absichten und müßte erst das Nachrichtenmaterial einsehen, um mir ein Urteil bilden zu können.

Um 15 Uhr brachte mir der stellvertretende Chef des Nachrichtendienstes das von mir gewünschte Nachrichtenmaterial. Es ging daraus hervor, daß die ägyptische Streitmacht auf dem Sinai inzwischen auf 900 Panzer, mehr als 200 Flugzeuge und etwa 80.000 Soldaten angewachsen war. Weiterem Material war zu entnehmen, daß die Ägypter über die Einsatzpläne für ihre Bodentruppen hinaus auch einen Plan für einen Luftangriff ausgearbeitet hatten, der entweder gleichzeitig mit dem Angriff auf dem Boden oder als Antwort auf eine Aktion unsererseits starten konnte.

Man gab mir auch einen Kurzbericht über Präsident Johnsons Antwort auf unsere diplomatischen Bemühungen. Sie lief darauf hinaus, daß die USA mit der Zeit schon dafür sorgen würden, daß die Straße von Tiran wieder frei werde. Johnson warnte uns davor, auf eigene Faust zu handeln, stellte aber Hilfe in Aussicht für den Fall, daß wir von den Ägyptern angegriffen würden.

Es lagen aber auch Berichte vor, wonach die Amerikaner versuchten, die Ägypter zu beschwichtigen. Johnson, hieß es, solle sich mit dem Gedanken tragen, Nasser nach Washington einzuladen und ihm Kredite anzubieten. Der amerikanische Botschafter in Kairo solle Nasser außerdem gesagt haben, die Vereinigten Staaten stünden *nicht* zu Israel. Es hieß aber auch, der amerikanische Botschafter habe Ägypten offiziell aufgefordert, die Blockade aufzuheben, die Rückkehr der UNEF zu gestatten und die Truppen aus dem Grenzgebiet abzuziehen.

Eban hatte von der Regierung den Auftrag bekommen, die ägyptischen Aktionen als Vorbereitung auf den totalen Krieg gegen Israel darzustellen, die Blockade als wesentlichen Faktor aber auszuklammern. Eban jedoch hatte sich ganz im Gegensatz dazu auf die Straße von Tiran konzentriert. Die Amerikaner, die nicht davon überzeugt waren, daß der arabische Angriff unmittelbar bevorstand, legten uns ihrerseits eine lange Liste mit Fragen vor,

Am Abend des 28. Mai hielt Eshkol eine Rundfunkansprache an die Nation. In jedem Haus, in jedem Zelt, in jedem Panzer an der Grenze saßen die Menschen an ihrem Radio. Jetzt würde ihnen endlich eine klare Analyse der Krisensituation gegeben werden, eine deutliche Darlegung der Regierungspolitik. Aber der Ministerpräsident stammelte und stockte; er stolperte über einzelne Worte. Was die Öffentlichkeit vernahm, waren die reichlich vagen Worte eines reichlich unsicheren Mannes. Nachträglich erfuhr man, daß die Rede hastig konzipiert und ebenso hastig und fehlerhaft getippt worden war und daß Eshkol keine Zeit gehabt hatte, sie vor der Sendung durchzulesen.

Der Eindruck war katastrophal. Die Bedenken und der Spott der Öffentlichkeit machten einer tiefen Besorgnis Platz. In einem Leitartikel am nächsten Morgen hieß es: „Wenn wir an Eshkol glauben könnten, an seine Fähigkeit, die Staatsgeschäfte in diesen kritischen Tagen wirklich zu lenken, dann würden wir ihm gerne folgen. Aber wir sind skeptisch und mit uns viele andere Menschen. Eshkols Rede am gestrigen Abend hat die Zahl der Zweifler neuerlich erhöht. Er hat nicht das geistige Rüstzeug, in der gegenwärtigen Situation das Amt des Ministerpräsidenten und das des Verteidigungsministers gleichzeitig auszuüben. Wir stimmen mit der Anregung überein, daß Ben Gurion wieder Ministerpräsident wird, daß Moshe Dayan den Posten des Verteidigungsministers erhält und daß Eshkol die Verantwortung für die inneren Angelegenheiten übernimmt."

Am Abend fuhr ich wieder in den Süden. Eban wurde noch in der Nacht zurückerwartet. Wenn in der anschließenden Kabinettssitzung die Aktion endgültig beschlossen würde, ginge es noch vor dem Morgengrauen in den Einsatz. Aber auch am nächsten Tag, dem 29. Mai, passierte nichts. Ich verbrachte den Tag mit einer Inspektion des Verteidigungsgürtels im Süden und einiger Kibbuzim an der Grenze.

Am Nachmittag besuchte ich den Kibbuz Nahal Oz am Gazastreifen. Die Landarbeiter des Kibbuz waren bei der Ernte von Palästinensern aus dem Gazastreifen mit Granatwerfern und Maschinengewehren beschossen worden. Ein Jeep war getroffen worden, und das Getreide auf dem Halm hatte, da es reif und trocken war, Feuer gefangen. Die Schnitter waren geflüchtet und hatten den beschädigten Jeep und zwei Traktoren auf dem Feld zurückgelassen.

Im Luftschutzkeller hielten die Kinder ihren Mittagsschlaf, und draußen brannten die Felder weiter; der schwarze Rauch verdunkelte den Himmel. Die Schutzmaßnahmen für die Kibbuzim waren in den elf Jahren seit dem Sinaifeldzug offenbar nur unwesentlich verbessert worden.

Ich fuhr weiter nach Mefalsim, einem anderen Kibbuz an der Grenze. Als die Kibbuzniks hörten, daß ich da war, kamen sie ins Sekretariat gelaufen. Sie stellten Fragen, beschwerten sich und verlangten dieses und jenes. Ich betonte, daß ich nur ein einfacher Staatsbürger sei, ohne Autorität und auch nicht in der Lage, ihnen mehr Waffen, mehr Soldaten oder sonst etwas zu versprechen. Es war auf jeden Fall eine Freude, mit ihnen zu reden. Überhaupt wurde ich überall von der Bevölkerung sehr freundlich aufgenommen. Die Leute von Mefalsim allerdings sind von einem ganz besonderen Schlag; sie kommen aus Lateinamerika. Sie scheinen viel lebendiger, offener und herzlicher zu sein als die Sabras, die Europäer und die Angelsachsen aus der übrigen Welt. Als ich mich dann auf den Rückweg nach Beersheba machte, hingen über den Feldern von Nahal Oz noch immer dunkle Rauchwolken.

Am nächsten Morgen, dem 30. Mai, flog ich nach Eilat. Ich führte ein Gespräch mit dem Abschnittskommandanten und aß dann mit dem Flottenbefehlshaber zu Mittag. Auf dem Rückflug von Eilat kam mein Begleitoffizier auf den, wie er es nannte, „Jubel der Bevölkerung" zu sprechen, der mir überall entgegenschlug. In Eilat wie auch an anderen Orten weigerten sich die Gastwirte ganz einfach, mir die Rechnung zu geben. „Bleiben Sie gesund", sagten sie, „und verhelfen Sie uns zum Sieg." Dasselbe passierte bei jeder Tankstelle, wenn wir anhielten, um Kaffee zu trinken. Immer wieder sagten die Leute, sie wollten, ich wäre Verteidigungsminister. Sie hatten natürlich alle die Zeitungen gelesen, die ja schon seit Tagen über meine Rückkehr ins öffentliche Leben spekulierten.

Am 30. Mai erschien auf der Titelseite einer Zeitung ein „Aufruf zur Schaffung einer Regierung der Nationalen Einheit, um die gegenwärtige bankrotte Regierung zu ersetzen, bevor es zu spät ist". Es war eine Ironie des Schicksals, daß der Unterzeichner dieses Aufrufs Mitglied einer Gruppe führender Persönlichkeiten war, die bei den Wahlen von 1965 ein Aktionskomitee für Eshkol und gegen Ben Gurion gebildet hatten.

Die Initiative zur Schaffung einer Einheitsregierung, die allmählich ultimativen Charakter annahm, ging von der Nationalen Religiösen Partei aus, deren Führer der dem Kabinett Eshkol angehörende Innenminister Moshe Haim Shapiro war. Wenn Shapiro auch gegen die Anwendung militärischer Mittel eintrat, so war er doch ein aufmerksamer Beobachter der Stimmung in der Öffentlichkeit. Er war übrigens der Meinung, daß nur Ben Gurion das Volk davon überzeugen könnte, *keinen* Krieg zu führen. Selbst Menahem Begin, der politische Gegner Ben Gurions, riet Eshkol, die Ministerpräsidentschaft an Ben Gurion abzutreten, dem neuen Kabinett aber als Minister anzugehören. Aber die Wunden der Vergangenheit waren noch nicht verheilt oder, wie Eshkol selbst einmal sagte: „Diese zwei Pferde lassen sich nicht mehr vor einen Karren spannen."

Es war eine Zeit unablässiger Kontakte der Parteien untereinander. Der Generalsekretär der Rafi, Shimon Peres, hatte sich ein Ziel gesetzt und verfolgte es mit großem Eifer: die Bildung eines handlungsfähigen Kabinetts, das das Vertrauen der Nation in seine Regierung wiederherstellen würde. Er ging sogar so weit, den Wiedereintritt der Rafi in die Mapai anzuregen, wenn dadurch meine Ernennung zum Verteidigungsminister zu erreichen wäre.

Als König Hussein von Jordanien am 30. Mai nach Kairo flog und den ägyptisch-jordanischen Verteidigungspakt unterzeichnete, wurde endlich jedem klar, daß wir zu lange gewartet hatten und nun an drei Fronten zugleich bedroht waren. Eshkol mußte ganz einfach das Verteidigungsressort aufgeben. Am nächsten Nachmittag erreichte mich die Nachricht, der Ministerpräsident wolle mich sehen. Eshkol schlug mir vor, als Stellvertretender Ministerpräsident in die Regierung einzutreten; Yigal Allon sollte mit Zustimmung von Golda Meir, der damaligen Generalsekretärin der Mapai, das Verteidigungsressort übernehmen. Ich lehnte das Angebot kurzerhand ab und sagte, ich sei an einer beratenden Funktion wie dieser einfach nicht interessiert. Ich machte aber den Gegenvorschlag, mich zum Befehlshaber der ägyptischen Front, also des Oberkommandos Süd, zu ernennen, selbstverständlich als Untergebener des Generalstabschefs Rabin und unter Beachtung des üblichen Dienstweges.

Ich war kaum zu Hause angelangt, da rief mich Eshkol wieder zu sich. Er hatte den Generalstabschef hinzugebeten, und Yitzhak fragte mich, was denn nun unter meinem Vorschlag zu verstehen sei. Ich sagte ihm, ich wolle das Kommando über unsere Streitkräfte an der ägyptischen Front übernehmen. Er aber wollte wissen, worauf ich wirklich aus war. Ginge es darum – er stelle diese Frage mit vollster Aufrichtigkeit –, daß ich an seine Stelle treten und meinen früheren Posten als Generalstabschef wieder einnehmen wollte? Ich sagte, daß das ganz gewiß nicht meine Absicht sei. Ich erklärte ihm, daß ich mich dem Ministerpräsidenten nicht aufgedrängt hatte, sondern von ihm gerufen wurde. Er habe mir das Angebot gemacht, einen Beitrag zu den militärischen Vorbereitungen zu leisten; ich wolle aber keinen Posten als militärischer Berater. Ich wolle nicht mehr und nicht weniger, als gegen die Ägypter zu kämpfen; daher auch mein Interesse am Oberkommando Süd.

Yitzhak wollte es überdenken und mir am nächsten Tag seine Antwort geben. Eshkol drängte auf eine sofortige Antwort. Er hatte nämlich für denselben Abend eine Kabinettssitzung einberufen, auf der eine endgültige Entscheidung getroffen werden sollte. Offenbar wurde die Mapai von ihren Koalitionspartnern unter Druck gesetzt. Ich sagte mir, Eshkol und Yitzhak sollten das unter sich erledigen, und ging nach Hause.

Am nächsten Morgen, dem 1. Juni, fuhr ich wieder zum Oberkommando Mitte, um die Gebiete in und um Jerusalem zu inspizieren. Um 8 Uhr 30 rief ich Yitzhak an, um zu hören, ob meine Angelegenheit bereits entschieden sei. Wenn ja, ob ich in den Süden fahren solle, um das Kommando zu übernehmen. Yitzhak sagte, er werde mit dem Ministerpräsidenten sprechen und mich, wenn nötig, während meiner Besichtigung benachrichtigen. Er fügte hinzu, er habe bisher noch nicht mit Shayke (Gavish, dem derzeitigen Kommandierenden General) gesprochen. Ich bat ihn, Shayke zu bestellen, daß ich ihn als meinen Stellvertreter oder meinen Stabschef behalten wolle. Aber auf einer Sitzung des Mapai-Sekretariats am Mittag des 1. Juni befanden sich Eshkol und Golda Meir deutlich in der Minderheit; die große Mehrheit sprach sich für meine Ernennung zum Verteidigungsminister aus. Nach der Sitzung zog Yigal Allon seine Bewerbung zurück. Während der Sitzung fand eine Frauendemonstration vor der Mapai-Zentrale statt, bei der „die Bildung einer Regierung der Nationalen Einheit und die Ernennung Dayans zum Verteidigungsminister" gefordert wurde. Eshkol, der stets seinen Humor bewahrte, fand sofort die passende Bezeichnung für diese ernsten und zugleich fast fanatischen Damen. Er nannte sie: Die lustigen Weiber von Windsor.

Um vier Uhr nachmittag rief mich Eshkol zu sich und sagte, er werde dem Kabinett vorschlagen, mich mit dem Posten des Verteidigungsministers zu betrauen.

Am Abend trat das Mapai-Sekretariat abermals zusammen. Der Ministerpräsident gab einen Bericht über die Beratungsergebnisse eines Sonderausschusses, der mit der Gahal und der Rafi über eine Erweiterung der Koalition verhandelt hatte. Danach gingen die Mapai-Minister in eine Kabinettssitzung, auf der der endgültige Beschluß über die Aufnahme neuer Regierungsmitglieder gefaßt werden sollte.

Um sieben Uhr wurde meine Ernennung vom Kabinett bestätigt. Am folgenden Tag stand in einem Zeitungsinterview zu lesen, das ich dem jungen Winston Churchill gegeben hatte: Mit Hilfe der 80.000 ägyptischen Soldaten auf der Halbinsel Sinai bahnte sich Dayan den Weg zurück in die Regierung.

19. Kapitel

Entscheidung

Bald nachdem die Regierung in einer Abendsitzung am 1. Juni beschlossen hatte, eine Koalition auf breiterer Basis zu bilden, hielt das neue Kabinett seine erste Sitzung ab. Zu Beginn der Sitzung erklärte Eshkol, daß die neue Regierung den Namen „Kabinett der Nationalen Einheit" tragen werde, und begrüßte anschließend die neuen Minister. Menahem Begin, der nunmehr der Regierung angehörte, hielt eine kurze, aber leidenschaftlich aufrichtige Antwortrede, voll von Bibelzitaten, die Eshkol jeweils gutgelaunt mit „Amen, Amen" quittierte. Der Generalstabschef gab dann einen Überblick über Stärke und Aufmarschpläne des Feindes und schloß mit der Bemerkung, daß es für uns von Vorteil gewesen wäre, fünf Tage eher anzugreifen. Eban erstattete Bericht über den Stand der diplomatischen Bemühungen, und darauf folgte eine bis nach Mitternacht andauernde allgemeine, nicht gerade zielführende Diskussion. Das nicht zuletzt darum, weil die neuen Minister ja erst mit den Fakten vertraut sein mußten, bevor sie konkrete Vorschläge unterbreiten konnten. Natürlich traf das auch auf mich zu. Ich mußte mich unbedingt mit dem Generalstab zusammensetzen und die militärische Gesamtlage erörtern. Für den nächsten Morgen um neun wurde eine gemeinsame Sitzung des Ministerausschusses für Verteidigungsfragen und der Rangältesten des Generalstabes im Hauptquartier anberaumt.

Am Morgen des 2. Juni frühstückte ich mit Zvi Zur, einem ehemaligen Generalstabschef, der zugestimmt hatte, meine Nummer zwei zu werden. Welchen Titel er sich selbst zulegte – Berater, Referent, es war mir einerlei. (Er wurde dann offiziell mein „Assistent".) Ich bat ihn, dafür zu sorgen, daß Ben Gurion auf dem laufenden gehalten würde. Da ich auch nicht auf Shimon Peres' Kenntnisse und Erfahrungen verzichten wollte, wies ich Zur an, ihn von Fall zu Fall mit vorrangigen Aufgaben zu betrauen. Ich übertrug Zur die Verantwortung für den zivilen Sektor des Ministeriums, behielt jedoch den militärischen Sektor mir und dem Generalstabschef Yitzhak Rabin vor. Später traf ich mit Rabin zusammen und anschließend daran mit dem Ministerausschuß und dem Generalstab. Ich bat die Generäle, offen ihre Meinung zu sagen, was sie auch ohne Vorbehalt taten. Ich fand jedoch, daß die Behandlung der Kardinalfrage – Zeitpunkt des Unternehmens und Einsatzplan – einiges zu wünschen übrig ließ. Ich fand, wir müßten unser Hauptaugenmerk auf drei Faktoren richten. Zum ersten: Je länger wir warteten, desto geringer waren unsere Chancen. Die Ägypter hatten mittlerweile Zeit, ihre Stellungen zu befestigen, ihre Minenfelder zu erweitern, Betonbunker zu errichten oder zu verstärken. Zweitens: Der Dauer eines erfolgreichen Feldzugs würden bestimmt Grenzen gesetzt – durch eine der unvermeidlichen Resolutionen des Sicherheitsrats und durch den Druck der Großmächte. Würde man uns vor dem Sieg über die ägyptische Armee auf Sinai bremsen, würde der Feind einen unter politischem Druck erfolgenden Rückzug unserer Streitkräfte als Triumph feiern können. Drittens schließlich mußte der Feldzug in zwei Phasen durchgeführt werden: Zunächst sei die nördliche Hälfte der Halbinsel Sinai zu besetzen, dann erst die Straße von Tiran und Sharm el-Sheikh. Erst wenn die erste Phase erfolgreich abgeschlossen sei, könne die zweite beginnen. Anderenfalls wäre es unmöglich, eine Aktion in der südlichen Sinaihälfte zu unternehmen.

Um 11 Uhr 30 fand die für mich bisher wichtigste Sitzung statt, an der nur Eshkol, Eban, Yigal Allon, Rabin und ich teilnahmen. Sie diente einer ausführlichen Lagebesprechung, als Vorbereitung einer Sitzung des Ministerausschusses, die für den nächsten Abend in Jerusalem einberufen worden war. Der Ministerpräsident wandte sich zunächst an mich. Ich sagte, wir sollten sofort mit unserem Angriff beginnen. Wenn das Kabinett in seiner nächsten regelmäßigen Sitzung am Sonntag, dem 4. Juni, einen diesbezüglichen Beschluß faßte, sollten wir am darauffolgenden Morgen in Aktion treten. Unser Ziel sollte es sein, die in der Mitte der Halbinsel Sinai konzentrierten ägyptischen Streitkräfte zu vernichten. Geographische Ziele seien in dieser Aktion nicht zu berücksichtigen. Der Gazastreifen sollte aus unseren Plänen ausgeklammert werden, es sei denn, irakische Truppen besetzten dieses Gebiet. Der Feldzug sollte drei bis fünf Tage dauern. Der nächste Redner war Yigal Allon. Wir hatten schon seit Jahren nicht gemeinsam an einer politisch-militärischen Diskussion teilgenommen, und der Eindruck, den er auf mich machte, war, ehrlich gesagt, enttäuschend. Im allgemeinen stimmte er mit meinen Ausführungen überein, fügte dann aber hinzu, wir sollten bis in die Nähe des Suezkanals vorrücken, um die Ägypter vor ein *fait accompli* zu stellen: Wenn sie jemals wieder einen Blockade über die Straße von Tiran verhängten, würden wir den Schiffsverkehr im Kanal unterbinden. Er meinte ferner, wir sollten den Gazastreifen besetzen und die palästinensischen Flüchtlinge nach Ägypten abschieben.

Ich erhob sofort Einspruch gegen beide Vorschläge. Der Suez-Plan sei eine Fehlkalkulation, sagte ich. Es seien hier nämlich die Interessen der Weltmächte mit im Spiel, und wir würden unsere Freunde gegen uns aufbringen. Dieser Plan sei daher auszuschließen, und die Absicht, die Palästinenser nach Ägypten abzuschieben, sei ganz einfach undurchführbar. Außerdem könne dies nicht ohne das Einverständnis Ägyptens aufgeführt werden; eine zwangsweise Aussiedlung hingegen wäre ein Akt der Barbarei und Unmenschlichkeit. Wir sollten ganz im Gegenteil dafür sorgen, daß diese Flüchtlinge weiterhin unter der Obhut der UNRWA (United Nations Relief and Works Agency) blieben.

Ebans allgemeinen Äußerungen war deutlich zu entnehmen, daß er von einem militärischen Unternehmen keineswegs begeistert war. Eshkol seinerseits sprach sich, wenn auch nicht ausdrücklich, für die militärischen Maßnahmen aus. Die Sitzung endete mit dem Beschluß, die Beratungen am folgenden Abend in Jerusalem fortzusetzen.

Zum Mittagessen traf ich mich mit dem früheren Generalstabschef und jetzigen Professor für Archäologie an der Hebrew University, Yigael Yadin. Eshkol hatte Yadin gebeten, einen Plan über Zusammenarbeit und Aufteilung der Arbeitsbereiche zwischen Ministerpräsident und Verteidungsminister zu entwerfen Es war das dritte Mal seit Bestand des Staates Israel, daß die Ämter des Ministerpräsidenten und des Verteidigungsministers voneinander getrennt waren: 1953–1955, als Ben Gurion sich aus dem öffentlichen Leben zurückgezogen hatte, war Sharett Ministerpräsident und Pinhas Lavon Verteidigungsminister; von Februar bis November 1955, als Ben Gurion sich wieder der Politik zuwandte, bekleidete er wieder das Amt des Verteidigungsministers im Kabinett Sharett. Aber in dieser ganzen Zeit war die Trennung der Befugnisse nicht genau definiert worden. Diesmal war das nun wirklich nötig. Wir standen kurz vor einem Krieg, und meine Ernennung zum Verteidigungsminister war gegen den Wunsch des Ministerpräsidenten erfolgt. Hinzu kam noch, daß Eshkol und ich nicht in einem so engen und zwanglosen Verhältnis zueinander standen wie etwa Sharett und Ben Gurion oder Sharett und Lavon.

Yadin und ich arbeiteten deshalb eine genaue Verteilung der Kompetenzen aus, die von Eshkol zur Kenntnis genommen und genehmigt wurde.

Am Abend fand eine Aussprache über den Operationsplan für die Sinai-Aktion statt. Der ursprüngliche Plan war mehrmals revidiert worden; den jetzt vorliegenden genehmigte ich. Er sah Vorstöße auf zweimal zwei Parallelachsen vor – im Gebiet von Rafah am Südende des Gazastreifens und in der Mitte von Sinai. In dem Plan war weder von einer Besetzung des Gazastreifens die Rede noch von einem Vormarsch in die Nähe des Kanals. Auch die Straße von Tiran wurde nicht direkt erwähnt, da es für den Augenblick Sache der Vereinigten Staaten war, sich mit der Frage der freien Schiffahrt auseinanderzusetzen. Die Sitzung dauerte bis 23 Uhr. Dann gingen wir zu Shimon Peres, wo Ben Gurion und andere schon auf mich warteten, um meine Ernennung zu feiern.

Am nächsten Tag, dem 3. Juni – es war Sabbat –, stellte ich im Ministerium den Arbeitsplan fertig, hielt ein Gespräch mit höheren Generalstabsoffizieren, gab eine Pressekonferenz für Journalisten aus dem In- und Ausland und führte mit dem Ministerpräsidenten eine Besprechung über die für den nächsten Morgen angesetzte Kabinettssitzung.

Auf der Pressekonferenz gab ich ein kurzes Statement ab und stand dann Rede und Antwort, besonders zur Frage, ob die Krise am Verhandlungstisch oder auf dem Schlachtfeld gelöst werden würde. Ohne allzu deutlich zu werden, wollte ich keine falschen Schlüsse über die Bildung eines Kabinetts der Nationalen Einheit und meine Ernennung zum Verteidigungsminister aufkommen lassen und statt dessen den Eindruck vermitteln, daß wir zunächst einmal bestrebt seien, sämtliche Möglichkeiten der Diplomatie auszuschöpfen. Moshe Pearlman, mein persönlicher Referent, erklärte nachher, er glaube, es sei mir, nach den Berichten und persönlichen Äußerungen der Korrespondenten zu schließen, auch tatsächlich gelungen.

Um 17 Uhr 30 fuhr ich nach Jerusalem zu der Besprechung mit dem Ministerpräsidenten, an der auch Yigal Allon, Yigael Yadin, Meir Amit und unser Botschafter in Washington teilnahmen. Amit war eben von einem Blitzbesuch in Washington zurückgekehrt und erstattete Bericht über seine Gespräche mit Verteidigungsminister McNamara und anderen. Amits private Meinung war, daß die Vereinigten Staaten in der Tiran-Frage von sich aus nichts unternehmen, es aber dulden würden, wenn wir wegen Tiran Krieg führten. Die Vereinigten Staaten würden uns allenfalls auch auf politischer Ebene, im Sicherheitsrat und in der Vollversammlung der Vereinten Nationen unterstützen.

Die Würfel waren gefallen. Das hatte diese Sitzung gezeigt. Ich war jetzt nicht mehr der einzige, der für den sofortigen Beginn der militärischen Operationen plädierte. Auch Eshkol sagte, der Krieg sei nicht mehr zu vermeiden und sollte daher so bald wie möglich beginnen. Ich ersuchte ihn, den Ministerausschuß einzuberufen, um eine bindende Entscheidung in dieser Frage herbeizuführen.

Der Ministerausschuß für Verteidigungsfragen trat am Sonntag, dem 4. Juni, um 8 Uhr 30 in Jerusalem unter dem Vorsitz des Ministerpräsidenten zusammen. Eban begann seinen Bericht über den Stand der diplomatischen Bemühungen mit einer Zusammenfassung der jüngsten Botschaft Präsident Johnsons an Ministerpräsident Eshkol. Die Vereinigten Staaten würden alle Signatarstaaten um die nochmalige Unterzeichnung der Konvention von 1957 über die freie Schiffahrt in der Straße von Tiran ersuchen – alle bis auf Frankreich, denn de Gaulle hatte sich bereits geweigert. Die Vereinigten Staaten arbeiteten auch weiter an der Aufstellung eines „Flottenverbandes", dem Kriegsschiffe aus mindestens sechs weiteren Ländern, u. a. Großbritannien und Holland, angehören sollten. Bis jetzt hatten nur Australien und ein lateinamerikanisches Land ihre Teilnahme zugesagt. Die Flottendemonstration war für den 11. Juli, also für genau eine Woche später, geplant. Unter dem Geleitschutz des Flottenverbandes würde ein israelisches Schiff durch die Straße von Tiran fahren. Sollte es von den Ägyptern beschossen werden, würde die Eskorte das Feuer erwidern.

Außerdem wiesen die Amerikaner darauf hin, daß es darauf ankäme, „wer den ersten Schuß abfeuert". Für uns hieß das, daß nicht wir es sein sollten, die ihn abfeuerten. Die Amerikaner waren auch der Ansicht, daß der erste Schuß überhaupt noch nicht gefallen und demzufolge noch kein feindlicher oder gar kriegerischer Akt verübt worden sei – und das ungeachtet des Räumungsbefehls Nassers an die UNEF und der Blockade der Straße von Tiran!

Zwei Tage vorher überreichte der sowjetische Außenminister Gromyko dem israelischen Botschafter in Moskau eine Note, die mit den folgenden Worten schloß: „Die sowjetische Regierung wünscht erneut festzustellen, daß sie ihr möglichstes tun wird, um den Ausbruch von Feindseligkeiten zu verhindern; ihre Bemühungen sind auf dieses Ziel gerichtet. Sollte die israelische Regierung jedoch einen Krieg vom Zaun brechen, dann trägt sie die volle Verantwortung für die sich daraus ergebenden Konsequenzen."

In Frankreich fanden Massensympathiekundgebungen für Israel statt, aber de Gaulle ließ sich davon nicht beeindrucken. Im Anschluß an eine Sitzung des französischen Kabinetts am 2. Juni verlautete aus Paris, daß sich Frankreich durch keinerlei Verpflichtungen an irgendein nahöstliches Land gebunden fühle; daß Frankreich das Lebensrecht aller Länder dieser Region anerkenne; daß alle Länder auf die Anwendung jeglicher Form von Gewalt verzichten sollten; daß Frankreich dem Land die Unterstützung versagen würde, das als erstes Waffengewalt anwende, und daß der Schiffsverkehr im Golf von Akaba, das arabische Flüchtlingsproblem und die Beziehungen der Länder der Region zueinander, also der gesamte Fragenkomplex, von den vier Großmächten gemeinsam einer Regelung zugeführt werden sollte.

Am nächsten Tag, dem 3. Juni, kam die Nachricht, daß Frankreich beschlossen habe, die Waffenlieferungen an Israel bis auf weiteres einzustellen. In einem Gespräch mit unserem Botschafter in Paris trat de Gaulle mit Nachdruck für die Existenzberechtigung Israels ein, fügte aber hinzu: „1967 ist mit 1957 nicht zu vergleichen. Damals war ich auch nicht an der Macht." Frankreich habe mittlerweile wieder Verbindung zu den Arabern aufgenommen und sei daran interessiert, diese Beziehung auszubauen. Die Lieferungen an uns seien gestoppt worden, sagte er, um zu verhindern, daß wir einen Krieg anfingen. Seit jeher seien der Nahe Osten und seine Probleme eine Domäne der Großmächte gewesen, bis vor kurzem eine Domäne Rußlands, Frankreichs und Großbritanniens, neuerdings auch der Vereinigten Staaten.

Die britische Politik wurde mit der amerikanischen koordiniert. Premierminister Wilson befand sich soeben in Washington, und es war anzunehmen, wie Eban abschließend bemerkte, daß er die Vorschläge Präsident Johnsons (Tiran-Protokoll und Teilnahme am Flottenverband) unterstützen werde.

Der Chef des Nachrichtendienstes, Yariv, berichtete nun über die Maßnahmen und Absichten der arabischen Staaten. Ägypten hielt eine militärische Auseinandersetzung mit Israel für unvermeidlich. Ständig strömten Verstärkungen in die Halbinsel Sinai. Eine Panzerbrigade aus Kuwait werde in Kürze in Sinai landen, und ein irakisches Bataillon sei unterwegs zum Gazastreifen. Libyen und der Sudan hätten Expeditionstruppen versprochen, diese seien aber noch nicht auf Sinai eingetroffen.

Alles schien darauf hinzudeuten, daß die Ägypter bald mit ihrem Angriff beginnen würden.

Nasser bemühe sich außerdem, Syrien und Jordanien zur Teilnahme am Krieg zu bewegen. In Jordanien hatte der ägyptische General Abdul Munim Riad ein neu gebildetes, dem Vereinigten Arabischen Kommando unterstelltes Frontkommando übernommen, befehligte damit sämtliche Streitkräfte Jordaniens und ließ sie entlang der israelischen Grenze aufmarschieren. Irak hatte Jordanien vier Infanteriebrigaden und einen Panzerverband versprochen. Jordanien habe aus Protest einen Kaufvertrag für amerikanische Militärflugzeuge rückgängig gemacht und auf deren Lieferung verzichtet.

Eban berichtete von Äußerungen des US-Außenministers Dean Rusk und des Verteidigungsministers Robert McNamara, denen zufolge die Amerikaner eine militärische Aktion Ägyptens durchaus für möglich, aber nicht für unmittelbar bevorstehend hielten. Was die amerikanische Waffenhilfe betraf, so habe das Pentagon auf die langen Lieferfristen hingewiesen. Selbst wenn die Bewilligung jetzt erteilt würde, kämen die Waffen in dieser Krise natürlich nicht mehr zum Einsatz.

Im Anschluß an den Vortrag Ebans und Yarivs bat Eshkol um meine Einschätzung der Lage. Ich hatte ihm bereits vorher eine Planstudie überreicht, die aber nun in Anbetracht der Ereignisse der letzten Tage in zweifacher Hinsicht abgeändert werden mußte. Einerseits waren da die Bemühungen der Ägypter, die Jordanier zur Eröffnung der Ostfront zu bewegen, andererseits die ägyptischen Vorbereitungen für einen sofortigen Angriff. Die Ägypter mochten vielleicht nicht gleich am nächsten Morgen losschlagen, aber den ersten Schlag würden sie bestimmt führen wollen. Und wenn sie das täten und mit ihren Kommandoeinheiten gleichzeitig aus Jordanien losschlügen, ginge uns das Überraschungsmoment verloren, und außerdem müßten wir an einer zweiten Front kämpfen.

Ich betonte neuerlich die Notwendigkeit eines vernichtenden Luftangriffs zu Beginn der Kampfhandlungen. Wir dürften uns alle, so zuversichtlich wir auch seien, über die wahre Stärke unserer Streitkräfte nicht hinwegtäuschen. Sollten wir viele Soldaten und Piloten verlieren, dann würde der Sieg nur schwer zu erringen sein. Wir seien nicht die Amerikaner, die noch und noch Reserven in die Schlacht werfen können. Bei uns kam es auf jeden einzelnen Soldaten an. Die hier Anwesenden, sagte ich, seien überaus stolz darauf, daß es ihnen in der vergangenen Woche gelungen sei, den Ausbruch des Krieges zu verhindern. Ich könne zwar verstehen, daß sie mit sich selbst zufrieden seien, müsse aber gleichzeitig darauf hinweisen, daß unsere Aufgabe mit jeder vergehenden Stunde schwerer und blutiger würde. Ein Sturmangriff auf Rafah oder Gaza, vor einer Woche kaum befestigt, heute aber voll von Panzern und Soldaten, würde viele Tote und Verwundete kosten. Die Ägypter hatten die Woche genutzt, die unsere Minister „gewonnen" hatten.

Es sei zwar vertretbar, für einen Aufschub von weiteren acht Tagen zu plädieren, bis wir uns die nötige politische Rückendeckung verschafft hatten. Aber wenn wir am Ende ohnehin kämpfen würden, müsse man gleichzeitig den Wert und vor allem den Preis jedes einzelnen Tages in Rechnung stellen. Vor allem mußten wir uns jetzt ein für alle Male für oder gegen den Präventivangriff entscheiden. Wenn wir den Feind wirklich überrumpelten, konnten wir mindestens hundert seiner Kampfflugzeuge außer Gefecht setzen. Das hätte für uns den gleichen Wert wie all die Waffenhilfe, die uns in den nächsten sechs Monaten erreichen könnte, wenn es überhaupt ein Land gäbe, das uns noch Waffen lieferte. Ich war nämlich der Meinung, wir würden im nächsten halben Jahr kein einziges Flugzeug aus dem Ausland bekommen, ob nun ein Waffenembargo verhängt würde oder nicht. de Gaulle würde uns keine schicken, selbst wenn Nasser den Krieg vom Zaun brach. Der erste Schuß würde darüber entscheiden, wer die schwersten Verluste erlitt, und gewiß auch das Kräftegleichgewicht verändern.

Während der anschließenden Ausführungen des Ministerpräsidenten erreichte ihn eine lange, gewundene und im Grunde negative Botschaft Präsident Johnsons. Sie enthielt zwar die Standarderklärung aller amerikanischen Präsidenten seit unserer Staatsgründung über die „Unantastbarkeit der Grenzen" Israels und der übrigen Staaten des Nahen Osten; darüber hinaus war sie eher entmutigend. Der Präsident erklärte, es müßten entschiedene Maßnahmen ergriffen werden – von den Vereinten Nationen, den Seemächten, auf keinen Fall aber von den USA allein –, um das Problem des freien Schiffsverkehrs in der Straße von Tiran zur Zufriedenheit aller zu lösen. Die Vereinigten Staaten überprüften zur Zeit einen britischen Plan, der eine internationale Präsenz in den Gewässern von Tiran vorsah.

Eshkol nannte Johnsons Botschaft enttäuschend, aber doch nicht ganz so bedenklich wie die de Gaulles. Unsere Lage sei in der Tat sehr ernst. Jetzt sollten wir tun, was getan werden mußte. Vielleicht, fügte er hinzu, wären wir besser beraten gewesen, wenn wir es drei, vier Tage eher getan hätten.

Eshkol beschloß die Debatte mit dem Vorschlag, die Armee anzuweisen, den Zeitpunkt, den Ort und die geeigneten Mittel zu wählen. Damit lag es nun an den Militärs, den Zeitpunkt des Angriffs zu bestimmen. Dann legte er dem Kabinett zwei Resolutionen zur Abstimmung vor. Die eine stammte von mir, die andere von einem Vertreter der Mapam, der linksextremen Arbeiterpartei, die der Koalition angehörte.

Der von mir verfaßte Entwurf sah vor, daß die Regierung beschließen solle, bewaffnete Maßnahmen zu ergreifen, um der ständig wachsenden Einkreisung Israels Herr zu werden und den unmittelbar bevorstehenden Angriff der Streitkräfte des Vereinigten Arabischen Oberkommandos zu verhindern, und den Ministerpräsidenten und den Verteidigungsminister zugleich ermächtigen solle, den vom Generalstabschef bestimmten Zeitplan der Aktion zu genehmigen.

Die Resolution der Mapam erhielt nur die Stimmen der zwei Minister, die sie eingebracht hatten. Alle übrigen Minister stimmten für meine Resolution, die damit zum Regierungsbeschluß erhoben wurde. Ich rief Rabin an und informierte ihn, daß der Operationsplan – und auch die Stunde X, 7 Uhr 45 am nächsten Morgen – nunmehr offiziell feststehe.

Nach Abschluß der Kabinettssitzung fuhr ich nach Tel Aviv zurück und hielt dort eine Besprechung mit dem Generalstabschef und dem stellvertretenden Chef des Operationsstabes über die geplante Aktion im Süden ab. Dann flog ich nach Norden zu Generalmajor David Elazar, dem Befehlshaber des Oberkommandos Nord, und ließ mir von ihm einen Lagebericht geben. Ich wies nochmals, sehr gegen seinen Wunsch, darauf hin, daß die syrische Front ruhen solle und daß demzufolge auch die syrischen Grenzbefestigungen nicht angegriffen werden sollten. Statt dessen sollte er für die Verstärkung unserer

Abwehrbereitschaft sorgen, für die Erweiterung der Minenfelder und den Ausbau der Befestigungen. Einzig in der entmilitarisierten Zone sei ein begrenzter Vormarsch – jedoch nur bis zur internationalen Demarkationslinie – denkbar, ebenso im Gebiet von El Hamma. Hier konnten wir ostwärts am Yarmukfluß vorrücken und dann einen Teil des Flusses in den See von Genezareth umleiten, so wie das in dem Jordan-Regulierungsplan Eric Johnstons vorgesehen war. Johnston hatte als Sonderbeauftragter des US-Präsidenten Eisenhower nach zweijährigem Studium in den Jahren 1953–55 einen Plan zur zweckmäßigeren Nutzung des Jordans ausgearbeitet und den drei betroffenen Ländern – Syrien, Jordanien und Israel – unterbreitet. Man hatte sich über die damit verbundenen technischen Probleme und den Verteilerplan geeinigt; das Abkommen war bereits reif zur Unterschrift, als Syrien auf Drängen Ägyptens seine Zustimmung wieder zurückzog.

Für den nächsten Morgen um zehn war eine Kabinettssitzung angesetzt. Man hatte mir ein Zimmer im Hauptquartier bereitgestellt, damit ich dort schlafen konnte. Wenn nichts Unvorhergesehenes geschah, würde der Krieg pünktlich um 7 Uhr 45 beginnen.

Während der Nacht blieb alles ruhig. Ich rief Rahel an und lud sie ein, mit mir zu frühstücken. Noch eine Stunde lang würde Frieden sein. Ich wollte sie sehen, wenn auch nur für ein paar Minuten, und sei es auch nur in einem Café. So frühstückten wir gemeinsam – Kaffee und warme Brötchen – ein paar hundert Meter vom Hauptquartier entfernt. Ich sagte ihr kein Wort – nur daß ich um halb acht wieder ins Büro zurück müßte. Später beschwerte sie sich in der ihr eigenen, zurückhaltenden Art darüber, daß ich nicht einmal die leisesten Andeutungen gemacht hatte.

Es war das dritte Mal in meinem Leben, daß ich eine zentrale Position im Staat innehatte: das erste Mal ab Dezember 1953, als ich Generalstabschef wurde; dann im Jahr 1959 als Landwirtschaftsminister unter Ministerpräsident Ben Gurion. Aber diesmal war es anders. Ich fühlte mich nicht so sehr als Minister oder Regierungsmitglied, sondern einfach als der für die Kriegführung Verantwortliche. Im Kabinett saßen außer mir nur altgediente Minister, meist Mitglieder der Mapai, der stärksten Koalitionspartei, die in mir den Außenseiter sahen, mich aber trotzdem als Sachverständigen in militärischen Angelegenheiten anerkennen mußten. Mein ganzes Leben hatte sich radikal verändert. Ich war jetzt nicht mehr der Abgeordnete, der wenig Zeit auf die Parlamentsarbeit verwendete, das Mitglied einer kleinen Oppositionspartei im politischen Abseits, der Mann, der nicht wußte, was er mit sich anfangen sollte und seine Zeit mit der Leitung eines Fischereiunternehmens oder einer Reise nach Vietnam ausfüllte. Jetzt war ich einer der führenden Staatsbeamten, der auf die Geschicke Israels entscheidenden Einfluß nahm. Aber alle

Moshe Dayan als Kind mit seinen Eltern Shmuel und Dvorah (1919).

Der junge Moshe als berittener Wächter der Felder von Nahalal. Er und seine Kameraden hatten die jüdischen Ansiedlungen vor arabischen Banditen zu schützen.

Dayan bei der Feldarbeit auf der elterlichen Farm von Nahalal.

Nächste Seite oben: Die Engländer stellten 1937 eine jüdische uniformierte und bewaffnete Hilfspolizei auf. Sie sollte die Siedlungen vor den Überfällen der arabischen Aufständischen schützen. Dayan (vorne Mitte) erhielt das Kommando einer solchen motorisierten Einheit.
Unten: Die Haganah war die illegale Wehrorganisation der Juden in Palästina. Moshe Dayan und seine Kameraden wurden bei einem militärischen Schulungskurs von den Engländern überrascht und eingekerkert. (Das Bild zeigt die Häftlinge in der Festung Acre, Dayan ganz rechts.)

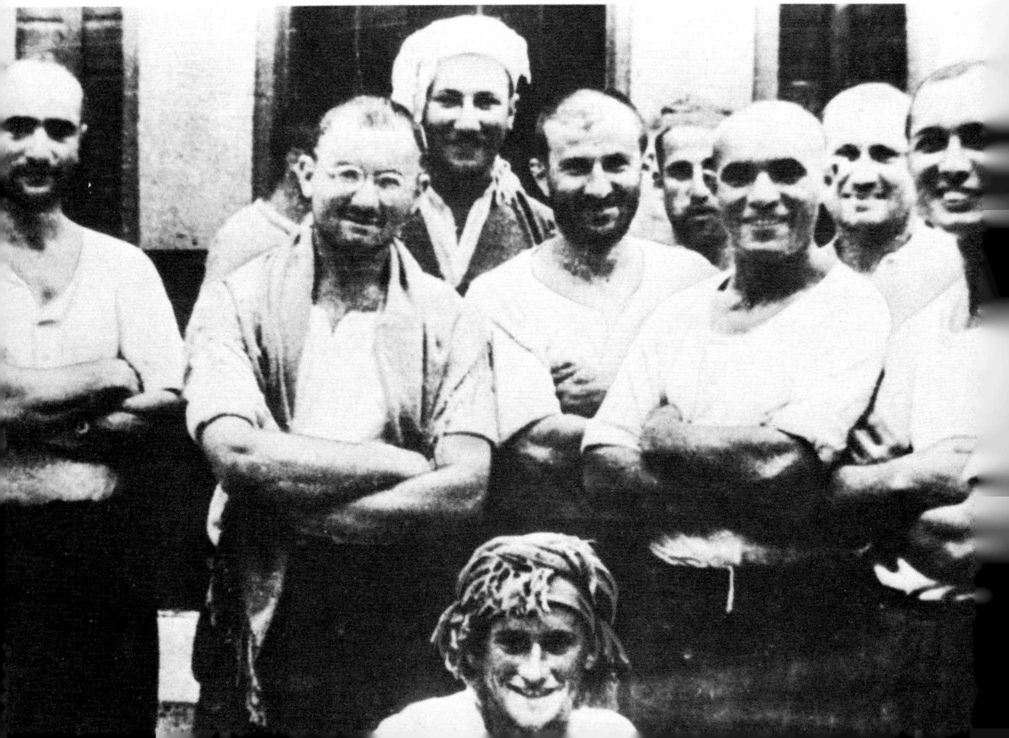

Im Dschungel: Als „Frontberichterstatter“ besichtigte Dayan 1966 den Kriegsschauplatz in Südvietnam.

Vorhergehende Seite oben: Dayan und seine erste Frau Ruth. Dayan hatte im Feldzug gegen die Vichy-Truppen in Syrien das linke Auge verloren. Nach den Unabhängigkeitskämpfen wurde er Stadtkommandant von Jerusalem.

Unten: Die drei Kinder aus erster Ehe: Assaf, Yael und Ehud (1949).

Wenige Tage vor Ausbruch des „Sechstagekrieges" am 5. Juni 1967 wurde Moshe Dayan Verteidigungsminister. Das Bild zeigt ihn mit den Generälen Rabin und Narkiss, kurz nach der Befreiung Jerusalems, beim Betreten der Altstadt.

Israelische Torpedo-Motorboote in der Straße von Tiran, nach der Eroberung der ägyptischen Sperrfestung Sharm el-Sheikh im Juni 1967.

Bild gegenüber: Moshe Dayan mit seiner Tochter Yael, die bei Ausbruch des „Sechstagekrieges" aus Griechenland nach Israel heimgekehrt war, um in der Armee zu dienen. Das Bild wurde unweit des Suezkanals aufgenommen.

Nach der Eroberung der Sinaihalbinsel stießen die Israelis zum Suezkanal vor: Das Bild zeigt israelische Panzertruppen, das ägyptische Ufer beobachtend.

Gegenüber: Die Straße der Vernichtung durch Sinai: Hunderte von zerstörten Panzern und Lastkraftwagen der ägyptischen Armee säumen die nach Westen zum Suezkanal führende Wüstenpiste. Die israelische Luftwaffe hatte zugeschlagen.

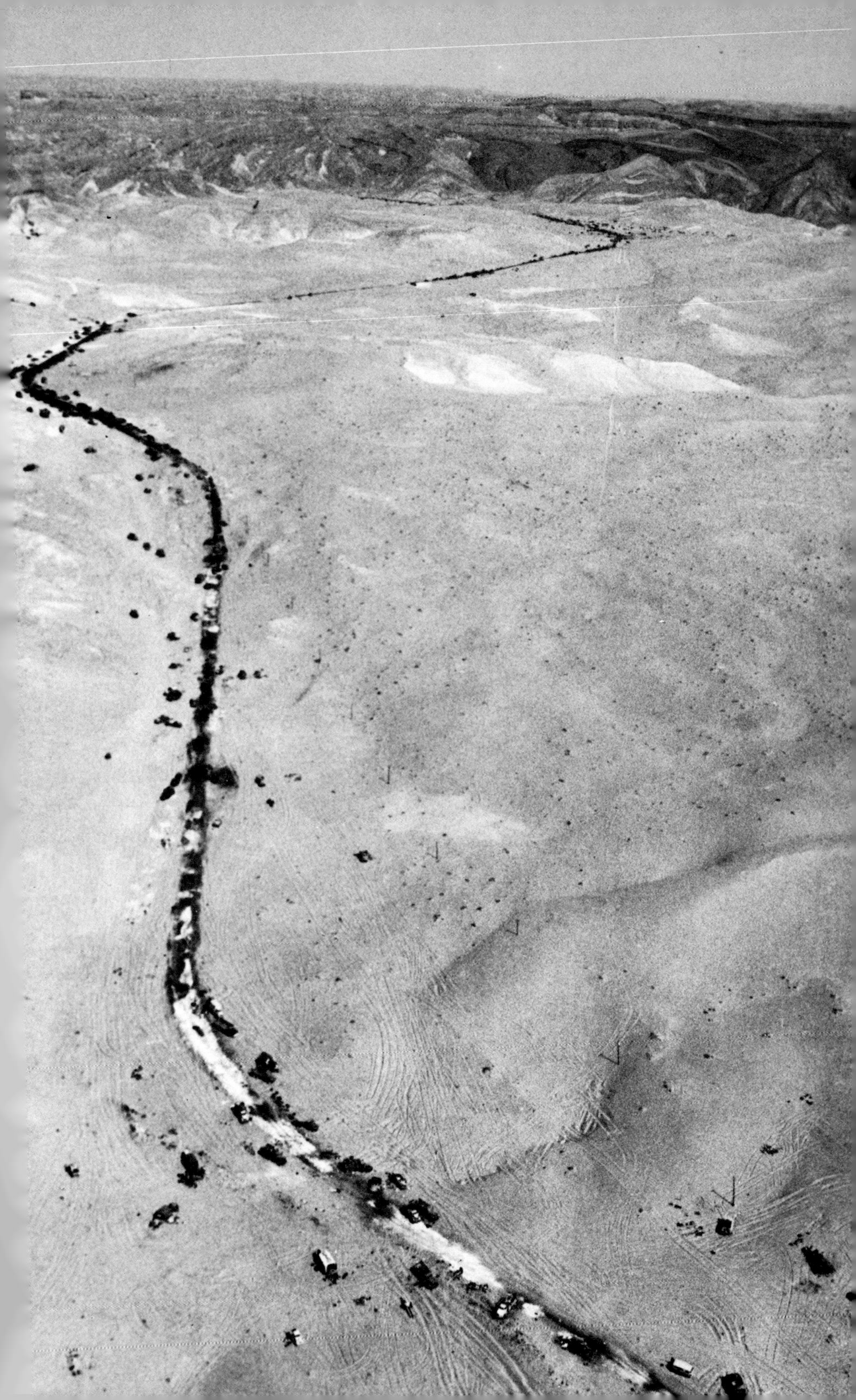

Verteidigungsminister Dayan bei Abbrucharbeiten an der Westmauer Jerusalems. Die Umsiedlung arabischer Familien erregte Unruhen.

Gegenüber: Bei einem Terroristen-Überfall auf einen Schulbus wurden im Mai 1970 neun Kinder getötet. Das Bild zeigt Dayan beim Begräbnis der Kinder mit den verzweifelten Angehörigen.

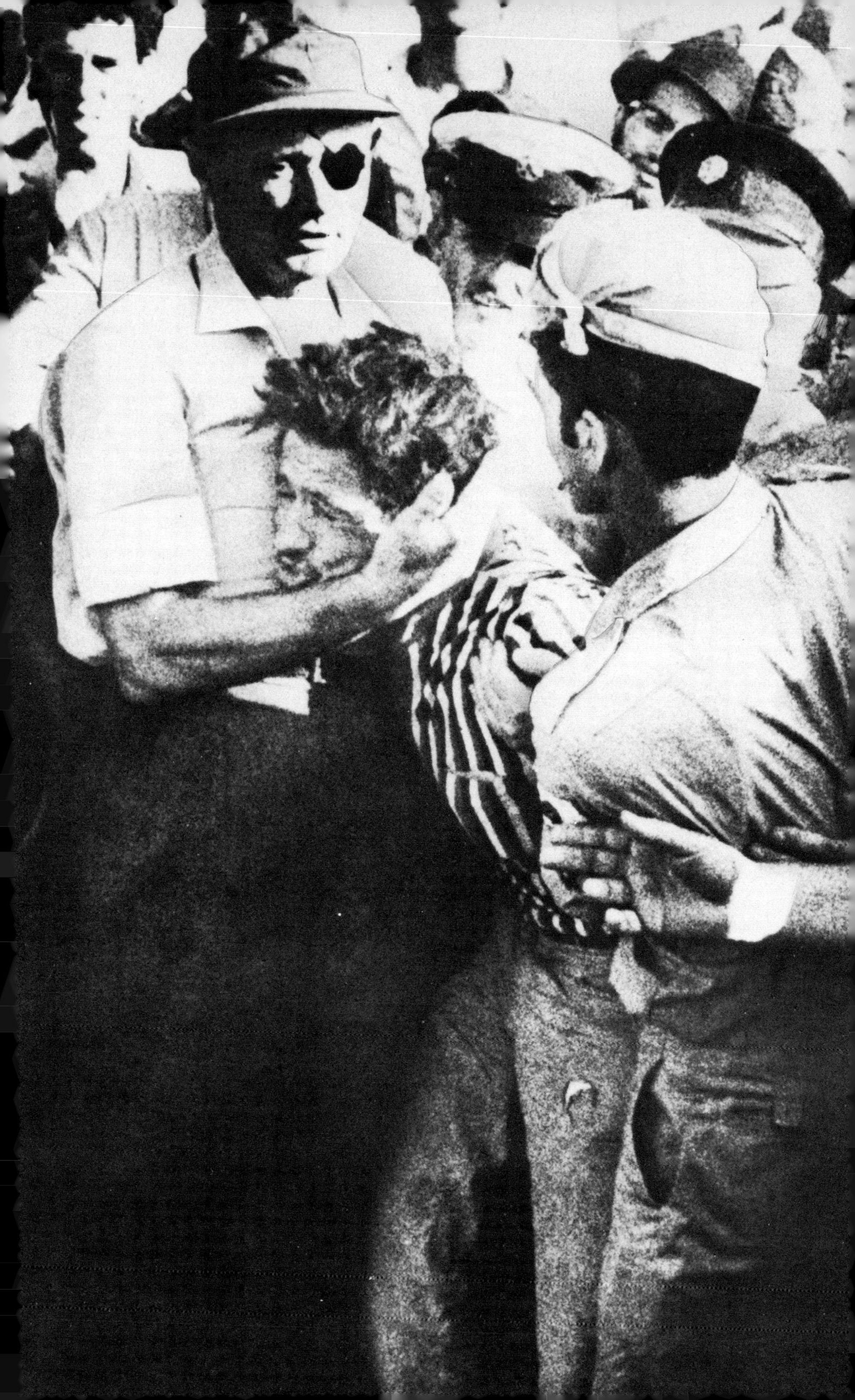

Am 6. Oktober 1973 griffen Ägypten und Syrien mit weit überlegenen Kräften und modernstem sowjetischem Material an. Die Ägypter durchbrachen die israelischen Stellungen, die wegen des Versöhnungstages – Yom Kippur – nicht in voller Stärke besetzt waren. Das Bild zeigt ägyptische Panzer auf dem Ostufer des Suezkanals, im Hintergrund eine Pontonbrücke.

Gegenüber: Die Bar-Lev-Linie der Israelis, ein Befestigungssystem, das den Angriff hätte aufhalten sollen, aber nach kurzen schweren Kämpfen mit wenigen Ausnahmen in die Hände der Ägypter fiel. Auf dem Beobachtungsturm im Hintergrund eine ägyptische Fahne.

Panzerschlacht auf den Golanhöhen: Abgeschossene syrische Tanks (oben) und israelische Panzer im Gegenstoß in Richtung Damaskus (unten).

Dayan inspiziert das Kampfgebiet auf den Golanhöhen (oben). Der israelische Gegenstoß über den Suezkanal schnitt die 3. ägyptische Armee völlig ab. Das untere Bild zeigt israelische Soldaten 130 km östlich von Kairo.

Sowjetische Raketen vom Typ SAM 3 wurden von den Israelis am Westufer des Suezkanals erbeutet (oben). Der Gegenstoß: Israelische Truppen überqueren den Suezkanal in Richtung Westen (unten).

Stabskonferenz an der Front: Dayan mit den Generälen Gonen, Zeevi, Zeira und Lavi.

Ministerpräsident Ben Gurion, der „Entdecker" Dayans (oben) und (unten) Ministerpräsidentin Golda Meir, die den Yom Kippur-Krieg durchstehen mußte.

Moshe Dayan im Gespräch mit Bundeskanzler Willy Brandt (oben). US-Außenminister Henry Kissinger mit seiner Frau Nancy zu Gast in der Villa des Ehepaars Dayan (unten).

Das große Hobby des Generals und Politikers ist die Archäologie. Das Bild zeigt Dayan bei der Öffnung einer antiken Zisterne.

Moshe Dayan mit seiner zweiten Frau Rahel.

Der Soldat.

diese Veränderungen – das mit meinem Amt verbundene Prestige und die Publicity – wurden bald von den weit größeren Umwälzungen überschattet, die der Krieg mit sich brachte.

Ich muß zugeben, ich empfand es als Ehre, daß man mich in einer so ernsten Stunde auserwählt hatte, die Verantwortung für die Nation zu tragen, und ich war erfreut über die vielen Loyalitätserklärungen aus Kreisen der Armee und der Zivilbevölkerung. Ich war auch davon überzeugt, ich würde wissen, welche militärischen und politischen Entscheidungen ich zu treffen hatte.

Trotzdem war ich mir jederzeit der schweren Last bewußt, die ich nun tragen mußte. Ich konnte mich nicht leichtfertig über Ben Gurions Abneigung gegen diesen Krieg hinwegsetzen, ebensowenig über die Äußerungen de Gaulles, die zur Vorsicht mahnenden Worte Dean Rusks und, vor allem, die Drohungen der Russen. Es bedrückte mich, wenn ich an meine Gemütsverfassung nach dem Sinaifeldzug 1956 zurückdachte: an das Hochgefühl beim Sieg und die Niedergeschlagenheit beim nachfolgenden Rückzug.

Überdies würde ich jetzt zum ersten Mal auf eigene Faust handeln, ohne mich einer höheren Instanz im eigentlichen Sinn unterwerfen zu müssen. Gewiß war ich, auf dem Papier, Eshkol unterstellt; aber realistisch und auch psychologisch betrachtet, bestand zwischen ihm und mir ein ganz anderes Verhältnis als seinerzeit zwischen mir, dem Generalstabschef, und Ben Gurion, dem Ministerpräsidenten. Ich schätzte Ben Gurion, und selbst wenn wir nicht übereinstimmten und ich seine Meinung für falsch hielt, führte ich dennoch seine Befehle leichten Herzens aus, weil es sich am Ende doch herausstellen konnte, daß er recht gehabt hatte. Jetzt lagen die Dinge anders. Als Minister der Regierung Eshkol konnte ich nicht umhin, die wichtigen Fragen selbst abzuwägen und zu entscheiden, da ich im echten Sinne keinen Vorgesetzten hatte. Ben Gurion, dessen politischen Scharfsinn ich stets bewundert hatte, wohnte nicht weit von meinem Büro, aber ich bat ihn nicht um seinen Rat. Das Bild, das er sich von der derzeitigen Lage machte, war unvollkommen, fehlerhaft – kurz, er lebte in der Vergangenheit, bewunderte de Gaulle, schätzte Nassers Macht zu hoch und die Stärke der israelischen Streitkräfte zu gering ein. Ob zum Guten, ob zum Bösen – die Entscheidung war gefallen. In diesem Krieg war ich mir selbst überlassen.

20. *Kapitel*

Explosion

5. Juni 1967. 7 Uhr 45. Tag X, Stunde X.

Um halb acht fand ich mich im Luftwaffenbefehlsstand ein. Die Spannung war deutlich zu spüren. Alle Augen waren auf den Kartentisch gerichtet, und jeder horchte auf die Funksprüche. Als klar wurde, daß unsere Flugzeuge ihr Ziel ohne nennenswerte Abwehr erreicht hatten, fiel uns ein großer Stein vom Herzen. Der Eröffnungszug war uns geglückt. Und als sie ihre Bomben ausklinkten, wurde der verschlüsselte Einsatzbefehl an das Oberkommando Süd durchgegeben: „Nahshonim! Los! Viel Glück." In der Überlieferung heißt es, daß Nahshon, der Anführer des Stammes Juda, das Rote Meer als erster durchquerte und daß die übrigen Kinder Israel ihm nachfolgten. Also setzten sich nun auch unsere Panzer in Bewegung.

Während der nächsten Stunde trafen dauernd Meldungen unserer Piloten ein: Sie hatten Hunderte feindliche Flugzeuge vernichtet, die meisten davon auf dem Boden. Auch Boden-Luft-Raketenabschußrampen wurden zerstört oder außer Gefecht gesetzt. Unsere eigene Luftwaffe erlitt kaum Verluste, aber die feindliche hatten wir ausgeschaltet. Den ägyptischen Panzern waren wir zwar noch nicht begegnet, aber trotzdem – in wenigen Augenblicken war der Alptraum der vergangenen Wochen verflogen. Der Krieg mochte eben erst begonnen haben – doch dieser Beginn war vielversprechend. Die Gefahr der Bombenangriffe auf unsere Zivilbevölkerung war gebannt, und obendrein waren unsere Bodentruppen jetzt entschieden im Vorteil. Sie konnten sich auf Luftsicherung verlassen; die Ägypter nicht.

Die Angriffe auf die ägyptischen Luftstützpunkte wurden in zwei aufeinanderfolgenden Wellen geflogen. Am ersten Einsatz zwischen 7 Uhr 45 und 8 Uhr 55 nahmen 183 Flugzeuge teil und griffen elf ägyptische Flugplätze an. 197 feindliche Flugzeuge wurden zerstört, davon 189 auf dem Boden und acht in Luftkämpfen. Sechs Flugfelder, davon vier auf der Halbinsel Sinai und zwei (Fayid und Kabrit) westlich des Suezkanals, sowie sechzehn Radarstationen wurden außer Gefecht gesetzt. Am zweiten Einsatz nahmen 164 Flugzeuge teil: vierzehn ägyptische Flugplätze wurden bombardiert und 107 Flugzeuge zerstört. Unsere Verluste beliefen sich auf elf Piloten: Sechs wurden getötet, fünf davon im ersten Einsatz, zwei wurden gefangengenommen und drei verwundet. Wir verloren neun Flugzeuge; sechs weitere wurden zwar getroffen, konnten aber zurückkehren und wurden wieder instandgesetzt. Die Ägypter verloren an diesem Morgen drei Viertel ihrer Luftstreitkräfte, nämlich 304 von den 419 Kampfflugzeugen, über die sie verfügten.

Die erste Angriffswelle lief ganz genau nach Plan ab. Wir hatten den Start für 7 Uhr 45 angesetzt, in der Annahme, daß die höheren ägyptischen Offiziere um diese Zeit gerade auf dem Weg von zu Hause zu ihren Kommandostellen sein würden. Ferner hatten wir die Piloten angewiesen, extrem niedrig zu fliegen und absolute Funkstille zu bewahren, um ihr Ziel unentdeckt erreichen zu können. Diese Vorausplanung erwies sich als völlig richtig.

Am Sonntag nachmittag, dem 4. Juni, hatte der Kommandierende General der Luftwaffe, Generalmajor Mottie Hod, die Einsatzbesprechung für die Gruppenkommandanten abgehalten, die ihrerseits am selben Abend um acht die Befehle an die Staffelkommandanten weitergaben. Am nächsten Morgen um 3 Uhr 45 wurden die Piloten geweckt und mit den einzelnen Einsatzzielen vertraut gemacht. Angriffsziele waren der Flugstützpunkt Bir Gafgafa auf der Halbinsel Sinai und Abu Suweir, westlich vom Kanal. Die nachfolgenden Formationen griffen dann Beni Suyeif und Kairo-West an. Da unser Plan die Besetzung und die Benutzung des Flughafens von El Arish vorsah, wurde dieses Ziel nicht mit Bomben belegt.

Wir flogen jeweils mehr als zwanzig Einzeleinsätze auf die drei Flugplätze, auf denen die Ägypter den größten Teil ihrer Kampfflugzeuge konzentriert hatten: auf Abu Suweir, auf Fayid am Großen Bittersee und auf Kairo-West. Auf Grund eines Navigationsfehlers steuerten vier unserer Flugzeuge den internationalen Zivilflughafen von Kairo an, drehten aber wieder ab, als sie den Irrtum erkannten.

Um 9 Uhr 34 startete die zweite Angriffswelle. Aber jetzt mußte ein wenig improvisiert werden; man konnte sich nicht mehr genau an den Originalplan halten. Selbstverständlich erübrigte es sich, die Flughäfen ein zweites Mal zu bombardieren, die schon beim ersten Angriff außer Gefecht gesetzt worden waren. Andererseits waren uns auch etliche feindliche Flugzeuge entkommen und hatten sich auf entlegenere Flughäfen abgesetzt, die wir in unseren ersten Plänen gar nicht berücksichtigt hatten. In dieser zweiten Welle wurden 164

Einzeleinsätze geflogen: 115 Angriffe auf Luftstützpunkte und dreizehn auf Radarstationen; der Rest waren Patrouillenflüge und Begleitschutz für die Jagdbomber. Insgesamt wurden vierzehn Luftstützpunkte angegriffen, darunter sechs der Ausweichflughäfen, nämlich Mantzura, Bilbis, Helwan, Minis, Gardake und Luxor. Abu Suweir wurde beide Male schwer angegriffen; bei 52 Einzeleinsätzen wurden 61 Kampfflugzeuge zerstört.

Als die zweite Angriffswelle startete, waren die Ägypter schon in voller Alarmbereitschaft. So gerieten unsere Flugzeuge stellenweise unter schweren Flakbeschuß; aber im ganzen gesehen hatte es die zweite Welle etwas leichter. Die Rauchsäulen, die von den Flughäfen aufstiegen, dienten ihnen als Wegweiser, und es war jetzt weder Funkstille noch Tiefstflug mehr nötig.

Während unsere Luftwaffe im Einsatz gegen Ägypten stand, begannen die syrischen, jordanischen und irakischen Luftangriffe auf Israel. Den Anfang machten zwölf syrische MIG 17, die um 11 Uhr 50 von Damaskus aufstiegen. Zwei dieser Flugzeuge griffen den Kibbuz Degeniah an und steckten einen Silo und einen Hühnerhof in Brand, verfehlten dann aber mit ihren Bomben sowohl einen Kompaniestützpunkt bei Beth Yerach am See Genezareth als auch einen Damm am Jordan. Eine von drei MIG 17, die einen Flughafen im Yezreeltal angriffen, wurde von unserer Flak abgeschossen. Drei weitere syrische Jäger steckten einen Heuschober und einen Kornspeicher in der Nähe des Kibbuz Ein Hamifratz in Brand, in der irrigen Annahme, sie hätten die Ölraffinerie von Haifa vor sich. Die übrigen beschossen ein Genesungsheim in Kfar Hahoresh bei Nazareth mit Bordkanonen und Raketen, wobei einige Gebäude beschädigt und ein Jude und ein Araber verwundet wurden.

Dann kamen die Jordanier. Ihre Hunter stiegen um Mittag auf und griffen den Urlaubsort Netanya an der Küste und den Flughafen Kfar Syrkin bei Petach Tikvah an. In Kfar Syrkin zerstörten sie ein dort abgestelltes Transportflugzeug vom Typ Nord. Am frühen Nachmittag beschossen dann drei irakische Hunter meine Heimatsiedlung Nahalal mit Raketen, offensichtlich in dem Glauben, es handle sich um den Flughafen Ramat David, richteten aber keinen Schaden an und kehrten zu ihren Stützpunkten im Irak zurück.

Als die syrischen und jordanischen Luftangriffe gemeldet wurden, gab Mottie Hod den Befehl, den „Syrien und Jordanien-Plan“ sofort einzuleiten. Innerhalb von Minuten wurden acht bereits im Flugeinsatz befindliche Staffeln umdirigiert und auf syrische und jordanische Luftstützpunkte angesetzt.

So startete eine dritte Angriffswelle um 12 Uhr 15. In 51 Einzeleinsätzen gegen die Flughäfen von Mafrak und Amman wurde die gesamte, aus 28 Kampfflugzeugen bestehende jordanische Luftwaffe vernichtet. Die Landebahnen wurden schwer beschädigt – was angesichts der Tatsache, daß die Jordanier ohnehin keine Flugzeuge mehr hatten, nicht weiter ins Gewicht fiel.

Die Syrer verloren die Hälfte ihrer Luftwaffe – 53 von 112 Flugzeugen – bei 82 Einzeleinsätzen auf die Flughäfen von Damir, Damaskus, Seikal, Marjarial und T-4. Gegen den Irak wurden drei Einzeleinsätze auf den Flughafen 3-H geflogen; dabei wurden zehn Flugzeuge vernichtet. Unsere eigenen Verluste bei dieser dritten Angriffswelle beliefen sich auf zehn Flugzeuge. Fünf Piloten wurden getötet, zwei wurden verwundet und zwei weitere gefangengenommen.

Für die Männer unserer Luftwaffe war es ein langer, schwerer und gefahrvoller Tag gewesen. Aber sie waren die Sieger. Ihre Planung und ihr Kampfgeist hatten den Grundstein zu unserem erfolgreichen Feldzug gegen drei Länder gelegt.

Der erste Schritt in unserem Krieg mit Ägypten war getan. Aber jetzt sahen wir uns zwei weiteren Problemen gegenüber: Wir mußten klarstellen, welche militärischen Maßnahmen gegen Syrien und Jordanien zu ergreifen waren, und mußten uns auch gegen die unvermeidliche Anschuldigung verteidigen, daß wir den ersten Schuß abgefeuert hatten.

Im Laufe des Vormittags verbrachte ich so viel Zeit, wie ich konnte, in der Befehlszentrale der Luftwaffe. Mottie und die Offiziere seines Stabes saßen in der ersten Reihe vor einer gläsernen Trennwand und ich direkt hinter ihnen. Die Funkgeräte waren dauernd in Betrieb: Meldungen wurden empfangen, Befehle wurden ausgegeben. Es war ein ständiges Kommen und Gehen der Offiziere. Aber wenn eine kritische Situation auftrat, schien plötzlich alles zu erstarren, und es war kein Laut zu hören: Man ließ Mottie in absoluter Stille denken und entscheiden und seine schicksalsschweren Anordnungen treffen.

Alle Anwesenden lauschten gespannt auf die Funksprüche der Piloten. An ihren Augen ließ sich die jeweilige Stimmung deutlich ablesen. Hieß es: „MIG abgeschossen" oder „Treffer abbekommen, aber trotzdem außer Gefahr" oder „Rückkehre zum Horst", dann leuchteten alle Augen auf. Hieß es aber „Muß aussteigen", dann tauschte man ringsum besorgte Blicke aus. Es war auch nicht weiter verwunderlich: Die Offiziere in der Befehlszentrale kannten jeden einzelnen Piloten persönlich; sie konnten jeden einzelnen an seiner Stimme erkennen. Es war ihr Fachjargon, der uns über Funk erreichte, ihre sparsame, knappe, trockene Sprache. Jeder, der da zuhörte, erlebte die Luftkämpfe mit, als ob er selbst mit in der Kanzel säße. Die Männer im Befehlsstand waren ständig mit dabei, mit den Piloten durch ein unzerreißbares Band verbunden, ob es nun gut ging oder ob einer draußen getroffen oder verwundet wurde, abspringen und ein Versteck im Gelände suchen mußte. Dann stiegen die Hubschrauber mit den Ärzten und die Geleitjäger auf und flogen so schnell sie konnten zu Hilfe.

Ich kannte Mottie schon seit vielen Jahren; ebenso seine Vorgänger, Ezer

Weizman und Dan Tolkowski. Aber zu Mottie hatte ich eine besondere Beziehung. Auch er stammte aus dem Kibbuz Deganiah. Als er geboren wurde, war ich allerdings schon mit meinen Eltern in Nahalal; aber die enge Verbindung zwischen unseren beiden Familien blieb bestehen. Und jetzt saßen wir gemeinsam in der Kommandozentrale; Mottie trank kaltes Wasser, Krug um Krug, und bangte um seine Piloten im Einsatz.

Die Frage nach dem ersten Schuß wurde mir bereits um halb neun in Sde Dov, dem Flughafen von Tel Aviv, von einem Mitglied des Parlamentsausschusses für Außenpolitik und Verteidigungsfragen gestellt. Ich hatte das Luftwaffenkommando nur ungern auf kurze Zeit verlassen, um die Ausschußmitglieder zu verabschieden, die dabei waren, einen Flug zum nördlichen Frontabschnitt anzutreten. Die Inspektionsreise war eine Woche vorher angesetzt worden. Ich ließ sie nicht absagen, um keinen Anlaß für Spekulationen zu bieten und die geheimen Pläne nicht unnütz zu gefährden. Als Antwort auf die mir gestellte Frage las ich die Erklärung vor, die der Armeesprecher kurz vorher abgegeben hatte: „Seit heute 7 Uhr 45 sind Kampfhandlungen im Gange zwischen ägyptischen Luftwaffen- und Panzerverbänden, die auf Israel vorrücken, und israelischen Streitkräften, die ihnen entgegengetreten sind." Ich erstattete den Bericht über die Ergebnisse des Morgens. Auf die Frage nach dem ersten Schuß ging ich nicht direkt ein. Da die Ausschußmitglieder jedoch wußten, für wie wichtig ich es hielt, die Initiative zu ergreifen und das Überraschungsmoment zu nutzen, dürften sie wohl von selbst auf die Antwort gekommen sein.

Mittlerweile gab Radio Kairo bekannt, die ägyptische Luftwaffe habe 40 israelische Flugzeuge abgeschossen. Diese Behauptung entbehrte natürlich jeder Grundlage; aber in diesem bestimmten Fall hatten wir gegen arabische Eitelkeiten und Prahlerei nichts einzuwenden. Ich wies die Informationsstelle an, unsere Siege zumindest den ersten Tag hindurch nicht zu erwähnen, um den Feind in Verwirrung zu halten.

Dann hielt der Ministerpräsident eine Rundfunkansprache an die Nation, und ich sprach über den Armeesender zu den Soldaten. Ich zitierte den ägyptischen General Murtagi, den Befehlshaber der arabischen Streitkräfte auf der Halbinsel Sinai, der erklärt hatte, daß die Welt den „Heiligen Krieg" mit gespannter Aufmerksamkeit verfolge und seine Soldaten dazu aufrief, „das geraubte Land Palästina" mit Waffengewalt zu erobern. „Soldaten von Israel", sagte ich, „für uns gibt es keine Eroberunsziele. Unser Ziel ist es, die arabischen Armeen an der Eroberung unseres Landes zu hindern und den uns bedrohenden eisernen Ring der Blockade und Aggression zu sprengen. Ägypten wird von Syrien, Jordanien und dem Irak unterstützt; es hat deren Streitkräfte seinem Oberkommando unterstellt und erhält obendrein Verstärkungen aus den arabischen Ländern von Kuwait bis Algerien. Unsere Feinde sind zahlenmäßig stärker als wir; aber wir werden sie trotzdem besiegen. Wir sind eine kleine Nation, aber wir sind stark. Wir lieben den Frieden, aber wir sind bereit, für unser Leben und unser Land zu kämpfen. Zweifellos wird unsere Zivilbevölkerung unter diesem Krieg zu leiden haben; aber die größten Anstrengungen werden von euch, den Soldaten der Luftwaffe, des Heeres und der Marine, verlangt werden. Soldaten der israelischen Verteidigungsstreitkräfte: Unsere Hoffnungen und unsere Sicherheit liegen in eurer Hand."

Syrien und Jordanien traten in den Krieg ein. Um 11 Uhr 45 setzte ein jordanisches Artillerie- und Granatwerferbombardement der jüdischen Stadtviertel von Jerusalem ein. Kurz danach eröffneten sie entlang der gesamten Waffenstillstandslinie das Feuer mit Geschützen und leichten Waffen. Eine halbe Stunde später trat Syrien in Aktion; seine Luftwaffe warf Bomben auf die Stadt Tiberias und auf Meggido ab.

Der jordanische Angriff stellte uns vor drei Probleme. Zunächst ging es um Jerusalem. Die Stadt wurde nur von einer aus älteren Jahrgängen bestehenden Reservebrigade gehalten. Was war zu tun und wann? Dann waren Fragen der Priorität zu entscheiden. Wir mußten selbstverständlich alle erforderlichen Streitkräfte an der ägyptischen Front einsetzen, um einen raschen und entscheidenden Sieg zu erringen. Woher also die Einheiten nehmen, die an die Ostfront verlegt werden konnten? Drittens mußten wir die Zivilbevölkerung vor den Angriffen der Jordanier schützen. Ganz anders als an der ägyptischen Front, lagen an der Grenze zu Jordanien unsere großen Bevölkerungszentren – Jerusalem, die dicht besiedelte Küstenebene und die Täler von Yezreel und Bet She'an.

Hinsichtlich Syrien lag das Problem etwas anders: Sollten wir aufs Ganze gehen oder uns auf lokale Aktionen, Feuerüberfälle und Luftangriffe beschränken? Mir waren zwei Fronten eigentlich mehr als genug; wenn irgend möglich, sollten wir nicht an einer dritten kämpfen müssen. Außerdem lagen in Syrien keine für uns lebenswichtigen Angriffsziele, vergleichbar mit Sharm el-Sheikh, dem Tor zur Straße von Tiran, mit Jerusalem oder dem Westufer des Jordan, dem Herz und der Seele des Landes Israel.

Nachdem ich mich in der Kommandozentrale mit dem Generalstabschef und seinen rangältesten Offizieren beraten hatte, arbeitete ich die folgenden Richtlinien aus:

Unsere Luftwaffe sollte gegen jeden Staat eingesetzt werden, dessen Luftwaffe uns angriff;

im Gebiet von Jerusalem sollten unsere Streitkräfte das jordanische Feuer erwidern, aber die Altstadt weder bombardieren noch unter Artilleriebeschuß nehmen;

für Offensivoperationen auf jordanischem Gebiet sollten Truppen bereitgestellt werden – sowohl in Jerusalem selbst, als auch im Norden.

Um 12 Uhr 30 folgte eine Aussprache mit dem Ministerpräsidenten. Er genehmigte die von mir vorgelegten Aktionspläne: Die Besetzung des Berg Scopus durch die 10. Brigade; Luftangriffe auf militärische Ziele in Jordanien und Syrien; Besetzung des Gebietes von Jenin durch Einheiten des Oberkommandos Nord, um den Flughafen Ramat David dem Wirkungsbereich der jordanischen Artillerie zu entziehen.

Der Generalstabschef fragte an, ob im Zuge der Operation Jenin auch das etwas westlich gelegene Ya' abad besetzt werden sollte. Ich gab meine Zustimmung. Ya'abad, ein großes arabisches Dorf, liegt auf einer Anhöhe, die das Tal von Dothan beherrscht. Es war in der Antike von Bedeutung und gelangte auch in der Neuzeit zu einer gewissen Berühmtheit. In Ya' abad wurde Josef vor dreieinhalbtausend Jahren von seinen Brüdern an die midianitischen Händler verkauft. Und ebenfalls in Ya' abad, in der Mandatszeit, entdeckte eine Araberin beim Holzsammeln das Versteck des fanatischen Terroristen Az-e-Din el-Kassam und seiner Freunde. Sie hielten sich in einer Höhle verborgen; die Frau verriet sie an die Briten. Die biblische Geschichte von Josef nahm ein gutes Ende. Kassam und die übrigen Mitglieder seiner Bande wurden erschossen. So ändern sich die Zeiten.

21. Kapitel

Krieg

In den zehn Jahren seit dem Sinaifeldzug hatten die Ägypter ihre Truppen auf der Halbinsel bedeutend verstärkt und eine ganze Reihe von Befestigungswerken errichtet, die sich für Offensiv- und Defensivzwecke gleichermaßen eigneten. Die der Grenze zum Negev nächstgelegenen Stützpunkte waren als Sprungbretter für eine ägyptische Invasion Israels wie auch zur Abwehr eines israelischen Angriffs gedacht; die Stützpunkte im Inneren der Halbinsel dienten als Nachschubbasen oder im Bedarfsfalle auch als Auffangstellungen.

Es gab nur zwei Straßen, die von schweren Fahrzeugen benutzt werden konnten. Sie lagen im Norden der Halbinsel, einem überwiegend flachen Wüstengebiet mit vielen tückischen Dünen, aber auch mit einigen Hügeln und Wadis. Dort spielten sich die entscheidenden Schlachten ab, nicht im bergigen, unwegsamen Süden.

Eine der beiden militärisch brauchbaren Anmarschrouten verlief entlang der Mittelmeerküste von Kantara zum Suezkanal. Dort hatten die Ägypter bei Rafah am Nordostzipfel der Halbinsel und dem Südrand des Gazastreifens einen befestigten Stützpunkt eingerichtet, der gleichzeitig als Basis für eine Invasion der südlichen Küstenebene Israels dienen konnte. Diese Invasionsroute hatten die ägyptischen Truppen im Unabhängigkeitskrieg im Jahre 1948 auch tatsächlich benutzt.

Die zweite Straße verlief von der Südgrenze Israels nach Ismailia am Suezkanal. Hier hatten die Ägypter bei Abu Ageila und Um Katef einen Befestigungsring gebaut. Auch von dort aus hätten ägyptische Truppen in Israel einfallen und Beersheba bedrohen können.

Weitere Basen befanden sich südlich von Abu Ageila bei Kusseima und bei Kuntilla. Diese beiden Stützpunkte beherrschten die Straße, die nach Port

Tewfik und nach Suez an der Südspitze des Kanals führt. Von Kusseima und insbesondere von Kuntilla aus konnten ägyptische Truppen die israelische Grenze überschreiten und Eilat abschneiden.

Die ägyptischen Befestigungsgürtel waren oft bis zu dreißig Kilometer tief. In ihrer Mitte lagen mächtige Fortifikationen, ausgestattet mit Panzern, Geschütz- und Panzerabwehrkanonenbatterien sowie MG-Nestern, Panzerhindernissen und Minenfeldern. Alle Zugänge wurden von Außenposten geschützt, die Miniaturausgaben der zentralen Befestigungen waren.

Mehr zum Kanal gelegen, hatten die Ägypter besonders an den wichtigen Straßenkreuzungen weitere Stützpunkte und Militärbasen errichtet.

Am Vorabend des Sechstagekriegs waren sämtliche Befestigungen und Stellungen nicht nur stark besetzt, sondern dienten auch als Sammelpunkte der Panzer- und Infanteriedivisionen, die in den vorangegangenen drei Wochen zusätzlich auf die Sinai-Halbinsel verlegt worden waren.

Der israelische Angriffsplan bestand im wesentlichen darin, bei Rafah und Abu Ageila durchzubrechen, durch die Breschen vorzustoßen und die feindlichen Truppenkonzentrationen von rückwärts anzugreifen, dann mit beschleunigtem Tempo auf den Suezkanal vorzurücken, unterwegs feindliche Stützpunkte zu besetzen oder einzuschließen, die feindlichen Panzer zu vernichten, den übrigen ägyptischen Truppen auf Sinai den Rückzug abzuschneiden, die Überlandroute nach Sharm el-Sheikh freizukämpfen und damit die Blockade am Golf von Akaba zu brechen.

Die israelische Offensive wurde von drei Einsatzgruppen getragen, die unter dem Kommando der Generalmajore Yisrael Tal, Arik Sharon und Avraham Yoffe standen. Den Oberbefehl hatte Brigadegeneral Yishayahu (Shayke) Gavish, der Kommandeur des Südabschnitts.

Während die israelische Luftwaffe am Morgen des 5. Juni ihre Angriffe flog, schlug Tals Stoßkeil im Nordabschnitt – mit der 7. Brigade von Shmuel Gorodish an der Spitze – eine ägyptische Division in die Flucht, durchstieß den Befestigungsring von Rafah, erreichte die Küstenstraße, eroberte ein Divisionshauptquartier und kam gegen Abend bis an die Tore von El Arish. Am nächsten Tag eroberten wir El Arish und seinen Flughafen, der unverzüglich von unserer Luftwaffe übernommen wurde. Von El Arish aus setzte eine Aufkärungseinheit, unterstützt von Fallschirmjägern auf Schützenpanzern, den Vormarsch auf den Suezkanal fort, und zugleich stießen Panzer ins Innere der Halbinsel vor, um zu Sharons Einheiten Verbindung herzustellen, die im mittleren Abschnitt durchgebrochen waren.

Sharon hatte eine Stunde vor Mitternacht Um Katef angegriffen. Hubschraubereinheiten landeten und setzten einige ägyptische Batterien außer Gefecht, die die Zufahrtswege zu Um Katef und Abu Ageila bestrichen hatten.

Eine unserer Infanteriebrigaden überquerte die Dünen, stieß zu den Befestigungsgräben vor und säuberte sie im Nahkampf. Eine Panzereinheit griff die ägyptischen Panzer im inneren Festungsbereich an; eine andere rückte nach Westen vor, wendete und griff Abu Ageila von hinten an. Noch während die Schlacht im Gange war, gelang es einer Panzerbrigade der Einsatzgruppe Yoffe, sich in einer mit Sharon koordinierten, überaus komplizierten Operation durch Sharons Linien hindurchzumanövrieren und ihren Vormarsch nach Westen fortzusetzen. Sie schloß dann zu einer weiteren Brigade Yoffes auf, die über schwieriges Terrain zwischen Nord- und Mittelabschnitt vorgerückt war und sich nunmehr im Rücken der feindlichen Befestigungen befand.

Diese Phase des Durchbruchs war in knapp zwei Tagen vollendet. Nun hatten unsere Truppen im Angriff auf den Gegner und dessen Stellungen in Richtung auf den Kanal Bewegungsfreiheit. Aber die Durchbruchskämpfe waren sehr schwer gewesen. Wir hatten die Ägypter in ihren Festungen keineswegs überrumpelt; sie waren auf der ganzen Linie auf unseren Angriff vorbereitet gewesen. Wenn es uns trotzdem gelang, sie zu schlagen, so lag das an den überlegenen Kampfeigenschaften unserer Truppen auf zwei Hauptgebieten: erstens in unserer Ausdauer und der Entschlossenheit, jedes Angriffsziel zu erobern, koste es, was es wolle. Zum andern lag es wohl an dem besseren Ausbildungsstand, dem besseren Beherrschen der modernen Kriegführung. Das Zusammenspiel zwischen Panzern, Artillerie, Infanterie und Pioniereinheiten, die kluge Ausnutzung des Geländes, flexible Aufmarschtaktik und die Anpassung an sich ändernde Gegebenheiten klappten vorzüglich. Hinzu kam noch, daß alle drei Einsatzgruppen Terrain bewältigten und Gebiete durchquerten, die die Ägypter für unpassierbar gehalten hatten. Gerade dieser Faktor war für die gesamte Einsatzplanung von ausschlaggebender Bedeutung.

Am Ende des zweiten Tages begannen sich die Ägypter aus ihren vorgeschobenen Stellungen, darunter auch aus Sharm el-Sheikh, zurückzuziehen. Wir verlegten daraufhin den Termin für den Angriff auf Sharm el-Sheikh vor und entsendeten unverzüglich eine Fallschirmjägereinheit, ohne den Vorstoß der Bodentruppen abzuwarten. Als sich die Fallschirmjäger am 7. Juni um ein Uhr nachmittag zum Absprung anschickten, sahen sie unten an der Mole bereits zwei israelische Torpedoboote liegen. Die Marine war ihnen zuvorgekommen: Ein Eisatzkommando unter Oberst Botzer hatte das gänzlich verlassene Sharm el-Sheikh um halb zwölf angelaufen, war gelandet und hatte dreiviertel Stunden später die israelische Flagge auf dem Dach des inzwischen auf Befehl Nassers aufgelassenen UN-Hospitals gehißt.

So glücklich und undramatisch verlief die Wiedereroberung von Sharm el-Sheikh und die Aufhebung der Blockade. Eines der Hauptziele des Feldzugs war damit erreicht.

Als wir am Abend des 7. Juni erfuhren, daß der Sicherheitsrat zu einer Sondersitzung zusammentreten und wahrscheinlich auf Drängen der Sowjets eine Feuereinstellung für den kommenden Morgen anordnen würde, gab der Generalstab um 22 Uhr nach kurzfristig anberaumten Beratungen den Befehl, daß zwei Kampfgruppen in Divisionsstärke sofort zum Kanal und auf Ras Sudar am Golf von Suez vorstoßen sollten. Die Einsatzgruppe Tal sollte die auf dem Rückzug befindlichen ägyptischen Truppen daran hindern, das Westufer des Kanals zu erreichen, und Yoffe sollte eine durchgehende Landverbindung nach Sharm el-Sheikh herstellen.

Die Truppen Tals setzten sich um ein Uhr morgens in Bewegung und standen bei Tagesanbruch nur noch fünfzehn Kilometer vom Kanal. Unterstützt von einer Fallschirmjägerbrigade, bezwangen sie eine starke ägyptische Kampfgruppe, eroberten Kantara-Ost und hatten damit den Kanal erreicht. Sie setzten ihren Vormarsch nach Süden fort und gelangten am 9. Juni um halb acht Uhr früh an das Straßenkreuz Ismailia und zur Firdan-Brücke. Sieben Stunden später stieß die Vorhut einer Panzereinheit Tals zu ihnen, die durch den Mittelabschnitt vorgestoßen war und unterwegs den Stützpunkt Bir Gafgafa eingenommen und eine in diesem Gebiet liegende Panzerformation entscheidend geschlagen hatte. Mit der Besetzung der Firdan-Brücke war ein weiterer Rückzugsweg der Ägypter abgeschnitten.

Mittlerweile hatte eine der Brigaden Yoffes nach Südwesten geschwenkt und die Verfolgung ägyptischer Truppen aufgenommen, die durch den Mitlapaß zum Kanal zu gelangen versuchten. Auf dem Weg lagen zahllose von unserer Luftwaffe außer Gefecht gesetzte, ausgebrannte Fahrzeuge. Schließlich stieß die Vorhut der Brigade auf eine lange Kolonne von Hunderten ägyptischen Panzern, Schützenpanzern und Transportfahrzeugen, die in Richtung Mitla flohen. Eines der Bataillone nahm eine Abkürzung über schwieriges Gelände, erreichte den Eingang zum Mitlapaß mit neun Panzern und sperrte ihn. Viele ägyptische Einheiten waren schon vorher in den Paß eingefahren. Manche waren durchgekommen; die übrigen waren von unserer Luftwaffe angegriffen worden, und die Paßstraße hatte sich in eine Art Autofriedhof verwandelt. Trotzdem versuchten die Nachzügler die Sperre im Frontalangriff zu durchbrechen. Den neun Panzern, zu denen erst am nächsten Morgen zehn weitere hinzukamen, gelang es aber, vom 7. Juni fünf Uhr nachmittags bis zu ihrer Entsetzung am darauffolgenden Mittag den Paß zu blockieren.

Die Einsatzgruppe Yoffe eroberte den Mitla- und den Gidipaß und stieß dann nach heftigen Gefechten mit ägyptischen Panzerverbänden zum Kanal vor. Eine der Brigaden rückte anschließend entlang des Ostufers des Golfs von Suez nach Süden.

Die Einsatzgruppe Sharon hatte sich nach den Durchbruchsschlachten nach

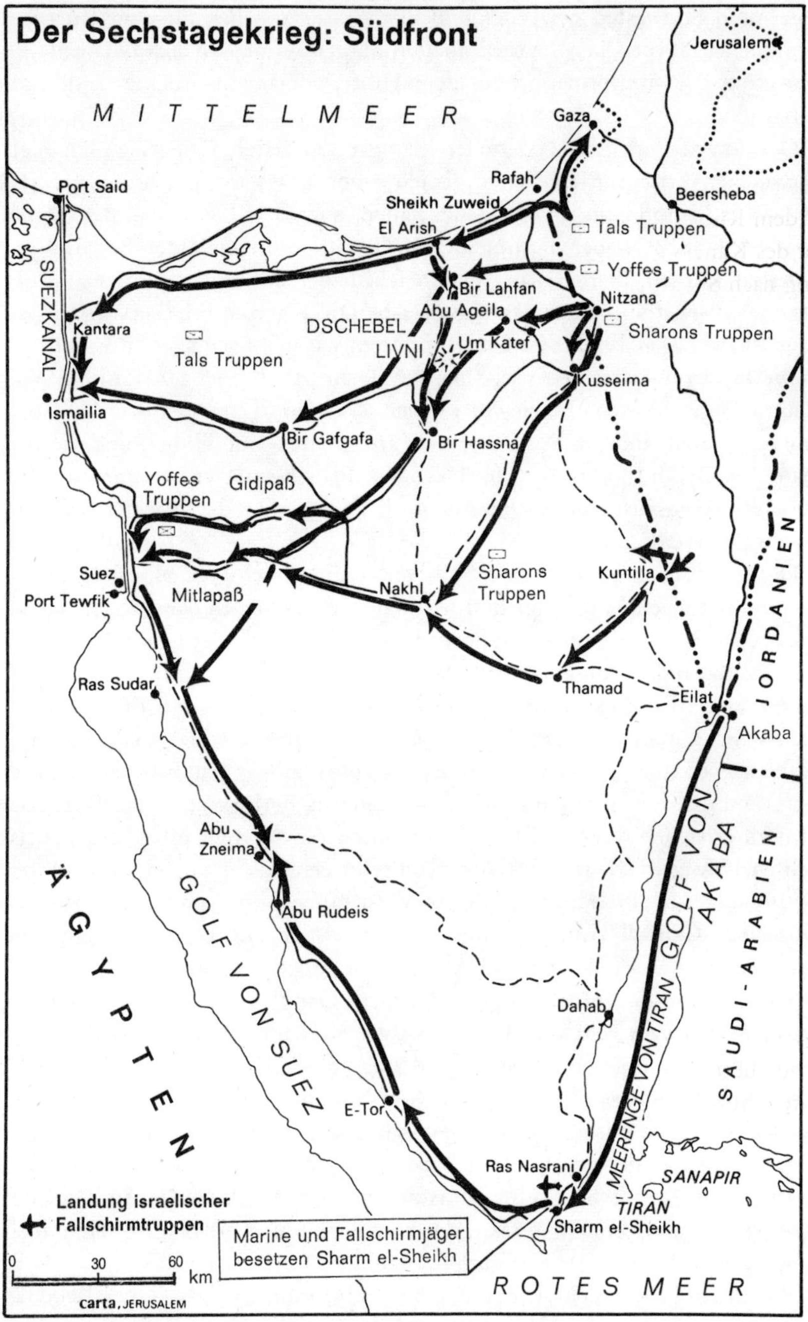

Der Sechstagekrieg: Südfront
MITTELMEER
Jerusalem
Gaza
Rafah
Port Said
Sheikh Zuweid
Beersheba
El Arish
Tals Truppen
Yoffes Truppen
Bir Lahfan
Nitzana
Abu Ageila
Sharons Truppen
DSCHEBEL LIVNI
Um Katef
Kantara
Tals Truppen
SUEZKANAL
Kusseima
Ismailia
Bir Gafgafa
Bir Hassna
Yoffes Truppen
Gidipaß
Suez
Port Tewfik
Mitlapaß
Nakhl
Sharons Truppen
Kuntilla
JORDANIEN
Ras Sudar
Thamad
Eilat
Akaba
Abu Zneima
Abu Rudeis
GOLF VON AKABA
ÄGYPTEN
GOLF VON SUEZ
SAUDI-ARABIEN
Dahab
MEERENGE VON TIRAN
E-Tor
Ras Nasrani
SANAPIR
TIRAN
Sharm el-Sheikh
Landung israelischer Fallschirmtruppen
Marine und Fallschirmjäger besetzen Sharm el-Sheikh
0 30 60 km
ROTES MEER
carta, JERUSALEM

Süden und Südwesten gewendet und die Verfolgung der auf dem Rückzug befindlichen ägyptischen Panzereinheiten aufgenommen. Bei Nakhl griff sie eine größere Panzerformation aus dem Hinterhalt an und rückte dann zum Mitlapaß vor.

Der Angriff auf den Gazastreifen erfolgte am ersten Kriegstag. Ich hielt eine solche Aktion für überflüssig, da ich davon überzeugt war, der Gazastreifen würde kampflos in unsere Hände fallen, sobald wir Rafah und El Arish erobert hatten. Als aber die israelischen Grenzsiedlungen unter Beschuß genommen wurden, drängten der Oberbefehlshaber des Südabschnitts und der Generalstabschef auf sofortigen Einmarsch. Die Kämpfe im Gazastreifen zogen sich zwei Tage hin. Diese Schlacht hätten wir nicht schlagen müssen.

Die Eroberung der Halbinsel Sinai wurde am Abend des 10. Juni bei Abu Zenima abgeschlossen. In diesem kleinen Fischerdorf am Ostufer des Golfs von Suez trafen eine von Ras Sudar südwärts vorstoßende Einheit und die von Sharm el-Sheikh nordwärts vorrückenden Fallschirmjäger zusammen. Die Fallschirmjäger hatten unterwegs sowohl E-Tor als auch die Ölfelder von Abu Rudeis erobert.

Die ägyptischen Soldaten und Politiker erlebten vier Tage blutigen Kampfes, empfindlichen Mißerfolgs und traumatischen Schocks; dann zogen sie die Konsequenzen: Am Donnerstag, dem 8. Juni, nahm Nasser gegen Abend die Waffenstillstandsbedingungen an. Weder er noch seine Militärbefehlshaber hatten Israels Reaktion auf die Blockade der Straße von Tiran richtig eingeschätzt. Spätestens nach der Bildung der Regierung der Nationalen Einheit hätten sie erkennen müssen, daß Israel entschlossen war, die Blockade zu brechen, und daß dieses Ziel nur durch die militärische Besetzung der Halbinsel Sinai zu erreichen war. Und trotzdem wollten die Ägypter nicht an einen israelischen Angriff glauben. Nasser glaubte es erst, als er mit eigenen Ohren die Bomben auf den Flughafen Kairo-West fallen hörte, und sein Armeebefehlshaber, General Amer, glaubte es erst, als er mit eigenen Augen die Rauchsäulen vom Luftstützpunkt Abu Suweir aufsteigen sah.

Selbst als die Kampfhandlungen in vollem Gange waren, konnten sich die Ägypter noch kein Bild von der israelischen Strategie machen. Auch taktisch schätzten sie die Lage oft falsch ein und reagierten erst viel zu spät. Und letztlich gelang es ihnen auch nicht, sich vom Schock unserer ersten Luftangriffe zu erholen, die ja vor allem psychologisch gewirkt hatten, denn wir besaßen zwar bald die unbestrittene Herrschaft im Luftraum, aber wir warfen keine Bomben auf ägyptische Städte, und die ägyptischen Panzerverbände an der Front hätten gewiß nicht so rasch die Flucht ergreifen müssen, sondern auch ohne Luftunterstützung weiterkämpfen können.

Am Abend des 8. Juni um 9 Uhr 35 informierte UN-Generalsekretär

U Thant den Sicherheitsrat, daß Ägypten den Waffenstillstand bedingungslos angenommen habe. Knapp sieben Minuten zuvor hatte der sowjetische Delegierte noch einen Resolutionsentwurf eingebracht, in dem nicht der bedingungslose Waffenstillstand, sondern der israelische Rückzug auf die Linien von 1949 gefordert wurde. Und vierundzwanzig Stunden zuvor hatte Nasser die Präsidenten Algeriens, des Iraks und Syriens sowie König Hussein wissen lassen, daß Ägypten weiterkämpfen werde, bis der letzte israelische Soldat ägyptischen Boden verlassen habe. Diese Erklärung Nassers erfolgte anderthalb Stunden nachdem der Sicherheitsrat eine Resolution angenommen hatte, in der alle kriegführenden Parteien aufgerufen wurden, bis zum 7. Juni zehn Uhr abends das Feuer einzustellen. Es waren das keine leeren Worte; Nasser wollte nicht nur weiterkämpfen, er glaubte auch, er sei dazu imstande. In derselben Nacht gab das Kairoer Oberkommando den ägyptischen Streitkräften den Befehl zum Gegenangriff. Eine einzige Einheit befolgte ihn.

Erst am Abend des 8. Juni wurde sich Nasser über den wahren Sachverhalt klar: Er erfuhr vom Fall von Kantara-Ost, von der panischen Flucht seiner Truppen und deren Unfähigkeit, eine neue Verteidigungslinie aufzubauen. Daraufhin gab er seinem UN-Delegierten Anweisung, dem bedingungslosen Waffenstillstand zuzustimmen.

Unsere Truppen befanden sich bereits am Kanal, als Ägypten den Waffenstillstand annahm. Aber ich war trotzdem der Meinung, wir sollten uns nach dem Krieg auf eine Linie in einiger Entfernung vom Kanal zurückziehen, die zwar die Ägypter daran hindern würde, ihre Streitkräfte erneut auf die Halbinsel Sinai einzuschleusen, zugleich aber die Möglichkeit zur Wiederherstellung normalen Lebens im Kanalgebiet bot. Nach der Eroberung von Kantara-Ost kam ich mit dem Ministerpräsidenten und dem Generalstabschef überein, den Vormarsch unserer Streitkräfte etwa zwanzig Kilometer vor dem Kanal zu stoppen. Die Ausführung des Befehls wurde jedoch vom Generalstab aus zweierlei Gründen bis zur endgültigen Feuereinstellung ausgesetzt. Einerseits unternahmen die Ägypter trotz des Waffenstillstandes weiterhin Störaktionen gegen unsere Truppen östlich des Kanals, und andererseits waren die Vereinigten Staaten soeben im Begriff, dem Sicherheitsrat eine Resolution vorzulegen, in der beide Seiten aufgefordert wurden, ihre Streitkräfte zehn Kilometer vom Kanal zurückzuziehen.

Unmittelbar nach unseren ersten Luftangriffen auf die ägyptischen Luftstützpunkte am Montag, dem 5. Juni, ersuchten wir den Kommandanten der UN-Waffenstillstandsüberwachungskommission, den norwegischen General Odd Bull, unseren Appell an König Hussein von Jordanien zu übermitteln, keine feindseligen Akte gegen uns zu unternehmen. Sei Jordanien dazu bereit, würden auch wir von kriegerischen Handlungen absehen. Husseins Antwort erreichte uns erst nach elf Uhr vormittags. Darin hieß es, wir hätten Ägypten angegriffen und würden die jordanische Antwort aus der Luft erhalten. Kurz danach stiegen jordanische Kampfflugzeuge auf und flogen Ziele in Israel an.

Den jordanischen Luftangriffen folgten Artilleriebeschießungen des jüdischen Viertels von Jerusalem, anderer israelischer Städte und des internationalen Flughafens von Lod. Kurz vor zwei Uhr nachmittag teilte uns General Bull telefonisch mit, daß ein Kommando der Arabischen Legion in die entmilitarisierte Zone am Südrand von Jerusalem eingedrungen sei und sein Hauptquartier sowie die dazugehörenden UN-Gebäude besetzt habe.

Unter diesen Umständen blieb uns keine Wahl: Wir mußten mit vollem Einsatz gegen Jordanien vorgehen und dabei wohl oder übel Truppen einsetzen, die wir auf der Halbinsel Sinai dringend gebraucht hätten. Durch Gegenschläge unserer Luftwaffe gelang es uns, innerhalb weniger Stunden die gesamte jordanische Luftwaffe auszuschalten. Brigadegeneral Uzi Narkiss, der Befehlshaber des Abschnitts Mitte, erhielt den Befehl, die UN-Enklave wiederzuerobern und ein zwischen dem arabischen Viertel von Jerusalem und Hebron liegendes Dorf zu besetzen. Später durchstießen Einheiten des Befehlsbereiches Nord die arabischen Linien und besetzten Samaria sowie eine Reihe vorgeschobener Stellungen der Arabischen Legion.

Hauptziel der Aktionen war selbstverständlich das seit 1948 zweigeteilte Jerusalem, dessen Altstadt sich in arabischen Händen befand. Zwei Reservebrigaden wurden zu diesem Zweck eingesetzt: Eine Panzereinheit unter dem Kommando von Oberst Uri Ben Ari bezog etwa fünfzehn Kilometer westlich von Jerusalem Stellung, und eine Fallschirmjägertruppe unter dem Kommando von Oberst Motta Gur, die sich gerade zum Einsatz auf der Halbinsel Sinai bereitmachte, wurde nach Jerusalem abkommandiert.

Zu ebendieser Zeit war ich soeben auf dem Weg nach Jerusalem, um am Nachmittag vor der Knesset den Verfassungseid als Verteidigungsminister zu leisten. Als ich zum Parlamentsgebäude kam, stand das jüdische Viertel der Stadt soeben unter Beschuß, und alle Abgeordneten hatten sich in die unterirdischen Bunker begeben. Ich wartete eine Weile, wurde dann aber ungeduldig und kehrte zum Oberkommando zurück. Abends erfuhr ich, daß die Knesset etwas später zusammengetreten war und die Ernennung der neuen Minister bestätigt habe; die Vereidigung sollte zu gegebener Zeit nachgeholt werden. Nur die vier kommunistischen Abgeordneten stimmten gegen den Antrag. Einer von ihnen, ein Araber namens Taufiq Toubi, rief nach der Stimmenauszählung: „Das heißt also, daß vier Mitglieder der Knesset für den Frieden und gegen den Krieg sind!" Allerdings mußte er regelrecht brüllen, damit man ihn trotz der Detonationen der jordanischen Granaten hören konnte.

Während die Sitzung der Knesset im Gange war, durchbrach Ben Aris Brigade die jordanischen Stellungen auf den Hügeln westlich von Jerusalem. Sie setzte ihren Vormarsch während der Nacht fort, kämpfte sich bis zum Norden der Stadt durch und erreichte schließlich zu Mittag des nächsten Tages, des 6. Juni, die israelische Enklave Berg Scopus oberhalb der Altstadt. Dort vereinigte sie sich mit den Resten eines Fallschirmjägerbataillons, das unter schweren Verlusten die Verbindung zwischen dem Berg Scopus und dem jüdischen Viertel von Jerusalem freigekämpft hatte.

Die Fallschirmjäger Motta Gurs traten am 6. Juni um halb zwei Uhr morgens in Aktion; auf Grund der übereilten Änderung ihrer Einsatzpläne hatten sie keine Zeit für Aufklärung gehabt. Ihre erste Aufgabe bestand darin, zu den Hügelketten rund um den Berg Scopus und zum Ölberg vorzustoßen. Um diese Ziele zu erreichen, mußten sie Frontalangriffe auf die schwerbefestigte jordanische Polizeischule und auf den ebenso schwerbefestigten Munitionshügel unternehmen. Unter vernichtendem Feuer und großen Verlusten stürmten die Stoßtrupps, angeführt von ihren Offizieren, die Polizeischule, nachdem sie den vierfachen Drahtverhau und die Schützengräben überwunden und die Verteidiger im Nahkampf bezwungen hatten.

Gefolgt von anderen Einheiten des Bataillons, stießen sie sofort zum Munitionshügel vor. Die massiv gebaute Festung auf dem Hügel war mit Maschinengewehren gespickt und hatte außerdem vierzig Geschützstellungen, die sämtliche Zugänge beherrschten. Jeder Schritt kostete Blut; aber unsere Soldaten waren nicht aufzuhalten. Sie eroberten einen Bunker, einen Geschützstand und einen Graben nach dem anderen. Um 6 Uhr 15 morgens war die ganze Festung in unserer Hand.

Die Schlacht um den Munitionshügel war die schwerste im Krieg mit den Jordaniern. Die besten Soldaten der israelischen Streitkräfte nahmen daran teil; 21 von ihnen wurden getötet. Mehr als die Hälfte der Offiziere und Mannschaften, die um den Munitionshügel und die Polizeischule kämpften, wurden verwundet.

Als ich am Vormittag den Berg Scopus besichtigte, sagte mir Uzi Narkiss, daß die Fallschirmjägerbrigade im Laufe des Nachmittags zum Angriff auf das zwischen Berg Scopus und Ölberg liegende Auguste-Viktoria-Areal antreten werde, um die Straße nach Jericho zu erreichen und Jerusalem nach Osten hin zu sichern. Da wir bei mehreren mißglückten Aktionen schwere Verluste erlitten hatten, mußte der Angriff bis zum nächsten Morgen verschoben werden, aber da hatten sich die jordanischen Truppen bereits zurückgezogen und waren über den Jordan geflohen. Mit der Besetzung des Auguste-Viktoria-Areals und der Beherrschung der Straße nach Jericho war unser Ring um Jerusalem endgültig geschlossen. Auf der Aussichtsterrasse des Hotels Intercontinental auf dem Ölberg stehend, gab Brigadekommandant Motta Gur seinen Bataillonskommandeuren den Befehl, durch das Löwentor in die Altstadt einzudringen. Sie brachen das Tor auf, schwenkten nach links zum Tempelberg und fuhren weiter zur Klagemauer.

Während sie vom Osten her in die Altstadt einmarschierten, rückte Eliezer Amitais Jerusalemer Brigade durch das Misttor ein. Die Brigade hatte vorher eine Reihe arabischer Stellungen erobert und die zwischen dem Berg Zion und St. Peter in Gallicantu liegenden Minenfelder geräumt. Kurz danach betrat ich das befreite Jerusalem und begab mich zur Klagemauer.

Nachdem Uri Ben Aris 10. Brigade ihren Auftrag in Jerusalem bis zum Mittag erledigt hatte, eroberte sie am späten Nachmittag die Stadt Ramallah. Am nächsten Tag schwenkte sie nach Osten und nahm die Stadt Jericho. Auch hier stieß sie auf nur geringen Widerstand. Die Stadt war voll von jordanischen Truppen und Fahrzeugen, die darauf warteten, den Rückzug über die Jordanbrücken nach Osten antreten zu können. Als die israelischen Panzer in die Stadt eindrangen, brach eine Panik aus, und alle flüchteten zum Fluß. Einheiten der 10. Brigade überquerten den Jordan und bezogen auf dem Ostufer Stellung. Das wiederum löste einen heftigen Protest des amerikanischen Botschafters aus. Die jordanische Regierung hatte ihn nämlich davon informiert, daß unsere Truppen den Jordan mit dem Ziel überschritten hätten, Amman und es-Salt zu erobern. Ich gab der 10. Brigade den Befehl, sich unverzüglich auf das Westufer zurückzuziehen und die Brücken zu sprengen. Das zur Bestätigung, daß wir von uns aus keine Verbindung zum Ostufer brauchten oder wollten. Wir hatten die Ostgrenze unseres Operationsbereichs erreicht. Diesmal war es nicht wie bei Josua vor 3300 Jahren der Anfang, sondern das Ende eines Feldzuges.

Jericho, die Stadt der Palmen, wie sie in der Bibel genannt wird, ist die älteste Stadt der Welt; sie wurde in der Jungsteinzeit erbaut. Die Ureinwohner der Stadt errichteten Häuser aus Stein, eine Stadtmauer und Beobachtungstürme. So primitiv ihre Werkzeuge waren und obwohl sie nur Holz und Lehm verwendeten, schufen sie dennoch ein Bewässerungssystem und bauten Getreide an.

Jericho ist der am tiefsten gelegene Ort auf dieser Erde. Das die Stadt umgebende Land ist trocken, öde, baumlos und von der Sonne gebleicht; aber in der Stadt selbst sprudeln Quellen – sie scheint in einem See von üppigem Grün zu schwimmen. In diesem Jericho versteckte Rahab, die Hure, die Späher Josuas; durch Jericho zog der Prophet Elias, bevor er im feurigen Wagen zum Himmel auffuhr, und in Jericho machte Elisa den unsauberen Quell wieder rein. Welchen Eroberer hatte es nicht nach dieser Oase gelüstet? Wer weiß, wie oft diese Stadt schon zerstört wurde? Immer wieder erwachte sie zu

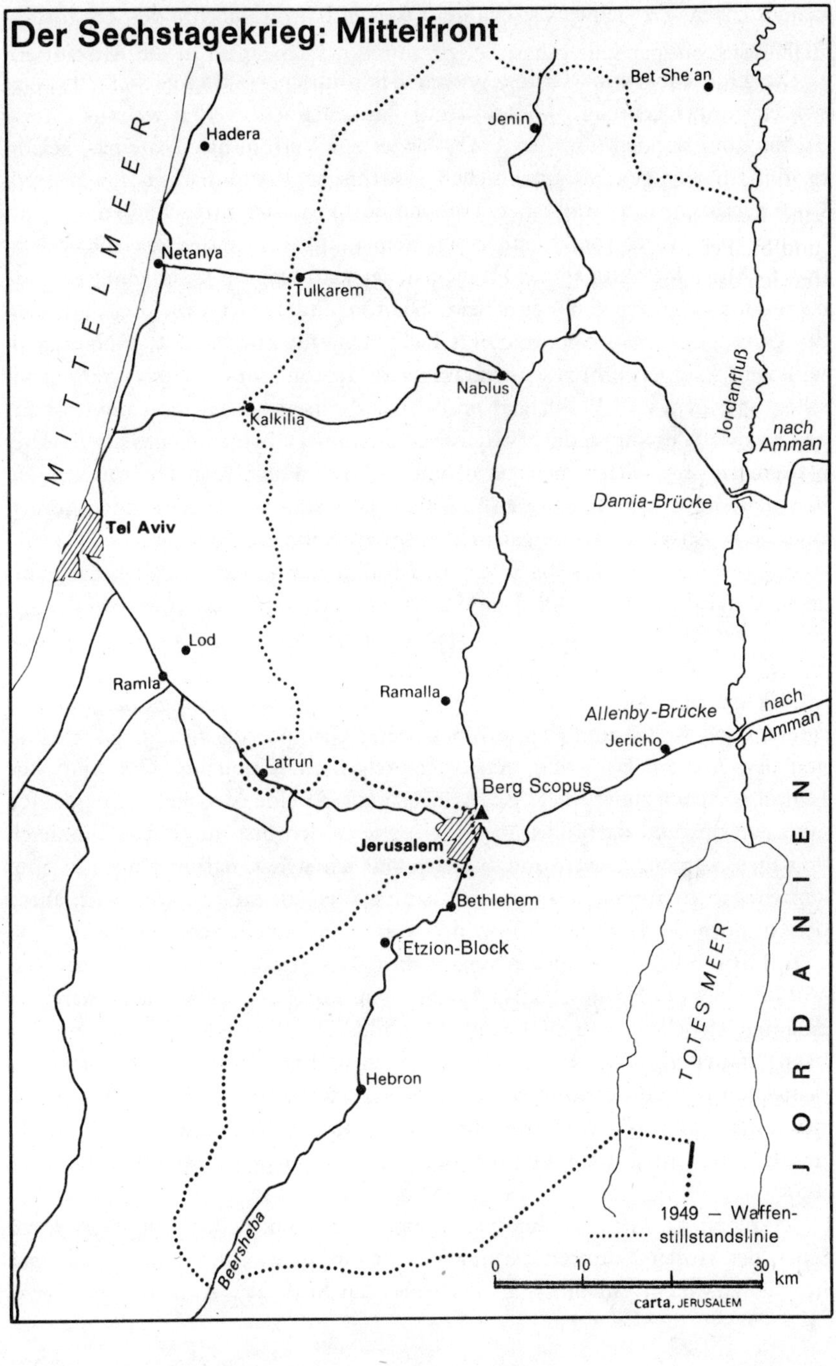

Der Sechstagekrieg: Mittelfront
MITTELMEER
Hadera
Jenin
Bet She'an
Netanya
Tulkarem
Nablus
Kalkilia
Jordanfluß
nach Amman
Damia-Brücke
Tel Aviv
Lod
Ramla
Ramalla
Allenby-Brücke
nach Amman
Jericho
Latrun
Berg Scopus
Jerusalem
Bethlehem
Etzion-Block
TOTES MEER
JORDANIEN
Hebron
Beersheba
1949 – Waffen-stillstandslinie
0 10 30 km
carta, JERUSALEM

neuem Leben. Das reine Wasser ihrer Quellen hat die Mächte der Zerstörung stets überdauert.

Die Eroberung von Nablus, unweit des biblischen Ortes Sichem, bei der sich ein junger Leutnant – Giora Weiß – auszeichnete, verlief weitaus dramatischer. Ihm standen nur vier AMX-Panzer zur Verfügung. Trotzdem gelang es ihm, in wenigen Minuten sieben jordanische Patton-Panzer, einen Jeep, einen Schützenpanzer und einen Truppentransportlaster abzuschießen.

Kurz vor Mittag, am Donnerstag, dem 8. Juni, erstattete das Oberkommando Mitte Meldung an das Hauptquartier, daß sich die Jerusalemer Brigade nach der Eroberung von Bethlehem, Hebron und Daharia mit den Truppen des Oberkommandos Süd vereinigt habe. Ich traf mich mit Uzi Narkiss in Jerusalem, und wir fuhren gemeinsam nach Hebron. An der alten Grenze zwischen Jerusalem und Bethlehem mußten wir vorsichtig sein und uns sehr genau an den Weg durch die erst teilweise geräumten Minenfelder halten. Aber danach erinnerte nichts mehr an den Krieg. Die Hügel von Hebron standen in voller Blüte. Die Täler lagen um diese Jahreszeit in der sengenden Sonne, und die Felder waren schon gänzlich ausgetrocknet. Aber hier war noch Frühling – grün und frisch. Abgesehen von Militärtransporten waren keine Fahrzeuge unterwegs. In den Obst- und Weingärten waren die Bauern bei der Arbeit. Jeder Zentimeter dieses steinigen Bodens wurde sorgfältig gepflegt und mit Wein, Oliven- und Feigenbäumen bepflanzt.

Wir machten kurzen Aufenthalt bei den Säulen des Königs Salomo und fuhren dann weiter zum Etzion-Block, einer Gruppe von vier im Jahre 1948 von den Arabern fast völlig zerstörten religiösen Kibbuzim. Die Arabische Legion hatte an dieser Stelle ein Armeelager und eine Moschee errichtet. Ich sah mich um und dachte darüber nach, wie es den ursprünglichen Pionieren von Etzion ergangen war, und zugleich war ich sicher, daß hier neue Kibbuzim entstehen würden. Das geschah dann später tatsächlich: Die Nachfahren der Gründer, die 1948 getötet worden waren, bauten ein neues Etzion.

In Hebron herrschte noch Ausgehverbot. Die Straßen waren menschenleer. Vor der über der Höhle von Machpelah, dem Grab der jüdischen Patriarchen, erbauten Moschee stand ein israelischer Soldat Wache. Als wir vor dem Gebäude anhielten, stellte er sich uns entgegen und verwehrte uns den Weg. Er deutete auf ein von unseren Leuten angebrachtes Warnschild: Zutritt für Soldaten verboten! Wir widersprachen nicht, aber er erkannte mich bald. Er machte eine einladende Geste und sagte: „Sie kann ich wohl doch durchlassen."

Ich betrat das Gebäude zum ersten Mal in meinem Leben. Unter der Herrschaft der Moslems durften die Juden nicht hinunter zu den Höhlen, sondern nur bis zu einem Guckloch an der siebenten Stufe der Außentreppe. Links war ein Gebetsraum der Moslems, rechts befanden sich die Gräber der Patriarchen Abraham, Isaak, Jakob und deren Frauen.

Die Tatsache, daß die Juden jetzt wieder eines der alten Heiligtümer besuchen durften, berührte mich zutiefst. Aber ich könnte nicht sagen, daß die Höhle selbst besonderen Eindruck auf mich machte. Die biblische Höhle von Machpelah, die Abraham dem Ephron für vierhundert Lot Silber als Grabstätte abkaufte, war wohl eine der vielen Höhlen gewesen, die man aus dem grauen Fels oberhalb der Gerstenfelder gehauen hatte. Aber nichts erinnerte mehr daran. Zweitausend Jahre nach Abrahams Tod hatten die Christen eine Kirche über der Höhle errichtet, und später machten die Moslems eine Moschee daraus. Nichts rief mehr die Erinnerung wach an die Schafhirten, von denen einer seinem Schwiegervater zweimal sieben Jahre diente, um dessen beide Töchter heiraten zu dürfen.

Im Verlauf dieser Besichtigungsreise erteilte ich dem Kommandierenden General des Oberkommandos Mitte die Anweisung, den Bau jüdischer Siedlungen im Gebiet von Hebron und Jeruslalem in Angriff zu nehmen. Entlang der Hügelkette nördlich von Jenin, Nablus und Ramallah sollten Armeelager errichtet werden, damit die Grenze am Jordan gesichert war.

Jordaniens rascher Zusammenbruch hatte zwei wesentliche Auswirkungen. Einerseits konnten wir Truppen von der jordanischen an die syrische Front verlegen, andererseits war diese Entwicklung auch politisch von Bedeutung. Die Palästinenser am Westufer waren in keiner Weise in diesen Krieg verwikkelt gewesen. Die meisten Gefechte fanden außerhalb der besiedelten Gebiete statt. Die Zivilbevölkerung von Judäa und Samaria nahm nur geringen Schaden. So, wie ich es sah und mir die Beziehungen zwischen uns und den Palästinensern vorstellte, waren das Fakten, die noch ins Gewicht fallen würden.

Am ersten Kriegstag hatte Ägypten Syrien zu einem Großangriff auf Israel aufgefordert, doch der Beitrag, den die Syrer leisteten, war eher mager: Sie flogen einige Luftwaffeneinsätze und nahmen eines unserer Dörfer unter Artilleriebeschuß. Die israelische Luftwaffe holte zu einem Gegenschlag auf die syrischen Luftstützpunkte aus und zerstörte 53 syrische Kampfflugzeuge. Noch am selben Abend traf die syrische Regierung eine weittragende Entscheidung. Sie entschloß sich gegen das „Unternehmen Nasser", also gegen den Generalangriff gemeinsam mit Ägypten, statt dessen aber für das weniger aufwendige „Unternehmen Jihad". Dieser „Heilige Krieg" sah lediglich einen Defensivaufmarsch vor, begleitet von kleinräumigen Vorstößen an der Grenze.

Am späten Vormittag des 9. Juni, nachdem wir unsere Operationen gegen Jordanien zur Gänze und die gegen Ägypten beinahe abgeschlossen hatten, begannen unsere Streitkräfte den Angriff auf die Grenzbefestigungen der Syrer. Während der ersten, etwa sieben Stunden dauernden Durchbruchsphase fanden noch überaus heftige Kämpfe statt, aber in der Nacht brach der syrische Widerstand fast völlig zusammen. Das Armeeoberkommando in Damaskus war sich seit Freitag mittag der drohenden Gefahren bewußt. Die Syrer verstärkten ihre diplomatischen Bemühungen um einen Waffenstillstand und ordneten zugleich den Rückzug von den Golanhöhen und die Zusammenziehung aller verfügbaren Streitkräfte zur Verteidigung von Damaskus an.

Anfangs schienen die syrischen Befestigungen uneinnehmbar. Die Stellungen auf den Anhöhen beherrschten die schmalen, steilen Zugänge, und unsere Truppen gerieten schon in schweres Artilleriefeuer, noch ehe sie sich zum Angriff entwickeln konnten.

Wir beschlossen, das Hauptgewicht der Aktion auf den Nordabschnitt der Golanhöhen zu verlegen. Alberts Panzerbrigade setzte sich um zehn Uhr vormittag in Marsch, erlitt aber schwere Verluste, noch bevor sie syrisches Gebiet erreichte. Das Bataillon an der Angriffsspitze verfehlte infolge eines Irrtums den Weg nach Norden. Es hätte zuerst Zaoura einnehmen und dann in Richtung Kala vorstoßen sollen. Statt dessen schwenkte es zu früh nach Kala ein und mußte dabei einen stark verminten, mit Panzerhöckern und natürlichen Hindernissen gespickten Steilhang im Feuer syrischer Panzerkanonen bewältigen. So mußte die Einheit von Anfang an schwerste Verluste hinnehmen. Der Bataillonskommandeur wurde gleich zu Beginn verwundet, zehn Minuten später fiel sein Stellvertreter.

Insgesamt hatte diese Vorauseinheit 13 Tote und 33 Verwundete zu beklagen; nur zwei Panzer waren noch kampftüchtig. Erst nach starker Unterstützung durch unsere Luftwaffe gelang es, das Blatt zu wenden, die sowjetischen TU 100-Panzer der Syrer zum Rückzug zu zwingen und Kala abends um halb sieben endgültig zu besetzen. Auch bei Zaoura leisteten die Syrer heftigen, allerdings nur kurzen Widerstand.

Ein dritter syrischer Stützpunkt im nördlichen Golan, Tel Faher, war das Ziel eines motorisierten Infanteriebataillons der Brigade Yona, das von einer Panzerkompanie unterstützt wurde. Schon beim Anmarsch wurden sie von den syrischen Bergstellungen unter Beschuß genommen. Sechs Schützenpanzer und vier Panzer wurden getroffen; zwei Panzer wurden manövrierunfähig und versperrten den Weg. Kurz darauf erhielt der Granatwerfer-Schützenpanzer einen Volltreffer und flog in die Luft. Auch der Kommando-Schützenpanzer wurde außer Gefecht gesetzt, wodurch der Bataillonskommandeur den Kontakt zum Rest der Einheit verlor. Der Vortrupp verließ die Fahrzeuge und setzte seinen Weg zu Fuß fort. Ein Offizier und zwölf Mann gelangten auf diese Weise zur Nordseite des Hügels Tel Faher; ein anderer Offizier mit

Der Sechstagekrieg: Nordfront

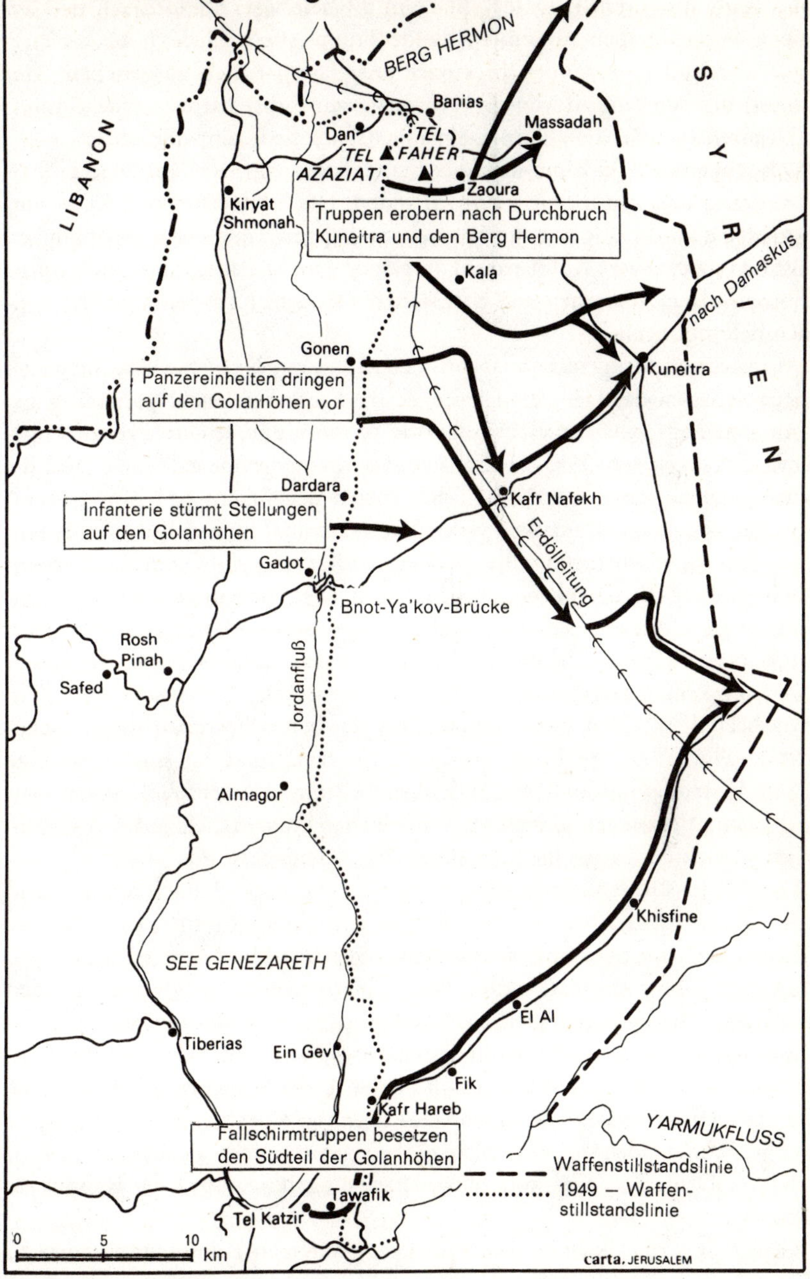

etwa ebensovielen Soldaten griff den Hügel von Süden an. Sie drangen durch den Minengürtel und die Drahtverhaue in die befestigte Stellung ein und begannen die Laufgräben zu säubern. Beide Trupps stießen jedoch auf erbitterten Widerstand und wurden in kurzer Frist fast gänzlich aufgerieben. Der Offizier, der den Angriff von der Nordseite angeführt hatte, wurde getötet, kurz danach auch der Bataillonskommandeur und ein Kompanieführer.

Der Stützpunkt Tel Faher wurde erst eingenommen, nachdem diese Einheiten verstärkt und neu formiert worden waren. Der Stellvertretende Kommandeur der Golan-Brigade zog die noch einsatzfähigen Teile der ursprünglichen Angriffstruppe, eine Aufklärungskompanie, einen Panzerzug und einige Schützenpanzer, zusammen und erstürmte die an der Nordseite liegenden syrischen Befestigungen.

Am nächsten Morgen, Sonnabend, dem 10. Juni, lagen die syrischen Stellungen verlassen da. Der Feind hatte sie im Laufe der Nacht panikartig geräumt und Panzerabwehrgeschütze sowie schwere und leichte Maschinengewehre zurückgelassen. Die Rückschläge des vorangegangenen Tages und die unausgesetzten israelischen Luftangriffe hatten den Syrern den Mut genommen. Die von Radio Damaskus verbreitete Nachricht vom Fall der Stadt Kuneitra hatte sie anscheinend vollends demoralisiert. Die syrische Regierung sah sich in Anbetracht der überaus bedrohlichen Lage gezwungen, diese Falschmeldung zu verbreiten; sie wollte damit den Sicherheitsrat zur rascheren Annahme einer Waffenstillstandsresolution bewegen. Obwohl sich zu diesem Zeitpunkt kein einziger israelischer Soldat innerhalb Schußweite von Kuneitra befand, ergriffen die syrischen Truppen beim Eintreffen dieser Nachricht die Flucht. Es war daher vom syrischen Standpunkt aus sinnlos, an eine weitere Verteidigung der Stadt zu denken. Als unsere Streitkräfte gegen Mittag Kuneitra, Massadah und Butmia, die letzten Angriffsziele auf den Golanhöhen, erreichten, hatten die Syrer diese Orte bereits geräumt.

Die Waffenstillstandslinie, die östlich von Massadah, Kuneitra und Rafid verlief, entsprach den von mir am Vortag gesteckten Angriffszielen. An der syrischen Grenze gibt es nun einmal keinen Suezkanal und keinen Jordan. Die Linie, die zu besetzen war, mußte den militärischen Erfordernissen und den politischen Überlegungen gleichermaßen Rechnung tragen. Sie lag etwa 25 Kilometer vom Jordan, und somit waren unsere landwirtschaftlichen Siedlungen im Norden von Galiläa außer Reichweite der syrischen Batterien. Die Syrer andererseits waren durch unsere Präsenz auf den Golanhöhen höchst besorgt: Wir standen auf syrischem Hoheitsgebiet, nicht ganz sechzig Kilometer vor Damaskus, und konnten jederzeit ungehindert auf die Hauptstadt marschieren.

Gerade deswegen kam es während der zweitägigen Kampfhandlungen zu ernsten internationalen Spannungen. Die Syrer nahmen tatsächlich an, daß wir die Absicht hatten, Damaskus zu erobern. Moskau warnte den amerikanischen Präsidenten vor einem Eingreifen der Sowjetunion auf Seiten Syriens, falls die Vereinigten Staaten nicht alles unternähmen, um ein weiteres Vordringen Israëls zu verhindern. Wenn auch behauptet wird, die Vereinigten Staaten hätten „entschieden und unmißverständlich" auf die sowjetische Drohung reagiert, so ist mir doch bekannt, daß der amerikanische Außenminister Rusk sich sowohl an den israelischen Außenminister Eban als auch an unseren Botschafter in Washington mit der bangen Frage nach unseren wahren Absichten wandte. Er erklärte, daß unsere Sache im Sicherheitsrat immer mehr an Boden verliere, und forderte uns kategorisch zur Annahme der Waffenstillstandsresolution auf. Unsere Antwort an die Amerikaner lautete, daß wir nicht vorhätten, auf Damaskus zu marschieren, sondern lediglich unsere Grenzsiedlungen vor dem syrischen Beschuß schützen wollten. Darüber hinaus seien wir jederzeit bereit, einen beidseitigen Waffenstillstand zu akzeptieren.

Wie die amerikanische Antwort an die Sowjets ausfiel, ist mir nicht bekannt. Ich weiß aber, daß sich die Sowjets nicht nur an die Amerikaner wandten. Unserem Botschafter in Moskau wurde eine in außerordentlich scharfen Worten gehaltene Note überreicht, und gleichzeitig brach Moskau die diplomatischen Beziehungen zu Israel ab.

Mittlerweile ereignete sich auch in Ägypten einiges. Am 9. Juni um 16 Uhr meldete Radio Kairo, daß Präsident Nasser den Rücktritt des Oberbefehlshabers der Streitkräfte angenommen habe. Um 18 Uhr 30 brachte der Sender die Meldung, Nasser selbst sei zurückgetreten, aber kurz nach 11 Uhr am nächsten Morgen hieß es, er habe seinen Entschluß wieder rückgängig gemacht.

Am 13. Juni erstattete ich, im Beisein des Generalstabschefs, dem Ministerausschuß für Verteidigungsfragen einen zusammenfassenden Bericht über den eben beendeten Krieg. Ohne mir ein Blatt vor den Mund zu nehmen, sagte ich, daß Armee und Regierung die Lage unmittelbar vor Kriegsausbruch in dreierlei Hinsicht falsch eingeschätzt hätten. Zum einen waren wir uns darüber unklar gewesen, inwieweit Ägypten zu seinem Beistandspakt mit Syrien stehen würde. Wir waren der irrigen Auffassung gewesen, Ägypten sei durch seinen eigenen Krieg gegen den Jemen zu sehr in Anspruch genommen, um anderwärts aktiv zu werden. Wir hatten Nassers Warnung an die Syrer, sich nicht aus geringfügigem Anlaß in einen Krieg mit uns einzulassen, zu ernst genommen und auch die jordanischen Vorwürfe gegen Nasser falsch eingeschätzt, die ägyptische Luftwaffe sei Jordanien bei der israelischen Vergeltungsaktion gegen Samua nicht zu Hilfe gekommen und die ägyptische Regierung erlaube den israelischen Schiffen die freie Durchfahrt durch die Straße von Tiran. Zu diesem Zeitpunkt hielten wir es auch nicht für möglich, daß Ägypten auf unsere Aktionen mit einer Blockade reagieren würde.

Zweitens sei es falsch gewesen, den Aufmarsch der ägyptischen Streitkräfte auf der Halbinsel Sinai für nichts weiter als eine Demonstration zu halten. Weder die Armee noch die Regierung hatten geglaubt, daß die Ägypter einen Krieg beginnen wollten.

Und drittens hatten wir nicht angenommen, daß es Nasser wagen würde, den Abzug der von den Vereinten Nationen eingesetzten Friedenstruppe aus Sharm el-Sheikh zu fordern, und waren von der Schnelligkeit, mit der dieses Manöver über die Bühne ging, überrascht worden.

Es sei vor allem auch falsch gewesen, nicht sofort auf die Blockade zu reagieren. Nach meinem Dafürhalten sei die Blockade ein kriegerischer Akt gewesen, der militärische Gegenmaßnahmen unsererseits gerechtfertigt hätte. Gewiß hätten die Vereinigten Staaten uns gebeten, achtundvierzig Stunden zu warten, damit sie die Angelegenheit bereinigen könnten. Nach dem ergebnislosen Ablauf dieser Frist habe Israel jedoch vor der kritischen Frage gestanden, ob es die Blockade als kriegerischen Akt ansehen und ihr mit militärischen Mitteln begegnen müsse oder ob es fürs erste nichts unternehmen solle, wodurch die Tatsache, daß Ägypten den „ersten Schuß" abgegeben hatte, an Bedeutung verlieren und in Vergessenheit geraten würde. Wir entschlossen uns zu warten und gerieten dadurch aus eigenem Verschulden in eine äußerst schwierige Lage: Nun blieb uns keine andere Wahl, als selbst den ersten Schuß abzufeuern, da wir die Blockade als ein Problem behandelt hatten, das auch mit friedlichen Mitteln gelöst werden könnte.

Wir hätten, sagte ich, auch die Macht der Vereinigten Staaten überschätzt, die Einstellung der Blockade auf diplomatischem Wege erreichen zu können. Wir stimmten zu, als die Amerikaner erklärten, für die Lösung des Problems sei eine Zeit von zwei bis drei Wochen nötig – aber es geschah trotzdem nichts. Die Vereinigten Staaten waren nicht gewillt, die freie Schiffahrt auf Kosten ihrer Beziehungen zu Ägypten zu erzwingen. Und selbst wenn die Amerikaner etwas erreicht hätten, das militärische Gleichgewicht wäre damit doch nicht wiederhergestellt worden. Die Ägypter hatten 80.000 Soldaten und eine große Anzahl von Panzern auf die Halbinsel Sinai verlegt. Selbst wenn die Straße von Tiran wieder frei benutzbar gewesen wäre, die ägyptischen Panzerarmeen wären immer noch an unseren Grenzen gestanden.

Die Ägypter hatten den Krieg eröffnet, als sie die Blockade verhängten; aber im eigentlichen Sinn hatten wir den ersten Schuß abgegeben, als wir am ersten Kriegstag siebzig Prozent der Luftstreitkräfte der arabischen Staaten außer Gefecht setzten. Aber die Frage nach dem ersten Schuß wurde trotzdem mit jedem Tag verworrener. Die üblichen arabischen Siegesmeldungen behaupteten beispielsweise, sie hätten 47 unserer Flugzeuge abgeschossen, um zu beweisen, daß es nicht an tapferer Gegenwehr gemangelt habe. Als dann Jordanien und Syrien in den Krieg eintraten, verlor die Frage nach dem ersten Schuß vollends an Bedeutung, da ja diese beiden Staaten die Feindseligkeiten unbestritten auf eigene Faust eröffnet hatten.

Die Auseinandersetzung mit Syrien – führte ich weiter aus – stelle das schwierigste Problem von allen dar. Es zwang uns eigentlich nichts dazu, die syrischen Überfälle in den ersten Kriegstagen mit einer Generaloffensive zu beantworten. Wir hätten es durchaus bei den Vorkriegsgrenzen belassen können. Wir waren gegen die Syrer schließlich nur vorgegangen, um unsere Siedlungen im Norden von Galiläa vor weiteren Artillerieüberfällen zu bewahren und um den Syrern vor Augen zu führen, daß wir ihre Attacken auf die Dauer nicht hinnehmen würden.

Am Abend des 8. Juni hätten wir auf Regierungsebene beraten, ob der Angriff auf Syrien unternommen werden solle oder nicht. Ich hätte mich dagegen ausgesprochen, dann aber um Mitternacht von der Annahme des Waffenstillstandes durch Nasser erfahren. Um drei Uhr morgens akzeptierte auch Syrien den Waffenstillstand, und unser Nachrichtendienst brachte in Erfahrung, daß Kuneitra geräumt worden sei und die syrische Front vor dem Zusammenbruch stehe. Erst auf Grund dieser neuen Tatsachen hätte ich dann um 7 Uhr früh den Einsatzbefehl gegeben.

Es war eine nützliche Sitzung gewesen, und doch verließ ich sie mit unguten Gefühlen. Der Ministerpräsident und die führenden Mapai-Politiker würden es stets auf mich abgesehen haben, dessen war ich mir bewußt. Sie konnten sich nun einmal nicht damit abfinden, daß ich gegen ihren Willen zum Verteidigungsminister ernannt worden war, und würden sich weiterhin bemühen, mir bei jeder passenden oder unpassenden Gelegenheit Fehler nachzuweisen.

VI. Teil

Offene Brücken
(1967–1973)

22. *Kapitel*

Neue Zeiten

Als der Krieg vorbei war, gab ich den Befehl zur Entfernung aller Grenzmarkierungen in Jerusalem. Der Ost- und der Westteil der Stadt sollten wieder eine Einheit sein. Die Grenzen zwischen der jüdischen und der arabischen Gemeinde mußten fallen. Was an die Teilung der Stadt erinnerte, hatte zu verschwinden: die Minenfelder, die Stacheldrahtverhaue und die wegen der Heckenschützen errichteten Schutzmauern. Ich wollte, daß die Wiedervereinigung Jerusalems deutlich sichtbar werde – und zwar so schnell wie möglich.

Kaum hatte ich die Befehle erteilt, als die betroffenen Behörden schon zu protestieren begannen und behaupteten, ich handle überstürzt. Das Innenministerium und Teddy Kollek, der Bürgermeister von Jerusalem, der nun auch die Verwaltung des arabischen Teils der Stadt übernommen hatte, baten mich, noch etwas abzuwarten. Aber ich ließ mich nicht beirren: die Barrieren mußten abgetragen werden, und zwar sofort. Zwei Tage bevor die Anordnungen in Kraft traten, traf ich mit Vertretern des Innenministeriums, des Stadtrats, der Polizei und der Armee zusammen. Letztere erhoben nur schwache Einwände, aber Kollek und die Herren vom Ministerium stellten düstere Prognosen von einem Blutbad auf: in den engen Gassen der Altstadt würden die Juden niedergemetzelt werden, und jüdische Hitzköpfe würden sich an Arabern rächen, die sich in der Neustadt blicken ließen.

Weder die allgemeine Lage noch die Stimmung in der Stadt schienen derartige Befürchtungen zu rechtfertigen, und selbst wenn etwas passierte, konnten wir entsprechende Maßnahmen ergreifen. Der freie und ungehinderte Verkehr in beiden Richtungen würde von nun an erlaubt sein – ohne Kontrolle und ohne Passierschein. Wir müßten uns unverzüglich auf die neuen Realitäten einstellen, sagte ich, und auch dementsprechend handeln.

Die Maßnahmen wurden durchgeführt. Die Barrikaden wurden abgerissen und die beiden Hälften von Jerusalem wiedervereinigt. Die Altstadt und ihre Umgebung und der israelische Teil von Jerusalem wuchsen zu einer Einheit zusammen. Es herrschte festliche Stimmung in der Hauptstadt Israels. Es wurde kein Mord verübt, kein Blut vergossen; es gab keine Zusammenstöße, keine Zwischenfälle und keine Unruhen. Die Araber strömten auf den Zion Square, und die Juden drängten sich in den Basaren der Altstadt.

Die Regierung beschloß, daß Moslems und Christen ihre Heiligen Stätten selbst verwalten sollten. Ich beantragte die Aufhebung aller von den Jordaniern über diese Heiligtümer verhängten Kontroll- und Sperrmaßnahmen. Alle Moslems und Christen – ob israelische Bürger oder Bewohner des Westufers oder des Gazastreifens – sollten von nun an ihre Heiligen Stätten besuchen können: den Felsendom, die El Aksa-Moschee und die Grabeskirche.

Viele Jahre hatten die Araber die Juden daran gehindert, ihre Heiligtümer zu besuchen: die Klagemauer in Jerusalem und die Patriarchengräber in Hebron. Jetzt war es an uns, anderen zu gestatten, was wir stets für uns verlangt hatten: den freien Zugang zu den Heiligen Stätten aller Glaubensgemeinschaften und das Recht, dort Gottesdienste abzuhalten. Die Verantwortung für die Sicherheitsmaßnahmen übernahm ich selbst. Ich war der Meinung, daß wir es unseren Beziehungen zu den Arabern und unserem internationalen Ansehen im eigenen Interesse schuldig seien, das private, religiöse und soziale Leben der Araber so wenig wie nur möglich zu stören. Auf alle Fälle war es klüger, diesen Versuch zu riskieren – selbst auf die Gefahr von etwaigen Mißlichkeiten hin –, als jede Aussicht auf korrekte Beziehungen zwischen den Arabern und der israelischen Verwaltung im Keim zu ersticken.

Im Zusammenhang mit zwei Heiligtümern der Juden traten besondere Probleme auf: mit dem Tempelberg in der Altstadt von Jerusalem, wo der jüdische Tempel liegt, der im zehnten vorchristlichen Jahrhundert von König Salomo erbaut und von den Römern im Jahre 70 zerstört wurde, und mit den Patriarchengräbern von Hebron.

Siebenhundert Jahre nach der Zerstörung des Tempels hatten die Moslems zwei Moscheen auf dem Tempelberg errichtet: den Felsendom und die El Aksa-Moschee. Der Ort wurde ein moslemisches Heiligtum und erhielt den Namen Haram esh-Sharif. Sowohl der Tempelberg als auch die Patriarchengräber wurden vom Judentum wie auch vom Islam als heilig angesehen, und so bestand die Gefahr, daß religiöse Fanatiker beider Bekenntnisse die Heiligtümer für sich allein beanspruchen würden.

Es mußten daher, ohne die religiösen Gefühle der Moslems zu verletzen, die künstlichen Hindernisse entfernt werden, die die moslemischen Behörden und die britische Mandatsverwaltung den Juden in den Weg gelegt hatten.

Am ersten Sonnabendmorgen nach Kriegsende traf ich mit moslemischen religiösen Würdenträgern in der El Aksa-Moschee zusammen. Auf dem Weg dahin kam ich an der Klagemauer vorbei, um die Tausende gläubige Juden sich lärmend drängten. Als ich das Mograbi-Tor durchschritten hatte, schlug die frohe Stimmung urplötzlich um. Die Araber erwarteten mich und meine Begleiter vor der Moschee und begrüßten uns feierlich. An ihren Gesichtern war die Trauer über die Niederlage abzulesen und eine gewisse Besorgnis über unsere Absichten. Der von Sheikh Abdul Hamid Saliah, dem Obersten Richter, angeführten Gruppe gehörten auch der Mufti von Jerusalem und der Hüter des Tempelbezirks an.

Vor Betreten der Moschee wies ich die israelischen Offiziere meiner Begleitung an, die Schuhe auszuziehen und die Waffen abzulegen. Dann setzte ich mich auf den Teppich und schlug die Beine auf arabische Art übereinander; die Araber setzten sich ebenfalls. Ich ging gleich *in medias res.* Da der Krieg nun vorbei sei, sagte ich, wäre es an der Zeit, wieder normale Verhältnisse zu schaffen. Ich sagte ihnen, sie sollten ab dem folgenden Freitag wieder Gottesdienste in der Moschee abhalten, und erklärte, daß wir – anders als die Jordanier – nicht beabsichtigten, eine Vorzensur der vom Rundfunk ausgestrahlten Freitagspredigt vorzunehmen. War eine solche Maßnahme schon bisher unbegreiflich gewesen, so hielt ich sie nun jüdischerseits für gänzlich unangebracht. Ich gab jedoch den geistlichen Würdenträgern zu verstehen, daß wir einschreiten müßten, falls sie diese Rücksichtnahme mißbrauchten.

Ich sagte ihnen zu, daß wir unsere Truppen aus dem unmittelbaren Tempelbereich abziehen würden, und wies darauf hin, daß wir zwar die Verantwortung für die allgemeine Sicherheit tragen, uns aber nicht in ihre inneren Angelegenheiten einmischen würden. Wir würden allerdings darauf bestehen, daß Haram esh-Sharif für Juden frei zugänglich sein sollte. Diese Neuerung machte ihnen wenig Freude, aber sie sahen schließlich ein, daß ich an meinem Entschluß festhalten würde.

Was die Patriarchengräber in Hebron betraf, waren wir nicht auf eine Teilung der Gewalten und Rechte aus, sondern auf die Schaffung eines harmonischen *modus vivendi.*

Die Vereinbarung, um die ich mich bemühte, sollte es den Juden ermöglichen, das Heiligtum zu besuchen, ohne dabei die moslemischen Gottesdienste zu stören.

Die Patriarchengräber – es sind eigentlich Denkmäler, die an dieser Stelle errichtet wurden – befinden sich im Westflügel des Heiligtums, die Gebetshalle der Moschee im Ostflügel. Die Moslems halten fünfmal täglich Gottesdienste ab, doch während der Fastenzeit des Ramadan wird den ganzen Tag gebetet. Bei den Juden gibt es täglich drei Gottesdienste, aber am Sabbat sowie an Fest- und Fasttagen sind sie oft von längerer Dauer. Ich war ursprünglich nicht dafür gewesen, im Heiligtum selbst jüdische Gottesdienste abzuhalten. Als dies jedoch bald zur Gewohnheit geworden war, wollte ich die jüdischen Besucher und Pilger nicht mehr davon abhalten. So mußte eine genaue Zeiteinteilung gefunden werden, was natürlich ohne beiderseitiges Entgegenkommen und gegenseitigen Respekt unmöglich war. Also setzten wir uns am 1. August 1967 im Büro des Militärgouverneurs von Hebron mit den Vertretern der moslemischen Gemeinde zusammen.

Auf israelischer Seite nahmen an diesem Gespräch Mitglieder der Militärverwaltung sowie der selbst aus Hebron stammende Raphael Levi teil, der zu dieser Zeit als Berater für arabische Angelegenheiten tätig war. Die arabische Seite wurde vom Bürgermeister und vom Mufti von Hebron vertreten sowie von dem für die Moschee verantwortlichen Würdenträger. Nach eingehender Diskussion erzielten wir einen annehmbaren Kompromiß, der gewiß nicht alle Probleme aus der Welt schaffte, aber von Fall zu Fall als Muster für weitere Übereinkünfte diente, so etwa über die Abhaltung jüdischer Gottesdienste an den „Tagen der Ehrfurcht“ zwischen Neujahr und Yom Kippur. Die Gottesdienste fanden in unmittelbarer Nähe der Patriarchengräber auf einem freien Platz statt, der sich mit einem Baldachin überdachen ließ. An den Mauern waren noch Haken aus alter Zeit, die zeigten, daß dieser Vorhof auch schon früher für solche Zwecke benutzt wurde. Das will natürlich nicht heißen, daß die Gegensätze sich immer mit Hilfe technischer Kniffe aus dem Weg räumen lassen. Im Gegenteil: Nur wenn auf beiden Seiten der gute Wille vorhanden ist, kann man sich gütlich einigen.

Ich bemühte mich so sehr um diese Vereinbarungen in Hebron und vor allem in Jerusalem, weil ich der Meinung war, sie könnten zu einer Lösung der umfassenderen und tieferliegenden Probleme führen. Wenn ich die Moschee während des Ramadan besuchte und die betenden Araber in tiefer Andacht vor Allah knien sah, dann ging ich auf Zehenspitzen, damit ich sie nicht störte, und hatte dabei niemals das Gefühl, damit meinem eigenen Glauben den Rücken zu kehren. Ebenso schien es mir, daß die Araber ihren Glauben nicht verleugneten, wenn sie die Gebete der Juden an der Klagemauer nicht störten.

In Jerusalem ging es allerdings nicht allein um das Zusammenleben im religiösen, sondern letztlich auch im praktischen, alltäglichen Bereich. Man mußte miteinander im Gedränge der Bazars zusammenleben können, miteinander Handel treiben und gemeinsam die Strom- und Wasserversorgung regeln. Araber und Juden mußten und konnten in einer Stadt leben, sich an dieselben Steuergesetze halten, gemeinsam die öffentlichen Verkehrsmittel benutzen und für die gleiche Arbeitsleistung gleichen Lohn erhalten. Zugleich mußten aber die Araber ihre eigenen Schulen unterhalten und ihre Kinder in arabischer Sprache unterrichten können. Ich trat dafür ein, daß die Araber ihre Heiligtümer selbst verwalten sollten und daß jeder Moslem, ob nun sein Heimatland diplomatische Beziehungen zu Israel hatte oder nicht, freien Zugang zu diesen Stätten haben sollte. Ich war fest davon überzeugt, daß es zu einem echten Zusammenleben zwischen Arabern und Juden nur dann kommen würde, wenn jede der beiden Gruppen ihren eigenen grundlegenden Bedürfnissen gerecht wurde und zugleich den Bedürfnissen des anderen das nötige Maß an Toleranz entgegenbrachte.

23. Kapitel

Zusammenleben

Eine meiner ersten Taten in der Verwaltung der besetzten Gebiete war die Aufhebung der Reisebeschränkungen. Alle Araber – ob sie nun Bewohner des Westufers oder Flüchtlinge im Gazastreifen waren – sollten frei und ohne Passierschein in ganz Israel und den besetzten Gebieten reisen dürfen. Die Araber waren angenehm überrascht. Eine solche Erleichterung hatten sie von der Besatzungsmacht nicht erwartet. In Israel allerdings meinten viele Leute, wir öffneten damit den Terroristen Tür und Tor.

Mich veranlaßten zu dieser Maßnahme vor allem die Erinnerungen an das System der Reisegenehmigungen, das die Militärverwaltung nach der Staatsgründung für die Araber in Israel eingeführt hatte. Diese Praxis, die ich für falsch hielt, wollte ich nicht wiederaufleben lassen. Passierscheine sind ein Symbol für die Einschränkung der Freiheit. Umständliche Vorgänge tragen nur zur Verbitterung bei und treiben einen Keil zwischen Verwaltung und Bevölkerung. Auf einen solchen Schein mußte man oft lange warten, dann am Kontrollpunkt Schlange stehen, das Dokument vorweisen, sich einer Durchsuchung des Gepäcks unterziehen, stets vom guten Willen der Behörden abhängig – insgesamt eine bedrückende und erniedrigende Prozedur.

Die wohl bedeutendste und revolutionärste Wendung in unseren Beziehungen zu den Arabern war die „Politik der offenen Brücken“: Wir gestatteten den freien Personen- und Güterverkehr über den Jordan. Der Übergang unweit der zerstörten Allenby-Brücke östlich von Jericho diente den Bewohnern von Jerusalem, Bethlehem und Hebron sowie des Gazastreifens. Der Übergang an der ebenfalls zerstörten Damia-Brücke wurde von den Leuten aus Nablus und Jenin benützt.

Die „Politik der offenen Brücken“ sollte es den Arabern in den von uns verwalteten Gebieten ermöglichen, in Verbindung mit ihren Brüdern in der arabischen Welt zu bleiben: ihre Kinder sollten an den Universitäten Ägyptens, Syriens und des Libanon studieren, die von ihnen gewählten Abgeordneten sollten an den Parlamentssitzungen in Amman teilnehmen und ihre Vertreter sollten in aller Öffentlichkeit mit den Führern der arabischen Staaten, ja selbst mit den Führern der palästinensischen Terrororganisationen zusammentreffen können. Da den Arabern die Brücken ja in beiden Richtungen offenstanden, konnten auf diese Weise Verwandtenbesuche von Nordafrika bis Saudi-Arabien arrangiert werden. Bis heute haben etwa eine Million Besucher aus verschiedenen arabischen Staaten die Brücken überquert. Alle diese Staaten waren Israel feindlich gesinnt und sind es noch heute.

Ich war mir auch bewußt, daß die offenen Brücken einen engeren Kontakt zwischen Israelis und Arabern herstellen konnten. Wenn auch den Israelis die Grenzen der arabischen Staaten nicht offenstanden, so lag es in unserer Macht, den Arabern die Einreise nach Israel zu gestatten. Ich gab mich gewiß nicht der Illusion hin, daß sie uns schon nach der ersten Begegnung bewundern oder gar uns freundschaftliche Gefühle entgegenbringen würden, aber vielleicht stellten sie doch fest, daß es sich mit uns leben ließ. Wir sind schließlich eine offene und klassenlose Gesellschaft, ein Staat, der für gleiche Rechte und gleiche Möglichkeiten für alle eintritt. Wir sind progressiv, und wenn wir auf technischem Gebiet noch nicht so hoch entwickelt sind wie die Vereinigten Staaten, so haben wir doch Fortschritte aufzuweisen: in der Landwirtschaft, der Industrie, der Wasserversorgung, der Medizin und im öffentlichen Gesundheitswesen. Dies alles konnte für die Besucher aus den arabischen Staaten von Interesse und von Nutzen sein.

Bald nach Kriegsende gestatteten wir auch den Warentransit über die Grenze. Vor allem landwirtschaftliche Produkte wurden per Lastwagen vom Westufer an das Ostufer geschafft. Die arabischen Bauern brachten ihre Erzeugnisse auf die Märkte von Amman und sogar nach dem Irak und nach Kuwait. So ungewöhnlich das angesichts der veränderten Verhältnisse auch war, ich hielt es doch für begrüßenswert, daß der Warenverkehr ungehindert weiterlief. In meinen Weisungen an unsere Besatzungsoffiziere hatte ich ausdrücklich betont, daß sie den Arabern gestatten sollten, ihre Geschäfte so reibungslos wie möglich abzuwickeln. Ich ging sogar so weit, unsere Armeeeinheiten aus den arabischen Dörfern abzuziehen und sie an strategische Punkte außerhalb der Ortschaften zu verlegen. Ich gab unseren Kommandanten zu verstehen, daß sie für die Sicherheit Israels zu sorgen hatten und nicht dazu da waren, die Araber zu beaufsichtigen und zu gängeln.

Am 2. August 1967 besuchte ich mit dem Kommandierenden General des Oberkommandos Mitte, Uzi Narkiss, den Grenzübergang bei Damia. Im

Sommer führt der Jordan an dieser Stelle nur wenig Wasser. Lastwagen, Traktoren und sogar Personenwagen können ihn leicht überqueren. Diesen Übergang nannten unsere Soldaten den „Gemüsemarkt".

An der Furt ging es zu wie in einem Wildwestfilm. Nur waren es nicht Cowboys, Rinder und Pferdewagen, die am Ufer warteten, sondern schwerbeladene Laster, Lieferwagen und Karren, die von Traktoren über den Fluß gezogen wurden. Über hundert Fahrzeuge benützten täglich die Furt. Meistens hatten sie Gemüse, Obst und Olivenöl geladen; aber sie führten auch andere Waren: in Bethlehem hergestellte Plastikbehälter, Bausteine aus den Steinbrüchen von Ramallah oder auch Möbel und Hausrat von Familien, die im Krieg nach Jordanien geflohen waren.

Der Besuch in Damia hatte aber auch seine betrübliche Seite. Ich wurde von einigen Arabern erkannt und um ein *warkah* (Papier) gebeten: sie wollten von mir Passierscheine für ihre geflüchteten Verwandten, die in ihre Heimat am Westufer zurückkehren wollten. Bei allem Mitgefühl mußte ich ihnen dennoch klarmachen, daß es hierüber strikte Verordnungen gab und sie einen Antrag stellen mußten. Ungefähr die Hälfte der 200.000 Menschen, die im Krieg die Flucht ergriffen, stammte aus den palästinensischen Flüchtlingslagern; die übrigen waren Bewohner des Westufers, die zu ihren Verwandten in Jordanien, im Libanon und in Kuwait flohen. Die israelische Regierung stellte ihnen, laut Kabinettsbeschluß, die Rückkehr bis zum 10. August 1967 frei, aber nur wenige machten von diesem Angebot Gebrauch. Der Antrag mußte bei den jordanischen Behörden eingereicht werden, die den Bewerbern jede erdenkliche Schwierigkeit in den Weg legten.

Ich sah dem Treiben auf dem „Gemüsemarkt" eine Weile zu und wies dann den dort diensthabenden Offizier an, die Formalitäten etwas zu lockern. Es war wirklich nicht nötig, den Transport von West nach Ost so genau zu überprüfen. Wozu die Behinderungen? Was suchten wir denn eigentlich? Waffen? In umgekehrter Richtung, zu uns herein, das war natürlich etwas anderes. Aber nach Osten, was ging uns das an? Welchen Sinn hatte es, diese Bauern so gründlich zu kontrollieren?

Ich blieb noch einige Zeit am Ufer stehen, winkte den Fahrern zu und wünschte ihnen gute Fahrt. Zunächst schienen sie etwas überrascht, aber dann lächelten sie mir freundlich zu. Und mir kam wieder einmal zu Bewußtsein, wie wenig doch dazu gehört, menschliche Gefühle auch bei denen zu erwekken, die uns noch vor kurzem als Feind gegenübergestanden hatten.

Als der Winter kam, schlug ich dem Bürgermeister von Nablus vor, bei der Regierung in Amman den Wiederaufbau der im Krieg zerstörten Jordanbrücken anzuregen. Die jordanischen Behörden stimmten unter der Bedingung zu, daß sie die Brücken bauen würden und nicht wir. Ich erhob keine

Einwände dagegen, und so errichteten Pioniere der Arabischen Legion zwei Holzbrücken – die eine an der Straße nach Jericho, neben der gesprengten Allenby-Brücke, und die andere bei Damia.

Die „Politik der offenen Brücken" konnte nur dann wirksam sein, wenn beide Seiten dafür eintraten. Israel hatte dazu den Anstoß gegeben; Jordanien akzeptierte die sich daraus ergebende Situation. Während der neunzehnjährigen jordanischen Herrschaft über das Westufer hatten sich die Grenzen zwischen dem Königreich Jordanien und dem Westufer immer mehr verwischt, und die Araber auf beiden Seiten des Jordan waren allmählich zu einer einheitlichen Bevölkerung zusammengeschmolzen. Die jordanische Regierung versuchte oft genug, den Kontakt zwischen den Bewohnern des Ost- und des Westufers einzuschränken, aber die Bürgermeister und die Honoratioren der Westufergemeinden wurden immer wieder beim König und bei den jordanischen Behörden vorstellig und erreichten die Aussetzung dieser Maßnahmen. Die Bindungen der beiden Landesteile aneinander waren in jeder Beziehung viel zu eng. Es war unsinnig, sie künstlich voneinander zu trennen.

Von wenigen Ausnahmen abgesehen, herrschten zwischen den Arabern in den besetzten Gebieten und der Militärverwaltung sowie der jüdischen Bevölkerung ganz normale Beziehungen. Was die Bedürfnisse des täglichen Lebens betraf, hatten die Araber keinen Grund zur Klage. Ihr Lebensstandard stieg sprungartig an. Es gab genug Arbeit, und die Araber wurden nach den gleichen Tarifen entlohnt wie die Israelis. Der jüdische Arbeitsmarkt stand ihnen offen, und sie eigneten sich auch bald Fachkenntnisse auf verschiedenen Gebieten an. Sie wurden Mechaniker, Bauarbeiter, Hotelangestellte, und die arabischen Händler erzielten höhere Preise für ihre Waren.

In den Flüchtlingslagern des Gazastreifens entwickelte sich geradezu ein Wirtschaftswunder. Leute, die neunzehn Jahre lang vor ihren Hütten herumgesessen, Backgammon gespielt und politisiert hatten, begannen auf einmal zur Arbeit zu gehen. Die UNWRA sorgte weiterhin für Lebensmittel und ärztliche Betreuung. Sie sah auch darauf, daß die Kinder regelmäßig zur Schule gingen. Aber die bisherigen Nichtstuer konnten jetzt Hunderte israelische Pfund in der Woche dazuverdienen. Dank der hohen Löhne in Israel hob sich nicht nur ihr Lebensstandard, sondern auch ihr Lebensstil. Sie konnten zum ersten Mal wieder neue Kleidung, neue Möbel und Küchengeräte anschaffen. Viele Flüchtlinge verließen sogar die Lager und zogen in die neuen Wohnkolonien in den Außenbezirken der Städte. Auf allen Dächern wuchsen nun die Fernsehantennen, und in jeder Wohnung befand sich bald ein Eisschrank, ein Luxus, der bisher nur den privilegiertesten Arabern vorbehalten gewesen war.

Und dennoch gab es Schwierigkeiten, deren Hauptursache der arabische

Terrorismus war. Die arabischen Bürgermeister und Dorfältesten waren sich allerdings darüber klar, daß sie die Terroristen nicht unterstützen durften. Das mit den Bürgermeistern getroffene Übereinkommen sah vor, daß sie in der gegenwärtigen Situation für normale Verhältnisse zu sorgen hatten, obwohl sie begreiflicherweise die Militärregierung ablehnten und den Abzug unserer Truppen herbeisehnten. Der israelische Staat seinerseits verpflichtete sich, die arabischen Gemeinden mit Arbeit, Lebensmitteln, ärztlicher Hilfe, Schulen und öffentlichen Transportmitteln zu versorgen. Die Araber hatten das Recht, sich – auch gegen uns– politisch zu betätigen, in Wort und Schrift Kritik zu üben, aber sie durften keinerlei gesetzwidrige Taten verüben.

Im allgemeinen wurden diese Richtlinien auch befolgt; aber es gab Ausnahmen. Terroristen, die sich aus Jordanien, Syrien oder dem Libanon eingeschmuggelt hatten, wurden von ihren Verwandten oder auch in ihren ehemaligen Heimatorten versteckt. Hin und wieder schlossen sich auch Bewohner der besetzten Gebiete den Terrororganisationen an und nahmen an ihren Operationen teil. In solchen Fällen griffen wir überaus hart durch. Die Häuser, in denen wir versteckte Waffen, Sprengstoffe oder Saboteure fanden, wurden von den Bewohnern geräumt und in die Luft gesprengt. Das erregte natürlich einiges Aufsehen, zumal wenn der Hausbesitzer ein angesehener Mann war. Es verfehlte jedenfalls nicht seine Wirkung und hielt manchen von ähnlichen Straftaten ab. Unruhestifter und Komplizen von Saboteuren schoben wir über die Grenze ab.

Der erste, der des Landes verwiesen wurde, war der einstige arabische Bürgermeister von Jerusalem, Ruhi el Khatib; ihm folgten ein ehemaliger Richter und der Bürgermeister von Bira. Die Ausweisung und die Sprengung von Häusern erwiesen sich als wirksame Methoden, um den Terror zu bekämpfen; aber sie weckten auch den Zorn der Bevölkerung.

Die für uns schwierigste Situation am Westufer ergab sich im September und Oktober 1967. Die religiösen und politischen Führer der Araber taten sich zusammen und riefen zum Aufruhr auf. Ihre Tätigkeit konzentrierte sich auf Nablus, wo ein Generalstreik ausgerufen wurde, der einige Wochen andauerte. Es fing damit an, daß die Schulen ihre Tore schlossen. Die nächste Phase wurde zeitlich auf die Eröffnung der UN-Generalversammlung am 19. September abgestimmt. Die Geschäfte sperrten zu, die öffentlichen Verkehrsmittel stellten den Betrieb ein. Aber es dauerte nicht allzu lange, da merkte die Bevölkerung von Nablus, daß sie allein dastand und daß die anderen Landesteile am Westufer aus ihrem Streik auch noch Nutzen zogen. Die Händler und Lastwagenfahrer aus dem nahen Jenin traten an ihre Stelle als Exporteure und Lieferanten nach Jordanien und in die Dorfgemeinden. Außerdem mußten die Anführer der Streikbewegung feststellen, daß sie ihr Ziel – nämlich unseren Abzug vom Westufer – niemals erreichen würden. Anfang November normalisierte sich das Leben in der Stadt wieder. Der Streik in Nablus, Demonstrationen in Ramallah und Terrorakte in Gaza riefen natürlich Spannungen zwischen den arabischen Führern und der Militärregierung hervor, doch das Volk blieb davon weitgehend unberührt. Das Hauptinteresse der loyalen Araber in den besetzten Gebieten konzentrierte sich in zunehmendem Maß auf die Freiheit des einzelnen und den wachsenden Wohlstand. Oft genug wurden arabische Arbeiter auf dem Weg vom Dorf zum Arbeitsplatz in Israel von Terroristen beschossen, aber selbst Überfälle dieser Art konnten den Zustrom der Arbeitswilligen nicht eindämmen. Die Beziehungen zwischen den Israelis und den Bewohnern der besetzten Gebiete machten weiterhin gute Fortschritte. Die Araber genossen die gleichen Rechte wie die jüdischen Arbeiter. Die Badestrände, Cafés, Geschäfte und alle öffentlichen Einrichtungen standen den Arabern ebenso offen wie den Juden. Das schuf eine ruhige Atmosphäre. Als arabische Terroristen eine Sprengladung in einem Kino in Tel Aviv und in einem am Hauptmarkt von Jerusalem abgestellten Auto zur Explosion brachten, herrschte große Empörung unter der jüdischen Bevölkerung, die sich aber nicht gegen die arabischen Arbeiter und Besucher in ihrer Mitte richtete. Mit einem Wort: die bestehenden Meinungsverschiedenheiten arteten niemals in eine Vendetta aus. Die offenen Brücken, die Bewegungsfreiheit, die Gleichberechtigung und der Wohlstand bildeten die solide Basis für ein friedliches Zusammenleben der beiden Völker.

Die Wortführer der arabischen Bevölkerung in den besetzten Gebieten waren die Bürgermeister der größeren Städte. Sie stellten die Verbindung zwischen der arabischen Gemeinde und den israelischen Behörden her.

Die „Großen Drei“ waren die Bürgermeister von Nablus, Hebron und Gaza, aber nur Mahmed Ali Jaberi, der Bürgermeister von Hebron, besaß ein natürliches Führungstalent und genoß daher auch das volle Vertrauen seiner Wähler. Er war der einzige, der es wagte, Anordnungen aus Amman zu ignorieren und statt dessen eine eigenständige Politik zu führen. Der Bürgermeister von Nablus hieß Hamdi Cnaan; aber die wahren Führer der Stadt waren die einflußreichen Familien Al-Masri und Toukan. Die stärkste Persönlichkeit unter den „Großen Drei“ war der Bürgermeister von Gaza, Rashid Shawa; aber seine Angst vor den Terroristen und seine häufigen Besuche in Beirut, wo er den Segen der Terroristenführer erbat, konnten seiner Autorität nur abträglich sein. Er schien besessen von dem Gedanken, einen Balanceakt zwischen den israelischen Behörden und den Terroristen vollführen zu müssen. Was Rashid Shawa in seinem Leben an Schönem erfahren hat, davon weiß ich wenig; doch eine seiner schlimmsten Stunden habe ich miterlebt.

Es war am letzten Tag des Ramadan, der mohammedanischen Fastenzeit, im Jahre 1971. Unser Militärgouverneur in Gaza, Brigadegeneral Pundek, rief mich an und sagte, Rashid Shawa habe ihm eben die Nachricht überbracht, daß Ziad el-Husseini, der Führer der Terroristen im Gazastreifen, im Keller seines Hauses Selbstmord verübt habe. Pundek sagte, Shawa wolle mich dringend sprechen. Eine Stunde später erschien er in meinem Büro; er war kreidebleich – mit gutem Grund.

Er sagte, Ziad el-Husseini sei vor einigen Wochen zu ihm gekommen und habe ihn gebeten, ihm bei der Flucht behilflich zu sein. Er stand tatsächlich auf der israelischen Fahndungsliste. Ein erster Fluchtversuch in den Libanon war ihm bereits mißglückt. Am 3. November hatte ich einen Vorschlag Shawas abgelehnt, Husseini und seiner Terroristengruppe zu gestatten, das Land zu verlassen. Ich sagte Shawa, diese Männer seien Mörder und Saboteure und sollten sich daher dem Gericht stellen. Dieser Bescheid hatte Husseini offenbar von der Ausweglosigkeit seiner Situation überzeugt und ihn zum Selbstmord getrieben.

Husseini hinterließ zwei Briefe. In dem einen dankte er seinem „Gastgeber" Rashid Shawa dafür, daß er ihn vor den Juden versteckt und ihm auch bei der Kontaktaufnahme mit seiner Gruppe hilfreich zur Seite gestanden hatte. Der zweite Brief trug die Überschrift „Testament" und war eine Abrechnung mit den arabischen Kollaborateuren, die ihn, wie er sagte, an uns ausliefern wollten. Und dieses Dokument stempelte denselben Rashid Shawa zum verabscheuungswürdigsten Schurken. „Ich bin betrogen worden von einem Mann namens Hadschi Rashid Sa'id el-Shawa von Gaza, einem der größten Verräter und zionistischen Agenten, und von Mansur, Sohn des drekkigen Rashid el-Shawa, der einst ein ehrenwerter Mann war, aber jetzt ein Verräter ist wie sein Vater . . ."

Es ergab sich die schwierige Frage, was wir mit Shawa tun sollten.

Ich besprach die Angelegenheit mit Golda und Justizminister Shapiro. Shapiro sagte, die endgültige Entscheidung liege nach geltendem Recht beim Militärgouverneur. Er konnte ihn wegen Beihilfe vor Gericht stellen oder ihn auch nur verwarnen. Golda überließ die Entscheidung mir.

Ich stellte Shawa weder vor Gericht, noch ließ ich ihn aus seinem Amt entfernen. Es handelte sich dabei nicht um ein Zeichen von Schwäche, sondern um eine wohlüberlegte Maßnahme zur Verbesserung der arabisch-israelischen Beziehungen. Die Araberführer sollten sehen, daß wir Verständnis für ihre Probleme hatten. Eine diplomatische Lösung des Problems mußte auch unter der arabischen Bevölkerung Zustimmung finden. Der Bösewicht – in ihren Augen vielleicht der Held – des Dramas hatte sich selbst gerichtet. Unsere Militärbehörden waren bei der Bekämpfung des Terrorismus auf die Hilfe der Araberführer nicht angewiesen, und wir zeigten auch deutlich, daß wir stark genug waren, über Rashid Shawas Verhalten hinwegzusehen. Es würde bestimmt kein prunkvolles Begräbnis geben; die Geschäfte würden offen bleiben; man würde weder demonstrieren noch zündende Reden am Grab Zaid el-Husseinis halten. Alle würden darauf bedacht sein, den Vorfall zu bagatellisieren und Rashid dabei zu helfen, sich aus der unglücklichen Lage zu befreien, in die er durch eigenes Verschulden geraten war. Ich dachte vor allem an die Zukunft. Auch im übertragenen Sinn lagen überall verborgene Minen. Wir mußten sie entschärfen und mit allen Mitteln die Ruhe und Ordnung in den besetzten Gebieten wiederherstellen.

Die Araber, denen ich persönlich am nächsten stand, waren die Beduinen im Süden des Gazastreifens. Sie sind zwar seßhaft geworden und bebauen jetzt auch eigenes Land, aber die Stammestraditionen und der sechste Sinn, der es ihnen als Nomaden ermöglichte, in der Wüste zu überleben, sind ihnen geblieben. Manche von ihnen sind Fischer, andere bauen Obst und Gemüse an. Den fruchtbaren Boden, der unter dem Wüstensand liegt, schaufeln sie sich frei. Heute benutzen sie dazu Bulldozer; früher machten sie das alles mit den Händen, füllten den Sand in Eimer und trugen die Eimer auf dem Kopf zu einem Ablagerungsplatz. An der Küste liegt der Sand bis zu sieben Meter hoch und landeinwärts noch höher. Heute ist hier und da bebautes Land zu sehen – die Beduinen nennen es *muassi* –, kleine, von steilen Sandwällen umgebene Parzellen, bis zu einem halben Morgen groß.

Mit der Freilegung des Bodens allein ist die Arbeit noch nicht getan. Bevor sie etwas anpflanzen, vermischen sie die Erde mit Schafdung. Dann heben sie im tiefstgelegenen Teil der Parzelle eine Grube aus, die als Wasserreservoir dient.

Es ist eine harte, aber lohnende Arbeit, dem Boden einen solchen *muassi* abzugewinnen. Dieser Südteil des Küstenstreifens, der sich von Gaza nördlich bis Acre erstreckt, wurde schon im Altertum als ein von der Natur besonders begünstigtes Gebiet angesehen, mit einem dem Menschen zuträglichen Klima, mit genügend Sonne und Regen für die Früchte des Feldes. Die Shamuti-Orangen, die Erdbeeren und Melonen, die hier wachsen, haben einen ganz besonderen Geschmack. Das Gemüse kann schon 90 bis 100 Tage nach der Aussaat geerntet werden – Gurken, Tomaten, Auberginen und Paprikaschoten im Sommer, Kraut und Blumenkohl im Winter.

Die Ackerbauexperten des israelischen Landwirtschaftsministeriums haben sich der Beduinen besonders angenommen, ihnen ertragreicheres Saatgut gebracht und gezeigt, wie man den Boden mit Kunstdünger anreichert und die jungen Pflanzen durch Plastikfolien gegen Witterungsschäden schützt. Besonders die süßen Melonen und die Erdbeeren der Beduinen sind regelrechte Exportschlager geworden.

Zwei Beduinen besuchte ich besonders gern: Hadschi Mahmoud abu-Selim und Hamed. Der Hadschi war das Oberhaupt der reichsten Beduinenfamilie im Gebiet von Dir el-Ballah im Gazastreifen, und für die dortigen Bewohner war sein Wort Gesetz. Er hatte für jeden seiner Söhne ein Haus bauen lassen und bewohnte selbst eine geräumige Villa inmitten eines Palmenwaldes. Vom Dach seines Hauses sahen diese vielen Palmen wie ein grünes Meer aus, das weit im Westen in das blaue Mittelmeer überging.

Hadschi abu-Selim war ein hochgewachsener Mann, eine überaus eindrucksvolle Erscheinung; ein Beduine vom Scheitel bis zu Sohle, zugleich ein Mann von ungewöhnlichem Weitblick. Er ließ seinen Sohn Farhan in Deutschland Medizin studieren und schickte auch seine Töchter in ausländische Schulen. Als wir einander kennenlernten, war der Hadschi sehr krank; er litt seit Jahren an Asthma. Nach dem Sinaifeldzug von 1956 räumten wir den Gazastreifen wieder, und die Ägypter sperrten alle ein, die sie der Kollaboration mit Israel verdächtigten. Auch Hadschi abu-Selim verbrachte, völlig zu Unrecht, einige Jahre hinter Gittern. Als wir im Jahr 1967 den Gazastreifen eroberten, war er zwar schon wieder einige Jahre in Freiheit, aber die gesundheitlichen Schäden, die er im ägyptischen Gefängnis erlitten hatte, waren nicht wiedergutzumachen. Er starb im Jahr 1970 im Tel Hashomer-Spital in Israel; Um-Muhmad, seine Lieblingsfrau, war an seinem Sterbebett.

Mein zweiter Freund, Hamed, besaß keine Villa, er war nicht reich und genoß auch kein gesellschaftliches Ansehen. Er wohnte in einem Zelt aus Ziegenhäuten und verdiente sein Geld als Nachtwächter. Nebenher klaute er ein wenig. In der Villa des Hadschi wurde mir Kaffee in exquisiten Tassen gereicht und dazu ein Teller mit Datteln, die mit Mandeln gefüllt waren. In Hameds Zelt wurde das Teewasser in einem rußigen Kessel über einem Holzfeuer gekocht, und zum Umrühren benützte man einen trockenen Zweig. Doch die Gesetze der Gastlichkeit und der Höflichkeit wurden in der Villa wie im Zelt aufs peinlichste beachtet. Man erging sich in Segenssprüchen und Salaams und küßte einander zur Begrüßung geräuschvoll auf beide Wangen. Bevor man ging, wurden die Anliegen vorgebracht. Da handelte es sich etwa um die Entlassung „eines ungerechterweise inhaftierten Verwandten". Eine solche Bitte könne der „verehrungswürdige Wesir" nicht abschlagen, da bekanntlich nichts edler sei als Vergebung. Der „verehrungswürdige Wesir" brauche sich auch keine weiteren Gedanken über Gerechtigkeit, Gerichtsbarkeit oder gar das dem Verwandten zur Last gelegte Vergehen zu machen. Der Sünder habe aus seinen Fehlern gelernt und werde nie wieder auf die schiefe Ebene geraten.

Dann trug ich meine Wünsche vor. Von Hadschi abu-Selim ließ ich mir sagen, wer der starke Mann dieser oder jener arabischen Gemeinde war; wie ich es verhindern konnte, daß die Terroristen von der Bevölkerung unterstützt würden, in welchen Fällen ich hart durchgreifen und in welchen ich Milde walten lassen sollte. Hamed hingegen wollte ich seine Geheimnisse entlocken. Er fand mit geradezu hellseherischer Sicherheit die kleinsten Knochensplitter im Flugsand oder die winzigsten Tonscherben, die der Regen in die Wadis gespült hatte. Dann verfolgte er die Spur bis zu ihrem Ursprung – zu den Ruinen einer jahrtausendealten Siedlung oder einem Höhlengrab.

Einen seiner erstaunlichsten archäologischen Funde machte er auf dem Grundstück des Richters Abu Me'ilak in Dir el-Ballah, das in einen *muassi* und später in eine Zitrusplantage umgewandelt werden sollte. Nachdem die Bulldozer den Sand weggeschafft und mit dem Ausheben des Erdreichs begonnen hatten, betätigte sich Hamed als Wächter – zur Abwechslung einmal in eigener Sache. Zunächst schien es sich nicht zu lohnen. Es stellte sich zwar bald heraus, daß sich vor 3500 Jahren an dieser Stelle ein kanaanitischer Friedhof befunden hatte, aber die wenigen Gegenstände, die zum Vorschein kamen, fand Hamed nicht weiter bemerkenswert.

So wartete er weiter. Eines Tages sah er etwas aus dem Boden ragen: einen ägyptischen Sarkophag aus Ton. Auf dem Deckel befand sich das wunderschöne Relief eines menschlichen Körpers. Es war der Sarg eines ägyptischen Beamten, der im 13. vorchristlichen Jahrhundert von Ramses II. in das Gebiet von Gaza versetzt worden war. Dem ägyptischen Brauch entsprechend, hatte man dem Leichnam seine persönlichen Wertgegenstände beigegeben: Siegel, Nasen- und Ohrringe, Perlenketten und Armspangen.

Es gab in dieser Gegend nur wenige ägyptische Grabstätten, und es ist mir bis heute ein Rätsel, wie es Hamed gelang, die Särge zu finden. Als der erste Sarkophag gehoben wurde und der Grundbesitzer merkte, daß die Juden bereit waren, dafür einen hohen Preis zu zahlen, wies er Hamed an, weiterzusuchen. Hamed hatte Erfolg, aber der Besitzer weigerte sich, ihn am Erlös zu beteiligen. Daraufhin stellte Hamed seine Suche ein. Der Besitzer ließ nun seine eigenen Arbeiter graben, aber es schien, als habe der Teufel die Hand im Spiel. Es wurde gegraben und gegraben, aber kein weiterer Sarg kam zum Vorschein. Erst als Hamed zurückgeholt wurde – und seinen Anteil erhielt –, fanden sich die Särge wieder.

Hamed, immer noch erbost über den Geiz des Grundbesitzers, sorgte nun dafür, daß er mehr als nur seinen Anteil erhielt. Wenn ein Sarkophag entdeckt wurde, hob er ihn mit seinen dünnen, feinfühligen Fingern ganz behutsam aus dem Sand und sorgte dafür, daß er nicht zerbrach. Aber es kam oft genug vor, daß Beigaben aus den Särgen fielen, und diese Kostbarkeiten schaffte Hamed listig beiseite und bot sie dann auf eigene Rechnung den Sammlern an.

In Fragen der Militärverwaltung waren meine Gesprächspartner vor allem die Spitzenfunktionäre der arabischen Stadtverwaltung. Mit einigen von ihnen, insbesondere mit Sheikh Mahmed Ali Jaberi in Hebron, führte ich ernsthafte und freimütige Gespräche. Aber ich wußte, daß das nicht ausreichte. Enge persönliche Beziehungen konnten zwar Verwaltungsprobleme aus der Welt schaffen, aber zu den menschlichen Kontakten, die ich zwischen uns und den Arabern herstellen wollte, konnte dergleichen nicht führen. Natürlich sahen sie mich, den israelischen Verteidigungsminister, als fremden Eroberer an und die Israelis insgesamt als Eindringlinge, die ihre Heimat in einen jüdischen Staat verwandelt hatten. Aber ich glaubte damals und glaube auch heute noch, daß wir einander näherkommen können – nicht in Gesprächen auf offizieller, sondern auf privater Ebene, etwa mit arabischen Denkern oder Schriftstellern. Wir würden nicht unbedingt einer Meinung sein, aber einander wenigstens verstehen.

Ich hatte von der arabischen Lyrikerin Fadua Toukan aus Nablus gehört, hatte ihre Gedichte gelesen und war von deren Aufrichtigkeit und nationalem Gefühl beeindruckt. Ich wollte sie kennenlernen. Sie besuchte mich in meinem Haus in Zahala am 12. Oktober 1968 in Begleitung ihres Onkels, Dr. Kadri Toukan, und des Bürgermeisters von Nablus, Hamdi Cnaan. Ich hatte David Farhi und David Zechariah eingeladen. Beide waren ausgezeichnete Kenner Arabiens, die nicht nur über die Tagesfragen in den besetzten Gebieten genau Bescheid wußten, sondern auch in der traditionellen und der modernen arabischen Literatur bestens versiert waren.

Fadua hätte eigentlich der Mittelpunkt sein sollen, aber sie steuerte weit weniger zur Konversation bei als ihre Begleiter. Sie war etwa Ende Dreißig, hatte ein freundliches, offenes Gesicht und dichtes, schwarzes Haar. Wenn sie sprach oder aufmerksam zuhörte, bekam ihr Gesicht einen ernsten, fast traurigen Ausdruck. Wenn es um politische Fragen ging, ergriff meist Hamdi Cnaan das Wort, und zur Frage der israelisch-arabischen Beziehungen äußerte sich Kadri an Faduas Stelle. Kadri war sicherlich weit über siebzig Jahre alt, aber äußerst rege und voll Lebenskraft. Er gab zu, daß er sich seit unserer Besetzung in sein Haus einschloß und Nablus fast nie verließ, weil er sich grämte, sein Land unter fremder Herrschaft zu sehen. Er war Lehrer und Schriftsteller und genoß hohes Ansehen im arabischen Schulwesen. Aber er hob mehrfach hervor, daß sich die arabische Einstellung Israel gegenüber geändert habe, daß die Araber bereit wären, Israel anzuerkennen und friedlich mit uns zu leben, wenn wir die eroberten Gebiete aufgäben und die heimkehrwilligen Flüchtlinge aus dem Jahr 1948 zurückkehren ließen.

Ich hatte nicht das Gefühl, daß Fadua sich aus Gleichgültigkeit so ruhig verhielt. Sie zeigte sehr viel Interesse für das Haus und die im Garten aufgestellten archäologischen Funde. Sie stellte auch eine ganze Reihe Fragen an meine Tochter Yael über ihre Kindheit und ihren Geburtsort Nahalal. Wahrscheinlich fiel ihr das Schreiben leichter als das Reden. Vielleicht war die ungezügelte Sprache ihrer Gedichte, deren Kraft und die blutrünstige Symbolik nur der Aufschrei einer eingeschlossenen Seele, die sich sonst kein Gehör verschaffen konnte.

Kurz bevor sie gingen, sagte Dr. Kadri Toukan noch einmal, er hielte die Friedenschancen für gut. Ich entgegnete, er solle nach Ägypten fahren und Nasser fragen, ob er bereit wäre, sich mit uns zu einigen. Ich erzählte ihm auch von einem Ausspruch, den Ben Gurion wenige Tage vorher gemacht hatte: Wenn er zwischen dem Frieden und den besetzten Gebieten zu wählen hätte, dann würde er mit Ausnahme von Jerusalem alles aufgeben und den Frieden wählen. Kadri sagte dazu nichts, aber Fadua wandte sich plötzlich an ihn. „Kadri, geh zu Gamal (Nasser)", sagte sie. Kadri tat so, als verstünde er nicht recht, und fragte im Scherz: „Von welchem Gamal redest du?" Aber Fadua ließ nicht locker. „Sage Gamal, er soll sich mit den Israelis an einen Tisch setzen und Friedensverhandlungen führen. Kadri, geh zu ihm!" Was sie da sagte, klang wie eine Bitte und ein Befehl zugleich. Einen Moment lang schien es, sie würde in Tränen ausbrechen.

Zwei Monate später traf ich wieder mit Fadua zusammen, im King David-Hotel in Jerusalem, und diesmal war nur David Farhi dabei. Fadua war in Ägypten gewesen und hatte mit Nasser gesprochen. Nasser sagte zu ihr, der amerikanische Außenminister Dean Rusk habe ihn dringend gebeten, eine Vereinbarung mit Israel auf der Basis eines israelischen Rückzugs von der Sinaihalbinsel zu treffen; er habe aber abgelehnt, weil diese Vereinbarung nicht auch den Rückzug israelischer Truppen vom Westufer vorsah. Fadua erzählte Nasser von ihrem Gespräch mit mir, und er tadelte sie deswegen. Der einzige in Kairo, der sie ermutigte, sich mit mir zu treffen, war Hassanein Heikal, der Journalist und enge Vertraute Nassers. Sie war zurückgekehrt, ohne etwas erreicht zu haben. Der Weg zum Frieden schien nicht nur von ägyptischer, sondern auch von jordanischer Seite versperrt. Fadua sagte, selbst wenn wir uns vom Westufer zurückzögen und uns mit König Hussein verständigten, würde die El Fatah sich dagegenstellen und eine Vereinbarung verhindern. Fadua war überzeugt, daß der Großteil der Bevölkerung des Westufers den Frieden wollte und eine Lösung der Palästinenserfrage herbeisehnte, daß ihre Führer aber Feiglinge seien. Selbst ihr Onkel Kadri habe Angst; er würde sich weder persönlichen Gefahren aussetzen noch seine Popularität aufs Spiel setzen wollen.

Ich erzählte ihr, daß ich vor kurzem einem El Fatah-Überläufer die Freilassung angeboten hatte, unter der Voraussetzung, daß er zu Abu Amar – besser bekannt unter dem Namen Yasser Arafat – gehe und ihm sage, ich wolle mit ihm zusammentreffen. Der Gefangene weigerte sich; er wollte lieber in unserem Gewahrsam bleiben. Fadua sagte: „Ich bin eine Frau, aber ich bin nicht feige. Ich will den Frieden. Nasser wird keinen Frieden mit Ihnen schließen. Wenn ich in Beirut bin, werde ich Abu Amar sagen, daß Sie sich mit ihm treffen wollen. Wir müssen Frieden schließen!"

Kein Zweifel: Fadua ist eine mutige Frau. Aber ob sie mit Abu Amar tatsächlich gesprochen hat, weiß ich nicht. Ich habe nie wieder von ihr gehört.

24. *Kapitel*

Ein archäologischer Unfall

Mit den Arabern innerhalb unserer Grenzen lebten wir in Harmonie, doch Terroristen aus den Nachbarländern sickerten immer wieder in unser Gebiet ein, um Zivilisten in den grenznahen Siedlungen anzugreifen. Während der drei Jahre, die dem Sechstagekrieg folgten, kamen die meisten Terroristen aus Jordanien, obwohl König Hussein, im Gegensatz zu den Politikern in Ägypten und Syrien, sich nicht der Formulierung der „gewaltsamen Rückeroberung der durch Gewalt verlorenen Gebiete“ bediente. Hussein hatte offensichtlich aus der entscheidenden und blitzschnellen Niederlage seiner Streitkräfte eine Lehre gezogen. Er verfolgte seine Ziele nunmehr mit politischen und nicht mit militärischen Mitteln. Außerdem hätte Jordanien seinen engen Beziehungen zur Bevölkerung Westjordaniens mit einem Krieg einen äußerst schlechten Dienst erwiesen.

Trotzdem war es geraume Zeit an der jordanischen Grenze am unruhigsten. Die Schuld daran trugen die Terrororganisationen. Schon zehn Tage nach Kriegsende (am 20. Juni 1967) gaben sie bekannt, daß sie ihr „Oberkommando“ aus Jordanien in das von Israel besetzte Gebiet verlegt hätten, und Yasser Arafat bemühte sich auch tatsächlich eine Zeitlang, wenn auch ohne Erfolg, eine Untergrundbewegung auf dem Westufer auf die Beine zu stellen, doch schon im September kehrte er nach Jordanien zurück. Auch andere Terroristenführer aus Westjordanien und dem Gazastreifen gingen nach Jordanien oder in den Libanon, nachdem wir ihre Zellen hatten auffliegen lassen. Die Operationsbasen der Terroristen wurden also nach Jordanien verlegt. Über die jordanische Grenze kamen Sabotagetrupps, die die Zufahrtswege zu den Kibbuzim verminten, und von jordanischem Gebiet aus beschossen die Terroristen die israelischen Grenzdörfer im Jordantal und im Tal Bet

She'an. Die jordanische Armee griff Israel zwar nicht direkt an, aber die Grenztruppen unterstützten die Saboteure beim Überqueren des Jordan, gaben ihnen Feuerschutz bei ihrer Rückkehr und beteiligten sich gelegentlich auch am Artillerie- und Granatwerferbeschuß der israelischen Siedlungen.

Die Aktionen der Terroristen und die Gegenaktionen Israels fanden erst im Herbst 1970 ein Ende – im Schwarzen September. In diesen drei Jahre wurden insgesamt 5840 feindselige Akte gegen Israel verübt, die ihren Ausgang von Jordanien nahmen. Unsere Verluste beliefen sich auf 141 Tote und etwa 800 Verwundete. Der Kibbuz Kfar Ruppin wurde 85mal und das benachbarte Bet She'an 40mal unter Beschuß genommen.

Der erste Terrorakt ereignete sich neun Tage nach der Feuereinstellung. Am 19. Juni 1967 wurde in der Nähe des Kibbuz Gesher im Jordantal ein Sprengstoffattentat verübt. Sechs Wochen darauf gaben Terroristen aus dem Hinterhalt eine Reihe von Schüssen auf einen Lastwagen ab, der sich auf dem Weg vom Kibbuz Maoz Chaim nach Kfar Ruppin befand. Am 1. Oktober lauerten Terroristen einem Angehörigen des Kibbuz Hamadiah auf und töteten ihn; eines der Kibbuzgebäude wurde in die Luft gesprengt.

Am 2. November traf ich in Zemach mit den Vertretern aller landwirtschaftlichen Siedlungen und kleineren Städte im Jordantal zusammen und inspizierte anschließend die Grenze. Es wurde viel über den anstrengenden Wachdienst geklagt und über den Mangel an Waffen und Unterständen, an Scheinwerfern und Stacheldraht. Wenn die eine oder andere Schilderung auch übertrieben gewesen sein mag, so waren die Klagen bestimmt nicht unbegründet. Die von Jordanien ausgehende Sabotagetätigkeit hatte unsere Dörfer am Jordan in Frontstellungen verwandelt. Der große Krieg war offiziell zu Ende; in diesem Abschnitt mußten wir uns aber offensichtlich auf eine neue Phase und eine neuen Stil der Feindseligkeiten umstellen.

Nach zwei Wochen kam ich wieder und brachte diesmal eine Armeebrigade mit. Wir entschieden uns für die Stationierung von Panzern und Artillerie in dem Gebiet, um das Feuer im Bedarfsfall wirksam erwidern zu können. Den Vorschlag, Gleiches mit Gleichem zu vergelten, wies ich entschieden zurück. Wenn wir nämlich anfingen, die arabischen Bauern zu beschießen, dann würden sie aus den Grenzgebieten fliehen, was ganz und gar nicht in unserem Interesse lag. Wir mußten im Gegenteil die Araber dazu ermuntern, ihre Felder auch weiterhin bis zu den Grenzpfählen zu bebauen, genau wie wir es taten.

Einige Wochen später führte ich ein ähnliches Gespräch in den Kibbuzim Maoz Chaim und Kfar Ruppin, die gerade unter Artilleriebeschuß gestanden hatten. Auch die dortigen Kibbuzniks meinten, die Lage würde sich beruhigen, wenn wir scharfe Gegenmaßnahmen gegen die arabischen Bauern ergriffen. Ich sagte ihnen, daß die bisherige Praxis uns eines Besseren belehrt habe. Die Terroristen seien so aktiv, sagte ich, weil König Hussein ihnen nicht Einhalt gebot. Es sei gar nichts damit erreicht, der Zivilbevölkerung Schaden anzutun; man müßte vielmehr gegen die jordanischen Armeeeinheiten hart durchgreifen, die den Terrorkommandos Hilfe leisteten.

Am 15. Februar 1968 besuchte ich Maoz Chaim, Kfar Ruppin und Gesher noch einmal. Während der Nacht wurden alle drei Kibbuzim von Jordanien aus unter Beschuß genommen. In Maoz Chaim und Gesher wurden landwirtschaftliche Gebäude, Silos und Stallungen beschädigt; in Kfar Ruppin erhielt ein Kinderschlafsaal einen Volltreffer. Da die Kinder glücklicherweise bereits im Keller waren, wurde niemand verletzt. Als ich nach Gesher kam, setzte soeben ein zweiter, ziemlich schwerer Artilleriebeschuß ein. Gemäß unseren Regierungsbeschlüssen gab ich dem Generalstabschef Befehl, unsere Artillerie und Luftwaffe gegen militärische Ziele einzusetzen. Sie griffen die jordanischen Artilleriestellungen und Befestigungen entlang der Grenze an; dabei stand unsere Luftwaffe zum ersten Mal seit Kriegsende wieder im Einsatz.

Einen Monat später, am 18. März 1968, lief ein Schulbus mit Kindern von der Herzliah-Oberschule in Tel Aviv bei Be'er Orah, etwa vierzig Kilometer nördlich von Eilat, auf eine Mine auf. Zwei Kinder wurden getötet und 27 verwundet. Als Vergeltung für diesen Vorfall und wegen der immer mehr zunehmenden Überfälle und Sabotageakte im Jordantal griff die israelische Armee drei Tage danach zwei wichtige Terroristenstützpunkte auf jordanischem Gebiet an: Karameh, östlich des Jordan, und Zafi, südlich des Toten Meeres.

Die Aktion gegen Karameh gestaltete sich schwieriger als erwartet. Unsere Truppen – hauptsächlich Panzereinheiten – stießen auf jordanische Panzerverbände, und auch beim Angriff auf Karameh selbst leisteten die Terroristen erbitterten Widerstand. Die Kämpfe dauerten bis zum Einbruch der Dunkelheit. Wir erlitten beträchtliche Verluste – 29 Tote und etwa 90 Verwundete. Auf dem Schlachtfeld ließen wir vier Panzer und vier Panzerspähwagen zurück. Von den Jordaniern und Palästinenser-Terroristen wurden 232 getötet; dreißig ihrer Panzer wurden zerstört. 132 Terroristen ergaben sich und wurden gefangengenommen.

Wegen anhaltenden Bodennebels konnten unsere Hubschraubereinheiten nicht rechtzeitig in den Hügeln um Karameh landen, um den Terroristen den Fluchtweg abzuschneiden. Eine Anzahl konnte fliehen; darunter Yasser Arafat, der sich zusammen mit einigen seiner Kameraden per Auto nach Amman absetzte.

Ich konnte die Aktion von Karameh leider nicht aus nächster Nähe verfolgen; ich lag nämlich im Krankenhaus. Bei Ausgrabungen in einer Höhle bei

Azur in der Nähe von Tel Aviv war ich am Vortag von einer Sand- und Kalksteinlawine erfaßt worden. Ich dachte schon, diesmal habe meine letzte Stunde geschlagen.

Ich hatte den Großteil der Nacht des 19. März im Generalstabsquartier bei einer Durchsicht der Einsatzpläne für das 16 Stunden später angesetzte Unternehmen Karameh verbracht und wollte mir vor der Aktion ein paar Stunden der Entspannung in Azur gönnen. Mein junger Freund Aryeh Rosenbaum und ich wollten an diesem Morgen die dortigen Höhlen untersuchen. Aryeh war mit den bisher entdeckten archäologischen Funden sehr vertraut. Azur wird bereits in assyrischen Texten des achten vorchristlichen Jahrhunderts erwähnt, und 2000 Jahre später erbauten die Kreuzfahrer hier ihr *Château des Plains*. Der Ort war aber schon viel früher besiedelt worden. Bei früheren Ausgrabungen war ich in den Höhlen von Azur auf sehr gut erhaltene Sarkophage aus der Bronzezeit gestoßen.

Das Gebiet von Azur wurde damals zügig aufgeschlossen. Die Kalksteinhügel wurden teilweise abgebaut und der dort vorhandene Sand bei Bauprojekten verwendet. Aryeh hatte mir gesagt, ein bestimmter Hügel würde an diesem Morgen von Bulldozern und Löffelbaggern eingeebnet werden. Kurz nach Sonnenaufgang trafen wir einander in Azur.

Die schweren Maschinen hatten den Hügel bereits zur Hälfte abgetragen und dadurch eine steile Wand geschaffen. Davor türmte sich ein hoher Berg von Sand, der auf den Abtransport zu den Baustellen wartete. Ich durchsuchte den Sand ein wenig und stieß dabei auf einige Tonscherben – es waren Teile eines Gefäßes aus der frühen Bronzezeit. Zu dieser Zeit kannte man die Töpferscheibe noch nicht; die Gefäße wurden von Hand geformt, wie es die Kleinen im Kindergarten lernen, und waren daher nicht symmetrisch. Auch die Scherben, die ich gefunden hatte, sahen so aus; es waren Überreste von großen Töpfen und Krügen mit den für diese Zeit typischen, oberhalb der Tülle eingesetzten Henkeln.

Ich nahm an, daß die Scherben aus einer Höhlenwohnung in dem von den Maschinen entzweigeschnittenen Hügel stammten und kletterte auf den Sandhaufen, um die Höhle zu suchen. Als ich die Wand genauer untersuchte, fiel mir auf, daß die Gesteinsschichten an einer bestimmten Stelle senkrecht anstatt horizontal verliefen, was darauf schließen ließ, daß die Bagger auch die Höhle halbiert hatten und dabei das Dach der Höhle eingestürzt war. Ich mußte nur mit den Fingern daran kratzen, und schon zerbröckelte das Gestein, so weich war es. Ich stach mit meinem Spaten hinein und hatte bald ein Loch gegraben, das groß genug war, um mich hindurchzuzwängen.

Es war tatsächlich eine Höhle, in der vor fünftausend Jahren Menschen gewohnt hatten. Von Funden jedoch keine Spur. Und während ich noch überlegte, wohin die Topfscherben und Feuersteine verschwunden sein mochten, ereignete sich in Blitzesschnelle schon der Unfall. Die Baumaschinen hatten die unteren Schichten des Hügels weggeschnitten und dadurch die darüberliegenden Erdmassen ihrer Festigkeit beraubt. Mir war es nicht aufgefallen. Ich bemerkte es erst, als ich plötzlich Sand herunterrieseln hörte. Die ganze Hügelwand war im Begriff, auf mich herabzustürzen.

Zuerst brach ein Teil des Höhlendaches über mir ein, und ich verlor das Bewußtsein. Ich kam aber sofort wieder zu mir und stellte fest, daß ich bis zu den Achselhöhlen im Sand steckte. Schon im nächsten Augenblick brach ein weiteres Stück Dach auseinander, und ich war im Nu verschüttet. Der Gedanke schoß mir durch den Kopf: „Ich kann nicht atmen, mich nicht bewegen. Ich komme hier nicht mehr hinaus. Das muß das Ende sein!" Ich war hilflos; es blieb mir nichts anderes übrig, als wieder ohnmächtig zu werden.

Aryeh, der unverletzt geblieben war, rief Leute aus der Nähe zu Hilfe. Sie befolgten Aryehs genaue Anweisungen, gruben mit Hacken und Spaten, fanden mich und zogen mich heraus.

Ich kam bald wieder zu Bewußtsein. Als erstes erinnerte ich mich an den blitzartigen Gedanken im Augenblick des Unfalls. Und gleich darauf sagte ich mir, mein Ende sei doch nicht gekommen, so miserabel ich mich auch fühlte. Aber immerhin, ich lag unter freiem Himmel an einem klaren, sonnigen Frühlingstag und atmete die frischeste Luft ein, die es jemals gegeben hatte.

Man brachte mich so schnell wie möglich ins Tel Hashomer-Hospital außerhalb von Tel Aviv. Ich war bei Bewußtsein, konnte aber nicht sprechen, sondern nur mit großer Mühe eine Art Grunzen hervorbringen. Ich war am ganzen Körper grün und blau und verschwollen. Die Ärzte stellten Verletzungen an zwei Rückenwirbeln und an den Rippen fest, und eines meiner Stimmbänder war gerissen. Hals und Rücken mußten sofort behandelt werden; die übrigen Verletzungen würden von selbst heilen. So wurde ein Gipsverband um meinen ganzen Oberkörper gelegt, und zur Wiederherstellung meines Sprechvermögens wurde Dr. Ezrati, eine große Kapazität, hinzugezogen.

Sobald ich mich einigermaßen verständlich machen konnte, fragte ich, wann ich das Hospital verlassen und zurück an die Arbeit könne. Der Leiter des Hospitals, der inzwischen verstorbene Dr. Chaim Sheba, ein fabelhafter Mensch und großartiger Arzt, meinte, ich könnte in etwa drei Wochen entlassen werden. Ich stellte eine kurze Berechnung auf, gab sicherheitshalber einen Tag zu und kam auf den 14. April. Meine Rechnung ging auf. Am Morgen des 14. war ich wieder im Büro.

Während ich im Hospital lag, rief ich mir ins Gedächtnis zurück, wie ich mich in ähnlichen Situationen gefühlt hatte. Als ich damals mein Auge verlor, verfiel ich in eine tiefe Depression und dachte, meine Karriere als Soldat sei vorüber, ich würde nie wieder an verantwortlicher Stelle tätig sein können. Ich hatte auch gedacht, ich würde den Rest meines Lebens in steter Sorge um mein zweites Auge sein. Diesmal nahm ich mir sofort nach der Einlieferung ins Krankenhaus vor, über den Unfall und seine etwaigen Nachwirkungen nicht zu grübeln, sondern mich darüber hinwegzusetzen und wieder zur Arbeit zu gehen, sobald ich nur konnte.

Einige Monate lang trug ich noch ein Korsett, um meiner Wirbelsäule den nötigen Halt zu geben. Ich benutzte einen besonders gebauten Stuhl und konnte mich auch normal bewegen, sitzen und arbeiten, bis die Wirbel endgültig verheilt waren. Die Wiederherstellung meines Sprechvermögens erwies sich als weitaus schwieriger. Das mir verbleibende Stimmband mußte nun doppelte Arbeit leisten, es mußte die Schwingungen über die doppelte Distanz leiten. Ich mußte gewissermaßen noch einmal sprechen lernen. Anfangs brachte ich zu meiner großen Verzweiflung nichts Zusammenhängendes hervor. Meine einzige Hoffnung war Dr. Ezrati. Er lächelte und meinte, mit meinem eisernen Willen und seinen Fachkenntnissen würden wir das schon schaffen! Er behielt recht. Natürlich wirkt sich die doppelte Belastung des einen Stimmbandes auf meine Stimme aus – sie wird müde, wenn ich sehr viel rede. Gewöhnlich gelingt es mir jedoch, meine Zuhörer schon eher zu ermüden.

Während der Zeit im Hospital und auch danach bekam ich viel Besuch, viele Blumen, Briefe und Telegramme. Dem Generalstabschef sagte ich, er solle so tun, als sei ich auf Urlaub, und sich seine Anweisungen beim Ministerpräsidenten selbst holen. Ich fand – und das sagte ich auch dem Ministerpräsidenten, als er mich besuchte –, man könne das Verteidigungsressort nicht einem Bettlägerigen überlassen. Zu den Besuchern zählten auch arabische Honoratioren aus den besetzten Gebieten, darunter die Bürgermeister von Nablus, Hebron und Gaza.

Über den Besuch des Bürgermeisters von Kalkilia war ich besonders gerührt; er brachte mir frisch gepflückte Orangen. Meine Bemühungen um den Wiederaufbau seiner von uns zum Teil zerstörten Stadt hatten mit der Zeit zu einem besonderen Verhältnis zwischen uns geführt. Wir waren zwei Männer, die gemeinsam die Verantwortung für das Schicksal und die gesamte Existenz einer Gemeinde trugen. Ich sah daher in ihm nicht einfach den arabischen Bürgermeister einer von uns besetzten arabischen Stadt, und für ihn war ich wohl auch nicht nur der israelische Verteidigungsminister, hinter dem eine ganze Armee stand.

Rahel kam gewöhnlich spätabends nach der Besuchszeit, nachdem meine Familie und die anderen Besucher gegangen waren. Ich mußte ihr immer wieder versichern, daß ich wieder ganz und gar gesund werden würde. Aber ob mein verschwollenes Gesicht, mein zerschundener Körper, der Gipsverband, mein Gestammel diese Beteuerungen nicht Lügen straften – ich weiß es nicht. Sie klammerte sich jedenfalls an meine Zuversicht wie an ein Amulett. „Versprichst du mir das wirklich?" sagte sie, und wenn ich mit dem Kopf nickte, war sie beruhigt – bis zum nächsten Mal.

Auch mein Sohn Udi (Ehud) war von meinem Aussehen zutiefst betroffen. Als ich aus dem Krankenhaus entlassen wurde, brachte er mich nach Hause. Ich stieg mit einiger Mühe aus dem Wagen und bat ihn dann, mich auf einem kurzen Gang durch unseren Garten zu begleiten. Ich war zum ersten Mal seit Wochen wieder richtig auf den Beinen; ich mußte mich auf Udi und auf einen Stock stützen. Ich war vollkommen geschwächt, hatte überhaupt keine Kraft in den Gliedern, und unter dem Gips konnte ich es vor Schmerzen kaum aushalten. Udi beobachtete mich: Vor ihm stand ein gebrochener Mann, auf einem Auge blind, kaum fähig, sich vorwärtszubewegen, beinahe gelähmt und ohne Stimme. Das sollte sein Vater sein? Lange nachher, als ich völlig wiederhergestellt war, sagte er mir, er habe an diesem Tag im Garten befürchtet und bei dem Gedanken die Tränen kaum zurückdrängen können, es würde sich für den Rest meines Lebens an meinem Zustand nichts ändern, ich würde für immer stumm und verkrüppelt bleiben.

Sowohl im Hospital als auch noch einige Zeit danach verursachte die Wirbelsäule heftige Schmerzen. Als meine Tochter Yael noch ein Kind war, weinte sie immer, wenn sie hinfiel. Ich fragte sie dann, ob denn das Hinfallen und der Schmerz nicht genügten – warum da auch noch weinen? Yael sagte, sie weine, weil sie sich weh getan hatte, und ich versuchte ihr zu erklären, daß Tränen auch weh tun und obendrein überflüssig sind. Ich konnte sie von der Richtigkeit dieser Behauptung nicht überzeugen, aber wenigstens ihre Aufmerksamkeit von ihrem Schmerz ablenken. Bei mir selbst hatte ich mit dieser Methode wenig Erfolg. Ich konnte mich noch so sehr bemühen, an etwas anderes als meine quälenden Schmerzen zu denken, aber es gelang mir nicht. Auch die Freunde, die mich besuchten, waren mir keine große Hilfe. Ben Gurion war fassungslos, als er mich im Krankenhaus sah. „Mein Gott", sagte er, „du bist ja am ganzen Körper grün und blau. Was soll nur aus dir werden?" Und so mußte ich ihm Mut zusprechen, anstatt er mir. Selbst diejenigen Besucher, die eine heitere Stimmung verbreiten und leichte Gespräche führen wollten, konnten ihre Besorgnis nicht verbergen. Ich konnte es ihnen vom Gesicht ablesen; sie wollten mir nicht in die Augen sehen.

Gegen die Schmerzen halfen nur Tabletten oder Spritzen. Ich konnte sonst nicht schlafen. Dr. Spiro, der orthopädische Chirurg, der mich betreute und ein alter Freund von mir war, riet mir etwa sechs Wochen nach dem Unfall dringend davon ab, weiterhin Drogen zu nehmen; ich würde sonst süchtig werden. Ich fragte ihn, wann ich aufhören sollte, und er sagte, je eher, desto besser. Ohne ein Wort packte ich sämtliche Tabletten zusammen und übergab sie ihm. Mein Auge, meine Wirbelsäule, das Stimmband – das reichte mir vollkommen. Süchtig werden – das wäre wirklich zuviel gewesen.

Tel Hashomer war ein ungewöhnliches Krankenhaus und Dr. Chaim Sheba war ein ungewöhnlicher Mensch. Ich kannte ihn seit vielen Jahren und hatte ihn liebgewonnen. Er war ein israelischer Albert Schweitzer. Nur hatte er seine Heimat nicht verlassen müssen, um den Ärmsten der Armen zu helfen. Die Stämme Israels waren aus allen Ecken und Enden der Welt in ihre Heimat zurückgekehrt, und Sheba fühlte sich für ihr Wohlergehen persönlich verantwortlich. Wenn er einen Neueinwanderer aus dem Orient behandelte, dann isolierte er den Patienten wohlweislich weder von seiner Familie noch von seinen Lebensgewohnheiten. In seinem Hospital, einem umgebauten Komplex von Militärbaracken, konnte man daher die Patienten mit ihren Familien im Gras sitzen und ihre Brotfladen und andere gewohnte Speisen essen sehen.

Sheba hatte ein altes britisches Armeelager in eine der modernsten Heil- und Forschungsstätten der Welt verwandelt. Es fing bescheiden an: die verfallenen Hütten dienten als Krankensäle, und das Jahresbudget für Anschaffungen und Medikamente reichte nur für sechs Monate. Und doch gelang es Dr. Sheba mit der Zeit, eine ganze Generation von jungen Ärzten heranzubilden. Sie kamen zu ihm, weil er nicht nur ein hervorragender Diagnostiker war, sondern sich auch jedem Patienten in beispielhafter Weise persönlich widmete. Er wollte über die Lebensumstände der Patienten genauestens Bescheid wissen und war ebenso daran interessiert, die Forschung in immer neue Gebiete voranzutreiben. Er besaß einen besonders feinen Sinn für Humor, eine stille Verachtung für Großtuerei und war ein überaus bescheidener Mensch. Nicht selten begleitete er einen ängstlichen Patienten persönlich in den Operationssaal und sprach ihm gut zu. Die Patienten kamen, ohne sich vorher anzumelden. Wenn er gerade beschäftigt war, dann warteten sie eben.

Wenn Dr. Sheba seinen langen, mühevollen Arbeitstag im Spital beendet hatte, machte er Hausbesuche. Er nahm sich Zeit für jeden Patienten, sprach mit ihnen und gab ihnen die Möglichkeit, sich auszusprechen; das erleichterte sie und gab ihnen neuen Mut. Sein Interesse war nicht vorgetäuscht, es war echt. Er war ganz und gar von seinem Beruf erfüllt. Er wußte, daß die meisten Menschen an Leib und Seele schwach sind und daß auch die Stärksten ihre Schwächen haben. Jeder braucht dann und wann einen, der ihn wieder „heil" machen kann, jemanden, dessen angeborene, urwüchsige Kraft alle Hindernisse überwältigt und dem man sich rückhaltlos anvertrauen kann. Einen solchen Heiler verlor Israel, als Chaim Sheba am 12. Juni 1971 starb.

Als ich mich wieder einigermaßen frei bewegen konnte, fuhr ich zum Steinbruch nach Azur, um nachzusehen, ob die Gegenstände, die ich ursprünglich gesucht hatte, nicht doch zu finden wären. Sei meinem letzten Besuch hatten die Löffelbagger den Hügel fast zur Gänze abgetragen. Ich stöberte ein wenig herum, konnte aber nichts finden. Als ich zum Wagen zurückging, hörte ich eine Frau zu einer anderen sagen: „Da ist er schon wieder, der Moshe Dayan. Er glaubt wohl, es ist eine Kleinigkeit, ihn da immer wieder herauszuziehen!"

Der andauernde Terror und die vielen Grenzzwischenfälle wurden mit der Zeit – für die arabischen Bewohner im Tal östlich des Jordan – immer unerträglicher. Dörfer und Ackerland wurden immer mehr verwüstet, so daß den Bauern am Ende nichts anderes übrig blieb, als aus der Gefahrenzone zu flüchten. Sie verließen ihre Wohnung und gingen mit ihrer Familie, ihren Schafen und ihrem Hausrat in die Flüchtlingslager bei Amman. Die Äcker, die sie bebaut und fruchtbar gemacht hatten, lagen brach.

Arabische Bauern wurden zu unschuldigen Opfern des arabischen Terrorismus. Nichts legte ein deutlicheres und zugleich tragischeres Zeugnis für die Widersinnigkeit der arabischen Sabotageakte ab als die unterschiedliche Entwicklung an den beiden Seiten des Flusses. Die jüdischen Farmer am westlichen Ufer, die die militärische und politische Zielscheibe der Terroristen waren, arbeiteten weiterhin auf ihren Feldern und lebten unbeirrt in ihren Dörfern. Das Ostufer war zur Wüste geworden. Die Felder verdorrten, die Siedlungen lagen verlassen da, und die Bewohner waren geflohen.

Die jüdischen Farmer in den Kibbuzim und den Moshavsiedlungen stellten sich völlig auf den Kriegszustand um. Unterstützt von der Regierung und der Armee, legten sie unterirdische Bunker an, in denen die Kinder schliefen, bauten innerhalb der Siedlungen Asphaltstraßen, die nicht vermint werden konnten, zogen Drahtzäune um die Dörfer und installierten Scheinwerfer. Keine einzige Farm und kein einziges Dorf wurde aufgegeben. Nicht ein Morgen Land war unbebaut. Der Weinberg des Kibbuz Gesher wurde zum Symbol für den unerschütterlichen Willen der Bauern des Grenzgebiets am Jordan. Er lag in der Schußlinie der befestigten Stellungen der Arabischen Legion. Die Weinbauern wurden oft bei der Arbeit beschossen; aber sie gaben nicht auf. Sie schnitten die Reben, sie bewässerten den Weinberg und ernteten die Trauben.

Bei einer Aussprache mit Vertretern der Verwaltung des nahen Tales Bet She'an legte ich vier Grundsätze zur Bekämpfung der von Jordanien ausgehenden Terrortätigkeit fest:

1. Nach den Bestimmungen des Feuereinstellungsabkommens mußte Jordanien für die Tätigkeit der El Fatah zur Verantwortung gezogen werden.

2. Wenn die El Fatah ihre Aktionen fortsetzte, würden wir ihre Einheiten auf jordanisches Gebiet verfolgen. Es würde der El Fatah nicht erlaubt werden, auf unserer Seite der Grenze zu operieren und zugleich auf jordanischer Seite Immunität zu genießen.

3. Unsere Aktionen seien nicht als Strafexpeditionen anzusehen, sondern als Teil einer regelrechten, länger andauernden, mit verschiedenen Mitteln geführten militärischen Kampagne, die sich keineswegs in Einzeloperationen erschöpfen werde. Nur wenn wir alle verfügbaren Mittel anwendeten, konnte es uns gelingen, die Kampagne erfolgreich zu beenden.

4. Das bedeutete, daß die Grenzdörfer nicht nur kämpfen, sich verteidigen und Teil des gesamten Sicherheitssystems werden mußten, sondern vor allem ihrem gewohnten Leben und der gewohnten Arbeit in vollem Umfang nachgehen sollten. So und nur so, betonte ich, könnten der Staat Israel und die Grenzdörfer sich behaupten.

Während unserer Aussprache erwähnte einer der Kibbuzniks ein Stück Land, das immer wieder unter Beschuß gewesen war. „Dort werden wir in diesem Jahr nichts ernten", sagte er. Ich sagte zu ihm: „Ben Ami, mein Freund, wir sind zusammengekommen, um die Ernte auf jedem einzelnen Stück Land sicherzustellen. Eine andere Möglichkeit kann ich nicht gelten lassen. Ist ein Feld, ein Hain oder Weinberg ungeschützt, liegt ein Stück Land in Reichweite der jordanischen Batterien, dann werden eben nur Männer dort arbeiten. Wenn nötig, werden wir euch Hilfskräfte schicken; aber ein Feld unter feindlichem Druck aufgeben, das kommt für mich nicht in Frage. Der Hauptunterschied zwischen unserer und der arabischen Seite des Flusses ist, daß drüben Zehntausende geflohen sind und sich heute in den Flüchtlingslagern von Amman, Irbid und es-Salt aufhalten. Nicht nur ist auf unserem Ufer niemand geflohen; nicht nur haben wir keinen Rebstock verdorren lassen – im Gegenteil, unsere Grenzbevölkerung wird wachsen. Wir werden einen Aufruf ergehen lassen und den Leuten sagen, sie sollen kommen und mithelfen." Das taten wir auch. Und die Freiwilligen kamen.

Um ein tiefes Eindringen der Terroristen zu verhindern, legten sich unsere Truppen auch dann und wann in den Hinterhalt. An einer solchen Aktion beteiligte ich mich. Ich schloß mich einem Fallschirmjägerbataillon im Jordantal an, das unter dem Befehl von Dan Shomron stand. Diese Einheit war mir besonders ans Herz gewachsen, da sie die Nachfolge des von mir vor zwanzig Jahren gegründeten 89. Kommandobataillons angetreten hatte.

Um 16 Uhr 45 traf ich im Gefechtsstand der Einheit ein. Ich hatte mich vorher nicht angesagt, weil es mich nicht interessierte, wie sauber sie ihre Sachen hielten, sondern wie das Bataillon arbeitete. Ich bekam einen Tarnanzug, einen Stahlhelm und eine Maschinenpistole. Bei der Lagebesprechung setzte ich mich mit dazu; aber sosehr die Soldaten versuchten, meine Anwesenheit nicht zu beachten, es gelang ihnen nicht. Da hatte ich das Gefühl, ich müsse den Grund meines Kommens doch erklären. Ich befände mich weder auf hochoffiziellem Besuch, sagte ich, noch auf Inspektion, sondern wollte ihnen nur einmal bei der Arbeit zusehen und die seit dem Sechstagekrieg neu hinzugekommenen Soldaten näher kennenlernen.

Das letzte Stück Weg vom Lager zum Einsatzgebiet legten wir zu Fuß zurück. Wir waren in Kompaniestärke ausgerückt und verteilten uns nun in kleineren Gruppen entlang einer Talsohle. Mati, mein Adjutant, und ich schlossen uns einer von einem Korporal geführten Gruppe von vier Mann an. Als wir die uns zugewiesene Stellung erreicht hatten, kroch ich in einen Bewässerungsgraben und legte mich hin, die Augen in der Höhe des Grabenrandes. Ich hatte ausgezeichnete Sicht bis zum Horizont. Kurz darauf schwand das letzte Tageslicht, und es wurde völlig dunkel. Ein jetzt Näherkommender würde nur sichtbar sein, wenn er sich gegen den Himmel abhob.

Wir lagen erst eine Viertelstunde auf der Lauer, da hörten wir schon näherkommende Schritte. Bald konnten wir die Umrisse menschlicher Gestalten erkennen. Als sie sich bis auf fünfzig Meter genähert hatten, eröffnete unsere Gruppe das Feuer und nahm sofort die Verfolgung der Flüchtenden auf. Auf einem Saumpfad, der vom Fluß in die Berge am Westufer führte, entdeckten wir die Leichen dreier junger Araber. Den übrigen mochte die Flucht geglückt sein. Wir gingen zu unserer Stellung zurück und legten uns wieder auf die Lauer. Die Leichen würden beim Morgengrauen untersucht werden.

Es ereignete sich nichts weiter im Verlauf der Nacht; also verabschiedete ich mich am frühen Morgen vom Kompaniekommandanten und den Soldaten und fuhr nach Jerusalem zurück.

Vom militärischen Standpunkt war die Aktion eigentlich eher unergiebig, und da wir absolute Stille bewahren mußten, hatte ich die Soldaten natürlich auch nicht näher kennenlernen können. Die im Freien verbrachte Nacht rief Erinnerungen an meine Kindheit in Nahalal wach, wo ich im Sommer oft draußen schlief. Wie damals war eine Nacht unter freiem Himmel für mich ein wunderbares Erlebnis, voll von den Geräuschen und Gerüchen der Natur, der Himmel zum Greifen nah. Noch auf der Rückfahrt nach Jerusalem glaubte ich im Halbschlaf die warme Erde, den sanften Wind und den zarten Hauch der schlummernden Natur zu spüren.

Während des Jahres 1968 und zu Beginn des Jahres 1969 dauerte die Terrortätigkeit weiter an, wenn auch nicht immer mit der gleichen Intensität. Wir verstärkten unsere Schutzmaßnahmen und setzten immer neue Mittel zur Bekämpfung des Terrors ein. Wir sicherten die Grenze am Jordan mit Drahtzäunen ab, verminten sie und errichteten in regelmäßigen Abständen befestigte Stellungen. Es wurden auch Wege mit einer besonderen Beschichtung angelegt, auf der die Fußspuren der Saboteure zu erkennen waren, die den Jordan überquert und die Zäune überwunden hatten. Eindringlinge, die wir mit Hilfe dieser Methode entdeckten, wurden zu Fuß oder auch per Hubschrauber verfolgt und entkamen fast nie. Aber auch wir bezahlten einen hohen Preis für den Schutz unseres Landes. Zu den Kommandeuren der Einheiten, die an diesen Aktionen teilnahmen, gehörten viele unserer besten, rangältesten Offiziere; sie waren die ersten, die unter Beschuß kamen, wenn die Saboteure in die Falle gingen.

Bei einem solchen Einsatz wurden Oberst Arik Regev, der Kommandeur der im Jordantal stationierten Fallschirmjägerbrigade, und sein Stabsoffizier, Gad Manella, getötet. Als ich Regevs Witwe aufsuchte, kamen wir auf mein erstes Zusammentreffen mit ihrem Mann zu sprechen. Er hatte ihr erzählt, Uzi Narkiss und er seien kurz nach der Eroberung der Altstadt von Jerusalem zu mir gekommen, um gegen die von mir verfügte Aufhebung der Grenzsperren zwischen den beiden Stadthälften zu protestieren. Regev hatte gesagt, er hielte mich für verrückt, und ich antwortete darauf: „Junger Mann, was Sie da eben gesagt haben, ist nicht weiter wichtig. Wichtig ist, daß Sie den Mut hatten, zu sagen, was Sie dachten."

In der Zwischenzeit war ich Arik oft im Feld begegnet. Ich sah in ihm einen ausgezeichneten, ungewöhnlich fähigen Soldaten, einen der „Auserwählten" wie Meir Har Zion, die in jeder Generation nur ganz selten vorkommen.

Im Laufe ihrer langen Geschichte hat die jüdische Nation stets diejenigen besonders zu benennen gewußt, die sie in ihrer ärgsten Bedrängnis beschützten und erretteten. Zur Zeit der Richter wurden sie „Erlöser" genannt und in der Diaspora die „Gerechten". Teils waren es ganz Unbekannte, die die jüdische Nation vor dem Untergang bewahrt haben. In unserer Generation, so sagte ich am Grabe Regevs, waren es die jungen Männer, die über unsere Nation wachten, ihr kurzes Leben für sie hingaben, damit sie wiederauferstehe. Oberst Regev zählte zu den besten unserer Offiziere. Unsere Generation hat sich an Mut und Kampfgeist besonders ausgezeichnet; aber er überragte sie. Er war der Tapferste der Tapferen; er stand in der vordersten Reihe bei jedem Angriff; er riß die Führung an sich, wenn die Not am größten war; er war ein aufrechter und gutherziger Mann, ein großer Streiter für die Sache der jüdischen Nation.

In den zwanzig Jahren seit der Staatsgründung war es Israel nie möglich gewesen, die Waffen niederzulegen. Krieg folgte auf Krieg, Gefecht auf Gefecht. Der Unabhängigkeitskrieg, die Vergeltungsaktionen, der Sinaifeldzug, die Grenzzwischenfälle, der Sechstagekrieg und jetzt der Kampf gegen den

Terror. Daß wir unserem Bekenntnis treu blieben und unser Ziel fest im Auge behielten, haben wir der Redlichkeit und dem Opfermut von Männern wie Regev zu verdanken.

Der entscheidende Augenblick im Verlauf der Angriffe aus Jordanien kam, als Aktionen der israelischen Armee zusammen mit dem Verhalten der Terroristen in Jordanien König Hussein dazu brachten, entsprechende Maßnahmen zu ergreifen. Die Terroristen hatten einen Staat im Staate gebildet. Im Februar 1970 erließ die jordanische Regierung Verordnungen, die die Freizügigkeit der Bewegungen der Terroristen einschränkten. Doch noch bevor diese Verordnungen in Kraft treten konnten, mußten sie unter dem Druck des Iraks und Ägyptens widerrufen werden.

Am 26. Juli nahm Jordanien den von Außenminister Rogers ausgearbeiteten Friedensplan an. Die Terrororganisationen beschlossen, diese Entscheidung zu torpedieren und ihre Operationen gegen Israel zu verstärken, um Jordaniens Position zu beeinträchtigen. König Hussein mußte nun ein für alle Male entscheiden, wer in Jordanien die Politik machte: Die Terroristen oder er selbst. Der Zusammenstoß zwischen dem König und den Terroristenführern Yasser Arafat und George Habash schien unvermeidlich. Im September fand er dann tatsächlich statt.

25. Kapitel

Schwarzer September

Anfang September 1970 verübten Terroristen einen Mordanschlag auf König Hussein. Darauf folgten Zusammenstöße mit der jordanischen Armee, und dann, am 6. September, erreichte die Terrortätigkeit ihren bisherigen Höhepunkt mit vier Flugzeugentführungen in Europa, von denen nur eine vereitelt wurde. Bei dem Versuch, eine Boeing der El Al während des Flugs zu entführen, wurde ein Terrorist getötet und seine Begleiterin überwältigt. Die Frau wurde nach der Landung am Flughafen Heathrow der Londoner Polizei übergeben. Es war Leila Khaled, die mit dabei gewesen war, als Terroristen im August 1969 eine TWA-Maschine auf dem Flug von Rom nach Tel Aviv entführten und nach Damaskus brachten.

Die anderen betroffenen Fluglinien waren Pan American, TWA und Swissair. Ein Jumbo-Jet der Pan American wurde zur Landung in Kairo gezwungen; die Terroristen ließen die Passagiere aussteigen und sprengten das Flugzeug in die Luft. Die beiden anderen Flugzeuge mußten in der Nähe der Stadt Zerka in Jordanien landen; die Passagiere wurden als Geiseln festgehalten.

Die „Volksfront für die Befreiung Palästinas" übernahm die Verantwortung für sämtliche Entführungen und stellte dann eine Reihe von Forderungen an die Regierungen der Schweiz, der Bundesrepublik Deutschland, Großbritanniens, der Vereinigten Staaten und Israels. Wenn diese Forderungen nicht erfüllt würden oder wenn die jordanische Armee eingreifen sollte, würden die Terroristen beide Flugzeuge mitsamt den Geiseln in die Luft sprengen. Um ihrer Drohung Nachdruck zu verleihen, brachten sie an verschiedenen Stellen der Flugzeuge Sprengladungen an.

Von der Schweiz verlangten sie die Freilassung dreier Kameraden, die wegen eines Anschlags auf eine El Al-Maschine auf dem Züricher Flughafen im

Februar 1969 zu zwölf Jahren Gefängnis verurteilt worden waren; von der Bundesrepublik Deutschland die Freilassung dreier Terroristen, die wegen eines Überfalls auf Passagiere der El Al in München eine Haftstrafe verbüßten; von Großbritannien die Freilassung Leila Khaleds; von den Vereinigten Staaten die Freilassung Sirhan Bishara Sirhans, der wegen Mordes an Robert Kennedy im Gefängnis saß, und schließlich von Israel die Freilassung einer Reihe namentlich angeführter, inhaftierter Terroristen.

Drei Tage später wurde eine BOAC-Maschine auf dem Flug von Bahrein nach London entführt und ebenfalls nach Zerka gebracht. Nun standen drei Flugzeuge in der sengenden Sonne. Die Passagiere waren vor Hunger, Durst und Hitze der Ohnmacht nahe. Ein Sprecher der Volksfront gab bekannt, die letzte Aktion sei unternommen worden, um die Freilassung Leila Khaleds zu beschleunigen.

Die Regierungen der Schweiz, der Bundesrepublik Deutschland und Großbritanniens waren bereit, auf die Forderungen der Terroristen einzugehen. Nachdem Vertreter dieser Länder mit einem Vertreter Israels und dem amerikanischen Außenminister Rogers zusammengetroffen waren, einigte man sich darauf, keine einseitigen Zugeständnisse zu machen und die in Gewahrsam befindlichen Terroristen nur unter der Bedingung zu entlassen, daß auch alle Passagiere, einschließlich der israelischen Staatsbürger und der übrigen Juden an Bord, freigelassen würden.

Der Sicherheitsrat der Vereinten Nationen wurde zu einer Sondersitzung einberufen und richtete den Appell an die Terroristen, alle Passagiere und Besatzungsmitglieder ohne Ausnahme freizulassen. Das Rote Kreuz versorgte die Geiseln mit Essen und Medikamenten. Die Passagiere, die sich seit Tagen nicht von ihren Sitzen gerührt hatten, litten unmenschliche Qualen, da die Klimaanlagen der Flugzeuge nicht in Betrieb waren. General Khadissa, dem Oberbefehlshaber der jordanischen Armee, gelang es nach einiger Zeit, die Terroristen zur Freilassung der Frauen und Kinder, der alten Menschen und der Staatsbürger Indiens und Pakistans zu überreden. Alle bis auf sechzig jüdische Frauen und Kinder, die die Terroristen „zum Verhör" zurückhielten, wurden nach Amman in ein Hotel gebracht. Sogar die irakische Regierung appelierte an die Volksfront, die Passagiere freizugeben. Ohne Erfolg.

Nach sechs Tagen in der fast unerträglichen Hitze, am 12. September um drei Uhr nachmittags, erlaubten die Terroristen den Passagieren auszusteigen. Dann sprengten sie die Flugzeuge in die Luft. 280 Passagiere und die Besatzungen der drei Maschinen wurden nach Amman gebracht, vierzig Geiseln aber zurückgehalten und von den Terroristen als „Kriegsgefangene" in ein Flüchtlingslager mitgenommen. Sie wurden erst befreit, als jordanische Truppen das Lager stürmten.

Die Entführung der Flugzeuge nach Jordanien und die Nichtachtung der Anordnungen der jordanischen Behörden führten zur offenen und direkten Auseinandersetzung zwischen den Terroristen und der jordanischen Armee. Es kam zum Ausbruch von Feindseligkeiten im Gebiet von Amman, und die Kämpfe dauerten an, obwohl beide Seiten mehrmals erklärten, sie seien bereit, das Feuer einzustellen. Manche Einheiten, deren Kommandanten die Tätigkeit der Terroristen noch stärker einschränken wollten, griffen entgegen den Befehlen des jordanischen Generalstabschefs auch Stützpunkte der Terroristen an der syrischen Grenze an. Die Zusammenstöße wurden immer blutiger und begannen sich auf andere Teile des Landes auszuweiten. Die Terroristen behaupteten, Panzereinheiten hätten ihre Stützpunkte im Norden des Landes unter Beschuß genommen und eine große Anzahl ihrer Anhänger getötet. Die Terroristenführer forderten König Hussein auf, das Kabinett unter Ministerpräsident Ziad el-Rifai zu entlassen und die der palästinensischen Befreiungsbewegung feindlich gesinnten Offiziere abzusetzen.

Um Krone und Königreich zu retten, ließ Hussein die Zivilregierung abdanken und bildete statt dessen eine aus zwölf Generälen bestehende Übergangsregierung unter Ministerpräsident Muhmad Da'oud, einem Brigadier, der im Sechstagekrieg gefangengenommen worden war und einige Wochen als Kriegsgefangener in Israel verbrachte. Die Terroristen baten um Feuereinstellung, die Regierung stimmte zu – aber der Bürgerkrieg ging trotzdem weiter. Regierung und Armee waren entschieden im Vorteil. Die Terroristen in Amman und Umgebung, die noch nicht geflohen waren, wurden entweder verhaftet oder getötet. Die übrigen arabischen Staaten richteten dringende Appelle an König Hussein, die Aktionen gegen die Terroristen einzustellen, aber Hussein blieb hart. Syrische Truppen überschritten daraufhin am 18. September die jordanische Grenze, eilten den Terroristen zu Hilfe und besetzten einen befestigten Polizeiposten. Am folgenden Tag rückten weitere syrische Panzerverbände, diesmal von irakischen Einheiten begleitet, in Jordanien ein und marschierten auf die Hauptstadt Amman. Hussein ersuchte die Vereinigten Staaten um Hilfe. Washington versetzte die 82. Luftlandedivision in volle Alarmbereitschaft und richtete gleichzeitig eine scharfe Note an Syrien. Eine israelische Panzereinheit wurde an die Nordgrenze Israels in unmittelbare Nähe des Kampfgebiets verlegt. Dieser Schritt blieb – ganz unserer Absicht entsprechend – von Syrien nicht unbeachtet.

Die jordanischen Truppen griffen die syrische Invasionsarmee an, fügten ihr schwere Verluste zu und schlugen sie in die Flucht. Der ägyptische Ge-
ihr schwere Verluste zu und schlugen sie schließlich in die Flucht. Der ägyptische Generalstabschef traf in Amman ein und überbrachte eine persön-
an Hussein und Arafat, die Kämpfe einzustellen. Nachdem Hussein die Ober-

hand gewonnen hatte, nahm er eine Einladung Nassers nach Kairo an und schloß dort, zumindest auf dem Papier, ein Übereinkommen mit Arafat ab. Am darauffolgenden Tag, dem 28. September, starb Nasser an einem Herzinfarkt.

Der Konflikt zwischen den Terroristen und der jordanischen Armee dauerte an. Anfang Januar 1971 drangen Armeeeinheiten in palästinensische Flüchtlingslager in der Nähe von Amman ein und durchkämmten sie nach Terroristen. Gleichzeitig besetzten weitere Einheiten die Stützpunkte der Terroristen bei Jerash und es-Salt. Die jordanische Armee ging dann zu einem Großangriff mit Panzer- und Artillerieunterstützung über und besiegte die letzten Terroristen in einer dreitägigen Schlacht. Die meisten Terroristen wurden getötet oder gefangengenommen; ein kleiner Rest konnte fliehen. Etwa hundert überschritten die israelische Grenze und ergaben sich in voller Ausrüstung.

König Hussein hatte seine Auseinandersetzung mit den Terrororganisationen fürs erste gewonnen, und damit wurde der Terrortätigkeit innerhalb Jordaniens sowie den von Jordanien ausgehenden Überfällen auf Israel ein Ende gesetzt. Trotzdem gelang es den Terroristen, den neuen jordanischen Ministerpräsidenten, Wasfi Tel, zu ermorden. Das Attentat wurde aber nicht in Amman, sondern in Kairo verübt – mit Hilfe der Ägypter. Wasfi Tel war zur Teilnahme an einer Sitzung des Arabischen Verteidigungsrats in Kairo am 27. November 1971 eingeladen worden. Am nächsten Tag wurde er vor dem Eingang zu seinem Hotel ermordet. Die Attentäter wurden festgenommen, aber kurz danach wieder freigelassen.

Mit der Liquidierung der Terrororganisationen kehrte das normale Leben in Jordanien wieder ein. Die Familien, die in die Lager bei Amman geflohen waren, machten sich auf den Rückweg in ihre Heimatdörfer im Jordantal. Mit Unterstützung der jordanischen Regierung wurden ihre Dörfer wiederaufgebaut und das für die Wasserzufuhr vom Yarmukfluß wichtige Aquädukt wieder instandgesetzt. Die Bauern konnten jetzt ihre Zitrushaine und Gemüsefelder wieder bewässern und bebauen.

Das Ende der Auseinandersetzung zwischen der jordanischen Regierung und den Terroristen war in dreifacher Hinsicht ein Segen für Israel. Die Farmer auf unserer Seite des Jordan und in Bet She'an waren jetzt nicht mehr Feuer- und Sabotageüberfällen ausgesetzt. Auch sie konnten wieder ein normales Leben führen; ihre Kinder konnten zu Hause schlafen und nicht mehr in den unterirdischen Bunkern. Es entstanden bessere Beziehungen zwischen Jordanien und Israel, da wir schließlich mit der Regierung, der Armee und der Bevölkerung Jordaniens in unserer Opposition gegen die Terroristen konform gingen. Diese Übereinstimmung in unseren Ansichten wirkte sich auf längere Sicht günstig aus und schuf eine Basis für die Zusammenarbeit zwischen Jordanien, Israel und den arabischen Bewohnern in den besetzten Gebieten. Hätten die Jordanier die Lage nicht bereinigt, dann wäre alles seit dem Sechstagekrieg an friedlicher Koexistenz Erreichte umsonst gewesen.

Innerhalb Israels wurden weiterhin Sabotageakte verübt, wenn auch in einem kaum nennenswerten Umfang. Da sie in Jordanien keinen Unterschlupf mehr fanden, verlegten die Terroristen ihre Operationsbasen in die Flüchtlingslager des Libanon, in ein Gebiet, das mit der Zeit den Namen „El Fatah-Land" erhielt. Aber die Terroristen konnten nur auf geringe Unterstützung unter den Arabern in Israel und in den besetzten Gebieten rechnen. Das System der Belohnung oder Strafe, das wir eingeführt hatten, bewährte sich. Wer den Terroristen nicht half, konnte ein Maß an Wohlstand und Freiheit genießen, von dem er sich weder unter arabischer Herrschaft – ob Abdulla, ob Hussein, ob Westufer, Ägypten oder Gazastreifen – noch in der britischen Mandatszeit je hätte träumen lassen. Wer sich aber an den Aktionen der Terroristen beteiligte, konnte sicher sein, entweder bei einem Zusammenstoß mit unseren Truppen ums Leben zu kommen oder festgenommen, vor Gericht gestellt und verurteilt zu werden.

Neben der für uns so günstigen Entwicklung in Jordanien waren vor allem drei Faktoren für die Unterdrückung des Terrors in Israel maßgeblich: das Vorgehen der Militärregierung in den besetzten Gebieten, die Militäraktionen und die flankierenden Maßnahmen, die die Armee ergriff – die Einzäunung und Verminung der Grenzgebiete, die Verfolgung der in unser Gebiet eingedrungenen Terroristen und eine wirksame Tätigkeit des Nachrichtendienstes. Im Grunde war es die vorausschauende israelische Politik gewesen, die König Hussein dazu veranlaßte, so entschieden gegen die Terroristen vorzugehen. Wenn wir nicht immer so scharfe Maßnahmen gegen die Überfälle ergriffen hätten, die von jordanischem Gebiet ausgingen, dann hätte sich Jordanien bestimmt auf einen *modus vivendi* mit den Terroristen geeinigt. Hussein sah sich schließlich vor die Wahl gestellt, die Terroristen auszuschalten oder den Zusammenbruch des geordneten Lebens in Jordanien zu riskieren.

Jordanien war als einziger am Sechstagekrieg beteiligter arabischer Staat bereit, gemeinsame Probleme auf friedlichem Wege zu lösen und eine umfassendere Friedensregelung zumindest in Erwägung zu ziehen. Über Alltagsfragen schien man sich einigen zu können. Aber in der Frage eines dauerhaften Friedens blieben die Meinungsverschiedenheiten bestehen.

Israel brachte für den Wunsch Jordaniens, den Gazastreifen unter seine Kontrolle zu bringen, immerhin einiges Verständnis auf, aber Jordanien wich keinen Finger breit von seiner Forderung auf Rückgabe aller vor dem Sechstagekrieg in jordanischem Besitz befindlichem Gebiete ab. Im Falle Jerusalems war Jordanien zu Sondervereinbarungen bereit, um die Bewegungsfreiheit innerhalb der Stadt aufrechtzuerhalten. Die Stadt müsse aber wieder, wie vor dem Krieg, geteilt und die östliche Hälfte an Jordanien abgetreten werden. Sonstige Grenzfragen konnten auf der Basis „kleinerer Verschiebungen" geregelt werden. Darüber hinaus aber wollte Jordanien keinerlei Zugeständnisse machen.

Eines steht fest: Israel und Jordanien ließen einander über die gegenseitigen Absichten nicht im unklaren. So wurden viele Mißverständnisse vermieden, die in gespannten Situationen – etwa im späteren Yom Kippur-Krieg – hätten auftreten können und vor dem Sechstagekrieg ja tatsächlich aufgetreten waren. Die Jordanier drohten mit Krieg, falls ihre Forderungen nicht erfüllt würden. So wurden wir während des Yom Kippur-Kriegs durch ihr militärisches Eingreifen auf Seiten Syriens auch nicht überrascht.

König Hussein dürfte wie sein Großvater Abdulla ein Mann sein, der viel Charme und Mut besitzt. Man sagt, er kann sich ohne Leibwache gefahrlos in die größte Menschenmenge oder auf Inspektionsreisen wagen. Im Gegensatz zu Abdulla scheint er ein aufgeklärter Mann von Welt zu sein, aber trotz seiner Bildung weder ein großer Denker noch ein besonders praktischer Mensch. Er ist sich zweifellos der Grenzen seines Einflusses in der arabischen Welt bewußt. Er weiß wohl auch, daß er den einen oder anderen Kurs, den er steuern wollte, nicht steuern kann, weil er weder die Billigung bestimmter Kreise in seinem eigenen Land noch die der breiten Öffentlichkeit in der arabischen Welt finden würde. Dennoch läßt er seiner Phantasie gerne freien Lauf und nimmt sie für Wirklichkeit, wenn er Pläne für die Überwindung der israelisch-jordanischen Gegensätze entwirft. Er nimmt in diesen Fällen nämlich keine Notiz von den Tatsachen. Zum Beispiel, daß Jordanien, entgegen den Bestimmungen des Waffenstillstandsabkommens von 1949, den Juden den Zugang zur Klagemauer in Jerusalem zwanzig Jahre lang verwehrte; daß Hussein im Jahre 1967 in den Krieg gegen Israel eintrat, obwohl Nasser es nicht von ihm verlangte und Eshkol ihn davor warnte; daß er nach dem Sechstagekrieg den Terroristen gestattete, sein Staatsgebiet als Operationsbasis gegen Israel zu benutzen und daß eine Reihe jordanischer Armeeinheiten mit den Terroristen zusammenarbeiteten. Ungeachtet all dieser Tatsachen bestand Hussein darauf, daß Israel sich auf die Grenzen von vor 1967 zurückziehen solle. Damit, versicherte er, würde eine neue Ära in den Beziehungen eingeleitet werden, und die Araber würden die Rechte Israels und seine Unantastbarkeit voll und ganz respektieren. Seine früheren unglückseligen Handlungen bezeichnete er als „Fehler", die sich nicht wiederholen würden. Die Beziehungen der arabischen Welt zu Israel würden von Wohlwollen und Aufrichtigkeit gekennzeichnet sein, und alle Länder könnten in Frieden und Wohlstand leben; die Verwirklichung dieser Utopie scheitere lediglich an dem Starrsinn Israels.

Israel weigere sich einzusehen, daß ein neues Zeitalter im Nahen Osten anbrechen könne, und versäume eine historische Gelegenheit, wenn es nicht zu den Grenzen von 1948 zurückkehre. Ich weiß nicht, ob Husseins Minister, etwa Ziad el-Rifai, die Welt auch durch eine rosarote Brille betrachten. Hussein selbst ist vielleicht von all dem fest überzeugt, was er da verkündet. Sein Weltbild dürfte in gleichem Maße vom Glauben an die monarchische Tradition und an die Menschlichkeit geprägt sein.

26. *Kapitel*

Als Verteidigungsminister bei der Arbeit

Im Verteidigungsministerium gab es kein eigenes Ministerbüro, da mein Vorgänger, Levi Eshkol, sowohl die Ministerpräsidentschaft als auch das Verteidigungsressort innegehabt hatte und selbstverständlich das Büro des Ministerpräsidenten benutzte. Mir wurde das Büro Moshe Kashtis, des Generaldirektors des Verteidigungsministeriums, zugewiesen. Da es mir zu groß war, ließ ich es in einen Büro- und einen Konferenzraum aufteilen. Ich nahm auch Änderungen an der Inneneinrichtung vor; aus einer Bar, für die ich keine Verwendung hatte, wurde ein Bücherregal. Wenn ich im Büro Besuch empfing, wurde nämlich Tee getrunken und Obst gegessen. Im Winter standen Orangen auf dem Tisch, im Sommer Äpfel und Trauben, und zu besonderen Anlässen gab es eine Wassermelone. Die Bilder an der Wand ersetzte ich durch vier Fotos, die bereits in meinem Büro gehangen hatten, als ich Landwirtschaftsminister war: die Gezertafel, die Siloaminschrift, eine Ansicht von Serabit el-Khadem und eine Luftaufnahme von Jerusalem.

Gezer ist eine von König Salomon in zehnten Jahrhundert v. Chr. erbaute Stadt (1. Könige 9,15). Sie liegt etwa auf dem halben Weg zwischen Jaffa und Jerusalem. Bei Ausgrabungen wurde dort eine dreitausend Jahre alte Tafel mit der offenbar ältesten bekannten hebräischen Inschrift gefunden. Es handelt sich um eine Aufteilung des Jahres nach Jahreszeiten, sowie um eine Aufstellung der in jeder Jahreszeit zu verrichtenden Feldarbeiten.

Der in klassischem Hebräisch abgefaßte Text von Siloam stammt aus der Zeit König Hiskias und des Propheten Jesaja im achten vorchristlichen Jahrhundert. Die Inschrift scheint an der Wand des Tunnels auf, den Hiskia graben ließ, um die Stadt Davids im Belagerungsfall mit Wasser zu versorgen. Das Wasser entsprang der Quelle von Gibon außerhalb Jerusalems und wurde in dem Reservoir oder Teich von Siloam (auf hebräisch: Shiloah) gestaut. Die Inschrift gibt eine anschauliche Beschreibung davon, wie an beiden Enden zugleich zu graben begonnen wurde und wie die Arbeiter schließlich in der Mitte des Tunnels zusammentrafen.

Bei Serabit el-Khadem im Westen der Halbinsel Sinai liegt ein Türkissteinbruch, in dem semitische Sklaven in der zweiten Hälfte des zweiten vorchristlichen Jahrtausends Zwangsarbeit verrichten mußten. Das Foto an meiner Wand zeigt die Überreste eines Tempels der ägyptischen Göttin Hathor, der für die Aufseher erbaut wurde.

Das Foto von Jerusalem spricht wohl für sich selbst.

Meine Tätigkeit im Ministerium war keineswegs eintönig; dennoch gab es eine Reihe fixer Termine: die Kabinettssitzung am Sonntag, die Generalstabsbesprechung am Montag, am Donnerstag fand regelmäßig eine Sitzung im Büro der Arbeiterpartei statt, und am Freitag traf ich meist mit dem Generalstabschef, meinem Adjutanten und höheren Beamten des Ministeriums zusammen. An den übrigen Tagen unternahm ich Inspektionsreisen zur Truppe, zu militärischen Anlagen oder auch in die verwalteten Gebiete, um mit der arabischen Bevölkerung zu sprechen. Außerdem mußte ich an den Sitzungen der Knesset teilnehmen, den Abgeordneten in militärischen Fragen Rede und Antwort stehen und mich auch für Besprechungen mit der Ministerpräsidentin bereithalten.

Ich kam jeden Morgen um halb acht ins Büro und ging spät nach Hause. Es waren lange, arbeitsreiche Tage, und ich ging auch nie auf Urlaub. Mit der Zeit lernte ich im Auto oder Hubschrauber zu schlafen. Auf meine häufigen Reisen nahm ich daher stets Decke und Kopfkissen mit. Diese kurzen Nickerchen machten es mir möglich, die lange Arbeitszeit und den Streß auszuhalten, denn selbst zu Hause wurde mein Schlaf oft durch Telefonanrufe gestört.

Die Tür von meinem Büro zum Sekretariat stand meist offen. Der Generalstabschef, mein Adjutant Zvi Zur oder auch der Generaldirektor des Ministeriums kamen oft einmal schnell herein, um irgendeine dringende Angelegenheit zu besprechen oder mir eine wichtige Meldung zu bringen. Aber diese Besuche dauerten nie sehr lange. Ich vermute, es war nicht nur der Drang der Geschäfte, der uns von längeren Plaudereien abhielt, sondern eher mein eigenes Naturell. Ich muß zugeben, ich bin ein etwas ungeduldiger Mensch. Ich mache mir nichts aus oberflächlicher Konversation und bin auch nicht der Typ, der mit Hinz und Kunz auf Anhieb gut Freund wird. Selbst in meiner Freizeit setze ich mich nie hin, um mit Freunden zu klatschen. Es fiel mir auch bei meinen Truppenbesuchen immer schwer, mit den Soldaten zu plaudern. Es liegt mir einfach nicht, jemanden mit den Worten „Na, was gibt's, Junge?“ anzusprechen. Fragen beantworten, das kann ich natürlich, oder auch ein längeres Gespräch führen mit mehreren Soldaten, ja selbst mit einem einzelnen auf Beobachtungsposten, insbesondere wenn es sich um ein Thema von gemeinsamem Interesse handelt: Was geht beim Feind drüben vor? Woran mangelt es uns? Wie können die Mängel behoben werden? Verständlicherweise bin ich auch am Privatleben der Soldaten interessiert: Von wo stammen sie? Wie geht es ihrer Familie? Was tun sie im Urlaub, gehen sie dann einer Arbeit nach oder ruhen sie sich einfach aus? Unterstützen sie ihre Eltern?

Ich konnte feststellen, daß die Soldaten offen und ehrlich antworteten und sich nie scheuten, zu kritisieren oder dieses und jenes zu beanstanden. Aber in diesen Fällen ging es meistenteils eher um Rede und Antwort als um eine echte Unterhaltung. So gesehen, wird sich ein Gespräch, das ich mit einem Soldaten auf den Golanhöhen hatte, kaum von einem mit einem höheren Beamten im Ministerium unterschieden haben.

Bei meinen Truppenbesuchen bestand ich weder auf Pomp noch auf Zeremoniell. Für mich mußte man zur Begrüßung keine Ehrenwache aufziehen lassen. Als ich diese Sitte abschaffte, wurde mir gesagt, die Disziplin würde darunter leiden, und überdies sei ein Besuch des Ministers, des Generalstabschefs und der übrigen Generäle ohne Ehrenwache einfach undenkbar. Ich hatte nicht das Bedürfnis, starre Regeln über Disziplin, Sitten und Gebräuche aufzustellen, von denen man sagt, sie formen den Charakter und den Kampfwillen der Soldaten. Ich habe mich auch niemals über den Wert oder Unwert des Exerzierens oder des Gebrülls der Feldwebel geäußert. Ich ordnete daher an, daß nur bei meinen Besuchen keine Ehrenkompanie anzutreten hätte. Wenn ich ein Armeelager besuchte, dann um die Soldaten zu sehen und mich mit den Offizieren zu besprechen, und nicht um mir beweisen zu lassen, wie peinlich sauber alles ist.

Ich kann von mir nicht behaupten, daß ich besonders gut angezogen bin oder daß ich immer auf eine scharfe Bügelfalte achte – schon gar nicht, wenn ich gerade im Auto geschlafen habe. Worauf ich wirklich Wert lege, ist gut rasiert zu sein und geputzte Schuhe zu tragen. Ich betrachte mich als eine Art Fachmann im Schuhputzen. Gelernt habe ich es als Hilfspolizist in Nahalal vor vierzig Jahren bei einem britischen Sergeanten: Zuerst reibt man etwas Schlämmkreide ins Leder, um das Fett aufzulösen; erst dann trägt man Schuhcreme auf. Das ergibt einen solchen Hochglanz, daß sich das Gesicht in den Schuhspitzen spiegelt. Dieses Schuhputzen mag nur ein Zeitvertreib sein, der mich gewissermaßen an meine Jugend erinnert; aber vielleicht ist es auch so, daß ich bei dieser Beschäftigung ein paar Minuten Entspannung finde, die ich dringend benötige und zu der ich selten komme.

Mein Mitarbeiterstab war mit der Führung der Streitkräfte, der Beschaffung von Kriegsmaterial und der Verwaltung der besetzten Gebiete befaßt. Diese drei Arbeitsbereiche waren nicht von gleicher Bedeutung oder gleichem Umfang und auch nicht scharf voneinander getrennt. Der Generalstabschef, der die Armee befehligt, wird von der Regierung auf Empfehlung des Verteidigungsministers ernannt. Diese Praxis stammt jedoch aus der Zeit, da das Amt des Ministerpräsidenten und das des Verteidigungsministers in einer Hand lagen. Bei meinem Amtsantritt hielt ich es nicht für richtig, einen Offizier für den Posten des Generalstabschefs vorzuschlagen, der die Billigung des Ministerpräsidenten und der Mehrheit des Kabinetts nicht finden würde. Ich beschloß daher, nicht an den Dingen zu rütteln, obwohl meine persönliche Wahl auf einen anderen gefallen war.

Auf den Gebieten der Materialbeschaffung und der Verteidigungsanlagen beschränkte ich mich darauf, die politischen Verhandlungen zu führen und die Richtlinien festzulegen. Ich behielt mir die Grundsatzentscheidungen vor, überließ ihre Ausführung aber meinem Adjutanten Zvi Zur. Ich versah ihn mit der nötigen Autorität und Verantwortung und hatte niemals Grund, es zu bereuen. Er, die jeweiligen Generaldirektoren des Ministeriums und die führenden Köpfe der Rüstungsindustrie erfüllten ihre Aufgaben mit Erfolg.

In den Jahren 1967 bis 1973 fielen die Entscheidungen über die Entwicklung unserer wichtigsten Waffensysteme, von denen die meisten in relativ kurzer Zeit in die Tat umgesetzt wurden. Die westlichen Länder, die die von uns benötigten Flugzeuge, Waffensysteme und Ausrüstungsgegenstände herstellten, hatten de facto ein Waffenembargo gegen Israel verhängt. Dieser Zustand brachte uns zu der Überzeugung, daß wir uns an die Produktion von Rüstungsmaterial heranwagen mußten, die wir ansonsten niemals in Angriff genommen hätten. Normalerweise ist es für ein kleines Land wie Israel recht ungewöhnlich, die Serienproduktion hypermoderner Flugzeuge und der dazugehörigen hochentwickelten Instrumente aufzunehmen. Aber wir mußten es einfach tun. Manchmal schienen unsere Bemühungen um den Aufbau der Produktionsstätten, in denen diese lebenswichtigen Waffen hergestellt werden sollten, völlig hoffnungslos. Aber schon im Jahr 1973 standen die meisten dieser Waffensysteme unseren Streitkräften zur Verfügung und wurden sogar bereits exportiert. Zu den in Israel selbst hergestellten Waffen gehörten der Kfir-Jagdbomber, motorisierte mittelschwere Artillerie, Ferngeschütze, die Luft-Luft-Rakete „Shafrir", Luft-Boden-Raketen, das Reshef-Raketenboot, die Wasser-Wasser-Rakete „Gabriel" und der Großteil unserer Munition und unserer Steuerungssysteme. Ich halte es nicht für möglich, daß Israel seinen Rüstungsbedarf jemals zur Gänze aus eigener Produktion decken wird, aber es kann sich vom Waffenimport aus dem Ausland bis zu einem gewissen Grad unabhängig machen. Der Grundstein zu dieser Entwicklung wurde mit der Produktion dieser Waffensysteme gelegt.

Um die Rüstungsproduktion, die Erhaltung der Streitkräfte, den Bau von Befestigungen und die Verlegung von Stützpunkten in die besetzten Gebiete finanzieren zu können, mußte das Verteidigungsbudget erheblich erhöht werden. In absoluten Zahlen ausgedrückt, verdoppelte es sich in den Jahren von 1967 bis 1973; sein Anteil am Gesamthaushalt hingegen reduzierte sich im selben Zeitraum von 32,8 auf 31,9 Prozent.

In diesen sechs Jahren stieg das Verteidigungsbudget nicht nur an, es wurden auch die Schwerpunkte anders gesetzt: der Anteil der Luftwaffe und der Panzertruppe wurde auf Kosten der Infanterie erhöht. Im Budget für das Haushaltsjahr 1973/74, das vor dem Yom Kippur-Krieg verabschiedet wurde, waren 50 Prozent der Gesamtausgaben für die Luftwaffe bestimmt und 30 Prozent für die Panzertruppe.

Ein großer Teil des Budgets galt den Befestigungswerken, dem Straßenbau, dem Ausbau von Wasserleitungen und des Kommunikationsnetzes auf der Sinaihalbinsel, auf den Golanhöhen und entlang der jordanischen Grenze. Wenn die Bar-Lev-Linie und auch die zweite Befestigungslinie im Yom Kippur-Krieg nicht die in sie gesetzten Erwartungen erfüllten, so lag das, meiner Meinung nach, nicht am ursprünglichen Verteidigungskonzept, sondern an der Art, wie die Truppen eingesetzt wurden. Diese Befestigungslinien sind als Elemente einer Infrastruktur anzusehen, die unseren Bodentruppen zu dienen hat, wobei diese zum Großteil aus Panzern und Artillerie, also motorisierten Verbänden bestehen. Diese Verbände sind auf gut organisierten Nachschub angewiesen; sie dürfen nicht an befestigte Linien und vorgeschobene Stellungen gebunden werden. Letztere sollen gehalten werden, solange es lohnend erscheint; man soll aber auch bereit sein, sie aufzugeben, sobald die Situation es erfordert. Man kann an dieses Problem auf verschiedene Weise herangehen. Aber es steht außer Frage, daß Israels militärische Stärke, die im Yom Kippur-Krieg einem dreimal so starken Gegner standhielt, auf dem von uns errichteten Befestigungsgürtel, auf dem Ausbau von Stützpunkten in Frontnähe und auf der wesentlich verstärkten Feuerkraft unserer Panzer- und Luftwaffeneinheiten beruhte.

Aber ich hatte nicht nur im Ministerium viel zu tun, ich wurde auch immer wieder in innenpolitische Ereignisse verwickelt. Etwa ein halbes Jahr nach Beendigung des Sechstagekrieges, am 12. Dezember 1967, stimmten 60 Prozent der Delegierten des Rafi-Parteitages für einen Zusammenschluß der Rafi, der Mapai und der Ahdut Avodah, was der Bildung einer neuen Arbeiterpartei gleichkam. Ben Gurion stand an der Spitze der Minderheit, die mit diesem Beschluß nicht einverstanden war. Ich glaube aber, daß Ben Gurions aktive politische Laufbahn auch dann zu Ende gegangen wäre, wenn die Rafi-Partei an ihrem unabhängigen Kurs festgehalten hätte. Die Auflösung der Rafi setzte jedenfalls den Schlußpunkt hinter seine Karriere als Politiker. Während der Debatte, die der Abstimmung voranging, zeigte er deutlich seinen Unmut über diejenigen, die sich von ihm abwandten und mit dem von ihm als „korrupt“ angesehenen Regime der Mapai gemeinsame Sache machen wollten, aber der Beschluß des Parteitages besiegelte Ben Gurions völlige Isolierung.

Einige Wochen später, am 21. Januar 1968, wurde der Zusammenschluß der drei Parteien formell beschlossen. Neun der zehn Rafi-Abgeordneten in der Knesset traten der neuen, vereinigten Partei bei. Der zehnte, Ben Gurion, weigerte sich. Er, der Israels hervorragendster Ministerpräsident gewesen war, der die mächtige Mapai geführt und dann verlassen hatte, war jetzt nur noch Parlamentsmitglied, eine Einmannpartei.

Bei einem großen Künstler oder Komponisten kann man vielleicht zwischen dem Menschen und seinem Werk unterscheiden. Auf Ben Gurion trifft das nicht zu. Auch als Staatsmann war er ein Mensch, und der Einfluß, den er ausübte, beruhte zu gleichen Teilen auf der Kraft seiner Persönlichkeit und seiner Prinzipien. In der Religion oder der Ethik, mag man sagen, gibt das Wort allein den Ausschlag. Die bedeutenden Erklärungen Ben Gurions aber waren nicht Ausdruck von abstrakten Grundsätzen, sondern von konkreten Entscheidungen, die im rechten Augenblick und unter Bezug auf die objektive Realität getroffen wurden. Es waren Entscheidungen, die nicht etwa nur dem Volk Pflichten auferlegten, sondern auf der Bereitschaft des Volkes beruhten, sie als Ausdruck seines eigenen Willens anzuerkennen. Gerade darin lag Ben Gurions Stärke. Das Volk folgte und vertraute ihm. Sein Einfluß und seine Überzeugungskraft entsprangen nicht der Weisheit seiner Worte, sondern seinem tiefen und zugleich leidenschaftlichen Glauben, mit dem er auch andere erfüllen konnte.

Ich erinnere mich an eine Rede, die er vor Jahren hielt. Er zählte die sechs Juden auf, die in seinen Augen den größten Beitrag zur Erreichung des zionistischen Ideals geleistet hatten, zur Wiedergeburt des jüdischen Volkes in seiner historischen Heimat. Die Anwesenden dachten, er würde zuallererst von Theodor Herzl, Chaim Weizmann und anderen führenden Zionisten sprechen. Statt dessen nannte er drei französische und drei israelische Juden. An erster Stelle nannte er den französischen Rechtsanwalt und Politiker Adolphe Cremieux, der die Sklaverei in den französischen Kolonien abschaffte, die algerischen Juden befreite und bei den antisemitischen Ausschreitungen in Damaskus im Jahre 1840 eine Reihe jüdischer Gefangener vor dem Galgen und die gesamte Gemeinde vor dem Untergang rettete. Als zweiten nannte er Charles Netter, den Gründer und Leiter der im Jahre 1870 ins Leben gerufenen ersten jüdischen Landwirtschaftsschule in Mikveh Israel im damaligen Palästina. Dann Baron Edmond de Rothschild, der es sich viel Mühe und

Geld kosten ließ, jüdische Landsiedlungen im Palästina des ausgehenden 19. und beginnenden 20. Jahrhunderts entstehen zu lassen. Die drei übrigen waren palästinensische Juden: Joshua Stampfer und David Meir Gutman, beide in Ungarn geboren, und der aus Jerusalem stammende Joel Moses Solomon. Sie hatten im Jahre 1878 Petach Tikvah, das erste jüdische Bauerndorf im modernen Palästina, gegründet. Es waren fromme Juden, die im Lande Israel Erlösung fanden, indem sie das Land der Väter bebauten und die Erde der Heimat erlösten.

Diese sechs Juden beeindruckten Ben Gurion, weil sie, wie er sagte, den übrigen Juden nicht vorschrieben, sondern vorlebten, was zu tun war. So öffneten sie dem jüdischen Volk den Weg in seine Heimat, zur Arbeit auf dem Land und zur Wiederherstellung des jüdischen Staates.

Die Grundsätze, die den Lebensweg Ben Gurions bestimmten, sind nicht schwer erkennbar, und man kann auch verstehen, warum er sich zu den „Vollstreckern des Zionismus" zählte. Wie für die sechs, von denen er gesprochen hatte, war auch für ihn die zionistische Vision nur durch die körperliche Anstrengung jedes einzelnen Juden in die Tat umzusetzen – ein Weg, den er in seiner Jugend auch befolgte. Später dann, als er im Mittelpunkt des politischen Geschehens stand, hatte er zu den gewaltigen Veränderungen in der Welt Stellung zu nehmen und den für uns richtigen Kurs zu steuern. Ein großes Weltereignis, eine Herausforderung folgte der anderen: Der Zusammenbruch des Osmanischen Reiches, die britische Mandatsverwaltung, der Aufstieg Hitlers, der Zweite Weltkrieg, das Ende der Mandatszeit, die Staatsgründung, der Unabhängigkeitskrieg. Weder die Erfahrung Herzls noch die Weizmanns reichte an die Erfahrung Ben Gurions heran, die Traum und Wirklichkeit miteinander verband.

Wer Ben Gurion nicht kannte, mag fragen, warum er stets darauf bestand, das Verteidigungsressort für sich zu behalten, da doch die endgültige Entscheidung ohnehin bei ihm als Ministerpräsidenten lag. Ich glaube die Gründe zu kennen: Bei objektiver Betrachtung kam er zu dem Schluß, daß Israels Existenz an sich ein potentielles und überaus ernstes Sicherheitsrisiko für uns darstellte. Ich hörte ihn mehr als einmal sagen: „Der ausländische Staatsmann, der bereit ist, Israel zu unterstützen, muß entweder ein Idiot oder ein Genie sein", denn kein normaler Mensch könne daran glauben, daß sich Israel gegen die Feindseligkeit der Araber behaupten würde. Selbst bei Gesprächen im Kreise der Parteikollegen ließ er niemals die Besonderheiten der israelischen Wirklichkeit aus dem Auge. „Wer erwartet, daß ihm von der Welt sofortiges Recht widerfährt, darf kein Zionist sein", sagte er. Oder auch: „Israel mag hundert Schlachten gewinnen und sein Problem damit doch nicht lösen. Die Araber mögen nur eine Schlacht gewinnen: da wird es mit uns zu

Ende sein.“ Die unentrinnbaren Schwierigkeiten und Widersprüche der zionistischen Idee und die große Sorge um den Fortbestand Istaels waren für Ben Gurion Grund genug, Sicherheit und Verteidigung als Eckpfeiler unserer Politik und das Verteidigungsressort als das verantwortungsvollste Amt anzusehen.

Aber er hatte auch persönliche Gründe. Ben Gurion sah sich selbst nicht als Redner und hielt auch von der Redekunst nicht allzu viel. „Nur der liebe Gott“, sagte er, „kann kraft seines Wortes erschaffen. Er sagte, ‚Es werde Licht‘, und es wurde Licht. Menschen können das nie und nimmer.“ Und ein Staat, ein Volk konnte nur durch Taten wachsen und nicht durch Worte.

Dennoch war Ben Gurion kein Mensch, der mit den Händen arbeitete. Natürlich weiß ich nichts aus persönlicher Erfahrung über die Zeit, da er in Sejera auf dem Bauernhof lebte, oder in Rishon Le'Zion, als er in der Weinkellerei arbeitete. Das war zu Beginn des Jahrhunderts. Ich glaube aber, er war schon damals vor allem an der Politik interessiert. Seine Hauptanliegen waren der Zionismus, die jüdischen und die weltpolitischen Probleme und die Suche nach dem direktesten Weg, der zur „Heimkehr nach Zion“, zur Erlösung und Neugründung Israels führen würde. Ben Gurion befaßte sich nicht gern mit allgemeinen Fragen. Der Stil, der ihm lag, war, Entscheidungen zu treffen und diese dann in die Tat umzusetzen. Er wollte greifbare Resultate sehen, Ideen ausarbeiten, sie in den Entscheidungsprozeß einbauen und das Ganze in konkrete Wirklichkeit verwandeln. Und für ihn sah die konkrete Wirklichkeit, das zu Erreichende etwa so aus: Masseneinwanderung, Wohnbau für die Obdachlosen, Erschließung der Wüste, Bau neuer Städte, Dörfer und Plantagen, modern ausgerüstete Streitkräfte, um die Grenzen zu schützen, und im Kriegsfall – Sieg.

Danach sah ich Ben Gurion nur noch selten. Eines Morgens begegnete ich ihm im King David-Hotel. Er saß beim Frühstück und starrte auf die Zeitung, die vor ihm auf dem Tisch lag. Aber er las nicht; er war tief in Gedanken versunken. Es war der alte Ben Gurion: Dieselben gemeißelten Züge, dasselbe entschlossene Kinn, derselbe durchdringende Blick. Aber zugleich war es auch ein anderer Ben Gurion: Ein müder, alter, einsamer, vielleicht sogar ein geschlagener Mann. Das Hellwache, das Lebensfrohe an ihm schien verflogen, und sein Gesicht zeigte einen ganz leisen, kaum merklichen Anflug von Traurigkeit.

Ich setzte mich zu ihm. Augenblicklich war er wieder ganz er selbst, freundlich wie eh und je. Ich erzählte ihm die wichtigsten Neuigkeiten aus meinem Ressort. Er hörte mir zu, stellte einige Fragen, und dann sagte er – scheinbar zusammenhanglos –, daß wir unser Hauptaugenmerk auf die Einwanderung richten müßten. Es sei dringend nötig, die Einwanderungsziffern zu erhöhen und unsere Werbung auf die Länder des Westens zu konzentrieren. Die Stärke des jüdischen Volkes liegt in der Qualität und nicht der Quantität, sagte er; nur wenn wir die Qualität verbessern, werden wir imstande sein, unseren vielen Feinden erfolgreich gegenüberzutreten. Ben Gurion war keineswegs vom Thema abgekommen. Er redete weiterhin von Verteidigungsfragen, aber nicht im Sinne von Panzern oder Flugzeugen. Er bediente sich einer anderen Sprache – der Sprache eines Sehers, der Sprache eines Ben Gurion.

Nach dem Tode Levi Eshkols am 26. Februar 1969 stellte die Arbeiterpartei Golda Meir als Kandidatin auf, und die Knesset bestätigte sie in diesem Amt. Auf ihren Wunsch behielt ich den Posten des Verteidigungsministers. Anfangs fragte ich mich, wie und ob es sich mit ihr zusammenarbeiten ließe. Gewiß waren wir schon früher Kollegen gewesen. Als sie Außenminister war und ich Landwirtschaftminister, befaßten sich unsere beiden Ministerien gemeinsam mit dem technischen Hilfsprogramm Israels für die unterentwickelten Länder Asiens und Afrikas. Damals waren wir sehr gut miteinander ausgekommen, aber inzwischen hatte sich vieles geändert. Als die Partei Golda Meir zur Nachfolgerin Eshkols nominierte, enthielt ich mich der Stimme. In meinen Augen war sie nicht die Persönlichkeit, die dem Land und der Partei neue Impulse geben konnte; andererseits war ich mir bewußt, daß es außer ihr keinen Kandidaten gab, der die Chance hatte, nominiert zu werden.

Meine Zweifel verloren sich bald. Unsere Beziehung war von den einstigen Meinungsverschiedenheiten nicht belastet. Es war nicht etwa so, daß das Vergangene restlos vergessen war, aber wir wußten beide, daß wir uns auf die Gegenwart konzentrieren und unsere Aufmerksamkeit auf die Zukunft richten mußten. Ihr Arbeitsstil war unkompliziert, direkt und offen. Unsere Aussprachen führten stets zu klaren Übereinkünften, niemals zu Ungenauigkeiten oder Verzögerungen. Vor allem umgab sie sich nicht mit Hofberichterstattern und Gehilfen, die für gezielte Indiskretionen an die Presse sorgten. Sie hatte ihren Kreis enger Freunde; ich gehörte nicht dazu. Aber was mein eigenes Arbeitsgebiet betraf, gab es zwischen uns keine Hindernisse.

27. *Kapitel*

Zermürbungskrieg

Schon ein halbes Jahr nach Ende des Sechstagekrieges war der Frieden wieder in weite Ferne gerückt. Die Vereinigten Staaten unterrichteten Präsident Nasser von der Bereitschaft Israels, sich nach Abschluß eines Friedensvertrages mit Ägypten und Syrien auf die internationalen Grenzen zurückzuziehen, doch er opponierte weiterhin und zog aus seiner Niederlage nicht die logischen Konsequenzen. Im Gegenteil, er wollte die ägyptischen Streitkräfte neuerlich aufrüsten und die arabische Welt zum gemeinsamen Kampf gegen Israel aufrufen.

Am 29. August 1967 traten die Regierungschefs elf arabischer Länder in Khartum zusammen. Syrien war auf dieser Gipfelkonferenz nicht vertreten, dafür aber die Palästinensische Befreiungsfront (PLO) Yasser Arafats. Auf Nassers Anregung beschloß die Konferenz die folgenden vier Grundsätze: Kein Frieden mit Israel; keine Anerkennung Israels; keine Verhandlungen mit Israel und keinerlei Konzessionen in der Frage der Rechte der Palästinenser. Die ölproduzierenden Staaten, darunter Saudi-Arabien, Kuwait und Libyen, sagten Ägypten weitere finanzielle Unterstützung zu, um die durch die Schließung des Suezkanals entstehenden Verluste gutzumachen.

Auch die Militärhilfe für Ägypten lief wieder an. Im Juli 1967 traf eine sowjetische Militärmission, bestehend aus 91 hohen Offizieren unter Führung des Generalstabschefs Marschall Sacharow, in Kairo ein. Nach zweimonatiger Untersuchung der Gründe für die ägyptische Niederlage kam sie zu dem Schluß, daß die Araber den Krieg gewonnen hätten, wenn jeder der von der Sowjetunion gelieferten Panzer auf der Halbinsel Sinai nur zehn Schuß abgegeben hätte. Die Sowjets, so sagte Sacharow zu Nasser, würden den Ägyptern schon zeigen, „wie man kämpft!“

Schon eine Woche nach Kriegsende trafen die neuen sowjetischen Waffenlieferungen auf dem Luft- und Seeweg ein. Innerhalb von achtzehn Monaten verfügte Ägypten über eine größere Anzahl von Panzern und Kampfflugzeugen als vor dem Sechstagekrieg.

Im August 1967 wurde der syrische Verteidigungsminister, General Hafez Assad, von seinem sowjetischen Ressortkollegen nach Moskau eingeladen. Die Sowjetunion, so wurde ihm gesagt, würde Syrien die nötigen Waffen liefern, sofern Syrien sich bereit erklärte, seine Streitkräfte sowjetischer Aufsicht zu unterstellen. Assad stimmte zu, und Tausende von sowjetischen Experten und Beratern kamen nach Syrien.

Am 21. Oktober 1967, vier Monate nach Ende des Sechstagekrieges, ereignete sich der erste ernste Zwischenfall. Ein ägyptisches Raketenboot vom sowjetischen Typ „Komar" feuerte völlig grundlos zwei Raketen auf ein israelisches Schiff ab und versenkte es, etwa zwanzig Kilometer von Port Said entfernt, außerhalb der ägyptischen Hoheitsgewässer. 47 Besatzungsmitglieder wurden getötet. Zur Vergeltung schossen wir die Ölraffinerien und Tanklager in der Nähe von Suez in Brand. Die Ägypter erwiderten das Feuer, und das wiederum löste ein Artillerieduell entlang der gesamten Front aus.

Auf diese Zwischenfälle folgte mehr als ein Jahr relativer Ruhe. Die Ägypter nutzten die Zeit, um mit Hilfe der sowjetischen Experten ihre Streitkräfte zu reorganisieren und Befestigungen am Westufer des Kanals zu errichten. Im April 1968 erklärte Nasser, Ägypten sei in „die Konsolidierungsphase" eingetreten. Fünf Monate später gab der ägyptische Verteidigungsminister den Abschluß dieser Phase und den Beginn der „aktiven Abschreckung" bekannt. Diese neue Phase war besonders von ägyptischen Feuerüberfällen auf israelische Einheiten gekennzeichnet, Aktionen größeren Umfangs fanden jedoch nicht statt.

Anfang September wurden bei einem Feuerüberfall im Nordabschnitt zehn israelische Soldaten getötet und 180 verwundet. Zwei Wochen darauf standen unsere Stellungen entlang des Kanals neun Stunden lang unter ägyptischem Artilleriebeschuß; unsere Verluste betrugen 15 Tote und 34 Verwundete. Im Schutz der Dunkelheit versuchten ägyptische Kommandoeinheiten in unsere Befestigungen einzudringen, wurden aber von einer unserer Patrouillen gestellt und mußten sich nach einem längeren Gefecht im Morgengrauen zurückziehen.

Am nächsten Tag flog ich in den Süden, um mir an Ort und Stelle ein Bild der Lage zu machen. Das Fort „Cobra" hatte das meiste abbekommen. Ein 16 cm-Geschoß mit Verzögerungszünder hatte das Betondach des Hauptbunkers durchschlagen, und alle zehn Mann der Besatzung wurden verwundet. Die oberirdischen Anlagen des Forts waren schwer beschädigt.

Unsere vordringlichste Aufgabe bestand darin, die Befestigungsanlagen an der Front zu verstärken und die militärisch wichtigen Straßen auszubauen, ganz besonders die durch den Mitlapaß. Es bestand ferner der Plan, wie an der Grenze zu Jordanien auch am Kanal eine Minensperre mit Drahtverhau zu errichten. Ich meinte aber, daß es selbst bei Anwendung modernster Methoden unmöglich sein würde, unsere Grenzen hermetisch abzuriegeln. Ich hielt es für richtiger, die arabischen Staaten auf politischem Wege davon zu überzeugen, daß ihnen ein Friedensvertrag oder auch nur ein Waffenstillstand wesentlich mehr nützen würde als ein neuerlicher Krieg.

Unter den gegebenen Umständen sahen wir uns aber gezwungen, Vergeltungsangriffe zu unternehmen. Unsere Luftwaffe zerstörte mehrere Nilbrükken, und unsere Fallschirmjäger sprangen weit im Inneren Ägyptens ab und jagten das Kraftwerk von Naj Hamadi in die Luft. Diese Aktionen trafen die Ägypter und ihre sowjetischen Berater äußerst schwer; sie mußten erkennen, daß das ägyptische Hinterland unseren militärischen Vergeltungsschlägen schutzlos ausgeliefert war.

Während der folgenden vier Monate blieb es an der ägyptischen Grenze ruhig. Wir konnten Umgruppierungen vornehmen und unsere Befestigungen am Kanal verstärken. Anfang Dezember 1967 wurde Generalleutnant Chaim Bar-Lev zum Generalstabschef ernannt. Ich selbst schlug ihn als Nachfolger von Generalleutnant Yitzhak Rabin vor, der nunmehr als israelischer Botschafter nach Washington ging.

Im Generalstab wurde eifrig darüber diskutiert, ob wir uns außer Reichweite der ägyptischen Artillerie zurückziehen und die Überwachung des Kanals motorisierten Patrouillen überlassen sollten, die im Bedarfsfall von unseren Panzerverbänden unterstützt werden konnten. Eine zweite Möglichkeit war, eine Kette kleiner Forts am Kanal zu errichten und sie mit den rückwärtigen Linien durch ein ausgebautes Straßennetz zu verbinden. Den Bereich zwischen den einzelnen Festungen würden kleinere Panzereinheiten überwachen. Bar-Lev trat für diese zweite Variante ein, und der Generalstab stimmte zu.

Die Mini-Festungen entlang des Kanals wurden also gebaut. Jede hatte einen von einer Mauer umgebenen Innenhof, in dem einige Panzer untergestellt werden konnten. Die Besatzung der Forts bestand aus durchschnittlich fünfzehn Mann; sie sollten die Augen und Ohren des jeweiligen Abschnitts sein und im Ernstfall die üblichen militärischen Aufgaben eines Vorpostens erfüllen.

Kurz bevor der Ausbau der Befestigungslinie fertiggestellt war, begannen die Ägypter ihren „Zermürbungskrieg“ zu intensivieren. In den vier Monaten bis zum 13. Juli 1969 wurden 29 unserer Soldaten getötet und 120 verwundet. An diesem 13. Juli genehmigte der Ministerausschuß für Verteidigungsfragen die von mir geforderten Luftangriffe auf ägyptische Befestigungen, Geschützstellungen und SAM 2-Raketenbatterien im Nordabschnitt des Kanals. Vier Tage darauf konzentrierten sich die Luftangriffe auf militärische Ziele von Kantara bis Port Said. In Luftgefechten wurden fünf feindliche Flugzeuge abgeschossen; zwei unserer Flugzeuge gingen verloren. Im Juli wurden insgesamt zwölf ägyptische Flugzeuge abgeschossen. Am Monatsende wurde der Chef der ägyptischen Luftwaffe entlassen.

Kurz darauf teilten der Generalstabschef und der Befehlshaber der ägyptischen Marine sein Schicksal. Unsere Streitkräfte hatten den Golf von Suez überquert und eine Reihe von Beobachtungsposten, Armeelagern, Radarstationen und etwa zwanzig Militärfahrzeuge zerstört und hundert ägyptische Soldaten getötet. Nasser erfuhr von der Aktion erst, als sie abgeschlossen war und unsere Soldaten sich bereits wieder in ihren Stützpunkten befanden. Er wußte nicht einmal, daß wir nachts zuvor zwei ägyptische Torpedoboote versenkt hatten. Sein Generalstabschef versuchte Nasser später weiszumachen, er sei der Angelegenheit nachgegangen und habe festgestellt, daß die ägyptische Armee eine kaum erwähnenswerte israelische Landeoperation erfolgreich zurückgeschlagen habe. Als ihm die Ereignisse in vollem Umfang und in ihrer vollen Tragweite bekannt wurden, war Nasser zutiefst entsetzt – sowohl über den gelungenen Überfall als auch über die Tatsache, daß seine höchsten Militärs entweder nicht wußten oder ihn nicht wissen lassen wollten, was geschehen war.

Um auf die Ägypter Druck auszuüben und sie zur Einhaltung des Waffenstillstandes zu zwingen, vertrat ich vor dem Ministerausschuß für Verteidigungsfragen die Auffassung, wir sollten die Luftstützpunkte weit im Inneren Ägyptens angreifen. In den ersten drei Monaten des Jahres 1970 wurden insgesamt zwanzig derartige Ziele bombardiert. Die Kampfmoral der Ägypter sank, und Nasser erkannte, daß seine Streitkräfte nicht imstande waren, unseren Aktionen Einhalt zu gebieten. Er war aber immer noch nicht bereit, einen Waffenstillstand abzuschließen und Friedensverhandlungen mit uns aufzunehmen. Ende Januar flog er nach Moskau und bat um die Entsendung von sowjetischen Truppen. Bald darauf trafen die ersten sowjetischen Raketenbatterien in Ägypten ein, am 1. April folgten drei Jagdbomberstaffeln. Sowjetische Piloten verteidigten nun den Luftraum von Kairo, Alexandrien und Assuan; sowjetische Soldaten bedienten die hochmodernen SAM 3-Batterien, und das gesamte Luftabwehrsystem Ägyptens wurde unter sowjetisches Kommando gestellt.

Im Juli kam es, wie nicht anders zu erwarten gewesen war, zu einem Luftgefecht zwischen sowjetischen und israelischen Kampfflugzeugen. Auf einem

Patrouillenflug wurde eine unsere Staffeln im Norden des Golfs von Suez von acht sowjetischen MIG 21 angegriffen. Ohne eigene Verluste schossen unsere Maschinen fünf der sowjetischen Flugzeuge ab. Unsere Piloten erklärten nachher, es habe den Sowjets an Erfahrung und einer gewissen Anpassungsfähigkeit gefehlt. Sie hätten sich strikt an das Lehrbuch gehalten, seien paarweise dicht beisammen geflogen und hätten auf die Manöver unserer Piloten nicht schnell genug reagiert. Die fünf sowjetischen Piloten konnten abspringen und auf ägyptischem Gebiet landen. Obwohl sie eine große Anzahl von Hubschraubern einsetzten, brauchten die Ägypter einen ganzen Tag, sie zu finden. Nur einer der Piloten war unverletzt: zwei waren verwundet und zwei waren tot.

Tolstoi hat gesagt, man solle ein Buch nur dann in die Hand nehmen, wenn es sich auch lohne, es ein zweites Mal zu lesen. Ein Brief Churchills an Präsident Eisenhower, kurz nach dem Suezfeldzug im Jahre 1956 geschrieben, erinnerte mich an diesen Ausspruch. Es lohnte sich, diesen bemerkenswerten Brief nach der erwähnten Luftschlacht im Juli 1970 noch einmal zur Hand zu nehmen und zu lesen.

Churchill schrieb: „. . . Ich halte an dem unerschütterlichen Glauben fest, daß das angloamerikanische Bündnis heute von größerer Bedeutung ist als zu irgendeiner Zeit seit dem Ende des Zweiten Weltkriegs . . . Ob man nun hier in Großbritannien oder in den Vereinigten Staaten Anthony Edens Maßnahmen gegen Ägypten gutheißt oder nicht, wir würden unsere gemeinsame Existenz aufs Spiel setzen, wenn wir uns durch die Ereignisse im Nahen Osten entzweien ließen.

Unsere Beziehungen scheinen mir durch gegenseitige Mißverständnisse und eine gewisse Hoffnungslosigkeit belastet. Lassen wir diese Stimmung überhandnehmen, dann wird ein Gewitter aufziehen, und es wird die Sowjetunion sein, die sich vom Sturmwind tragen läßt . . . Im Nahen Osten herrschen heute Mißgunst, Neid und Bosheit; unsere Freunde sind verwirrt und sehen einer ungewissen Zukunft entgegen. In das entstandene Vakuum versucht die Sowjetunion nun vorzustoßen.

. . . Der Fortbestand der Werte, an die wir glauben, ist in Frage gestellt, wenn wir der Sowjetunion nicht wirksam entgegentreten. Wir müssen gemeinsam handeln, denn sonst fallen der Nahe Osten und die Küste Nordafrikas in ihre Hände, und Westeuropa ist ihr auf Gnade und Ungnade ausgeliefert. Wir dürften die Verantwortung nicht scheuen; wir müssen einschreiten – sonst sind wir der uns anvertrauten Führungsrolle nicht würdig . . .“

Ich mußte feststellen, daß die Befürchtungen, die Churchill in diesem Brief Jahre zuvor zum Ausdruck gebracht hatte, nichts an Aktualität verloren hatten.

Nach drei Jahren beinahe ununterbrochener Feindseligkeiten erklärte sich Ägypten am 8. August 1970 endlich zum Abschluß eines Waffenstillstandes mit Israel bereit. Dieser Waffenstillstand war das Ergebnis einer Friedensinitiative, die der amerikanische Außenminister William Rogers offenbar auf Ersuchen Nassers anderthalb Monate zuvor eingeleitet hatte. Der ägyptische Präsident hatte vor der eigenen Bevölkerung und der ganzen Welt immer wieder beteuert: „Was uns durch Gewalt entrissen wurde, werden wir mit Gewalt zurückgewinnen.“ Im Endergebnis aber hatte er seine arabischen Verbündeten zutiefst enttäuscht und geriet selbst in wachsende Abhängigkeit zur Sowjetunion. Aus all diesen Gründen mußte er die Hilfe Washingtons erbitten.

Anfang Dezember führte ich in Washington Gespräche mit Präsident Nixon und Henry Kissinger, der damals Sicherheitsberater des Präsidenten war, mit Außenminister Rogers und Verteidigungsminister Laird. Die drei Hauptthemen waren: Die sowjetische Intervention, die Wiederaufnahme der amerikanischen Waffenlieferungen an Israel und die Vermittlungsversuche des UN-Beauftragten Gunnar Jarring. Meine Gesprächspartner baten mich eindringlich, die Bemühungen Jarrings zu unterstützen. Die Sowjetisierung der ägyptischen Armee gab den Amerikanern Anlaß zu ernster Besorgnis. Ich gewann den Eindruck, daß die Vereinigten Staaten im Falle einer direkten sowjetischen Intervention nicht untätig zusehen würden. Sie waren sehr daran interessiert, es zu einer solchen Situation nicht kommen zu lassen, wollten aber auch unter keinen Umständen den Eindruck von Schwäche erwecken. Den Amerikanern und auch uns blieb keine andere Wahl, als den aggressiven Absichten der Sowjetunion energisch entgegenzutreten. Darin waren wir uns alle einig, und es fiel auch kein kritisches Wort über den Abschuß der fünf sowjetischen Kampfflugzeuge.

Als die Rede auf die sowjetische Nahostpolitik kam, zeigte sich Nixon in Wort und Gebärde voll und ganz als Führer einer Weltmacht. Er legte starke Betonung darauf, daß die Vereinigten Staaten ihren Verpflichtungen befreundeten Staaten gegenüber nachkommen würden. Er schien ganz deutlich zu sagen: Wenn die Sowjets wirklich eingreifen, werden wir nicht untätig abseits stehen.

In Washington traf ich auch mit dem ehemaligen amerikanischen Finanzminister Robert Anderson zusammen. Er war mehrmals als Geheimbeauftragter Präsident Eisenhowers nach Israel gekommen und hatte versucht, zwischen Ben Gurion und Nasser zu vermitteln. Auch jetzt unternahm er noch trotz seines Alters ausgedehnte Auslandsreisen, vornehmlich in den Nahen Osten, und unterhielt enge Beziehungen zu den arabischen Führern. Bei jedem meiner Besuche in Amerika traf ich mich mit ihm. Ich weiß nicht, was Anderson von mir hielt, aber ich schätzte ihn jedenfalls sehr. Die Gespräche mit ihm bedeuteten mir viel, selbst wenn er oft unumwunden Ansichten vertrat, die den meinen ganz und gar nicht entsprachen. Diesmal sagte er, Israel solle sich auf die vor dem Sechstagekrieg bestandenen Grenzen zurückziehen. Das läge in Amerikas Interesse; weigerten wir uns, dann würde sich unsere Lage nur verschlimmern.

Zu Beginn meines Gesprächs mit Präsident Nixon gab ich unserem Befremden darüber Ausdruck, daß die Vereinigten Staaten Ägypten zugesagt hätten, sie würden die Waffenlieferungen an Israel für die Dauer der Friedensinitiative Rogers' aussetzen. Erstaunlicherweise sagte der Präsident, ihm sei von einer solchen Zusage nichts bekannt. Ich wies darauf hin, daß der ägyptische Außenminister, Mahmud Riad, einige Tage zuvor das Versprechen auf einer Pressekonferenz in Washington offiziell bekanntgegeben hatte. Es entstand eine etwas peinliche Situation: Der Präsident wendete sich an Laird und fragte, ob das wahr sei. Laird bestätigte die von mir gemachten Angaben, und mir blieb nichts anderes übrig als festzustellen, daß wir uns wohl mit dieser unerfreulichen Tatsache abfinden mußten.

Ich verließ Washington in der Überzeugung, daß die Vereinigten Staaten ihre Flugzeuglieferungen an Israel nicht wiederaufnehmen würden. Wir konnten daher die Vermittlungsversuche Jarrings auch weiterhin nicht unterstützen. In New York erreichte mich aber dann ein Anruf, in dem mir Staatssekretär Sisco mitteilte, die amerikanische Regierung habe sich nun doch entschlossen, die Flugzeuglieferungen fortzusetzen. Damit stand unserer Teilnahme an den Jarring-Gesprächen nichts mehr im Wege, und Außenminister Eban überreichte dem UN-Generalsekretär eine dementsprechende Erklärung der israelischen Regierung.

Doch Jarrings Verhandlungen brachten keine zufriedenstellende Lösung der Probleme. Nach langen Beratungen und der Bereinigung gegenseitiger Mißverständnisse legte Jarring Israel und Ägypten am 8. Februar 1971 ein Dokument über die von beiden Seiten im voraus zu leistenden Konzessionen vor. Ägypten mußte sich verpflichten, eine Friedensvereinbarung mit Israel einzugehen, und Israel hatte seine Streitkräfte aus Ägypten bis an die frühere internationale Grenze abzuziehen.

Ägypten erklärte sich bereit, den Kriegszustand mit Israel zu beenden, wollte aber keinen Friedensvertrag abschließen und stellte darüber hinaus noch folgende Gegenforderungen: Israel müsse das „Flüchtlingsproblem" lösen und nicht nur ägyptisches Gebiet verlassen, sondern auch den Gazastreifen und die übrigen arabischen Gebiete aufgeben und sich zu den Vorkriegsgrenzen zurückziehen. Israel setzte Jarring davon in Kenntnis, daß es bereit sei, Friedensverhandlungen mit Ägypten ohne vorherige Bedingungen aufzunehmen, seine Truppen aber nicht zu den Grenzen vom 4. Juni 1967 zurückziehen werde.

Die Antworten der beiden Länder zeigten die weiterhin bestehenden Gegensätze deutlich auf. Jarring versuchte noch einige Zeit, seine Bemühungen fortzusetzen, mußte aber schließlich einsehen, daß er nicht weiterkam. Der Generalsekretär der Vereinten Nationen ernannte keinen neuen Vermittler, und der Konflikt zwischen Ägypten und Israel dauerte fort.

Das bedeutendste Ereignis in meinem Privatleben war meine Begegnung mit Rahel. Als wir am 26. Juni 1973 heirateten, kannten wir einander schon achtzehn Jahre. Den Traugottesdienst hielt Mordechai Piron, der oberste Feldrabbiner der israelischen Armee, in seinem Haus in Bat-Yam, außerhalb von Tel Aviv. Es war eine kleine Hochzeitsgesellschaft, nicht größer als ein Minyan (die für einen jüdischen Gottesdienst erforderliche Mindestzahl von zehn Männern). Nach der Trauung gingen wir in ein Restaurant in der Stadt. Wir ließen es uns gut schmecken und brachten einen Toast auf unsere Hochzeit aus. Danach gingen wir zum Telefon und riefen Rahels zwei Töchter und meine drei Kinder an.

Wir waren beide schon einmal verheiratet gewesen. Meine erste Frau, Ruth Schwartz, heiratete ich im Jahre 1935, als ich noch Farmer in Nahalal war. Ich war damals zwanzig. Wir waren verliebt und heirateten. Unsere Ehe bestand 35 Jahre. Wir hatten drei Kinder und wohnten zunächst in Nahalal. Später übersiedelten wir nach Shimron, dann nach Hanita, nach Jerusalem und schließlich nach Tel Aviv. Wir haben viele Jahre zusammengelebt, aber besonders die zweite Hälfte unserer Ehejahre war nicht immer glücklich. Ich könnte kein besonderes Ereignis und keine Krise nennen, an der unsere Ehe gescheitert wäre. Es fehlte ganz einfach die innere Harmonie, und mit der Zeit trat eine gewisse Entfremdung zwischen uns ein.

Im Jahre 1971 bat mich Ruth um die Scheidung, und wir trennten uns. Es ergaben sich daraus keine unliebsamen Komplikationen oder Schwierigkeiten. Unsere Kinder hatten inzwischen selbst geheiratet. Es bestanden auch keine finanziellen Probleme. Ich schlug Ruth vor, ich würde gehen und sie könnte in unserem Haus in Zahala bleiben. Sie lehnte ab. Wie sie sagte, wollte sie ein neues Leben anfangen und sich ihr eigenes Haus bauen.

Anderthalb Jahre danach heiratete ich Rahel. Sie hatte sich im Jahr 1958 von ihrem ersten Mann scheiden lassen. Unsere erste Begegnung war der reinste Zufall. Ich war damals Generalstabschef und verbrachte mit meiner Familie einen kurzen Urlaub in Europa, wurde aber plötzlich vom Ministerpräsidenten nach Israel zurückbeordert. Rahel war in Rom und entschloß sich, früher als ursprünglich geplant, nach Hause zu fahren. Sie besorgte sich im letzten Augenblick eine Flugkarte und erhielt deshalb nur mehr einen ungünstigen Platz im Flugzeug. Ein Rechtsanwalt aus Jerusalem, der inzwischen verstorbene Asher Levitzky, bot Rahel seinen Sitz an. Es war der Platz neben mir, und als Rahel sich setzte, machte Levitzky uns miteinander bekannt. Mit allem andern kamen wir selbst zurecht.

Ich weiß nicht, ob ich es Liebe auf den ersten Blick nennen soll. Ich weiß nur, daß ich mit Rahel den Rest meines Lebens verbringen will.

VII. Teil

Der Yom Kippur-Krieg
(1973)

28. *Kapitel*

Überraschung

Am Sonnabend, dem 6. Oktober 1973, um vier Uhr morgens klingelte das rote Telefon an meinem Bett. Das war nicht weiter ungewöhnlich. Ich wurde in fast jeder Nacht von zwei oder drei solchen Anrufen geweckt. Aber diesmal handelte es sich um etwas Außergewöhnliches: Wir waren in den Besitz von Informationen gelangt, nach denen Ägypten und Syrien noch am selben Abend Krieg mit uns beginnen würden. Ich vergewisserte mich, daß diese Nachricht bereits an Ministerpräsidentin Golda Meir weitergegeben worden war, und vereinbarte dann eine Besprechung mit dem Generalstabschef um sechs Uhr früh in meinem Büro.

Ich ließ durch meinen Adjutanten die höheren Beamten meines Ministeriums verständigen und fuhr sofort ins Büro. Der Morgenhimmel war rotgold gefärbt. Vom Meer wehte eine leichte Brise. Es war ein stiller, friedlicher Sonnenaufgang. Selbst die Vögel schwiegen noch. Es war Yom Kippur, der höchste jüdische Feiertag. Auf den Straßen war noch niemand unterwegs.

Die Informationsquelle war verläßlich. Der Geheimdienstbericht besagte, daß die Araber sich für den Krieg entschlossen hätten. Wir hatten schon vorher derartige Meldungen empfangen, und als nachträglich kein Angriff erfolgte, wurde berichtet, Präsident Sadat habe sich in letzter Minute anders besonnen. In diesem Fall erhielten wir jedoch die zusätzliche Information, daß die Russen dabei waren, ihre Familienangehörigen aus Ägypten und Syrien zu evakuieren. Es schien sich also um greifbare Tatsachen zu handeln, und so mußten wir von der Annahme ausgehen, daß die Ägypter und Syrer es diesmal ernst meinten.

Die Grundsatzentscheidungen würden erst in der für acht Uhr angesetzten Besprechung mit der Ministerpräsidentin getroffen werden. Mittlerweile hielt ich mit dem Generalstabschef und meinen Adjutanten eine Beratung über die vier Fragen ab, die uns unmittelbar beschäftigten: Die Mobilmachung der Reservisten und die Verstärkung der Fronteinheiten; die Möglichkeit eines Präventivangriffs unserer Luftwaffe; die Evakuierung der Frauen und Kinder aus den ländlichen Siedlungen auf den Golanhöhen und eine Warnung an Ägypten und Syrien. Eine solche Warnung konnte die beiden arabischen Staaten veranlassen, ihre geplante Invasion abzublasen. Wenn sie ihre Pläne dennoch ausführten, würde die Verantwortung für den Kriegsausbruch eindeutig bei ihnen liegen, und das wiederum mochte ein Eintreten der Vereinigten Staaten zu unseren Gunsten sicherstellen. Auf jeden Fall konnten uns die Vereinigten Staaten dann nicht entgegenhalten, wir hätten nicht alles getan, um den Krieg zu verhindern.

Ich stimmte der Mobilmachung der Reservisten zur Verteidigung der beiden Fronten zu, und zwar in dem Umfang, den der Generalstabschef für notwendig erachtete. Über den Präventivangriff der Luftwaffe und die Mobilmachung weiterer Reserven, die erforderlich waren, um eine Gegenoffensive in die Wege zu leiten, sollte die Ministerpräsidentin selbst entscheiden. (Zu diesem letzteren Punkt stellte die Agranat-Untersuchungskommission später fest: „Am Sonnabend morgen, dem 6. Oktober, stimmte der Verteidigungsminister im Einvernehmen mit dem Generalstabschef der Mobilmachung aller erforderlichen Reservisten für Verteidigungszwecke zu.") Die beiden genannten Maßnahmen waren natürlich auch von politischer Tragweite. Für den Generalstabschef war es selbstverständlich, sie zu fordern. Es ist mit der Zeit fast zur Tradition geworden, daß die Befehlshaber der israelischen Streitkräfte für eine schärfere Gangart eintreten. Ich weiß das aus eigener Erfahrung als Generalstabschef. Es liegt an den Politikern, die Militärs, wenn nötig, zu bremsen.

Der Luftangriff, den der Generalstabschef nach Rücksprache mit der Luftwaffe befürwortete, sollte sich allein gegen Syrien richten, und zwar nicht gegen die Luftabwehrraketenbasen, sondern gegen die tief in Syrien gelegenen Luftstützpunkte, und auch das nicht vor zwölf Uhr mittag. Doch wenn dieser Präventivangriff ausgeführt worden wäre, hätte auch er das Kriegsgeschehen nicht maßgeblich beeinflußt.

Ich war gegen den Präventivangriff und gegen die Mobilmachung von mehr Reservisten, als zu unserer Verteidigung erforderlich waren. Ich fürchtete, derartige Maßnahmen würden die Aussichten auf die volle Unterstützung der Vereinigten Staaten nur beeinträchtigen. Die Truppen, die wir zu einer Gegenoffensive benötigten, konnten auch einige Stunden später mobilisiert werden – nachdem die Araber den ersten Schuß abgegeben und wir uns mit Washington verständigt hatten.

Dieser Fragenkomplex wurde in der Besprechung mit der Ministerpräsidentin eingehend erörtert. Sie entschied schließlich, daß 100.000 bis 120.000 Reservisten – so wie der Generalstabschef es verlangte – zusätzlich zur regulären Armee mobilgemacht werden sollten; daß die Luftwaffe keinen Präventivangriff fliegen würde; daß Frauen und Kinder aus den Siedlungen auf den Golanhöhen evakuiert werden sollten und daß wir durch die Vereinigten Staaten eine Warnung an Ägypten und Syrien übermitteln lassen würden.

Wer Golda Meir kennt, den werden ihre Beschlüsse nicht weiter verwundern. Sie ist eine mutige, eigenwillige und fest entschlossene Frau. Und sie verfügt über die seltene Gabe, die Dinge nur schwarz oder weiß zu sehen. Zwischenschattierungen existieren für sie nicht. Drohte uns der Krieg, dann mußte die Mobilmachung angeordnet werden; wollten wir uns der Hilfe der Amerikaner versichern, dann mußte der Beweis erbracht werden, daß nicht wir den Krieg angezettelt hatten – auch wenn das die Möglichkeit des Präventivschlags ausschloß und unseren Spielraum auf militärischem Gebiet einschränkte.

Diese Beschlüsse wurden also angenommen; ich hatte nichts gegen sie einzuwenden. Es war jetzt allerdings keine Zeit zu verlieren. Wir mußten dafür sorgen, daß alles – bis zum letzten Flugzeug, Panzer und Soldaten – in Bereitschaft gebracht wurde. Gewiß mußten wir nicht ganz von vorne anfangen. Die Luftwaffe war vollkommen einsatzbereit, und an der syrischen Front standen 180 Panzer, 11 Geschützbatterien und etwa 5000 Mann; an der ägyptischen Front 275 Panzer, 12 Batterien und 8500 Mann. Sowohl die Verteidigungs- als auch die Angriffspläne für den Ernstfall waren bekannt und in Planspielen oft geprobt worden. Der Geheimdienstbericht war zwar überraschend erfolgt, aber es war noch nicht zu spät, die nötigen Maßnahmen einzuleiten.

Um elf Uhr vormittag begab ich mich hinunter zum „Kedem“. Kedem ist die hebräische Abkürzung für „beratender Einsatzstab“ und zugleich das hebräische Wort für „Osten“. Im allgemeinen habe ich für Abkürzungen nicht viel übrig; besonders dann nicht, wenn dabei Wörter entstehen, die weder schön klingen noch einen Sinn ergeben. Kedem aber erinnerte mich immer an den Bibelvers (4. Mose 23,7; 24,5) von Bileam, der gekommen war, um zu fluchen, und blieb, um zu segnen: „Aus Syrien hat mich Balak, der Moabiter König, holen lassen von dem Gebirge gegen Aufgang . . . Komm, verfluche mir Jakob . . . Wie fein sind deine Hütten, Jakob.“

Der Kedem traf sich in der unterirdischen Kommandozentrale, auch „Höhle“ genannt. Ich war schon lange nicht unten gewesen und verlief mich daher fast in den Korridoren und Treppenaufgängen. In der Kommandozentrale herrschte eine ruhige und gefaßte Atmosphäre, obschon, wie mir schien, mehr als sonst geraucht wurde. Vor meiner Ankunft hatte bereits eine Generalstabsbesprechung in Anwesenheit des Generalstabschefs stattgefunden. Mir wurde jetzt vorgelegt, was dabei erarbeitet und beschlossen wurde, und die jetzige Sitzung bot mir Gelegenheit, einige Zusatzfragen an den Generalstabschef zu richten.

Sein Lagebericht lautete: Unsere Streitkräfte würden an beiden Fronten versuchen, den Feind in Schach zu halten. Die Luftwaffe würde ab mittags Patrouillenflüge durchführen. An der Südfront erwartete man vorbereitendes feindliches Artilleriefeuer, die Überquerung des Kanals an verschiedenen Stellen mit Schlauchbooten, die Sicherung von Brückenköpfen durch Kommandoeinheiten in Hubschraubern, möglicherweise auch die Besetzung von Abu Rudeis und der dort gelegenen Ölfelder sowie einen Angriff auf Sharm el-Sheikh, das Tor zum Golf von Akaba.

Um Abu Rudeis und Sharm el-Sheikh machte ich mir keine großen Sorgen. Bis zum Abend sollten in Abu Rudeis siebzehn und in Sharm el-Sheikh vierzig Panzer verfügbar sein. Den Ägyptern mochten zwar an beiden Orten Überfälle glücken, erobern würden sie sie nicht. Am Kanal standen wir vor einem wesentlich schwierigeren Problem. Bei Nacht würde die Luftwaffe kaum operieren können – nicht nur wegen der Dunkelheit, sondern vor allem wegen der in unmittelbarer Frontnähe in Stellung gebrachten SAM 6-Raketenbatterien. Sie könnte also erst am Morgen eingesetzt werden; während der Nacht waren wir ausschließlich auf unsere Bodentruppen angewiesen.

Auch an der syrischen Front rechnete man mit einem Artillerieüberfall und einem Infanterieangriff; dann würde der Feind versuchen, Stege über unsere Panzergräben zu legen, damit seine Panzereinheiten sie am Tag überqueren könnten. Aus ähnlichen Gründen wie an der ägyptischen Front, sowie wegen des im Norden immer schlechteren Wetters würde auch hier die Luftwaffe nachts kaum zum Einsatz kommen. Wir wollten die syrische Luftwaffe erst am nächsten Tag angreifen und wenn möglich ausschalten.

Die Mobilmachung unserer Reservisten ging rasch vor sich. Während unsere Beratungen noch im Gange waren, wurden Zehntausende aufgerufen; die Panzerverbände aber würden die Front erst in weiteren 24 Stunden erreichen. Wir konnten hoffen, bis Sonntag nacht hundert weitere Panzer im Norden zum Einsatz zu bringen und bis zum Montag die doppelte Anzahl im Süden.

Zu diesem Zeitpunkt war natürlich nichts Genaues vorauszusagen. Eines war sicher: Diese erste Nacht, bevor die Verstärkungen an die Front kamen, würde die schwerste sein. Ich hoffte aber, daß es auch unseren Feinden nicht möglich sein würde, sofort ihre volle Kraft gegen uns einzusetzen.

Weitere Beratungspunkte waren: Vorbereitungen für den Zivilschutz; die Evakuierung der Frauen und Kinder von den Golanhöhen und unsere eigenen

Offensivpläne. Ich wies mit Nachdruck darauf hin, daß es in diesem Krieg unser Ziel sein mußte, die feindlichen Streitkräfte zu vernichten, nicht etwa zusätzliches Gebiet zu erobern. Hinzu käme noch, daß wir erobertes Gebiet ohnehin aus politischen Rücksichten wieder aufgeben müßten.

Wenn es uns auch keineswegs an Selbstvertrauen mangelte, hatte uns doch eine gewisse Unruhe erfaßt: nicht nur, weil es für uns ungewohnt war, dem Feind die Initiative zu überlassen, sondern weil die Situation nicht unserer Art entsprach und unsere Armee, die auf Reservisten und deren planmäßige Mobilmachung angewiesen ist, in eine ungünstige Ausgangsposition brachte. Es ist nämlich alles eher als leicht für einen Reservisten, innerhalb von 24 Stunden den Übergang von der Büro-, Land- oder Fabrikarbeit zum Soldatenleben zu schaffen. Im Krieg ist es nicht wie bei einem Hausbrand, wo man mit Sirenengeheul ausrückt und im Handumdrehen das Feuer löscht.

Bei einer Kabinettssitzung um 12 Uhr mittag im Büro der Ministerpräsidentin in Tel Aviv billigte dann die Regierung die Beschlüsse vom Vormittag, einschließlich der Teilmobilmachung von 120.000 Reservisten. Es fand eine kurze Debatte über die Frage statt, ob wir bei einem etwaigen Alleinangriff Ägyptens die syrische Reaktion abwarten oder unsererseits zu einem Präventivschlag gegen Syrien ausholen sollten. Dem Kabinett wurde auch mitgeteilt, daß die Vereinigten Staaten Ägypten direkt und Syrien über die Sowjetunion von unserem Nachrichtenmaterial über ihre Kriegspläne informiert und um Klarstellung ersucht hatten. Aus Ägypten lag noch keine Antwort vor; aber die Vereinigten Staaten warnten uns ausdrücklich vor übereilten Aktionen. Es war ihnen nämlich berichtet worden, wir hätten die Absicht, innerhalb von sechs Stunden anzugreifen. Auch die Antwort aus Moskau ließ auf sich warten. Erst nachträglich wurde bekannt, daß Ägypten und Syrien die Sowjetunion von ihren Invasionsplänen im voraus informiert hatten.

Um fünf nach zwei wurde ich dringend in die Kommandozentrale gebeten: Die Invasion hatte begonnen. Syrische Flugzeuge waren in unseren Luftraum eingedrungen; ägyptische Schlauchboote überquerten den Kanal; auf Sharm el-Sheikh und mehrere Armeestützpunkte im Westen der Halbinsel Sinai waren die ersten Bomben gefallen. Es war Krieg.

29. *Kapitel*

Der Vorabend

Der Angriff der Ägypter und Syrer am Yom Kippur-Tag kam als Überraschung, wenn auch nicht unerwartet. Der Yom Kippur-Tag fand die israelischen Streitkräfte noch nicht mobilisiert vor und nicht in voller Stärke aufmarschiert. Aber das heißt nicht, daß sie auf einen arabischen Angriff nicht vorbereitet gewesen wären.

Ich hatte mir nie eingebildet, die Ägypter und Syrer würden sich damit abfinden, daß wir uns entlang des Suezkanals eingegraben hatten oder die Golanhöhen besetzt hielten. Ich war der Meinung, daß unsere Anwesenheit dort früher oder später eine Wiederaufnahme des Krieges bedeuten mußte. Aber in bezug auf den Gazastreifen, auf Judäa und Samaria war ich ganz anderer Ansicht.

Ich sah den Schlüssel zur Verhinderung eines neuen Krieges in einem Abkommen mit Ägypten, selbst wenn es nur ein Teilabkommen sein sollte. Kam ein solches Abkommen zustande, so würde es nicht nur die Motivation Ägyptens, einen neuen Krieg anzufangen, verringern, sondern bot auch die Möglichkeit, daß Syrien, das nun allein kämpfen müßte, zögern würde, anzugreifen. Als die Zermürbungskampagne im August 1970 zu Ende ging, schlug ich daher vor, wir sollten uns ein Stück vom Suezkanal zurückziehen. (Im Sechstagekrieg wollte ich die Armee noch vor dem Kanal anhalten lassen.) Die Ägypter hätten dann die Schiffahrt durch den Kanal wiederaufnehmen und die am Kanal liegenden Städte Ismailia, Kantara und Suez wiederaufbauen können.

Aber auch das Teilabkommen kam nicht zustande, und mir war klar, daß für Ägypten und Syrien die Kriegsgründe weiterbestanden. Die Frage war nicht, ob sie einen Krieg beginnen würden, sondern wann.

Das Wann wiederum hing vom Ehrgeiz und den politischen Zielen der ägyptischen Führungsspitze ab, von der Einsatzbereitschaft der ägyptischen Armee und letztlich von der Sowjetunion. Das Verhältnis der Sowjetunion zu Ägypten und Syrien war zwar gewissen Schwankungen unterworfen, doch hatte die Sowjetunion niemals aufgehört, die arabischen Streitkräfte mit Waffen und Material auszurüsten, sie zu beraten und auszubilden. Die Zusammenarbeit auf dem Gebiet der Panzerwaffe, der Luft- und Panzerabwehr war im Verlauf des Jahres 1973 besonders intensiv gewesen.

Syrien wurden damals fünfzehn und Ägypten zehn Boden-Luft-Raketenbatterien vom Typ SAM 6 zur Verfügung gestellt. Syrien erhielt außerdem Boden-Boden-Raketen vom Typ Frog 7 mit einer Reichweite von 65 Kilometern. Im gleichen Zeitraum lieferten die Sowjets den beiden Ländern etwa fünfhundert T 62-Panzer sowie eine Reihe von Panzerabwehrwaffen, zum Beispiel Sagger-Raketen und RPGs (Raketengeschoße).

Im Jahr 1971, dem von Sadat verkündeten „Jahr der Entscheidung", also des Angriffs auf Israel, geschah überhaupt nichts. Mitte 1973 aber war es allem Anschein nach soweit. Es waren Pläne ausgearbeitet worden, nach denen die Syrer die Golanhöhen und die Ägypter den Westen der Halbinsel Sinai besetzen wollten. Die ägyptischen Streitkräfte sollten den Kanal überqueren und ostwärts auf den Gidi- und den Mitlapaß vorrücken, im Süden bis zu den Ölfeldern von Abu Rudeis und nach Sharm el-Sheikh. Es gab sogar ein fixes Datum für die Invasion; aber sie fand nicht statt. Trotzdem wußte ich, daß der Ausbruch der Feindseligkeiten immer näher rückte. Am 21. Mai 1973 nahm ich auf eigenen Wunsch an einer Generalstabsbesprechung teil. Auf Grund meiner Einschätzung der Lage erteilte ich dann dem Generalstabschef im Namen der Regierung den Auftrag, die israelischen Streitkräfte bis Ende Juni auf einen Angriff Ägyptens und Syriens (aber nicht Jordaniens) vorzubereiten.

Der Generalstab hatte einen Plan mit einigen Varianten ausgearbeitet und der Ministerpräsidentin und mir im April 1973 vorgelegt. Er sah unter anderem vor, daß die Aufstellung weiterer Panzerverbände und motorisierter Infanterieeinheiten sowie die Beschaffung von Panzern und Artillerie beschleunigt durchgeführt werden sollte. Zu diesem Zweck wurde die zusätzliche Ausgabe von 17 Millionen Dollar bewilligt. Auf Grund des Plans wurden die Oberkommandos Nord und Süd angewiesen, sich auf die verschiedenen Möglichkeiten vorzubereiten. Im Süden liefen diese Maßnahmen unter dem Codenamen „Dovecote" (Taubenschlag) und sahen die Verstärkung der Fronttruppen durch reguläre Armeeinheiten, also ohne Einsatz von Reservisten, vor. Im Norden sollte die Front im Rahmen des Unternehmens „Chalk" (Kreide) unter begrenztem Einsatz von Reservisten verstärkt werden. Und schließlich war im Generalstabsplan der Gesamtaufmarsch der israelischen Streitkräfte mit Einberufung aller Reservisten vorgesehen.

Insgesamt entsprach der Aufmarsch an der ägyptischen Front am Mittag des Yom Kippur etwa dem „Dovecote-Plan"; an der syrischen Front hingegen hatten wir stärkere Kontingente zusammengezogen. Auf den Golanhöhen standen 177 Panzer, 300 Panzer waren im Gebiet des Suezkanals eingesetzt. Diese Verbände mußten bei taktischer Luftunterstützung in der Lage sein, die syrischen und ägyptischen Angriffe bis zum Eintreffen von Verstärkungen aufzufangen. Man ging jedoch von der Voraussetzung aus, daß uns die feindliche Offensive 24 Stunden vorher vom Geheimdienst gemeldet würde und daher eine größere Anzahl von Reservisten bei Kriegsausbruch bereits an der Front stand. Außerdem sollte sich herausstellen, daß die feindlichen Angriffe wesentlich schlagkräftiger waren, als wir zur Zeit unserer Planung angenommen hatten.

In den zwei Wochen vor Ausbruch des Krieges hatten wir unsere Truppenkontingente an beiden Grenzen allmählich verstärkt. Die Lage war da wie dort beunruhigend gewesen. Aber sowohl unser eigener Nachrichtendienst als auch der der Amerikaner waren sich darin einig, daß die Syrer und Ägypter keinen Krieg beginnen würden. Die verstärkte militärische Tätigkeit an der ägyptischen Front hielt man für Manöver und nicht für Invasionsvorbereitungen. Dennoch machten wir uns insbesondere über die Absichten der Syrer Sorgen.

An der syrischen Front hatte nämlich die Spannung seit dem Luftzwischenfall vom 13. September ständig zugenommen. An diesem Morgen befanden sich zwei unserer Phantom-Jagdbomber mit vier Mirages als Geleitschutz auf einem Aufklärungsflug. Zwei syrische MIG-Staffeln von je vier Maschinen stiegen auf, um sie abzufangen. Es entwickelte sich ein Luftkampf. Im ersten Stadium wurden acht MIGs abgeschossen, wir verloren eine Mirage. Der Pilot konnte abspringen und landete etwa fünf Kilometer vor der Küste im Mittelmeer. Wir ließen einen Rettungshubschrauber unter Geleitschutz von Jagdflugzeugen starten. Die Syrer glaubten schon an eine leichte Beute, schickten ihrerseits Schnellboote aus und gaben ihnen vier weitere MIGs zur Unterstützung mit. Daraus entwickelte sich ein zweites Luftgefecht, in dessen Verlauf alle vier MIGs abgeschossen wurden. Unser Pilot wurde aufgefischt, und dazu noch ein syrischer Pilot, der sich mit dem Schleudersitz aus seinem brennenden Flugzeug gerettet hatte und ebenfalls im Meer gelandet war. Wir hatten also an jenem Vormittag zwölf syrische MIGs vernichtet und dabei selbst nur eine Mirage verloren.

Bisher hatten die Syrer ähnliche Zwischenfälle noch nie ohne Gegenreaktion hingenommen. Aber diesmal ließen sie mehrere Tage untätig verstreichen. Ich wurde den Verdacht nicht los, daß sie etwas Größeres planten. Bei einer Generalstabsbesprechung am 24. September wurde ich in dieser Annahme bestärkt. Auch der Kommandierende General des Oberkommandos Nord sprach die Befürchtung aus, daß die Syrer einen Überraschungsangriff unternehmen würden.

Ich hielt das für eine durchaus ernstzunehmende Möglichkeit. Wir waren weder an der einen noch an der anderen Front in bester Verfassung, aber im Norden war die Lage doch bedenklicher. Fast zwei Jahre lang standen die arabischen Armeen nun schon in voller Stärke an den Fronten, und wir hatten ihnen keineswegs ebenbürtige Verbände entgegengestellt. Um unsere Fronteinheiten wesentlich zu verstärken, hätten wir die Reservisten einberufen müssen, und das taten wir nur bei unmittelbarer Kriegsgefahr, denn in einem kleinen Land fehlt ja jeder einberufene Reservist an seinem Platz zu Hause, in der Wirtschaft und Produktion. Unser Hauptproblem – drei Millionen Juden von Dutzenden Millionen Arabern umringt – spiegelt sich natürlich auch im zahlenmäßigen Mißverhältnis zwischen den Streitkräften der beiden Seiten wider.

Ein Überraschungsangriff im Süden konnte uns zwar zum Rückzug auf eine zweite Linie zwingen, was wohl nicht wünschenswert, aber keineswegs katastrophal wäre, da es sich letzten Endes doch nur um eine Gebietsaufgabe in der Wüste handeln würde. Im Norden lagen die Dinge ganz anders. Dort würde ein Rückzug schwerwiegende Auswirkungen auf unsere Siedlungen in den Golanhöhen haben und die Front womöglich bis zu den dichtbesiedelten Gebieten in Obergaliläa und am Huleh und Jordan verlagern. Im Süden bildet der Suezkanal ein natürliches Hindernis; im Norden gibt es so etwas nicht. Außerdem standen dort die von den Sowjets kurz vorher installierten Raketenabschußrampen. Das System war außerordentlich dicht und hochentwickelt. Nicht nur unsere Grenze mit Syrien, sondern auch ein Großteil des israelischen Gebiets auf den Golanhöhen lagen in seiner Reichweite.

Unsere nächste Generalstabssitzung fand zwei Tage darauf, am 26. September, statt. Der Generalstabschef Generalleutnant David Elazar teilte mit, die Panzerverbände im Norden seien von siebzig auf hundert Panzer verstärkt worden, man habe zusätzliche Artillerie herangeschafft und alle Truppenteile, einschließlich der Luftwaffe, in erhöhte Alarmbereitschaft versetzt. Gerade die Luftwaffe würde es nicht leicht haben. Im Sechstagekrieg verfügte Syrien über keine einzige Boden-Luft-Rakete, jetzt aber über fünfzehn Batterien SAM 6 und weitere zehn Batterien SAM 2 und SAM 3 allein im unmittelbaren Frontbereich.

Ich war besorgt und beschloß daher, die Lage im Norden selbst in Augenschein zu nehmen und auch mit den Bewohnern der ländlichen Siedlungen zu reden. Der Generalstabschef riet davon ab; er meinte, mein unerwarteter Besuch würde die Kibbuzniks in Unruhe versetzen. Mir leuchtete das nicht ein. So flogen wir also ab und verbrachten den Nachmittag in Begleitung des Kommandierenden Generals des Oberkommandos Nord an der Front. Ich inspizierte eine Reihe vorgeschobener Stellungen und Panzereinheiten. Die Bereitstellung der Panzer in diesem Abschnitt ließ nichts zu wünschen übrig, was mich nicht weiter verwunderte, denn ihr Kommandant war Oberstleutnant Yossie, ein ganz ausgezeichneter junger Offizier.

Später trafen der Generalstabschef und ich mit Vertretern von zwei Grenzgemeinden zusammen. Ich sagte, wir seien gekommen, ihnen zum Vorabend von Rosh Hashanah ein frohes neues Jahr zu wünschen. Wir prosteten einander zu, aber keiner glaubte, daß das der wahre Grund unseres Besuches war. Wir sahen dem neuen Jahr mit Besorgnis entgegen.

Wir beschlossen, die Frontlinie noch weiter zu verstärken.

Auch bei der nächsten Generalstabsbesprechung am 1. Oktober war ich zugegen und kam bei dieser Gelegenheit erneut auf die Situation auf den Golanhöhen zu sprechen. Meine größte Sorge sei ein syrischer Panzerdurchbruch, sagte ich und stellte dann die Lage dar: „An der Grenze zu Jordanien haben wir Siedlungen, aber keinen Feind. An der Grenze zu Ägypten haben wir einen Feind, aber keine Siedlungen. An der Grenze zu Syrien haben wir beides. Es wäre ein Unglück, wenn die Syrer bis zu unseren Siedlungen durchkämen."

Am selben Tag erging der Befehl, die Panzerverbände am Golan auf 111 Panzer und die Artillerie auf 32 Feldgeschütze zu verstärken; im Bereich des Oberkommandos Süd sollte die Anzahl der Tanks auf 300 erhöht werden.

Am folgenden Tag, dem 2. Oktober, führte ich ein weiteres Gespräch mit dem Generalstabschef über die Verstärkung der Syrienfront und die Lage an der Grenze zu Ägypten. Der Generalstabschef teilte mir mit, der Nachrichtendienst habe die dortige militärische Aktivität nochmals überprüft; er sei auf Grund der Berichte zu dem Schluß gekommen, es handle sich tatsächlich nur um Manöver. Die neuesten Informationen über Syrien deuteten nicht auf unmittelbare Angriffsabsichten hin, ließen jedoch weitere Vorbereitungen erkennen. Das beunruhigte mich. Ich sagte dem Generalstabschef, er solle sofort eine detaillierte Studie über die veränderten Aufmarschpläne der Syrer für mich ausarbeiten lassen.

Außerdem hielt ich die Angelegenheit für wichtig genug, um sie auf Regierungsebene zur Sprache zu bringen. Die Ministerpräsidentin befand sich auf Staatsbesuch in Österreich, wurde aber bald zurückerwartet. Ich ersuchte Yisrael Galili, Minister ohne Portefeuille, so bald wie möglich einen Termin für ein Gespräch mit Golda Meir anzusetzen. Ich erklärte ihm, ich mache mir über die Lage auf den Golanhöhen Sorgen und wolle keine eigenmächtigen

Entscheidungen treffen. Die Berichte aus dem Norden seien äußerst beunruhigend: Die Syrer hätten nun schon 650 Panzer in der vordersten Linie und ein Lenkwaffensystem von solcher Reichweite, daß sie unsere Flugzeuge bereits in unserem Luftraum abschießen könnten. Sie verfügten jetzt bereits über 500 Artilleriegeschütze und wir – nun, es sei leichter in Zahlen auszudrücken, was wir *nicht* hatten.

Das von Galili arrangierte Gespräch fand am nächsten Tag, dem 3. Oktober, kurz nach der Rückkehr Golda Meirs statt. Ich führte alle Tatsachen an, die mich bewogen hatten, um diese Aussprache zu ersuchen, und bat dann die Offiziere meiner Begleitung um eine detaillierte Schilderung der augenblicklichen Lage.

Alle Anwesenden waren sich des Ernstes der Lage bewußt, aber keiner war für die Einleitung zusätzlicher Maßnahmen, wie etwa die Einberufung der Reservisten.

Die Beratungen im Büro der Ministerpräsidentin teilten wohl die Last der Verantwortung etwas gleichmäßiger auf; zu einer echten Klärung der Lage führten sie nicht. Ich traf daher am folgenden Tag, dem 4. Oktober, erneut mit dem Generalstabschef, seinem Stellvertreter, dem stellvertretenden Chef des Nachrichtendienstes und dem Kommandierenden General des Oberkommandos Nord zusammen, um über weitere Maßnahmen zu beraten, etwa ob ein zweiter Panzergraben angelegt und die Befestigungen noch mehr verstärkt werden sollten. Der Kommandierende General meinte, wenn man, wie allgemein angenommen, 24 Stunden vor dem Angriff Bescheid wüßte, würde man die Situation schon noch zufriedenstellend in den Griff bekommen.

In der Nacht vom 4. auf den 5. Oktober langten Berichte ein, die in verstärktem Maße darauf hinwiesen, daß ein Angriff der Ägypter und der Syrer unmittelbar bevorstand. Am bedeutungsvollsten erschien uns, daß die Russen die Evakuierung der Familienangehörigen ihrer Militärberater in Syrien angeordnet hatten. Im Lauf der Nacht landeten sowjetische Passagierflugzeuge in Syrien und in Ägypten, und wir mußten annehmen, daß sie zu diesem Zweck gekommen waren.

Bei der Lagebesprechung des Generalstabs am Freitag, dem 5. Oktober, wurde beschlossen, die Armee und die Luftwaffe in höchster Alarmbereitschaft zu halten. Ich verlangte die Verlegung direkter Telefonleitungen zu den höheren Beamten meines Ministeriums und ersuchte sie, den Yom Kippur zu Hause zu verbringen. Am 5. Oktober um 9 Uhr 45 traf ich in Begleitung des Generalstabschefs und des Chefs des Nachrichtendienstes erneut mit der Ministerpräsidentin zusammen. Wir erstatteten Bericht über die Meldungen, die im Lauf der Nacht eingelangt waren, und über die Maßnahmen, die wir inzwischen ergriffen hatten. Abgesehen von der Mobilmachung der Reservisten war alles unternommen worden, um unsere militärische Position zu stärken und die Alarmbereitschaft zu erhöhen. Die Kommandozentrale hatte ihren Betrieb aufgenommen; eine Urlaubssperre war verhängt worden, und die Weisungen für eine eventuelle Generalmobilmachung waren ergangen.

Die Ministerpräsidentin berief auf meinen Vorschlag für halb zwölf eine Kabinettssitzung ein, zu der sie alle in Tel Aviv anwesenden Minister einlud. Die meisten aber waren abgereist, um den Yom Kippur daheim zu verbringen. Der Fasttag begann bei Sonnenuntergang.

In der Kabinettssitzung wurde die Lage an der Front nochmals erörtert. Der Chef des Nachrichtendienstes, Generalmajor Eli Zeira, blieb bei seiner Einschätzung der Situation, der sich der Generalstabschef anschloß: Die Syrer und Ägypter stünden zwar in Alarmbereitschaft, würden aber wahrscheinlich nicht angreifen. Die Mobilmachung war nach Ansicht der Armee erst dann anzuordnen, wenn wirklich klare Anzeichen für den unmittelbar bevorstehenden Kriegsausbruch bestanden. Vielleicht würde es zu Feuerüberfällen und Kommandoeinsätzen kommen, aber es sei kaum anzunehmen, daß Ägypten mit stärkeren Einheiten den Kanal überschreiten würde. Nach den Feststellungen des amerikanischen Nachrichtendienstes sei im Augenblick nicht damit zu rechnen.

Ich sagte, daß wir trotz allem innerhalb weniger Stunden Krieg haben könnten. Die Ministerpräsidentin sollte daher ermächtigt werden, die Mobilmachung der Reservisten für den folgenden Tag, den Yom Kippur, anzuordnen. Mein Antrag wurde zum Beschluß erhoben. Golda sagte, sie würde sich am Yom Kippur in Tel Aviv aufhalten und, wenn nötig und möglich, eine Sitzung des vollen Kabinetts einberufen.

An dieser letzten Kabinettssitzung vor dem Yom Kippur-Krieg nahmen fünf Minister teil.

Zusammenfassend kann man sagen: Der Yom Kippur-Krieg brach sicherlich zu einem für uns unerwarteten Zeitpunkt aus, aber wir hatten ihm weder verantwortungslos noch leichtsinnig entgegengesehen und alle Maßnahmen ergriffen, die in der überaus kurzen Zeit vor dem Angriff noch zu treffen waren.

Der Krieg begann am Versöhnungstag, dem einen Tag in jedem Jahr, an dem sich die Juden in der ganzen Welt verbunden fühlen, im Fasten und im Gebet, in der Synagoge oder in ihren Heimen. In Israel senkt sich tiefe Stille über das ganze Land. Die Arbeit ruht. Kein Autobus, kein Lastwagen, kein Privatauto ist auf den Straßen unterwegs. Yom Kippur ist ein Tag der Buße, der höchste und ernsteste Feiertag des jüdischen Volkes. Von jetzt an sollte Yom Kippur eine noch ernstere Bedeutung bekommen.

30. Kapitel

Invasion

Am Yom Kippur, dem ersten Kriegstag, kam es zu sehr schweren Kämpfen. Wir erlitten beträchtliche Verluste, und der Feind eroberte eine Anzahl wichtiger Stellungen. Trotzdem gab sich der Generalstabschef in seinem Bericht an die Regierung um zehn Uhr abends ziemlich optimistisch. Ägypten und Syrien waren im Vorteil gewesen. Sie hatten den Zeitpunkt des Kriegsbeginns selbst wählen können und waren uns zahlenmäßig entscheidend überlegen. Doch der Generalstabschef wußte, daß unsere Feinde diesen Vorteil nicht mehr allzu lange genießen würden. In den nächsten 24 bis höchstens 48 Stunden mußten unsere Reservisten an beiden Fronten sein. Damit würde das Gleichgewicht wiederhergestellt sein, und wir konnten die Initiative übernehmen.

Der Krieg begann an beiden Fronten gleichzeitig. Um zwei Uhr nachmittag begann die feindliche Artillerie unsere Stellungen zu beschießen, die Luftwaffe bombardierte unsere Armeelager und andere militärische Ziele. Sofort danach überquerten die Ägypter den Suezkanal. Sie schlugen Brücken und benutzten Schlauchboote; manche durchquerten den Kanal auch schwimmend. An der Nordfront gingen die syrischen Panzer im Schutz ihrer Artillerie zum Angriff über.

Bis Mitternacht hatten die Ägypter 300 der 2200 im Frontgebiet aufgefahrenen Panzer ans Ostufer des Kanals geschafft. Sie verfügten über insgesamt 1848 Feldgeschütze und hatten pro Kilometer Front mehr als 50 Panzerabwehrwaffen einsatzbereit. Unser Oberkommando Süd konnte diesem Aufgebot ganze 276 Panzer und 48 Geschütze entgegensetzen.

Auf den Golanhöhen hatten wir 177 Panzer und 44 Feldgeschütze stehen. Die erste Angriffswelle der Syrer wurde von 500 Panzern und 690 Feldgeschützen unterstützt. Insgesamt verfügten sie über 1700 Panzer und etwa 1300 Geschütze.

In der Anfangsphase konnten unsere Feinde ungefähr zehnmal mehr Infanterie ins Gefecht werfen als wir. Das gab den Ausschlag: Die Ägypter griffen mit 100.000 Mann an, wir hatten am Suezkanal 8500, die Syrer setzten 45.000 Mann ein, und wir an der Nordfront 5000. Die feindliche Infanterie war mit äußerst wirksamen Panzerabwehrwaffen und mit sowjetischen Luftabwehrraketen – die von Infanteristen abgeschossen werden konnten – ausgerüstet. Auch in der Luft waren wir den Ägyptern mit ihren 600 und den Syrern mit ihren 350 Kampfflugzeugen unterlegen.

Trotz dieses Mißverhältnisses konnte Generalstabschef David Elazar in seinem Abendbericht an die Regierung melden, daß an der Nordfront der Vorstoß aufgehalten worden sei und die Syrer keine nennenswerten Erfolge zu verzeichnen hätten. Auch zu unseren Stellungen auf dem Berg Hermon, die am frühen Abend als verloren gegolten hatten, bestünde weiterhin Funkkontakt. Die Besatzung habe sich in ihre Bunker zurückgezogen, und der Generalstabschef hoffe noch während der Nacht auf einen Entsatz durch andere Einheiten.

Im Süden allerdings hätten die Ägypter den Kanal an mehreren Stellen überquert und einen Stützpunkt erobert, wobei acht unserer Soldaten gefangengenommen wurden. Aber auch hier, meinte der Generalstabschef, seien alle Anstrengungen im Gange, die Front nach Möglichkeit zu stabilisieren.

Dennoch sei die Lage nach wie vor äußerst ernst. Die Nordfront könne schon im Lauf der Nacht mit Verstärkung rechnen. Bis zum nächsten Mittag (7. Oktober) würden weitere Panzer eintreffen, bis zum Abend sogar mehrere Hundert. Im Süden sei das kaum möglich. Bis zum Mittag konnte Bren (Divisionskommandeur Generalmajor Avraham Aden) das Frontgebiet erreichen, aber er verfügte nicht einmal über 100 Panzer. Das Gros der Verstärkungen würde erst am Morgen des 8. Oktober zum Einsatz kommen, und bis dahin seien 24 bis 30 sehr schwere Stunden durchzustehen.

Die Situation zwang uns zu einer Änderung unserer ursprünglichen Pläne: Die Luftwaffe würde am Morgen nicht an der syrischen, sondern an der ägyptischen Front eingesetzt werden. (Wir hatten – wie schon erwähnt – vorgehabt, die syrischen Raketenbasen und Flugfelder anzugreifen und auszuschalten. Unter den gegebenen Umständen mußten wir uns jedoch auf die Entlastung der Südfront konzentrieren.)

Ich war niedergeschlagen und konnte den Optimismus des Generalstabschefs und des Oberbefehlshabers Süd nicht teilen. Die Ägypter hatten bedeutsame Gewinne erzielt, wir aber hatten einen schweren Schlag erlitten. Sie hatten den Kanal überquert, Brücken errichtet und Infanterie, Panzer und Panzerabwehrwaffen hinübergeschafft. Wir hatten es nicht verhindern können und ihnen obendrein nur geringe Verluste zugefügt – einige Hundert Mann und entsprechend wenig Kriegsmaterial.

Die militärische Lage machte mir Sorgen genug, aber es quälte mich auch die Frage, wie das alles passieren konnte. Hatten wir unsere Planung falsch angelegt oder falsch ausgeführt?

Man konnte die verschiedensten Überlegungen darüber anstellen, ob und wie unsere Truppen mit den feindlichen Einheiten fertigwerden würden, die den Kanal bereits überquert hatten – an der Tatsache, daß sie ihn überquert hatten, war jedenfalls nichts mehr zu ändern. Die Ägypter standen am Ostufer und hatten unsere Stützpunkte eingeschlossen. Die Besatzungen saßen in der Falle. Der Oberbefehlshaber Süd und der Generalstabschef schienen zu glauben, daß wir die Eingeschlossenen in kurzer Zeit freikämpfen oder gar die Ägypter auf das Westufer zurückwerfen könnten. Ich hielt das für eine Illusion.

Ursprünglich hatte ich nicht die Absicht gehabt, auf dieser Abendsitzung des Kabinetts eine Stellungnahme abzugeben. Die Sitzung war schließlich nur einberufen worden, um dem Generalstabschef Gelegenheit zu geben, über die Ereignisse zu referieren. Als ich aber feststellte, wie sehr wir in unserer Einschätzung der Lage auseinandergingen, sprach ich schließlich doch.

Ich sagte, die arabischen Armeen von heute seien mit denen von vor sechs Jahren keineswegs zu vergleichen. Sie seien inzwischen wesentlich besser ausgerüstet worden und kämpften auch mit größerem Einsatz. Ferner hätten wir uns diesmal gegen die SAM 6 zu behaupten, die unsere Luftwaffe an der Unterstützung unserer Panzer hinderte. Wenn an der Nordfront die vorgesehenen Panzerreserven rechtzeitig einträfen, dann müßte es morgen gelingen, den Schwung der Syrer zu bremsen, aber der kritische Kriegsschauplatz sei der am Suezkanal, sagte ich. Unsere Luftwaffe würde es bei ihrem Einsatz am nächsten Tag sehr schwer haben. Nur mit viel Glück würden wir die unmittelbar vor uns liegenden Gefechte erfolgreich bestehen, und zu einer entscheidenden Panzerschlacht könnten wir uns überhaupt erst am 8. oder 9. Oktober stellen.

Ich schlug deshalb vor, wir sollten uns auf eine zweite Linie zurückziehen, die ungefähr 20 Kilometer hinter dem Kanal lag, um dort die Ägypter aufzuhalten und mittlerweile Verstärkungen an die Front zu bringen. Im Norden, meinte ich, würde es uns gelingen, die Syrer noch vor der Grenze abzufangen.

Ich hatte also meine Einschätzung der Lage vorgetragen, damit aber weder mich selbst noch die übrigen Minister wirklich beruhigt. Ich war müde und nervös und spürte überdies, daß sich zwischen mir und meinen Ministerkollegen eine Kluft aufgetan hatte. Was ich über die Erfolge der Ägypter und den Rückzug auf eine zweite Linie gesagt hatte, behagte ihnen nicht. Sie verlangten, daß die Armee die Ägypter sofort wieder auf das Westufer des Kanals zurückwerfen solle. Wir befanden uns einfach nicht auf derselben Wellenlänge. Sie hatten sich von den optimistischen Schilderungen des Generalstabschefs mitreißen lassen und noch viel mehr von ihrem eigenen Wunschdenken. Nach Mitternacht gab das Kabinettssekretariat die Nachricht an unseren Botschafter in den Vereinigten Staaten durch, daß wir die Ägypter in wenigen Tagen wieder vom Ostufer des Kanals verdrängen würden und die Lage trotz örtlicher Rückschläge zu keinerlei Besorgnis Anlaß biete.

Die arabischen Rundfunksender und die sowjetische Nachrichtenagentur TASS verbreiteten die Nachricht, daß wir den Krieg begonnen hätten. Radio Kairo meldete, die israelische Luftwaffe habe um 13 Uhr 30 den kleinen ägyptischen Hafen Zafarana am Golf von Suez angegriffen, worauf „ägyptische Streitkräfte den Feind zurückschlugen". TASS und Radio Damaskus zitierten eine Erklärung des syrischen Armeesprechers, derzufolge israelische Streitkräfte die vorgeschobenen Stellungen der syrischen Armee angegriffen und damit Kämpfe ausgelöst hätten, die weiterhin andauerten.

Die Meldungen aus den Vereinigten Staaten waren wesentlich beunruhigender. Der Sprecher des Weißen Hauses erklärte, daß Präsident Nixon „die Situation im Nahen Osten seit den frühen Morgenstunden eingehend verfolge". Der Morgen in Washington entsprach dem Nachmittag bei uns. Die Erklärung des Weißen Hauses wurde drei Stunden nach dem ägyptisch-syrischen Angriff abgegeben und enthielt nicht den leisesten Hinweis darauf, daß es die Araber waren, die den Krieg begonnen hatten. Als unser Botschafter in Washington die amerikanische Regierung vom Beginn der arabischen Invasion in Kenntnis setzte, wurde ihm gesagt, daß die Araber behaupteten, wir hätten sie angegriffen. In Washington wußte man natürlich die Wahrheit, wußte man von Anfang an, daß wir den Krieg nicht begonnen hatten, vielleicht aber dachte man dort, daß wir einiges mehr hätten tun sollen als bloß „nicht anfangen".

31. Kapitel

Der Kampfverlauf

Die massive syrische Offensive auf den Golanhöhen begann gleichzeitig mit dem Großangriff der Ägypter auf der Halbinsel Sinai am 6. Oktober um zwei Uhr nachmittag. Die Syrer versuchten nördlich und südlich von Kuneitra durchzubrechen, wurden aber im Norden von der 7. Panzerbrigade des Oberst Avigdor und im Süden von der Barak-Brigade Oberst Ben Shohams zum Stehen gebracht. Bis zum Eintreffen der Reserveeinheiten am nächsten Tag mußten diese beiden Brigaden der syrischen Offensive standhalten.

Spätabends gelang den Syrern jedoch der Durchbruch im Südabschnitt. Wir hatten angenommen, die Syrer würden sich auf den Nordabschnitt konzentrieren, und daher Avigdor mehr Panzer zugeteilt als Ben Shoham, was sich nun auswirken mußte.

Im Gegensatz zur Suezfront, wo sich unsere Streitkräfte nicht an den Aufmarschplan gehalten hatten, standen auf den Golanhöhen die vorgeschobenen Panzereinheiten in Bereitschaft und empfingen die syrischen Angreifer mit schwerem Feuer. Alle vorderen Linien, mit Ausnahme der auf dem Berg Hermon, waren verstärkt worden, und die gut in Stellung gebrachte Artillerie konnte an der ganzen Front wirkungsvoll eingreifen.

In ihrer ersten Angriffswelle setzten die Syrer 500 Panzer gegen insgesamt 177 israelische ein. Nach Mitternacht standen ihnen weitere 300 Panzer zur Verfügung, und wir hatten ganze 12 Stück in Reserve.

Am späten Abend, noch vor dem syrischen Durchbruch, begab ich mich in die unterirdische Kommandozentrale. Im großen und ganzen arbeitete die Zentrale nicht schlecht; sie war auch gut organisiert. Aber die eigentliche Kriegführung lag zu diesem Zeitpunkt längst in den Händen der Frontbefehlshaber. In einer solchen Situation beschränken sich die Generalstäbler meist darauf, so oft wie möglich an die Front zu fliegen und dort gemeinsam mit den Abschnittskommandanten Entscheidungen zu treffen.

Der Befehlshaber unserer Luftwaffe sagte mir, er wolle am nächsten Morgen Raketenstellungen und Flughäfen im Süden bombardieren, um die Operation gegen die ägyptischen Streitkräfte auf beiden Ufern des Kanals zu erleichtern. Auch der Generalstabschef meinte, es habe wenig Sinn, die Brükkenköpfe anzugreifen, solange die Raketenstellungen einsatzfähig blieben. Ich zweifelte daran, daß es unserer Luftwaffe gelingen würde, diese Raketenstellungen auszuschalten. Vor uns lagen, meiner Meinung nach, zwei kritische Nächte und ein Tag. Während dieser Zeit würden die Ägypter weitere Panzerverbände ans Ostufer schaffen. Die Luftwaffe sollte sich deshalb nicht auf die Raketenstellungen, sondern auf die nachrückenden Panzer konzentrieren. Wenn nämlich der Angriff auf die Raketenstellungen nicht zu dem gewünschten Erfolg führte, würden wir doppelt verlieren: Die Panzer kämen weiterhin über den Kanal, und unsere Luftwaffe könnte nicht unbehinderter operieren als zuvor.

Die Machtbefugnisse des Verteidigungsministers sind politischer Art. Hier ging es jedoch um eine technische Frage, um einen Einsatzbefehl. Darüber hatten der Generalstabschef und der Luftwaffenbefehlshaber zu entscheiden. So blieb es letztlich beim Angriff auf die Raketenstellungen am nächsten Morgen.

Zwei Stunden später – vierzehn Stunden nach Kriegsausbruch – hatte sich die Lage an der Nordfront wesentlich verschlimmert. Die Syrer waren südlich von Kuneitra im Gebiet von Hushniyah durchgebrochen und näherten sich den Verbindungsstraßen zwischen den Golanhöhen und dem See Genezareth. Reserveeinheiten wurden hastig nach vorne verlegt, um die anrückenden Syrer aufzuhalten. Der Kommandierende General im Nordabschnitt, Generalmajor Yitzhak Hofi, gab Befehl, die Männer aus den landwirtschaftlichen Siedlungen zu evakuieren. Die Frauen und Kinder waren bereits am Yom Kippur in Sicherheit gebracht worden.

Ich begab mich sofort an die Nordfront. Wenn die Syrer erst einmal die Straßen erreichten, die zum Jordan führten, würde es äußerst schwierig sein, sie zurückzuwerfen. Wir mußten sie direkt an den Durchbruchsstellen zum Stehen bringen.

Als ich im Hauptquartier Nord eintraf, war der gesamte südliche Frontabschnitt bereits zusammengebrochen. Die Syrer hatten die Barak-Brigade überrannt und standen auf halbem Weg zum Jordan. Unsere Panzerreserven waren erst gegen Mittag einsatzbereit. Nur die Luftwaffe konnte den Feind noch aufhalten.

Ich rief den Luftwaffenbefehlshaber, Generalmajor Benny Peled, an und befahl ihm, seine Flugzeuge müßten ab sofort unablässige Einsätze gegen die durchgebrochenen syrischen Panzerverbände fliegen. Andernfalls würden der Südabschnitt des Golan verlorengehen und die Siedlungen im Jordantal unmittelbar gefährdet sein.

So entschieden hatte ich noch nie zum Luftwaffenchef gesprochen. Formell gesehen, konnte ich ihm ja nur auf dem Dienstweg über den Generalstabschef Befehle erteilen. Aber was ich da am Telefon zum Ausdruck brachte, war ja – in einer so äußerst gefährlichen Lage – viel mehr als ein Befehl. Er reagierte sofort. Ohne Rücksicht auf die dichte feindliche Raketenabwehr bombardierte unsere Luftwaffe pausenlos die syrischen Panzerverbände und rettete damit die Situation.

Am Morgen des 7. Oktober hatte das Oberkommando Nord bereits alle verfügbaren Streitkräfte in der Hand, und die Lage schien sich zu konsolidieren. Aber um ein Uhr mittags erschienen plötzlich dicht vor unserem Lager bei Nafekhr, südwestlich von Kuneitra, syrische Panzer. Das Lager war nur zehn Kilometer von einer Jordanbrücke entfernt, über die der Feind alle Kibbuzim und andere Siedlungen im nördlichen Galiläa erreichen konnte. Wir drängten die Angreifer zwar vom Lager ab, den Durchbruch in Richtung Brücke aber vermochten wir nicht zu verhindern. Oberst Ben Shoham und sein Stellvertreter fielen in einem verzweifelten Rückzugsgefecht. Gegen Abend wurde der syrische Vormarsch dann doch aufgehalten. Daß das Blatt sich wendete, hatten wir der Luftwaffe zu verdanken und einer Panzer-Reservebrigade, die sich den Syrern entgegenstellte und ihren Vormarsch zum Jordan vereitelte. Die neuangekommenen Einheiten wurden verstärkt und konnten die Syrer schließlich zurückwerfen. Unsere Streitkräfte nutzten dann die Nacht, um Kräfte für einen Gegenangriff zu sammeln.

Der dritte Kriegstag, der 9. Oktober, brachte die dritte Krise, diesmal im Abschnitt der 7. Brigade, die drei Tage und Nächte gegen große Übermacht allen feindlichen Angriffen standgehalten hatte und nun übermüdet und am Ende ihrer Kraft war. Der Angriff am 9. Oktober richtete sich vor allem gegen die Zufahrtswege nach Kuneitra. Gegen Mittag spitzte sich die Lage gefährlich zu. Die Brigade verfügte über keine Reserven mehr; nur wenige Panzer waren noch einsatzfähig, und es fehlte an Munition.

Oberst Avigdor teilte dem Divisionskommandeur, Raful Eitan, mit, er könne den Feind nicht mehr halten. Auch Eitan hatte schon fast alle Hoffnung aufgegeben. Aber zu ebendiesem Zeitpunkt erreichte ihn die Meldung, daß die Einheit Oberstleutnant Yossies eine strategisch wichtige Höhe mit der Kodebezeichnung „Booster“ eingenommen habe und die Syrer sich auf dem Rückzug befänden. Eitan gab die Nachricht an Avigdor weiter: „Es kann nicht mehr lange dauern“, sagte er. „Haltet die Stellung.“

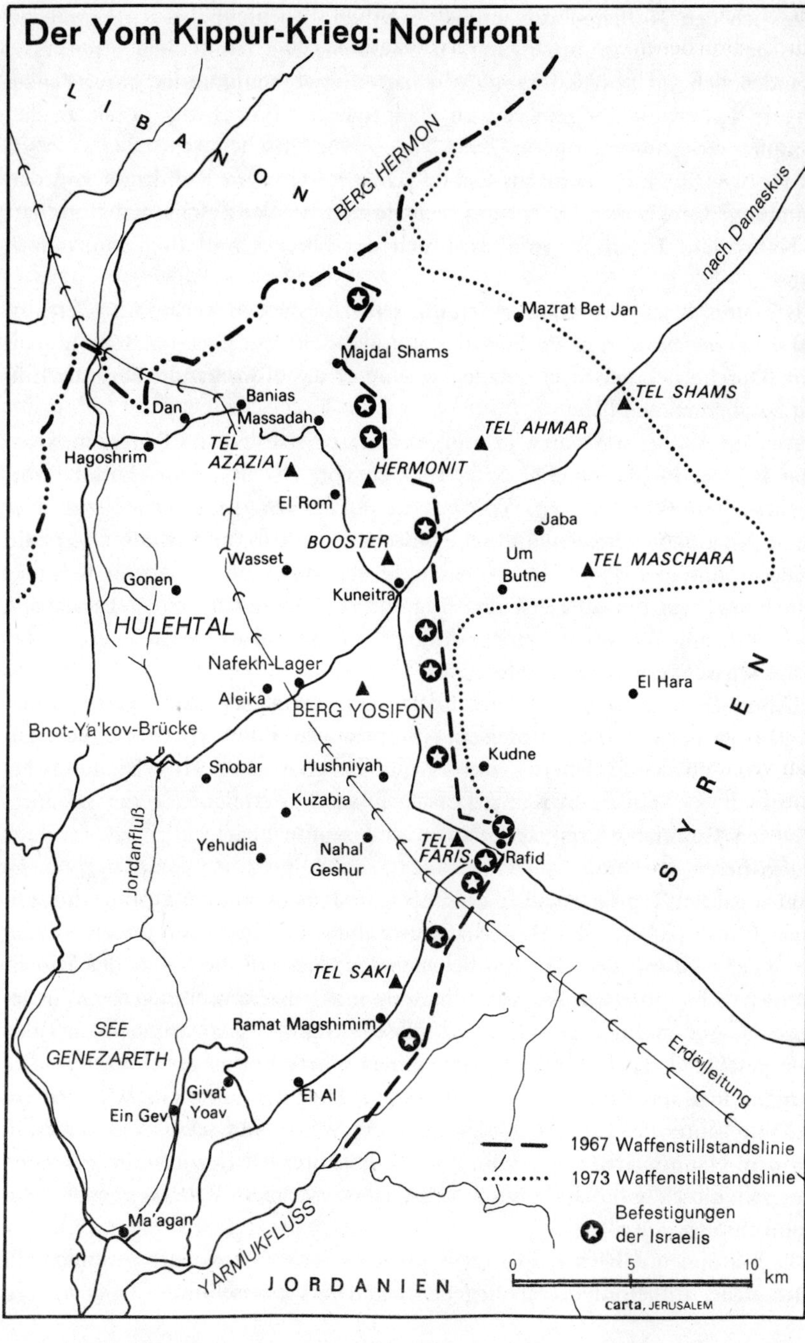
Der Yom Kippur-Krieg: Nordfront
LIBANON
BERG HERMON
nach Damaskus
Mazrat Bet Jan
Majdal Shams
TEL SHAMS
Dan
Banias
Massadah
TEL AHMAR
Hagoshrim
TEL AZAZIAT
HERMONIT
El Rom
Jaba
BOOSTER
Wasset
Um Butne
TEL MASCHARA
Gonen
Kuneitra
HULEHTAL
Nafekh-Lager
Aleika
BERG YOSIFON
El Hara
Bnot-Ya'kov-Brücke
SYRIEN
Snobar
Hushniyah
Kudne
Kuzabia
Jordanfluß
Yehudia
Nahal Geshur
TEL FARIS
Rafid
TEL SAKI
Ramat Magshimim
SEE GENEZARETH
Givat Yoav
Ein Gev
El Al
Erdölleitung
1967 Waffenstillstandslinie
1973 Waffenstillstandslinie
Befestigungen der Israelis
Ma'agan
YARMUKFLUSS
JORDANIEN
0
5
10
km
carta, JERUSALEM

Als ich den Nordabschnitt am selben Abend nochmals besuchte, war ein deutlicher Stimmungsumschwung zu erkennen. Die feindlichen Streitkräfte befanden sich auf dem Rückzug. Wir hatten etwa neunhundert ihrer Panzer zerstört. Ich erfuhr übrigens erst im Hauptquartier Nord, daß Yossie an den Kämpfen teilgenommen hatte. Zwei Tage zuvor hatte ich gehört, er sei noch auf Hochzeitsreise im Himalaja-Gebiet. Dort hörte er im Rundfunk von den Spannungen im Nahen Osten und meldete sich bei der israelischen Botschaft in Katmandu. Er erfuhr vom Ausbruch des Krieges und flog sofort nach Hause.

Bei seiner Rückkehr setzte er sich mit seiner Einheit in Verbindung, erfuhr, daß sie an der Nordfront im Einsatz stand, daß sein Vorgesetzter Ben Shoham beim Durchbruch der Syrer gefallen sei und er das Kommando über die Einheit zu übernehmen habe.

Am 9. Oktober um acht Uhr morgens setzten sich Yossies Panzer in Richtung Booster in Marsch. Die Syrer rückten von Osten auf die Anhöhe vor, Yossies Panzer von Westen. Yossie hatte elf Panzer, die Syrer sechzig, aber unsere Kanoniere schossen sämtliche syrische Panzer ab, und Booster war bald wieder in unserem Besitz. Als ich davon hörte, wollte ich mit Yossie Kontakt aufnehmen, was mir aber erst drei Tage darauf – leider in einem Lazarett in Haifa – gelang. Er war bei einem Angriff auf das tief in Syrien liegende Tel Shams schwer verwundet worden.

Unsere Streitkräfte waren jetzt überall im Vormarsch und drängten den Feind trotz hartnäckigen Widerstands immer weiter auf syrisches Gebiet zurück. Als Yossies Einheit die das Terrain beherrschende Hügelstellung Tel Shams auf der Straße von Kuneitra nach Damaskus erreichte, geriet sie unter schweren Panzerabwehrraketenbeschuß und wurde gleichzeitig aus der Luft angegriffen.

Den ganzen Tag lang wurde gekämpft, und als es endlich gelang, die syrischen Panzer am Fuß des Hügels auszuschalten, wollte Yossie diesen Vorteil ausnützen und mit den ihm verbliebenen acht Panzern die Spitze des Hügels stürmen. Aber oben saß syrische Infanterie mit Panzerabwehrraketen. Yossies Panzer wurde zweimal getroffen. Er selbst wurde aus dem brennenden Fahrzeug geschleudert; ein Geschoß hatte seinen Oberschenkel zerschmettert. Die wenigen intakten Panzer zogen sich zurück. Der wie durch ein Wunder unverletzte Fahrer des Panzers, Zvika, blieb bei Yossie und setzte sich per Funk mit dem Hauptquartier in Verbindung. Yossie, der bei Bewußtsein geblieben war, gab selbst die Meldung durch: „Sie haben mir mein Bein weggeschossen. Kommt mich holen!"

Drei Stunden danach wurde er von der Rettungsmannschaft gefunden. Er hatte Zvika aufgefordert, ihn liegenzulassen und sich selbst in Sicherheit zu bringen. Aber Zvika war trotzdem geblieben; er schleppte Yossie in einen verlassenen syrischen Schützengraben, brachte ihm Wasser und ließ sich über Funk Instruktionen zum Abbinden der Wunde geben.

Die Rettungsmannschaft, die erst nach Einbruch der Dunkelheit ankam, stand unter dem Kommando von Yoni. Da die Syrer den Fuß des Hügels pausenlos beschossen, mußte die Mannschaft ihre Fahrzeuge verlassen und das letzte Stück Weges zu Fuß zurücklegen.

Erst nachträglich erfuhr ich, wie es dazu kam, daß Yoni die Rettungsmannschaft anführte. Die Eliteformation, deren stellvertretender Kommandant er war, lag etwa zehn Kilometer von Tel Shams, als die Meldung über Yossies Verwundung per Funk durchkam. Yoni setzte sich sofort mit dem Brigadekommandeur in Verbindung und sagte, er würde Yossie herausholen.

Ich habe in all den Jahren des öfteren mit Yonis Einheit zu tun gehabt und war nicht nur von ihrer außergewöhnlichen Kampfmoral beeindruckt, sondern vielleicht noch mehr von den menschlichen Qualitäten der Soldaten. Sie alle besitzen den unerschütterlichen Glauben an unsere Bestimmung und die Stärke und den Willen, sie zu verwirklichen, und sind alle jederzeit bereit, sich den größten Gefahren auszusetzen.

Nach einer Woche Krieg an der Nordfront befanden sich die Syrer schon in der Defensive. Sie standen auf eigenem Boden, östlich der Linien, die sie sechs Tage zuvor durchbrochen hatten.

An der syrischen Front hatten unsere Streitkräfte, wie schon gesagt, ihre Stellungen vor Kriegsausbruch laut Plan bezogen, an der ägyptischen Front nicht. Als erstes Angriffsziel der Ägypter hatte die Bar-Lev-Linie entlang des Kanals am meisten unter den mangelhaften Vorbereitungen zu leiden. Die Linie setzte sich aus sechzehn Forts mit je zwanzig bis dreißig Mann Besatzung zusammen. Der Abstand zwischen den einzelnen Forts betrug etwa acht Kilometer. Die Ägypter leiteten ihren Angriff mit einer schweren Artilleriebeschießung ein, darauf folgten massive Panzer- und Infanterieangriffe. Alle Forts – bis auf eines mit der Kodebezeichnung „Budapest", das topographisch günstiger gelegen war als die anderen – fielen den Ägyptern in die Hände. Zum Teil mußten wir sie als unhaltbar räumen, teils wurden sie gestürmt. Wenn die Ägypter eine dieser Festungen nicht gleich erobern konnten, umgingen sie sie. Nur das Fort „Budapest" hielt den schweren Angriffen stand, konnte den Vormarsch der Ägypter an der nördlichen Sinai-Achse aufhalten und sie zum Rückzug zu ihren Ausgangspositionen bei Port Said zwingen.

Die übrigen Forts waren sehr bald von der israelischen Hauptmacht abgeschnitten. Die meisten Kommandanten fielen schon zu Beginn der Kampfhandlungen. Trotzdem verteidigten sich die Besatzungen noch mit Mut und

Entschlossenheit, doch die Übermacht war zu groß. Das letzte Fort, das in feindliche Hände fiel, war „Masrek" am Südeingang zum Suezkanal.

Einige dieser Forts wurden vom ägyptischen Angriff vollkommen überrascht, andere erhielten zwar eine Vorwarnung, die aber viel zu spät kam. Ich will aber nicht behaupten, daß die Bar-Lev-Linie standhalten hätte können, wenn das Warnsystem funktioniert hätte; sie war einfach nicht stark genug. Kommandozentrale und Bunker lagen zwar unter der Erde und waren gut ausgebaut, aber die Feuerstellungen und Laufgräben oben brachen unter dem schweren Artillerie- und Panzerkanonenbeschuß zusammen und mußten geräumt werden.

Hinzu kam noch, daß die elementarsten Vorkehrungen für den Ernstfall nicht getroffen worden waren. Die Panzereinheiten, die zwischen den einzelnen Festungen hätten stehen sollen, um mit ihnen Verbindung zu halten und sie zu unterstützen, standen statt dessen zehn Kilometer weiter rückwärts, bei der Artillerie. Sie versuchten dann zwar zu den Forts durchzukommen, wurden aber von beiden Kanalufern aus unter schweres Feuer genommen und größtenteils außer Gefecht gesetzt.

Auch anderweitig war man recht sorglos gewesen, als lebe man in Friedenszeiten: Funkgeräte und Fahrzeuge waren nicht voll einsatzfähig, Waffen und Munition nicht in ausreichenden Mengen vorhanden. Nirgends standen Panzerfahrzeuge zur eventuellen Evakuierung der Besatzungen bereit, und auch die Mannschaften, die diese wichtigste und vorgeschobenste israelische Linie wirksam verteidigen hätten sollen, waren nicht die besten. Die Soldaten gehörten teilweise den älteren Jahrgängen an und hatten seit zwei Jahren keine Reserveübungen mehr mitgemacht.

Wie immer man darüber denken mag: Die beiden ersten Kriegstage waren von entscheidender Bedeutung, und der mutige, zähe Widerstand, den die Bar-Lev-Linie leistete, ermöglichte es den israelischen Streitkräften, unterdessen die Reserven mobilzumachen und Verstärkungen an die Südfront zu bringen. So besehen, hat auch diese schwache und militärisch vernachlässigte Befestigungslinie ihren Beitrag zur Abwehr des ägyptischen Angriffs geleistet.

Ganz ohne Zweifel wurden die Vorgänge an der Südfront auf sämtlichen Befehlsebenen falsch eingeschätzt – von den Brigaden, vom Oberkommando Süd, vom Generalstab und auch von der Regierung. Am ersten Kriegstag hoffte man noch, die Verbindung zur Bar-Lev-Linie wiederherstellen zu können. In der ersten Nacht wäre es auch noch möglich gewesen, die Besatzungen sämtlicher Festungen in Sicherheit zu bringen, aber das Oberkommando Süd entschied dagegen. Manche hielten solche Rettungsaktionen auch in den folgenden Tagen noch für durchführbar.

Einer einzigen Panzereinheit gelang es, die Besatzung eines Forts zu evakuieren; bei ähnlichen Versuchen gingen in mehreren anderen Fällen einige Panzer mitsamt ihrer Mannschaft verloren. Den Besatzungen von nur vier Forts gelang es, sich ohne Hilfe zu unseren Linien durchzuschlagen.

Die Bar-Lev-Linie hatte eine gewisse Berühmtheit erlangt. Ihre Eroberung war daher nicht nur von einiger militärischer Bedeutung für die Ägypter, sondern stellte zugleich einen Prestigegewinn dar. Es wäre daher weit klüger gewesen, die Forts aufzugeben, die Mannschaften rechtzeitig zu evakuieren und von einer rückwärtigen Linie aus mit Panzern und Infanterie zum Gegenangriff anzutreten.

Am Ende der ersten vierundzwanzig Stunden hatten wir einen Großteil unserer Panzerwaffe an der Südfront eingebüßt. Die Ägypter strömten mit einer Übermacht an Panzern durch die Breschen, die sie in die Bar-Lev-Linie geschlagen hatten, und stießen auf den verzweifelten Widerstand der Panzerbrigaden Generalmajor Albert Mandlers, die im mörderischen Feuer der bereits auf dem Ostufer stehenden ägyptischen Einheiten lagen. Den ganzen Nachmittag lang tobten erbitterte Kämpfe. Die Lage verschlimmerte sich zusehends, und am nächsten Morgen überquerten noch weitere ägyptische Panzer- und Infanterieeinheiten den Kanal. Auf beiden Seiten gab es schwere Verluste. Unsere Soldaten, die überaus tapfer kämpften und schließlich nur noch über wenige einsatzfähige Panzer verfügten, konnten den ägyptischen Vormarsch zum Stehen bringen, den Feind aber nicht mehr über den Kanal zurückwerfen.

Im Laufe des zweiten Tages, des 7. Oktober, erreichten die Reservedivisionen der Generalmajore Avraham Adan und Arik Sharon die Front. Am Morgen flog ich zum vorgeschobenen Hauptquartier und hatte eine Aussprache mit Generalmajor Shmuel Gonen, dem Befehlshaber des Südabschnitts. Auf dem Rückflug nach Tel Aviv konnte ich das Gefühl nicht loswerden, Israel sei in Gefahr. Die Dinge, meinte ich, konnten ein böses Ende nehmen, wenn wir uns den neuen Gegebenheiten nicht umgehend anpaßten.

Ich suchte gemeinsam mit Generalstabschef David Elazar die Ministerpräsidentin auf, um ihr und zwei ebenfalls anwesenden Ministern meine Ansichten zur Lage auseinanderzusetzen. Ich betonte vor allem, daß wir uns vom Kanal zurückziehen und weiter rückwärts eine neue Verteidigungslinie einrichten sollten, die allerdings mit allen Mitteln gehalten werden müsse. Als schwerwiegendstes Problem bezeichnete ich die arabische Übermacht an Soldaten und Waffen. Die Soldaten kämpften gut und seien mit hervorragenden sowjetischen Waffen ausgerüstet. Wenn, was anzunehmen war, die Sowjetunion und die übrigen arabischen Staaten, insbesondere Libyen, weiterhin Hilfe leisteten, konnten die feindlichen Armeen selbst bei schweren Verlusten weiterkämpfen. Wir hingegen liefen große Gefahr, so sehr geschwächt zu werden, daß wir den Krieg gar nicht mehr zu unseren Gunsten entscheiden könnten. Wir müßten alles unternehmen, um die Vereinigten Staaten zur schleunigen Lieferung von Panzern und Flugzeugen zu bewegen.

Die Ministerpräsidentin und die beiden Minister waren betroffen – vor allem, als ich sagte, ich hielte es *im Augenblick* nicht für möglich, die Ägypter auf das westliche Ufer des Kanals zurückzuwerfen. In einer Kabinettssitzung am selben Morgen hatte der Generalstabschef in meiner Abwesenheit noch behauptet, wir seien dazu imstande. Offenbar deswegen wurde ich jetzt in ein regelrechtes Kreuzverhör verwickelt. Man wollte meine realistische Einschätzung der militärischen Lage nicht wahrhaben. Man schien zu glauben, ich hätte persönliche Gründe für meinen Pessimismus.

Der Generalstabschef schloß sich jedoch nun meiner Meinung an und stimmte auch dem Aufbau einer neuen Verteidigungslinie zu, wollte aber so bald wie möglich zum Gegenangriff übergehen. Er sagte, er würde noch am heutigen Abend ins Hauptquartier Süd fliegen und dort entscheiden, ob Arik und Bren zum Gegenangriff antreten sollten. Im Beisein der übrigen Kabinettsmitglieder fragte er mich, ob ich ihn dazu ermächtige. Ich stimmte zu, meinte aber, daß die beiden Formationen noch nicht einsatzbereit sein dürften. Gewinne er jedoch an Ort und Stelle einen positiven Eindruck der Lage, dann könne er den Angriff auf die ägyptischen Streitkräfte am Ostufer des Kanals anordnen. Die Minister schienen aufzuatmen. Sie konnten den Gedanken einfach nicht ertragen, daß wir nicht stark genug wären, den Feind augenblicklich auf seine Ausgangsposition zurückzuwerfen.

Der Unterschied zwischen mir und den übrigen Mitgliedern der Regierung lag offensichtlich darin, daß ich bereit war, den Realitäten ins Auge zu sehen und die Konsequenzen zu ziehen, sie aber nicht. Sie waren beispielsweise davon beeindruckt, daß unsere Luftwaffe die Brücken über den Kanal zerstört hatte, und nahmen an, daß die ägyptischen Streitkräfte infolgedessen so gut wie abgeschnitten seien. Ich mußte ihnen erst erklären, daß es sich da nicht um feste Brücken handelte, sondern um Flöße und Pontons, die die Ägypter während der Dunkelheit wieder instandsetzen konnten. Unsere Luftwaffe sei dem Feind im Luftkampf wohl überlegen, aber gerade deswegen gingen die ägyptischen Piloten solchen Begegnungen aus dem Wege und verließen sich statt dessen auf ihre massierten sowjetischen Raketenbatterien. So hätten wir zwar in den ersten vierundzwanzig Stunden 40 arabische Flugzeuge abgeschossen, im gleichen Zeitraum seien aber 35 unserer eigenen Flugzeuge von Raketen vernichtet worden. So sehe es nun wirklich aus, und im Luftkrieg zähle einzig und allein, wieviele Flugzeuge man sich leisten könne zu verlieren.

Ich führte weiter aus, daß fortgesetzte Frontalangriffe mit entsprechend hohen Verlusten unsere Streitkräfte ungeheuer schwächen würden, wogegen die Araber dank ihrer riesigen Reserven natürlich durchhalten könnten. Ägypten und Syrien zusammen hätten eine Bevölkerung von achtzig Millionen, und unsere Bevölkerung zähle ganze drei Millionen. Die Sowjetunion liefere unseren Feinden alles, was sie an Waffen brauchten. Sie verfügten über immense Geldreserven, und die übrigen arabischen Staaten schickten Expeditionstruppen. Wir hätten die Vereinigten Staaten dringend gebeten, uns Flugzeuge und Panzer zu liefern, aber wer könne sagen, ob und wann sie eintreffen würden. Und schließlich dürften wir uns auf niemandes Hilfe verlassen. Wir müßten unsere Schlachten sofort schlagen, denn niemand würde an unserer Statt für Israel kämpfen.

Der Generalstabschef flog an die Südfront. Er rief mich dort an und sagte, sie hätten den Gegenangriff Brens und Ariks für den nächsten Morgen, den 8. Oktober, angesetzt. Nach Mitternacht kehrte er von der Front zurück, und ich begab mich in die Kommandozentrale zu einer Besprechung des Einsatzstabes, wo er die geplante Aktion näher erläuterte. Die Front war zwar weit entfernt, aber in der Kommandozentrale herrschte eine Stimmung wie vor Beginn einer Schlacht. Die meisten Stabsoffiziere waren selbst im Krieg gewesen und kannten die besondere nervöse Spannung nur zu gut, die einen in den Stunden vor dem Einsatz packt, wenn der Gedanke an die Schlacht plötzlich Realität wird und diese Realität alles Übrige verdrängt. Man spricht zwar weiter miteinander, als ob sich nichts geändert hätte, man trinkt Kaffee und raucht, man zeichnet Pfeile auf der Landkarte ein, man erteilt und erhält Befehle – aber all das spielt sich auf einer anderen, irgendwie nicht definierbaren Ebene ab, irgendwo außerhalb und als ob man selbst gar nichts damit zu tun hätte. Das eigentliche Ich, der Kern des eigenen Wesens hat sich längst im Netz des Krieges verstrickt, und die magnetische Spannung, die es erfaßt hat, läßt sich mit nichts vergleichen.

Der Generalstabschef war gut gelaunt. Wenn alles gut ginge, sagte er, würde der morgige Gegenangriff die große Wende bringen. Sein Ziel sei es, die Panzerverbände der 2. und der 3. ägyptischen Armee auf dem Ostufer des Kanals zu vernichten. Es seien inzwischen größere Panzerreserven an der Südfront eingelangt – eine beachtliche Anzahl, wenn auch nicht ganz so viele, wie die Ägypter in die Schlacht werfen konnten.

In der erbitterten Panzerschlacht am nächsten Tag bewährten sich zwar unsere Streitkräfte, aber die Aktion war ein totaler Mißerfolg, einfach deshalb, weil sie falsch ausgeführt wurde. Über den Schlachtplan herrschte Verwirrung auf höchster Ebene, und das Oberkommando Süd hatte nur selten einen richtigen Überblick über den tatsächlichen Ablauf. Wie war so etwas möglich geworden?

Als der Generalstabschef um Mitternacht in der Kommandozentrale Bericht erstattet hatte, war er eben von seinen Beratungen mit dem Befehlshaber für den Südabschnitt, Generalmajor Gonen, und den Divisionskommandeuren Bren und Albert zurückgekehrt. Arik traf im Hauptquartier erst ein, als sich der Generalstabschef schon wieder auf den Rückweg nach Tel Aviv machte. Es wurde kein schriftliches Protokoll aufgenommen, und der Generalstabschef flog in der Überzeugung ab, daß sich der Angriff in mehreren Wellen gegen die beiden wichtigsten ägyptischen Brückenköpfe richten würde. Die Division Bren würde zuerst die 2. ägyptische Armee bei Kantara angreifen und dann südwärts zum Bittersee vorrücken; die Divisionen Arik und Albert sollten in Reserve gehalten werden. Nach Beendigung der ersten Angriffsphase der Division Bren würde die Division Arik gegen die 3. ägyptische Armee im Südabschnitt antreten; Bren und Albert hätten die übrigen Streitkräfte der Ägypter zu binden versuchen sollen. Der Einsatzplan sah zwar eine Überquerung des Kanals nicht ausdrücklich vor, aber der Generalstabschef ließ diese Möglichkeit offen, für den Fall, daß es uns gelänge, die ägyptischen Brückenköpfe völlig einzudrücken. Zunächst aber sollten unsere Panzer einen Abstand von etwa zweieinhalb Kilometern zum Kanal wahren, um außer Reichweite der Panzerabwehr der ägyptischen Infanterie zu bleiben.

Arik Sharon war also bei der Lagebesprechung im Hauptquartier nicht zugegen gewesen und hatte mit Generalstabschef Elazar, der schon auf dem Weg zum Flugzeug war, nur ganz kurz gesprochen. Bei dieser Gelegenheit schlug Arik vor, wir sollten zu den Forts durchbrechen und die dort eingeschlossenen Mannschaften befreien. Er meinte ferner, es wäre am klügsten, am Kanal Fuß zu fassen, ihn zu überqueren und den Aufmarsch der Ägypter zu stören.

Als Arik nach diesem Gespräch mit dem Generalstabschef ins Hauptquartier kam, befürwortete er auch gegenüber Gonen, Bren und Albert den Plan, zur Bar-Lev-Linie durchzubrechen. Da dieser Vorschlag nicht direkt abgelehnt wurde, kamen Bren und Arik zu dem Schluß, daß es bei Tagesanbruch gegen die Bar-Lev-Linie gehen würde.

Aber am Morgen des 8. Oktober um 6 Uhr 15 gab Gonen Arik nicht den Befehl, auf die Festungslinie vorzurücken, sondern im Südabschnitt unweit des Golfs von Suez anzugreifen, wennmöglich eine ägyptische Brücke zu besetzen und den Kanal zu überqueren. Der Zeitpunkt des Angriffs hinge zunächst noch vom Fortschritt der Division Bren ab und auch davon, ob er Bren vorher zu Hilfe kommen müsse. Kurz vorher war Gonen vom Generalstabschef ermächtigt worden, den Beginn des Angriffs der Division Bren auf 8 Uhr festzusetzen und den Kanal in Brigadestärke auf einer ägyptischen Brücke zu überqueren, falls sich die Gelegenheit dazu ergäbe.

Brens Brigade rückte am Kanal entlang nach Süden vor, jedoch außer Reichweite der Infanterieraketen. Im Oberkommando Süd entstand daher gegen neun Uhr morgens der Eindruck, daß die Aktion reibungslos verlief. Bren schlug per Funk vor, den Angriffsplan abzuändern, und Gonen stimmte zu: Eine der Einheiten Brens nahm Richtung auf ein Fort der Bar-Lev-Linie, das in arge Bedrängnis geraten war. Das Fort lag in unmittelbarer Nähe einer der ägyptischen Pontonbrücken über den Kanal. Als sich Brens Truppen dem Kanal näherten, wurden sie von dort verschanzten Ägyptern mit Panzerabwehr- und RPG-Raketen beschossen.

Alles ging schief, aber das Oberkommando Süd ahnte nichts davon. Gonen, der sich keine Sorgen um die Division Bren machte, gab Ariks Division im Einvernehmen mit dem Generalstabschef Anweisung, nach Süden vorzustoßen, um ihr Angriffsziel vor Einbruch der Dunkelheit zu erreichen. Dieser Befehl erging, bevor man sich über das Schicksal Brens Klarheit verschafft hatte, und führte schließlich zum Mißlingen der Gegenoffensive. Am frühen Nachmittag lief im Oberkommando Süd die Meldung ein, daß nun die Ägypter einen Gegenangriff entlang des gesamten Kanals vorbereiteten. Um 2 Uhr 15 hielt Gonen den Vormarsch Ariks nach Süden an und erteilte ihm den Befehl zur Umkehr. Auf dem Vormarsch hatte die Division freie Bahn gehabt; jetzt aber, auf dem Rückmarsch, mußte sie kämpfen, denn der Feind hatte das Gebiet inzwischen besetzt. Am Ende des Tages war nicht nur unser Angriff mißlungen, wir hatten sogar noch weitere Gebietsverluste hinnehmen müssen.

Im Anschluß an eine Kabinettssitzung in recht gedrückter Atmosphäre flog ich abends in den Süden, um die Lage dort mit dem Generalstabschef, dem Kommandierenden General und den drei Divisionskommandeuren zu erörtern. Ich kam nach Mitternacht an und konnte so richtig mit Jona in der Bibel sagen: „Billig zürne ich bis an den Tod." Da war der Krieg über uns hereingebrochen; da hatten unsere Streitkräfte im Südabschnitt den Aufmarschplan nicht befolgt; die Festungen waren nicht rechtzeitig geräumt worden; dann hatten wir endlich die nötige Streitmacht beisammen – drei Panzerdivisionen und eine große Anzahl von Flugzeugen –, und am Ende war doch alles umsonst gewesen.

Bren und Arik hatten sich völlig verausgabt. Sie waren drei Tage lang ununterbrochen in ihren Panzern unterwegs gewesen und hatten obendrein mit den vielfältigen Problemen zu kämpfen gehabt, die sich aus der überstürzten Mobilisierung von Reserveformationen zwangsläufig ergeben. Der von ihnen geführte Panzerangriff hatte ein einziges Ziel gehabt: zu einem schweren Schlag in so kurzer Zeit wie möglich auszuholen und die Voraussetzungen für den Übergang zur Offensive gegen die auf dem Ostufer des Kanals liegenden ägyptischen Streitkräfte zu schaffen. Aber der Tag hatte Enttäuschungen, Verluste und schließlich den Rückzug mit sich gebracht.

Arik hatte die Lage an der Front eingehend studiert und war zu dem richtigen Schluß gekommen: Wir mußten den Kanal überqueren, die ägyptischen Raketenbatterien zerstören und Stellungen im Rücken der 2. und 3. ägyptischen Armee beziehen. Wir durften uns dabei nicht auf ein Wunder verlassen, etwa die Eroberung einer intakten Pontonbrücke, über die wir unsere Streitkräfte ans andere Ufer bringen könnten. Wir mußten selber Brücken bauen und Schlauchboote einsetzen.

Der Generalstabschef faßte die Pläne für den nächsten Tag zusammen. Arik würde sich auf die Überquerung des Kanals vorbereiten. Die übrigen Truppen würden Verteidigungsstellungen beziehen; zugleich würde man den Soldaten Gelegenheit geben, auszuruhen und sich neu zu formieren.

Nach unserer Rückkehr vom Südabschnitt führte ich in der Kommandozentrale ein Gespräch mit dem Generalstabschef. Meiner Meinung nach, sagte ich, sei Gonen nicht der geeignete Mann, den Krieg im Sinai erfolgreich zu führen, und müsse daher ersetzt werden. Als mögliche Nachfolger nannte ich Arik Sharon und Chaim Bar-Lev, der schon einmal Generalstabschef, jetzt aber Minister für Handel und Industrie war. Die allgemeine Kriegslage bezeichnete ich als außerordentlich schwierig. Selbst auf die Gefahr hin, der Bevölkerung einen schweren Schock zu versetzen, mußten wir sie mit der Wahrheit konfrontieren: Es war uns derzeit nicht möglich, die Ägypter über den Kanal zurückzuwerfen. Die Bevölkerung sollte wissen, daß die Festungen der Bar-Lev-Linie gefallen seien; daß es uns an Soldaten fehlte und wir daher zum ersten Mal ältere Jahrgänge mobilmachen und die vormilitärische Ausbildung der Siebzehnjährigen ins Auge fassen müßten. Wir brauchten auch dringend mehr Waffen und müßten versuchen, sie von den Vereinigten Staaten zu bekommen.

An der Südfront müßten wir noch mehr Truppen zusammenziehen, bevor wir neuerlich versuchten, die Ägypter zurückzudrängen. An die Soldaten auf den Golanhöhen müßte ein absoluter Durchhaltebefehl ergehen. Kein Fußbreit dürfte aufgegeben werden. Und sollten wir dabei auch alle unsere Panzer verlieren, die syrischen Streitkräfte würden im Verlauf einer solchen Schlacht gänzlich aufgerieben werden. Die Luftwaffe sollte die Bodentruppen mit allen verfügbaren Mitteln unterstützen, und wenn dann der Krieg im Nordabschnitt beendet sei, würden wir unsere gesamte Schlagkraft gegen die Ägypter einsetzen können.

Ich sagte dem Generalstabschef, daß ich die Zustimmung der Ministerpräsidentin zu diesen Maßnahmen noch einholen müsse. Ich suchte sie in seiner Begleitung am nächsten Morgen um 7 Uhr 20 auf. Golda hatte offensichtlich kein Auge zugetan, und doch war sie völlig bei der Sache, so objektiv und zugleich so mutig wie eh und je. Ich teilte ihr mit, welche Befehle ich dem Oberkommando Nord erteilt hatte – nämlich keinen Schritt zu weichen –, und sagte, wir würden möglicherweise sehr hohe Verluste hinnehmen müssen. Golda nickte mit dem Kopf; sie wußte das. Ich kenne Golda schon seit vielen Jahren und habe sie auch häufig weinen sehen – aber nicht im Krieg. Der Krieg ist nicht die Zeit für Tränen.

Ich sagte ihr, die Syrer hätten während der vorangegangenen drei Nächte Boden-Boden-Raketen von Typ Frog gegen unsere Zivilbevölkerung eingesetzt. Wir könnten das nicht einfach hinnehmen und wollten daher militärische Ziele im Umkreis von Damaskus bombardieren. Sie stimmte diesen Luftangriffen wie auch der Ernennung Chaim Bar-Levs zum Befehlshaber des Südabschnitts zu.

Ich kam auf die amerikanischen Waffenlieferungen zu sprechen. Golda meinte, sie würde nach Washington fliegen, um unter vier Augen mit Präsident Nixon zu sprechen. Sie hielt es für wichtig, dem Präsidenten unsere Lage zu schildern, ihn von dem großen Umfang der sowjetischen Waffenlieferungen an die Araber in Kenntnis zu setzen und ihm auch das zahlenmäßige Übergewicht der arabischen Streitkräfte vor Augen zu führen. Es ging ihr nicht um die Waffenlieferungen allein. Präsident Nixon sollte von ihr persönlich über die Kriegsereignisse und die Hintergründe erfahren.

Ich war sehr dafür, daß sie fahren sollte. Wir brauchten nicht nur amerikanische Waffen, sondern das Verständnis und die Unterstützung der Vereinigten Staaten. Niemand war besser als Golda geeignet, beides zu gewinnen.

32. Kapitel

Bestandsaufnahme

Am 10. Oktober, dem fünften Kriegstag, konnte ich zum erstenmal seit Kriegsbeginn aufatmen. Ich mußte jetzt nicht mehr befürchten, daß die Araber an der einen oder anderen Stelle durchbrechen würden. Auf der Halbinsel Sinai und auf den Golanhöhen hatten wir ihnen schwere Verluste an Menschen und Material zugefügt. Unsere Truppen hatten gut befestigte Stellungen bezogen; sie hatten sich auf die feindliche Panzerabwehr eingestellt und wußten ihr wirksam zu begegnen. Die arabischen Armeen hingegen hatten ihre vorgefaßten Pläne ausgeführt, hatten den Kanal überquert und die Golanhöhen gestürmt, wußten aber nicht weiter, denn jetzt standen sie vor neuen Bedingungen und neuen Tatsachen und mußten gegen Streitkräfte kämpfen, die ihnen zahlenmäßig nicht mehr so stark unterlegen waren und sich von Tag zu Tag besser auf die Lage einstellten. Wir konnten jetzt die Initiative ergreifen und dabei unter mehreren Möglichkeiten die beste wählen. Bisher hatten wir ausschließlich in der Defensive gestanden.

Trotzdem war die Lage an der Front ausschlaggebend für die Einleitung jeder Aktion, und die Entscheidung darüber lag selbstverständlich beim Generalstabschef und den Befehlshabern im Feld. Wenn sie meinten, wir verfügten nicht über genug Truppen, um eine bestimmte Aktion durchzuführen, dann wurde sie eben ohne viel Aufhebens abgeblasen.

In einer Demokratie wie der unseren unterstehen die Streitkräfte dem Verteidigungsminister als dem Vertreter der Zivilregierung. Er ist jedoch nur für den politischen Bereich und nicht für militärische Operationen verantwortlich. Der Verteidigungsminister sitzt am Schalthebel des gesamten Militärapparats, ist aber weder Generalstabschef noch ein Super-Feldherr. Ihm unterstehen eine ganze Reihe von Ministerialbeamten, aber nicht ein einziger Militär.

Die Autorität für strategische Entscheidungen liegt beim Generalstabschef und seinem Stab.

Ich will damit nicht sagen, daß ich während des ganzen Krieges in meinem Büro saß und ausschließlich politische Entscheidungen fällte. Ich war fast täglich an einer der Fronten. Jeder einzelne Frontabschnitt war ja in ein, zwei Stunden erreichbar. Ich fuhr hin, weil es mir nicht genügte, mir lediglich auf Grund von Generalstabsberichten ein Bild von der Lage zu machen. Nicht einmal die regionalen Befehlshaber konnten mir dazu verhelfen. Da mußte ich schon die Divisionäre besuchen, Raful und Dan an der Nordfront, Arik und Bren im Süden, und einige Stunden bei ihnen verbringen, mit ihnen und mit den Offizieren ihres Stabes reden. Nur so, nur an Ort und Stelle konnte ich sehen, was geschah, und zu einem besseren Verständnis dieses Krieges gelangen – eines Krieges, in dem wir es mit Arabern zu tun hatten, die mit modernsten sowjetischen Waffen ausgerüstet waren. Ich mußte mich erst auf diese ganz andersgeartete Kriegführung umstellen. Meine militärischen Kenntnisse reichten allerdings vollkommen aus, um zu erkennen, daß die arabischen Armeen in ihrer Bewaffnung, ihrer taktischen Kriegführung und ihrem Kampfgeist enorme Fortschritte gemacht hatten.

Meine Besuche in den Hauptquartieren an der Nord- und Südfront befriedigten mich kaum. Der Kommandierende General umgab sich mit seinen Stabsoffizieren; es herrschte ständig Lärm, ununterbrochen klingelte das Telefon – man konnte keinen Augenblick ruhig nachdenken. Ich paßte irgendwie nicht hinein. Wenn ich wieder zurückfuhr, hatte ich das Gefühl, nichts Neues erfahren zu haben. Ich hätte ebensogut ein Telefongespräch führen können. Man sagte mir wohl, was vorging, aber es wollte mir nicht gelingen, mir einen Reim darauf zu machen. Ich konnte den Gedankengängen des Generals und seiner Offiziere natürlich folgen, aber es waren meine eigenen Gedanken, die ich nicht ordnen konnte. Vielleicht lag es an mir – jedenfalls ließ ich die Besuche in den Hauptquartieren sein und ging bis zum letzten Kriegstag lieber zur kämpfenden Truppe.

In dieser Zeit kam ich nur selten nach Hause, obwohl mein Haus in Zahala nur zehn Autominuten von dem Gebäudekomplex entfernt ist, in dem das Verteidigungsministerium und die Büros der Ministerpräsidentin und des Generalstabschefs untergebracht sind. Meine drei Kinder waren verheiratet und wohnten nicht bei mir. Alle drei waren im Einsatz: Yael arbeitete im Militärhospital von Tel Hashomer; mein älterer Sohn, Ehud, war bei einer Kommandoeinheit der Marine, und der andere Sohn, Assaf, diente bei einer Fallschirmjägerbrigade.

Meine Frau Rahel arbeitete tagsüber im Büro des Armeebeschaffungsamtes, und abends saß sie zu Hause und wartete auf einen Anruf oder einen kurzen

Besuch von mir. Wenn ich vorbeikam, stellte sie Kaffee auf, und ich ging mittlerweile in den Garten. Rahel brachte irgendwie die Zeit auf, den Garten zu gießen, aber der Rasen war nicht gemäht, und in den Rosenbeeten machte sich das Unkraut breit. Im Geräteschuppen war alles unverändert, nur daß sich zwischen den Werkzeugen kleine Eidechsen und Spinnen eingenistet hatten. Aber all dem konnte ich kein echtes Interesse mehr entgegenbringen. Der Garten, die antiken Funde – das war Teil einer anderen, fernen Welt, in der ich irgendwann einmal gelebt hatte.

Innerlich bedeutete der Yom Kippur-Krieg eine ungeheure Belastung für mich. Er erfüllte mich mit großer Besorgnis, mit Traurigkeit, und machte es mir schwer, mich in gewohnter Weise zu konzentrieren. Das war jetzt schon mein vierter Krieg. Im ersten Krieg, dem Unabhängigkeitskrieg von 1948, befehligte ich im Alter von 25 Jahren ein Kommandobataillon. Was ich damals tat, empfand ich weder als sportliche noch als schöpferische Leistung; aber es war, im Ganzen gesehen, leichter zu ertragen. Es gab Leid und Kummer, aber auch Ausgelassenheit und Freude. Was ich an Verantwortung und psychischer Belastung zu tragen hatte, beschränkte sich auf die Führung dreier Kompanien und die Eroberung eines Hügels. Und wenn das erreicht war, hüllte ich mein Gesicht in eine Kefieh und war bald fest eingeschlafen. Auch im Sinaifeldzug von 1956 und im Sechstagekrieg von 1967 hatte ich es nicht allzu schwer. Wir schlugen die Ägypter und jagten sie in die Flucht; die Syrer besaßen noch keine Raketen, und die Jordanier hatten keine Luftwaffe.

Im Yom Kippur-Krieg war alles ganz anders. Es war nicht nur ein schwieriger Krieg für uns, es herrschten auch schwierige Umstände. Wir hatten es mit massierten Streitkräften zu tun, die mit einer großen Anzahl von Panzern, Geschützen und Raketen ausgerüstet waren. Und selbst als wir Hunderte von Panzern vernichtet hatten, fiel keinem Menschen ein, in großen Jubel auszubrechen. Aber als eines unserer Forts an der Front verlorenging, als in einem einzigen Gefecht dreißig unserer Panzer vernichtet wurden, da fiel das ganze Land in Verzweiflung. Die besten unserer jungen Leute waren Offiziere – Piloten, Panzerkommandanten, Fallschirmjäger. Täglich, ja stündlich trafen Trauernachrichten ein: Ehemänner und Söhne getötet, Söhne von Verwandten, Freunde, Kollegen, Nachbarn. Unser Volk mochte nicht an andere Kriege zurückdenken oder daran, was mit den Juden in Europa geschehen war. Es tröstete sich auch nicht damit, daß uns ein schlimmeres Schicksal erspart geblieben war: Die feindlichen Armeen waren nicht bis in die dicht besiedelten Gebiete vorgedrungen, die Zerstörung hatte an der Front halt gemacht. Die Leute sahen einzig und allein unsere Verluste. Die Tatsache, daß wir einer erdrückenden Übermacht schwerbewaffneter arabischer Soldaten gegenüberstanden und sie geschlagen hatten, zählte offenbar nicht wirklich.

Was zählte, war der Schmerz und die Trauer über die Gefallenen, die Gefangenen und Verwundeten.

Daß auch ich von dieser allgemeinen Stimmung ergriffen wurde, versteht sich von selbst. Aber ich war und blieb auch Verteidigungsminister und konnte es mir nicht leisten, das Kriegsgeschehen auch nur für einen Augenblick aus den Augen zu lassen. Es stellten sich Fragen: Was sollten wir unternehmen; wie würden die Dinge sich weiterentwickeln; was hatte die Sowjetunion vor und was die Vereinigten Staaten; würden die Jordanier eine dritte Front eröffnen; konnten die arabischen Armeen mit zusätzlichen Verstärkungen rechnen; welche Möglichkeiten standen uns offen – im Norden, im Süden? All das beschäftigte mich Tag und Nacht, ohne Unterlaß. So besorgt und niedergeschlagen ich war – ich mußte trotzdem versuchen, Antworten auf diese vielen Fragen zu finden.

Wir standen im Grunde vor drei Problemen. Zunächst mußten wir Mittel und Wege finden, die modernen, hochentwickelten Waffen, insbesondere die Panzer- und Luftabwehrraketen, auszuschalten, die die Sowjets den Arabern in so großen Mengen geliefert hatten. Ferner ging es um unser zukünftiges Verhältnis zu den arabischen Staaten. Die gegenwärtigen Militäraktionen mußten unter Berücksichtigung unserer Beziehungen zu Ägypten, Jordanien und Syrien in der Nachkriegszeit geplant werden. Wäre es sinnvoll oder nicht, weitere Gebiete Ägyptens und Syriens zu besetzen? Wir mußten auch die Haltung der Großmächte bedenken. Waren wir beispielsweise imstande, etwas gegen eine verstärkte Einmischung der Sowjetunion zu unternehmen? War bei einem weiteren Vormarsch unserer Streitkräfte an der Nordfront und der sich daraus ergebenden Bedrohung von Damaskus mit dem Eingreifen sowjetischer Truppen zu rechnen? Und – was tun, um sicherzustellen, daß die Vereinigten Staaten uns Waffen lieferten und zugleich eine sowjetische Intervention verhinderten?

Der Yom Kippur-Krieg unterschied sich von den bisherigen Kriegen hauptsächlich darin, daß die Araber wesentlich stärker waren, dreimal stärker beispielsweise als im Sechstagekrieg. Damals hatten sie 300.000 Mann aufgeboten, diesmal eine Million. Damals verfügten sie über 1700 Panzer, 350 Flugzeuge und 1350 Geschütze, heute über 5000 Panzer, 1000 Flugzeuge und 4800 Geschütze. Das führte zu größeren Verlusten auf unserer Seite und verlangte von unseren Soldaten einen weit härteren Einsatz.

Es handelte sich aber nicht nur um eine quantitative, sondern auch um eine qualitative Verschiebung. Denn neben den neuen Panzer- und Luftabwehrraketen verfügten sie auch über die neuen sowjetischen T 62-Panzer als Ersatz für die bisherigen T 34, sowie über ein neues, äußerst wirksames sowjetisches Panzerfahrzeug und den BMD-Schützenpanzer. Außerdem waren auch die

Infanterieeinheiten in weit stärkerem Maß mit panzerbrechenden Waffen ausgerüstet als damals.

Zweifellos hatten die sowjetischen Militärberater aus der arabischen Niederlage von 1967 Konsequenzen gezogen und genau überlegt, wie die Schwächen der Araber zu beheben seien. Sie beschlossen vor allem, sich die zahlenmäßige Überlegenheit zunutze zu machen. Die Sollstärke der Fronteinheiten mußte noch weiter erhöht werden, und man mußte den Arabern noch mehr Panzer und noch mehr Geschütze geben. Um unserer Luftwaffe und unseren besser geschulten Piloten wirksam entgegentreten zu können, wurde die Luftabwehr verstärkt. Auf diese Weise sollte unsere Luftwaffe nicht mehr in so starkem Maße in das Kampfgeschehen eingreifen können.

Die Sowjets lieferten auch zwei verschiedene Typen von Boden-Boden-Raketen mit konventionellen Sprengköpfen an Ägypten und Syrien: die „Frog" mit einer Reichweite von achtzig Kilometern und einem Sprengkopf von 500 Kilogramm und die „Scud" mit einer Reichweite von drei- bis vierhundert Kilometern und einem Sprengkopf von 900 Kilogramm. Dazu kam noch eine Luft-Boden-Rakete, die „Kelt", mit einer Reichweite von zweihundert Kilometern und einem Sprengkopf von 500 Kilogramm. Dieses Raketenarsenal war als Ersatz für Bombenflugzeuge gedacht. In keinem der bisherigen Kriege war es den arabischen Piloten gelungen, sich gegen die israelischen Jagdflugzeuge zu behaupten und tief in den israelischen Luftraum einzudringen. Die sowjetischen Raketen an der Nord- und Südfront sollten es den Arabern ermöglichen, unsere wichtigsten Städte und Industriezentren anzugreifen.

Da wir diesen neuen Waffensystemen an technischen Mitteln nichts entgegenzusetzen hatten, mußten wir unser Heil in der Taktik suchen, in der Anpassung an die neuen Gegebenheiten im Feld. Eine Schlüsselstellung nahm dabei der Soldat selbst ein, sein Mut und seine Geschicklichkeit. Standen einander Flugzeuge und SAM-Raketen gegenüber, dann zog das Flugzeug natürlich jedesmal den kürzeren. Wenn aber der Luftwaffe Aufgaben gestellt wurden, die sie ausführen konnte, und wenn gleichzeitig die Panzerwaffe, die Artillerie und Infanterie geschickt und rationell eingesetzt wurden, dann war es durchaus möglich, die Überlegenheit der Ägypter und Syrer an Menschenmaterial und hochentwickelter Technik wettzumachen.

Die relativ wenigen Boden-Boden-Raketen, die während der ersten Kriegswoche abgefeuert wurden, hatten nur geringen Einfluß auf das Gesamtgeschehen. Die Frog-Raketen, die von Syrien aus auf den Luftstützpunkt Ramat David und die Stadt Kiryat Shmonah im Norden abgeschossen wurden, hatten praktisch keine Wirkung. Ägyptische Bomber vom Typ Tupolev 16 feuerten Kelt-Raketen auf Tel Aviv und auf eine Reihe militärischer Ziele auf der Sinaihalbinsel ab, darunter auch auf Sharm el-Sheikh. Bis zu diesem Zeitpunkt war keine einzige Scud-Rakete abgefeuert worden. (Wir nehmen an, daß ein oder zwei solcher Raketen am 22. Oktober, buchstäblich Minuten vor der ersten Feuereinstellung, an den Brücken über den Suezkanal abgefeuert wurden.)

Die Panzerabwehrwaffen der arabischen Soldaten – die RPG und insbesondere die Sagger-Raketen – waren sehr wirksam und richteten vor allem an der Südfront in den ersten Tagen großen Schaden an. Mit der Zeit lernten unsere Soldaten diese Waffen besser kennen und wußten sich auch besser gegen sie zu schützen. Die arabischen Infanteristen, die diese Raketen abfeuerten, waren leicht auszuschalten, denn die Raketenspur verriet ihren Standort. Die Reichweite beider Raketen ist nicht besonders groß – die der RPG nur 300 Meter und die der Sagger etwa drei Kilometer. Es sind Waffen, an die man sich gewöhnen und auf die man sich einstellen muß. Sie hatten auf den Verlauf der Kampfhandlungen keinen entscheidenden Einfluß, stellten aber immerhin eine zusätzliche Gefahr dar, vor allem für die Panzerwaffe. Die Panzer hatten sich daher mehr auf das Schießen aus gedeckten Stellungen zu verlegen, anstatt wie galoppierende Kavallerie hin- und herzukreuzen.

Die SAM-Batterien waren leider viel gefährlicher. Da es, meiner Meinung nach, kaum jemals gelingen kann, die SAMs gänzlich auszuschalten, sind die Luftstreitkräfte mit überaus wenigen Ausnahmen auch nicht imstande, in einem Gebiet, das im Schußbereich solcher Raketen liegt, die Bodentruppen taktisch zu unterstützen.

Ich will damit den Wert der Luftwaffe nicht herabsetzen; die neuen Entwicklungen verlangen jedoch geänderte strategische und taktische Überlegungen und eine Neueinschätzung der Rolle der Luftwaffe im Krieg.

Sechs Jahre zuvor hatten die israelischen Flugzeuge einen Großteil der ägyptischen Luftwaffe gleich zu Kriegsbeginn zerstört, die ägyptischen und syrischen Flughäfen unbenutzbar gemacht und sämtliche Luftabwehrstellungen der Ägypter auf der Sinaihalbinsel ausgeschaltet. Diesmal aber sah die Zwischenbilanz etwa so aus:

1.) Unsere Luftwaffe beherrschte den Luftraum über israelischem Gebiet und verhinderte dadurch feindliche Angriffe auf militärische und zivile Ziele in Israel. Sie bot dem Frontnachschub einen lückenlosen Luftschirm. Wer die gegen Luftangriffe so empfindlichen langen Fahrzeugkolonnen auf ihrem weiten Weg durch die offene Sinaiwüste gesehen hat, weiß, was da geleistet wurde.

2.) Es gelang unserer Luftwaffe nur bei Port Said, sämtliche Raketenstellungen auszuschalten. Auf den Golanhöhen konnten am 7. Oktober zwar 29 von 32 Raketenbatterien außer Gefecht gesetzt werden, wir verloren mehrere

Flugzeuge bei diesem Einsatz, aber am Tag darauf waren fast alle Batterien wieder einsatzbereit.

3.) Wir mußten entweder auf taktische Luftunterstützung der Bodentruppen verzichten oder einen hohen Preis dafür bezahlen. Die meisten unserer im Laufe der ersten Woche von Raketen abgeschossenen Flugzeuge befanden sich auf solchen taktischen Einsätzen.

Der Panzerkrieg verlief in der ersten Woche an jeder der beiden Fronten auf andere Art. Zunächst waren die Fronten schon allein geographisch sehr verschieden. Die Südfront erstreckte sich über 150 Kilometer, sie lag in der Wüste, beziehungsweise am Suezkanal. Die Nordfront war wesentlich kürzer: das Terrain war hügelig, und wer den Hügel besetzt hielt, beherrschte auch das umliegende Gebiet. Wenn man den Verlauf der Kämpfe an den beiden Fronten vergleicht, ergibt sich etwa folgendes Bild:

1.) Im Norden gelang es, die Syrer – mit Ausnahme ihrer Stellungen auf dem Berg Hermon – aus unserem Gebiet zu verdrängen. Im Süden hingegen konnten die Ägypter das Ostufer des Suezkanals besetzen.

2.) Die Syrer verloren in der ersten Woche neunhundert Panzer, die Ägypter nur dreihundert.

3.) Mit einer einzigen Ausnahme fielen alle unsere Stützpunkte im Süden in feindliche Hand; im Norden fiel nur die Stellung auf dem Berg Hermon.

Im Norden gab den Ausschlag, daß die syrischen Panzer den Angriff vortrugen, unsere eigenen Panzer aber aus guten Abwehrstellungen feuerten. Es fiel ihnen daher relativ leicht, die syrischen Panzer außer Gefecht zu setzen, und auch die syrischen Sagger-Raketen zeigten wenig Wirkung.

Im Süden dagegen mußten unsere Panzer den Bewegungskrieg führen und so schnell wie möglich zum Suezkanal gebracht werden, dafür saßen die Ägypter in befestigten Abwehrstellungen, vor allem ihre mit Panzerabwehrraketen ausgerüstete Infanterie. Gerade dieser Umstand erklärt auch unsere Verluste an Panzern im Süden. Der ägyptische Schritt über den Kanal war eine verhältnismäßig kleinräumige Operation, die es den Feinden erlaubte, ihr Luftabwehrsystem und unter dessen Schutz ihre Panzerverbände zu formieren.

Ich darf nicht behaupten, daß die Erfolge der Ägypter und die Mißerfolge der Syrer einzig und allein durch den unterschiedlichen Charakter der beiden Fronten oder der beiden Armeen zu erklären wären. Es ist eine Tatsache, daß sich unsere Streitkräfte an der Nordfront bewährten und an der Südfront nicht. Von der Vorwarnung bis zum Kriegsausbruch vergingen zwar nur wenige Stunden, aber es lag ein fertiger Alarmplan vor, und dieser wurde nicht befolgt. Die Panzer befanden sich nicht in den vorgesehenen Einsatzräumen, und ihre Angriffe auf die ägyptischen Einheiten, die den Kanal überquerten, verliefen weder systematisch noch zielführend. Dieselben Fehler wiederholten sich nach dem Eintreffen der Verstärkungen am 8. Oktober, zwei Tage nach Kriegsbeginn, beim Gegenangriff der drei von Bren, Arik und Albert befehligten Divisionen.

Was die Araber und ihre Kampfmoral betrifft, so läßt sich zusammenfassend sagen: Sie waren bessere Soldaten geworden. Man soll zwar nicht verallgemeinern, aber wenn sie in den früheren Kriegen unter Beschuß gerieten, in Bedrängnis kamen oder gar die Front zusammenbrach, dann ergaben sie sich oder machten, daß sie wegkamen. Diesmal nicht. Auch wenn sie schwere Verluste erlitten und erkannten, daß nichts mehr zu holen sei, rannten sie nicht Hals über Kopf fort, sondern traten einen geordneten Rückzug an. Manche Einheiten kämpften bis zum Äußersten; es war leicht zu erkennen, daß sie gut geführt waren und mit den modernen Waffen umzugehen verstanden. Ich wußte bald, daß wir zwar am Ende die Oberhand gewinnen würden, einen allgemeinen Zusammenbruch des Feindes aber nicht erwarten konnten.

Man mußte auch das komplizierte Verhältnis zwischen den Vereinigten Staaten und Israel in Betracht ziehen – und ich muß gestehen, daß sich die Komplikationen eher auf amerikanischer Seite ergaben als unsererseits. Die amerikanische Regierung hat Israel große Hilfe geleistet; sie hat uns Waffen geliefert und uns wirtschaftlich wie auch politisch unterstützt. Nicht auszudenken, wie es um uns stehen würde, wenn die Vereinigten Staaten uns nicht geholfen hätten; nicht auszudenken, was geschehen würde, wenn die Vereinigten Staaten sich eines Tages von uns abwendeten.

In den USA sind drei Behörden für uns von lebenswichtiger Bedeutung: Das Weiße Haus, das Außenministerium und das Pentagon. Man mag denken, daß man durch die Verbindung zu drei Ämtern etwas mehr Spielraum gewinnt – eine rationelle Zusammenarbeit ergibt sich daraus gewiß nicht. Als der Yom Kippur-Krieg ausbrach, begann Washington sofort, eine Frage um die andere an uns zu stellen: Wer hat begonnen? Ist die Lage wirklich ernst? Machen die Israelis nicht etwa doch viel Lärm um nichts?

Die Amerikaner nahmen an, daß wir die arabischen Armeen binnen weniger Tage besiegen würden, und unser Botschafter bestärkte sie auf Anordnung der israelischen Regierung in dieser Annahme. Die Folge war, daß sie eher kühl auf unsere dringenden Bitten um rasche und umfangreiche Waffenlieferungen reagierten. Sogar das Außenministerium, das über unsere Bedürfnisse gut unterrichtet war, sprach nur von Munitionslieferungen begrenzten Umfangs und lehnte es ab, uns zusätzliche Flugzeuge zu verkaufen, solange der Krieg noch andauerte. Wir konnten aber unsere Forderungen einfach nicht zurückschrauben. Wir brauchten Flugzeuge, Panzer, Panzerabwehrwaffen, Luftabwehrbatterien vom Typ Hawk, Hubschrauber, Selbstfahrgeschütze und Munition aller Art.

Am dringendsten brauchten wir Flugzeuge und Munition. Wir schickten ein Telegramm um das andere nach Washington und erklärten in allen Einzelheiten, warum. Erst am 9. Oktober, drei Tage nach Kriegsbeginn, wurde diesen Bitten entsprochen: Man würde uns zwei Phantoms schicken – und auch dies nicht zusätzlich, sondern nur im Rahmen des schon vorher vereinbarten Kontingents.

Da Washington daran festhielt, daß Israel den Krieg vom Zaun gebrochen hatte, konnte man dem „Schuldigen" natürlich keine Waffen liefern, ohne internationale Kritik befürchten zu müssen.

Die Interessenvertreter der Ölgesellschaften forderten, Israel solle in seinem Krieg gegen die Araber nicht unterstützt werden. Man ließ uns wissen, wir würden zusätzliche Waffen nur bekommen, wenn sich unsere Lage wesentlich verschlimmere. Um Panzer suchten wir erst gar nicht an. Außerdem hätten sie erst viele Wochen später geliefert werden können und wären im Yom Kippur-Krieg gar nicht zum Einsatz gekommen.

Am 10. Oktober wurde uns mitgeteilt, der Präsident habe der Lieferung eines Großteils des von uns verlangten elektronischen Geräts sowie zusätzlicher Flugzeuge zugestimmt und sich bereit erklärt, unsere Verluste an Kriegsmaterial zu ersetzen. Es wurde uns vertraulich bedeutet, daß einige Senatoren sich gegen diesen Beschluß ausgesprochen hätten, aber nunmehr, so hoffte man, ihren Widerstand aufgeben würden.

Die Araber hatten keine solchen Probleme. Im Laufe der Nacht vom 9. auf den 10. Oktober landeten mehr als zwanzig große sowjetische Transportflugzeuge vom Typ Antonow auf verschiedenen syrischen Flugfeldern. Die amerikanische Regierung war genau davon unterrichtet, daß die Sowjetunion begonnen hatte, über eine Luftbrücke umfangreiche Waffenlieferungen an die arabischen Staaten abzuwickeln. Ich erwartete, daß die Amerikaner das nicht einfach hinnehmen, sondern ihre Waffenlieferungen an uns beschleunigen und intensivieren würden. Und so war es auch: Am 14. Oktober setzte die amerikanische Luftbrücke ein und blieb einen ganzen Monat lang in Betrieb. Das half uns endlich über die Munitionsknappheit hinwegzukommen. Aber trotzdem erhielten wir nur die Hälfte der Phantom-Jagdbomber, um die wir ersucht hatten, ein Fünftel der Panzer und keinen einzigen Schützenpanzer. Ebenso bekamen wir nur ungefähr ein Drittel der angeforderten Feldgeschütze. Mit der Panzerabwehrrakete TOW verhielt es sich genauso. Die Amerikaner bewilligten nur ein Viertel der benötigten Menge.

Die Waffenknappheit war ein ernstes Problem für uns und machte unsere Isolierung deutlich. Konnten wir uns über die Regierung Nixon beklagen? Im Grunde nicht; sie unterstützte uns in größerem Maße als Eisenhower während des Sinaifeldzuges oder Kennedy und Truman. Präsident Truman war ganz ohne Zweifel ein aufrichtiger Freund, ein Verfechter der Sache Israels. Dennoch stellte er uns im Jahre 1948 kein Kriegsmaterial zur Verfügung – in unserer schwersten Stunde, als wir für die Unabhängigkeit und ums nackte Überleben kämpften. Und jetzt, im Jahre 1973: Welches Land war bereit, uns zu helfen? Sogar die Bundesrepublik Deutschland, an deren Spitze Willy Brandt stand, ein Sozialist, ein alter Freund unserer Ministerpräsidentin, legte uns Steine in den Weg und verweigerte die Benutzung deutscher Häfen für den Transit amerikanischer Waffen nach Israel. Großbritannien stoppte die Lieferung von Panzermunition, die wir bereits angekauft hatten. Und kein einziges europäisches Land erteilte den amerikanischen Transportflugzeugen, die mit Waffen nach Israel unterwegs waren, die Erlaubnis zur Zwischenlandung.

Flugzeuge mußten und konnten wir weiterhin nur in den Vereinigten Staaten einkaufen. Bei Panzern waren wir nicht auf sie angewiesen. Wir konnten unsere eigenen beschädigten Panzer wieder instandsetzen und auch die sowjetischen Beutepanzer, die von den Arabern auf dem Schlachtfeld zurückgelassen wurden. Auf diese letztere Weise würden wir wahrscheinlich bald mehr sowjetische Panzer haben als amerikanische.

Am Mittag des 10. Oktober besuchte ich Shayke (Generalmajor Yeshayahu Gavish), der als Befehlshaber für die südliche Sinaihalbinsel verantwortlich war. Ich wurde vom Befehlshaber der Luftwaffe begleitet. Um halb drei war ich dann beim Oberkommando Süd. Ich ließ mir in beiden Hauptquartieren einen Lagebericht geben.

In der vorangegangenen Nacht hatte eine motorisierte Brigade der 6. ägyptischen Division einen Durchbruchsversuch nach Süden unternommen, wurde aber noch vor Iyun-Mussa, das nur fünfzehn Kilometer von der Stadt Suez liegt, von einer unserer Fallschirmjägereinheiten abgefangen, die von etwa zwanzig Panzern und einem Luftwaffengeschwader unterstützt wurde. Die feindliche Brigade erlitt schwere Verluste und mußte das Feld räumen, wobei sie mehr als hundert zerschossene Panzer, Schützenpanzer und Lastkraftwagen zurückließ. Unsere Luftwaffe konnte in diesem Abschnitt außerhalb der Reichweite der ägyptischen Luftabwehrraketen am Westufer des Kanals ungehindert operieren und hatte dem Feind die größten Verluste zugefügt.

Die Lageberichte ließen klar erkennen, daß es den Ägyptern nicht gelingen würde, nach Süden vorzudringen. Unsere Fallschirmjäger, unsere Panzer und vor allem die Luftwaffe würden sie daran hindern. Nur wenn die Ägypter ihre SAM-Batterien ostwärts verlegten, konnte unsere Luftwaffe die Luftherrschaft am Ostufer des Golfs von Suez verlieren.

Dieser Teil der Sinaihalbinsel, das Gebiet vom Suezkanal bis Sharm el-

Sheikh, war schon oft das Ziel ägyptischer Bombenangriffe gewesen; aber in der vorangegangenen Nacht hatten sie zum erstenmal versucht, dieses Gebiet zu erobern. Fünf Minuten nach Kriegsbeginn hatten ägyptische Flugzeuge militärische Anlagen in diesem Abschnitt sowie die Ölfelder von Abu Rudeis angegriffen. In Abu Rudeis gingen drei Öllager in Flammen auf; bei den übrigen Angriffen wurden sieben Soldaten getötet und sieben verwundet. Ansonsten hatten die Ägypter in diesem Abschnitt hauptsächlich Kommandoaktionen unternommen. So hatten sie mit Booten und Hubschraubern drei Kommandobataillone von sieben- oder achthundert Mann in die Gebiete Ras Sudar, Abu Zneima und Abu Rudeis eingeschleust. Die Aktion war mißglückt; allerdings hielten sich noch viele Versprengte, die daran teilgenommen hatten, in dieser Gegend auf. Am zweiten Kriegstag schossen unsere Flugzeuge acht ägyptische Hubschrauber im Gebiet von Ras Sudar ab. Bei einer Verfolgungsjagd am 8. Oktober wurden zehn Soldaten eines feindlichen Kommandotrupps getötet und weitere vierzig gefangengenommen. Am 9. Oktober wurde ein Hubschrauber abgeschossen, zwei Raketenboote wurden von unseren Flugzeugen versenkt, als sie sich der Küste näherten.

Die versprengten Ägypter konnten sich leicht verstecken und lange unentdeckt bleiben, denn der Süden der Halbinsel ist Bergland, durchzogen von tiefen Wadis, die sich zwischen den Felswänden hindurchschlängeln. Hier und da gibt es auch einige Quellen.

In dem Dreieck, das vom Golf von Suez im Westen bis zum Golf von Akaba im Osten reicht, hatten wir unsere wichtigsten militärischen Anlagen konzentriert.

Seit dem Sinaifeldzug von 1956 sahen wir Sharm el-Sheik, den südlichsten Punkt des Dreiecks, als die Schlüsselposition zur Sicherung der Schiffahrt im Golf von Akaba an. Nach dem Krieg von 1967 bauten wir es als starken Verteidigungsstützpunkt aus. Ich war davon überzeugt, daß die Ägypter Sharm el-Sheikh nicht einnehmen konnten.

Am Golf von Suez und in seiner unmittelbaren Umgebung lagen weitere potentielle Angriffsziele. Im Altertum wäre eines davon Serabit el-Khadem mit seinem Türkissteinbruch gewesen, einem der großen Schätze Sinais. Heutzutage ist es das Öl, daher kam Abu Rudeis wohl am ehesten als Ziel in Betracht. Gleich nach Kriegsbeginn wurden die dortigen Ölquellen durch ägyptische Luftangriffe in Brand gesteckt. Inzwischen war eine Woche vergangen, und die Lage hatte sich total verändert: eine unserer Fallschirmjägerbrigaden mit Panzerverstärkung hatte die Ölfelder von Abu Rudeis erreicht und militärisch abgesichert.

Auch im Oberkommando Süd ging es jetzt nicht mehr nur darum, die Ägypter aufzuhalten. Man mußte die weiteren Möglichkeiten erwägen, die uns zur Verfügung standen. Wie schon beim Hauptquartier im südlichen Sinai unterstrich ich auch hier die Notwendigkeit, ägyptisches Gebiet westlich des Kanals oder auch des Golfs von Suez unter unsere Herrschaft zu bringen. Alle in Frage kommenden Gegebenheiten sollten untersucht werden – von Port Said im Norden bis zum Dschebel Ataka im Süden. Da jeden Augenblick mit der Verkündung der Feuereinstellung zu rechnen sei, sollten wir eine möglichst günstige Ausgangslage für kommende Verhandlungen schaffen. An der Nordfront war es uns gelungen, die Syrer hinter die Linien von 1967 zurückzudrängen und ihnen schwere Verluste zuzufügen; an der Südfront hingegen hatten die Ägypter einen Landstreifen am Ostufer des Kanals besetzt. Wenn es uns nicht möglich war, sie unverzüglich zurückzuwerfen, dann mußten wir versuchen, ägyptisches Gebiet westlich des Kanals zu besetzen. Dann könnte es zu einem Gebietsaustausch kommen, zumindest wäre die Lage optisch ausgeglichen. Bar-Lev vom Oberkommando Süd hielt diese politischen Überlegungen zwar für richtig, meinte aber, daß seine Truppen augenblicklich nicht stark genug seien, eine solche Operation erfolgreich durchzuführen. Als ich ihm sagte, es sei möglich, im Norden freigewordene Einheiten nach hier zu verlegen, stimmte Bar-Lev einer Aktion zur Eroberung vom Gebieten westlich des Kanals prinzipiell zu.

Wir zogen verschiedene Übergänge in Erwägung. Es am südlichen Ende des Golfs von Suez zu versuchen, erschien mir nicht ratsam, weil der Nachschub dort nur auf dem Seeweg erfolgen konnte. Wir mußten Gebiet gewinnen, zu dem eine Landverbindung existierte. Eines war jedenfalls sicher: Wir mußten – ob im Norden, ob im Süden – zum Angriff übergehen. Auch bei der Sitzung mit der Ministerpräsidentin wurde beschlossen, daß unsere Streitkräfte an der Syrienfront angreifen und so weit wie möglich in Richtung Damaskus vorrücken würden. Wir wollten Damaskus weder erobern noch bombardieren. Der Angriff hatte das Ziel, den Syrern einen weiteren politischen und militärischen Schlag zu versetzen, ihnen Verluste zuzufügen und Land über die Linien von 1967 hinaus zu besetzen. Das alles, um ihnen vor Augen zu führen, daß auch in Zukunft jeder Überfall auf uns scheitern würde. Sie konnten weder die Golanhöhen besetzen noch die israelische Armee besiegen – im Gegenteil, ihre eigene Armee wurde schwer geschlagen und ihre Hauptstadt Damaskus bedroht. Wenn diese Operation gegen Syrien von Erfolg gekrönt war, würde sie auch die anfänglichen Rückschläge an der ägyptischen Front wettmachen.

Der Beginn des Angriffs wurde festgesetzt: 11. Oktober, elf Uhr vormittag. Vorher sollte unsere Luftwaffe die SAMs und die Flugfelder ausschalten, damit sie nachher ungefährdet unsere angreifenden Bodentruppen unterstützen konnte.

Um die syrische Armee stand es zu diesem Zeitpunkt sehr schlecht. Sie hatte ihre Angriffsstärke zu zwei Drittel eingebüßt, und in ihrer Elitetruppe, der 1. Division, war eine Meuterei ausgebrochen. Die Soldaten versuchten zu desertieren, und der Divisionskommandeur hatte Artillerieunterstützung gegen die eigenen Truppen angefordert und erhalten. Das hatte zwar seine Wirkung nicht verfehlt, zeigte aber deutlich das Ausmaß der Niederlage, die die syrischen Streitkräfte erlitten hatten.

Außerdem drängte jetzt die Zeit auch in politischer Hinsicht immer mehr. Die Spannungen zwischen den Vereinigten Staaten und der Sowjetunion hatten sich verschärft, vielleicht weil beide die kriegführenden Parteien in zunehmendem Maß militärisch unterstützten und die internationale Diplomatie auf bedingungslose Feuereinstellung drängte. Die Sowjetunion hatte den Vereinigten Staaten einen entsprechenden Vorschlag unterbreitet; es war anzunehmen, daß das Weiße Haus sich positiv dazu äußern würde, um eine Verschlimmerung der amerikanisch-sowjetischen Beziehungen zu vermeiden. Eine solche Entscheidung der Amerikaner würde den Arabern zum Sieg verhelfen und zumindest einige ihrer durch Aggression erzielten Gebietsgewinne sanktionieren. Wir brauchten jetzt, da die Araber ins Hintertreffen geraten waren, noch ein paar Tage, um die Lage an beiden Fronten zu unseren Gunsten zu verändern. Unsere Unternehmungen mußten also sorgfältig geplant sein, um sicherzugehen, daß wir vor Inkrafttreten der Waffenruhe das Bestmögliche erreichten.

Viele meinten, daß Jordanien sich hüten werde, auf der Seite Syriens in den Krieg einzutreten, aber es sprach eigentlich viel mehr dafür, daß die Jordanier nicht untätig zusehen würden, wenn wir auf Damaskus marschierten. Meiner Überzeugung nach würden die Jordanier in einem solchen Fall zwar keine eigenständige Front eröffnen, ihre Truppen aber an der Syrienfront einsetzen, was schließlich das geringere Übel war. Die zwei wichtigsten Fragen waren jedoch, was wir an der Syrienfront zu erreichen hofften und an der Ägyptenfront zu tun gedachten.

Bei der Besprechung im Büro der Ministerpräsidentin sprach sich nur ein einziger gegen den Vorstoß auf Damaskus und den Vernichtungsschlag gegen die syrische Armee aus, nämlich der Stellvertretende Generalstabschef, Generalmajor Tal. Er meinte, im Gegensatz zur Syrienfront herrsche an der ägyptischen Front unmittelbare Gefahr. Die Syrer seien geschlagen, sie seien müde und unfähig, nochmals zum Angriff überzugehen; die Ägypter hingegen seien dazu noch imstande. Wir sollten daher unsere Bemühungen auf die ägyptische Front konzentrieren und die syrische Front mittlerweile einfrieren lassen. Wenn wir unsere Panzer im Süden geschickt und überlegt einsetzten, könnten wir dem Krieg eine entscheidende Wendung geben.

Ich erwiderte optimistisch, die Ägypter seien an der Südfront kaum mehr imstande, entscheidende Vorstöße zu unternehmen. Wir müßten Gebietsgewinne westlich des Kanals erzielen, auf jeden Fall aber zuerst an der Nordfront angreifen: Richtung Damaskus! Und unsere Diplomaten sollten alles unternehmen, um den Beschluß über die Einstellung der Feindseligkeiten noch ein paar Tage hinauszuzögern, denn derzeit lag es noch nicht in unserem Interesse, die gegenwärtigen Fronten einfrieren zu lassen.

33. Kapitel

Sieg

Nach einleitenden Luftangriffen begannen unsere Bodentruppen am 11. Oktober um 11 Uhr vormittag am Golan ihren Angriff auf die syrischen Armeen, die mittlerweile durch Panzerverbände aus dem Irak, aus Jordanien und Marokko verstärkt worden waren. Unser Vormarsch dauerte anderthalb Tage; am Nachmittag des 13. Oktober stellten wir ihn ein und befestigten die erreichten Linien. Abgesehen von den Stellungen auf dem Berg Hermon, die wir erst zehn Tage später eroberten, kurz vor der Beendigung der Feindseligkeiten, war der Syrienfeldzug für uns abgeschlossen, und es entstand eine neue Verteidigungslinie im Norden. Sie lag sechzehn Kilometer näher zu Damaskus als die Waffenstillstandslinie nach dem Sechstagekrieg.

Während der ersten zwei Tage, als die Generaloffensive in vollem Gange war, besuchte ich mehrmals die Divisionsstäbe Raful Eitans und Dan Laners, um ihnen klarzumachen, wie wichtig es sei, so nahe wie möglich an Damaskus heranzukommen. Wir wollten die syrische Hauptstadt weder erobern noch bombardieren – vorausgesetzt, daß die Syrer die israelische Zivilbevölkerung verschonten. Damaskus sollte aber in Reichweite unserer Artillerie sein, wir sollten militärische Ziele im Umkreis der Stadt unter Feuer nehmen können, um den Syrern klar vor Augen zu führen, in welcher Lage sie sich befanden. Wenn es zu einer Feuereinstellung käme, würden wir auf diese Weise unsere Forderungen durchsetzen können.

Die neue Linie war wie geschaffen für die Abwehr eventueller syrischer Gegenangriffe; wir konnten uns daher mit den Stellungen, die wir bezogen hatten, durchaus zufriedengeben. Dies um so mehr, als die Sprache Moskaus immer härter wurde, je länger der syrische Rückzug andauerte. Wir mußten darauf achten, daß der Bär sich nicht von der Kette losriß: Aus verläßlicher

Quelle hatten wir erfahren, daß die Sowjetunion drei Luftlandedivisionen zur Unterstützung der Araber mobilgemacht hatte.

Obwohl zwischen der Front und der syrischen Hauptstadt immer noch neunhundert syrische, irakische, marokkanische und jordanische Panzer standen, mußten wir uns jetzt auf die ägyptische Front konzentrieren und Streitkräfte aus dem Norden ins Kanalgebiet verlegen.

Bis auf die Ortschaften am Fuße des Hermongebirges ist die Landschaft nördlich von Kuneitra völlig trostlos: Schwarzer Basalt, kein Baum, kein Strauch. Von den vorgeschobenen Gefechtsständen aus waren die armseligen, kleinen Dörfer zu sehen mit ihren Häusern aus rauhem, schwarzem Stein. Die Wüste Sinai, die Sanddünen, die Dattelpalmen da und dort sahen im Vergleich mit dieser tristen Gegend am Golan fast einladend aus. Und jetzt lagen dazu noch überall ausgebrannte Panzer, schwerbeschädigte Fahrzeuge und rauchende Munitionswagen. Auf den abseits gelegenen Wegen sah man die Kolonnen fliehender Dorfbewohner – die Packesel mit Bettzeug beladen, die Frauen mit Bündeln auf dem Kopf und Kindern im Arm. Auf den Weiden hüteten verängstigte alte Männer und Kinder die armseligen Viehherden. Krieg, Krieg – wie sinnlos der Krieg doch ist! Das hatten die Syrer nun davon. Sie waren am Yom Kippur über uns hergefallen, und jetzt standen wir ein paar Kilometer näher bei Damaskus als zuvor.

Nach dem erfolgreichen Abschluß der Gegenoffensive im Norden wandten wir uns der Südfront zu. Wir beschlossen, den Kanal zu überqueren und uns auf dem westlichen Ufer an der Straße nach Kairo im Rücken der auf dem Ostufer stehenden ägyptischen Armeen festzusetzen. Da wir aber mit einem massiven Angriff der Ägypter rechneten, wollten wir mit der Überquerung des Kanals ein paar Tage warten und ihnen zuerst auf dem für uns strategisch günstigeren Ostufer entgegentreten. Die Ägypter griffen tatsächlich am 13. und 14. Oktober an – und verloren an diesen beiden Tagen etwa 200 Panzer. Dann war es soweit:

Der Beginn der Aktion wurde für den 15. Oktober um sieben Uhr abends angesetzt. Der Kanal sollte bei Deversoir, unmittelbar nördlich des großen Bittersees, von den Divisionen Arik und Bren überschritten werden; zwei weitere Divisionen sollten den Feind am Ostufer festhalten. Durch die Besetzung einer wichtigen Straßenverbindung und der sogenannten „Chinesischen Farm" sollte Ariks Division einen etwa vier Kilometer breiten Korridor schaffen und absichern. (Die Farm war eigentlich eine landwirtschaftliche Versuchsstation der Ägypter. Im Sechstagekrieg hatten wir dort Pumpen und Maschinen vorgefunden, die, wie unsere Soldaten meinten, mit chinesischen Schriftzeichen versehen waren. Tatsächlich stammte das Gerät aus Japan, aber der Name blieb der Farm erhalten.) Eine Fallschirmjägerbrigade mit Panzerunterstützung unter Brigadegeneral Danny Matt sollte ebenfalls den Kanal überqueren und einen Brückenkopf auf dem westlichen Ufer errichten. Während der Nacht sollten zwei Brücken über den Kanal gebaut werden. Ariks Division sollte als erste hinüber, das Ufergebiet säubern und die Brückenköpfe auf beiden Seiten des Kanals absichern. Brens Division sollte nachfolgen und nach Süden zum Golf von Suez sowie nach Westen vorrücken.

Die Überquerung des Kanals war nach dem ersten Angriff der Ägypter und unserem mißglückten Gegenschlag vom 8. Oktober nun der dritte große Zusammenprall der beiden Armeen in diesem Krieg. Das Kräftegleichgewicht stand eindeutig zugunsten der Araber, wenn auch nicht mehr in dem Maße wie zu Kriegsbeginn.

Als Ariks Angriff auf Deversoir am 15. Oktober um sieben Uhr abends begann, befand ich mich mit dem Generalstabschef im Hauptquartier des Oberkommandos Süd. Dem Angriff waren Luft- und Artilleriebombardements vorangegangen. Sobald die Panzer den Kanal erreichten, sollten Danny Matts Fallschirmjäger in Schlauchbooten übersetzen. Unmittelbar danach sollten die Panzer auf Flößen an das andere Ufer gebracht werden. Im Lauf der Nacht würden die Pontons herangeschafft werden, und wenn alles gut ging, konnten am Morgen bereits zwei Brücken fertig sein.

Anderthalb Stunden später telefonierte ich mit Arik. Er schilderte den außerordentlichen Anblick, der sich ihm soeben bot: Er sah die Silhouetten der vorbeiziehenden Panzer im zuckenden Schein der explodierenden Granaten, „ein grandioses Bild, das sich wie ein riesiges Feuerwerk auf dem Wasser des Großen Bittersees spiegelt". Da ich Arik sehr gut kannte, wußte ich, daß er zwar so tat, als handle es sich um einen malerischen Sonnenuntergang auf dem Berg Carmel, daß er aber in Wirklichkeit nur seine begreifliche Nervosität verbergen wollte. Er befand sich direkt am Kanal, hatte also die Linie wieder erreicht, die wir acht Tage vorher hatten aufgeben müssen. Diesmal ging es allerdings nicht zurück, diesmal griffen wir an.

Gegen Mitternacht erhielten wir sowohl gute als auch schlechte Nachricht: Arik hatte den vorgesehenen Brückenkopf am Ostufer des Kanals erobert, die Verbindungsstraße war aber noch nicht freigekämpft und die Pontons konnten noch nicht ans Ufer gebracht werden.

Der Generalstabschef, Bar-Lev und ich kamen überein, nicht auf die Fertigstellung der Pontonbrücken zu warten, sondern die Fallschirmjäger den Kanal sofort überqueren zu lassen. Um 1 Uhr 20 morgens am 16. Oktober erreichte uns die Meldung: „Danny Matts Truppe bereits in den Schlauchbooten." Wenige Minuten darauf hieß es: „Fallschirmjäger auf dem Westufer gelandet." Ich muß gestehen, daß mein Herz beim Eintreffen dieser Nachricht höher schlug.

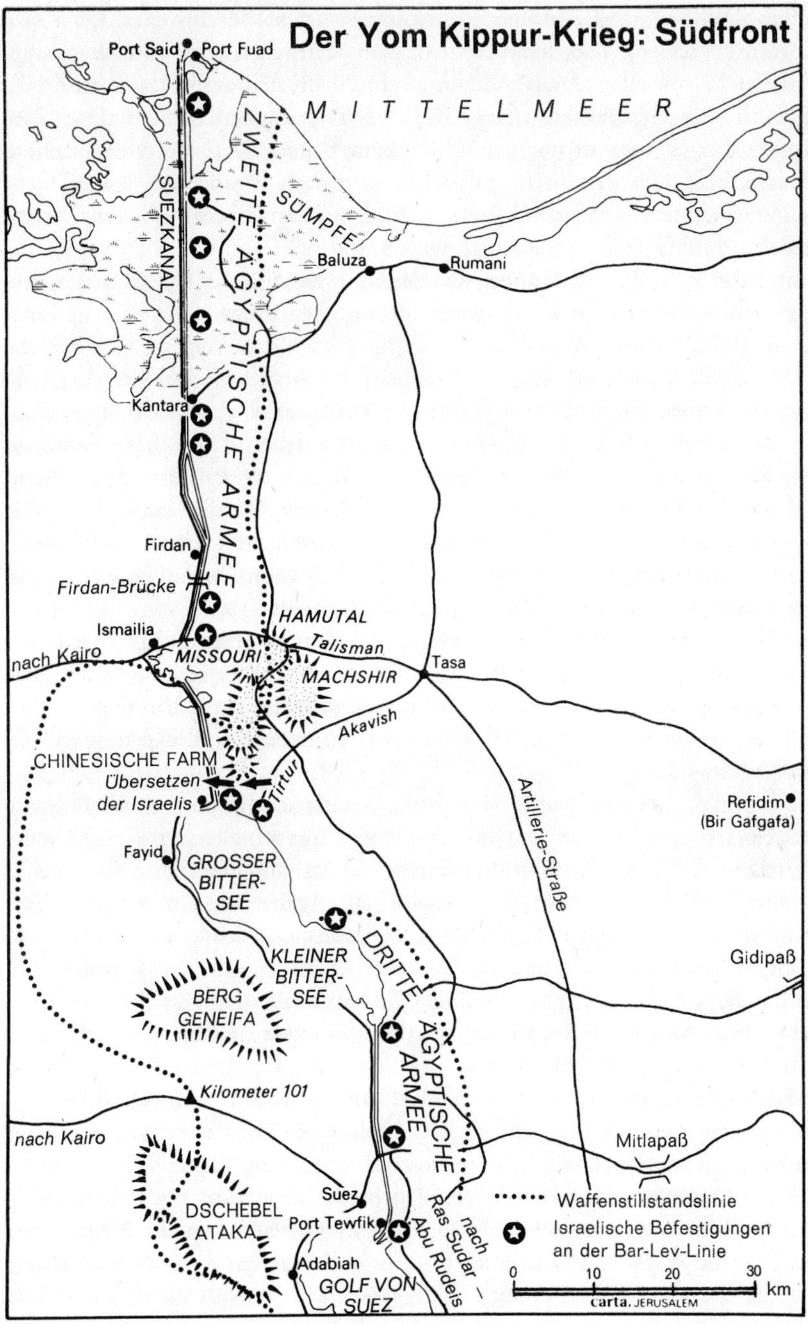
Der Yom Kippur-Krieg: Südfront
Port Said
Port Fuad
MITTELMEER
ZWEITE ÄGYPTISCHE ARMEE
SUEZKANAL
SÜMPFE
Baluza
Rumani
Kantara
Firdan
Firdan-Brücke
Ismailia
HAMUTAL
Talisman
nach Kairo
MISSOURI
MACHSHIR
Tasa
Akavish
CHINESISCHE FARM
Übersetzen der Israelis
Tirtur
Artillerie-Straße
Refidim (Bir Gafgafa)
Fayid
GROSSER BITTER-SEE
KLEINER BITTER-SEE
DRITTE ÄGYPTISCHE ARMEE
Gidipaß
BERG GENEIFA
Kilometer 101
nach Kairo
Mitlapaß
DSCHEBEL ATAKA
Suez
Port Tewfik
Abu Rudeis
nach Ras Sudar
Adabiah
GOLF VON SUEZ
Waffenstillstandslinie
Israelische Befestigungen an der Bar-Lev-Linie
0 10 20 30 km
carta. JERUSALEM

Bei Sonnenaufgang konnten wir schon einige Flöße zum Transport von Panzern einsetzen. Die noch immer von den Ägyptern blockierte Zufahrtsstraße zum Kanal stellte allerdings ein ernstes Hindernis dar. Um 8 Uhr 30 kehrte der Generalstabschef nach Tel Aviv zurück. Ich blieb im Südabschnitt, aber es war mir nicht möglich, zum Brückenkopf durchzukommen. Ich fuhr statt dessen zu Bren und stellte zu meiner Freude fest, daß er nicht mehr niedergeschlagen war wie am Abend des mißglückten Gegenangriffs, sondern so ruhig und zuversichtlich wie eh und je.

Er hatte drei Brigaden unter seinem Kommando, die den Kanal schon längst überquert gehabt hätten, wenn die Brücken planmäßig fertig gewesen wären. Da die Straße unpassierbar war, erhielt Bren den Auftrag, eine Bresche in die ägyptischen Stellungen zu schlagen, durch die die Pontons ans Ufer gebracht werden konnten. Es waren jetzt gleichzeitig drei Schlachten im Gange. Danny Matts Fallschirmjäger waren soeben dabei, den Brückenkopf auf dem Westufer des Kanals mit Unterstützung von 28 Panzern abzusichern. Ariks Division war in schwere Kämpfe auf dem Ostufer verwickelt. Die Ägypter waren sich allerdings noch nicht im klaren, was wir auf dem Westufer vorhatten. Sie meinten, es handle sich um einen Überfall, etwa um ein Kommandounternehmen. Was wir auf dem Ostufer vorhatten, das wußten sie sehr gut: Wir wollten sie verdrängen, hatten bis zum Abend bereits die wichtigsten Stützpunkte erobert und versuchten nun, einen Korridor zum Brückenkopf zu schaffen, um Verstärkungen heranzuführen. Um diesem Vorstoß zu begegnen, hatten sie selbst Reserven eingesetzt und leisteten erbitterten Widerstand.

Die dritte Schlacht wurde von Bren geschlagen. Einer seiner Stoßkeile rückte nach Norden vor, um die von der 2. ägyptischen Armee gebildete Sperre auf der zum Kanal führenden Straße zu durchbrechen; ein zweiter wandte sich nach Süden, um die 3. ägyptische Armee daran zu hindern, Verstärkungen in das Gebiet um den Brückenkopf zu entsenden, und der dritte nahm Richtung nach Westen, zur Chinesischen Farm, um den Korridor zum Brückenkopf zu erweitern und zu Ariks Division aufzuschließen.

Die Kämpfe an der Kanalfront wurden mit großer Härte und unter großem Materialaufwand geführt und brachten beiden Seiten überaus schwere Verluste. Die Ägypter, die uns gegenüberstanden, waren nicht mehr die Zauderer von vor sechs Jahren, und die israelischen Streitkräfte waren nicht mehr die hastig zusammengestellten Verbände von vor sieben Tagen.

Brens Divisionsgefechtsstand befand sich auf einer Düne etwa elf Kilometer vom Kanal. Als ich dort ankam, lag das Vorfeld noch im Nebel; aber nachdem die Brigaden Natke und Gabi in Stellung gegangen waren, besserte sich die Sicht, und man konnte das Schlachtfeld weithin überblicken. Die blockierte Straße war vollgestopft mit israelischen Fahrzeugen und stand unter pausenlosem ägyptischem Beschuß. Hin und wieder wurde ein Fahrzeug getroffen und geriet in Brand. Kampfuntüchtige Panzer wurden von ihren Mannschaften verlassen, und die Soldaten marschierten im Schutz der Dünen zu Fuß weiter.

Bren versuchte an den Flanken vorzustoßen, doch ohne Erfolg. Die Ägypter hatten sich eingegraben und nahmen die heranrückenden Panzer, insbesondere von der Chinesischen Farm aus, unter schweres Feuer. Gegen Abend mußten Natke und Gabi an das Divisionshauptquartier melden, daß es ihnen unmöglich sei, die Ägypter zurückzudrängen und die Zufahrtstraße zu öffnen. Das Oberkommando Süd befahl daraufhin einen nächtlichen Infanterieangriff auf die Chinesische Farm, den eine Fallschirmjägerbrigade unter Uzis Kommando ausführen sollte.

Die Fallschirmjäger wurden aus dem Süden der Halbinsel Sinai eingeflogen. Um zehn Uhr abend erreichten sie die Front, nach Mitternacht marschierten sie los. Um halb drei Uhr morgens trafen sie auf die Ägypter, die sich in der Chinesischen Farm verschanzt hatten, und gerieten augenblicklich unter schweren Beschuß. Die ursprüngliche Annahme, daß sich nur eine Handvoll Scharfschützen auf der Farm versteckt hielten, erwies sich also bald genug als falsch. Man hatte es vielmehr mit einem tief gestaffelten, engmaschigen Verteidigungssystem zu tun, das auch nicht an den Flanken zu umfassen war. Zwei Kompaniekommandanten fielen, ein weiterer wurde verwundet; erfahrene Reserveoffiziere nahmen ihren Platz ein. Selbst als das feindliche Feuer immer stärker wurde und unsere Verluste immer mehr stiegen, setzte die Einheit ihren Angriff fort. Sie stürmte die vorderste Linie, wurde aber von den dahinterliegenden Stellungen unter mörderisches Feuer genommen und zum Stehen gebracht. Da suchten die Fallschirmjäger beim Hauptquartier um Artillerie- und Panzerunterstützung an. Um halb fünf Uhr morgens setzte sich ein Panzerbataillon in Marsch. Die Fallschirmjäger gaben mit Rauchgranaten ihre Position bekannt.

Sie saßen auf dem Vorderhang einer nicht sehr hohen Sanddüne in verstreuten Gruppen zu je fünfzehn bis zwanzig Mann fest. Nicht einmal fünfzig Meter vor ihnen lagen Hunderte ägyptische Soldaten mit RPG-Raketen und Kalatschnikow-Gewehren mit Nachtzielfernrohren.

Ägyptische Panzer stellten sich unseren herannahenden Panzern, zogen sich aber nach einem kurzen Feuerwechsel wieder zurück. Zugleich setzte jedoch verstärktes Panzerabwehrfeuer der ägyptischen Infanterie ein. Einer unserer Ärzte und zwei Sanitäter wurden getötet. Unsere Panzer rückten vor und ebneten die ägyptischen Infanteriestellungen mit ihren Ketten ein. Unter dem Schutz der Panzer wurden die Verwundeten mit Schützenpanzern in Sicherheit gebracht. Wer nicht verletzt war, zog sich zu Fuß zurück. Nachdem fünf seiner Panzer und zwei Schützenpanzer in Brand geschossen worden waren, entschloß sich der Kommandeur des Panzerbataillons zum Rückzug, um weitere Verluste zu vermeiden. Gegen halb sechs wurde festgestellt, daß nicht alle unserer Soldaten entkommen waren.

Zwei Kompanien brauchten mehrere Stunden, um die Zurückgebliebenen freizukämpfen. Es gelang ihnen schließlich, die Ägypter ein wenig abzudrängen, und dann rückte ein Schützenpanzer hinter einem Nebelvorhang vor und holte die letzten heraus.

Uzi war es zwar nicht geglückt, die Ägypter in die Flucht zu schlagen, er hatte sogar selbst den Rückzug antreten müssen, und trotzdem hatten er und seine Truppe ihren Auftrag voll und ganz erfüllt. Als sie nämlich in dieses Gefecht verwickelt wurden, konnten die Ägypter ihre Aufmerksamkeit nicht mehr auf die Zufahrt zum Kanal konzentrieren. Bren gelang es, die Flöße nach vorne zu bringen. Er erreichte um sechs Uhr morgens den Kanal unweit des Brückenkopfes.

Ich setzte mich mit Arik in Verbindung und bat ihn in Brens Hauptquartier. Er traf nachmittags um halb eins ein; eine halbe Stunde später kam auch der Generalstabschef. Wir setzten uns in die Dünen und hielten „Kriegsrat". Es war eine zwanglose Aussprache; wir fünf – Elazar, Bar-Lev, Arik, Bren und ich – redeten einander beim Vornamen an, aber unter der Oberfläche war die Spannung deutlich spürbar. Die hohen Verluste, der ununterbrochene Druck, unter dem wir standen, der Gefechtslärm, der unsere Worte übertönte – von all dem waren wir gezeichnet. Hinzu kam noch, daß die persönlichen Beziehungen, vor allem zwischen Bar-Lev und Elazar einerseits und Arik andererseits, keineswegs die besten waren. Arik war der Ansicht, daß die beiden ihm kein volles Vertrauen schenkten. Seine Vorgesetzten wiederum behaupteten, er führe ihre Befehle nicht ordnungsgemäß aus und lasse sich bei seinen Handlungen von persönlichen Ambitionen leiten: er rücke sich selbst und seine Erfolge ins Rampenlicht und verletze die Grundprinzipien der militärischen Disziplin.

Arik trug einen Verband; er war von Granatsplittern an der Stirn verletzt worden. Sein silbergraues Haar war zerzaust, sein Gesicht von den Strapazen der vergangenen Tage und Nächte gezeichnet. Seine Division hatte außerordentlich tapfer gekämpft, ungewöhnlich hohe Verluste erlitten und sich dennoch nicht von ihrem Ziel abbringen lassen. Sie hatten den ägyptischen Brükkenkopf am Ostufer des Kanals in einer blutigen Panzerschlacht erobert, und jeder einzelne, von Arik und seinen Stabsoffizieren bis hinunter zum einfachen Soldaten, hatte ununterbrochen im mörderischen Feuer gestanden. Mehr als zweihundert Soldaten hatten ihr Leben lassen müssen. Alle Kompaniekommandanten der Brigade Amnon und auch ihre Stellvertreter waren gefallen.

Bei unserer Lagebesprechung in den Dünen ging es zunächst um die Frage, ob Bren den Kanal sofort nach der Fertigstellung der ersten Brücke überschreiten sollte. Ich war dafür, obwohl ich wußte, daß die zur Zeit am Ostufer kämpfenden Einheiten Brens noch Nachschub an Munition und Treibstoff brauchten.

Mittlerweile nahm der Feind den Brückenkopf unter schweren Artilleriebeschuß. Die Pioniere meldeten, die Brücke würde nicht schon um elf Uhr vormittag, sondern erst am Nachmittag fertig sein. Bis dahin, meinte ich, würden die Soldaten Brens bereit sein, den Kanal zu überqueren.

Arik war anderer Meinung. Er sagte, die Ägypter seien im Begriff, sich etwa zehn Kilometer von unserem Brückenkopf entfernt neu zu formieren. Er empfahl daher, wir sollten unverzüglich etwas unternehmen, um die Ägypter daran zu hindern, den Brückenkopf einzukesseln. Drei der dreißig Panzer, die Arik bisher auf das Westufer bringen konnte, hatten Treffer abbekommen. Nun wollte er seine restlichen Panzer auf Flößen hinüberschaffen.

Unsere Diskussion drehte sich im Kreise. Arik wollte bis Mitternacht vier Brigaden auf dem Westufer stehen haben, je zwei von seiner und von Brens Division, die dann gemeinsam einen Vorstoß unternehmen sollten. Der Generalstabschef schloß sich der Meinung Bar-Levs an: das Gros der Panzer sollte über die Brücke und nicht mit Flößen ans andere Ufer gebracht werden.

Auch Bren wollte den Kanal so rasch wie möglich überschreiten. Er glaubte, bis zum Abend ans Westufer gelangen zu können. Es war jetzt zwei Uhr nachmittag. Ich begab mich mit Arik zum Kanal.

Die Ägypter belegten den Brückenkopf mit heftigem Sperrfeuer. Trotz des schweren Beschusses arbeiteten unsere Pioniere weiter, und auf dem Kanal waren dauernd Flöße und Schlauchboote unterwegs. Ich fuhr mit Arik ans Westufer. Das Ostufer ist nur Wüste, aber auf der gegenüberliegenden Seite wird der Boden mit Hilfe eines vom Nil abgeleiteten Süßwasserkanals bewässert und ist durch dichte Vegetation gekennzeichnet.

Arik wollte einen Panzerwagen nehmen und tiefer nach „Afrika", wie er es nannte, vordringen; ich aber wollte lieber ein Stück zu Fuß gehen. Unsere vollbepackten, übermüdeten Fallschirmjäger lagen auf der Erde und ruhten sich mit halbgeschlossenen Augen aus. Weiter westlich standen sieben Panzer Danny Matts, die zur Verteidigung des Brückenkopfes abgestellt waren, und ganz vorne noch weitere zwanzig. Am Tag davor hatte diese Einheit zwanzig ägyptische Panzer und zwei Flugabwehrraketenbatterien zerstört.

Als ich ans Ostufer zurückkehrte, war die Pontonbrücke bereits in Betrieb. Es war vier Uhr nachmittags. Ich flog nach Tel Aviv zurück.

Bren hielt Wort. Die Operation nahm etwas mehr Zeit in Anspruch als vorgesehen, wurde aber blendend ausgeführt. Seine Division setzte ohne eigene Verluste fünfzig ägyptische Panzer außer Gefecht, begann um zehn Uhr abends mit der Überquerung des Kanals, war bis sechs Uhr früh schon zehn Kilometer tief vorgestoßen und setzte ihren Vormarsch mit zwei Stoßkeilen fort: eine Kolonne drang in westlicher Richtung tiefer in ägyptisches Gebiet ein, die andere stieß parallel zum Kanal nach Süden vor und nahm Richtung auf den Luftstützpunkt Fayid. Ich fragte Bar-Lev, ob alles plangemäß verlaufe. Er sagte ja, fügte aber dann vorsichtig wie immer hinzu: „In 48 Stunden werden wir mehr wissen."

In den nächsten Tagen fanden auf beiden Seiten des Kanals heftige Kämpfe statt, und wir verstärkten von Stunde zu Stunde unsere Streitkräfte auf dem Westufer. Die Ägypter waren uns zwar weiterhin an Panzern überlegen, aber ihre Streitkräfte waren jetzt aufgesplittert und kämpften bereits in der Defensive. Auf dem Ostufer hatte unser Brückenkopf die 2. ägyptische Armee, die nördlich von Ismailia stand, von der weiter südlich gegenüber von Suez liegenden 3. Armee abgeschnitten. Auf dem Westufer verlief die Front in einem Halbkreis, der von Kantara im Norden bis zum Golf von Suez im Süden reichte. Aber das Ausschlaggebende war, daß wir die Initiative ergriffen hatten.

Dies blieb nicht ohne Auswirkungen auf die internationale Politik. Unser Botschafter in Washington berichtete am 19. Oktober, daß die Vereinigten Staaten und die Sowjetunion eifrig bemüht seien, eine gemeinsame UN-Resolution zur Einstellung der Feindseligkeiten auszuarbeiten, und daß der Krieg daher nicht mehr lange dauern könne. Ich rief sofort den Generalstabschef und eine Reihe höherer Offiziere zu mir und erklärte ihnen, daß wir noch vor Inkrafttreten der Waffenruhe die letzten Stellungen im Hermongebirge erobern und zugleich eine günstige Linie an der ägyptischen Front beziehen müßten. Anschließend erläuterte ich auch der Ministerpräsidentin den Verlauf der endgültigen Fronten, die dann als Waffenstillstandslinie gelten würden. Ich sagte ihr, wir sollten das Hauptgewicht unserer militärischen Operationen auf das Westufer des Kanals konzentrieren, aber nicht zu weit in Richtung Kairo vorstoßen.

Am 20. Oktober besuchte ich die Hauptquartiere der auf dem Westufer des Kanals stehenden Divisionen Arik und Bren sowie der Division des Generalmajors Kalman Magen, die im Südwesten dieses Abschnitts operierte. Magen hatte Generalmajor Albert Mandler ersetzt, der am achten Kriegstag an der Front gefallen war. Er war einer unserer Besten gewesen. Als der ägyptische Angriff einsetzte, lag Mandlers Division unmittelbar am Kanal und mußte die volle Wucht des ersten Ansturms auffangen.

Ich gab den drei Divisionskommandeuren deutlich zu verstehen, daß sie die ihnen gesteckten Ziele so rasch wie möglich erreichen sollten, da in den nächsten zwei bis drei Tagen mit der Feuereinstellung zu rechnen sei. Ich sagte ihnen, daß Kissinger nach Moskau gefahren sei und daß die Sowjets sich um die Zustimmung der Amerikaner zu einer Waffenstillstandsresolution bemühten, die Israel zwingen würde, zu den Grenzen von vor 1967 zurückzukehren, obwohl nicht wir es gewesen waren, die diesen Krieg begonnen hatten. Moskau wolle den Arabern mit politischen Mitteln zu den Erfolgen verhelfen, die sie selbst mit militärischen Mitteln nicht erreichten. Und schon wieder kämen umfangreiche Waffenlieferungen aus der Sowjetunion, aus Libyen, Algerien und der Tschechoslowakei nach Ägypten, um die Materialverluste wiedergutzumachen.

Am 21. Oktober um sieben Uhr abend erstattete ich der Ministerpräsidentin einen Lagebericht und kehrte anschließend in mein Büro zurück. Zwei Stunden später rief sie mich an und bat mich, wieder in ihr Büro zu kommen. Sie kam ohne Umschweife zum Thema. „Morgen früh um drei wird der Sicherheitsrat auf sowjetisch-amerikanischen Antrag die beiderseitige Feuereinstellung binnen zwölf Stunden beschließen." Präsident Nixon habe uns ersucht, die Resolution anzunehmen, sagte sie. Das Kabinett trat um Mitternacht zusammen. Es wurde der Beschluß gefaßt, dem Ersuchen des amerikanischen Präsidenten zu entsprechen.

Die Eroberung des Hermongebirges begann am 21. Oktober bei Sonnenuntergang und war anderntags kurz vor Mittag beendet. Am Morgen des 22. Oktober wies ich Bar-Lev an, den Dschebel Ataka, westlich des Golfs von Suez, zu besetzen. Damit würden wir das gesamte Gebiet von Ismailia bis zum Golf von Suez beherrschen, die 3. ägyptische Armee und die Stadt Suez einkesseln und zugleich jede Möglichkeit eines Flankenangriffs auf unsere Streitkräfte westlich des Kanals unterbinden.

Nachmittags um halb drei gab Radio Kairo bekannt, daß Präsident Anwar Sadat die Waffenstillstandsbedingungen angenommen habe. Ab 18 Uhr 58 an diesem Abend sollten die Waffen schweigen. Doch die ägyptische Luftwaffe setzte in der folgenden Nacht und am nächsten Tag ihre Angriffe auf unsere Truppen auf dem Ostufer des Kanals fort, und auch die Bodentruppen kämpften weiter. Diese Aktionen wurden offenbar gesetzt, weil Syrien sich noch weigerte, dem Waffenstillstand zuzustimmen. Erst am 23. Oktober morgens um 6 Uhr 15 erklärte sich Syrien zur Annahme des Waffenstillstandes bereit, aber nur unter der Voraussetzung, daß Israel zu den Grenzen von vor 1967 zurückkehre. Die Ägypter setzten mittlerweile die Kämpfe fort und versuchten an allen Abschnitten vorzurücken. Israel konnte sich unter diesen Umständen nicht an eine einseitige Feuereinstellung gebunden fühlen. So kämpften auch wir weiter. Es kam zu Luftschlachten, unsere Bodentruppen schlugen feindliche Angriffe zurück, die Panzer Brens und Kalmans stießen nach Süden vor, in Richtung auf Suez und auf den Hafen von Adabiah, und Fallschirmjäger besetzten den Dschebel Ataka.

Nach der Einnahme von Adabiah kam auch unsere Marine zum Einsatz. Sie hatte den Auftrag, die Stadt Suez und die 3. ägyptische Armee vom Süden her abzuriegeln, die Nachrichtenverbindungen zu unterbrechen und den Nachschub auf dem Seeweg zu verhindern. Die israelische Marine spielte im Yom Kippur-Krieg eine äußerst wichtige Rolle. Dank der Kampfmoral und Initiative des Marinebefehlshabers und seiner Matrosen glückten eine Reihe waghalsiger Operationen. Man kann nur eines sagen: Unsere Marine schlug sich vortrefflich.

Bis zum Abend des 23. Oktober war es der Division Bren gelungen, die 3. ägyptische Armee und auch die Stadt Suez einzukreisen. Damaskus und Kairo erkannten jetzt endlich, daß die Fortführung des Krieges ihnen keinen Ruhm mehr einbringen würde und es weitaus klüger wäre, einem sofortigen Waffenstillstand zuzustimmen.

Kurz nach Mitternacht rief General Siilasvuo, der Befehlshaber der UN-Beobachtertruppe, aus Kairo an und fragte, ob er, entsprechend seinen Anweisungen aus New York, Beobachter an die ägyptische Front zur Überwachung des Waffenstillstandes entsenden könne. Ich stimmte zu, allerdings unter der Bedingung, daß ein echter Waffenstillstand hergestellt würde. Als Termin nannte ich den 24. Oktober, sieben Uhr morgens. Wir würden zu diesem Zeitpunkt das Feuer einstellen, sofern wir eine entsprechende Zusage der Ägypter in Händen hätten. Um sieben Uhr hatten die Ägypter zwar noch nichts von sich hören lassen, aber General Siilasvuo erschien persönlich in meinem Büro. Ich überreichte ihm eine Karte, auf der unsere Stellungen – einschließlich des Dschebel Ataka und des Hafens von Adabiah – eingezeichnet waren, und ersuchte ihn nochmals, die Ägypter zu einer Antwort auf unser Waffenstillstandsangebot zu bewegen. Er flog nach Kairo zurück. Um 8 Uhr 45 erhielt ich einen Anruf Oberst Hogans, seines Stellvertreters. Er hatte soeben per Funk die ägyptische Antwort empfangen. Sie lautete: „Wir stimmen zu. Wir stimmen zu. Wir stimmen zu." Als ich ihn fragte, ob die Ägypter tatsächlich dreimal hintereinander dasselbe durchgegeben hätten, sagte er trocken: „Wenn Sie es ganz genau wissen wollen: viermal."

Am 22. Oktober hatte ich Kissinger in Tel Aviv getroffen. Wir kannten einander schon lange. Unsere erste Begegnung muß etwa zwanzig Jahre zurückliegen. Ich war damals Generalstabschef. Während meiner Amtszeit als Verteidigungsminister kam ich gelegentlich in den Vereinigten Staaten mit ihm zusammen. Ich bin von seiner Klugheit, seinem umfangreichen Wissen, seinem wahrhaft erstaunlichen Fleiß und seiner Fähigkeit, die Dinge in der richtigen Perspektive zu sehen, außerordentlich beeindruckt. Die von ihm eingeleitete neue Phase in den chinesisch-amerikanischen Beziehungen halte ich für ein äußerst bedeutsames weltpolitisches Ereignis. Und doch – wäre er der Außenminister eines Kleinstaates und könnte er sich nicht auf die Macht der Vereinigten Staaten stützen, dann hätte er kaum so Außergewöhnliches leisten können. Aber gerade darin liegt eben seine Größe: daß er die Macht der Vereinigten Staaten richtig anzuwenden versteht. Dazu verfügt er noch über nachrichtendienstliche Informationen, wie sie nur die Vereinigten Staaten dank ihrer fortgeschrittenen Technologie zusammentragen können. In der Nutzung seiner eigenen Fähigkeiten und vor allem des Machtpotentials der Vereinigten Staaten unterscheidet sich Kissinger grundlegend von der Mehrzahl seiner Vorgänger.

Wir unterhielten uns über den Waffenstillstand, die amerikanisch-israelischen Beziehungen und besonders über weitere Waffenlieferungen.

Israel hatte kategorisch gefordert, daß der Kriegsgefangenenaustausch Bestandteil des Waffenstillstandsabkommens sein solle. Andernfalls würden wir keinem Waffenstillstand zustimmen. Kissinger hielt diese Einstellung für extrem und wollte sie nicht gelten lassen. Er versprach aber, etwas zu unternehmen und auch die Sowjets einzuschalten. Er erwähnte, daß die Sowjets ihrerseits bereits Zusicherungen abgegeben hätten, wollte sich aber in der Frage des Kriegsgefangenenaustausches keineswegs festlegen. Seine Zusagen kleidete er in allgemeine Floskeln wie etwa: „Wir werden sehen; wir werden uns bemühen; wir werden unser möglichstes tun." Und in der Frage der Ausreisegenehmigung für die syrischen Juden kam er uns noch weniger entgegen.

Ich konnte mich des Eindrucks nicht erwehren, daß wir uns auf einem Drahtseil über einem Abgrund befanden. In der Ferne winkte zwar ein Licht, wir würden es aber nur erreichen, wenn wir keinen einzigen falschen Schritt täten. Mir wurde auch klar, daß uns die Vereinigten Staaten glatt hätten fallenlassen, wenn wir den Krieg angefangen hätten. Amerika befand sich damals wegen des Ölboykotts in einer schwierigen Lage. Die führenden Politiker des Landes hätten uns gewiß den Rücken gekehrt, wenn sie nur zwischen Hilfeleistungen für Israel und der Möglichkeit günstiger Vereinbarungen mit den Arabern zu wählen gehabt hätten.

Die Vereinigten Staaten traten für die Einstellung der Feindseligkeiten ein, weil sie fürchteten, die Fortdauer des Krieges würde zu einer Radikalisierung in der arabischen Welt führen, was den Sturz gemäßigter Regierungen und die Machtübernahme durch extreme Gruppierungen bedeuten hätte können.

Ferner hielten sie für den Fall des völligen Zusammenbruchs der arabischen Armeen eine militärische Intervention der Sowjetunion durchaus für möglich.

Bezüglich des arabisch-amerikanischen Verhältnisses gewann ich den Eindruck, daß Washington seine Bemühungen um die Beilegung des arabisch-israelischen Konflikts einstellen würde, falls die Araber ihren Ölboykott nicht aufhoben. Die Araber sollten einsehen, daß die Sowjetunion ihnen zwar moderne Waffen liefern konnte, daß die politische Lösung des Nahostkonflikts aber einzig und allein von den Vereinigten Staaten abhing.

Die Aussprache mit Kissinger rief gemischte Gefühle in mir hervor. Gewiß würde er die nötigen Anstrengungen unternehmen und bei den Verhandlungen mit den Arabern für uns eintreten, aber ich hielt es durchaus für möglich, daß er um der Verbesserung der arabisch-amerikanischen Beziehungen und der Aufhebung des Ölboykotts willen bereit sein könnte, auch auf uns Druck auszuüben, um uns die Rechnung zumindest zum Teil begleichen zu lassen.

Am Abend fand eine Kabinettssitzung zur Erörterung der militärischen Lage nach Inkrafttreten des Waffenstillstandes statt. Für den Fall der Nichteinhaltung der Waffenstillstandsbedingungen durch die Ägypter faßte die Regierung in Anlehnung an ein Jesaja-Zitat folgenden Beschluß: „Die Streitkräfte werden den Feind zurücktreiben zum Tor.“

VIII. Teil

Nachspiel
(1973–1975)

34. *Kapitel*

Diplomatischer Druck

Nachdem wir die 3. ägyptische Armee abgeschnitten und eingekreist hatten, kam es zu einer Krise. Anfangs schienen nur die beiden Supermächte davon berührt zu sein, als sie sich aber miteinander verständigt hatten, wurde eine amerikanisch-israelische Krise daraus.

Die Vereinigten Staaten hielten – so sagte man uns – die Entsendung eines sowjetischen Expeditionskorps zur Befreiung der Armee für möglich. Angeblich planten die Sowjets, ihre Truppen nach Kairo zu bringen und von dort zum Angriff gegen unsere Streitkräfte westlich von Suez einzusetzen. Washington betrachtete die Möglichkeit einer solchen sowjetischen Intervention mit größter Besorgnis und versetzte daher die amerikanischen Streitkräfte am 25. Oktober in Alarmbereitschaft.

Ob die Sowjets wirklich die Absicht hatten, ein Expeditionskorps zu entsenden und nur auf Grund der scharfen Reaktion der Amerikaner davon absahen, oder ob es sich um einen falschen Alarm handelte, kann ich wirklich nicht sagen. Auf alle Fälle bewährte sich wieder einmal der „heiße Draht" zwischen Moskau und Washington – die sowjetisch-amerikanische Krise wurde entschräft.

Am 26. Oktober teilte die amerikanische Regierung uns mit, sie habe erfahren, daß wir die 3. Armee angriffen. Das stelle eine Verletzung des Abkommens über die Waffenruhe dar. Wir hätten offenbar nicht erfaßt, welch ernste amerikanischen Gegenmaßnahmen dies zur Folge haben könne. Wir schickten ein kategorisches Dementi. Eine halbe Stunde darauf erhielt unsere Botschaft in Washington eine Klarstellung: Die Amerikaner hätten mittlerweile erfahren, daß die Ägypter und nicht wir das Abkommen verletzten. Die Schuldfrage sei ohnehin nicht wesentlich. Der springende Punkt sei die Isolierung der 3. Armee und die sich daraus ergebenden Komplikationen. Die Amerikaner könnten es nicht zulassen, daß diese Armee vernichtet, ausgehungert oder gefangengenommen werde. Wenn die Armee nicht auf andere Weise versorgt werden könne, würden die Sowjets die Versorgung übernehmen, was einer militärischen Intervention gleichkäme und das amerikanische Prestige schädigen würde. Kurz und gut – der 3. Armee müßte irgendwie geholfen werden.

Es folgten unzählige Telefongespräche zwischen Washington und Jerusalem. Das israelische Kabinett war inzwischen zu einer außerordentlichen Sitzung zusammengetreten. Schließlich nahmen die amerikanischen Forderungen mehr oder weniger die Gestalt eines Ultimatums an: Wir sollten den Ägyptern die einmalige Erlaubnis erteilen, eine Versorgungskolonne zur 3. Armee zu schicken. Erklärten wir uns dazu nicht bereit, dann würde das eine Krise zwischen uns und den Vereinigten Staaten auslösen. Wir stimmten zu: Hundert LKWs mit Trinkwasser und Lebensmitteln würden unsere Linien passieren dürfen.

Damit ging die dreitägige (vom 23. bis 26. Oktober) Blockade der 3. Armee zu Ende. Präsident Nixon ersuchte uns dann persönlich, unseren guten Willen unter Beweis zu stellen und fünfzig weiteren LKWs die Durchfahrt zu gestatten. Später forderte er uns auf, während der Dauer der Gespräche Kissingers in Kairo die regelmäßige Versorgung der 3. Armee zuzulassen. Wir würden ansonsten das Verhandlungsklima in Kairo stören, wo es schließlich um weit wichtigere Themen ging als um die 3. Armee. Abba Eban, der einstige israelische Botschafter in Washington, pflegte die israelisch-amerikanischen Beziehungen als „ein Verhältnis ganz besonderer Art“ zu bezeichnen, und das war es auch.

Die Notlage der 3. Armee und die sich daraus ergebenden Spannungen führten zu einer rascheren Beendigung des Krieges. Zunächst beschloß der Sicherheitsrat am 26. Oktober die Aufstellung einer Friedenstruppe der Vereinten Nationen und forderte den Generalsekretär auf, innerhalb von 24 Stunden einen Tätigkeitsbericht in dieser Angelegenheit vorzulegen. Israel und Ägypten stimmten der UN-Friedenstruppe zu; die Amerikaner informierten uns, daß sie und die Sowjets sich geeinigt hätten, keine Soldaten für die Friedenstruppe abzustellen.

Den zweiten Schritt setzten Israel und Ägypten gemeinsam. Man einigte sich über eine Zusammenkunft hoher Offiziere beider Lager, um – wie die Ägypter es formulierten – „über die militärischen Aspekte der Sicherheitsratsbeschlüsse 338 und 339 zu beraten“, in denen die Feuereinstellung verlangt worden war. Israel verfolgte bei diesen Gesprächen wesentlich weiter gesteckte Ziele. Dennoch stand zu erwarten, daß sie hauptsächlich die Versorgungsprobleme der 3. Armee und der Stadt Suez, den Austausch von Kriegsgefangenen und die Öltankerblockade bei Bab el-Mandeb am Eingang zum Roten Meer zum Gegenstand haben würden.

Aber wir waren es leid, durch ständig neue „Ansuchen" fast täglich vor veränderte politische Gegebenheiten gestellt zu werden, und baten daher die Vereinigten Staaten um einen Termin für eine Aussprache zwischen der Ministerpräsidentin und dem amerikanischen Präsidenten, um die bilateralen Beziehungen und vor allem die Frage der Waffenhilfe zu erörtern.

General Siilasvuo, der Befehlshaber der UN-Friedenstruppe, erklärte mir am 30. Oktober, der Generalsekretär der Vereinten Nationen habe ihn beauftragt, Israel auf der Basis eines Sicherheitsratsbeschlusses und im Einklang mit den Resolutionen 338, 339 und 340 zum Rückzug seiner Truppen auf die Linie vom 22. Oktober 1973 um 16 Uhr 50 aufzufordern.

Der Sowjetunion und den Vereinigten Staaten war es nicht gelungen, uns zu diesem Schritt zu bewegen; also würden wir auch kaum einer entsprechenden Aufforderung der Vereinten Nationen nachkommen. Aber anscheinend wollte man, wenn schon nicht auf dem Schlachtfeld, so doch in den Aktenschränken des Sicherheitsrates eine gewisse Ordnung herstellen. Ich meinte, wir würden mit der UN-Friedenstruppe schon zurechtkommen. Sie würde nicht viel nützen, aber auch nicht schaden.

Die militärischen Verhandlungen fanden am Kilometerstein 101 an der Straße von Suez nach Kairo am Westufer des Kanals statt. Chef der israelischen Delegation war Generalmajor Aharon Yariv; die ägyptische Delegation leitete Generalmajor Abdel Gamasi. Gesprächsthemen der ersten Tage waren die Versorgung der 3. Armee und der Stadt Suez sowie der Kriegsgefangenenaustausch. Die Verhandlungen waren zäh; aber schließlich wurde eine Einigung erreicht. Die Gespräche über grundsätzliche Fragen verliefen allerdings ergebnislos: über die Festlegung von Waffenstillstandslinien (die Ägypter beharrten auf unserem Rückzug zu den Linien vom 22. Oktober) und über die Aufhebung der Blockade von Bab el-Mandeb. Die militärischen Unterhändler waren offenbar weder ermächtigt noch wirklich qualifiziert, diese schwierigen Probleme anzupacken.

Am 1. November traf Ministerpräsidentin Meir mit Präsident Nixon und Außenminister Kissinger zusammen. Der Reise Frau Meirs nach Washington ging eine Reihe intensiver Beratungen über unsere Einstellung zu diversen Fragen voraus. Die Ministerpräsidentin wollte Vorschläge zur Lösung der dringlichsten israelisch-ägyptischen Probleme unterbreiten, und Kissinger würde dann bei seinem bevorstehenden Besuch in Kairo versuchen, die Ägypter dafür zu gewinnen.

Man kann nicht behaupten, daß Washington über Frau Meirs Besuch begeistert war. Sie genoß einen gewissen Sonderstatus. Ihre Popularität in Amerika, besonders bei den Juden, war unbestritten. Außerdem war sie den führenden amerikanischen Politikern als profilierte Persönlichkeit bekannt, die ihre Ansichten offen und unumwunden vorbrachte. Man konnte ihr nicht ausweichen, man mußte Farbe bekennen – sogar der Präsident der Vereinigten Staaten.

Besonders diesmal hielt sich die Freude Washingtons in Grenzen. Israel stellte große Ansprüche an die Vereinigten Staaten, und das zu einer Zeit, da das amerikanische Außenministerium gerade an drei Vorschlägen zur Nahostpolitik arbeitete, die nicht gerade auf die Bedürfnisse Israels abgestimmt waren. Die Amerikaner bemühten sich um die Aufhebung des arabischen Ölembargos gegen die Vereinigten Staaten, um die Vertiefung der amerikanischen Beziehungen zu den arabischen Staaten im allgemeinen und zu Ägypten und Saudi-Arabien im besonderen und um eine gemeinsame sowjetisch-amerikanische Lösung des arabisch-israelischen Konflikts. Kurz vorher, als Golda in Washington zwecks weiterer Waffenlieferungen vorfühlte, erschien eine Glosse in einer amerikanischen Tageszeitung: Als Präsident Nixon von Frau Meirs Absichten erfuhr, soll er zu einem seiner Berater gesagt haben: „Gib ihr alles, was sie verlangt – aber daß sie mir nur nicht nach Washington kommt!“ Man sagt, daß immer ein Körnchen Wahrheit in solchen politischen Witzen steckt. In diesem Fall, scheint mir, war es ein recht großes Körnchen. Goldas Gespräche mit dem Präsidenten und mit Kissinger erwiesen sich als äußerst schwierig. Sie kehrte nach Israel zurück; Kissinger flog nach Kairo und nahm die israelischen Vorschläge für ein Truppenentflechtungsabkommen mit auf die Reise.

In Ägypten nahmen die Gespräche einen glatteren Verlauf, als man erwartet hatte. Präsident Sadat war offenbar an einer Vereinbarung mit uns stark interessiert, weil er sich in einer äußerst mißlichen militärischen Lage befand. Es ist kaum anzunehmen, daß er eine sowjetische Intervention auf ägyptischem Boden begrüßt hätte oder den Einsatz von Transportflugzeugen der amerikanischen Luftwaffe im ägyptischen Luftraum. Eines war Sadat klar: Seine Streitkräfte waren nicht imstande, den Belagerungsring um die 3. Armee zu durchbrechen.

Die offiziellen ägyptischen Sprecher und daher auch die ägyptische Presse behaupteten zwar andauernd, unsere Streitkräfte am Westufer des Kanals säßen in der Falle, aber die ägyptischen Militärbefehlshaber kannten die wahre Lage. Um uns zurückzudrängen oder einzukesseln hätten sich die 2. und die 3. Armee zusammenschließen und unseren Brückenkopf eindrücken müssen, wozu sie nicht fähig waren, denn die 3. Armee war ja selbst eingekesselt. Sie war auch völlig ungeschützt gegen unsere Luftwaffe; die ihr angegliederten

SAM-Raketenbatterien waren entweder abgezogen oder von uns zerstört worden. Die 2. Armee konnte sich ohne weiteres halten, solange sie in ihren Schützengräben bleib; sie verfügte über ausreichende Panzerabwehr und war durch einen Ring von SAM-Batterien gegen Luftangriffe geschützt. Jeder Versuch, nach Süden vorzustoßen und zur 3. Armee aufzuschließen, hätte sie jedoch unweigerlich des Schutzes gegen Luftangriffe und Panzerattacken beraubt. Sie wäre vernichtet worden, wie schon die 25. ägyptische Brigade, die einige Tage zuvor bei einem Angriff auf unseren Brückenkopf fünfzig Panzer verloren hatte. Sadat wußte nur zu gut, daß er auf keine weiteren Kriegserfolge hoffen konnte; er mußte daher den Krieg beenden und sich nötigenfalls zu Konzessionen und Kompromissen bereit erklären.

Die erste israelisch-ägyptische Vereinbarung, die durch Vermittlung Kissingers zustandekam, war ein Ergebnis der Militärgespräche am Kilometerstein 101. Sie wurde am 11. November 1973 unterschrieben und enthielt sechs Klauseln, die allesamt die Versorgung der 3. Armee und den Kriegsgefangenenaustausch betrafen.

Am 7. November traf Joseph Sisco, der Stellvertretende Außenminister der Vereinigten Staaten und einer der engsten Mitarbeiter Kissingers, in Jerusalem ein. Er brachte einen Textentwurf aus Kairo mit, den wir nach eingehender Überprüfung mit einigen Änderungen annahmen. Am folgenden Tag stimmte das Kabinett dem Text zu. Mit der vorliegenden Vereinbarung wurden nur die unmittelbaren Probleme aus dem Weg geräumt. Die wirklich entscheidenden Fragen wurden von den Generälen am Kilometerstein 101 überhaupt nicht berührt. Sie blieben der geplanten Friedenskonferenz in Genf vorbehalten und sollten dort unter dem Titel „Entflechtung der Streitkräfte" behandelt werden – ein neuer Name für ein altes Sorgenkind.

Die Gespräche zwischen Yariv und Gamasi am Kilometerstein 101 verliefen nicht nach meinem Geschmack. Soweit ich es beurteilen konnte, gingen sie auf Konzessionen unsererseits hinaus – ohne Gegenleistung und ohne Aussicht auf eine brauchbare Abmachung. Und was noch schlimmer war: ich konnte nichts dagegen tun. Unser Delegationschef war der Ministerpräsidentin direkt verantwortlich. Die entscheidenden Punkte wurden dem Kabinett zur Beratung und Beschlußfassung vorgelegt; aber dort konnte ich meine Ansichten nicht durchsetzen. Ich war für den Abzug unserer Truppen vom Westufer des Kanals, aber nur im Rahmen einer politischen Regelung, die zu einer radikalen Änderung der Gesamtlage führen würde: Öffnung des Suezkanals für die internationale Schiffahrt; Wiederaufbau der Städte an den Kanalufern und ein Truppenbegrenzungsabkommen. Solche Ziele waren jedoch in den Verhandlungen zwischen Yariv und Gamasi nicht zu erreichen. Ohne Vermittlung und Übernahme der Verantwortung durch die Vereinigten Staaten ging es nicht. Wenn ich auch gelegentlich Vorbehalte gegen Kissinger und seine Methoden hatte, war ich keineswegs geneigt, seine Leistungen zu schmälern. Den Ägyptern war sehr viel daran gelegen, daß wir „Afrika" verließen und unsere Stellungen am Kanal aufgaben. Es bot sich daher jetzt eine günstige Gelegenheit, eine militärisch-politische Abmachung mit ihnen zu erreichen – nicht am Kilometerstein 101, aber vielleicht in Genf.

Mitten in den Verhandlungen über ein Truppenentflechtungsabkommen mit Ägypten, am Samstag, dem 1. Dezember 1973 um 10 Uhr 30, starb David Ben Gurion an einer Gehirnblutung. Ich war zwei Tage vorher bei ihm gewesen, nachdem sein Arzt mir mitgeteilt hatte, wie schlecht es um ihn stand. In seinen letzten Tagen war Ben Gurion nur noch zeitweilig bei Bewußtsein und konnte auch nicht mehr sprechen. Ich saß an seinem Bett. Seine Augen waren geschlossen, seine Lippen zusammengepreßt. Er sah aus, als hätte er keine Sorgen und sei tief in Gedanken versunken. Seine Gesichtszüge hatten einen ungewöhnlich sanften Ausdruck; er schien völlig ruhig. Ein langes, stürmisches Leben ging in Stille und Gelassenheit zu Ende.

Als ich ihn so liegen sah, dachte ich, man würde bald um ihn trauern und Lobreden auf ihn halten – selbst die, die ihn in seinen späteren Jahren beschimpft und herabgesetzt hatten, die gegenwärtigen Führer der Arbeiterpartei, an deren Spitze er so lange gestanden hatte; ja sogar der letzte kleine Schreiber der Parteizeitung *Davar,* die viele Jahre lang als „die Zeitung Ben Gurions" galt. Man würde sich bemühen, zwischen dem Menschen und dem Politiker zu unterscheiden, zwischen Ben Gurion und dem „Ben Gurionismus"; zwischen „einem der ganz Großen unter den Juden, dem Erbauer unseres Staates, dem Führer der Nation" und dem Menschen, der ab und zu Fehler beging; zwischen den Jahren der Größe und den Jahren der Kleinlichkeit. Aber das alles gab ein verzerrtes Bild. Ben Gurion traf geniale und weitblikkende Entscheidungen und war dennoch nicht unfehlbar. Das historische Phänomen Ben Gurion läßt sich nicht in einzelne Bestandteile zerlegen: Der Mensch und der Politiker bildeten eine Einheit.

35. *Kapitel*

Gespräche in Washington

Für Anfang Dezember 1973 waren einige Veranstaltungen des United Jewish Appeal in den Vereinigten Staaten angesetzt, auf denen ich sprechen sollte. Kissinger erfuhr von meinen Amerikaplänen und ersuchte mich, die Reise etwas vorzuverlegen und mit ihm und dem amerikanischen Verteidigungsminister zusammenzutreffen. Ich wurde auch von dem damaligen Vizepräsidenten Gerald Ford zu einer Unterredung gebeten. Mit Kissinger führte ich zwei Gespräche, beide am 7. Dezember: das eine, wie geplant, am Vormittag, ein zweites am Nachmittag, bei dem wir auf die unerledigten Fragen noch einmal zurückkamen. Zur Vormittagssitzung hatte ich Zvi Zur, meinen leitenden Mitarbeiter im Verteidigungsministerium, mitgebracht, sowie Motta Gur, unseren Militärattaché in Washington, und Simcha Dinitz, unseren Botschafter. In Kissingers Begleitung befanden sich Joseph Sisco und zwei weitere Mitarbeiter.

Der erste Punkt der Tagesordnung waren die Waffenlieferungen. Zur sagte, man müsse bei einer Bestandsaufnahme der Waffenhilfe an die Araber sowohl die Lieferungen auf dem Luftweg als auch die auf dem Seeweg in Rechnung stellen. Die Sowjetunion habe den Arabern 300.000 Tonnen Waffen geliefert; wir hätten von den Vereinigten Staaten ein Drittel davon erhalten. Ich führte genauer aus: Verglichen mit den amerikanischen Flugzeuglieferungen an Israel, hätten die Araber 350 Flugzeuge erhalten; davon 200 von der Sowjetunion und 150 von anderen arabischen Staaten; ebenso 1550 Panzer von den Sowjets und mehrere Hundert von anderen arabischen Staaten, womit sie ihre Kriegsverluste von 2550 Panzern mehr als wettgemacht hätten.

Als ich die Waffenhilfe anderer Länder an die Araber erwähnte, rief das ein gewisses Unbehagen bei unseren Gesprächspartnern hervor. Ob sie erstaunt waren oder mir nicht glaubten, ist schwer zu sagen. Ich sagte, im Kriegsfall käme es auf den Ursprungsort der feindlichen Waffen ohnehin nicht an. In Syrien hätten wir gegen kubanische Panzerbesatzungen zu kämpfen gehabt, und erst am Vortag hätten wir in Ägypten einen nordkoreanischen Piloten abgeschossen. Da wir nicht über unbegrenztes Menschenmaterial verfügten, sei auch unser Bedarf an Kriegsmaterial nicht unbegrenzt. Aber Amerika solle uns doch fairerweise wenigstens die Mengen zur Verfügung stellen, die wir effektiv verwerten konnten. Wir hätten um die Lieferung von Schützenpanzern gebeten, aber nur ein Achtel der gewünschten Anzahl erhalten. Das galt auch für andere Arten von Waffen und Ausrüstungsgegenständen. So verfügten wir über eine Anzahl von Boden-Luft-Raketen der Type Hawk, die in keinem Verhältnis zur Anzahl der arabischen SAMs stehe.

Ich sagte, man solle uns erlauben, eine größere Anzahl von Flugzeugen direkt bei den Fabriken zu bestellen. Vor Kriegsausbruch hatte es Verhandlungen über jeden einzelnen Phantom-Bomber gegeben, und als dann während des Krieges wirklich Not am Mann war, bekamen wir zu hören, es gebe keine.

Kissinger seinerseits setzte uns den Standpunkt und die Überlegungen der amerikanischen Regierung auseinander. Am Ende sagte er, die Vereinigten Staaten würden einigen unserer Forderungen stattgeben und die übrigen – überprüfen.

Das zweite Thema waren die Vereinbarungen mit Ägypten, und hier ging es hauptsächlich um den Suezkanal. Den Vereinigten Staaten war eine Öffnung des Kanals im Rahmen eines israelisch-ägyptischen Gesamtabkommens wesentlich lieber – auch wenn die Sowjets ihn dann mitbenutzten – als eine Fortdauer der Kanalsperre und der damit verbundenen Konfliktsituation. Ich sagte zu Kissinger, wir hätten eine Zeitlang den Kontakt zum Kanal fast gänzlich verloren, übten aber derzeit eine größere Kontrolle über ihn aus als je zuvor. Die Ägypter wiederum verlangten, wir sollten unsere Stellungen am Kanal aufgeben. Mit Zustimmung der Ministerpräsidentin gab ich nun eine Erklärung ab, wie ich persönlich zu israelisch-ägyptischen Vereinbarungen stand:

Man verlange von uns eine Vorleistung, sagte ich, nämlich den Rückzug vom Kanal. Dafür würde uns als dürftige Entschädigung eine vorläufige Waffenruhe geboten. Für Ägypten wäre jeder Rückzug, den wir in Zukunft anzubieten hätten, weit weniger interessant als dieser; wir aber forderten viel Wesentlicheres von ihnen, nämlich ein Friedensabkommen. Wie die Gespräche am Kilometerstein 101 zeigten, stellten die Ägypter Maximalforderungen an uns und waren selbst nur zur Erfüllung von Minimalforderungen bereit. Wenn wir uns also zehn bis fünfzehn Kilometer ostwärts zurückziehen sollten, dann nur im Rahmen einer Abmachung, die die Einstellung der Feindseligkeiten garantierte. Eine diesbezügliche formale Vereinbarung sollte die Öffnung des Kanals für die Schiffahrt, den Wiederaufbau der Städte am Kanal sowie die Rückkehr der Zivilbevölkerung nach sich ziehen. Praktisch gesehen, müßte auch eine von der UN-Truppe kontrollierte Pufferzone zur Trennung der Streitkräfte beider Seiten geschaffen werden. Ich gab auch der Meinung Ausdruck, daß sich die Vereinigten Staaten vor allem in bezug auf Bab el-Mandeb aktiv in die Verhandlungen einschalten sollten, also die freie Schiffahrt durch diese Wasserstraße, die auch von unseren Öltankern benutzt wurde, zu garantieren.

Ich könnte nicht behaupten, daß Kissinger von meinen Ansichten restlos begeistert war. Einige meiner Ideen hielt er für falsch; andere akzeptierte er mit Vorbehalten. Für mich war es erstaunlich, daß er auf manchen Gebieten nicht über die nötigen Fachkenntnisse verfügte.

Die amerikanischen Flugzeugträger konnten die Entwicklungen in der Bab el-Mandeb-Frage wohl beeinflussen, aber mit einer amerikanischen Dauergarantie für die freie Schiffahrt war nicht zu rechnen. Die Vereinigten Staaten können schließlich nicht ewig die Rolle des Weltpolizisten spielen. Außerdem scheint mir, die Amerikaner würden im Falle einer Bedrohung amerikanischer Interessen Krieg führen, nicht aber um eines internationalen Grundsatzes willen wie etwa der freien Schiffahrt.

Ich konnte kaum glauben, daß die Ägypter bereit waren, den Kriegszustand zu beenden. Sie bestanden darauf, daß wir den größten Teil der Halbinsel Sinai aufgeben müßten, bevor über eine Einstellung der Feindseligkeiten gesprochen werden könne; es war also kaum zu erwarten, daß sie sich schon jetzt zu einer Aufhebung des Kriegszustandes verpflichten würden. Hinzu kam noch, daß Yariv im November Gamasi informiert hatte, daß wir im engeren Rahmen eines Truppenbegrenzungsabkommens und ohne sonstige politische Bedingungen bereit wären, unsere Truppen vom Kanal abzuziehen.

Ich sagte Kissinger, die gegenwärtige militärische Lage würde weiterbestehen, wenn die Ägypter unsere politischen Bedingungen nicht akzeptierten; außerdem würden sie der Vereinbarung, die sie jetzt ablehnten, am Ende doch zustimmen. Ich sagte das, obwohl ich wußte, daß nicht nur Ägypten an einer raschen Einigung interessiert war. Auch den USA war daran gelegen, um der Ölhysterie in Europa ein Ende zu bereiten. Ich war mir auch bewußt, daß wir nicht darauf bestehen konnten, unsere gegenwärtigen Linien noch ein Jahr länger zu halten, denn ein solches Vorgehen würde das israelisch-amerikanische Verhältnis nur belasten.

Ich hatte eine Landkarte mitgebracht und die von uns angeregten neuen

Stellungen darauf eingezeichnet. Dieser auf Wunsch von General Siilasvuo ausgearbeitete Plan, der seiner Ansicht nach der erste Schritt auf dem Weg zu einer Entflechtung sein könnte, sah den Rückzug der israelischen und ägyptischen Streitkräfte um jeweils einen Kilometer vor. Ich zeigte Kissinger die Karte und sagte, meiner Meinung nach würden die Ägypter den Vorschlag auf keinen Fall akzeptieren.

Wenn auch Kissinger zu einigen meiner Vorschläge ernste Einwände vorbrachte, so schien mir doch, ich hätte ihm eines klar gemacht: daß das Problem äußerst kompliziert war und sehr sorgfältig studiert werden müsse. Wir wollten unsere Gespräche darüber fortsetzen, nachdem er die Ansichten der Ägypter dazu gehört hatte. Er beabsichtigte, am 12. Dezember in Kairo und am 16. in Jerusalem zu verhandeln.

Zwei Tage später, am Sonntag, dem 9. Dezember, traf ich mit dem amerikanischen Verteidigungsminister James Schlesinger zu einem vorher nicht angesetzten Gespräch zusammen. Um den Termin einzuhalten, mußte ich von New York, wo ich am Samstag abends auf einer Veranstaltung gesprochen hatte, noch einmal nach Washington. Am Freitag hatte ich mich mit dem Stellvertretenden Verteidigungsminister, William Clements, getroffen. Schlesinger war außer Landes, und mir wurde deshalb bedeutet, ich solle die Gespräche über die Waffenlieferungen mit Clements führen. Seinen Äußerungen konnte ich entnehmen, daß in den Vereinigten Staaten glücklicherweise kein Mangel an Waffen herrschte. Wenn wir trotzdem keine Waffen erhielten, dann war das einzig und allein auf politische Entscheidungen der amerikanischen Regierung zurückzuführen.

Ich führte ein freundliches, aber ergebnisloses Gespräch mit Schlesinger. Es war unsere erste Begegnung. Ich fand ihn hochgewachsen, „relaxed" und überaus kultiviert. Er redete nicht viel; aber was er sagte, wurde klar und elegant vorgebracht.

Ich sprach von den Waffen, um die wir ersucht hatten, von den nicht gehaltenen Versprechungen, uns Ersatzteile zu liefern, und von den beträchtlichen Unterschieden zwischen unserem Waffenarsenal und dem der Araber. Ich sagte, ich hätte den Eindruck, die Lieferungen an uns seien aus politischen Gründen ins Stocken geraten. Ich bat ihn dann, mir zu sagen, mit welchen Lieferungen wir zuverlässig rechnen könnten, und kam auf unseren Wunsch zurück, Panzer und Flugzeuge bei den Herstellern bestellen zu können. Israel, sagte ich, sei das einzige Land, dem dies nicht gestattet werde. Libyen, beispielsweise, konnte in Frankreich einkaufen, was es wollte, die übrigen arabischen Staaten mit ihren riesigen Dollarreserven konnten Waffenkäufe in Ost und West tätigen. Nur wir durften es nicht – selbst wenn uns die nötigen Mittel zur Verfügung standen. Und die Vereinigten Staaten, das einzige Land, das bereit war, uns Flugzeuge zu verkaufen, ließen uns nicht mehr als zwei oder drei Maschinen monatlich bestellen. Wir besprachen auch die Details unserer Forderungen. Er hörte zu, gab aber keinerlei Zusagen.

Am Schluß des Gesprächs erkundigte er sich nach der militärischen Lage an den beiden Fronten und nach den Friedenschancen. Ich sagte ihm, unser Brückenkopf auf dem westlichen Ufer des Kanals sei zwar nur zehn Kilometer tief, könne aber von den Ägyptern nicht abgeschnitten werden. Wir könnten uns sogar, wenn wir wollten, noch auf Monate hinaus westlich des Kanals behaupten. Welche Gebietsabtretungen auch immer in Frage kämen – für das Gebiet westlich von Suez würden die Araber den höchsten Preis zahlen. Ich äußerte die Befürchtung, daß die Ägypter eine endgültige Friedensregelung von dem Abschluß von Vereinbarungen mit Syrien und Jordanien abhängig machen würden. Gewiß seien die Ägypter an einer Beendigung des Krieges interessiert; sie hofften auch, wir würden unsere Truppen auf der Halbinsel Sinai hundert Kilometer zurückziehen, aber bevor es zu Verhandlungen über eine endgültige Regelung käme, würde Sadat auf der Lösung der Jerusalemfrage und des Problems der palästinensischen Flüchtlinge bestehen.

Am Vortag, seinem ersten Arbeitstag als Vizepräsident, war ich mit Gerald Ford zusammengetroffen. Das Gespräch verlief in sehr freundlicher Atmosphäre; er war entgegenkommend und offen zu mir. Er stellte eine ganze Reihe kurzer, gründlicher und treffender Fragen. Ich berichtete kurz über die sowjetischen Waffen, die gegen uns eingesetzt worden waren, und über die Bedeutung der amerikanischen Waffenhilfe für Israel. Ich sagte ihm, wir hätten uns auch ohne solche Hilfe behaupten können; wir hätten standgehalten. Es wäre nur viel schwerer gewesen, und wir hätten weit höhere Verluste hinnehmen müssen. Ich erwähnte auch meine Aussprache mit Clements. Ford fand überaus lobende Worte für Kissinger und sagte, daß das amerikanische Volk großes Vertrauen in ihn habe. Er sprach dann über die Aussichten auf eine friedliche Lösung der Probleme und unterstrich in diesem Zusammenhang, daß die Vereinigten Staaten nicht aufhören würden, Israel zu unterstützen. Aber, sagte er, „das Ziel unserer Unterstützung ist, Ihnen eine friedliche Lösung zu ermöglichen". Er meinte, der Kongreß werde dem Antrag auf einen Kredit und ein Hilfsprogramm für Israel in der Höhe von 2,2 Milliarden Dollar mit großer Mehrheit zustimmen, ließ aber durchblicken, daß er diese Maßnahme gewissermaßen als eine Kapitalsanlage im Interesse des Friedens und nicht der Aufrüstung ansah. Er wollte uns damit offenbar zu verstehen geben, daß die amerikanische Hilfe unter der Voraussetzung geleistet würde, daß wir unser möglichstes taten, um zu einer Friedensregelung mit den Arabern zu gelangen.

Abschließend gab er nochmals der Hoffnung Ausdruck, daß Kissinger,

„der uns den Ausstieg aus Vietnam ermöglicht hat", Erfolg in seinen Bemühungen um eine Friedensregelung im Nahen Osten haben würde. Ich sagte Ford, Kissinger werde am 16. Dezember in Israel erwartet. Dann würden wir von ihm erfahren, welche Vorschläge die Ägypter zu machen hatten. Ich sagte, es würde sich hoffentlich ein Weg zum Frieden finden lassen.

Diese Begegnung mit Ford führte zu keinem greifbaren Ergebnis; ich hatte auch keines erwartet. Trotzdem verließ ich sein Büro mit einem guten Gefühl. Wir hatten ein offenes und ehrliches Gespräch geführt.

Tags drauf flog ich sofort nach der Unterredung mit Schlesinger nach Israel zurück. An Bord nahm ich eine Schlaftablette, trank einen doppelten Whisky und wachte erst auf, als wir uns über Europa befanden. Wenige Stunden später, am Morgen des 10. Dezember, war ich wieder zu Hause. Ich fuhr direkt nach Jerusalem und erstattete der Ministerpräsidentin Bericht.

Ich informierte sie zunächst über Einzelheiten, die in meinen Telegrammen aus Washington unerwähnt geblieben waren, und kam dann auf die Waffenlieferungen und auf die nächste Phase unserer Verhandlungen mit Ägypten zu sprechen. Ich sagte ferner, daß Yarivs Vorschläge an die Ägypter vom 22. November auf fruchtbaren Boden gefallen seien, was die Sowjets offenbar begrüßten. Ich sagte Golda, ich sei weiterhin gegen das Angebot Yarivs, weil es auf eine befristete Vereinbarung von nur drei bis sechs Monaten hinauslief. Wir hätten keinen Grund, überstürzt zu handeln. Wir sollten Geduld haben und weder das westliche Ufer noch die Kanalzone aufgeben – es sei denn im Rahmen einer militärischen und zugleich politischen Regelung. Außerdem müßten die Amerikaner auch weiterhin in die Verhandlungen einbezogen bleiben, weil sie ja die Mitverantwortung für die Erfüllung der Bestimmungen etwaiger Verträge tragen sollten. Zweifellos würden Meinungsverschiedenheiten auftreten, weil die Vereinigten Staaten auf den raschen Abschluß eines Truppenentflechtungsabkommens drängten, um dadurch die Wiederaufnahme der saudiarabischen Öllieferungen zu beschleunigen.

Ferner erstattete ich sowohl dem Kabinett als auch dem Parlamentsausschuß für Außenpolitik und Sicherheit Bericht. In beiden Fällen bat man mich um eine Erläuterung der amerikanischen Haltung gegenüber Israel. Ich sagte, die Amerikaner bestünden darauf, daß wir die größtmöglichen Anstrengungen machten, um zu einer Vereinbarung mit den Arabern zu kommen. Die Gründe für ihr starkes Interesse an der Beilegung des Nahostkonflikts – auch wenn Israel dafür mit weitreichenden Konzessionen zu bezahlen hätte – seien in der Energiekrise zu suchen, in dem amerikanischen Wunsch nach einer Verständigung mit der Sowjetunion und, nicht zuletzt, in den bitteren Erfahrungen des Vietnamkriegs. Zur Lösung der Probleme, meinten die Amerikaner, würde ein weiterer militärischer Schlag Israels gegen Ägypten gewiß nichts beitragen. Kissinger, sagte ich, sei nicht nur für seine intensiven und erfolgreichen Bemühungen als Vermittler zwischen den Arabern und Israel zu danken, sondern auch für seine realistische Einstellung und seinen Weitblick. Hinsichtlich Bab el-Mandeb meinten die Amerikaner, die Ägypter würden unsere Schiffe passieren lassen, sobald ein gegenseitiges Truppenentflechtungsabkommen erzielt worden sei. Außerdem kreuze ein amerikanischer Flugzeugträger ständig in den Gewässern von Bab el-Mandeb, und amerikanische Phantom-Bomber hielten ein wachsames Auge auf unsere Schiffe und die zwei dort vor Anker liegenden ägyptischen Fregatten. Der Zweck dieser amerikanischen Präsenz würde auch für die Ägypter unmißverständlich sein.

Vier Tage nach meiner Rückkehr aus Washington traf Kissinger in Israel ein. Er hatte vorher Algerien, Ägypten, Saudi-Arabien, Jordanien und Syrien besucht, vor allem natürlich, um die Aufhebung des Ölboykotts gegen die Vereinigten Staaten zu erreichen. Aber zwischen dieser Frage und unseren Verhandlungen mit Ägypten und Syrien bestand ja jetzt ein enger Zusammenhang.

Am ersten Tag seines Besuchs in Jerusalem hatte Kissinger ein mehrstündiges Gespräch mit der Ministerpräsidentin; am Tag darauf traten dann die beiden Delegationen zusammen. Dem israelischen Verhandlungsteam gehörten Golda, Allon, Eban und ich an; ebenfalls anwesend waren der Generalstabschef, Yariv und Dinitz. Die amerikanische Mannschaft bestand aus Kissinger, Staatssekretär für Nahost-Angelegenheiten Joseph Sisco, zwei Beamten des Außenministeriums und dem amerikanischen Botschafter Kenneth Keating. Das Gespräch begann am Vormittag und dauerte bis nach Mitternacht. Wir besprachen zunächst die amerikanischen Waffenlieferungen und gingen dann zum Problem der Verhandlungen mit den Arabern über.

Die Diskussionen über die Waffenlieferungen brachten nichts Neues – außer zusätzlichem Ärger. Nicht, daß die Amerikaner unsere Wünsche nicht honorieren wollten; aber sie machten ihre Erfüllung von einer Bedingung abhängig, die uns kleinlich erschien. Es ging da unter anderem um Gewehre, die endlich zum Verkauf freigegeben worden waren und die wir natürlich auf schnellstem Wege nach Israel schaffen wollten. Das Pentagon bestand jedoch darauf, daß die Gewehre mit dem Schiff und nicht per Flugzeug transportiert werden sollten, damit nicht der Eindruck entstehe, die Amerikaner hielten eine solche Eilzustellung für dringend erforderlich. Unser Einwand, daß wir doch wohl berechtigt wären, das Transportmittel selbst zu wählen, wurde von den Amerikanern nicht akzeptiert. Am Ende einigten wir uns, aber die Sache hinterließ doch einen unangenehmen Nachgeschmack. Einfach unvorstellbar, daß man uns verbieten wollte, die Gewehre auf dem Luftweg nach Israel zu schaffen, nur weil die Araber daran Anstoß nehmen konnten!

Die Besprechungen über die Verhandlungen mit Syrien konzentrierten sich auf die Frage des Kriegsgefangenenaustauschs. Die Syrer hatten uns bisher weder eine Liste der Gefangenen zur Verfügung gestellt, noch dem Roten Kreuz erlaubt, sie zu besuchen. Solange die Syrer diesen elementaren Verpflichtungen nicht nachkamen, war es unmöglich, sich mit ihnen in Genf an den Verhandlungstisch zu setzen. Schließlich hatte ja auch Syrien die Genfer Konvention unterschrieben. Der syrische Präsident Assad hatte offenbar die Absicht, für die Freigabe der Kriegsgefangenen territoriale Konzessionen von uns zu verlangen. Er schien sich seiner Sache auch recht sicher, wahrscheinlich auf Grund von Pressemeldungen, in denen von der tiefen Anteilnahme der israelischen Bevölkerung an der Kriegsgefangenenfrage die Rede war. Die Besprechungen mit Kissinger zu diesem Thema verliefen ohne Ergebnis. Er mußte jedoch in der Frage der Gefangenenliste und der Rotkreuz-Besuche auf Assad einwirken, bevor wir uns zu Gesprächen mit den Syrern bereit erklären würden. Assad war sehr hartnäckig; sein wahres Ziel – selbst wenn er es nicht so deutlich aussprach – war die Vernichtung Israels.

Das Hauptthema dieser Unterredung mit Kissinger war jedoch Ägypten. Ich hatte in Washington betont, daß wir dem Auseinanderrücken der Streitkräfte nur zustimmen würden, wenn dadurch ein Abkommen über die Einstellung der Feindseligkeiten zustandekäme. Es zeigte sich jetzt, daß Sadat zu einer Gegenleistung bereit war: er würde nach Inkrafttreten der Truppenentflechtung einen Teil seiner Streitkräfte abbauen und die Arbeiten zur Wiedereröffnung des Suezkanals und zum Wiederaufbau der am Kanal liegenden Städte einleiten. Sadat wollte ägyptisches Gebiet zurückgewinnen und auch die Ehre seiner Armee wiederherstellen.

Der ägyptische Vorschlag, den Kissinger uns überbrachte und der im Prinzip auf unseren Vorstellungen basierte, sah die Schaffung von drei Zonen östlich des Kanals vor: einer ägyptischen, einer israelischen, und dazwischen sollte eine von den Vereinten Nationen verwaltete Zone liegen. Die drei Zonen sollten sich bis zu einer Linie dreißig Kilometer östlich des Kanals erstrecken; die südliche Begrenzung der Zonen stand noch nicht fest. Die Ägypter wollten, daß sich die israelischen Streitkräfte hinter die strategisch wichtigen Pässe Mitla und Gidi zurückziehen sollten, und die UN-Friedenstruppe sollte die Kontrolle über den Zugang zu den Pässen vom Westen her übernehmen.

Die ägyptischen und israelischen Streitkräfte in den beiden Zonen sollten auf Anregung Sadats auf jeweils 24.000 Mann und 200 Panzer reduziert werden. Er hatte sich offenbar auch bereit erklärt, keine Boden-Luft-Raketenbatterien östlich des Kanals aufzustellen, wollte aber einer Begrenzung seiner Streitkräfte am westlichen Ufer nicht zustimmen.

Nachdem wir einige weitere Details abgeklärt hatten, wandten wir uns der schwierigen Frage unseres Rückzugs zu und was uns dafür geboten werden würde. Das geplante Abkommen lief zwar unter der Bezeichnung Truppenabbau, kam aber eigentlich einem einseitigen israelischen Rückzug gleich. Nur wir würden uns zurückziehen, sowohl vom Westufer des Kanals als auch aus den Stellungen am Ostufer, die wir seit langem besetzt hatten. Die militärische Lage würde sich für uns verschlechtern; aber die Araber waren sicherlich damit noch nicht zufrieden. Sie würden unseren Rückzug auf die Linien von vor 1967 verlangen und dabei von der übrigen Welt unterstützt werden. Was wäre also mit unserem Rückzug erreicht? Wer konnte garantieren, daß die Araber nicht wieder ein Ölembargo verhängen würden, selbst wenn wir uns zurückzögen? Man würde nur immer weiter Druck auf uns ausüben, uns zu weiteren Truppenabzügen drängen, und wir würden militärisch und politisch geschwächt werden.

Die Antwort auf diese Fragen war einfach: Wir hatten nichts zu verlieren. Unsere Streitkräfte saßen zwar nicht militärisch, sondern politisch in der Falle. Die Ägypter würden sich mit unserer Präsenz am Westufer des Kanals auf die Dauer nicht abfinden, und wenn es wieder zu einem Krieg käme, würde sich die ganze Welt, einschließlich der Vereinigten Staaten, gegen uns stellen. Die Welt war an Öl interessiert und nicht an Gerechtigkeit, und man wollte die Aufhebung des Embargos erreichen, das die ölproduzierenden Staaten der arabischen Welt verhängt hatten, um in den Industrienationen einen Stimmungsumschwung zuungunsten Israels herbeizuführen. Aber die grundsätzliche Frage war doch, wie das alles weitergehen sollte, und auf diese Frage gab es keine zufriedenstellende Antwort. Unsere außenpolitischen Bemühungen mußten sich auf Beruhigung der Panik konzentrieren, die Europa und auch Japan unter dem Druck des Ölembargos ergriffen hatte. Die Regierungen einer ganzen Reihe von Ländern übten Druck auf Israel aus, um der eigenen Bevölkerung zu zeigen, wie sehr sie sich für ihre Interessen einsetzten.

Die Frage „Wie soll das alles weitergehen?" hatte ich zum erstenmal in New York gehört, bei einer Veranstaltung, auf der ich zum Bibelzitat Jesaja 44 : 2 sprach: „Fürchte Dich nicht, mein Knecht Jakob." Als ich meinen Vortrag beendet hatte, wurden Fragen aus dem Publikum an mich gerichtet. Da stand ein älterer Mann auf und sagte schlicht und einfach: „Herr Verteidigungsminister: Wie wird das alles enden?" Er hatte die Frage auf jiddisch gestellt, und aus seinen Worten *„Vos vet sein der sof?"* sprach die Qual der Jahrhunderte jüdischen Leidens.

Die Gespräche mit Kissinger brachten mich immer mehr zu der Überzeugung, daß eine Lösung im Einklang mit Jesajas Worten „Fürchte Dich nicht, mein Knecht Jakob" nur auf der Basis einer Interimsregelung erfolgen konnte, so wie ich sie seit dem Sechstagekrieg immer wieder, leider ohne Erfolg, vorgeschlagen hatte. Ich sagte also, daß ich Golda recht gab: Gewiß sei das sogenannte Disengagement gleichbedeutend mit einem einseitigen Abzug unserer Streitkräfte; aber es sei von unserem Standpunkt aus sinnlos, auf einem entsprechenden Abzug ägyptischer Truppen zu bestehen. Was wir anstreben sollten, sei eben eine solche Interimsregelung, und sie sollte drei wesentliche Punkte enthalten:

1. Der Truppenabbau sollte im Rahmen eines israelisch-ägyptischen Nichtangriffspakts abgewickelt werden.

2. Die Ägypter sollten unseren Abzug nicht zur Verstärkung ihrer Truppen ausnützen.

3. Im gesamten Gebiet sollten normale Zustände wiederhergestellt werden.

Mit letzterem war der Wiederaufbau der am Kanal liegenden Städte gemeint, die Rückkehr der Zivilbevölkerung, die Wiederaufnahme der Arbeit in den Raffinerien und an der vom Golf von Suez ausgehenden Pipeline sowie eine nennenswerte Herabsetzung der Stärke der ägyptischen Armee. Derartige Vereinbarungen und Maßnahmen würden mehr bedeuten als eine formelle Garantie der Beendigung des Kriegszustands, denn damit wären die praktischen Voraussetzungen für normale, friedliche Verhältnisse gegeben, für einen Zustand, der mit der Wiederaufnahme der Feindseligkeiten einfach unvereinbar wäre.

Davon hatte ich seit Jahren geredet – möglicherweise war jetzt die Zeit gekommen, den Plan in die Tat umzusetzen. Uns lag schließlich nichts an den Gebieten westlich des Kanals, und was das östliche Ufer betraf, so war zumindest ich persönlich schon lange der Meinung, wir sollten – allerdings nur im Austausch gegen ein Interimsabkommen – weiter vom Kanal abrükken.

Für die Israelis unter den Anwesenden war das natürlich nicht neu. Auch Kissinger wußte von meinem Plan; ich hatte mit ihm in Washington darüber gesprochen. Damals hatte ihn der Plan anscheinend überrascht. Als ich ihn diesmal erwähnte, nickte er zustimmend. Er hatte alle Probleme in der Zwischenzeit gründlich studiert, er hatte auch mit Sadat in Kairo darüber gesprochen und festgestellt, daß der Plan gewisse Möglichkeiten bot.

Ich freute mich, das zu hören. So weit der Weg zu einer Abmachung auch sein würde, versperrt war er nicht. Ich konnte mir nicht vorstellen, daß die Ägypter bereit sein würden, ohne Zustimmung der Syrer, Jordanier und Palästinenser den Kriegszustand mit uns zu beenden, selbst wenn wir zu den Grenzen von vor 1967 zurückkehrten. Andererseits konnte es zu Abmachungen mit den arabischen Staaten und vor allem mit Ägypten nur kommen, wenn wir bereit waren, ein Klima zu schaffen, das den arabischen Kriegsgelüsten abträglich war und für eine Normalisierung des Lebens sorgte. Im Falle Ägypten handelte es sich da vor allem um die Kanalzone und erst in zweiter Linie um den Ostteil der Halbinsel Sinai. Dieses letztere Gebiet war für uns weitaus wichtiger als für die Ägypter – es sei denn, sie hätten vor, die Straße von Tiran für unsere Schiffe zu sperren. Außerdem kam ihnen unsere dortige Präsenz nicht ungelegen, weil sie ja keinen Frieden mit uns schließen mußten, solange unser Konflikt mit Syrien, Jordanien und den Palästinensern nicht beigelegt war. Dann würde Sadat, genau wie seine Vorgänger, verkünden können, daß auch er die Palästinenserfrage als das Kernproblem erachtete oder daß Jerusalem von weit größerer Bedeutung sei als die Sinaihalbinsel. Wenn wir also den Ostteil der Halbinsel behielten und er den Kriegszustand aufrechterhielt – ohne gegen uns Krieg zu führen –, dann wäre das Rennen praktisch gelaufen: er gewänne den für Ägypten wichtigsten Teil der Sinaihalbinsel zurück und wäre gleichzeitig in der Lage, das obligate Lippenbekenntnis abzulegen.

Generalmajor Motta (Mordechai) Gur, unser damaliger Militärattaché in Washington, wurde zum Leiter unserer Delegation bei den Genfer Friedensverhandlungen ernannt und Oberst Dov Sion, der Mann meiner Tochter Yael, zu seinem Stellvertreter. Am 21. September wurde die Genfer Friedenskonferenz feierlich eröffnet und sofort vertagt. Zwei Tage später ließ ich Dov Sion die diesbezüglichen Kabinettsbeschlüsse einsehen und erteilte ihm meinerseits die nötigen Instruktionen. Er war bei den Gesprächen am Kilometerstein 101 dabeigewesen und daher mit der Materie vertraut. Ich gab mir Mühe, die Befugnisse der Delegation genauestens zu umreißen. Wir hatten nämlich bei den Gesprächen am Kilometerstein 101 schlechte Erfahrungen gemacht: man hatte unseren Beauftragten vage und allgemeine Instruktionen gegeben, und sie wußten auch nicht genau, wem sie eigentlich verantwortlich waren.

Ich sagte Dov Sion, daß die Delegation nicht ermächtigt sei, über die offiziellen Vorschläge der israelischen Regierung hinauszugehen. (Bei den Verhandlungen am Kilometerstein 101 waren auf Grund inoffizieller Anregungen Yarivs Schwierigkeiten aufgetreten.) Kissinger und der sowjetische Außenminister Gromyko hatten Genf bereits verlassen. Die Mitglieder unserer Delegation sollten erst nach den israelischen Wahlen vom 31. Dezember nach Genf fahren. Ich betonte noch einmal, daß sie mir unterstellt waren und nicht der Ministerpräsidentin oder dem Generalstabschef. Sie könnten zwar beiden oder auch dem Außenministerium auf Wunsch Bericht erstatten, ihre Instruktionen würden sie aber ausschließlich von mir erhalten.

Erst nach den Wahlen konnte man sagen, ob Golda im Amt bleiben würde. Wenn ja, dann mußte sie einen Verteidigungsminister ernennen. Ob sie mich nun im Kabinett behalten wollte oder nicht, jeder zukünftige Verteidigungsminister würde weitere Gespräche mit den Amerikanern über das vorgesehene Truppenabbauabkommen führen müssen. Wir baten unseren Botschafter in Washington, einen Termin mit Kissinger zu vereinbaren.

Das Gespräch wurde für den 4. Januar 1974 in Washington angesetzt. Ein paar Tage vor diesem Termin traf Golda zu einer vorbereitenden Besprechung mit fünf Ministern und dem Generalstabschef zusammen. Sie bat mich, meinen Vorschlag vorzutragen. Die ersten vier Punkte betrafen die militärische Situation: Truppenabzug, Truppenbegrenzung, Terminplan für den Abzug und Geldmittel für Befestigung und Ausbau der neuen Stellungen.

Meine weiteren Vorschläge betrafen: erstens die Überwachung des Abkommens durch die UN-Beobachter, beziehungsweise andere Maßnahmen; zweitens weitere Bestimmungen, die einen Teil des Abkommens bilden sollten: Einstellung der Feindseligkeiten, Wiederherstellung ziviler Einrichtungen in der Kanalzone, ungehinderte Schiffahrt durch die Straße von Bab el-Mandeb, beiderseitige Truppenreduzierung, Wiedereröffnung des Suezkanals, auch für Schiffe mit Fracht für Israel; drittens ein amerikanisch-israelisches Abkommen sowohl über Waffenlieferungen und Wirtschaftshilfe als auch über israelisch-ägyptische Probleme, die die Vereinigten Staaten in ihrer Eigenschaft als Vermittler betrafen. Damit waren Garantien für Bab el-Mandeb gemeint und auch andere Verpflichtungen Ägyptens, von denen wir aus zweiter Hand durch die Amerikaner in Kenntnis gesetzt werden würden. Es war natürlich ein Nachteil, daß diese Vorgangsweise einen direkten Kontakt mit Ägypten ausschloß, jedoch ein Vorteil, daß die Vereinigten Staaten, wenn schon nicht als Garant, so doch als Mitbeteiligte eingeschaltet werden würden.

Der Generalstabschef erläuterte die militärischen Gesichtspunkte im einzelnen und zeigte die von uns vorbereitete Landkarte. Es folgte eine Aussprache, und dann erklärte die Ministerpräsidentin, daß das Kabinett am nächsten Tag meine Vorschläge beraten werde. Meine Vorschläge wurden vom Kabinett angenommen, und ich wurde ermächtigt, sie Kissinger zu unterbreiten.

Ich traf am 4. Januar mit Kissinger in Washington zusammen und sagte ihm, daß diese von meiner Regierung genehmigten Vorschläge zweifellos auch die Zustimmung der künftigen, auf Grund des Wahlergebnisses zu bildenden Regierung finden würden. Zur Truppenentflechtung sagte ich, dieser Aspekt sei als ein Ganzes zu betrachten, sei in sich logisch aufgebaut und müsse dementsprechend behandelt werden. Man könne das Projekt insgesamt annehmen oder auch ablehnen; über Details zu debattieren, hielte ich für sinnlos. Das Ziel einer diesbezüglichen Vereinbarung sei es, eine neue Lage zu schaffen, ein neues Kapitel in den Beziehungen zwischen Israel und Ägypten aufzuschlagen. Wir betrachteten unsere Vorschläge als ersten Schritt zum Frieden, nicht nur zum Auseinanderrücken von Streitkräften. Die Vereinigten Staaten sollten die Ägypter dazu bewegen, den Kanal zu öffnen, für Israel bestimmte Fracht passieren zu lassen und einen Teil ihrer Streitkräfte abzubauen. Es müßte auch eine passende Formel für die Einstellung der Kampfhandlungen oder die Beendigung des Kriegszustandes gefunden werden. Die Vereinigten Staaten ihrerseits müßten die Garantie für die freie Schiffahrt durch die Straße von Bab el-Mandeb übernehmen. Schließlich sei es unser Wunsch, ein langfristiges Waffenlieferungsabkommen mit den Vereinigten Staaten abzuschließen.

Tags darauf, an einem Sonnabend, trafen wir wieder zusammen. Kissinger hatte inzwischen offenbar die Unterlagen studiert und über unsere Unterredung vom Vortag nachgedacht. Er kam wiederum auf den Truppenabbau zu sprechen und auf die Linie Mitla - Gidi. Für Sadat, das wußte ich, war das eine Frage von praktischer wie auch symbolischer Bedeutung. Er hatte Krieg geführt, mit dem Ziel, den Mitlapaß zu erreichen. Wenn er jetzt voll Stolz seinem Volk verkünden konnte, er habe uns vom Paß vertrieben, dann wäre das ein großer Triumph für ihn. Die militärischen Voraussetzungen für eine eventuelle Wiederaufnahme der Kampfhandlungen wären für ihn dann auch denkbar günstig. Die UN-Friedenstruppe beherrschte den Zugang zu den Pässen, konnte aber im Handumdrehen ausgeschaltet werden. Ich brauchte eine Stunde, um Kissinger klarzumachen, daß ich von meinem Standpunkt nicht abzugehen gedachte.

Im Anschluß an meine Gespräche im State Department traf ich mit Verteidigungsminister Schlesinger im Pentagon zusammen. Für den Augenblick – das war recht deutlich zu erkennen – konnten wir nur mit Waffenlieferungen kleineren Ausmaßes aus Amerika rechnen. Wenn wir aber eine Vereinbarung mit Ägypten erzielten, würde die Möglichkeit eines langfristigen Waffenlieferungsabkommens gegeben sein. Was ein solches Abkommen beinhalten und in welcher Weise es erfüllt werden würde, war noch nicht vorauszusehen. Unser Problem war, daß Amerika unser einziger Freund war.

36. *Kapitel*

Bemühungen um ein Abkommen

Im Januar erlebten wir sechs hektische und dramatische Tage, als Henry Kissinger zwischen Kairo und Jerusalem hin- und herreiste. Am 14. war er bei Sadat; am 15. kehrte er nach Jerusalem zurück. Diesmal überbrachte er das ägyptische Angebot. Unsere Differenzen mit den Ägyptern spitzten sich im Grunde auf zwei Fragen zu: auf die Kontrolle des Gidi- und des Mitlapasses und den beiderseitigen Truppenabbau. Selbst wenn die Bemühungen um eine Einigung daran scheitern sollten, in diesen beiden Fragen gab es für uns keinen Kompromiß. Es wurde debattiert, definiert, ausradiert und umgeschrieben; aber am frühen Morgen war es endlich soweit: man hatte sich über die Abgrenzung der Gebiete geeinigt. Die Dokumente wurden in einer Sondersitzung des Kabinetts genehmigt.

Laut Kabinettsbeschluß wies die Ministerpräsidentin den Generalstabschef an, mit dem Chef des ägyptischen Generalstabes am Kilometerstein 101 zusammenzutreffen und dort das Abkommen über das Auseinanderrücken der Streitkräfte sowie die diesbezüglichen Landkarten zu ratifizieren. Kissinger flog wieder nach Kairo und kehrte am Abend des 16. mit dem endgültigen, geringfügig abgeänderten ägyptischen Text zurück. Neu war lediglich die Forderung, daß wir unsere Truppen zwanzig Kilometer von der Stadt Suez zurücknehmen sollten, und zwar nicht nur ostwärts, sondern auch südwärts bis Ras Masala. Ich stimmte zu, da die Stationierung unserer Truppen in Stadtnähe vom militärischen Standpunkt ohnehin nichts einbrachte, für die Wiederherstellung normaler Verhältnisse in der Stadt nicht förderlich wäre und den Ägyptern einen möglichen Vorwand für die Wiederaufnahme des Krieges liefern könnte.

Am 17. begab sich Kissinger ein letztes Mal nach Kairo; von dort sollte er dann über Jordanien und Syrien nach Washington zurückfliegen. Am nächsten Tag wurde das Abkommen von Generalstabschef David Elazar im Namen Israels und General Abdel Gamasi im Namen Ägyptens am Kilometerstein 101 formell unterzeichnet und von General Siilasvuo im Namen der Vereinten Nationen offiziell beglaubigt. Unter den Anwesenden bei der unter UN-Schirmherrschaft veranstalteten Zeremonie befanden sich amerikanische Berater, sowjetische UN-Beobachter, Pressekorrespondenten und Fernsehteams.

Die Genfer Friedenskonferenz hatte keinerlei Auswirkungen auf das mit Ägypten abgeschlossene Disengagement-Abkommen. Die Verhandlungen wurden am 21. Dezember 1973 mit dem üblichen Pomp eröffnet. Den Delegationen unter Führung der Außenminister gehörten auch hohe Offiziere an. Es wurden Reden gehalten und Erklärungen abgegeben, und man stellte sich des öfteren den Pressefotografen. Aber die Vereinbarungen wurden anderswo ausgehandelt – in Jerusalem, in Kairo, in Washington. Auch die feierliche Unterzeichnung der Dokumente fand nicht im Palast der Nationen in Genf statt, sondern in einem Zelt am Kilometerstein 101 der Straße Suez - Kairo. Einige von uns fanden damals, die treffendste Bezeichnung für Genf sei „Türkenstraße". Der Ausdruck war in meiner Kindheit gebräuchlich, als Palästina noch Teil des Osmanischen Reiches war. Die Türken kümmerten sich herzlich wenig um die Zustände in Palästina; die Straßen waren daher so schlecht gepflastert, daß die Kutschen und Fuhrwerke – damals gab es ja kaum Autos – rechts oder links neben der Straße fuhren, nur nicht *auf* der Straße. So ähnlich war es auch mit dieser Konferenz: sie fand überall statt, nur nicht in Genf.

Am 18. Januar 1974, am Tag der Unterzeichnung des Abkommens, schwiegen die Geschütze an der Südfront zum erstenmal seit Monaten. In den zehneinhalb Wochen seit Eintreten der Waffenruhe am 24. Oktober hatten die Kämpfe niemals wirklich aufgehört. In den ersten zwei Monaten ereigneten sich 452 von den Ägyptern hervorgerufene Zwischenfälle, bei denen 15 unserer Soldaten getötet und 65 verwundet wurden. Die Verlustzahlen der Ägypter kenne ich nicht, würde aber meinen, daß sie höher waren als die unseren. In diesem Zeitraum nahmen wir 60 ägyptische Soldaten und 8 Offiziere gefangen. An manchen Abschnitten war es gelegentlich völlig ruhig, dann gab es wieder Artillerieduelle, bei denen Hunderte oder sogar Tausende Granaten abgefeuert wurden. Diese Kampfhandlungen waren das Ergebnis von Befehlen aus Kairo und unserer Gegenreaktionen. Die ägyptischen Linientruppen hatten ausdrücklichen Befehl, die Waffenruhe nicht zu beachten. Diese Anweisung drang an die Öffentlichkeit, als die ägyptische Nationalversammlung von der Aufstellung einer besonderen Einheit informiert wurde, die den Auftrag hatte, Störaktionen gegen die westlich des Kanals stationierten israelischen Truppen durchzuführen. Wir erhoben gegen diese Praktiken mehrfach Einspruch: am Kilometer 101, bei Dr. Kissinger, beim UN-Beobachterstab. Wir drohten an, die Versorgung der 3. Armee zu unterbinden, falls die Scharfschützentätigkeit nicht eingestellt würde.

Am 1. Januar 1974 überbrachte uns General Siilasvuo die ägyptische Antwort. Der ägyptische Kriegsminister und der Generalstabschef gaben den Ausbau unserer Befestigungen, insbesondere westlich des Kanals, als Grund für das Störfeuer an. Wir müßten den Ausbau stoppen, dann würden sie die Störaktionen beenden.

Wir beantworteten jede ägyptische Salve mit einer Gegensalve oder hielten als Warnung die Versorgungskolonnen für die 3. Armee ein paar Stunden zurück. Die Ägypter hatten die Wahl, entweder das Abkommen in allen Einzelheiten einzuhalten oder gar nicht. In letzterem Fall würde jedoch die Versorgung der 3. Armee und der Stadt Suez eingestellt werden.

Das schwerste Feuer der Ägypter konzentrierte sich auf die Einheiten Arik Sharons im Gebiet von Ismailia. Aber Arik blieb ihnen nichts schuldig; er ließ sie nicht nach Belieben schalten und walten. Er wußte auch, daß er grundsätzlich befugt war, Gegenmaßnahmen zu ergreifen, und suchte meist auch nicht um vorherige Erlaubnis beim Oberkommando Süd an. Die Kommandanten anderer Abschnitte taten dies und erhielten dann nur zögernd die Genehmigung des Befehlshabers, General Tal.

Zwischen dem 24. Oktober 1973 und dem 18. Januar 1974 gab es also auf dem Papier eine Feuerpause und an der Front andauernde Feuergefechte und außerdem die ständige Gefahr, daß der Krieg erneut ausbrechen würde.

Zu dieser Zeit standen 1700 der besten ägyptischen Panzer am Ostufer des Kanals und 1000 am Westufer, in den rückwärtigen Linien weitere 600 zur Verteidigung von Kairo. Die Ägypter verfügten ferner über etwa 1000 Geschütze, rund 500 einsatzfähige Flugzeuge und einen Ring von mindestens 130 SAM-Batterien, um der taktischen Luftunterstützung unserer Streitkräfte entgegenzuwirken.

Wir hatten nicht nur Berichte des Geheimdienstes über mögliche Angriffspläne der Ägypter in Händen, sondern auch über Meinungsverschiedenheiten, Unruhe und Aufruhr unter den höchsten ägyptischen Offizieren. Nach Kriegsende waren eine Anzahl von Generälen, Brigadiers und Obersten entlassen worden, vor allem aber der ägyptische Generalstabschef, General Shazli.

Die Entlassung Shazlis konnte aus verschiedenen Gründen erfolgt sein. Als ehemaliger Befehlshaber der Kommandoeinheiten hatte er deren Großeinsatz gleich zu Beginn des Krieges angeordnet. Die Auswirkungen waren verheerend: die Kommandos erreichten nichts und erlitten schwerste Verluste. Ihr

Einsatz stieß auf besonders scharfe Kritik, weil viele dieser jungen Soldaten aus einflußreichen Familien stammten und eine gute Ausbildung und Erziehung genossen hatten.

Noch schwerwiegender jedoch war Shazlis Fehleinschätzung der Lage, als wir den Kanal überschritten. Er hielt unsere Aktion für einen Überfall ohne Bedeutung, erstattete nicht einmal Meldung an Präsident Sadat und unterließ es, den Brückenkopf rechtzeitig zu zerstören, bevor wir uns endgültig festsetzen konnten. Wohl um diese Scharte auszuwetzen, mag Shazli dann den Vernichtungsangriff auf unsere Streitkräfte „auf afrikanischem Boden" angeordnet haben. Sadat fürchtete die militärischen Konsequenzen eines solchen Angriffs: unsere Streitkräfte waren inzwischen auf drei Divisionen angewachsen, und die ägyptischen SAM-Batterien waren ausgeschaltet worden. Er zog es daher vor, Shazli zu entlassen und die Verhandlungen mit uns durch Vermittlung Kissingers fortzusetzen. Eine ganze Reihe hoher ägyptischer Offiziere waren über diese Entscheidung Sadats verärgert; sie waren immer noch für einen Angriff und stützten sich dabei auf die Meinung der sowjetischen Berater, daß die Operation, wenn auch unter schweren Verlusten, gelingen würde.

Auch wir machten uns Gedanken über Angriffsmöglichkeiten. Arik bemerkte nicht ohne Berechtigung, der Krieg mit Ägypten habe keine echte Entscheidung gebracht; wir sollten daher die zwischen uns und Kairo liegenden ägyptischen Panzerverbände angreifen. Er meinte, man könne die Linien an verschiedenen Stellen relativ leicht durchbrechen, die Panzereinheiten umgehen und sie dann von rückwärts angreifen. Aber das waren allgemeine Überlegungen, die niemals in die konkrete Planung einbezogen wurden. Derartige Unternehmungen schienen mir nicht zielführend zu sein. Selbst wenn wir noch einige Hundert Panzer vernichteten und noch näher an Kairo herankamen, unsere Kontrolle über ein noch größeres Gebiet ausdehnten – eine eindeutige militärisch-politische Entscheidung war damit dennoch nicht erreicht. Wir würden obendrein das Mißfallen der Vereinigten Staaten erregen und die Ägypter wohl kaum zur Aufgabe zwingen können. Außerdem würden auch wir Verluste hinnehmen müssen, was angesichts einer Aktion von zweifelhaftem Wert nicht zu vertreten war.

Wir hätten die 3. Armee vernichten können. Sie war eingekesselt und unserer Luftwaffe schutzlos ausgeliefert. Notfalls hätten wir auch genug Panzer aufgeboten, um die Oberhand zu gewinnen. Wenn die Ägypter einen Zermürbungskrieg gegen unsere Streitkräfte am Westufer des Kanals führen würden, könnte die eine oder andere Variante vielleicht zur Anwendung gelangen. Aber dazu kam es nicht.

Alles in allem war ich zufrieden. Ich hatte unter den gegebenen Umständen ja nicht viel mehr erwartet. Wenn wir uns schon zurückziehen und unsere

Stellungen am Kanal aufgeben mußten, dann war die neue Linie an den beiden Pässen und den davorliegenden Hügeln aus strategischer Sicht die günstigste, und der beiderseitige Truppenabbau reduzierte die ägyptische Präsenz östlich des Kanals tatsächlich auf ein Mindestmaß.

Das Abkommen war auch von großer politischer Bedeutung. Wenn die abgegebenen Zusagen erfüllt wurden – was ich sehr hoffte –, dann würde sich das Leben im bisherigen Kriegsgebiet normalisieren und die Gesamtlage entschärft sein. Und das wiederum würde eine Reihe günstiger Entwicklungen nach sich ziehen.

Vom Abkommen unberührt blieb allerdings das grundsätzliche Verhältnis zwischen Ägypten und Israel, ebenso die Frage der Möglichkeit dauerhafter Vereinbarungen. Es war leichter, erst zu gegebener Zeit darüber zu reden. Ich rechnete mit den nächsten Verhandlungen nach der Durchführung des Abkommens, also nach der Wiederinbetriebnahme des Suezkanals etwa im Frühjahr oder Sommer 1975. Bis dahin würde sich gezeigt haben, ob die Ägypter wirklich Interesse daran hatten, das Gebiet rund um den Kanal wiederaufzubauen. Wenn dies der Fall war und wenn innerarabische oder auch internationale politische Entwicklungen den Wiederaufbau nicht verzögerten, dann würde man über die Beendigung des Kriegszustands verhandeln können.

37. *Kapitel*

Die letzte Hürde

Die Verhandlungen mit Syrien kamen nicht vom Fleck. Die Syrer wollten – wie bereits erwähnt – verhandeln, ohne die Kriegsgefangenenliste herauszugeben, und wir wollten nicht verhandeln, bevor wir die Liste in Händen hatten. Erst am 27. Februar 1974 wurde der tote Punkt überwunden, als Kissinger eine Liste mit 65 Namen aus Damaskus mitbrachte und Ministerpräsidentin Golda Meir überreichte. Die Syrer hatten Kissinger versichert, alle 65 seien gesund und wohlauf, und die Berichte über Ermordung und Folterung von Kriegsgefangenen seien unwahr.

Damit, meinte der amerikanische Außenminister, stünde Israel der Weg offen, einen Beauftragten nach Washington zu senden, um unseren Plan für ein Disengagement vorzulegen. Das Kabinett nahm Kissingers Vorschlag an und erteilte mir den Auftrag. Kissinger reiste nach Moskau weiter, wollte aber gleich nach seiner Rückkehr in die Vereinigten Staaten mit mir zusammentreffen.

Kurz bevor ich abfuhr, berief die Ministerpräsidentin einen Ministerrat ein, um die Vorschläge, die ich in Washington unterbreiten würde, noch einmal zu überprüfen. An dieser Sitzung nahmen folgende Minister der von Golda nach den Wahlen neu gebildeten Regierung teil: Allon, Bar-Lev, Galili, Sapir, Yariv, Peres, Rabin und ich. Der Generalstabschef wurde ebenfalls hinzugezogen.

Der Kabinettsbeschluß lautete, daß ich unseren Plan für ein Auseinanderrücken der Streitkräfte und die dazugehörigen Landkarten vorlegen sollte; allerdings mit der Auflage, daß das Abkommen mit den Syrern erst nach der Freilassung unserer Kriegsgefangenen in Kraft treten würde. Außerdem habe das Abkommen eine ausdrückliche Erklärung gegen den Terror zu enthalten.

Und schließlich sollte ich Kissinger ersuchen, sich dringlich dafür zu verwenden, daß den syrischen Juden die Ausreise gestattet würde.

Die Art und Weise, wie wir unseren Disengagement-Plan formulieren mußten, war eigentlich gar nicht nach meinem Geschmack. Es zählte nämlich nicht nur der Wortlaut selbst, sondern vielleicht noch mehr, was zwischen den Zeilen stand. Aber dieser Faktor hatte sich nun einmal in den Verhandlungsablauf eingeschlichen. Es waren allerdings nicht nur die Araber, die uns diese Verhandlungsmethoden aufzwangen – zuerst Maximalforderungen stellen und dann Kompromißbereitschaft an den Tag legen –, auch die Amerikaner hatten eine gewisse Vorliebe dafür. Sie konnten dann nämlich den Arabern zeigen, daß sie es waren, die uns zur Aufgabe eines bestimmten Gebiets oder zur Milderung eines Standpunkts veranlaßt hatten. Was sie den Arabern immer wieder einschärften, war, daß nur die Vereinigten Staaten Israel dazu überreden konnten, nachzugeben. Die Sowjets seien in der Lage, den Arabern Waffen zu liefern; die Vereinigten Staaten aber besäßen den Schlüssel zur politischen Lösung des Nahostkonflikts.

Wir empfanden diese Art zu verhandeln nicht nur würdelos, wir gerieten dadurch auch in eine peinliche Situation gegenüber der israelischen Öffentlichkeit. In einem Staat wie Israel gibt es keine Geheimnisse. Wir konnten also nicht heute eine harte Verhandlungsposition beziehen und sie morgen wieder aufgeben, sonst würde man uns der politischen Kapitulation bezichtigen.

Ich glaubte, daß die Syrer, verstockt wie sie waren, unseren Plan nicht annehmen, sondern an der bestehenden Situation festhalten würden. Für uns hingegen stellte sich nicht allein die Frage, ob wir auch weiterhin ohne ein Disengagement im Norden auskommen wollten, sondern wie sich dies auf die ägyptische Front auswirken würde. Wenn es zu keiner Vereinbarung mit Syrien kam, dann stand zu erwarten, daß Ägypten, der einzige arabische Staat, mit dem wir ein Abkommen geschlossen hatten, nicht in der Lage sein würde, es auch einzuhalten.

Ich beriet mich mit dem Generalstab und den Kommandanten im Norden; ich inspizierte die Linien, die wir vorgeschlagen hatten, in ihrer gesamten Länge und arbeitete eine Linie aus, die wir unbedingt halten mußten. Es sprach beispielsweise nichts dagegen, Kuneitra, oder zumindest den östlich der Hauptstraße liegenden Teil der Stadt, aufzugeben. Überhaupt ging es nicht um diese Disengagement-Linie oder jene, sondern um das zukünftige Schicksal der Golanhöhen. Diese Frage stand zwar nicht unmittelbar auf der Tagesordnung, ließ sich aber auf die Dauer nicht umgehen. Wir mußten uns daher schon jetzt darauf einstellen und überlegen, was für uns im Endeffekt annehmbar wäre und was nicht. Die Syrer, meinte ich, würden sich mit dem

Verlust der Golanhöhen nicht leicht abfinden. Wenn wir sie weiterhin besetzt hielten, würde der Kriegszustand mit Syrien entsprechend länger anhalten. Darunter mußten vor allem die Siedlungen im Norden zu leiden haben. Ich hatte diese Befürchtungen schon mehrfach zum Ausdruck gebracht und auch den Siedlern selbst erklärt, worauf sie sich gefaßt machen mußten.

Am 12. Februar 1974 wurde die Golansiedlung Ramat Magshimim von syrischer Artillerie beschossen. Dabei kam eine Frau ums Leben; mehrere Personen wurden verwundet, eine Anzahl von Gebäuden beschädigt. Ich besuchte diese Siedlung und das nahe gelegene Ein Zivan am nächsten Tag und unterhielt mich mit den Bewohnern über die Zukunft. Beide Siedlungen waren nach dem Sechstagekrieg gegründet worden. Die Bewohner sagten mir, sie hätten ihre Heimstätten im Yom Kippur-Krieg zwar verlassen müssen, aber keineswegs den Mut verloren. Sie seien entschlossener denn je, zu bleiben. Einen syrischen Angriff fürchteten sie weniger als die Möglichkeit, daß die israelische Regierung dieses Gebiet eines Tages aufgeben könnte.

Ich traf mit Kissinger am 29. März 1974 in Washington zusammen. Er erklärte zunächst, daß die Sowjets die sofortige Einberufung der Genfer Konferenz gefordert und an der angeblich einseitigen amerikanischen Führung der Verhandlungen zwischen Israel und Ägypten Kritik geübt hätten. Dann ging er zu einer ausführlichen Analyse der internationalen Lage über. Er deutete an, daß das Prestige der Vereinigten Staaten im Nahen Osten auf dem Spiel stehe und daß Israel im Falle eines Fehlschlags der amerikanischen Vermittlungsversuche zwischen uns und den Syrern in eine schwierige Situation geraten würde.

Schließlich unterbreitete und erläuterte ich Kissinger meine Vorschläge, aber es gelang mir nicht, wie ich nach meiner Rückkehr nach Israel berichtete, ihm die Vorschläge zu „verkaufen". Ich war nicht einmal sicher, daß er sie dem syrischen Unterhändler vorlegen würde, der am 12. April in Washington eintreffen sollte.

Am nächsten Morgen kamen wir auf Kissingers Wunsch in kleinerem Kreis in seinem Büro zusammen. Ich gab Kissinger zu verstehen, daß wir über die amerikanische Haltung in der Frage der Waffenlieferung enttäuscht waren. Selbst ein kleines Land wie Israel wäre imstande, einer befreundeten, in einen Krieg verwickelten Nation mit ein paar Hundert Panzern und Schützenpanzern auszuhelfen.

Dann sprachen wir über die Aussichten für die Zukunft. Selbst ein Abkommen mit Syrien, sagte ich, würde die Grundsatzfragen unberührt lassen. Es gehe letzten Endes ja darum, zu garantieren, daß Israel auch in den kommenden Jahren stark bliebe. Wir brauchten Kampfflugzeuge der „nächsten Generation" und hochentwickelte, konventionelle Waffen anderer Art, um uns auch in Zukunft wirksam verteidigen zu können. Es wurde daraufhin eine Zusammenkunft mit Verteidigungsminister Schlesinger für den folgenden Montag vereinbart.

Das Gespräch dauerte länger als erwartet. Kissingers Sekretärin kam ins Zimmer und erinnerte ihn an seinen nächsten Termin: er müsse sofort aufbrechen. Der „Termin" war, sie sich nachträglich herausstellte, seine Hochzeit mit Nancy.

Am Montag hatte ich eine Aussprache mit Schlesinger im Pentagon – freundlich, wie üblich, und nicht gerade ermutigend, wie üblich. Zu unseren wesentlichen Forderungen wollte Schlesinger sich nicht festlegen. Er war eigentlich nur auf die neueren Kampfflugzeuge hin ansprechbar.

Am Nachmittag trafen Mottie Hod, der ehemalige Oberbefehlshaber unserer Luftwaffe, und ich mit dem Streitkräfteausschuß des Senats zusammen. Man stellte uns wichtige Fragen, zum Teil über technische Probleme. Während dieser Sitzung wurde ich ans Telefon gerufen und zu meiner großen Überraschung davon benachrichtigt, daß sich das Pentagon nun doch entschlossen hatte, uns die gewünschten Panzer und Schützenpanzer zur Verfügung zu stellen. Einige Stunden später flog ich etwas leichteren Herzens nach Israel zurück.

Am 2. Mai 1974 traf Kissinger mit seinem Beraterstab, diesmal aber auch in Begleitung seiner Frau Nancy, in Israel ein. Er wollte sich ausschließlich um das israelisch-syrische Abkommen bemühen. Alles verlief nach einem wohlgeordneten Plan. Morgens flog er von Lod nach Damaskus; abends kehrte er wieder zurück, und wir setzten uns zu Beratungen zusammen.

Wenn mir irgend jemand gesagt hätte, Kissinger würde einen ganzen Monat lang auf diese Weise zwischen Damaskus und Jerusalem hin- und herpendeln, ich hätte es nie geglaubt. Und wenn Kissinger vorher gewußt hätte, worauf er sich da einließ, dann hätte er zweifellos dankend abgelehnt. Wie dem auch sei – so ging es hin und her, genau 32 Tage lang.

In dieser Verhandlungsphase hatte ich Gelegenheit, Kissinger aus nächster Nähe bei der Arbeit zu beobachten, und ich muß sagen, er war erstaunlich. In Israel nennen wir Leute wie ihn Yekke (Jacke), nach den deutschen Juden, die in den dreißiger Jahren nach Israel kamen und stets Jacke und Krawatte trugen. Sie waren ordnungsliebend, exakt und sachlich, also grundverschieden von den hemdsärmeligen russischen Juden aus der Gründerzeit des Landes. Man mag Kissinger als Yekke bezeichnen, der ein ungeheueres Arbeitspensum mit erstaunlicher Gründlichkeit zu bewältigen vermag, muß ihm aber gleichzeitig einen überaus scharfen Verstand und einen ausgeprägten Humor bescheinigen. Man kann ihm eine Landkarte vorlegen oder ein Terrain beschreiben, das er nie zuvor gesehen hat: er studiert das ihm Gezeigte ganz genau und erinnert sich dann an jede Einzelheit. Man kann ihm einen allgemein gehaltenen, mehrdeutigen Text vorlegen: er gliedert ihn in seine Bestandteile auf, besteht auf klareren Formulierungen und läßt ihn erst dann niederschreiben. Der inzwischen verstorbene Dr. Ralph Bunche bediente sich ganz anderer Methoden bei der Vermittlung des Waffenstillstandsabkommens zwischen Israel und den arabischen Staaten im Jahre 1949. Er entwarf des öfteren mit Absicht einen ungenauen Text, den die Vertragspartner jeweils in ihrem Sinne interpretieren und daher auch unterschreiben konnten. Kissinger verlangte seinen Untergebenen viel ab und scheute sich nicht, sie ins Gebet zu nehmen, wenn seine Anordnungen nicht oder nicht schnell genug befolgt wurden. Ab und zu hielt er plötzlich mitten im Gespräch inne und hüllte sich in tiefe Gedanken. Das erste Anzeichen eines solchen Umschwungs war immer, daß er anfing, an seinem gelben Bleistift zu kauen . . . wie ein kleiner Junge im Kindergarten.

Von Zeit zu Zeit geriet der Pendelverkehr ins Stocken. Immer wieder kam es zu harten Auseinandersetzungen; oft sah es so aus, als würde kein Abkommen zustandekommen. Bezeichnend für diese Verhandlungen war die ungeheure Genauigkeit, mit der sie geführt wurden, das Feilschen um jedes Detail der Truppenreduzierung und der Demarkation der Frontlinien. Eines ist klar: Kissinger und seine Mannschaft konnten sich nur wenig Ruhe gönnen.

Zu Beginn der Verhandlungen verlangten die Syrer den Abzug unserer Truppen von den Golanhöhen bis zehn Kilometer westlich der Waffenstillstandslinien von 1967. Sie behaupteten auch, wir hätten den Berg Hermon erst nach Inkrafttreten der Waffenruhe im Jahre 1974 besetzt und müßten ihn daher vollständig räumen. Sie waren ferner gegen die Stationierung von UN-Truppen auf ihren Territorium und lehnten auch eine Drei-Zonen-Lösung nach ägyptischem Muster kurzerhand ab. Zur gegebenen Zeit schraubten sie dann ihre Forderungen wesentlich zurück.

Im Laufe der Verhandlungen machten auch wir Konzessionen. Wir hatten uns zunächst geweigert, unsere Truppen bis über die Linien von 1967 hinaus zurückzuziehen. Später bestanden wir darauf, daß die Syrer nur den Ostteil, die UN aber den Westteil von Kuneitra besetzen sollten. Am Ende stimmten wir der Übergabe von ganz Kuneitra an Syrien zu. Auch aus anderen Abschnitten zogen wir unsere Truppen ab.

Es waren durchwegs schwierige Verhandlungen. Als uns klar wurde, wie das Abkommen aussehen würde, das Syrien zu unterzeichnen bereit war, standen wir vor der Frage, ob es für uns in einer solchen Form annehmbar war, oder ob wir auf ein Abkommen überhaupt verzichten sollten. Von zwei Grundsätzen konnten wir nicht abgehen: Wir brauchten eine solide Verteidigungslinie, konnten also die Hügel, die Kuneitra und Rafid beherrschen, nicht aufgeben, und wir durften unsere Grenzsiedlungen unter keinen Umständen ihres Schutzes berauben.

In der Frage der zahlenmäßigen Stärke der UN-Truppen gaben wir nach. Sie fiel wesentlich geringer aus, als wir zunächst vorgeschlagen hatten. Auch der Name mußte geändert werden: die UN-Truppen hießen hier nicht United Nations Emergency Force (UNEF) wie an der ägyptischen Front, sondern UNDOF (United Nations Disengagement Observer Force), also UN-Truppe zur Überwachung des Disengagements. Die Namensänderung war an sich natürlich belanglos. In der Praxis bedeutete es aber, daß es einen UN-Posten auf dem Berg Hermon, aber nicht, wie an der ägyptischen Front, eine regelrechte UN-Zone geben würde. Im Süden handelte es sich allerdings um Wüstengebiet und an der Syrienfront um ein von Zivilisten bewohntes Gebiet, das auch unter syrischer Zivilverwaltung stehen mußte.

Während unserer Verhandlungen mit den Syrern führten wir auch Verhandlungen mit den Amerikanern über Waffenlieferungen während der nächsten Jahre, über Finanzhilfe zum Ankauf der Waffen und über die Zusage, daß die Vereinigten Staaten keinen weiteren Truppenabzug von den Golanhöhen von uns verlangen würden.

An der syrischen wie auch an der ägyptischen Front wurde das Feuer erst mit Unterzeichnung des Abkommens eingestellt. Auch die Syrer waren – mit der einzigen Ausnahme des Berges Hermon – nicht auf neue Eroberungen aus; sie nahmen jedoch weiterhin unsere Stellungen unter Artilleriebeschuß. In der Nacht vom 21. auf den 22. Oktober hatten unsere Truppen auch den Gipfel des Hermongebirges erobert, räumten ihn aber nach einiger Zeit wegen starken Schneefalls und schlechter Nachschubmöglichkeit wieder. Vor der Räumung hatten wir uns aber sicherheitshalber von den UN-Beobachtern bestätigen lassen, daß wir den Gipfel besetzt hatten. In der Folge stellten wir fest, daß sich die Syrer wieder oben einnisteten. Wir schickten eine Einheit hinauf, die auf syrische Truppen stieß, sie angriff und die Stellungen wiedereroberte. Wir befestigten den Gipfel neuerlich, bauten eine Zufahrtsstraße und schafften Panzer hinauf, aber unsere Lage war sehr schwierig.

Weder der Bau noch die spätere Benutzung der Straße wurden uns leicht gemacht. Die Hänge waren steil und von Rissen durchzogen. Der einzig mögliche, überaus schmale Weg, der planiert und ausgebaut werden konnte, führte direkt unterhalb des Kamms entlang und lag direkt im Bereich der syrischen Artillerie, die das Feuer eröffnete, sobald ein Fahrzeug zu sehen war. Eine Anzahl unserer Bulldozer, Panzer und Schützenpanzer fiel dem gezielten syrischen Sperrfeuer zum Opfer, blieb liegen und versperrte die schmale Zufahrtsstraße. Mehrere Hubschrauber mit Versorgungsgütern und Truppen stürzten ab. Das rauhe Wetter machte den Soldaten das Leben noch schwerer.

Der gesamte Abschnitt lag unter einer tiefen Schneedecke, und es wehte ständig ein eisiger Wind. Die Streitkräfte westlicher Länder verfügen über Ausrüstung und Erfahrung für einen Winterkrieg. Wir aber waren an Hitze und Wüstenwind gewöhnt. Wir mußten trotzdem Mittel und Wege finden, uns zu halten, so schwer es in dieser Kälte und in diesem felsigen Terrain auch war. Den besten Schutz bot eine Höhle etwa hundert Meter unterhalb des Gipfels.

Im April und Mai flog ich mindestens einmal in der Woche, meist am Sabbat, zum Berg Hermon. Es lagen Anzeichen für syrische Angriffsvorbereitungen vor. Ich wollte sicher sein, daß unsere Stellungen in den Bergen genügend ausgebaut und ausreichend besetzt waren, um einem solchen Angriff standzuhalten. Ein jeder Flug zum Gipfel war ein Erlebnis. Der Hubschrauber mußte sich durch die Schluchten schlängeln und knapp an die Hänge halten, damit die Radargeräte uns nicht entdeckten und wir nicht in den Schußbereich der syrischen Raketen gerieten. Beim Anflug konnte man genau die verschiedenen Vegetationsgrenzen erkennen: zuerst noch Bäume, dann Büsche und Sträucher, und schließlich auf dem kahlen Gebirgskamm das Dornengestrüpp, das sich fest in die karge Erde zwischen den Felsblöcken krallte und gegen den mörderischen Wind ankämpfte.

Der Vorposten bestand aus der Höhle und der eigentlichen Gipfelstellung. Es war eine natürliche Höhle, die von Menschenhand vertieft und erweitert worden war und im Altertum wahrscheinlich als menschliche Behausung gedient hatte. In jüngster Zeit hatte die Höhle den Dorfbewohnern Schutz geboten, die während der heißen Sommermonate dort oben Eisblöcke loshackten und sie dann auf Packeseln über die steilen, gewundenen Bergpfade zu Tal brachten. Es war eine schwere, aber offenbar einträgliche Arbeit. Die Eisblöcke fanden nicht nur unter der wohlhabenden Bevölkerung der näheren Umgebung bereitwillige Abnehmer, sie wurden sogar per Schiff nach Ägypten gebracht und dort verkauft.

Auf dem Gipfel selbst stand im dritten vorchristlichen Jahrhundert ein hellenistischer Tempel. Die Überreste sind noch heute zu sehen. Es ist der höchste Gipfel des Hermongebirges: ein hervorragender Beobachtungsstand.

Als wir den Gipfel eroberten, fanden wir, daß die Höhle unseren Soldaten den besten Schutz bieten würde. Die Höhle lag natürlich auch im Zielbereich der syrischen Artillerie, hätte aber selbst einem Volltreffer standgehalten. Die übrigen Stellungen, die wir rund um den Gipfel bezogen, waren ungeschützt gegen die Kälte, vor allem gegen den unerbittlichen, eisigen Wind. In einem Friedenssommer mag die Hermonkette das wahrste Bergsteigerparadies sein; in jenem Kriegswinter war sie für die dort stationierten Soldaten die reinste Hölle.

Die Endphase der Disengagement-Verhandlungen mit Syrien spielte sich in Genf ab. Da die wesentlichen Punkte des Abkommens bereits durch die Verhandlungen Kissingers geregelt waren, ging es hier aber nur noch um den Zeitplan unseres Truppenabzugs, um den Kriegsgefangenenaustausch und um den Einmarsch der syrischen Einheiten und der UN-Truppe in das von uns geräumte Gebiet. Die Gespräche wurden unter der Schirmherrschaft der Vereinten Nationen abgehalten; den Vorsitz hatte General Siilasvuo, der Kommandant der UN-Truppe. Die israelischen Vertreter waren Generalmajor Herzl Shafir und Oberst Dov Sion.

Das Abkommen wurde am 5. Juni 1974 um halb elf Uhr morgens unterzeichnet. Damit ging der Yom Kippur-Krieg offziell zu Ende. Die Fronten schwiegen. Die letzten Kriegsgefangenen kehrten heim. Israel konnte seine Reservisten entlassen, und in Syrien konnten die Bauern in ihre Dörfer zurück, die sie im Krieg hatten räumen müssen.

38. *Kapitel*

Terror

Schon lange vor dem Schwarzen September des Jahres 1970, als König Hussein im eigenen Land reinen Tisch machte und die Terroristen verjagte, hatten diese begonnen, ihre Hauptstützpunkte in den Libanon zu verlegen. Jetzt, vier Jahre danach, unternahmen sie ihre Überfälle überwiegend im israelisch-libanesischen Grenzgebiet. Die Zahl der Terroristen war inzwischen auf etwa fünftausend angewachsen, und der libanesischen Regierung gelang es nicht, ihrer Herr zu werden. Zumeist schossen sie von libanesischem Gebiet aus mit Raketen auf die Grenzsiedlungen, aber hin und wieder sickerten sie auch ein und unternahmen Sabotageüberfälle und Mordanschläge auf israelischem Gebiet.

Während die Verhandlungen um die Beendigung der Feindseligkeiten und die Einberufung einer Friedenskonferenz in Genf im Gange waren, nahm die Terrortätigkeit bisher noch nicht dagewesene Formen an: Geiselnahme und die Drohung, einen gemeinsamen Tod mit den Geiseln zu sterben, wenn wir uns weigerten, inhaftierte Gesinnungsgenossen der Terroristen freizulassen. Zwei derartige Terroranschläge wurden in kurzer Aufeinanderfolge ausgeführt: der erste am 11. April 1974 in Kiryat Shmonah, der zweite am 15. Mai in Ma'alot – beides Siedlungen an der Nordgrenze in Obergaliläa.

Am 11. April um 11 Uhr 15 brachte Radio Damaskus die Meldung, daß ein „Selbstmordkommando" der von George Habash geführten „Volksfront für die Befreiung Palästinas" am frühen Morgen in Kiryat Shmonah eingedrungen sei, Geiseln genommen habe und sie in der Korczak-Schule festhalte. Jeder Versuch, die Schule zu stürmen, würde das Leben der Schulkinder gefährden.

Als diese Meldung ausgestrahlt wurde, waren die drei Terroristen bereits tot. Sie hatten die Schule um sieben Uhr morgens besetzt. Allerdings war das Gebäude leer, die Kinder waren nämlich auf einem Ausflug. Die Terroristen drangen daraufhin in ein Haus in der Nähe der Schule ein, warfen Handgranaten in die Wohnungen und schossen die Bewohner mit Schnellfeuerwaffen nieder. Im obersten Stockwerk verbarrikadierten sie sich in einem an der Straßenseite liegenden Zimmer. Das Gebäude wurde von Soldaten umstellt. Eine Sondereinheit drang in das Haus ein, stürmte das Zimmer, in dem sich die Terroristen verschanzt hatten, und tötete sie. Sechzehn Hausbewohner, darunter acht Kinder, waren ermordet worden, zwei unserer Soldaten kamen bei dem Feuerwechsel ums Leben.

Als ich in Kiryat Shmonah ankam, war der Kampf schon knapp vor dem Ende. Die umliegenden Häuser waren evakuiert worden, und unsere Soldaten beschossen das Gebäude von allen Seiten. Schließlich war es vorbei. Die Terroristen lagen, von Kugeln durchsiebt, tot auf dem Fußboden. Es waren junge Männer, gut rasiert, die Haare sauber geschnitten. Wären sie mir auf der Straße begegnet, ich hätte sie nicht zweimal angesehen.

Ich weiß natürlich nicht, wie hoch sie ihr eigenes Leben einschätzten; das Leben jüdischer Frauen und Kinder war ihnen offenbar gleichgültig. Wie alle arabischen Terroristen meinten sie wohl, daß die Ermordung von Juden eine Heldentat sei, derer man sich brüsten kann. Einen der Terroristen hatte es buchstäblich in Stücke gerissen. Er hatte Sprengstoff bei sich getragen, den er aber nicht selbst gezündet hatte. Vermutlich war er durch einen Treffer aus einem unserer Gewehre zur Detonation gebracht worden. Sich „Selbstmordkommando“ (Fedayin) zu nennen, ist vielleicht noch einigermaßen einfach. Weit schwieriger ist es dann, den Mut zum Tod zu haben, wenn man sieht, daß das Unternehmen fehlgeschlagen ist.

Diesen Terroristen war die Geiselnahme mißlungen, und sie wurden selbst getötet. Und doch erreichten sie eines: sie versetzten die Bewohner von Kiryat Shmonah in Furcht und Schrecken. Man konnte die Panikstimmung verstehen, durfte sich aber nicht von ihr anstecken lassen. Einige Regierungsmitglieder und hohe Offiziere gaben unüberlegterweise das hochtrabende Versprechen ab, daß die Sicherheitsmaßnahmen verschärft werden würden. Das schadete mehr, als es nützte, denn es erweckte den Eindruck, daß wir nur im Angesicht des Terrors handlungsfähig seien. Außerdem waren die versprochenen Maßnahmen nicht wirklich durchdacht und wurden zum Teil auch gar nicht ausgeführt.

Das nächste Angriffsziel war, wie gesagt, der kleine Ort Ma'alot in den Hügeln von Obergaliläa. Noch bevor die drei Terroristen den Ort erreichten, begannen sie bereits zu morden. Gegen Mitternacht überfielen sie einen Lastwagen, der arabische Arbeiterinnen von der Nachtschicht in einer Textilfabrik nördlich von Haifa heimbeförderte. Die Terroristen schossen mit Kalatschnikow-Gewehren auf die Insassen, töteten eine der Frauen und verwundeten neun weitere und den Buslenker. In Ma'alot drangen sie in ein Haus ein und ermordeten die dort wohnende Familie. Dann überfielen sie die Dorfschule und nahmen hundert Kinder und vier Lehrer als Geiseln.

Die Terroristen ließen einen Lehrer und einige Kinder frei und gaben ihnen Briefe mit, die ihre ultimativen Forderungen enthielten: Wir sollten zwanzig Terroristen auf freien Fuß setzen, die wir gefangengenommen, abgeurteilt und eingesperrt hatten, und sie per Flugzeug nach Damaskus bringen. Sobald Radio Damaskus ihre Ankunft bestätigte, würden die Kinder freigelassen werden. Falls wir uns weigerten, diese Forderungen zu erfüllen, würden sie das Gebäude mitsamt den darin befindlichen Kindern in die Luft jagen.

Zu diesem Zeitpunkt war nicht bekannt, ob die Terroristen tatsächlich Sprengsätze im Inneren des Schulgebäudes angebracht hatten. Später wurden fünf Sprengsätze und die dazugehörigen Batterien gefunden, aber es war unklar, ob sie auch angeschlossen worden waren. Man stellte nachträglich fest, daß die Sprengsätze nicht ausgereicht hätten, um das Schulhaus in die Luft zu sprengen.

Bei früheren Gelegenheiten hatten die Terroristen Sprengsätze oder Minen mit Zeitzünder hinterlassen, die erst explodierten, wenn sie die Grenze wieder überschritten hatten. Jetzt aber wendeten sie eine noch einfachere Methode an: sie mordeten wahllos, nahmen Geiseln und sagten deren Freilassung nur unter der Bedingung zu, daß sie selbst und ihre in Israel inhaftierten Gesinnungsgenossen freies Geleit in ein arabisches Land erhielten.

Diese Praktiken stellten Israel vor die Frage, ob es sich den Erpressungen der Terroristen beugen oder militärisch einschreiten sollte, solange sich die Geiseln noch in der Gewalt der Terroristen befanden.

Diese Probleme hatten sich uns schon zweimal vorher gestellt; zum erstenmal im Juli 1968, als ein Passagierflugzeug der El Al entführt und zur Landung in Algier gezwungen wurde. (Es war dies die allererste Flugzeugentführung durch arabische Terroristen.) Sie erklärten damals, sie würden das Flugzeug samt seiner Besatzung nur freigeben, wenn wir einige arabische Terroristen aus dem Gefängnis freiließen und ihnen erlaubten, das Land zu verlassen. Ich sprach mich zwar entschieden gegen die Erfüllung dieser Forderungen aus, aber die Regierung unter Levi Eshkol gab nach und stimmte dem Austausch zu. Im August 1969 wurden zwei israelische Staatsbürger nach der Entführung eines amerikanischen Passagierflugzeuges in Damaskus gefangengehalten. Auch in diesem Fall lenkte die israelische Regierung ein und tauschte die beiden gegen zwei syrische Piloten aus.

Der am ehesten mit Ma'alot vergleichbare Vorfall ereignete sich bei der

Entführung einer Sabena-Maschine, die schließlich auf dem israelischen Flughafen Lod landete. Die israelische Regierung weigerte sich, dreihundert inhaftierte Terroristen im Austausch gegen die Passagiere freizulassen. Im Zuge einer nur wenige Minuten dauernden Militäraktion wurden zwei der Entführer getötet und zwei weibliche Terroristen gefangengenommen. Bei dem Schußwechsel im Inneren des Flugzeuges kam ein Fluggast ums Leben.

Sobald die erste Meldung vom Überfall eintraf, flog ich mit dem Generalstabschef nach Ma'alot. Die Saboteure befanden sich im Schulgebäude und hatten die Kinder und Lehrer in ihrer Gewalt. Ich gab der Ministerpräsidentin einen telefonischen Bericht durch, und sie berief daraufhin eine Kabinettssitzung in Jerusalem ein.

Unsere Fallschirmjäger hatten die Schule umstellt. Ich ging um das Gebäude, um mir ein klares Bild zu machen. Ich ging so nahe wie möglich heran, blieb aber zugleich in Deckung. An der Rückseite stieß ich auf Muki, einen Reserveoffizier bei den Fallschirmjägern, der mit meiner Nichte Nurit verheiratet ist. Als er in den Frühnachrichten im Rundfunk von Ma'alot hörte, setzte er sich sofort in seinen Wagen und fuhr hin. Er befehligte jetzt eines der Einsatzkommandos.

Die Regierung war zum Austausch prinzipiell bereit, er sollte aber Zug um Zug gleichzeitig erfolgen. Man wollte sich nicht darauf verlassen, daß die Kinder erst nach der Landung der Terroristen in Damaskus freigelassen werden würden.

Zu Mittag flog ich nach Jerusalem, um mit der Ministerpräsidentin persönlich Rücksprache zu nehmen. Nach dem Gespräch lief ich zu dem wartenden Hubschrauber und traf dort meinen Neffen Uzi, den Sohn meines gefallenen Bruders Zorik. Uzi gehörte derselben Reserveeinheit an wie Muki. Er war Student der Mathematik und Physik an der Hebrew University. Als er einen Hubschrauber auf der Landefläche beim Büro der Ministerpräsidentin aufsetzen hörte, schloß er daraus, daß jemand aus Ma'alot gekommen sei, mit dem er dorthin zurückfliegen könnte. Im Hubschrauber zog er sich dann seine Uniform an. Er ist zwar noch recht jung, aber bereits Major.

Als ich ihm die Lage in Ma'alot schilderte, wurde sein Gesichtsausdruck immer ernster. Ich kannte die meisten Offiziere seiner Fallschirmjägereinheit; aber über ihn und Muki, die ja zur Familie gehörten, wußte ich natürlich ganz genau Bescheid. Ich war daher auch nicht erstaunt, daß sie gleich bei der ersten Meldung aus Ma'alot alles stehen und liegen ließen und sich so rasch wie möglich auf den Weg machten. Mir ist kein anderes Land auf dieser Welt bekannt, wo die jungen Menschen in so unmittelbarer Nachbarschaft des Todes heranwachsen, wo sie so reinen Herzens sind und mit äußerstem Mut und äußester Bescheidenheit für ihre Heimat eintreten.

Nach Ma'alot zurückgekehrt, nahm ich hinter einem Haus unweit der Schule Deckung und hielt Ausschau. Einer der Terroristen sah mich und legte auf mich an. Hinter ihm stand ein Schulmädchen und gab mir hastige Zeichen, daß ich mich ducken sollte. Durch mein Fernglas konnte ich das Mädchen so deutlich sehen, als ob es direkt vor mir stünde. Es sah mich traurig an und hatte müde Augen, es war völlig erschöpft.

Mittlerweile bemühten sich der französische und der rumänische Botschafter zu vermitteln, was die Situation weiter komplizierte und trotzdem nicht zur Freilassung der Kinder führte. Die Stunden schleppten sich hin. Um sechs Uhr abend, als das Ultimatum ablief und wir damit rechnen mußten, daß die Terroristen ihre Drohung wahrmachen würden, gab die Regierung den Befehl, die Schule zu stürmen.

Kurz danach betrat ich das Klassenzimmer, in dem die Geiseln gefangengehalten worden waren. Der Fußboden war voll Blut, und Dutzende verletzte Kinder kauerten an den Wänden. Bevor die drei Terroristen von unseren Soldaten getötet wurden, hatten sie noch 16 Kinder erschossen und 68 verwundet.

Auch das kleine Mädchen, das mir das Zeichen gegeben hatte, war verwundet. Als es auf eine Tragbahre gelegt wurde, öffnete es für einen Moment die Augen, erkannte mich und brach in Tränen aus. Schluchzend stammelte das Kind: „Es war grauenhaft – grauenhaft ..."

Aus militärischer Sicht war dieser Befreiungsversuch ein Mißerfolg. Die Erstürmung des Gebäudes wurde bis zum letzten Augenblick hinausgeschoben. Während des Vormittags wären die Terroristen möglicherweise nicht ganz so wachsam gewesen. Je näher jedoch der Ablauf der Frist heranrückte, desto mehr steigerte sich ihre Nervosität, und sie wurden immer vorsichtiger.

Ein zweiter Fehler wurde bei der Durchführung der Operation begangen. Unsere Leute verwendeten ungeeignete Waffen, nämlich Nebelgranaten, und gingen zu langsam vor. Die Soldaten irrten sich außerdem im Stockwerk. Sie eilten in den dritten Stock und dann erst zum zweiten und mußten obendrein warten, bis sich der Nebel gelichtet hatte. Das gab den Terroristen Zeit, das Massaker anzurichten.

In der Knesset erklärte ich später, ich sei gegen den Regierungsbeschluß gewesen, die Bedingungen der Terroristen prinzipiell anzunehmen, da wir damit zeigten, daß wir nicht sofort militärisch einschreiten würden.

Ich hielt es auch für falsch, daß der Generalstabschef mit den Terroristen noch verhandelte, obwohl die Regierung bereits den Befehl zum militärischen Einsatz gegeben hatte. Ich drängte den Generalstabschef und die Regierung mehrfach, den Zeitpunkt des Angriffs auf die Schule vorzuverlegen, aber ich erreichte nichts. Ich konnte nichts weiter tun, als die Kinder durchs Fernglas betrachten, wie sie mit angstverzerrten Gesichtern auf die Befreiung durch unsere Soldaten warteten. Ich konnte auch zwei der Terroristen sehen – junge Männer mit Schnurrbart. Der eine hatte ein schwarzes Hemd an, der andere ein rotes. Sie gingen mit ihren Kalatschnikow-Gewehren auf und ab, bereit, ihre Geiseln zu erschießen, falls wir angreifen sollten.

Ich war an den Regierungsbeschluß gebunden und konnte den Befehl nicht an mich reißen und eine militärische Aktion nach meinen eigenen Vorstellungen durchführen lassen. Zugleich mußte ich aber auch zusehen, wie zwei schwere Fehler begangen wurden: Man war zunächst auf Verhandlungen mit den Terroristen eingegangen und hatte dann außerdem noch eine militärische Fehlleistung vollbracht.

Eine Woche nach dem Massaker wohnte ich einer Gedenkfeier im Gemeindesaal von Ma'alot bei. Es herrschte eine äußerst gespannte Atmosphäre. Nach der Feier traf ich mit Mitgliedern des Gemeinderats zusammen. Ma'alot wurde im Jahre 1957 gegründet und sechs Jahre danach mit dem relativ wohlhabenden arabischen Nachbardorf Tarshiha zusammengelegt. Eli Ben Ya'akov, ein gescheiter und verständiger Mann, war jetzt schon seit einer Reihe von Jahren Vorsitzender des Gemeinderats. Er meldete viele Wünsche an, die zwar nicht unberechtigt, aber leider oft unerfüllbar waren. So wollte er die Bevölkerung von Ma'alot so rasch wie möglich verdoppeln, um die Entwicklungsvorhaben voranzutreiben und die Sicherheit der Siedlung zu erhöhen. Ich stimmte mit ihm überein, wußte aber auch, daß das alles Zeit brauchen würde. Man konnte zwar Neueinwanderer nach Ma'alot schicken, sie aber nicht dazu zwingen, sich dort niederzulassen. Der Gemeinderat drängte auch auf eine Trennung des arabischen und des jüdischen Stadtteils. Ma'alot war die einzige Stadt in Israel, in der die beiden Bevölkerungsgruppen in einem gemeinsamen Gemeinderat vertreten waren.

Die angeführten Beweggründe waren recht interessant: Es bestünden zwar keine Sicherheitsprobleme, auch könne man sich über das Verhalten der Araber von Tarshiha nicht beklagen, aber die unterschiedlichen Lebens- und Vermögensverhältnisse in den beiden Stadtteilen vergifteten nun einmal die Atmosphäre. In Tarshiha wohne jede Familie in ihrer eigenen „Villa", habe ein Auto und anderen Besitz; in Ma'alot seien die Menschen arm und wohnten in Elendsquartieren. In Tarshiha mit seinen 5000 Einwohnern gebe es eine Oberschule, und 32 junge Araber aus Tarshiha seien an der Hebrew University in Jerusalem und eine Anzahl weiterer an amerikanischen Universitäten inskribiert. In Ma'alot hingegen, mit seinen 3500 Einwohnern, existiere keine echte Oberschule, und nur drei der jungen Leute gingen zur Universität.

Die Gründe dafür lagen aber auf der Hand. Der Großteil der Bevölkerung von Ma'alot bestand aus Neueinwanderern. Die Bewohner von Tarshiha hingegen waren alteingesessen und hatten durch harte Arbeit einen höheren Lebensstandard erreicht. Sie erhielten die in Israel üblichen hohen Löhne und erzielten gute Preise für ihre landwirtschaftlichen Produkte. Dabei lebten sie nicht auf großem Fuß, sondern investierten ihre Gewinne und Ersparnisse wieder in Lastwagen, Traktoren und Bewässerungsanlagen, wodurch zusätzliche Arbeitsplätze und Einkommensquellen für die ständig wachsende arabische Bevölkerung geschaffen wurden. Die Leute von Tarshiha erhielten zwar keine Unterstützung wie die Neueinwanderer, aber sie hatten ihren Nachbarn in Ma'alot doch etwas sehr Wichtiges voraus. Sie waren Bauern, die ihren eigenen Grund und Boden bearbeiteten, zum Unterschied von den in alle Welt verstreuten Kindern Israels, die in ihre angestammte Heimat zurückkehrten und sich einen völlig neuen Lebensstil aneignen mußten, um als Bauern und Arbeiter ihren Unterhalt finden zu können.

Die älteren Siedlungen, wie beispielsweise mein Geburtsort Nahalal, wo die Kinder bei der Landarbeit aufwachsen, haben mit solchen Problemen nicht zu kämpfen. Dort beneidet niemand die Bewohner der arabischen Nachbardörfer, weil der eigene Lebensstandard ja wesentlich höher ist. Seit der Gründung von Ma'alot waren vierzigtausend Menschen in die Stadt gekommen, hatten sie aber nach kurzem Aufenthalt wieder verlassen und waren weitergezogen. Das Problem kann nicht dadurch gelöst werden, daß man Ma'alot und Tarshiha wieder auseinanderreißt. Man muß es zuwege bringen, daß die Bewohner von Ma'alot Wurzeln schlagen. Eines Tages wird es gewiß dazu kommen. Wenn nicht in dieser Neueinwanderergeneration, dann in der Generation ihrer Kinder, die in Ma'alot geboren und aufgewachsen sind.

39. Kapitel

Wieder Privatmann

Wegen des Krieges wurde die siebente Legislaturperiode der Knesset über die gesetzlich festgelegte Dauer von vier Jahren hinaus verlängert. Die Parlamentswahlen mußten vom 30. Oktober auf den 31. Dezember 1973 verschoben werden. Diese Wahlen waren aus zwei Gründen von besonderer Bedeutung: Sie würden klarstellen, wie die Öffentlichkeit die Ereignisse der jüngsten Vergangenheit beurteilte – die Regierung war ja wegen des „unglücklichen Verlaufs" des Yom Kippur-Krieges heftig kritisiert worden –, und zugleich den zukünftigen Weg Israels bestimmen.

Die Kritik an den Geschehnissen beschränkte sich nicht auf den Krieg allein, sondern war auch gegen die Regierungspolitik im allgemeinen gerichtet, weil sie nicht zum Frieden zwischen uns und den Arabern geführt hatte. Was die Zukunft unseres Landes betraf, ging es nicht nur um die Bewältigung der unmittelbaren Nachkriegsprobleme, so etwa um unsere Einstellung zur Genfer Konferenz, sondern auch ganz generell um den politischen Status Israels in der Welt. Es waren dunkle Wolken aufgezogen: Die arabischen Staaten spielten eine wichtigere Rolle in der Weltpolitik als bisher, da sie in der Ölversorgung eine Monopolstellung einnahmen. Das Öl hatte ihnen zu ungeheurem Reichtum verholfen und sie mit einem Schlag zum Krösus der Welt gemacht. Israel hingegen geriet zusehends in die Isolierung, und – was noch schlimmer war – die Bevölkerung war zutiefst deprimiert.

Für mich persönlich waren die Wahlen von ganz besonderer Bedeutung. Ich stand im Kreuzfeuer der Kritik und wurde als Minister und als Mensch angegriffen: als Verteidigungsminister, weil ich für die Armee und die Kriegführung verantwortlich gewesen war, und als Mensch, weil ich bis zum Yom Kippur-Krieg einen recht guten Ruf als Soldat und Politiker besessen hatte und man von mir offensichtlich mehr erwartete als sonst von einem Verteidigungsminister. „Protestbewegungen", die Tageszeitungen, prominente Persönlichkeiten und sogar Armeeoffiziere forderten mich zum Rücktritt auf.

Ich war fest davon überzeugt, daß ich meinen Pflichten genügt hatte, und hielt mich auch für qualifiziert, meinen Posten weiter auszuüben. Aber das hing natürlich nicht von mir ab, sondern von der Öffentlichkeit. Es war mir klar, daß zuallererst eine unmißverständliche Entscheidung über die Frage fallen mußte, ob mir der Posten des Verteidigungsministers noch zustand und ob man mich auffordern würde, im Amt zu bleiben. Nur die Ministerpräsidentin, meine Partei, die Wähler und die Agranat-Kommission konnten darüber befinden.

Die Agranat-Kommission war zweifellos am ehesten geeignet, das Urteil über die Ereignisse des Yom Kippur-Krieges zu sprechen. Sie allein hatte Zugang zu sämtlichem Material und hatte es auch sorgfältig untersucht. Die Mitglieder der Kommission waren frei von Vorurteilen, sie waren objektiv und brachten die für eine solche Untersuchung erforderlichen Fachkenntnisse mit.

Zur Bildung der Kommission kam es erst nach längeren Konsultationen auf verschiedenen Ebenen. Unter den Kabinettsmitgliedern wurde die Notwendigkeit einer angemessenen Untersuchung allgemein anerkannt. Über die Zusammensetzung der Kommission war man sich allerdings nicht einig. Am 8. November konferierte die Ministerpräsidentin mit mehreren Ministern und dem Generalstabschef über dieses schwierige und für Israel so schmerzliche Thema. Ich erklärte den Anwesenden, daß ich es für unumgänglich hielte, die Untersuchung objektiv, fachkundig, furchtlos und frei von parteipolitischen und persönlichen Überlegungen durchzuführen, um eventuellen Vorwürfen der Befangenheit oder Parteinahme den Boden zu entziehen.

Zehn Tage darauf befaßte sich das Kabinett neuerlich mit diesem Thema. Nachdem der Justizminister die verschiedenen rechtlichen Alternativen dargelegt hatte, beschloß die Regierung, eine Untersuchungskommission ins Leben zu rufen. Die Kommission wurde beauftragt, folgende Sachverhalte zu klären:

1. Die nachrichtendienstlichen Informationen in den Tagen vor Ausbruch des Yom Kippur-Krieges hinsichtlich der feindlichen Truppenbewegungen und Kriegsabsichten, die Auswertung dieser Informationen und die auf Grund dessen getroffenen Entscheidungen der verantwortlichen Militär- und Zivilpersonen.

2. Die für den Kriegsfall vorgesehenen Aufmarschpläne der israelischen Verteidigungsstreitkräfte, ihr Bereitschaftsstand in den Tagen vor Ausbruch des Yom Kippur-Krieges und ihre Operationen bis zur Zurückdrängung des Feindes.

Am 21. November 1973 übernahm der Vorsitzende des Obersten Gerichtshofs, Dr. Shimon Agranat, den Vorsitz der Untersuchungskommission. Die übrigen vier Mitglieder, die Agranat selbst ernannte, waren: Moshe Landau, ein Mitglied des Obersten Gerichtshofs; Dr. Yitzhak Nebenzahl, der Präsident des Rechnungshofes; Generalleutnant der Reserve Yigael Yadin, Professor für Archäologie an der Hebrew University, und Generalleutnant der Reserve Chaim Laskov, der den Posten des Ombudsmans der Armee innehatte und ehemals Generalstabschef gewesen war.

Während die Untersuchungen der Agranat-Kommission im Gange waren – sie dauerten insgesamt ein Jahr –, bereiteten sich die politischen Parteien auf die Wahl vor. Seit der Staatsgründung hatte die Arbeiterpartei an der Spitze jeder Koalitionsregierung gestanden. Jetzt, vor der Wahl, sah sie sich zwei schwierigen Problemen gegenüber: Wer würde an der Spitze der Kandidatenliste aufscheinen und im Falle eines Wahlsiegs Minister in einer neuen Regierung werden? Mit welchem Programm wollte die Partei in den Wahlkampf gehen? Welche politische Linie würde sie einnehmen, falls sie wieder an die Macht käme?

Der Nachkriegsschock und die im Lande weitverbreitete Hoffnungslosigkeit fanden auch in der Partei ihren Niederschlag. Die Parteimitglieder, die sich für maximale Konzessionen an die Araber und die drastische Einschränkung der jüdischen Siedlungstätigkeit in den besetzten Gebieten aussprachen, konnten sich mit ihren Ansichten durchsetzen. Das neue Programm, die sogenannten „14 Artikel", ersetzte ein erst kurz vor Kriegsbeginn angenommenes Programm und betraf vor allem die Friedensbemühungen und eine geänderte Siedlungspolitik.

Das bisherige Programm hatte sich für die Besiedlung der von Israel verwalteten Gebiete – Judäa und Samaria, die Umgebung von Rafah und die Golanhöhen – ausgesprochen. Dieses unter dem Namen seines Verfechters Yisrael Galili bekannte Dokument wurde damit ad acta gelegt. Statt dessen fand die Frage der Besiedlung nur allgemeine Erwähnung in einem nichtssagenden Passus, in dem es hieß: „Entsprechend den Beschlüssen, die die israelische Regierung von Zeit zu Zeit unter besonderer Berücksichtigung der staatlichen Sicherheit treffen wird, soll die Siedlungstätigkeit auf dem Land fortgesetzt und intensiviert werden." Als Geste denjenigen gegenüber, die für einen Rückzug zu den Grenzen von 1967 eintraten, wurden die eventuellen Siedlungsgebiete nicht einmal namentlich erwähnt.

Das neue Programm sollte offensichtlich auch die friedlichen Ziele Israels besonders unterstreichen; das Wort „Frieden" schien nicht weniger als siebzehnmal auf. Auch in den bisherigen Parteiprogrammen hatten die Friedensbemühungen einen nicht minder wichtigen Platz eingenommen, und Regierung wie Partei hatten in den Jahren vor Ausbruch des Yom Kippur-Krieges verzweifelt um den Frieden gerungen. So oft man das Wort auch gebrauchte, engere Beziehungen zu den Arabern waren mit solchen Beteuerungen nicht zu erreichen. Aber in Wirklichkeit wollte man ja nur von den Differenzen innerhalb der Partei ablenken.

Diese Differenzen traten bei der Aufstellung der Kandidatenliste besonders deutlich in Erscheinung. Die Liste, die gleich dem Parteiprogramm vor dem Krieg abgefaßt worden war, wurde jetzt von verschiedenen Gruppierungen angefochten. Eine derartige Gruppe, die sich „Ideologischer Arbeitskreis zum Studium von Staats- und Gesellschaftsproblemen" nannte, rief zu Massendemonstrationen vor dem Tagungsort des Zentralkomitees auf und forderte eine neue Führungsspitze, die Disqualifikation einiger Kandidaten sowie die Ausarbeitung von Friedensplänen „auf der Grundlage des politischen Realismus". Die Mitglieder dieser Gruppe waren Parteimitglieder; trotzdem wollten sie für den Fall der Nichtbeachtung ihrer Forderungen die Wähler dazu aufrufen, nicht für die Partei zu stimmen.

Die zwei entscheidenden Sitzungen des Zentralkomitees betreffend Parteiprogramm und Kandidatenliste fanden am 28. November und 5. Dezember 1973 statt. Auf der ersten wurde das neue Parteiprogramm einstimmig angenommen; die ursprüngliche Kandidatenliste wurde mit 256 zu 107 Stimmen bei 30 Stimmenenthaltungen bestätigt. Aber damit war das letzte Wort noch nicht gesprochen. Auf der zweiten Sitzung stand die Liste erneut zur Diskussion. Diesmal ging es um die Frage nach dem Spitzenkandidaten unserer Partei. Ministerpräsidentin Golda Meir selbst warf das Thema in die Debatte.

Sie wollte keine Eröffnungsrede halten, sondern bat nur das Komitee, den Kandidaten für die Ministerpräsidentschaft in geheimer Wahl zu bestimmen. Sie forderte damit die Nominierung und die Abstimmung über einen etwaigen Gegenkandidaten heraus und schuf andernfalls die Voraussetzungen für ein Vertrauensvotum, das deutlich zeigen würde, in welchem Maße die Partei weiterhin hinter ihr stand.

Die Sitzung dauerte bis spät in die Nacht. Der Saal war voll, die Atmosphäre war gespannt; alle Aufmerksamkeit war auf die Rednertribüne gerichtet. Nur die Kameraleute waren ständig in Bewegung und zielten mit ihren Scheinwerfern und Objektiven einmal auf diesen, einmal auf jenen führenden Politiker. Es war eine scharfe, harte Debatte; keiner der Redner nahm sich ein Blatt vor den Mund.

Ich saß vorne, in der ersten Reihe; mir war gar nicht wohl zumute. Schon beim Betreten des Gebäudes war ich mit Buhrufen empfangen worden, und auch im Saal war ich nicht ausschließlich unter Freunden. Die Sitzung war eine Art Parteitribunal – wenn auch nicht im sowjetischen Sinn. Aber es gibt ja auch in demokratischen Gesellschaften Konklaven dieser Art, auf denen über das Schicksal von Politikern entschieden wird. Der Yom Kippur-Krieg lag hinter uns. An den Fronten schwiegen die Geschütze noch immer nicht. Die Disengagement-Abkommen waren noch nicht unterzeichnet; die meisten jungen Leute, auch die Reservisten, standen weiterhin an der Front. In Jerusalem bemühte sich die Agranat-Kommission verzweifelt um eine Aufklärung der Hintergründe des Krieges. Und vor uns standen Probleme über Probleme. Unser Verhältnis zu den Arabern und zu den Vereinigten Staaten, unsere Wirtschaft und Gesellschaft, unsere Parteien und deren Führungsspitzen – all das bedurfte der Reform und Überprüfung. Das Zentralkomitee mußte darüber entscheiden und den Standort der Partei bestimmen. Erwartungsgemäß gingen daher fast alle Diskussionsredner direkt oder indirekt auf die Zusammensetzung der neuen Regierung ein, auf die Frage, wen die Schuld traf an den Versäumnissen vor und während des Yom Kippur-Krieges, auf die Besiedlung der von uns verwalteten Gebiete und auf die Festlegung dauerhafter Grenzen.

Gegen Abend meldete ich mich zu Wort. Ich war keineswegs zu Konzessionen oder Kompromissen aufgelegt. Ich sagte gleich zu Beginn, daß es Grundsatzbeschlüsse der Partei geben könnte, die ich nicht imstande wäre, vor den Wählern zu vertreten. Wenn man hier zum Beispiel beschließen würde, einen unabhängigen Palästinenserstaat anzuerkennen, dann würde ich aus der Partei austreten, mich aber nicht aus dem politischen Leben zurückziehen. Ich würde nicht nach Nahalal gehen und Blumen züchten. Ich sei nicht bereit, mich im voraus auf jeden einzelnen Parteibeschluß festzulegen. Ich gehörte nun einmal der Rafi-Gruppe an, sagte ich, deren Gründung durch Ben Gurion zu seinem Ausschluß aus der Arbeiterpartei geführt hatte; ich sei auch weiterhin für die im „Galili-Dokument" enthaltenen Prinzipien sowie für den Bau der Stadt Yamit an der Mittelmeerküste im Norden der Halbinsel Sinai und für jüdische Landkäufe über die Grenzen von vor 1967 hinaus.

Ich wandte mich dann den Dingen zu, die mich persönlich angingen und die auch während der Debatten mehrfach zur Sprache gekommen waren. Die Agranat-Kommission habe über die Kritik an meiner Person zu befinden. Die Frage meiner Verantwortung dem Parlament gegenüber sei jedoch anderer Art. Für Fehler und Pannen, die zweifellos aufgetreten waren, trug ich die Verantwortung. Ich war zwar verpflichtet, der Ministerpräsidentin etwaige Fehler und Versäumnisse zu melden, gegebenenfalls meinen Rücktritt anzubieten und mich nach ihren Wünschen zu richten. Aber über meinen Rücktritt hatte allenfalls die Ministerpräsidentin zu entscheiden, nicht der Justizminister oder gar der Vorsitzende des „Ideologischen Arbeitskreises zum Studium von Staats- und Gesellschaftsproblemen". Und was die neue Regierung anging, hätte ich weder darum gebeten, ihr beitreten zu dürfen, noch sei ich dazu aufgefordert worden. Nach den Wahlen würde der designierte Ministerpräsident schon über die Zusammensetzung des neuen Kabinetts entscheiden.

Zuletzt ergriff Golda Meir das Wort, und auch sie äußerte sich zu allen diesen Fragen. Nach geltendem israelischen Gesetz werde die Verantwortung gegenüber dem Parlament für die Handlungen, die Erfolge und Mißerfolge der Regierung nicht von einzelnen Ministern getragen, sondern von allen Kabinettsmitgliedern gemeinsam. Sie sagte, daß ich ihr zweimal meinen Rücktritt angeboten hatte – einmal während des Krieges, und das zweite Mal, nachdem Justizminister Ya'akov Shimshon Shapiro ihn öffentlich gefordert hatte. Sie habe mir im Einvernehmen mit anderen Mitgliedern der Regierung ihr volles Vertrauen ausgesprochen. Das Mitspracherecht der Partei bei der Bildung einer neuen Regierung ginge, so sagte sie, über die Benennung des Spitzenkandidaten, also des potentiellen neuen Regierungschefs, nicht hinaus. Dieser habe dann die Mitglieder seines Kabinetts selbst zu bestimmen.

Was sie sagte, war deutlich genug: Wenn die Partei sie weiterhin mit der Ministerpräsidentschaft betrauen wollte, dann mußte sie ihr auch die Auswahl der Minister überlassen.

In ihrer Rede kam die Ministerpräsidentin auch auf die Friedensbemühungen der Regierung während ihrer Amtszeit zu sprechen. Vor einigen Jahren, sagte sie, hätte ich angeregt, wir sollten uns vom Suezkanal zurückziehen, um den Ägyptern die Wiedereröffnung des Kanals und den Wiederaufbau der am Kanal liegenden Städte zu ermöglichen. „Ich gebe zu, ich wußte nicht, was er damit bezweckte. Uns einfach zurückziehen, was sollte das einbringen?"

An der geheimen Abstimmung beteiligten sich 341 Mitglieder des Zentralkomitees. Von ihnen stimmten 291 für die Aufstellung Goldas als Spitzenkandidatin; 33 stimmten dagegen und 17 enthielten sich der Stimme.

In der Regierung, innerhalb der politischen Parteien und in der Knesset gingen die Bemühungen um Aufklärung der Ereignisse sachlich weiter, doch unter der Bevölkerung entstanden plötzlich emotionsgeladene Protestbewegungen. Sie forderten einen Führungswechsel, richteten dabei die meiste Kritik gegen mich und erhoben Anklage gegen diejenigen, die sie für die am Vorabend und zu Beginn des Yom Kippur-Krieges begangenen Fehler verantwortlich machten. Die Proteste hatten eine nachhaltige Wirkung, und die Teilnahme vieler junger Soldaten, die im Einsatz gewesen waren, wie auch junger Witwen und trauernder Eltern von Gefallenen verlieh ihnen eine gefühlsbetonte Note. Man mochte die Forderungen für falsch halten und die Parolen ablehnen, konnte die Protestaktionen aber nicht mit Gleichmut übergehen.

Am wenigsten ich. Ein Verteidigungsminister muß schließlich das Vertrauen der Öffentlichkeit besitzen. Er ist nicht einfach ein Beamter, denn er trägt mehr als jeder andere Politiker die Verantwortung für Entscheidungen über Leben und Tod. Die Öffentlichkeit mag nicht immer mit ihm übereinstimmen, muß aber seiner Integrität vertrauen, seinem Pflichtbewußtsein und seiner fachkundigen Amtsführung. Ich hatte den Eindruck, daß das Vertrauen der Öffentlichkeit in mich mehr und mehr dahinschwand. Als ich einmal eine Kabinettssitzung verließ, traten mir einige Demonstranten entgegen, und eine junge Frau schleuderte mir das Wort „Mörder" ins Gesicht. Ich fühlte mich zutiefst getroffen. Ich wußte, daß ich noch nie in meinem Leben eine militärische Operation angeordnet hatte, an der ich nicht selbst teilzunehmen bereit gewesen wäre. Auch jetzt noch war ich zu jeder Zeit bereit, mit jedem Soldaten an der Front Platz zu tauschen und an seiner Stelle auf Patrouille zu gehen, bei einem Angriff mitzumachen oder eine Stellung zu verteidigen. Aber das wußte nur ich allein, und es wäre sinnlos gewesen, den Versuch zu unternehmen, es dieser jungen Frau begreiflich zu machen.

Die Berichterstattung in den Medien und die Auswertung der Proteste für politische Zwecke wurden nach außenhin als eine weltanschauliche Kontroverse bezeichnet, in Wahrheit aber trat hier deutlich ein Defaitismus zutage, der das Vertrauen in die Rechtmäßigkeit der Sache Israels untergrub und unsere Stärke und Kampfbereitschaft schwächte. Ich machte mir gerade darüber die allerernstesten Sorgen. Dies alles ließ mich um unsere Fähigkeit bangen, den Schwierigkeiten und dem Druck zu widerstehen, die unweigerlich auf uns zukommen würden.

Urheber und Wortführer einer der ersten Protestbewegungen war ein junger Hauptmann mit Namen Mottie Ashkenazi. Er war Kommandant der nördlichsten Festung der Bar-Lev-Linie, des Forts „Budapest" gewesen. Dieses Fort war als einziges nicht gefallen, was auf seine geographische Lage und nicht unbedingt auf Motties besondere Fähigkeiten zurückzuführen ist. Aber in der Öffentlichkeit war diese Tatsache nicht bekannt. Anfangs protestierte Mottie gewissermaßen in eigener Sache, später aber stand er an der Spitze einer ganzen Bewegung.

Er war Student an der Hebrew University in Jerusalem, und Nathan Rotenstreich, sein Philosophieprofessor, meinte, ich sollte ihn einmal kennenlernen und mit ihm reden. Ich traf mich also mit Mottie im Hause Professor Rotenstreichs in Jerusalem. Es fand aber keine echte Aussprache statt, sondern Mottie hielt einen Monolog. Er wollte gehört werden, und ich wollte zuhören, verstehen und mir ein Bild von ihm und seinen Ansichten machen. Was er von mir erwartete, sagte er ohne Umschweife. Obwohl er mich bewunderte und als Mensch auch achtete, bestand er auf meinem Rücktritt, da er mir die parlamentarische Verantwortung für eine ganze Reihe von Mißerfolgen der

Regierung zur Last legte. Die Regierung, so sagte er, habe ohne jeglichen Verstand und ohne Weitblick Politik getrieben; es sei daher an der Zeit, einen Führungswechsel vorzunehmen. Das gegenwärtige Kabinett solle gehen – und ich allen anderen voran.

Der siegreiche Sechstagekrieg des Jahres 1967 sei ein Mißerfolg gewesen, weil wir Syrien nicht von Jordanien getrennt und Ägypten nicht vernichtend geschlagen hätten. Mottie meinte, wir hätten damals den Druzeberg erobern und uns dort festsetzen sollen, um einen Keil zwischen jordanisches und syrisches Gebiet zu treiben. Im Süden hätten wir den Suezkanal überschreiten und Ägypten zur Unterzeichnung eines Friedensvertrages zwingen sollen.

Auch im Yom Kippur-Krieg hätten wir alles falsch gemacht, sagte Mottie. Die Piloten seien auf Himmelfahrtskommandos geschickt worden. Er habe sie abstürzen gesehen und als Kommandant des Forts „Budapest" das Oberkommando Süd wiederholt gebeten, die Luftangriffe auf den Kanal und auf Port Said einzustellen, aber niemand habe auf ihn gehört. In den Forts am Kanal sei auch nichts richtig gelaufen: Die Panzer hätten sich nicht bewährt; die Ärzte hätten sich nicht auf die Behandlung von Kriegsneurosen verstanden. Auch sei die israelische Rüstungsindustrie nicht auf den Krieg vorbereitet gewesen. Techniker und Arbeiter hätten unermüdlich am Werk sein müssen, um das neue Infanteriegewehr „Galil" zu produzieren.

Nur eine Revolution könne Abhilfe schaffen. Mottie selbst wollte den Wandel mit demokratischen Mitteln herbeiführen, andere aber seien bereit, Gewalt anzuwenden. Er habe sie zwar bremsen können, würde aber nicht rasten, bis in der Politik, in der Regierung und in der Armee grundlegende Änderungen eingetreten seien. Die Bevölkerung, so sagte er, stehe hinter ihm und fordere meinen Rücktritt.

Ich hörte ihm mit Interesse zu und konnte auch mit seiner Kritik in mancher Hinsicht übereinstimmen, fand aber doch den Großteil seiner Äußerungen wertlos und unrealistisch, unter anderem seine naiven und verworrenen Vorstellungen von der Möglichkeit, eine Einigung mit den Arabern zu erzielen. Er schien es zwar ehrlich zu meinen, war mir aber bei weitem zu anmaßend, selbstherrlich und aufdringlich.

Es war keine erfreuliche Begegnung. Ich fühlte mich weder von Motties Worten noch von seinem Benehmen in irgendeiner Weise angesprochen. Er setzte andere einer dauernden und unbarmherzigen Kritik aus und überschüttete sich selbst mit Lob. Er hatte keinen Funken Vertrauen, Zuversicht oder irgendeine positive Regung. Es überwog der Nihilismus. Mottie Ashkenazi und seine Gesinnungsgenossen gehörten gewiß nicht zu der Art Menschen, die Israel geschaffen hatten und mit deren Hilfe das Land weiter wachsen und gedeihen würde. Wir lebten in zwei völlig verschiedenen Welten.

Im Wahlkampf trat die Arbeiterpartei nach außen geschlossen auf, was jedoch über die inneren Spannungen und gegensätzlichen politischen Strömungen nicht hinwegtäuschen konnte. Auf der Kandidatenliste standen die altbekannten Namen, aber die Wähler waren auf Umschwung eingestellt. Zum einen hatte sich die Stimmung im Volk seit den letzten Wahlen geändert; zum anderen kamen diesmal viele Jungwähler dazu. Vor allem aber stand die Öffentlichkeit unter dem Eindruck der um sich greifenden Kritik an den politischen Entscheidungen vor dem Krieg und an der Kriegführung selbst. Nicht minder stark war der Eindruck, den die hohen Verluste und die Berichte der Soldaten und der Heimkehrer aus der Kriegsgefangenschaft hinterlassen hatten. Alles das vertiefte die Niedergeschlagenheit, verschärfte die Kritik und verstärkte den Wunsch nach einem Führungswechsel.

Bei der Wahl büßte die Arbeiterpartei fünf Prozent ihrer Stimmen ein und verlor sieben Sitze in der Knesset. Die Oppositionsparteien gewannen neun Mandate, was zwar nicht ausreichte, um an die Macht zu gelangen, der Arbeiterpartei jedoch den Weg zur Alleinregierung versperrte. Sie war daher gezwungen, weitreichende Konzessionen an mehrere kleinere Parteien zu machen, um ein Koalitionskabinett bilden zu können.

Zwei Tage nach der Sitzung des Zentralkomitees, am 7. Dezember 1973, suchte ich Golda in Jerusalem auf. Ich wollte hören, ob sie mir den Posten des Verteidigungsministers in der neuen Regierung anzubieten gedachte. Aber bevor sie sich dazu äußerte, wollte ich zwei Dinge klarstellen. Erstens: Falls die Agranat-Kommission auch nur das geringste an meinem Verhalten als Verteidigungsminister auszusetzen habe, würde ich sofort meinen Rücktritt einreichen. Zweitens: Golda durfte keinesfalls auf Forderungen der Rafi oder sonst einer Partei eingehen, meine Ernennung zum Verteidigungsminister als Bedingung für ihre Unterstützung der neuen Regierung zu stellen. Unter solchen Voraussetzungen würde ich den Posten nicht annehmen. Ich würde auch mein möglichstes tun, solchen Druck seitens der Rafi zu verhindern, ob sie meine Zugehörigkeit zum künftigen Kabinett nun wünschte oder nicht.

Golda sagte, sie sei fest entschlossen, mich erneut mit dem Posten des Verteidigungsministers zu betrauen. Sollte man sie daran hindern, wäre sie bereit, ihr Amt zur Verfügung zu stellen. Für die hinter uns liegenden Ereignisse sei sie in gleichem Maße verantwortlich wie ich. Sie habe dieselben Geheimdienstinformationen erhalten und gemeinsam mit mir die kritischen Entscheidungen getroffen. Sie fügte hinzu, es sei Chaim Bar-Lev hoch anzurechnen, daß er ihr von seinem Treffen mit Generalstabschef Elazar am Vorabend des Yom Kippur berichtet habe. Bar-Lev, selbst ehemaliger Generalstabschef, hatte sich nach der Lage an den Fronten erkundigt und von Elazar erfahren, daß 170 Panzer im Norden und 300 im Süden in Bereitschaft standen. Er sei daraufhin ruhigen Herzens nach Hause gegangen und habe sich selbst für den Fall eines feindlichen Angriffs keine weiteren Sorgen gemacht.

Es freute mich, daß Golda mir vertraute und sich denjenigen, die meinen Kopf forderten, nicht gebeugt hatte. Andererseits wußte ich, daß sie mich jederzeit ohne Bedenken durch einen anderen Minister ersetzt hätte, insbesondere jetzt, da sie sich auf die Bildung einer neuen Regierung vorbereitete. Sie hatte im Jahre 1956 das Außenministerium von Moshe Sharett übernommen, weil sie es für staatspolitisch richtig hielt. Sie hatte auch, ohne lange zu überlegen, Levi Eshkols Partei ergriffen und sich von David Ben Gurion abgewendet, obwohl er der Parteichef und zugleich ihr langjähriger politischer Lehrmeister war. Ihre Beziehung zu mir beruhte auf gegenseitigem Verständnis; wir arbeiteten offen und ehrlich zusammen und hintergingen einander nie. Wenn ich etwas auszusetzen hatte, sagte ich es ihr. Für mich war sie auf jeden Fall die Regierungschefin. Ich befolgte ihre Anordnungen, auch wenn ich sie manchmal für falsch hielt, Golda aber nicht davon überzeugen konnte. Trotzdem – so eng befreundet wie mit Pinhas Sapir oder Israel Galili war sie mit mir nicht. Wenn sie also wollte, daß ich blieb, dann weil sie meinte, es sei für den Staat von Nutzen.

Dieser Meinung war ich zwar auch, aber dazu war die Zustimmung sowohl der Partei als auch der Wähler nötig. Mir wäre es lieber gewesen, ich hätte mich der Direktwahl stellen können; aber nach dem in Israel geltenden Verhältniswahlrecht kann eben nur der Ministerpräsident im Auftrag seiner Partei und der Wähler des Landes entscheiden, wer seinem Kabinett angehören soll. Golda Meir war die Spitzenkandidatin der Arbeiterpartei und hatte damit praktisch den Auftrag erhalten, die neue Regierung zu bilden.

Auch nach der Wahl, nachdem das Volk gesprochen hatte, wollte die Stimmung sich nicht beruhigen. Verärgerte und enttäuschte Politiker, die sich mit ihren Parolen nicht durchsetzen konnten, ließen sich zu immer schärferer Kritik hinreißen und zu Prophezeiungen unseres unmittelbar bevorstehenden Untergangs, womit sie das Vertrauen des Volkes in seine Stärke und seine Bestimmung unterminierten. Was immer sie sagten und taten, machte Schlagzeilen.

Golda brauchte zwei Monate für die Bildung der neuen Regierung. Erst am 10. März 1974, nach langwierigen Bemühungen und unvermuteten Schwierigkeiten, konnte sie das Kabinett der Knesset vorstellen.

Das schwerste Hindernis stellte die orthodoxe Nationale Religiöse Partei dar, die einer Regierung nicht beitreten wollte, die mit ihren Anschauungen zur Frage „Wer ist Jude?“ nicht übereinstimmte. Golda stand nun vor der Frage: Neuwahlen ausschreiben oder eine Minderheitsregierung bilden? Sie konnte sich nicht recht entscheiden. Zuerst war sie gegen eine Minderheitsregierung, dann wieder dafür.

Mir selbst verging bei all dem Gezänk und innerparteilichen Gerangel allmählich die Lust, in die neue Regierung einzutreten. Eine Reihe von Parteimitgliedern war nicht nur gegen mich, ihre Kritik an mir wurde immer lauter. Selbst das Parteiorgan *Ot,* dessen Chefredakteur einer Rafi-feindlichen Gruppe angehörte, griff mich wiederholt an. Meine eigenen Fraktionskollegen stellten Anfragen in der Knesset, um mich in Verlegenheit zu bringen und meine Position zu erschüttern. Einige von ihnen beglückwünschten die Wortführer der Protestaktionen gegen mich vor der Fernsehkamera.

Auch in der Armee, das muß ich sagen, gingen die Attacken weit über die Grenzen des guten Geschmacks hinaus. Besonders gekränkt war ich von einem Vorfall, der sich auf einer Offizierstagung zum Thema Yom Kippur-Krieg abspielte. Ich nahm an der Tagung teil, war aber zufällig nicht zugegen, als einer der Verbindungsoffiziere zur UN ans Rednerpult trat und meinen Rücktritt forderte. Die Ministerpräsidentin und der Generalstabschef, die in der ersten Reihe saßen, hörten zu und sagten nichts. Ich hielt den Vorfall in zweifacher Hinsicht für äußerst bedauerlich: einmal, weil es sich für einen Armeeoffizier nicht gehörte, sich auf einer Armeeveranstaltung in die rein politische Frage der Bestellung eines Kabinettsmitglieds einzumischen, und zum anderen, weil die Ministerpräsidentin und der Generalstabschef die Äußerungen durch ihr Schweigen gewissermaßen offiziell bestätigt hatten.

Während einer Kabinettssitzung in der darauffolgenden Woche ließ ich Golda wissen, daß ich ihrer künftigen Regierung nicht angehören wolle. Golda war weder erstaunt noch betroffen, wenigstens schien es mir so. Ich setzte auch meine Parteifreunde in der Rafi von meiner Entscheidung in Kenntnis, und der Rundfunk berichtete davon am selben Abend. Unmittelbar darauf bekam ich einen empörten Anruf von Golda. Sie war ungehalten, weil ich meine Meinung bereits öffentlich geäußert hatte, und versuchte mich umzustimmen. Auch die Rafi versuchte es. Eine Parteidelegation bat mich und Shimon Peres, der ohne mich nicht in die neue Regierung eintreten wollte, diese Entscheidung zurückzunehmen; aber ich blieb dabei.

Nach Rücksprache mit ihren engsten Freunden fand sich Golda schließlich mit der Lage ab und entschloß sich zur Neubildung der Regierung ohne die Rafi – die es abgelehnt hatte, ohne mich beizutreten – und ohne die Religiöse Partei. Sie nahm nicht zu Unrecht an, daß die Religiöse Partei, die schon immer großes Interesse an Ministerposten bekundet hatte, recht bald eine Ausrede dafür erfinden würde, sich an der Regierung zu beteiligen. Am 3. März 1974 um zwei Uhr nachmittags fand eine gemeinsame Sitzung der Parlamentsfraktion und des Führungsgremiums der Arbeiterpartei statt, um die

Zusammensetzung der neuen Regierung zu bestätigen. Yitzhak Rabin sollte meinen Platz als Verteidigungsminister einnehmen.

Die Debatte war weder ausführlich noch besonders erbaulich. Die meisten Redner fanden nur kritische Worte für das Kabinett in seiner neuen Zusammensetzung, und den wenigen, die sich dafür aussprachen, war auch keine große Begeisterung anzumerken. Golda wirkte während der ganzen Sitzung unruhig, was nach Lage der Dinge nicht weiter verwunderlich war. Als die Reden zu Ende waren und man sich an die Abstimmung über das neue Kabinett machte, die zweifellos positiv ausfallen würde, meldete sich Golda zu Wort. Sie nahm kurz Stellung zu der Kritik, die geäußert worden war, und erklärte dann unvermittelt, sie habe sich entschlossen, ihre Bemühungen um die Regierungsbildung aufzugeben, und würde den Präsidenten im Laufe des Abends von dieser Entscheidung offiziell in Kenntnis setzen. Und damit Schluß! Gewiß waren auf dieser Sitzung viele Gegensätze in Erscheinung getreten, aber Goldas Reaktion war auch nicht gerade die würdigste. Ein stolzer Augenblick in ihrem Leben war es jedenfalls nicht.

Ihre Erklärung löste überaus hektische Aktivität unter einer ganzen Reihe hastig zusammengestellter Abordnungen aus: eine ging zu Golda selbst, um sie umzustimmen; eine andere zum Präsidenten, damit er sie zur Weiterarbeit an der Regierungsneubildung überrede. Ihren Höhepunkt erreichten diese Bemühungen in einer Sondersitzung des Zentralkomitees der Partei, wo Golda aufgefordert wurde, ihren Entschluß rückgängig zu machen.

Als ich Golda zuhörte, wie sie zu Beginn der Sitzung am 3. März die neue Kabinettsliste vorlas, da sagte ich mir: Nun ist endlich der große Tag gekommen. Sie werden eine Regierung ohne Beteiligung der Rafi bilden, der die Mapai und die Ahdut Avodah ohnehin niemals wirklich vertraut haben; eine Regierung ohne meine Beteiligung, der ich doch für die Fehler während des Krieges und die politischen Fehlentscheidungen vorher verantwortlich gemacht wurde; eine Regierung sogar ohne Beteiligung Yosef Almogis, des ehemaligen Arbeitsministers, der zwar „abgeschworen" hatte und in den Schoß der Mapai zurückgekehrt war, dessen Treue zu Ben Gurion die derzeitige Führungsspitze der Mapai aber nicht verzeihen konnte. Doch dann stand Golda im entscheidenden Augenblick plötzlich auf, war verärgert und gekränkt, griff ihre ältesten Freunde an und stampfte aus dem Saal. Und das tat sie nicht, weil die Nationale Religiöse Partei sich weigerte, in die Regierung einzutreten, und auch nicht, weil sie ohne Beteiligung der Rafi keine Kabinettsliste zustandegebracht hätte, sondern weil sie ihre eigenen Kollegen von der Mapai und der Ahdut Avodah mit anderen Augen zu betrachten begann. Denn bei dieser Sitzung kam ihr plötzlich zu Bewußtsein, daß sie sehr wohl der nächste Sündenbock sein könnte.

Zwei Tage darauf, auf der Sitzung des Zentralkomitees, gab es für alle Redner nur ein Thema: die Schwierigkeiten der Mapai seien auf die Rafi zurückzuführen; die Rafi – und ich ganz besonders – sei an allem schuld.

Auch ich meldete mich zu Wort. Ich sagte zunächst, es sei dies wohl mein letzter Tag im Amt als Verteidigungsminister. Dann sprach ich mich gegen eine Bildung einer Minderheitsregierung aus. Ich würde, sagte ich, ein Kabinett der Nationalen Einheit unterstützen, wisse aber, daß Golda den Vorsitz in einer solchen Regierung nicht führen wollte. Angesichts dieser Tatsache sei ich dafür, Neuwahlen auszuschreiben.

Vor Schluß der Sitzung wurde ich in mein Büro gerufen, weil dort ein Geheimdienstbericht auf mich wartete. Das Parteisekretariat schickte mir nachträglich die Beschlüsse zu:

1. Das Zentralkomitee richtet das ernste Ersuchen an Golda, ihre Entscheidung rückgängig zu machen und sich um die Bildung einer neuen Regierung zu bemühen. Einstimmig angenommen; vier Stimmenthaltungen.

2. Das Zentralkomitee ersucht Golda, ihre Bemühungen um die Bildung einer Regierung abzuschließen und im Einklang mit dem Beschluß des Zentralkomitees vom 24. Februar 1974 der Knesset eine Kabinettsliste vorzulegen. Mit 238 gegen 7 Stimmen angenommen. 43 Stimmenthaltungen.

3. Das Zentralkomitee bittet die Nationale Religiöse Partei um ihre Unterstützung bei der Bildung einer Regierung unter Führung von Golda Meir – ein dringendes Erfordernis angesichts der ernsten politischen Aufgaben, denen Israel gegenübersteht. Einstimmig angenommen.

4. Alle Parteimitglieder, insbesondere die designierten Minister Moshe Dayan und Shimon Peres, werden ersucht, die Parteidisziplin zu wahren und Golda Meirs Aufforderung zum Eintritt in die Regierung Folge zu leisten. Einstimmig angenommen. Keine Stimmenthaltungen.

Der Geheimdienstbericht, den ich in meinem Büro vorfand, besagte, daß mit der unmittelbaren Wiederaufnahme des Krieges durch Syrien zu rechnen sei. Ein solcher Bericht wäre zu jeder Zeit mit allem gebotenen Ernst behandelt worden; jetzt natürlich mehr denn je, da wir durch den Yom Kippur-Krieg womöglich noch empfindlicher geworden waren. Ich informierte die Ministerpräsidentin, und sie berief sofort eine Kabinettssitzung für denselben Abend ein. Mittlerweile erhielten wir weitere Meldungen, die das ursprüngliche Nachrichtenmaterial bestätigten.

Das Kabinett trat abends um halb neun als Ministerausschuß für Sicherheitsfragen zusammen. Die Beratungen waren streng geheim. Die Informationen wurden gesiebt und überprüft; man einigte sich auf die erforderlichen Maßnahmen. Bezeichnend für diese Kabinettssitzung war jedoch, daß man jedem der Anwesenden anmerkte, wie besorgt und unschlüssig er war. So weit war es also mit uns gekommen! Wir waren innerlich gespalten und zerrissen, besaßen noch keine neue Regierung, und schon drohte wieder Krieg. Der Feind an der Grenze machte sich zum Angriff bereit, und wir hatten uns von den schweren Auseinandersetzungen unter uns selbst noch gar nicht erholt! Was hatten die Juden nicht schon alles in gerade solchen Situationen ertragen müssen? Über den Konferenztisch schoben die Minister einander Zettel zu. Die der Nationalen Religiösen Partei angehörenden Minister erklärten, ihre Partei würde der neuen Regierung nur beitreten, wenn auch die Rafi dazu bereit wäre.

Am Ende der Sitzung nahm ich Shimon Peres beiseite und sagte zu ihm, wir sollten angesichts der bedrohlichen militärischen Lage der neuen Regierung beitreten. Die Nationale Religiöse Partei würde sich uns anschließen, und die Knesset würde Golda ihr Vertrauen aussprechen. Wir müßten von unseren persönlichen Gefühlen Abstand nehmen, die bitteren Worte, die Klagen und Gegenklagen vergessen und unsere Beteiligung an der Regierung nicht länger verweigern.

Shimon stimmte vollkommen mit mir überein. Wir gingen zu Golda zurück und erklärten unsere Bereitschaft, die Ministerposten anzunehmen, wenn sie es noch wünsche. Golda war gerührt. „Ein schöneres Geschenk könnte ich mir kaum denken", sagte sie. Am Tag darauf trat auch die Nationale Religiöse Partei in die Regierung ein, und eine Woche danach sprach die Knesset der neuen Regierung mit 62 gegen 46 Stimmen bei 9 Stimmenthaltungen das Vertrauen aus.

Die Geheimdienstberichte bewahrheiteten sich nicht, Syrien griff nicht an, aber auch das trug in keiner Weise zum Vertrauen des Volkes in die Regierung bei. Und dann sprachen Landwirtschaftsminister Chaim Gvati und Polizeiminister Shlomo Hillel, beides Mitglieder unserer Partei, offen aus, wie tief die Stimmung im ganzen Land gesunken war. Golda, die ihr Ansehen immer mehr schwinden sah, sagte sich, die Regierung müsse zurücktreten, wenn ein so integrer Mann wie Chaim Gvati, der Wortführer der idealistischen Kibbuzniks, erklärte, sie habe das Vertrauen des Volkes verloren. Am 11. April 1974 gab sie vor der Knesset ihren Rücktritt bekannt. Gemäß der israelischen Verfassung trat gleichzeitig das gesamte Kabinett zurück, und das war das Ende der Yom Kippur-Regierung.

Sie trat aber noch nicht endgültig ab, denn nach der Verfassung bleibt die alte Regierung ja bis zur Bildung eines neuen Kabinetts im Amt – und das dauerte noch zwei Monate. Inzwischen hatte die Agranat-Kommission einen ersten Bericht herausgegeben, der sich jedoch nur auf die Geheimdienstberichte über die feindlichen Truppenbewegungen und Kriegsabsichten, auf deren Auswertung und auf den Bereitschaftsstand der israelischen Streitkräfte beschränkte. Die Schlußfolgerungen und Empfehlungen der Kommission sprachen eine deutliche und harte Sprache. Bei den Empfehlungen ging es um Grundprinzipien, die Schlußfolgerungen betrafen Einzelpersonen:

Vier Offiziere des Nachrichtendienstes der Armee wurden ihrer Posten enthoben: Generalmajor Eliyahu Zeira, der Chef des Nachrichtendienstes; Brigadegeneral Aryeh Shalev, sein Stellvertreter; Oberstleutnant Yona Bendman, der Leiter des Ägypten-Referats, und Oberstleutnant David Gedalia, der leitende Nachrichtenoffizier für den Südabschnitt.

Ferner wurde Generalmajor Shmuel Gonen (Gorodish), der Kommandierende General für den Südabschnitt, für die Dauer der Untersuchungen vom Dienst suspendiert. Sehr hart urteilte die Kommission über Generalstabschef David Elazar: „Wir sind zu dem Schluß gekommen", so hieß es in ihrem Bericht, „daß der Generalstabschef die unmittelbare Verantwortung für die Ereignisse am Vorabend des Krieges trägt, sowohl hinsichtlich der Einschätzung der Lage als auch der Bereitschaft der Streitkräfte." Folglich „empfehlen wir, daß der Amtszeit Generalleutnant David Elazars ein Ende gesetzt wird".

Mich betreffend stellte die Kommission fest, sie habe sich lediglich für ermächtigt gehalten, über meine „unmittelbare Verantwortung" zu befinden. „Wir hielten es für unangebracht, uns zu dem Bereich zu äußern, den man als Verantwortung des Ministers gegenüber dem Parlament bezeichnet." In diesem Zusammenhang erklärte die Kommission ferner: „Die Frage ist, ob der Verteidigungsminister in der Ausübung der in seinen Verantwortungsbereich fallenden Pflichten fahrlässig gehandelt hat. Wir haben diesen Fragenkomplex sorgfältig überprüft und sind zu dem Schluß gekommen, daß der Verteidigungsminister nach den für dieses Amt üblicherweise geltenden Maßstäben nicht verpflichtet war, vorsorgende Maßnahmen anzuordnen, die über die vom Generalstab im Einklang mit dem Chef des Nachrichtendienstes gemeinsam erarbeiteten Maßnahmen hinausgegangen oder von diesen abgewichen wären."

Die Kommission hatte also nichts an meiner Amtsführung auszusetzen gehabt und war andererseits nicht dazu aufgerufen, ein Urteil über meine parlamentarische Verantwortung abzugeben, also darüber zu entscheiden, ob ich auf Grund des Versagens verschiedener Angehöriger meines Ressorts zurückzutreten habe oder nicht. Diese Entscheidung hatte auf politischer Ebene zu fallen.

Am 3. Juni 1974 wurde die neue Regierung vereidigt. An ihrer Spitze stand Ministerpräsident Yitzhak Rabin, Verteidigungsminister wurde Shimon Peres. Meine beiden letzten Amtshandlungen waren der Abschluß des Disengagement-Abkommens mit Syrien und ein Revirement im Armeekommando. Generalleutnant Mordechai Gur trat an die Stelle von Generalleutnant Elazar als Generalstabschef; Generalmajor Shlomo Gazit wurde Chef des Nachrichtendienstes. Eine Reihe anderer Posten im Generalstab und in den höheren Kommandostellen wurden ebenfalls neu besetzt. Ältere Offiziere wurden durch jüngere ersetzt, die sich ausgezeichnet hatten.

Das Disengagement-Abkommen mit Syrien war für uns weder so wichtig noch so zufriedenstellend wie das mit Ägypten, aber mir persönlich bedeutete es sehr viel. Ich konnte mein Amt mit der Gewißheit verlassen, daß der Yom Kippur-Krieg endgültig hinter uns lag. Die Reservisten konnten wieder nach Hause, das Land konnte aufatmen und Kraft schöpfen für einen neuen Abschnitt seiner Geschichte.

Gewiß, wir hatten uns zurückziehen müssen: im Süden rückten wir über dreißig Kilometer vom Suezkanal ab; im Norden gaben wir die Stadt Kuneitra auf. Aber die jetzigen Linien beruhten auf weit solideren bilateralen Vereinbarungen als die Vorkriegsgrenzen. Vor allem waren diese Linien das Ergebnis einer militärischen und politischen Auseinandersetzung von 1973 und nicht von vor sieben Jahren. Sie zeigten die Realität. Träume können sehr schön sein, aber leben muß man mit den Tatsachen.

40. *Kapitel*

Eine neue Wirklichkeit

Die Ursachen des Yom Kippur-Krieges lagen in der Weigerung Ägyptens und Syriens, eine Friedensvereinbarung mit Israel abzuschließen und sich mit der israelischen Besetzung der Halbinsel Sinai und der Golanhöhen abzufinden. Die Araber wollten die im Sechstagekrieg verlorengegangenen Gebiete zurückgewinnen, ohne jedoch die Existenzberechtigung Israels anzuerkennen. Dieses Ziel war nur mit kriegerischen Mitteln zu erreichen.

Die Araber hatten sich aber mehr vorgenommen, als bloß „die eroberten Gebiete zu befreien". Die Syrer wollten bis zum Jordan und sogar bis Nazareth in Mittelgaliläa vorrücken, und Ägypten beabsichtigte Israel aus dem Gazastreifen zu verdrängen. Sadat meinte, daß die Überquerung des Kanals durch die Ägypter und die Eroberung des Mitla- und des Gidipasses zum Zusammenbruch der israelischen Armee führen würde und er Israel dann den Frieden diktieren könne. So sah der ägyptische Staatschef die Lage auch noch am Ende der ersten Kriegswoche, als der syrische Angriff bereits gescheitert war und seine eigene Armee sich schon auf dem Rückzug befand. Am 10. Oktober, vier Tage nach Kriegsbeginn, teilte Sadat den Vereinigten Staaten mit, er werde einem Waffenstillstand nur dann zustimmen, wenn Israel sich bereit erklärte, nach einem vorher vereinbarten Zeitplan die gesamte Halbinsel Sinai und den Gazastreifen zu räumen. Eine Woche darauf, als die israelischen Streitkräfte bereits einen Brückenkopf auf dem Westufer des Kanals fest in der Hand hatten und die Syrer Verteidigungsstellungen rund um ihre Hauptstadt Damaskus beziehen mußten, gab sich Sadat immer noch zuversichtlich. Vor der ägyptischen Nationalversammlung erklärte er, daß Ägypten „bis zur Eroberung der israelisch besetzten Gebiete und Wiederherstellung der Rechte der Palästinenser" weiterkämpfen werde. Als Voraussetzung für eine ägyptische Zustimmung zu einem Waffenstillstand nannte er nun „den Rückzug Israels aus allen besetzten Gebieten bis zu den Linien vom 5. Juni 1967".

Es mußten noch einige Tage vergehen, bis dem ägyptischen Präsidenten klar wurde, daß sein Land eine vernichtende Niederlage erlitten hatte und daß seine Macht nicht ausreichte, um Israel zur Annahme seiner Friedensbedingungen zu zwingen. Er mußte die Eroberung ägyptischen Bodens am Westufer des Kanals zur Kenntnis nehmen und zusehen, wie seine Lage sich stündlich verschlimmerte. Daß die israelischen Streitkräfte auf dem Westufer keineswegs „eingekesselt" waren. sondern mit mehreren Hundert Panzern Kairo bedrohten und die 2. und 3. ägyptische Armee abgeschnitten hatten, wollte Sadat erst am 18. Oktober glauben, als er einen entsprechenden Bericht seines Generalstabschefs erhielt und ihm sowjetische Luftaufnahmen vorgelegt wurden. Am 20. Oktober kabelte Sadat an Breschnew, daß er bereit sei, den Waffenstillstand unter Bedingungen anzunehmen, die er vier Tage zuvor noch zurückgewiesen hatte: „Sofortige Feuereinstellung bei Beibehaltung der gegenwärtigen Stellungen beider kriegführender Parteien." In der Schlußphase des Krieges wandte sich der ägyptische Präsident fast stündlich an Nixon und Breschnew und ersuchte sie, den israelischen Vormarsch zu stoppen, wozu er selbst nicht mehr imstande war.

An der Syrienfront stand die israelische Armee nur vierzig Kilometer vor Damaskus. Präsident Assad ließ seine schwer angeschlagenen Streitkräfte Schützengräben zur Verteidigung der Hauptstadt ausheben und protestierte mit scharfen Worten gegen die Annahme des Waffenstillstandes durch Sadat. Assad verlangte vom ägyptischen Präsidenten, er soll die Lage an den Fronten nicht so wichtig nehmen und statt dessen den Krieg fortsetzen, „um die Kampfmoral der Soldaten aufrechtzuerhalten".

In den Waffenstillstandsbedingungen und den Truppenentflechtungsabkommen spiegelten sich nicht nur die politischen Interessen der kriegführenden Parteien, sondern auch die der Supermächte wieder. Israel, dessen militärische, politische und wirtschaftliche Lebensfähigkeit von der Unterstützung der Vereinigten Staaten abhing, konnte die amerikanischen Forderungen nicht einfach übergehen, und Ägypten mußte gleichermaßen auf die Wünsche der Sowjetunion Rücksicht nehmen. Die Supermächte wollten den Krieg zu einem Abschluß bringen, um die Gefahr einer direkten Konfrontation zu beseitigen. Als die 3. ägyptische Armee eingekesselt war und Ägypten am Rande der Niederlage stand, griffen die beiden Supermächte ein. Der Sowjetunion lag daran, den militärischen Zusammenbruch ihres Schützlings abzuwenden, und die Vereinigten Staaten wollten in Ägypten Sympathien gewinnen, denn die Wiederaufnahme der Öllieferungen aus der arabischen Welt lag ihnen sehr am Herzen.

Und doch war es in erster Linie die militärische Situation am Ende des Krieges, die den späteren Vereinbarungen ihren Stempel aufdrückte. Ägypten erklärte sich zur Annahme eines unbefristeten Waffenstillstandes bereit, zur freien Schiffahrt durch die Straßen von Tiran und Bab el-Mandeb, zu einer Truppenverdünnung und zu einer Pufferzone unter Aufsicht der Vereinten Nationen. Vor dem Krieg hatte Ägypten sämtliche Vorschläge dieser Art zurückgewiesen. Im Einvernehmen mit den kriegführenden Parteien beschloß der UN-Sicherheitsrat die Einberufung einer Friedenskonferenz in Genf. Die Sowjetunion, Syrien und Ägypten erklärten sich damit einverstanden, daß keine palästinensische Delegation an der Konferenz teilnehmen sollte und daß die UN-Resolution Nr. 242 – in der die Palästinenserfrage als Flüchtlingsproblem bezeichnet wird – nicht abgeändert werden würde.

Der Krieg und seine Folgen brachten Sadat dazu, sich von der Kriegspolitik Nassers abzuwenden und seine Bemühungen mehr auf politisches Gebiet zu verlegen. Auch wenn er sich nicht bereit erklärte, eine formelle Friedenserklärung abzugeben, so zielte seine „Friedenspolitik" doch auf die Herstellung eines de facto-Friedens ab. Ägypten stimmte auch der Wiedereröffnung des Suezkanals zu, dem Wiederaufbau der am Kanal liegenden Städte und der Wiederherstellung normaler Verhältnisse im Grenzgebiet.

Der Yom Kippur-Krieg zeigte uns, daß die Araber einiges dazugelernt hatten. Unsere Erfahrungen im Sechstagekrieg und bei etlichen arabisch-israelischen Zusammenstößen nach dem Krieg überzeugten uns, daß wir auch in Zukunft die Oberhand behalten würden. Wir hielten die Suezkanalfront und die Grenze am Golan für gut befestigt und schwer bezwingbar. Die Stärke unserer Panzerwaffe und die Überlegenheit unserer Luftstreitkräfte gaben uns großes Vertrauen in unsere militärische Macht und politische Stabilität.

Als der Krieg begann, traten jedoch Mängel in der Panzerstrategie zutage. Es zeigte sich auch, daß der Wirkung unserer Luftwaffe Grenzen gesetzt waren. In einer Reihe von Panzerschlachten verwendeten wir eine Taktik, mit der wir in der Vergangenheit viel Erfolg gehabt hatten, so etwa Blitzvorstöße von Panzereinheiten ohne Infanterie und ohne Artillerieunterstützung bis ins Herz der feindlichen Stellungen. Diesmal aber wurden unsere Panzer oft genug von den feindlichen Bodentruppen abgefangen, die über ein großes Arsenal vielseitiger Panzerabwehrwaffen verfügten.

Der technische Krieg hatte sich von Grund auf geändert. Selbst diejenigen, die sich ein recht gutes Bild vom neuesten Stand der Rüstung machen konnten, hatten keine wahre Vorstellung von der Zerstörungskraft der modernsten Waffen. Die Schlagkraft der Panzer beider Seiten im Yom Kippur-Krieg war zehnmal so groß wie die der amerikanischen Panzer im Koreakrieg. Im Zweiten Weltkrieg standen die Chancen bei 20 : 1, daß ein Sherman-Panzer ein anderthalb Kilometer entferntes Ziel mit dem ersten Schuß treffen würde; im Koreakrieg standen sie bei 3 : 1 und im Yom Kippur-Krieg bei 7 : 10. Es wurden daher auch im Yom Kippur-Krieg mehr Panzer in einem kürzeren Zeitraum vernichtet als je in einem Krieg zuvor. Die Araber verloren eine größere Anzahl Panzer, als die Amerikaner gegenwärtig in Europa haben.

Unsere höchsten Verluste erlitten wir nicht am ersten Kriegstag, dem 6. Oktober, als wir mit wenigen Truppen dem überraschenden feindlichen Ansturm standhalten mußten, sondern erst als die Kämpfe am 12. Oktober an der Nordfront und am 18. Oktober an der Südfront ihren Höhepunkt erreicht hatten.

Die Luftabwehr in den Operationsgebieten unserer Luftwaffe war überaus dicht und machte gezielte und wirksame Angriffe unmöglich. Zahlreiche israelische Flugzeuge fielen den SAM 3-Batterien, den mobilen SAM 6 und den Flakgeschützen zum Opfer oder wurden zumindest aus dem Zielgebiet verdrängt und daran gehindert, die Bodenoperationen in ausreichendem Maß zu unterstützen. Die in unsere Luftwaffe gesetzten Erwartungen erwiesen sich als überhöht und unrealistisch. Selbst die Bombardierung und Zerstörung der ägyptischen Kanalbrücken verfehlte ihre Wirkung, da die Brücken verhältnismäßig rasch wieder instandgesetzt werden konnten. Weder die gut verschanzten ägyptischen Truppen noch die langen, dichtgedrängten Fahrzeugkolonnen, die darauf warteten, den Kanal zu überqueren, konnten von der Luftwaffe entscheidend angegriffen werden.

Es wurden aber auch anderweitig Fehler begangen: die mangelnde Bereitschaft der Stellungen auf dem Hermon oberhalb der Golanhöhen; das Versäumnis, unsere Streitkräfte auf der westlichen Sinaihalbinsel aufmarschieren und rechtzeitig zum Kanal vorrücken zu lassen; der falsch ausgeführte Gegenangriff im Süden am 8. Oktober und der mißglückte Versuch, die Stadt Suez zu erobern. Die ersten drei Fehlschläge hatten unglückliche Auswirkungen in der Anfangsphase des Krieges, das Scheitern des Angriffs auf Suez war in der Schlußphase von Bedeutung. Wenn es uns gelungen wäre, die Stadt zu erobern, hätte sich die 3. ägyptische Armee ungeachtet der amerikanischen Intervention ergeben müssen. Ägypten hätte dadurch eine noch empfindlichere Niederlage erlitten, und seine Verhandlungsposition wäre entsprechend schwächer gewesen.

Der außergewöhnliche Erfolg Israels im Yom Kippur-Krieg läßt sich auf drei Tatsachen zurückführen: auf den hartnäckigen Widerstand der Einheiten, die dem ersten Ansturm bis zum Eintreffen der Verstärkungen standhielten; auf die richtige Entscheidung, zuerst den Angriff der Syrer zum Stehen zu bringen, auch wenn den Ägyptern damit Zeit und Gelegenheit gegeben wurde, ihre Truppen am Ostufer des Kanals zu verstärken, und schließlich drittens auf die Überquerung des Kanals durch unsere Streitkräfte und die Besetzung der von Ismailia bis zum Dschebel Ataka verlaufenden Linie. Im Zuge dieser Operation wurde viel israelisches Blut vergossen; das aber ist im Krieg unvermeidlich.

Nach dem Krieg stand Israel vor der Frage, wie stark seine Streitkräfte in Zukunft sein sollten, um einem eventuellen neuerlichen arabischen Angriff standhalten zu können. Jeder Krieg schafft neue militärische Gegebenheiten. Selbst wenn Israel alle Waffenmärkte der Welt offenstünden, müßte es seine Ankäufe in Grenzen halten. Denn wieviele Panzer, Flugzeuge und Soldaten sind für das Land wirklich tragbar, ohne daß es unter der finanziellen Last zusammenbricht?

Nach einer Statistik des Institute of Strategic Studies in London unterhält Israel in Friedenszeiten eine Armee, deren Ausrüstung und Kosten, gemessen an Bevölkerungszahl und Wirtschaftskapazität, die anderer Länder bei weitem übersteigen. Luftwaffe und Panzerwaffe stellen 80 Prozent der militärischen Stärke Israels dar. Wenn man diese Zahl mit den Zahlen aus anderen Ländern vergleicht, kommt man auf den wahren Umfang der Last, die Israel zu tragen hat. Für 1974/75 gibt das Institut an, daß Großbritannien bei einer Gesamtbevölkerung von 56,4 Millionen über 900 Panzer und 500 Kampfflugzeuge verfügte und Frankreich, bei einer Bevölkerung von 52,4 Millionen, über 950 Panzer und 461 Kampfflugzeuge. Nach derselben Statistik verfügte Israel, bei einer Bevölkerung von nur 3,3 Millionen, über 2700 Panzer und 461 Kampfflugzeuge. Ägypten, Syrien, Jordanien und der Irak mit einer Bevölkerung von zusammen 58,6 Millionen verfügten über 6600 Panzer und 1189 Kampfflugzeuge.

Das Ausmaß der israelischen Rüstung hat, meiner Meinung nach, die Grenze des Vertretbaren erreicht. Es geht nicht an, daß wir unsere Armee noch und noch vergrößern, daß wir noch mehr Flugzeuge und Panzer kaufen, die bei fortschreitender Verbesserung immer teurer werden, und daß wir unsere jungen Menschen zu langjährigem Militärdienst einziehen, wenn wir zugleich die soziale und wirtschaftliche Entwicklung vorantreiben, die Neueinwanderer integrieren, das Land besiedeln, neue Industrien aufbauen und das Erziehungs- und Gesundheitswesen weiter entfalten wollen. Um das Kräftegleichgewicht zwischen Israel und der arabischen Welt, deren Stärke rasch anwächst, sicherzustellen, müssen wir daher den Stand unserer Rüstung nicht quantitativ, sondern qualitativ verbessern und auf diese Weise dafür sorgen, daß jeder Versuch, Israel zu vernichten, zur Vernichtung der potentiellen Angreifer führen würde.

Bei einer Aussprache mit ehemaligen Rafi-Mitgliedern kurz nach Kriegsende sagte ich, daß die israelische Öffentlichkeit den großen Schock erst dann erleben würde, wenn sie einmal endeckte, daß der Yom Kippur-Krieg kein „Unglück“ und keine Panne war, sondern ein Ausdruck der realen Lage. Eine solche Realität trete nur dann unverhüllt zutage, wenn sie auf der ganzen Linie auf die Probe gestellt würde: auf politischem, militärischem, wirtschaftlichem, technologischem und menschlichem Gebiet – im Krieg, der größten Probe von allen. Der Krieg, den wir führten, war kein „Unglück“, und sein Ergebnis war ein totaler Sieg. Er begann mit nachrichtendienstlichen Fehlinformationen, und es wurden schwerwiegende Fehler begangen, die aber keineswegs auf Fahrlässigkeit beruhten. Dünkirchen, der Fall der Maginot-Linie, der Rückzug der Roten Armee vor Moskau und andere Kapitel in der Militärgeschichte der kriegserfahrenen Großmächte sollten uns daran erinnern, welche Erwartungen man in das Kriegsglück setzen kann. Für ein kleines Land sind 2500 Tote ein sehr hoher Preis. Aber ohne Verluste hätten wir alles das nicht erreichen können, was wir militärisch für Israel erreicht haben.

Manche Nationen, die ähnlichen Bedrohungen ausgesetzt waren wie Israel zu Yom Kippur, sehen diesen Krieg und seinen Ausgang als ein Ruhmesblatt in unserer Geschichte an, als einen Beweis unserer Stärke und unserer Zukunft. Israel verlor in diesem Krieg ein zehntel Prozent seiner Bevölkerung, und das ist schmerzlich. Und doch ist es noch keiner Armee selbst unter den günstigsten Bedingungen gelungen, Tausende feindliche Panzer und Hunderte Flugzeuge bei geringeren eigenen Verlusten zu vernichten.

Wir sollten aus dem Yom Kippur-Krieg auch Lehren für die politische und militärische Verwaltung ziehen. Unfähige Offiziere sollten – je eher, desto besser – abberufen werden. Vor dem Yom Kippur-Krieg wurden die besten höheren Offiziere der israelischen Armee in gutem Glauben mit Kommandoposten betraut. Allerdings werden die Fähigkeiten eines Kommandeurs zu Friedenszeiten nur selten auf die Probe gestellt. Erst der Krieg bringt die Auslese. Dann aber ist es an der Zeit, rasch die Konsequenzen zu ziehen. Für politische Führer und Kabinettsmitglieder müssen ähnliche Maßstäbe gelten. Es ist nichts dagegen zu sagen, wenn Regierungsmitglieder kritisiert werden oder wenn man ihren Rücktritt fordert. Das ist nicht nur das Recht, sondern die Pflicht derjenigen Wähler, die von der Notwendigkeit eines Wechsels überzeugt sind. Aber es ist falsch, jede eigene Verantwortung abzustreiten und eine Nation, die schwere Zeiten durchzustehen hat, in eine Gemeinschaft von Nörglern zu verwandeln.

Unser militärischer Sieg konnte die harten politischen Tatsachen nicht aus der Welt schaffen. Aber Israels Bereitschaft, für die Verwirklichung seiner Ziele Opfer zu bringen, hat es dem Land bisher immer ermöglicht, alle

Schwierigkeiten zu überwinden. Unsere Zukunftshoffnungen beruhen nicht zuletzt auf der Unterstützung durch andere Länder, besonders der Vereinigten Staaten, und darauf, daß starke Bande zwischen dem jüdischen Volk und dem Staat Israel bestehen, der nicht nur als ein jüdischer Staat, sondern als eine Gemeinschaft anzusehen ist, die den jahrtausendealten Traum Israels verwirklicht hat. Wir müssen lernen, mit der schwierigen politischen Realität von heute zu leben. Aber vor allem anderen müssen wir unserer eigenen Vision treu bleiben und einen Pionierstaat errichten, eine schöpferische Gesellschaft, die durch die Früchte ihrer Arbeit blüht und gedeiht; eine mutige Gemeinschaft, die bereit ist, für ihr Fortbestehen ihr Leben einzusetzen; ein Volk mit Ideen und Idealen, das darum kämpft, sein nationales und historisches Ziel zu erreichen – die Wiedergeburt der jüdischen Nation in ihrer angestammten Heimat.

Epilog

Nach siebenjähriger Tätigkeit im Verteidigungsministerium kehrte ich ins Zivilleben zurück. Ich wurde nachts nicht mehr durch das Telefon geweckt und mußte morgens nicht ins Büro. Gleich meinen ersten freien Tag nutzte ich zu einer Fahrt nach Nahal Beersheba, einem Wadi in der Negevwüste. Es war ein sehr feuchter Winter gewesen. In den Bergen von Hebron hatte es so stark geregnet, daß es südlich davon in den Wadis zu Überschwemmungen kam, wobei die Ufer dieser meist trockenen Flußbetten aufgeweicht wurden und teilweise einstürzten.

Nun war es Frühsommer; das Wadi war längst wieder ausgetrocknet. Ich fuhr es entlang, und bei einer Biegung fand ich, was ich gesucht hatte. Im Erdreich am Ufer blinkten weiße Steine in der Sonne. Auffallend war, daß sie irgendwie nicht dorthin zu gehören schienen.

Vor sechstausend Jahren hatten in dieser Gegend Jäger und Viehzüchter gelebt. Ihre Höhlen an den Berghängen hatten schmale Öffnungen zum Schutz gegen Eindringlinge. Das Höhleninnere war breit und verhältnismäßig hoch. An den Wänden befanden sich ihre Schlafstellen: eine Schicht glatter Kiesel aus dem Flußbett, die sie wahrscheinlich mit Tierfellen bedeckt hatten.

Seit Jahrtausenden haben sich die Sturzfluten durch die Wadis ergossen und die Hänge ausgewaschen und mit ihnen die Behausungen der einstigen Höhlenbewohner. So waren auch die Steine freigelegt worden, die mir aufgefallen waren.

An einem Seil, das ich an der Stoßstange meines Jeeps festgemacht hatte, kletterte ich den steilen Hang hinab. Zuerst war es schwer, festen Fuß zu fassen, aber dann stieß ich auf weicheren Boden, ein Gemisch aus Erdreich und

Asche. Es war der Boden einer Höhle. Ich kroch hinein und sah mich um. In der einen Ecke war eine von Steinen umgebene Mulde. Es war der Herd, dessen Feuer zum Kochen, Heizen und zur Beleuchtung der Höhle benutzt worden war. In der Asche fand ich Topfscherben, eine Tasse und den Boden eines verrußten Kochtopfes. Unter der Asche lagen zerbrochene Feuersteine, aber auch eine stiellose Axt mit schräger Schneide. Die Höhlenbewohner hatten wahrscheinlich ihre übrige Gerätschaft mit auf die Wanderung genommen. Feinde oder auch die Dürre mochten sie vertrieben haben.

In der Höhle war es still, aber draußen war der Düsenlärm von Jagdflugzeugen zu hören. Ich wollte mehr über diese Höhlenbewohner der Antike wissen, mir ihr tägliches Leben vergegenwärtigen. Ich betrachtete die Tierknochen, Überreste ihrer letzten Mahlzeit, und die Fingerabdrücke der Töpfer auf den Scherben. Diese Höhlenbewohner aber lebten noch etwa zweitausend Jahre vor Stammvater Abraham. Sie konnten nicht lesen und nicht schreiben, aber es gibt Zeichnungen und Malereien von ihnen auf Stein und Fels und Töpferwaren, mit dunkelroten Streifen verziert. Hier waren sie zu Hause; hier spielte sich ihr Leben ab. Von hier aus gingen sie auf die Jagd in der Wüste Negev und der Wüste Sinai. Sie kannten jedes einzelne Wadi, jeden Hügel und jede Bodenfalte. Es war ihr Land; hier wurden sie geboren. Wahrscheinlich haben sie das Land auch geliebt. Wenn sie angegriffen wurden, haben sie es verteidigt. Und ich hatte mich an einem Steilhang abgeseilt und war in ihre Behausung eingedrungen. Es war ein ganz außergewöhnliches Gefühl. Ich hockte mich hin an den uralten Herd. Mir war, als sei das Feuer soeben erst erloschen, und ich mußte nicht einmal die Augen schließen, um das Bild einer Frau heraufzubeschwören, die sich über die glimmende Asche beugte, um es von neuem zu entfachen, um eine Mahlzeit zu bereiten für ihre Familie – für meine Familie.

Register